KB205334

계시 철학

〈개정·확장·해제본〉

다함
도서출판 **다함**은

1. **다윗**과 **아브라함**의 자손
   아브라함과 다윗의 자손으로, 하나님 구원의 언약 안에 있는 택함 받은 하나님 나라 백성을 뜻합니다.

2. 마음과 뜻과 힘을 **다하여** 하나님을 사랑하라
   구약의 언약 백성 이스라엘에게 주신 명령(신 6:5)을 인용하여 예수님이 가르쳐 주신 새 계명
   (마 22:37, 막 12:30, 눅 10:27)대로 마음과 뜻과 힘을 다해 하나님을 사랑하겠노라는 결단과 고백입니다.

사명선언문
1. 성경을 영원불변하고 정확무오한 하나님의 말씀으로 믿으며, 모든 것의 기준이 되는 유일한 진리로 인정하겠습니다.
2. 수천 년 주님의 교회의 역사 가운데 찬란하게 드러난 하나님의 한결같은 다스림과 빛나는 영광을 드러내겠습니다.
3. 교회에 유익이 되고 성도에 덕을 끼치기 위해, 거룩한 진리를 사랑과 겸손에 담아 말하겠습니다.
4. 하나님 앞에서 부끄럽지 않도록 항상 정직하고 성실하겠습니다.

계시 철학: 개정·확장·해제본

초판 1쇄 인쇄 2019년 9월 5일
초판 1쇄 발행 2019년 9월 23일
초판 3쇄 발행 2023년 10월 25일

지은이 | 헤르만 바빙크
옮긴이 | 박재은
펴낸이 | 이웅석

펴낸곳 | 도서출판 다함
등 록 | 제2018-000005호
주 소 | 경기도 군포시 산본로 323번길 20-33, 701-3호 (산본동, 대원프라자빌딩)
전 화 | 031-391-2137
팩 스 | 050-7593-3175
이메일 | dahambooks@gmail.com

ISBN 979-11-963627-9-9 (93230)
이 도서의 국립중앙도서관 출판시도서목록(CIP)은 서지정보유통지원시스템(http://seoji.nl.go.kr)과 국가자료종
합목록구축시스템(http://kolis-net.nl.go.kr)에서 이용하실 수 있습니다.(CIP제어번호: CIP 2019033837)

목차

추천사 ··· 5

서문 ··· 15

주석판에 대한 서문 ··· 21

감사의 글 ··· 29

새로운 주석판에 대한 서문 ······································ 31

원 번역자의 서문 ·· 51

역자 · 해제자 서문 ·· 53

I. 계시 철학의 개념 ··· 61
  • 핵심 해제   96

II. 계시와 철학 ·· 105
  • 핵심 해제   137

III. (2장과 이어지는) 계시와 철학 ···························· 145
  • 핵심 해제   104

IV. 계시와 자연 ··· 193
  • 핵심 해제   229

V. 계시와 역사 ·· 239
  • 핵심 해제   276

VI. 계시와 종교 ··· 287
  • 핵심 해제   323

VII. 계시와 기독교 ·· 333
  • 핵심 해제   367

VIII. 계시와 종교 경험 ·· 377
  • 핵심 해제   422

IX. 계시와 문화 ··· 433
  • 핵심 해제   466

X. 계시와 미래 ·· 477
  • 핵심 해제   531

색인 ··· 543

추천사

바빙크는 교의학자와 윤리학자에 그치지 않고 탁월한 철학자임을 이 책 『계시 철학』은 잘 보여준다. "계시는 존재하는 모든 것들의 전제(de onderstelling)요, 기초(de grondslag)이며 비밀(het geheim)"이라는 이념에서 출발하여 철학, 자연, 역사, 종교, 기독교, 종교경험, 문화와 인간의 미래가 그리스도를 통한 하나님의 근원적인 계시를 통해 가능함을 바빙크는 설득력 있게 논증해낸다. 이를 통해 계시에 근거한 기독교 유신론이야말로 진화론과 유물론과는 비교할 수 없을 정도로 신뢰할 수 있는 사고의 틀이며 삶의 길임을 주장한다. 이 책은 이런 의미에서 기독교신앙과 세계관을 매우 확고하면서도 겸손하게 변호하는 탁월한 변증서이기도 하다. 충분히 시간을 가지고, 물음을 던지면서 천천히 읽기를 권한다.

강영안 | 서강대학교 명예교수, 미국 칼빈신학교 초빙교수

이 책의 저자인 바빙크에 따르면, 사람은 보이는 자연만으로 만족하지 않으며, 초월을 생각한다. 즉 철학적 사고 없이 살아가지 않는다는 것이다. 그것은 하나님의 내재와 초월의 고려를 동시에 하지 않고서는 사람이 살아가는 세계를 바르게 살필 수 없음을 뜻한다. 그런데 이러한 지식을 어디서 얻을 수 있을까? 바빙크는 계시를 지목한다. 계시에 의한 것이 아니면 모든 사색은 헛된 것이며 오류인 것이다. 자연 계시(일반 계시)를 올바르게 이해하는 방향과 내용은 특별 계시인 성경의 도움을 필요로 하지만, 바빙크는 학문의 연구가 깊이 들어갈수록 모든 만물의 바탕에는 계시가 있음을 발견하게 된다고 역설한다. 결국 바빙크의 계시철학은, 계시의 주체인 하나님, 인식의 주체인 인간, 그리고 계시의 내용인 자연이라는 삼중적 구조 안에서, 통전적인 철학적 이해를 성경에 일치된 방식으로 제시하고자 노력한다. 이러한 노력이 왜 중요할까? 이것은 사람이 하나님을 예배하며 그를 즐거워하는 본분에 따라서 생각하여야 할 많은 소재와 살아가야 할 생활에 대하여 길을 찾아가는 신앙 활동이기 때문이다. 바빙크의 계시철학은 바로 이것을 아름답게 보여준다. 기독교 지성을 얻고자 하는 분이라면 꼭 읽기를 바라며, 소그룹으로 모여 공부하기를 더욱 권한다.

김병훈 | 합동신학대학원대학교 조직신학 교수

『개혁교의학』의 저자 헤르만 바빙크는 20세기 개혁파 교의학자인 동시에 기독교 철학자이다. 본서 『계시 철학』은 기독교 철학자로서 그의 탁월한 면모를 보여준다. 바빙크는 하나님, 인간, 그리고 세상을 바르게 이해하는 유일한 근원으로 하나님의 계시인 성경을 손꼽는다. "하나님 께서 말씀하셨다"(Deus dixit). 이것이 기독교 철학자 바빙크의 세계관이며, 모든 인간 삶의 제 일 원인이다. 그는 우주와 인류 역사, 그리고 각 개인에 이르기까지 그의 기쁘신 뜻대로 주관 하며 통치하시는 하나님의 초월성과 내재성이 성경 계시에서 뚜렷하게 드러난다고 주장한다. 그는 인류 역사의 장구한 논쟁인 종교와 철학, 신앙과 과학의 긴장 관계를 성경 계시에 기초 하여 파악한다. 따라서 바빙크는 "아덴과 예루살렘이 무슨 상관이 있느냐?"라고 주장했던 교 부 터툴리안을 넘어선다. 즉, 아덴에게 기독교 세례를 베풀어 예루살렘을 섬기는 참된 시녀로 삼는 것이다. 종교와 철학은 하나님께서 짝지어 주신 것으로 사람이 나눌 수 없다. 오히려 철 학과 과학, 학문과 이성은 이 세상에서 하나님을 경외하는 신앙과 삶을 생명력 있게 하고 더 욱 풍성하게 만든다. 한국교회의 훌륭한 전통인 고(故) 박윤선 박사의 '계시의존사색(啓示依 存思索)'은 다름 아닌 바빙크의 계시 중심적 사고를 충실하게 계승한다. 더 나아가 본서 『계시 철학』은 아브라함 카이퍼의 『칼빈주의 강연』과 짝을 이루는 기독교 세계관의 백미(白眉)다.

박태현 | 총신대학교 신학대학원 실천신학 교수, 『개혁교의학』 역자

헤르만 바빙크(1854-1921)는 네덜란드 신칼빈주의 교의학자로서 『개혁교의학』 등의 저작들 을 통하여 이후의 개혁신학과 개혁철학에 상당한 영향력을 행사해왔다. 『계시 철학』은 바빙 크의 신학 사상이 단지 전통적이거나 현대적인 것이 아니라 더 총체적이고 종합적이며 통합 적임을 보여주는 대표적인 저술이다. 계시의 중심이 예수 그리스도임을 분명히 하면서도, 계 시의 관점에서 우주 전체의 광대함과 다양성을 고려하여 철학, 자연, 역사, 종교, 문화, 미래 등 을 매우 심층적으로 예리하게 분석한다. 백 여 년이 지난 오늘날에도 여전히 많은 신학 및 철 학적 함의들을 제시하여 주는 『계시 철학』이 박재은 교수의 번역을 통하여 새롭게 소개되어 기쁘게 생각한다. 이 책에는 신학자 바빙크를 향한 번역자의 사랑과 열정이 물씬 풍겨난다. 특히, 번역자는 독자의 이해를 돕기 위하여 각 장 끝에 해제를 통하여 핵심 메시지를 제시하 고, 그 의미들을 세 가지로 정리하며, 또한 이와 연관된 적용점들과 토의점들을 제시한다. 이 귀한 작업을 통하여 한국 교회와 신학이 신학적으로 더욱 더 견고해지고 풍성해질 것을 크게 기대한다.

백충현 | 장로회신학대학교 조직신학 교수

계시에 기초한 철학, 아니면 계시가 철학이라는 뜻인가? 모순처럼 들리는 『계시 철학』이란 제목은 창조주요 구원자이신 하나님의 계시가 모든 앎과 삶의 기초라는 이 책의 핵심 논제를 매우 잘 드러내 보여준다. 비슷한 주제를 다루는 성경론이나 변증학은 조직신학의 서론 정도로 여겨져 왔다. 기독교 세계관이나 철학적 신학, 기독교 철학은 잘 알려져 있다. 이런 "파생상품"들보다 덜 알려진 바빙크의 원천적 통찰을 이제 이 책을 통해 접할 수 있게 된 것은 정말 감사한 일이다. 특히 아브라함 카이퍼의 『칼빈주의 강연』과 20년 간격으로 행해진 스톤 강연의 쌍을 이룬 고전이기에 더욱 귀하다. 이 책에는 근대의 끝자락인 한 세기 전 논의만 아니라 우리 시대를 내다본 통찰도 담겨 있다. 철학이 계시를 부정할 때 자연주의라는 치명적 위험에 빠진다. 이성을 앎과 삶의 기초로 삼을 수밖에 없기 때문이다. 그것은 사실 이성의 '계시' 외엔 아무 것도 믿지 않는 종교다. 이를 갈파해 자율적 이성의 무능과 폭력을 들춰내 해체하는 포스트모던은 "텍스트 외에 아무 것도 없다"는 허무주의에 떨어질 수밖에 없다. 바빙크는 이런 상황을 꿰뚫어보며 초자연과 자연을 연결하는 하나님의 계시에 대한 믿음이 모든 불신 사상을 대처할 기독교 신앙과 세계관의 토대임을 역설했다. 실제로 이 책은 철학과 문화 전반에 대한 깊은 성경적 비판과 대안적 통찰로 가득하다. 그렇기에 이 책은 결코 단순히 신학 서론이 아니다. 기독교적 앎과 삶의 토대를 갖추려는 사람이라면 꼭 읽어야 할 책이다.

신국원 | 총신대학교 명예교수, 웨스트민스터신학대학원대학교 초빙교수

헤르만 바빙크는 내가 가장 사랑하는 교의학자이다. 바빙크라는 방에 들어가서 아무 유익도 얻지 못하고 나오는 사람은 결코 없을 것이다. 그는 그 누구도 쉽게 범접할 수 없을 정도의 깊은 학식, 시대를 초월하는 예언자적 통찰력, 그리고 하나님의 나라와 교회를 깊이 사랑하는 마음을 가진 탁월한 신학자이기 때문이다. 바빙크의 『계시 철학』은 그의 『개혁교의학』에 견줄 만한 대작이다. 한 문단 아니 한 문장도 허투루 읽히는 부분이 없다. 이 책에서 바빙크는 계시의 자리를 감히 넘보는 현대의 여러 사상과 문화 조류들을 가차 없이 비판한다. 그러나 그가 늘 그래왔던 것처럼 자신이 비판하는 대상이라도 최대한 공정하게 그 사상과 내용을 소개하고 정당하고도 설득력있게 비판한다. 이 책을 통해 우리는 이 세상의 그 어떤 것도 계시 없이는 온전해질 수 없다는 위대한 진리를 확실히 깨닫게 된다. 바빙크가 직접 말하듯이, 하나님의 계시는 모든 존재의 기초가 될 뿐 아니라, 자연과 인류와 역사의 통일성의 출발점이 되기 때문이다. 계시의 의미와 목적, 필수성과 중요성을 이 책처럼 분명하게 드러낸 책은 여태껏 없었다. 이 책의 독자들은 마치 바빙크가 100년 이후를 훤히 내다보고서, 바르트와 판넨베르크 그리고 리처드 도킨스와 리처드 로티를 이미 겪은 사람처럼 글을 쓰고 있는 것 같은 느낌을 받을 것이다. 그것은 바빙크가 자기 당대까지의 역사에 정통하며, 철학과 과학과 심리학에

깊은 조예를 가졌을 뿐 아니라, 무엇보다 성경과 신학에 정말 대단한 이해를 가진 사람이기 때문이다. 나는 이 책을 읽으면서 한편으로는 바빙크라는 거인 앞에서 나 자신이 한없이 작게 느껴지는 동시에, 다른 한편으로는 거인의 어깨 위에 서서 세상을 바라보는 가슴 벅찬 감동을 함께 느낄 수 있었다. 올해 나온 신학서적 중에 단 한 권을 꼽으라고 한다면 주저 없이 이 책을 선택하겠다.

우병훈 | 고신대학교 신학과 교의학 교수

헤르만 바빙크(Herman Bavinck)의 『계시 철학』이 한국의 독자를 만난 지는 사실 꽤 오랜 시간이 지났다. 1985년 성광문화사를 통하여 발간된 위거찬 교수의 번역본을 통해서였다. 하지만 이 번역본은 단순한 반복은 아니다. 그간 『개혁교의학』이 영어로 번역되면서 북미권을 중심으로 활동하며 연구를 수행한 바빙크 전문가의 주석적 해제가 반영되었을 뿐만 아니라, 한국어 번역에 수고한 박재은 박사의 핵심요약이 더해진 책이기 때문이다. 이런 작업은 바빙크의 전문적인 글을 보다 쉽게 이해하는데 많은 공헌을 하고 있다. 당대를 풍미했던 경험론이나 관념론 범주의 진영논리에 빠지는 것을 극도로 염려하며 양자를 비판적으로 극복하는 대안으로서 유신론적 토대를 마련하는데 혼신의 힘을 기울였던 개혁신학자 바빙크는 그 이후 20세기의 개혁신학자인 칼 바르트(Karl Barth)와 그의 영향을 받은 클라스 스킬더(Klaas Schilder)와는 확연하게 구분되는 유의미한 신학 작업을 전개하였다고 볼 수 있다. 그가 그리스도 중심의 특별 계시 일변도의 직진신학을 대변하는 신정통주의 혹은 크리스토퍼 라이트(Christopher J. H. Wright) 이전의 복음주의운동의 일반적인 한계인 국가와 교회, 이성과 믿음, 역사와 계시, 과학과 신학, 학문과 신학, 내재와 초월, 자연과 은혜, 경험과 관념의 분화나, 아니면 왜곡된 통합을 꾀하는 신학적 논의를 넘어서서 특별 계시와 일반 계시를 칼뱅(John Calvin)의 방식으로 포괄할 뿐만 아니라 계시 그 자체를 가능하게 하는 삶의 근원적인 본질인 하나님 자신 안에서, 그리고 그 하나님의 주관적인 계시활동을 통하여 형성된 지성적인 믿음 안에서, 유기적이고 근원적인 통합을 기획하고 있기 때문이다. 비록 바빙크가 이 작업을 수행한 지 100년이나 지났어도 이 책이 자신과 자신이 살고 있는 세계와 그 한 가운데서 유기적(organic)으로 활동하시는 인격적인 하나님을 알고 싶어 하는, 더욱이 다원화된 포스트모더니즘적 세속화시대를 살아가는 우리시대의 지성인 독자에게도, 특별히 바빙크의 빼어난 공헌인 『개혁교의학』의 서론을 보다 깊이 이해하고 싶어 하는 신중한 신학도에게도 여전히 큰 유익을 제공하리라고 확신하여, 즐거운 마음으로 일독을 권한다.

유태화 | 백석대학교 신학대학원 조직신학 교수

본서는 저자의 야심작이며 우리에게 남긴 고전이다. 야심작이라 함은 저자가 20세기 초엽 혼란스럽게 요동치는 유럽 정신세계의 뿌리와 둥치와 결말을 철저하게 분석하고 비판하여 하나님의 계시만이 유일한 해결책임을 야심차고 명쾌하게 밝히기 때문이다. 고전이라 함은 저자가 유럽 정신세계의 다양한 분야의 학문들과 대결하되 마냥 배타적이지 않고 계시의 잣대로 때로는 포용하는 철학을 확립하여 신학적 사명의 지평을 넓혀, 21세기 한국교회가 한국사회의 정신세계를 분석하고 비판하여 이 땅에서 우리가 하나님의 계시의 지배를 선포하고 계시의 승리를 실천하도록 능히 인도하기 때문이다. 한국의 정신세계를 분석하고 비판하기는커녕 그것에 사로잡혀 개혁의 대상이 된 한국교회를 향하여, 저자를 따라 계시에 순복함으로 지금 여기에서 야심차게 한국교회와 사회를 호령하고, 다음 세대 세계교회에 이런 계시 철학의 고전을 남길 한국의 바빙크의 출현을 기대한다.

유해무 | 고려신학대학원 교의학 은퇴교수

『개혁교의학』(1906-1911)을 통해 공교회적이고 개혁주의적인 신학 체계를 탁월하게 제시했던 바빙크는 1908-1909년 미국 프린스턴의 스톤 강연에서 『계시 철학』에 대한 연속강연을 했다. 이미 교의학 1권 후반부에서 일반 계시와 특별 계시인 성경에 대해 신학적으로 제시했음에도 불구하고, 계시 철학을 주제로 삼은 연속 강연을 통해 보다 더 심화된 확장과 적용의 형태로, 계시야말로 자연과 역사 둘 다를 포함하고 있는 통일된 세계관을 위해 필수적인 요소라는 점을 역설해 보였다. 19세기 보편학(*Universalwissenschaft*)의 이상을 거의 체현했다고 볼 수 있는 대학자답게 바빙크는 본서에서도 당시까지의 신학과 철학 그리고 과학의 주요 성취들을 잘 섭렵하여 논의의 대상으로 삼되, 공정한 이해와 개혁주의적 관점에서 선명한 평가를 제시하고 있다. 당시 유럽에서부터 성경에 대한 고등비평이 쇄도해오던 위기 상황에서 성경의 영감과 무오를 변증하기 위해 고군분투하고 있던 프린스턴의 신학자들에게 이러한 바빙크의 연속 강연은 동질감과 위로를 느끼게 했을 것이다. 계시를 초점으로 삼아 다양한 주제들에 대해 학술적으로 제시하는 농도짙은 이 강연들을 통해 우리는 개혁주의 세계관과 학문관에 대한 방향성과 교훈을 얻게 되므로, 본서의 번역 출간을 환영하게 된다. 바빙크가 쓴 글이라면 무엇이든지 다 읽고 곱씹어볼만하다고 생각하지만, 본서는 후기 바빙크의 학술적 수작이기 때문에 이어서 출간될 『기독교 세계관』과 함께 숙독할 필요가 있다고 생각한다. 이번에 출간되는 본서의 특이점이자 장점은 에든버러에서 에글린턴의 지도 하에 바빙크 신학을 전공하여 박사학위를 받은 수탄토와 브룩이 영어 원서와 화란어 원서를 대조하여 영역문을 수정 보완하고, 편집자 서문과 편집자 각주를 더하여 독자들의 이해도를 선명하게 해주었다는 점이다. 그뿐만 아니라 본서의 역자인 박재은 교수는 미국 칼빈 신학교에서 존 볼트 교수의 지도 하에 칭의와 성화의 관계를 논구한 박사논문을 쓰며 화란 신학 전통을 깊이 연구한 학자로서, 난해한 원서를 정확하게 번역해 주었을 뿐 아니라, 각 장별로 핵심 내용을 요약 설명하고 적용점을 제시하는 해설부를 더해 주었다. 덕분에 역서의 분량은 원서보다 더 늘어났지만, 중요함에도 불구하고 그간 국내에서 잘 읽혀지지도 논의되지도 못했던 바빙크의 『계시 철학』을 제대로 읽고 소화할 수 있도록 길라잡이 역할을 해줄 것이라고 생각한다. 개혁주의 신학뿐 아니라 개혁주의적 세계관, 문화관, 학문관 등에 관심을 가진 독자들은 이 책을 반드시 읽어볼 것을 권하는 바이다.

이상웅 | 총신대학교 신학대학원 조직신학 교수

『계시 철학』은 헤르만 바빙크가 1908-1909년에 미국 프린스턴 신학교에서 행한 스톤 강연 (Stone Lectures)의 제목이며, 우리에게도 매우 친숙한 책이다 이미 오래 전부터 박형룡, 박윤선 박사께서 강조하셨고, 합동신학원과 서울대학교 대학원을 졸업한 위거찬 교수께서 대학원 학생 때인 1984년에 이미 우리말로 번역하기도 했다. 미국에서 이 책이 처음 소개될 때에도 게할더스 보스가 주도해 번역을 하고 B. B. 워필드가 전체 검토를 하는 등 당대 최고의 학자들이 함께 작업했는데, 근자에는 영미권에서 바빙크에 대한 관심이 다시 높아지는데 큰 힘을 쓰는 영국 에든버러 대학교의 제임스 에글린턴과 그 밑에서 박사 학위 논문을 쓴 코리 브록과 나다니엘 그레이 수탄토의 노력으로 재출간되었고, 한글 번역판도 한국에서 가장 뛰어난 조직신학자 중 한 사람인 박재은 박사께서 작업을 맡아 했으니, 이 책은 최고의 신학자들과 관련한 책이라고 할 만하다. 부디 바라기는 이 책을 통해서 우리가 바빙크의 생각에 더 깊게 다가갈 수 있으면 한다. 그의 주저인 『개혁교의학』도 이미 번역되었고, 제 2의 주저라 할 수 있는 계시 철학도 재등장했으니 이 책도 힘써 열심히 읽어서 우리가 과연 "계시 의존 사색"에 충실하게 되었으면 한다.

이승구 | 합동신학대학원대학교 조직신학 교수

헤르만 바빙크는 내가 어떠한 글도 신뢰하고 읽는 신학자이다. 비록 이 책『계시 철학』은 읽기가 쉽지는 않지만 피할 수는 없는 계시철학 분야의 일급 필독서다. 바빙크는 계시론을 "살아계신" 하나님에 근거하여 푼다. 그래서 기록된 계시로서 성경은 지나간 과거의 기록이 아니라 지금도 살아계신 하나님의 말씀이다. 하나님은 영원히 사시는 분이기 때문에 성경은 앞으로도 하나님의 영원한 말씀이다. 바빙크는 모든 것에서 하나님의 속성에 근거한 계시 의존적인 사색 즉 이성이 아니라 계시를 사유의 시초로 삼는 학문의 태도를 추구한다. 하나님은 천지에 충만한 분이시고 모든 것을 다 통치하는 분이셔서, 모든 만물이 하나님의 보이지 않는 신성과 능력을 나타내는 계시의 수단이며, 하늘과 땅과 바다는 계시의 현장이며, 정치와 경제와 사회와 문화와 예술과 기술과 인간과 자연과 철학과 종교와 역사는 모두 계시의 영역이다. 하나님의 초월적인 계시가 배제된 앎과 삶의 추구는 공허하다. 바빙크는 계시를 중심으로 진정한 앎과 삶의 융합을 추구한다. 이 책을 일독한 독자는 가장 웅장한 개념의 계시 의존적인 사색의 수혜자와 전문가가 될 것이라고 확신한다.

한병수 | 전주대학교 교목

비록 『계시 철학』은 100년 전에 이루어진 강의지만, 바빙크의 강의는 우리에게 언제나 시의적절하다. 바빙크는 우리에게 여전히 도저운 줄 뿐 아니라 기록교석 확신의 핵심, 즉 하나님께서 스스로를 드러내셨다는 확신과 우리가 구성했던 내재적 틀 너머로부터 우리가 말씀을 소유하고 있다는 확신에 대해 재논의하려는 질문들에 대해 답을 준다. 브록과 수탄토는 이 새로운 판에서 동시대 철학자들에게 미친 바빙크의 영향과 그의 끊임없는 관련성을 강조한다. 바빙크는 보다 폭넓고 초교파적인 청중을 가지기에 충분한 가치를 지닌 인물이다. 이 새로운 판이 그 훌륭한 시작점이 될 것이나.

제임스 스미스 | 미국 칼빈대학교 철학 교수
『하나님 나라를 욕망하라』(*Desiring the Kingdom*)와
『세속화하(지 않)는 법』(*How (Not) to Be Secular*)의 저자

인간이 직면한 근본적인 질문들은 수 천년동안 변하지 않았다. 우리는 우리의 의미를 초월적인 것 안에서 찾고 있는가? 아니면 내재적인 것으로부터 우리 고유의 의미를 구성하고 있는가? 최근 들어 이런 질문은 훨씬 더 복잡해졌다. 하나님과 계시에 관한 전통적인 기독교 개념들이 타당하지 않을 뿐 아니라 심지어 앞뒤가 맞지 않는다는 식의 철학적 비판들이 지속적으로 제기되기 때문이다. 이런 질문과 이에 대한 철학적 비판들은 헤르만 바빙크의 『계시 철학』의 중심을 차지한다. 위대한 네덜란드 신학자인 바빙크는 날카로운 지성적 비판들의 직면 속에서 계시에 대한 기독교적 개념을 주의 깊게 옹호하고 긍정적으로 서술하는 역할을 감당한다. 제임스 에글린턴과 바빙크 학계의 떠오르는 두 연구자들이 우리에게 기꺼이 제공하는 서론과 더불어 스톤 강연의 이 새로운 판은 교회에 주어진 소중한 선물이다. 『계시 철학』은 비록

100년 전 강의이긴 하지만, 오늘날 사람들에게도 여전히 경종을 울린다. 당시 치열하게 논의되었던 사안들이 여전히 우리 안에 남아있기 때문이다. 『계시 철학』 강의는 오늘날 그리스도인들이 어떻게 반대자들과 지성적이고 공손하게 전투할 수 있는지와, 어떻게 계시 철학이 정통 신학에 지속적인 기여를 할 수 있을지에 대해 알려주는 모범과도 같다.

칼 트루만 | 미국 그로브시티칼리지 성경과 종교학 교수

본래 100년 전에 쓰인 헤르만 바빙크의 작업의 지속적인 출현에 대해 축하해야 할 이유는 참으로 다분하다. 무엇보다도 우리에게는 『개혁교의학』이 있다. 이제 우리는 바빙크의 작품들 중에서 두 번째로 중요하다고 알려져 있는 작품, 즉 기독교 세계관을 위한 계시의 중심성을 다룬 『계시 철학』이라는 작품까지도 가지게 되었다. 바빙크는 알파벳 B로 시작하는 20세기의 위대한 신학자들, 예를 들어 바르트(Barth), 브루너(Brunner), 불트만(Bultmann)과 더불어 주목 받을 가치가 충분한 신학자이다. 하지만 바빙크의 『계시 철학』은 역사적 중요성 이외의 중요성도 갖는다. 오늘날의 기독교 신학자들은 현대주의라는 넓은 길과 정통이라는 좁은 길 사이를 계속해서 협상해 나가기 위해 노력하고 있다. 하나님, 세계, 자아를 인식하기 위해 반드시 필요한 계시에 대한 바빙크의 확고한 이해는 기독교 신학자들에게 믿을만한 길을 제공해 줄 수 있을 것이다.

케빈 밴후저 | 미국 트리니티복음주의신학교 조직신학 연구교수

계시 철학

〈개정·확장·해제본〉

헤르만 바빙크

프린스턴 신학교 스톤 강연(1908-1909년)의 개정·확장 해제본

편집: 코리 브록 · 나다니엘 그레이 수탄토
서문: 제임스 에글린턴
번역 · 해제: 박재은

서문

코리 브록(Cory Brock)과 나다니엘 그레이 수탄토(Nathaniel Gray Sutanto)를 통해 신중하게 개정된 헤르만 바빙크이 『계시 철학』(Philosophy of Revelation)의 새로운 판이 적절한 때에 출간되었다. 이 책이 처음 출간된 이래로 신뢰할 만한 인간 인식아들(認識我, knowers)이 질서 있는 세계를 이해하기 위해 노력에 노력을 거듭했고, 이를 통해 후기 현대 서양 문화의 전성기가 자연스럽게 전개되어 새로운 시내를 맞이하게 되었다. 현재의 문화석 토박이들 모두는 서양 세계를 혼란스러운 불협화음이 계속해서 존재하는 장소로 이해한다. 이런 이해는 과거를 계급 구조에 근거한 사회 구분, 정치적, 문화적, 인종적, 세대적 구분으로 고통스럽게 이해하고, 미래를 끊임없는 불만족의 장소로 밀어 넣는 모습을 갖고 있다.

이런 이해에 대항해 『계시 철학』의 중심을 이루는 위대한 질문들은 비록 21세기의 풍미 속에서 다룰 수밖에 없지만 그럼에도 불구하고 여전히 우리에게 적절한 질문이 될 수 있다. 우리는 과연 이 세계와 이 세계 안에 존재하는 우리의 자리를 어떻게 이해해야 하는가? 과연 21세기 서양 문화를 지배하는 인식론적 자신감이 이런 이해를 가능하도록 놔둘 것인가? 자연과학이야말로 우주와 우주 안에서 발견 가능한 모든 것들을 이해하는 데 가장 최고의, 혹은 유일하게 신뢰할 만한 방식이라는 도킨스(Dawkins) 식의 주장에 대해 어떻게 이해해야 하는가? 자연과학이 삶에 관해 만족할 만한 방식으로 풍성히 설명해 주리라고 반드시 기대해야 하는가? 부활한 대중적 민족주의가 자율적 진보주의에 대항하는 시대 가운데서 이 세상에 존재하는 인간 문화의 발전과 존재를 어떻게 이해해야 하는가? 진보는 자명하게 선(善)한가? 아니면 불가피한가? "진보"(progress)와 "퇴보"(regress)는 유용한 용어들인가? 진보와 퇴보의 빛 아래서 역사나 미래에 관한 의미있는 생각이 과연 가능한가? 19세기 종교가 가진 엄청난 예후(豫後)에도 불구하고 왜 현재의 인간 문화를 가로지르는 예외가 아니라 오히려 종교성이 규범이라는 이름으로 여전히 남아 있는가? (그리스도인들은 이에 대해 다음과 같은 심각한 질문을 던진다. 현재 서양 문화의 문화적 반복 가운데서 예수 그리스도가 가진 의미는 무엇인가?)

헤르만 바빙크는 이 책에서 현 시대의 독자들을 위해 담담한 결과들에 대한 논증을 진행해나간다. 우리의 삶을 더 나은 삶으로 만들기 위해 이런 질문들을 지탱하는 깊은 논의들, 예를 들면 인간, 세계, 하나님, 역사, 진보, 과학, 종교의 힘과 같은 논의들이 만족스럽게 답변되어야 한다. 바빙크의 논리 안에 내포된 것처럼, 만약 이런 질문들에 대한 답이 만족스럽게 내려지지 못할 경우 우리는 현재의 세속화된 시대의 실존주의적, 지성주의적 권태감 속에 갇혀 버릴 것이다. 이런 바빙크의 논리는 모든 지식에 대한 탐구가 본질적으로는 하나님, 인간, 세계 사이의 관계를 이해하기 위한 끊임없는 노력이라는 자신의 신념으로부터 나온다. 앞에서 언급했던 질문들이야말로 하나님, 인간, 세계 사이의 관계와 필연적으로 관련 있는 질문들이다.

하나님, 세계, 인간은 모든 학문과 철학들을 채우는 세 종류의 실재들이다. 이 실재들을 어떻게 형성하여 개념화하느냐, 혹은 이 실재들을 서로 어떤 관계로 설정하느냐에 따라 세계와 인생에 대한 관점, 종교의 내용, 학문과 도덕의 특징이 결정된다(193).[1]

---

1   역자 주: 서문과 더불어 해제 부분에서 지속적으로 등장하게 될 괄호 안의 숫자는 본서인용 페이지를 뜻한다.

바빙크는 21세기 사상의 일부 흐름 가운데서 그래왔던 것처럼, 만약 이런 개념들을 무시하거나, 아니면 이런 질문들을 대답할 수 없는 질문 정도로 치부해버린다면 이는 본질적으로도 혹은 실존적으로도 만족스럽지 못한 태도라고 생각했다. 즉 이런 개념들을 간과하는 것은 하나님이 누구시며, 인간은 무엇이며, 우리는 이 세계 가운데 어떻게 존재하는가에 대한 만족할 만한 지식을 찾는 인간 영혼의 위대성을 무시하는 것과 같다.

바빙크는 20세기 초반 독자들에게 이런 질문에 대해 어떤 가르침을 주었는가? 그들은 세계와 세계 속 자신들에 대한 만족할 만한 지식을 찾기 위해 어디서부터 그 탐구를 시작했는가? 이 책은 세계 속에서의 삶과 하나님을 의미 있게 만들기 위해서는 반드시 **계시**가 필요하다는 사실을 폭넓고 만족스러운 방식으로 논증한다. 바빙크는 하나님과 자아 둘 다에 대해 간절히 알길 원했던 전통적인 아우구스티누스 사상의 울림 가운데서, 우리 자신과 세계에 관한 지식을 알기 위해서는 반드시 하나님 자신의 고유한 지식으로부터 시작해야한다고 주장했다. 하나님께서는 스스로를 가장 완전하고 완벽하게 알고 계시기 때문에, 또한 하나님의 자기 이해가 하나님 스스로에게 기쁨이 되기 때문에, 하나님께서는 자기 계시의 행위 가운데서 하나님의 지식을 우리와 공유하길 선택하셨다. 만약 하나님께서 계시하지 않으셨더라면 신비로 밖에 남아 있을 수 없었던 것들, 예를 들면 사랑, 무한성, 단순성, 영광, 완전성, 복잡성, 성부, 성자, 성령의 통일성 등을 하나님께서는 우리에게 **계시**해 주셨다.

바빙크에게 이런 계시의 과정은 반드시 두 가지 측면에서 고찰되어야 했다. **일반적으로**, 하나님께서는 우주의 기원과 지속적인 존재들에 대해 계시하셨다. 그러므로 우주는 하나님의 **일반** 계시이다. 거시적, 미시적으로 볼 때 이 세계 그 자체는 "하나님의 정신의 능력이 드러나는"(95) 일반 계시이다. 이와 더불어 하나님께서는 또 다른 형태의 자기 계시, 즉 **특별** 계시 차원에서 스스로를 드러내셨다. 예수 그리스도께서 중심을 이루는 특별 계시 형태는 "하나님의 마음의 위대함이 여실히 드러나는"(95) 계시이다. 우리는 우리의 창조주 하나님이 우리를 사랑하시는 것을 안다. 하나님께서 그 사실을 꽤 선명하게 우리에게 계시해주셨기 때문이다.

바빙크는 하나님께서 계시의 이런 두 가지 형태 안에서 스스로의 존재와 행위를 드러낼 권리를 가지고 계시며, 우주에 존재 목적을 부여하셨을 뿐 아니라, 우리 인간들이 과연 어떤 존재인지를 알려 주신다 믿었다. 바빙크는 이런 지식이야말로 실존적이고 지성적인 만족을 추구하는 인간들에게 필수불가결한 지식이라 생각했다. 21세기 독자들은 다음과 같이 질문할 수 있다. 하나님을 믿지 않는 사람들도 이 지식이 필요한가? 바빙크는 자연주의적 세계관을 가진 사람이나 초자연적인 것을 믿지 않은 채 삶에 대한 위대한 질문들을 탐구하려는 사람들을 향해 어떤 주장을 했는가? 하나님의 지식과 같은 추상적이고 관념적으로 보이는 질문으로부터 시작하지 않고 오히려 우리 자신과 우리 주변의 세계로부터 시작하는(혹은 결론짓는) 것이 더 만족할 만한 답변을 찾는 방법이 아니겠는가?

바빙크는 이런 질문에 답하면서 만약 하나님의 자기 계시에 대해 의도적으로 의존하지 않는다면, 그런 사람은 단순히 기능적인 삶을 살 뿐이라고 주장했다. 신적인 자기 계시의 실재에 대해 부정하거나 혹은 무시하는 삶을 산다면 그런 삶은 필연적으로 균열될 수밖에 없으며, 반대로 만약 하나님의 계시를 인식하는 삶을 산다면 그런 삶은 복될 것이라고 바빙크는 묘사한다. 바빙크는 자연 세계 너머에는 아무것도 없을 것이라는 생각, 혹은 외부적 계시는 전적으로 불가능할 것이라는 생각을 그 누구도 지속적으로 할 수 없다고 보았다. 오히려 바빙크는 엄격한 무신론이나 자연주의의 신념을 고백하는 자들이 사실상 계시의 실재에 의존하는 삶을 살아간다고 보았다. "인간들은 항상 초자연적인 생각을 품은 채로 사고하고 살아간다"(82). 하지만 대부분의 사람들은 하나님, 자아, 세계에 관해 계시의 실재를 거부하기보다는 오히려 가정한 채로 접근하지만, 일부 사람들은 계시의 중요성을 삶의 경험 속에서 드러나는 일관적인 아름다움 정도로만 간주한다. 이런 관점에서 볼 때, 이 책은 선한 삶을 찾으려는 모든 사람들이 반드시 읽어야 할 책이다. 이 책이 추구하는 바는 우리의 마음, 정신, 양심, 의지 모두를 만족 시켜줄 수 있기 때문이다.

물론 이런 대담한 주장은 19세기 중반 유럽의 문화적 토박이들을 통해 20세기 초 미국 사회 속에서 처음으로 분위기가 조성되었다고 볼 수 있다. 20세기 흐름 가운데 바빙크의 주장들은 주장 자체가 포함하는 대담성과 미묘함 때문에 큰 주목을 받지 못했다. 바빙크 해석의 새로운 세대 중 가장 끌리는 두 연구자인 브록과 수탄토 박사의 편집 작업에 감사를 표한다. 이들의 작업을 통해 바빙크의 주장들이 특별히 21세기의 지성적, 사회적 상황을 담은 채 우리에게 소개될 수 있었다. 21세기도 21세기가 가진 고유한 이유 때문에 선한 삶을 살기 위해 애쓰고 있는 시대이다. 브록과 수탄토는 신학적, 역사적, 언어적 능력의 투자와 헌신을 통해 바빙크에 대한 걸출한 박사 논문을 작성했다. 그들은 네덜란드어로 바빙크를 읽고, 바빙크의 지성적 환경에 관한 특출한 지식을 소유한 자들이다. 그러므로 우리 모두 그들에게 큰 빚을 졌다.

제임스 에글린턴 박사

멜드룸 교수, 개혁신학

에든버러 대학

2018년 4월

주석판에 대한 서문

최근 들어 헤르만 바빙크에 대한 연구가 날개를 달았다. 네덜란드의 신칼빈주의 운동에 속한 중요한 교의학자였던 헤르만 바빙크(1854-1921)는 신학적 심사숙고의 새로운 시대를 활짝 열었던 인물이었다. 바빙크가 살았던 당시의 신학적 지형도는 자유주의적 개신교와 보수적 성경주의의 대안으로서 고백적 정통과 현대주의가 서로 화해를 시도했던 상황이었다. 바빙크의 4권짜리 대작인 『개혁교의학』(Reformed Dogmatics),[1] 종교, 사회, 학문에 관한 바빙크의 연구들을 모은 자료,[2] 제임스 에글린턴이 번역·편집하고 핸드릭슨 출판사가 출간한 설교에 관한 바빙크의 글[3] 등을 통해 바빙크의 1차 자료가 영어권 세계에 꾸준히 소개되고 있다.

이런 새로운 작업물들로 인해 영어권에서 일어났던 바빙크에 대한 이전 연구들이 꾸준히 재평가 받고 있다. 바빙크에 관한 이전 연구들은 바빙크를 전통적 혹은 현대적 인물로 규정하고 이 둘을 배타적으로 보는 경향이 많았다. 하지만 최근 연구는 바빙크의 신학 사상이 보다 더 총체적이라는 사실

---

1 Herman Bavinck, *Reformed Dogmatics*, ed. John Bolt, trans. John Vriend, 4 vols. (Grand Rapids: Baker Academic, 2003-08) (이후부터는 *RD*로 줄여 표기하겠다).

2 Herman Bavinck, *Essays on Religion, Science, and Society*, ed. John Bolt, trans. Harry Boonstra & Gerrit Sheeres (Grand Rapids: Baker Academic, 2008).

3 James P. Eglinton, ed., *Herman Bavinck on Preaching and Preachers* (Peabody, MA: Hendrickson, 2017).

에 주목한다.『계시 철학』(Philosophy of Revelation)의 새로운 판은 바빙크의 신학 사상이 총체적이라는 사실을 규명하는 데 큰 기여를 할 수 있는 자료이다.『계시 철학』전반에 걸쳐 나타난 바빙크 고유의 사상과 용어들에 대한 이해가 그의『개혁교의학』에는 다소 덜 나타나있다.『개혁교의학』저술 수년 후에 쓴『계시 철학』은 구체적으로는『개혁교의학』을 읽는 독자들의 이해를 더 깊게 만들어 줄 수 있으며, 넓게는 바빙크 사상에 대한 전반적인 이해를 더 깊게 만들어 줄 수 있다. 실제로『계시 철학』은 계시, 철학, 인식론, 존재론에 대한 바빙크의 성숙한 이해를 보여주는 자료이다. 바빙크는『계시 철학』을 통해 20세기 현대 신학들의 틈바구니 속에 살아가는, 특별히 칼 바르트(Karl Barth)로 대변되는 신정통주의 운동의 각축장 속에서 살아가는 동시대 독자들에게 가장 중요한 신학적 대안을 마련해주었다.『개혁교의학』이후로 바빙크의 가장 중요한 작품이라 평가할 수 있는『계시 철학』을 통해 바빙크의 사상을 보다 더 완성도 있게 이해할 수 있게 되었다.

특히『계시 철학』에 대한 주석판은 필요하다. 왜냐하면 바빙크의 인식론과 특별히 그의 형이상학은 많은 사람들의 주목을 끌어왔기 때문이다.[4] 게

---

4   Henk Van Den Belt, *The Authority of Scripture in Reformed Theology* (Leiden: Brill, 2008), 229-300; K. Scott Oliphint, "Bavinck's Realism, the Logos Principle, and Sola Scriptura," *Westminster Theological Journal* 72 (2010): 359-90; Michael S. Chen, "'To See Darkness, To Hear Silence': Herman Bavinck and Augustine on Epistemology," *The Bavinck Review* 2 (2011): 96-106; David S. Sytsma, "Herman Bavinck's Thomistic Epistemology: The Argument and Sources of His Principia of Science," in *Five Studies in the Thought of Herman Bavinck: A Creator of Modern Dutch Theology*, ed. John Bolt (Lewiston, NY: Edwin Mellen, 2011), 1-56; Steven J. Duby, "Working with the Grain of Nature: Epistemic Underpinnings for Christian Witness in the Theology of Herman Bavinck," *The Bavinck Review* 3 (2012): 60-84; Bruce Pass, "Herman Bavinck and the *Cogito*," *Reformed Theological Review* 74, no.1 (2015): 15-33; Bruce Pass, "Herman Bavinck and the Problem of New Wine in Old Wineskins," *International Journal of Systematic Theology* 17, no. 4 (2015): 432-49; Arvin Vos, "Knowledge According to Bavinck and Aquinas," *The Bavinck Review* 6 (2015): 9-36; Nathaniel Gray Sutanto, "Herman Bavinck and Thomas Reid on Perception and Knowing God," *Harvard*

다가 바빙크의 인식론과 계시 개념은 신칼빈주의의 영향을 받은 여러 학문적 흐름들에 영향을 끼쳐왔다. 세 가지 정도의 영향을 고려해 볼 수 있다.

첫째, 가장 큰 영향은 알빈 플란팅가(Alvin Plantinga)와 니콜라스 월터스토프(Nicholas Wolterstorff)의 개혁파 인식론으로 볼 수 있다. 플란팅가와 월터스토프는 바빙크를 "최초의 개혁파 인식론자"(proto-Reformed epistemologist)[5]로 특징화시키며, 기독교를 강조하는 바빙크의 사상에 인식론적 사고의 시작점을 두었던 인물들이다. 플란팅가와 월터스포트에게 기독교 신앙은 지각적, 기억적, 증언적 신앙과 같이 충분히 보장할 만한 것이었다. 그들에게 하나님을 믿는 신앙은 마땅히 가져야 할 기초 신념일 뿐 아니라, 어떤 논증보다 앞서는 보장할 만한 것이었다. 이런 생각은 단순히 평범한 삶 속에서 신앙을 당연한 것으로 여겨야하기 때문이라기보다는, 오히려 대안으로 여겨지는 고전적 근본주의가 너무 제한적이어서 신앙이 이성적으로 유지될 수 없는 기준을 요구하기 때문이라고 볼 수 있다. 그러므로 기독교 철학자들과 신학자들은 자신들의 지성적 활동 가운데 기독교적 출발점을 마련하려는 것, 즉 시성적 문제들에 대한 반응 속에서 이에 대한 답변을 구축하기 위해 자료들을 계시로부터 실증주의적으로 활용하는 작업을 자유롭게 할 필요가 있다. 물론 개혁파 인식론에 대한 바빙크 식의 윤곽은 그의 『개혁교의학』에서 이미 충분할 정도로 드러나 있긴 하지만, 『계시 철학』의 빛 아래서 이에 대해 살펴보는 것도 분명 의미 있는 작업이다.

Theological Review 111 (2018): 115-34; Cory Brock & Nathaniel Gray Sutanto, "Herman Bavinck's Reformed Eclecticism: On Catholicity, Consciousness, and Theological Epistemology," *Scottish Journal of Theology* no. 3 (2017): 310-32.

5   월터스토프와 플란팅가가 바빙크에 대해 명시적으로 다루는 자료는 Nicholas Wolterstorff, "Herman Bavinck—Proto-Reformed Epistemologist," *Calvin Theological Journal* 45 (2010): 133-46; "Reason and Belief in God," in Alvin Plantinga & Nicholas Wolterstorff, eds., *Faith and Rationality: Reason and Belief in God* (South Bend, IN: University of Notre Dame Press, 1983), 64-65 등을 참고하라. 존 볼트(John Bolt)도 *RD*, 1:590n73에서 이에 대해 인정한다.

둘째, 암스테르담 자유 대학의 법학 교수였던 헤르만 도예베르트(Herman Dooyeweerd, 1894-1977)의 개혁주의적 철학에서 바빙크의 궤적을 찾아 볼 수 있다. 비록 도예베르트는 바빙크와 아브라함 카이퍼(Abraham Kuyper, 1837-1920)에 대해 여러 측면들 속에서 비판적이었지만, 그럼에도 불구하고 도예베르트는 사회적 사고와 철학에 대한 독특한 기독교적 관점을 발전시키는 데 바빙크와 카이퍼에 의존했던 모습들이 보인다.[6] 도예베르트는 사고방식과 세계관에 존재하는 온갖 종류의 이분법에 대항하는 민감성을 유지하면서, 동시에 믿음과 계시의 현상학적 특성을 강조하면서, 양상적 측면들과 근본 동기 둘 다를 자신의 개혁주의적 철학 속에서 유지시켜 나갔던 인물이다. 특별히 최근 도예베르트에 대한 연구들이 활기차게 진행되는 상황 속에서,[7] 바빙크에 대한 도예베르트의 핵심적인 심사숙고와 활용이 『계시 철학』의 빛 가운데 다시 읽혀질 때 비로소 도예베르트와 바빙크의 사상에 대한 이해가 더 넓어지게 될 수 있을 것이다.

셋째, 『계시 철학』은 미국 개혁신학 맥락 속에서 활동하는 수많은 신학자들을 이해하는 데 큰 도움을 줄 수 있다. 미국 지역에 보급되는 바빙크의 작품들은 이미 바빙크의 사상에 크게 의존하는 루이스 벌코프(Louis Berkhof)의 『조직 신학』(Systematic Theology),[8] 게할더스 보스(Geerhardus Vos), 코넬리우스 반 틸(Cornelius Van Til) 등을 필두로 최근 신학자들, 예를 들면 리처드 개핀(Richard B. Gaffin Jr.), 마이클 호튼(Michael S. Horton), 존 볼트(John Bolt), 그리

---

6   Herman Dooyeweerd, "Kuypers wetenschapsleer," Philosophia Reformata 4 (1939): 193-232. 이 논문의 영역본은 Herman Dooyeweerd, "Kuyper's Philosophy of Science," in On Kuyper: A Collection of Readings on the Life, Work, and Legacy of Abraham Kuyper, ed. Steve Bishop & John H. Kok, trans. D. F. M. Strauss (Sioux Center, IA: Dordt University Press, 2013), 153-78을 참고하라.

7   예를 들면, Jonathan Chaplin, Herman Dooyeweerd: Christian Philosopher of State and Civil Society (South Bend, IN: University of Notre Dame Press, 2011); Craig Bartholomew & Michael Goheen, Christian Philosophy: A Systematic and Narrative Introduction (Grand Rapids: Baker Academic, 2013)을 참고하라.

8   Louis Berkhof, Systematic Theology (Grand Rapids: Eerdmans, 1996).

고 제임스 스미스(James K. A. Smith)와 같은 철학적 신학자들에 의해 소개되고 있다.[9] 『계시 철학』을 다시 읽음을 통해 북미 개혁신학의 바빙크 수용, 즉 일반적으로는 긍정적으로 활용되시만 한 편으로는 상호 모순의 방식으로 활용되는 바빙크의 사상과 그 사상의 수용에 대해 더 잘 이해할 수 있는 물꼬를 틀 수 있다.

마지막으로, 『계시 철학』의 이 새로운 판을 통해 계시와 실재에 대한 바

9 바빙크 작품에 대한 끊임없는 유효성과 타당성들은 아래와 같은 자료들 도처에서 드러난다. James K. A. Smith, *Awaiting the Kingdom: Reforming Public Theology* (Grand Rapids: Baker Academic, 2017)(캄펜 신학 대학[Kampen Theological University]에서 매년 열리는 바빙크 강연에서 했던 강의가 포함되어 있다); Michael S. Horton, *Rediscovering the Holy Spirit: God's Perfecting Presence in Creation, Redemption, and Everyday Life* (Grand Rapids: Zondervan, 2017); John Bolt, *Bavinck on the Christian Life* (Wheaton, IL: Crossway, 2016); "Doubting Reformational Anti-Thomism," in *Aquinas Among the Protestants*, ed. Manfred Svensson & David VanDrunen (Oxford: Wiley-Blackwell, 2017), 129-47; Geerhardus Vos, *Redemptive-History and Biblical Interpretation: The Shorter Writings of Geerhardus Vos*, ed. Richard Gaffin (Phillipsburg, NJ: P&R, 2001), 59-90. 코넬리우스 반 틸은 다음과 같이 기록했나. "나는 카이퍼의 『칼빈주의』(*Calvinism*), 바빙크의 『계시 철학』(*Philosophy of Revelation*), 스토커의 『기독교 사상 철학』(*Philosophy of the Christian Idea*)을 깊고 넓게 읽으며 이해하기 위해 노력했었다" in "Herman Dooyeweerd and Reformed Apologetics," *The Westminster Theological Journal* (Philadelphia: Westminster Theological Seminary, 1972): 3.43. Cf. Cornelius Van Til, *Common Grace and the Gospel*, 2nd ed., ed. K. Scott Oliphint (Phillipsburg, NJ: P&R, 2015), 67-68; James D. Baird, "Analogical Knowledge: A Systematic Interpretation of Cornelius Van Til's Theological Epistemology," *Mid-America Journal of Theology* 26 (2015): 93-94. 반 틸과 도예베르트 사이의 핵심 차이에 대해서는 K. Scott Oliphint, "Jerusalem and Athens Revisited," *Westminster Theological Journal* 49 (1987): 65-90을 참고하라. 반 틸에게 미친 카이퍼와 바빙크의 영향은 이미 폭넓게 인지되었지만, 그 누구보다 제임스 에글린턴에 의해 더욱 더 강조되었다. "게할더스 보스, 루이스 벌코프, 코넬리우스 반 틸 등이 가진 유사성들은 [그들이 바빙크를 영어권 세계에 소개시켰던 차원에서 볼 때] 주목할 만하다" in *Trinity and Organism: Towards a New Reading of Herman Bavinck's Organic Motif*, T&T Clark Studies in Systematic Theology (Edinburgh: T&T Clark, 2014), 2. 제임스 브렛(James Bratt) 역시 이에 대해 "Reformed Theology in America," in *Cambridge Companion to Reformed Theology*, ed. David Fergusson & Paul Nimmo (Cambridge: Cambridge University Press, 2016), 282에서 강조했다. Brian G. Mattson, "Van Til on Bavinck: An Assessment," *Westminster Theological Journal* 70 (2008): 127; William Edgar, foreword to K. Scott Oliphint, *Covenantal Apologetics: Principles and Practice* (Wheaton, IL: Crossway, 2013), 17도 참고하라.

빙크의 개념이 현대 신학 가운데 펼쳐지는 신학적 궤도와의 관계성 가운데서 더 깊게 이해될 것이다. 즉각적 자의식을 전적 의존 감정 안에서의 신-의식과 동등한 상관관계로 이해했던 프리드리히 슐라이어마허(Friedrich Schleiermacher)가 바로 그 예이다.[10] 혹은 계시를 "초월적 경험"(transcendental experience)으로 이해하고 "주제화되지 않은"(unthematic) 하나님의 지식을 생산하려고 했던 칼 라너(Karl Rahner)의 작업이라든지,[11] 아니면 보다 더 최근에 계시를 태곳적부터 "주어지고 정해진" 것으로 이해했던 장-뤽 마리옹(Jean-Luc Marion)의 작업들도 바로 그 예이다.[12]

헤르만 바빙크는 일반 계시에 대한 고전적 개혁신학의 이해를 고수한다. 그러므로 바빙크는 하나님께서 인간의 의식으로 접근 가능한 자연과 도덕 질서를 통해 객관적으로 자기 자신을 우리에게 계시하신다고 믿었다. 바빙크에게 이성적 존재는 객관적인 측면에서 "사물들이 존재한 후에, 그리고 그 사물들이 존재하기 때문에 사물들을 알고 … 세상에서 하나님에게 이른다."[13] 바빙크는 이런 계시의 객관적 측면이 이에 상응하는 계시의 주관적

10 Friedrich Schleiermacher, *Christian Faith: A New Translation and Critical Edition*, ed. Catherine L. Kelsey & Terrence N. Tice, trans. Terrence N. Tice, Catherine L. Kelsey, & Edwina Lawler (Louisville, KY: Westminster John Knox, 2016), §4.2; §32-33; Herman Bavinck, *Beginselen der Psychologie* (Kampen: Bos, 1897), 53-4. 바빙크는 슐라이어마허를 다음과 같이 요약한다. "슐라이어마허는 … 감정을 즉각적 자의식으로 정의 내렸는데 [즉각적 자의식이란] 주체가 모든 생각과 의지 전에 자기 자신의 존재에 대해 의식하게 되고 동시에 하나님께 전적 의존하는 것을 의식하게 되는 것이다." 이 문장의 네덜란드어 원문은 다음과 같다. "Schleiermacher . . . omschreef het gevoel als het onmiddellijke zelfbewustzijn, waarin de mensch vóór alle denken en willen zichzelf, zijn eigen zijn, en daarin tegelijk zijne volstrekte afhankelijkheid van God bewust wordt."

11 Karl Rahner, *Foundations of Christian Faith: An Introduction to the Idea of Christianity* (New York: Crossroad, 1978), 21.

12 Jean-Luc Marion, *Being Given: Toward a Phenomenology of Givenness*, trans. Jeffrey L. Kosky (Stanford: Stanford University Press, 2002); *Givenness & Revelation*, trans. Stephen E. Lewis (Oxford: Oxford University Press, 2016).

13 Bavinck, *RD*, 2:69(바빙크, 『개혁교의학』, 2:80. 역자 주: 이후부터는 후속 연구의 편의를 위해 *RD*의 한역본인 헤르만 바빙크, 『개혁교의학』, 박태현 역 (서울: 부흥과개혁사, 2011)도 함께 명기하도록 하겠다).

측면을 요구한다고 주장했다. 이런 바빙크의 주장은 전통적인 이해, 즉 인간들은 하나님에 대한 진리를 제대로 사고할 수 있는 기구를 가진 채 태어난다는 이해와 일맥상통한 이해이다. "[우리는] 확고한, 확실한, 의심 할 수 없는 신지식에 이르는 잠재력(소질, 힘, 능력)과 경향(성향, 기질) 둘 다 갖[고 태어난다]."[14] 바빙크는 계시의 주관적 측면을 좀 더 지적하면서 하나님께서는 자기 스스로를 태초부터 내재적으로 드러내셨다고 다음과 같이 주장했다. 하나님에 대한 선천적이고 획득된 지식 "이전에" 존재하는 "계시의 내적 작용을 통해 그의[인간의] 의식에 발생"[15]하는 계시가 있다.[16]

이런 "계시적 압박"(revelatory pressure)[17] 이야말로 바빙크가 『계시 철학』에서 확장시키고 명료화하려 했던 개념이며, 이런 개념을 통해 바빙크의 계시 개념과 위에서 살펴본 계시에 대한 최근 이해들 사이에 개념적 접점이 생길 수 있다. 예를 들면 바빙크는 『계시 철학』 3장에서 하나님의 계시가 "의존 감정"과 "자의식" 안에서 "모든 사고와 의지 전에" 존재한다고 주장했다. 『계시 철학』은 일반 계시와 일반 계시의 주관적 요소를 이런 사전 인지적, 즉각적, 사전 서술적 감각들 안에서 특징화시킨다. 이런 바빙크의 사상을 이해할 경우 20세기 가운데 제공되었던 다양한 계시 개념들과의 비교 맥락 속에서 바빙크의 계시론에 대한 새로운 이해와 통찰이 열리게 될 것이다.

우리의 소망은 연구자와 학생들이 바빙크를 새롭게 읽게끔 도와주는 것이며, 이 목적을 관철시키는 데 이 새로운 판이 하나의 자극제가 되는 것이다.

---

14 *RD*, 2:71(바빙크, 『개혁교의학』, 2:82).
15 *RD*, 2:72(바빙크, 『개혁교의학』, 2:83).
16 *RD*, 2:73(바빙크, 『개혁교의학』, 2:86).
17 *RD*, 2:73(역자 주: 바빙크, 『개혁교의학』, 2:86에는 "영향"으로 번역되었다).

감사의 글

만약 많은 이들의 도움이 없었더라면 이 작업은 결코 결실을 맺지 못했을 것이다. 이 작업을 시작하기 위해 격려해주었고 핸드릭슨 출판사에 이 작업을 소개시켜주었던 그렉 파커 주니어(Greg Parker Jr.)에게 감사를 표한다. 바빙크 작품에 대한 파커의 헌신과 열정이 이 작업을 시작하고 완성 짓게 만드는 기폭제가 되었다. 또한 이 작업 전체를 총괄했던 핸드릭슨 출판사의 파트리샤 앤더스(Patricia Anders)의 흔쾌히 서문을 써준 제임스 에글린턴에게도 감사를 표한다.

우리는 에든버러에서 제임스의 지도로 박사논문을 완성했다. 뉴 칼리지(New College)에서 많은 사람들과 대화중에 바빙크의 『계시 철학』을 새롭게 주석해 출판하자는 의견이 모아졌다. 그러나 이 작업은 단순히 봉사 활동 정도의 일이 아니었다. 바빙크의 강연은 교계와 학계에 지속적인 영양분을 공급할 수 있는 특징들, 예를 들면 마음과 정신의 확장, 엄격한 연구, 개혁 신학적 사고의 매력, 모든 대화 상대들과의 너그럽고 통찰력 있는 상호작용과 같은 특징들로 가득 채워져 있는 강연이었다. 이런 작품이 영어권 세계에서 간과되어왔다는 것은 바빙크의 전반적인 사상을 이해하는 것 뿐 아니라 현 시대 속 교회의 정신과 마음의 활력을 위해서도 실로 큰 손실이었다.

우리에게 끊임없는 지원과 열정을 베풀어 준 뉴 칼리지의 모든 친구들에게도 감사를 표한다. 캠 클라우징(Cam Clausing), 브루스 파스(Bruce Pass), 앤드류 옹(Andrew Ong), 제커리 퍼비스(Zachary Purvis), 조슈아 랄스턴(Joshua Ralston), 앤드류 존슨(Andrew Johnson) 등은 이 작업을 위해 지속적인 지원을 아끼지 않았다. 게다가 색인을 만드는 데 도움을 준 인디타 쁘로보수떼조(Indita Probosutedjo)와 그레이스톤 신학 협회(Greystone Theological Institute)의 크리스틴 라이스(Kristen Rice)에게도 감사를 표한다. 또한 번역을 도와준 마리노스 드 종(Marinus de Jong), 꼬스 타밍하(Koos Taminga), 가이 워터스(Guy Waters)에게도 감사를 표하고 싶다. 조지 하링크(George Harinck)와 로버트 코볼로(Robert Covolo)의 열정과 통찰력은 이 작업을 해나가는 가운데 큰 도움이 되었다.

나는(그레이) 특별히 이 작업을 위해 인내심을 가지고 많은 시간을 기꺼이 허락해준 인도네시아 자카르타에 소재한 언약 도시 교회(Covenant City Church)의 지원에 진심으로 감사를 표하고 싶다. 교회 구성원들은 이 작업을 위해 지속적인 격려와 지원을 아끼지 않았다(특히 테짜르 뿌뜨라[Tezar Putra], 재키 번스[Jackie Burns], 에밀리 헨드라짜자[Emily Hendradjaja], 엘리우스 쁘리바디[Elius Pribadi]에게 감사를 표한다). 학문적 관계의 연합과 교회적 선포에 열정을 쏟는 언약 도시 교회의 헌신이야말로 정말로 큰 복이다. 인디타 쁘로보수떼조(Indita Probosutedjo) 역시 많은 지원과 도움과 배려를 베풀어주었다. 이 모든 분들의 수고와 관심이 없었더라면 이 작업은 절대 완성될 수 없었을 것이다.

나(코리)는 에든버러의 스코틀랜드 성 컬럼버 자유 교회(St. Columba's Free Church of Scotland)와 미시시피 잭슨의 제1장로교회(First Presbyterian Church)에 많은 빚을 졌다. 이들 교회는 목회 사역 외의 시간에 이 작업을 할 시간을 나에게 허락해주었다. 또한 이 작업 기간 뿐 아니라 언제 어디서나 우리 가족을 향해 끊임없는 사랑과 절대적 헌신을 보여준 나의 사랑하는 아내 헤더(Heather)도 영예를 가져갈 이유가 분명히 있다.

새로운 주석판에 대한 서문

『계시 철학』을 위한 이해[1]

바빙크는 『계시 철학』이 나오기 불과 4년 전 모든 인간들은 다음과 같은 질문에 직면한 상태로 삶을 영위해간다고 언급했다.

> 인간의 정신이 직면한 문제들은 항상 나음과 같은 질문들로 되돌아간다. 생각하는 것과 존재하는 것, 존재하는 것과 되어가는 것, 되어가는 것과 행동하는 것 사이의 관계는 무엇인가? 나는 무엇인가? 세계는 무엇이며, 이 세계 속에서 나의 자리와 일은 무엇인가?[2]

이런 질문들은 철학과 신학 둘 다에 속한 질문들이다. 이런 질문들의 핵심은 인간 의식(감정과 생각)과 실체화된 외부(존재와 행위) 사이의 관계가 무엇인가와 관계있다. 바빙크는 이런 질문들을 자주 전인(全人)으로서의 인간

---

1   이 장에서는 코리 브록의 박사논문인 "Orthodox Yet Modern: Herman Bavinck's Appropriation of Friedrich Schleiermacher" (Ph.D. diss., University of Edinburgh, 2018)의 편집된 내용이 번갈아가며 등장한다.

2   Herman Bavinck, *Christelijke wereldbeschouwing* (Kampen: J. H. Kok, 1929), 14. "De problemen, waarvoor de menschelijke geest altijd weer te staan komt, zijn deze: wat is de verhouding van denken en zijn, van zijn en worden, van worden en handelen? Wat ben ik, wat is de wereld en wat is in die wereldmijne plaats en mijn taak?"

과 인간이 가진 기능, 즉 세계관과 인생관에 연결시켰다(62).[3] 철학과 신학 둘 다 상호의존적이지만 동시에 서로 다른 범주 체계를 사용해 이런 일련의 질문들에 대한 답을 제공해왔다.[4] 이런 측면에서 바빙크는 1908년에 **계시** 의 철학과 계시의 **철학**이라는 주제를 동시에 강연했다.[5] 사람들은 소유격을 주격의 형식으로 이해하든지 아니면 목적격의 형식으로 이해하든지 한다. 만약 소유격을 주격의 형식으로 이해하면, **계시** 철학(philosophy of *revelation*) 은 "계시적 철학"(revelational philosophy), 즉 철학적 탐구의 방식과 내용을 제 어하는 차원으로서의 계시를 확증하는 의미가 된다. 바빙크는 하나님의 비 밀로부터 나온 계시에 대한 사실이 이 세상 속에서 생각하고 행동하는 것에 도움을 준다는 생각을 절대 버리지 않았다. 만약 소유격을 목적격의 형식으 로 이해해 계시 **철학**(*philosophy* of revelation)이라는 표현을 계시를 **철학**하는 의미로 이해한다면, 이는 계시의 "위치"와 "방식"에 대한 철학적 연구를 뜻 하는 의미를 갖게 된다. 바빙크의 『계시 철학』은 이 두 가지 의미를 모두 포 함한다. 바빙크는 『계시 철학』에서 인간 주체와 객관적 세계 사이의 관계성 가운데서 계시의 "방식"을 철학적으로 탐구하는 작업으로부터 계시에 대한 관점(혹은 교의학이 내리는 결론에 대한 파생적 관점)을 취한다. 바빙크는 어떤 계

---

3   『계시 철학』 전반에 걸친 바빙크의 심사숙고는 이런 질문에 대한 대답을 통해 정의된 세계관 과 관련되어 있다. 바빙크는 특별히 『계시 철학』을 통해 자연주의자/초자연주의자라는 이분 법 사이에 존재하는 넓은 구별을 보다 더 좁히는 작업을 했다.

4   이런 표현은 Nick Adams, "Hegel," *Theology and Philosophy*, ed. Oliver Crisp, Gavin D'Costa, Mervyn Davies, & Peter Hampson (London: Bloomsbury / T&T Clark), 129-42에서 빌려왔다.

5   계시 철학에 대한 활동들은 일반적으로 현대적 산물이다. 바빙크는 계시 철학의 발전을 이 성주의와의 반립 가운데서 계시의 철학적 논의를 위해 칸트 이후적 필요에 결부시켰다. "그 럼에도 불구하고 학자들이 계시를 너무 빨리 간단히 처리해 버렸다는 사실은 곧바로 드러났 다. 종교와 계시는 더 깊이 있는 역사적, 철학적 연구를 통하여 학자들이 합리론의 지배 하에 서 생각했던 것보다 훨씬 더 긴밀한 연관이 있다는 것을 보여 주었다. 그래서 최근의 신학과 철학에서 계시의 개념은 다시 더 많은 신뢰를 받았고, 재구성을 위한 다양한 시도들이 수행 되었다. 칸트의 비판적 철학은 피히테로 하여금 모든 계시를 연구하도록 이끌었고, 그 연구는 비록 계시의 개념을 수정했을지라도 여전히 계시의 가능성을 옹호했다"(바빙크, 『개혁교의 학』, 1:399-400; *RD*, 1:288).

시 철학이라도 반드시 "계시적 철학"이 되어야만 한다고 생각했다. 그 이유는 철학적 탐구를 시작할 때 계시를 가정하는 일이 반드시 필요하다고 생각했기 때문이다.[6] 바빙크는 『계시 철학』을 기독교 세계관에 대한 자신의 글과 더불어 읽길 바라면서(1장 각주 61번 참고)[7] 계시 철학에 대한 의미들을 이 책 안에서 더욱 더 깊이 파고들었다.

『계시 철학』은 변증적인 책이다. 하지만 이 책이 추구하는 변증은 계시의 "비밀스러운" 존재에 대한 구체적인 옹호가 아니다. 오히려 바빙크는 믿음을 가정한 채 모든 사고방식과 행위들 가운데 존재하는 계시에 대한 사실들을 수납하는 형식을 취한다. 그러므로 이런 바빙크의 시도는 계시에 대한 선언적 옹호라고 볼 수 있다.

> 그는[그리스도인은] 자신의 신앙으로 인해 세상 한가운데 낯설고 격리된 존재가 아니라, 자연과 역사, 학문과 예술, 사회와 국가, 각 사람의 마음과 양심 가운데서 자신의 신앙에 대한 지지를 발견한다. 오직 기독교적 세계관과 기독교적 인생관만이 세계와 삶 현실에 적합한 것이다.[8]

핵심은 다음과 같다. 다양한 과학적 영역들에 대한 탐구를 통해 계시의 실재가 드러나게 되며, 계시를 주목하는 훈련을 통해 하는 사고는 철학적 질문들의 영역 속에서 이해 가능한 많은 해답들을 제공할 수 있다. 『계시 철

---

6 바빙크가 『계시 철학』에서 다루는 것들은 이전 각주에서 잠시 살펴본 것처럼 현대 신학에 대한 자기 증언이었다. 계시에 대한 철학들은 19세기, 20세기 초에 활발히 펼쳐진 산물이었고, 이런 근대 철학들은 계시에 대한 집중을 소중히 여겼던 근대 이전의 신학과는 구별되는 철학들이었다. 계시에 대한 개념과 계시를 옹호하는 입장, 그리고 계시를 다른 영역들과의 관계성 가운데 표현하는 것들은 부재했거나 아니면 칼뱅과 같은 신학자들의 신학들 속에 가정 된 채로 존재했다.

7 "이 강연에서는 바빙크의 『기독교 세계관』(Christelijke Wereldbeschouwing, 1904)에 나타난 계시에 대한 근본적 개념들을 구체적으로 서술한다."

8 바빙크, 『개혁교의학』, 1:670(RD, 1:515).

학』은 인간의 삶의 다양한 영역들과의 관계 속에서, 혹은 이런 관계들을 통해서 계시를 이해할 때만 비로소 하나님 지향적인 실재를 가정할 수 있다는 사실에 대해 말한다. 인간의 삶의 다양한 영역들은 일반적으로 철학, 인식론, 형이상학, 자연, 역사, 종교, 경험, 문화, 사회, 시대 등을 포함한다.

바빙크의 『개혁교의학』에서도 잘 드러났다시피, 계시는 창조와 구속을 위해 하나님께서 행하신 첫 외부적 행위이다. 이런 첫 외부적 행위는 '하나님께서 말씀하신다'(Deus dixit) 그 자체이다. 이 원리가 바로 "하나님은 반드시 자기가 숨은 곳에서 나타나 어떤 방식으로든 보이고"[9]라는 문장이 말하는 개념이다. 바빙크는 계시 속에 성경(교의학의 외적 인식 원리[principium cognoscendi externum])과 피조 된 질서 가운데서의 하나님의 자기 현현 둘 다가 포함되어 있다고 보았다. 『계시 철학』은 계시 영역의 개념적 확장을 우선적으로 포함한 채 성경과 하나님의 자기 현현 둘 다를 다룬다. 『계시 철학』은 "옛 신학은 꽤 외면적이고 기계적인 관점 하에서 계시를 구성해나갔고"(88)라는 문장의 의미를 저지하려는 목적을 지닌다. 바빙크는 개혁신학 전통 내의 이전 신학자들이 기록된 본문 혹은 일반적인 대상과 계시 사이를 너무나 쉽게 결부시켰다고 보았다. 오히려 바빙크는 계시의 확장을 다음과 같은 사실에 대한 인식으로 보았다. "계시는 하나님의 신비(μυστήριον τοῦ θεοῦ)의 폭로이다. 자연도 역사도, 정신도 마음도, 과학도 예술도 이 사실을 우리에게 가르쳐주지 못한다. 하지만 계시가 바로 이 사실을 우리에게 알려준다. 계시가 이 세상과 죄인들을 구원하시려는 하나님의 굳건하고도 불변한 의지와 거의 모든 존재들의 모습 속에 비춰진 하나님의 다양한 **의지**를 우리에게 알려준다"(92). 즉 바빙크는 "우주의 비밀"은 자명하다고 알려진 것들 너머에서 "계시의 비밀" 속에 위치한다고 보았으며, 하나님의 의지는 인간 의식 속에서 명백히 드러난다고 생각했다.[10]

---

9   바빙크, 『개혁교의학』, 1:395(RD, 1:286).
10 바빙크에게 자명한 것은 사실 자명한 것이 아니다. "우리가 이해하는 것은 거의 없다 … 나는

바빙크에게 계시는 유기적 존재이다. 계시가 유기적이라는 말은 단순히 계시의 모습과 내용이 다양성 안에서의 통일성(unity-in-diversity)을 가진다는 의미 정도에 그치지 않는다. 오히려 계시가 유기적이라는 말은 계시가 모든 인간 문화와 현상의 근거가 되며, 그 결과 계시와 모든 피조물들이 서로 밀접하게 연결되어 있다는 의미를 포함한다.[11] 물론 바빙크는 19-20세기 철학적 대응 인물들로부터 전해진 유기적 언어들을 정통 개혁신학의 뿌리를 통해 재정의 내리고 자신의 목적에 맞춰 이런 유기적 언어들을 사용한다. 하지만 동시에 바빙크는 계시론을 소개하는 부분에서 『개혁교의학』에서 묘사했던 방식들과 유사한 방식으로 낭만주의자들에 의해 만들어진 유기적 발전을 다음과 같이 묘사한다.

이와는[이성주의와는] 대조적으로 하만, 클라디우스, 라바터, 헤르더, 야코비와 그 외 학자들은 종교와 예술 사이의 연관을 더욱 강조했고, 그 결과 계시를 독창적인 영감과 관련시켰다. 그들은 거의 모든 것이 계시로부터 발생한 것처럼 계시의 개념을 확장했다. 종교, 시, 철학, 역사, 언어는 하나의 통일한 근원적 생명에 대한 다양한 표현들이 되었다. … 이 모든 계시들의 중심에는 그리스도의 인격이 서 있기에, 모든 것이 그를 가리키며 그에게 집중한다.[12]

하만, 클라디우스, 라바터, 헤르더, 야코비 등을 따랐던 중재 신학을 통한 발전은 계시를 보다 더 "유기적으로" 설명하게끔 만들었다.

사람들이 말하듯이 자명하고 완전히 자연스런 것을 이해하거나 혹은 이해한다고 여긴다. 이해하는 것은 종종 학자가 더 깊이 연구를 함에 따라 더 이상 나아가지 못하고 멈춘다. 자명하던 것이 전적으로 평범한 것이 아니고 놀라운 것으로 드러난다. 학문이 그 대상에 더욱 깊이 파고들수록 그만큼 신비에 접근하게 된다." 바빙크, 『개혁교의학』, 1:802, 803(RD, 1:619).

11 이에 대해서는 특별히 Eglinton의 *Trinity and Organism*을 참고하라.
12 바빙크, 『개혁교의학』, 1:400(RD, 1:289-90).

우리가 슐라이어마허 이후로 등장한 이 새로운 계시 개념을 그 이전에 일반적으로 수용된 계시 개념과 비교한다면, 다음과 같은 특징들을 발견한다. (1) 기독교가 기초한 특별 계시는 더욱 유기적으로 이해되어 마음과 양심 가운데 자연과 역사에 나타난 일반 계시와 더욱 긴밀하게 연관된다. (2) 학자들은 특별 계시 자체를 하나의 역사적 과정으로, 즉 단지 말씀만이 아니라 행위, 예언과 기적 둘다를 포함한, 그래서 그리스도의 인격에서 절정을 이루는 진전하는 역사적 알림 혹은 하나님의 자기 계시로 이해하려고 시도했다. (3) 그들은 계시 내용을 오로지 또는 주로 종교적, 윤리적 진리 가운데 존재하는 것으로 여겼는데, 그 진리는 일차적으로 교육이 아니라, 도덕적 개선, 죄로부터 구원을 목적으로 삼았다. (4) 그들은 점차 역사 가운데 발생한 계시와 성경에서의 계시 기록 혹은 묘사 사이를 날카롭게 구분했다. 그래서 후자 자체는 계시가 아니라, 단지 다소간 순수 기록에 불과한 것이다.[13]

바빙크가 말하는 유기성과 위의 두 인용문에서 바빙크가 서술한 근대적 설명 사이에는 중대한 차이점이 존재한다. 바빙크는 계시와 성경 사이에서 어떤 괴리도 만들지 않았다. 바빙크는 계시를 성경만으로만 축소시키지 않았다. 그럼에도 불구하고 바빙크는 성경이 하나님의 계시된 말씀이며, 오직 이 계시된 말씀을 통해서만 그리스도, 삼위일체 하나님의 뜻, 구속의 역사가 우리에게 알려진다고 보았다. 도덕적 개선에 영향을 끼치는 종교적 혹은 기독론적 진리와 그 진리가 가진 비본질적이고, 일회용적이며(잠재적으로 볼 때 잘못된) 역사적 주장 사이에서 이분법을 만드는 것은 중재 신학자들이 처음부터 거부하길 원했던 기계적 성향을 다시 지향하는 것과 같은 역설적 행위이다.[14] 성경의 역사적, 신학적, 형이상학적 주장들은 자연과 역사에 관한 일반적인 연구들 속에 계시된 진리와 어떤 모순도 없는 유일한 유기적 전체로

---

13 바빙크, 『개혁교의학』, 1:403(RD, 1:291-92).
14 이에 대한 구체적인 논의는 RD, 1:415-48을 참고하라.

진지하게 받아들여져야 한다.

그럼에도 불구하고 바빙크와 낭만주의 사이에 관련성이 아예 없는 것은 아니다. 낭만주의에 대한 바빙크의 묘사는 그의 전체론과 더불어 바빙크의 고유한 사상을 만들어나간다. 그리스도는 모든 것들이 지향하는 바를 지향하며, 모든 것들이 흘러나오는 계시의 중심부를 차지한다. 바빙크의 처음 의도는 우주의 광대함을 우주의 모든 다양성들 가운데 취하기 위해(유기적 통일성으로부터 비롯된 개념), 또한 이 모든 것들을 내적 자아 안으로 불러오기 위해 계시에 대한 연구를 보편화시키는 것이었다. 현대 지연과학과 심리학은 존재의 영역을 확장시킬 수 있는 기회를 제공하기 위해 반드시 하나님의 내재적 존재 개념을 조직화할 수밖에 없었다. 이런 측면에서 바빙크 역시 계시의 **자기**(self) 증거, 즉 자명성(self-evidence)을 드러내려고 했다. 바빙크는 『계시 철학』의 중심부에서 자아(the self)가 계시적 행위 가운데 주어졌으며, 혹은 선물로서 즉각적인 자의식에 주어졌다는 것을 논증한다. 계시의 통일성에 대한 기본적인 전제는 다음과 같다.

> 이 세상 그 자체가 계시에 근거한다. 계시는 이 땅에 존재하는 모든 것들의 전제요, 근본 토대일 뿐만 아니라, 비밀 그 자체이다. 계시에 대해 더 깊이 연구하면 할수록, 모든 피조물들의 근저에 깔려 있는 계시를 보다 더 선명히 발견할 수 있게 될 것이다. 모든 시간 안에서 영원의 맥박이 고동친다. 모든 공간은 하나님의 무소부재(無所不在)성으로 가득 차 있다(94).

계시는 모든 통일된 관계들의 "방식"에 대한 대답이다. 그 이유는 이 대답은 하나님의 말씀의 능력이기 때문이다.

계시는 "우리에게" 오는 것이다. 또한 계시는 계시 자체가 가진 빛을 비추며 사방에서 우리의 의식 속으로 들어와 자신의 내용과 형식 둘 다를 "우리에게 말하는 것"이다. 이 방식이야말로 계시가 움직이는 "방식"이며, 이런 방식에 대한 내용 설명이 『계시 철학』이 쓰인 두 번째 목적이다. "이 모든 작업 과정과 더불어 계시의 개념을 추적해야 나가야 할 계시 철학을 위한 공간 역시 필요하다. 계시 철학과 계시 개념의 형태와 내용은 우리의 지식과 삶 속에서 서로 연합하게 될 것이다"(90). 『계시 철학』이 하고자 하는 작업은 철 학과 학문의 다양한 영역들 속에서 얻어진 지혜와 계시의 사실들을 서로 결 부시키는 것이다. 이 작업은 어떻게 계시가 "우리에게" 오는지(의식의 자각), 어떻게 계시가 (인지와 실체화된 행위 가운데서) 인간 존재의 모든 것들과 연결 되는지, 그리고 어떻게 계시가 예술과 학문들 사이의 통일성을 가능하게 만 드는지에 대해 탐구한다. 하지만 그 무엇보다도 우리가 반드시 질문해야 할 것은 어떻게 계시가 의식과 세계 사이의 관계, 사고와 존재 사이의 관계, 이 상과 실재 사이의 관계에 대해 말하는지와 관련 있다. 이런 질문들에 대한 답은 경험을 통해 얻을 수 있는 자기 자신에 대한 사실과 계시 행위들이 만 나는 교차로에서 찾을 수 있을 것이다.

실재에 대해 찾는 길은 현대 철학의 다양한 문제들에 대해 고려해 보는 것으로부터 시작한다. 바빙크는 인간의 마음의 감정적 요구와 지성적 요구 둘 다를 만족시켜주지 못했던 모든 철학들을 향해 반론을 제기한다.[15] 만족 을 주지 못했던 이런 철학들은 종교(하나님을 사랑하는 것)에 대항하는 철학들 이며, 더 확장지어 생각할 때는 계시에 대항하는 철학들이다.

철학의 역사는 상호 무너뜨리는 체계의 역사였기에 그리스인들에게는 회의주 의로, 중세에는 유명론으로, 그리고 오늘날 많은 사람들에게는 불가지론으로 막 을 내렸다. 종교에 가장 필수적인 진리들, 즉 하나님의 존재와 본질, 인간과 세 상의 근원과 목적지, 죄와 용서, 상급과 징벌은 번갈아가며 가르쳐지거나 논쟁 되었다. 이 같은 모든 질문들에 대해 우리는 철학에서 충분한, 확신 있는 대답을

---

15 바빙크는 본서 3장에서 성경을 통해 인간 "정신"(geest)의 전체적인 기능을 마음으로 묘사하 며, 인간의 마음을 인격성과 의식의 동의어로 이해한다.

얻지 못한다. 그래서 키케로는 정당하게 질문을 던졌다. "가장 훌륭하고 가장 신중한 철학자들 가운데 누구나 스스로 많은 것을 모른다고 고백할 뿐 아니라, 그는 아직 배워야 할 것들이 많다고 고백하지 않는가?"[16]

철학과 과학이 이성이라는 바위와 더불어 계시의 칼을 무디게 만들었을 뿐 아니라, 과학만능주의야말로 미래 종교의 종말을 예언하는 것처럼 보였던 시절도 있었다. 하지만 20세기가 도래하면서 바빙크는 보이지 않는 것들에 대해 새로운 관심이 일어나는 상황을 목도했다.[17] 바빙크는 학문적인 상상이나 사회적 상상 둘 다 19세기 후반의 유물론들로부터 회복하려는 몸부림이었으며, 이런 몸부림들을 통해 계시와 헤겔이 재발견되었다고 생각했다. 옛날 사람들은 계시가 이 세상의 중심이라고 생각했다. 바빙크는 자신의 시대를 읽으면서 이런 생각이야말로 19세기 후반 다윈주의에 대한 환상이 깨진 죽음으로부터 각성된 내용으로 보았다.

계몽주의, 혁명, 다윈주의의 원리들 가운데 사회서 질서를 차지했던 자율성의 갑작스러운 능장 이후, **어떻게** 계시가 우리에게 드러나는지에 대한 탐구는 새로운 종교적 호기심의 정신적 표지가 되었다. 괴테(Goethe)나 헤르더(Herder)가 전개했던 "삶의 충만함"에 대한 무궁무진한 낭만주의적 발견은 19세기가 얼마나 지나치게 유기적이고 목적론적이었는지를 증명했던 헤겔의 혁명을 통해 계승되었다(73). 마르크스(Marx)와 다윈(Darwin) 이래로 "계시는 더 이상 가능성으로도 여겨지지 않았다"(77). "그럼에도 불구하고 19세기에서 20세기로의 이동은 매우 중대한 변화를 가져왔다. 과학의 영역 속

---

16 바빙크, 『개혁교의학』, 1:329-430(*RD*, 1:313).
17 1904년에 바빙크는 다음과 같이 기록했다. "이 새로운 세대는, 우리가 어디엔가 훌륭하게 도달할 수 있으리라고 생각하기보다는, 아직 알려지지 않은 것과 알 수 없는 것들이 우리를 사방으로 에워싸고 있다고 인식하게 되었다. 한편으로는 사람들이 학문과 문화에 끊임없이 열중하였으나, 다른 한편으로는 사람들이 신비주의적 관념론과 보이지 않는 것들에 대한 막연한 믿음으로 돌아가, 그러한 생각들이 모든 영역에 영향력을 행사하게 되는 것을 볼 수 있다." Herman Bavinck, *Christelijke Wereldbeschouwing* (Kampen: J. H. Bos, 1904), 7.

에서 일어난 중대한 발견들은 모든 현상과 사건들을 기계적-화학적 원인으로 설명하려는 시도를 버리게 만들었다"(77). 근대 과학은 우주에 대한 "우리의" 개념을 확장할 수 있게끔 도와주었을 뿐 아니라, 신학이 우주의 광대함의 빛 아래서 하나님의 광대무변함 개념을 전개해나갈 수 있도록 돕는 역할도 했다. 게다가 근대 신학은 더 이상 역사적, 심리적 매개, 유기적 발전, 성경 기록 당시의 상황 속에 존재했던 성경 저자들과 독자들에 대한 인지 없이 기계적 방식으로 성경으로부터 모든 것을 이끌어 낼 수 없다는 사실을 인식할 수 있게 도움을 주었다. 즉 근대 신학은 계시 전체가 받아쓰기 방식의 기록이 아니라는 사실을 우리에게 알려주었다. 바빙크는 20세기 초반의 정신을 가리켜 세상과 관계를 맺는 하나님께서 살아 있고 활동적이라는 사실, 즉 "우리와 멀리 떨어져 있지 않으신 하나님"(87)이라는 사실에 열려있다고 보았다. 그러므로 20세기 초반에는 하나님의 내재성에 대한 강조가 활짝 꽃을 피우게 되었다.

바빙크는 "피조 세계의 다양한 영역들 속에서 계시 개념을 추적"하는 작업을 진행하면서 하나님의 친밀하심의 성경적 개념을 계시의 실재 속에서 창조계에 적용해나갔다. 바빙크는 자아와 더불어 그 자아와 관계 맺는 객관적인 실제 세계를 자의식 속에서 인식함을 통해 하나님, 인간, 계시 사이의 관계성을 고찰하는 것에서부터 자신의 작업을 전개해나갔다. 바빙크 해석자들은 자아로 되돌아가는 바빙크의 이런 움직임이 그가 "아메리카 여행"(reis naar Amerika)을 처음 했던 1892년보다 더 일찍이 시작되었다고 보았다. 조지 하링크가 제안했듯이 바빙크의 후반기 삶은 "밖에서 안으로"(van buiten naar binnen)의 삶이었다.[18] 바빙크에게 『계시 철학』은 제임스 브렛(James

---

18 George Harinck, *Bavinck's Mijne reis naar Amerika* (Barneveld: De Vuurbaak, 1998). George Harinck, "Land dat ons verwondert en ons betoove:' Bavinck en Amerika," in *Ontmoetingen met Herman Bavinck*, ed. George Harinck & Gerrit Neven (Barneveld: De Vuurbaak, 2006)도 참고하라.

Bratt)이 주장했듯이 "[밖에서 안으로의] 접근 방식의 성숙함이 드러난 곳"이며 "20세기 초반 북 대서양 세계를 가로질러 진행된 엘리트 문화 속 혁명의 트레이드마크였던 '밖에서 안으로'의 시간이 기록된 곳"이었다.[19] 바빙크는 두 번째 아메리카 여행지였던 프린스턴 신학교에서 소위 브렛이 통칭했던 "새로운 현대주의"에 자아로의 복귀를 참여시켰다. 새로운 현대주의는 여타 다른 현대 운동들과 상대적으로 반립적 위치를 지녔는데, 예를 들면 실증주의 운동이라든지 단순히 산업 발전만을 추구하는 운동과는 궤를 달리했다. 브렛이 묘사했듯이 새로운 현대주의는 "이런 형태의 현대화를 막는 참된 인간"의 구속과 보존으로서의 "임무를 인지하는 것"과 관련 있다.[20] 바빙크는 베버(Weber)를 인용하며 19세기 옛 현대주의자들을 "영혼 없는 전문가"로 여겼다(본서 10장 각주 64번을 참고하라).

그러나 새로운 현대주의는 수납된 궤적들과 창조적인 방식으로 발전된 다양한 영역들 속에서 분열되기 시작했다. 1900년 피카소(Picasso)를 시작으로, 플랑크(Planck)의 보이지 않는 세계, 1901년 버트런드 러셀(Bertrand Russell)의 손에 의해 일어난 형이상학의 죽음, 1903년 후설(Husserl)의 관념론, 1905년 시간의 상대성 이론을 발견한 아인슈타인(Einstein) 등이 바로 그 예다.[21] 이 시대가 품은 정신은 이전 시대의 낭만주의 초기 운동의 창조적 감각에로의 참여였다. 바빙크는 20세기 초반 낭만주의의 대안으로 발흥했던 물질주의적 진화론, 일원론, 과학적 실증주의에 반박하며 낭만주의가 가진 창조적 운동의 측면에 집중하는 모습을 보였다. 하지만 바빙크는 새로운 현대주의가 제공하는 파편화된 목적을 지양하고 오히려 다른 목적(telos)을 향해 달려가는 지성과 상상을 위해 『계시 철학』을 기록했다. 브렛은 이를 다음

---

19 James Bratt, "The Context of Herman Bavinck's Stone Lectures: Culture and Politics in 1908," *The Bavinck Review* 1 (2010): 4-24.
20 Bratt, "The Context of Herman Bavinck's Stone Lectures," 14.
21 1900년부터 1915년까지 일어났던 현대주의의 주요한 발전들에 대한 폭넓은 목록은 Bratt, "The Context of Herman Bavinck's Stone Lectures," 14-16을 참고하라.

과 같이 요약 한다.

대중으로부터 나와 동료 전문가들로 향해가는 바빙크의 전형적인 문화적-현대
주의는 바빙크에게 탐구를 열 수 있는 어느 정도의 여백을 마련해 주었다. 하지
만 바빙크는 이런 탐구의 문을 항상 열어 두지는 않았다. 종국에 가서는 설사 실
재가 해체된 것처럼 보인다하더라도, 아니면 인간의 상대성의 소용돌이 안에서
탐구한다는 것이 얼마나 빛을 발휘할 수 있을지 모른다하더라도, **바빙크는 하나
님의 완전한 통일성 안에서 모든 것들이 긴밀히 응집되어 있으며 인간의 삶은
오직 이와 같은 확신 아래서만 움직여 갈 수 있다는 것에 대해 확신했다.**[22]

그러므로 이런 상황은 바빙크로 하여금 19세기 전반에 걸쳐 철학이 고
통 받았던 문제들에 대한 대안적 해결책을 제공하기 위해 존재했던 과학과
철학의 기계적이고 실증주의적 개념들에 반론을 제기할 수 있는 환경을 조
성해주었다. 이런 대안적 해결책은 단순히 새로운 형태의 목적론 뿐 아니라
종말론 역시도 포함되어 있는 개념이었다. 바빙크는 모든 인식들이 제한되
고 기껏해야 상황적, 주관적 결정들만 일부 포함되어 있는 실증주의적 방법
에 직면하게 되었다. 이런 상황 속에서 바빙크는 사안에 대해 해석학적으로
다시 고민하기 시작했으며, 미묘한 차이들을 지적하는 방식을 통해 자신의
작업을 전개해나가기 시작했다.

우리의 사고가 움직이는 방향성은 상상하는 것만큼 다양하지 않다. 우리 인간들
은 항상 우리의 본성에 의거한 생각과 행동 안에, 또한 한 개인의 과거와 현재의 삶
속에 고정되어 있다. 그러므로 다른 사람을 이끌고 가는 것처럼 보이는 사람들이
오히려 그 다른 사람들에 의해 이끌림 당하는 것은 가히 드문 일이 아니다(110).

22 Bratt, "The Context of Herman Bavinck's Stone Lectures," 21(강조는 첨가했음).

바빙크는 인간들이 실재에 대해 알 수 없다고 생각하지 않았으며 인간의 정신이 엄격한 의미에서 사물 그 자체로부터 떨어져있다고도 생각하지 않았다. 오히려 바빙크는 그 어떤 누구도 진리를 완벽하게 알 수 없다고 보았다. 바빙크가 자주 언급했던 세계관과 인생관은 사고와 행위 가운데 기원적 이야기의 차원에서 일상의 삶 속에서 주장되는 자아, 이성, 욕구 전체가 궁극적인 선으로 향해 가는 성향을 뜻한다. 바빙크는 모든 인간들이 다음과 같은 세 가지의 기본적인 성향들, 즉 물질주의, 인본주의, 유신론 중에 하나의 관점으로 실재를 바라본다고 주장했다. 이런 성향들은 현대 철학에서 진화론적 일원론(물질주의), 초월적 관념론/실용주의(인본주의), 계시 철학(유신론)의 모습으로 사상적 반영이 일어났다. 바빙크는 이를『개혁교의학』에서 다음과 같이 묘사했다. "성경적 세계관과 기독교 신학 전체의 세계관은 전혀 다른 것이다. 그것은 일원론이 아니라 유신론이며, 자연주의적이 아니라 초자연적이다."[23] 유신론 밖에 있는 그 어떤 "세계관"도 "사고와 존재의 통일성"(의식과 의식 외의 것 사이의 관계)에 대해 설명할 수 없기 때문에, 결국 그 세계관은 존재론적 고려 안에서 실재에 접근할 수 없다. 예를 들면 칸트(Kant)의 성찰, 특별히 피히테(Fichte)의 근시적 자기 성찰은 "모든 영양분을 자신의 젖으로부터 끌어 모은 후 자기 자신을 잡아먹는(ipsa alimenta sibi) 암컷 곰과 같은 사상이다"(155). 그러나 바빙크의 이런 비판이 동시대의 사상적 지성들이 사용했던 철학적 문법을 바빙크가 사용하지 못하도록 방해할 수는 없다. 바빙크는『계시 철학』에서 자신의 다른 작품들 속에 서려 있는 평화적 정신을 일관성 있게 그대로 유지하면서도 그 어느 곳에서보다 더 선명한 필치로 개혁신학 전통 밖에 있는 사상들에 대해서는 날카롭게 비판한다.『계시 철학』을 읽는 독자들은 바빙크가 슐라이어마허, 칸트, 에두아르트 폰 하르트만(Eduard von Hartmann)의 사상들과 단순히 섞이지도, 그들을 악마로

---

23 바빙크,『개혁교의학』, 1:493(RD, 1:368).

만들지도 않는다는 사실을 깨닫고, 오히려 그들로부터 얻을 수 있는 통찰을 모으는 바빙크를 발견하게 될 것이다.

이 모든 강조점들, 즉 계시의 영향과 본질에 대한 탐구, 현대주의의 도전에 맞선 응전과 변증, 계시의 근거는 그대로 유지한 채 계시에 함축된 의미들을 추적하는 철학들을 선용하는 것이야말로 기독교 유신론이 모든 시대를 아우르는 강력한 원천을 포함한다는 바빙크의 확신과 맥이 맞닿아 있다. 결국 바빙크의 궁극적인 주장은 두 개의 세계관, 즉 "유신론적 세계관과 무신론적 세계관"[24]이 존재한다는 것이다. 바빙크의 『계시 철학』은 제임스 오어(James Orr)의 영향을 인지하면서 지성과 상상 사이를 분리시키지 않은 채 세계관적 사고가 얼마나 중요한지 다시금 설파한다.[25]

원고에 관하여

헤르만 바빙크는 1908년 늦가을 즈음에 이 강연을 했다. 프린스턴 신학교에서 스톤 강연(the Stone Lectures)이 열리기 약 한 달 전쯤 「프린스턴 신학 리뷰」(Princeton Theological Review) 편집자는 바빙크가 미국에 도착했을 때 미국 청중들이 그를 낯설어하지 않게 하려고 바빙크를 소개하는 글을 다음과 같이 실었다.

이번 달에 바빙크 박사가 [스톤 강연에서] 강의를 할 것이다. 바빙크 교수를 미국 청중들에게 소개할 필요가 있어 보인다. ⋯ 25년 이상 학문 작업을 해온 바

---

24 "Eigenlijk zijn er dus maar twee wereldbeschouwingen, de theistsche en de atheistsche," Herman Bavinck, *Christelijke wereldbeschouwing*, 51.

25 특별히 본서 1장 각주 60번을 참고하라. "Eene belangrijke apologie van de Christelijke wereldbeschouwing," *Theologische Studiën* (1894), 142-52. Eglinton, *Trinity and Organism*, 128-30도 참고하라.

빙크 교수는 네덜란드 교계와 신학계에서 존경 받는 교수이다. 바빙크의 작품은 다양한 방식과 다양한 상황 속에서 인정받는다. 바빙크 교수는 다양한 학문 협회들, 예를 들면 암스테르담의 왕립 과학 아카데미의 회원이며, 네덜란드 여왕 폐하의 훈장도 받은 분이다.[26]

바빙크는 암스테르담에서 총 10개의 강의를 네덜란드어로 질서 있게 일련의 필기장에 정리했다. 바빙크가 프린스턴에서 강의할 때는 이 10개의 강의를 다소 축약하고 단순화시켜 총 6개의 강의 주제로 강의했다. 바빙크의 프린스턴 방문은 두 번째 미국 방문이었으며, 그의 첫 번째 미국 방문은 스톤 강연이 열리기 16년 전 1892년이었다.

스톤 강연에 정확히 몇 명이 참석했는지에 대해서는 알 수 없다. 하지만 아마도 참석 인원이 아주 많지는 않았을 것이다. 발렌떼인 헤프(Valentijn Hepp)는 바빙크가 설교했을 때는 교회가 꽉 찼지만, "학문적" 강의를 할 때는 청중 숫자가 많지 않았다고 기록했다. 하지만 헤프는 프린스턴 밖에서 진행된 강연들의 청중 숫자는 바빙크가 미국에 머무는 동안 계속해서 증가했는데 그 이유는 바빙크가 청중들에 적응했기 때문이라고 기록했다.[27]

이 강연이 헤르만 쿤츠(Hermann Cuntz)에 의해 독일어로도 번역되었는데, 바빙크는 독일어 번역본 서문에서 스톤 강연에 참석했던 청중들에 대한 자신의 소망을 서술했다. 바빙크는 자신의 『기독교 세계관』(Christian Worldview)이 독일어로 번역되고(하지만 영어 번역은 아직이다) 이 번역본의 반응이 우호적인 것을 바라보며 "이 [스톤] 강연들도 호평을 받을 수 있기를"이라고 기록했다. 바빙크는 많은 사람들이 계시 개념을 골동품 취급하는 것을 바라보며 계시야말로 자연과 역사 둘 다를 포함하는 통일된 "세계관"을 위해서 필수적 요소라고 확신에 찬 채 주장했다. 이런 이유 때문에 바빙크는 『계시

---

26 "Herman Bavinck," *Princeton Theological Review* VI.4 (October 1908): 534-43.
27 Valentijn Hepp, *Dr. Herman Bavinck* (Amsterdam: W. Ten Have, 1921), 303-4.

철학』의 주제들이 시의적절할 뿐 아니라 "위대한 관심"들 중 하나라고 생각했다.[28]

원래의 서문이 포함되어 있는 번역 본문은 네덜란드어로 기록된 바빙크의 강의안을 1909년에 영어로 번역한 번역본이다. 게할더스 보스(Geerhardus Vos)와 B. B. 워필드(Warfield)가 영어 원고를 준비했고, 니콜라스 슈테펜스(Nicholas M. Steffens), 헨리 도스커(Henry E. Dosker), 보스(아마도 주로 번역을 맡았을 것이다) 등이 번역자로 나섰다. 우리가 편집한 1909년 번역본 그 자체는 번역의 질이 매우 높고 가독성도 훌륭하다. 하지만 이 주석판을 통해 1909년 번역본이 미묘하게 수정, 갱신, 추가 되었고, "편집자 주"라는 표시와 더불어 편집이나 설명이 필요한 부분에 주석을 달았다. 이는 바빙크의 글을 더 잘 이해하려는 일환들 중 하나이다. 편집자 주는 바빙크의 원래 각주와는 구별되는 각주이다.

첫째, 이전 번역본과 이 개정본의 가장 큰 차이점은 바빙크의 글을 영어로 더 잘 표현하기 위해 상당량 번역상의 수정을 가한 점이다. 우리는 많은 경우 이전 번역본에서 완전히 제외된 구절들을 다시 추가하는 작업을 했다. 둘째, 추가된 설명 각주는 『계시 철학』에서 다루는 주제와 같은 주제를 다루는 바빙크의 다른 작품들 속에서(번역이 되었든, 번역이 되지 않았든 막론하고) 등장하는 핵심 단어들을 설명하기 위해 추가했다. 이를 통해 바빙크의 작품들이 더 잘 이해될 것이다. 이런 설명 각주들은 번역에 대한 문제와 미묘한 차이점들, 그리고 암스테르담 자유 대학의 바빙크 문서 보관소 안에 있는 기록물들에 대한 참고 문헌 등을 포함한다.[29]

몇 가지 변화들에 대해 언급한다면, 바빙크의 글에 대한 많은 영어 번역

---

28 Herman Bavinck, foreword to *Philosophie der Offenbarung*, trans. Hermann Cuntz (Heidelberg: Carl Winter's Universitätsbuchhandlung, 1909), iii–ix. (역자 주: 바빙크의 『기독교 세계관』(*Christelijke wereldbeschouwing*)의 영역본은 미국 Crossway 출판사에서, 한역본은 도서출판 다함에서 2019년에 각각 출간될 예정이다).

29 H. Bavinck Archive, no. 346, folder 141 (Amsterdam: Historische Documentatiecentrum).

본들은(『계시 철학』의 네덜란드어 원문도 포함해서) 바빙크가 자신의 네덜란드어 구문 안에서 네덜란드어 이외의 언어들을 자주 사용한다는 사실에 대해 간과하는 경향이 있다. 바빙크는 자신의 글 전반에 걸쳐 독일어를 대단히 많이 사용하고, 프랑스어와 영어 역시 빈번하게 사용한다. 이런 바빙크의 언어 사용은 바빙크의 [국제적] 영향력을 암시적으로 보여줄 뿐 아니라, 원래 저자의 언어를 그대로 가져와 가장 정확하게 원래 저자의 의도를 설명하려는 바빙크의 목적에도 부합하는 용법이다. 1909년 번역본에서는 네덜란드어 이외의 언어들 상당수가 아무런 표시 없이 직접적으로 영어로 번역되었나. 예를 들면 매우 진문적인 용어들로 가득 차 있는 독일어 문구도 독일어 원문 없이 바로 영어로 번역된 적이 많았다. 우리는 이 모든 싱황들에 관심을 기울였다. 바빙크의 네덜란드어 원문이 네덜란드어 이외의 언어들을 사용할 경우와 본문 안에서 번역되어 사용될 때는 괄호로 표기했다.

게다가 우리는 원래 각주에 있었던 모든 것들을 편집하고 수정했다. 부적절하게 표기된 것을 교정했고, 원래 있었는데 빠신 구문들을 추가했으며, 원래 없었는네 추가된 것들을 삭제했을 뿐 아니라, 다른 대안 번역들에 대해서도 소개했고, 특정 용어들의 번역 상 일관성을 지키기 위해 노력했으며, 구시대적 용어들을 새롭게 바꾸었고, 상당량 잘못 구분된 문단 구분들을 교정했다. 일부 변경된 것들은 괄호, 삽입 어구, 편집자 주 표시를 통해 명백히 드러나지만, 일부는(문단 구분과 번역 수정 등은) 명백히 드러나지 않는다.

마지막으로, 독자들은 『계시 철학』의 내용이 21세기 상황 속에서도 어울린다는 것을 인지하게 될 것이다. 독자들은 바빙크의 『계시 철학』을 통해 그것 자체가 가진 시대를 초월하는 넓은 목표를 깨달을 수 있게 된다. 하지만 『계시 철학』 전반에 걸쳐 바빙크 역시 이제는 구식이 되어버린 학문적 논의들과 언어들에 깊이 의존하고 있음이 드러난다. 그러므로 독자들은 『계시 철학』이 100년 전에 쓰인 작품일 뿐 아니라 100년 전의 시간이 묻어 나오는 특성을 갖고 있음에도 불구하고 현재를 사는 우리에게 여전히 놀라울 정도로 적절한 주제들을 논한다는 사실에 대해 반드시 기억해야 한다. 그 당시 벌어졌던 사건들에 대한 바빙크의 예리한 민감성, 다가오는 20세기 초중반 상황 속에서 우생학 및 민족주의의 가능한 영향에 대한 그의 명쾌한 예측, 모든 종류의 과학들 속에서 가장 최신의 학문을 추구하고자 했던 그의 능력, 계시의 사실에 대해 헌신적으로 설명하는 작품 속에서 발견 가능한 진리에 상응해 접근하려고 하는 바빙크의 보편적 방법론 등은 개혁신학과 가톨릭 전통을 막론하고 바빙크와 동시대를 살았던 기독교 사상들에게 일차적인 모범으로 남아 있다. 이런 이유 때문에 21세기의 많은 독자들이 가장 위대한 근대 신학자였던 바빙크를 향해 더욱 더 가까이 나아가는 것이다. 하지만 그 무엇보다 더 중요한 것은 100년 전 바빙크의 주장이 그 어떤 맥락 속에서도 영원한 가치를 지닌다는 사실이다. 바빙크의 『계시 철학』이 여전히 영원한 가치를 지닌 이유는 왜 계시가 모든 가능성들의 근거가 되어야 하는지, 왜 하나님께서 자신의 신비로부터 나오셔야 하는지에 대해 『계시 철학』 전반에 걸쳐 바빙크가 매우 구체적으로 설명해주기 때문이다. 물론 『계시 철학』이 다루는 일부 논의들 중에는 더 이상 21세기 상황 가운데 적용하기 힘든 논의들도 존재한다. 그럼에도 불구하고 실재의 신학적 토대, 윤리, 예술, 자연과학, 인문과학, 그 외의 모든 것들에 대한 『계시 철학』의 놀라운 주장들은 철학적 논증과 철학적 모형 둘 다에게 영원토록 적절한 모범이 될 수 있다.

책 표지에 관하여

이 책을 꾸미는 몬드리안 디자인에 대해서도 몇 마디 할 필요가 있다. 피에트 몬드리안(Piet Mondrian, 1872-1944)은 신칼빈주의 운동이 펼쳐졌던 시대한 가운데서 자라났던 화가이다. 비록 몬드리안은 어른이 된 후 칼빈주의 신앙을 버렸지만, 그의 예술 작업은 계속해서 칼빈주의 신앙의 경험 속에서 만들어졌다. 실제로 헤르만 바빙크와 몬드리안 사이에는 몇몇 재밌는 신학적, 역사적 공명들이 존재한다. 조셉 마스첵(Joseph Maschek)은 심지어 몬드리안 자신의 예술이 사람들로부터 세속적인 "이상적 사회"(utopian society)로 묘사되었을 때도 일종의 "종교적 기반"(religious footing)을 그대로 유지했다고 주장했다. 이상적 사회란 예술 안에서 "흔한 종교적 가치들이 한 때 흘러 넘쳐서 세속 영역으로 흘러가는 것"을 뜻한다.[30] 이런 측면에서 몬드리안은 다음과 같이 기록했다. "영적인 것들이 세속적인 것들과 섞이기 시작했다. 영적인 것들이 **종교적** 주제들 안에서만 배타적으로 존재하지 않는다는 것은 점점 더 명백해진다. 그렇지 않았다면, 종교적 주제들의 쇠락과 너불어 모든 영성은 사라져버렸을 것이다."[31] 아마도 누군가는 몬드리안의 이런 생각과 바빙크의 『계시 철학』이 주장하는바 사이의 유사성을 인지했을 것이다. 즉 계시의 영향은 의식적이든지 무의식적이든지를 막론하고 삶의 모든 영역들 속으로 흘러넘친다.

이런 욕구는 이 책의 표지를 장식하는 몬드리안의 디자인, 즉 격자 기반 하에 기하학적으로 배치된 추상화들 속에서 드러난다. 원색과 직선으로 향해있는 몬드리안의 회귀는 모든 다른 가시적 형태들을 가능하게 만들어주는 색깔과 모양의 가장 기본적인 관계를 확인해 불순물을 제거하려는 몬드리안의 욕구가 드러나 있다. 몬드리안은 원색과 더불어 직선으로 된 수직선과 수평선의 조화를 통해 모든 다른 미학적 관계들에 포함되어 있는 요소들을 드러내길 원했다. 이런 "추상적 아이콘"들은 불변한 관계들에 대한 예시인데, 이런 예시를 통해 보다 더 복잡한 가시적 형태들 가운데 전제되어 있

---

30 Joseph Maschek, "A Christian Mondrian," *The Bavinck Review* 6 (2015): 52, 37-72.
31 Piet Mondrian, *The New Art-The New Life: The Collected Writings of Piet Mondrian*, ed. & trans. Harry Holtzman & Martin S. James (Boston: Hall, 1986), 81; Maschek, "A Christian Mondrian," 52에서 재인용(강조는 원문).

는 것들을 새로운 시각으로 바라 볼 수 있게 된다.[32]

이와 비슷하게 신학 내에서 단순히 하나의 논제가 아닌 보다 더 넓은 차원으로서의(단순히 신학의 토대가 아니라 모든 삶의 토대로서의) 계시에 대한 바빙크의 강조에서 몬드리안의 자극을 엿볼 수 있다. 즉 모든 신학적 반영들을 가능하게 만드는 자료로 되돌아가려고 하는 우선적인 관심사가 바로 바빙크가 느낀 자극이었다. 실제로 몬드리안처럼 바빙크 역시 일단 계시가 불변한 자료로 다시 주장되기만 한다면, 이런 계시 자체가 정신을 새롭게 만들어 필수적인 과업들을 해나갈 수 있다고 믿었다. 바빙크의 시점에서 본 계시는 단순히 종교가 의존하는 실재 정도가 아니었다. 오히려 바빙크에게 계시는 모든 삶의 구석구석을 처음부터 가능하게 만드는 것, 즉 삶의 모든 것들 뒤에 존재하는 비밀 그 자체였다.[33]

우리는 『계시 철학』의 서론, 주석, 편집 작업을 통해 바빙크를 읽는 경험이 진보되고, 바빙크에 대한 이해가 증진될 뿐 아니라, 위대한 네덜란드 교의학자와 근대 사상에 대한 감사와 인정이 진일보하게 되길 진심으로 소망한다.

표지이미지[34]

---

32 Jonathan A. Anderson & William A. Dyrness, *Modern Art and the Life of a Culture: The Religious Impulses of Modernism* (Downers Grove, IL: IVP Academic, 2016), 174-85.

33 이 부분에 대해 도움을 준 바이올라 대학(Biola University) 토레이 협회(Torrey Institute)의 로버트 코볼로에게 감사를 표한다.

34 역자 주: 몬드리안 디자인은 Herman Bavinck, *Philosophy of Revelation: A New Annotated Edition*, eds. Cory Brock & Nathaniel Gray Sutanto (Peabody: Hendrickson Publishers, 2018)의 표지를 꾸미고 있는 디자인이다.

원 번역자의 서문

아래의 강연들은 [헤르만 바빙크가] 프린스턴 신학교 교수진으로부터 1908-1909 학년도 스톤 강연에서의 강의 요청을 받고 준비한 강의 원고이다. [바빙크는] 이 중 오직 6개의 주제들만 실제로 강의했다. 실제 강의 주제들은 여기 인쇄된 바와 같이 처음 7개의 강의로 대표된다. 바빙크는 이 강연을 영어로 친절히 번역해 준 프린스턴의 게할더스 보스, 미시건 홀랜드의 니콜라스 슈테펜스, 루이빌의 헨리 두스커에게 감사를 표하길 원했다.

바빙크는 이 강의들 중 일부를 미시건의 그랜드래피즈와 홀랜드, 시카고, 루이빌, 뉴저지의 뉴브런즈윅과 패터슨, 뉴욕 등지에서 강의했다. 보스와 워필드 박사는 이 원고의 출간을 위해 충분히 잘 준비해주었다.

각주는 거의 대부분 출처를 위한 각주이다. 이 강연들은 네덜란드어, 독일어, 영어로 동시에 출간된다.

역자·해제자 서문

나는 헤르만 바빙크(Herman Bavinck, 1854-1921)를 사랑했고, 여전히 사랑할 뿐 아니라, 앞으로도 그 사랑은 변치 않을 것이다. 바빙크를 처음 만난 건 파릇파릇했던 대학 신입생 때였다. 개혁신학에 심취했던 나로서는 반드시 넘어야 할 산이 하나 있었는데 그것은 다름 아닌 헤르만 바빙크의 『하나님의 큰 일』(*Magnalia Dei*)[1]이었다. 신학 초년생이었던 나는 『하나님의 큰 일』을 읽어나간 때 머리를 쥐어뜯으며 나의 지적 능력의 부족과 결핍을 씩씩대며 한탄했었다.

바빙크를 제대로 읽기 시작한 것은 2009년 가을 무렵 미국 캘빈 신학교(Calvin Theological Seminary)로 유학을 가면서부터이다. 내 박사 논문 지도 교수이신 존 볼트(John Bolt) 교수께서 매년 헤르만 바빙크 『개혁교의학』 (*Reformed Dogmatics*) 강독 수업을 개설하셨는데 그 때 비로소 『개혁교의학』 4권을 면밀히 탐독할 기회를 갖게 되었다. 그 수업은 정해진 분량에 따라 『개혁교의학』을 읽고 소위 감상문(reflection paper)을 써내 점수를 받는 구조였는데, 처음에는 점수 좀 잘 받아보려는 세속적 심상으로 『개혁교의학』을 깊

---

[1] 헤르만 바빙크, 『하나님의 큰 일』, 김영규 역 (서울: 기독교문서선교회, 1984). 네덜란드어 원문은 Herman Bavinck, *Magnalia Dei: onderwijzing in de christelijke religie naar gereformeerde belijdenis* (Kampen: Kok, 1909)이고, 영역본은 Herman Bavinck, *Our Reasonable Faith*, trans. Henry Zylstra (Grand Rapids: W. B. Eerdmans, 1956)이다. 최신 한역은 헤르반 바빙크, 『개혁교의학 개요』, 원광연 역 (서울: CH북스, 2017)이다.

이 파고들기 시작했다. 하지만 그런 세속적 심상은 바빙크를 향한 불붙는 사랑과 관심으로 변했고, 그의 논리 정연함과 박학다식함, 개혁신학 전통에 충실함, 계시에 철저히 의존함에 매료되어 나의 학문적 방법론을 그 앞에서 새롭게 주조하기 시작했다.

네덜란드 개혁신학에 나타난 칭의론, 성화론에 대한 박사 논문[2]을 쓰면서 한 챕터를 바빙크의 구원론에 기쁨으로 할애했고, 학위를 마치고 돌아와 신학교에서 조직신학 과목들을 가르치면서 모든 과목의 주교재를 바빙크의 책으로 삼아 신학을 논구해왔다. 또한 바빙크와 관련된 단행본과 소논문들을 틈틈이 저술하면서[3] 바빙크와 함께 떠나는 즐거운 신학여행을 여전히 만끽 중에 있다.

『계시 철학』을 처음 만난 건 캘빈 유학 시절 때 로고스(LOGOS) 프로그램을 통해서였다. 로고스 프로그램은 훌륭한 성경 주해 기능과 더불어 주요 신학 책들을 검색 가능한 형태로 볼 수 있다는 특장점도 있다. 로고스는 가끔씩 신학 책들을 무료로 푸는 일반 은총을 베풀었는데, 그 중에 하나가 바빙크의 『계시 철학』이었다. 『계시 철학』을 처음 읽었을 때는 마치 신학 초년생 때 『하나님의 큰 일』을 읽고 느꼈던 지적 열등감을 다시 한 번 경험했다. 내용이 대단히 어려웠으며 한두 번 읽어서는 도무지 이해하지 못할 전문적인 내용으로 가득 차 있었다. 결국 박사 논문을 위해 필요한 몇 챕터만 읽다가 말았던 안타까운 기억을 가진 책이 바로 『계시 철학』이다.

2   Jae-Eun Park, *Driven by God: Active Justification and Definitive Sanctification in the Soteriology of Bavinck, Comrie, Witsius, and Kuyper* (Göttingen: Vandenhoeck & Ruprecht, 2018).

3   박재은, 『삼위일체가 알고 싶다: 잘못된 삼위일체 하나님으로부터 탈출하라』 (파주: 넥서스CROSS, 2018); idem, 『칭의, 균형 있게 이해하기: 하나님의 주권 대 인간의 역할, 그 사이에서 바라본 칭의』 (서울: 부흥과개혁사, 2016); idem, 『성화, 균형 있게 이해하기: 하나님의 주권 대 인간의 역할, 그 사이에서 바라본 성화』 (서울: 부흥과개혁사, 2017); idem, "'창조계로의 참여' 모티브에 근거한 헤르만 바빙크의 전쟁관," 「개혁논총」 29 (2014): 93-125.

이번에 『계시 철학』을 번역하면서 과거에 읽다가 멈췄던 나의 지적 게으름이 한없이 부끄러워졌다. 그만큼 『계시 철학』은 시간을 두고 충분히 탐독할 가치가 아주 선명한 책이다. 특별히 코리 브록(Cory Brock)과 나다니엘 그레이 수탄토(Nathaniel Gray Sutanto)에 의해 새롭게 개정·편집된 『계시 철학』은 바빙크의 원문에는 없는 수없이 많은 해설 각주들이 포함되어 독자들에게 바빙크에 대한 지평을 훨씬 더 넓혀줄 수 있는 유용한 가치를 보유한 책이다.

신중한 번역을 위해 네덜란드어 원문[4]과 더불어 1909년 영역본[5]과 상호 비교하면서 번역했다. 특히 1909년 번역본과는 쉼표의 차이와 문단 구조의 차이가 상당량 존재한다. 최대한 직역하려했지만, 때에 따라서는 직역과 의역을 혼용했고, 직역 시에 의미가 다소 불분명한 문장들은 원문의 의미를 최대한 놓치지 않은 채 의역하려 노력했다. 한역하면서 사용된 모든 성경은 개역개정역이며, 용어의 올바른 의미 전달을 위해 핵심 용어들에 한해 한자어도 추가 표기했다. 번역 중에 역자 설명이 필요한 부분은 '역자 주'라는 표시와 함께 해설을 달았다. 하지만 역자 주는 가능하면 최소화하려 노력했다. 번역 자체는 매우 힘들었지만, 바빙크의 글을 면밀히 읽으며 감탄해마지 않는 경탄감이 피어올랐고, 그 경탄감이 번역을 무사히 마칠 수 있는 가장 큰 원동력이 되었다.

『계시 철학』에 담긴 내용 자체가 그리 호락호락하지 않은 내용이기 때문에 부족하게나마 독자들을 위해 해제본을 쓰려고 마음먹었다. 해제 구조는 얼마 전 번역했던 웨인 그루뎀(Wayne Grudem)의 『성경 핵심 교리』(Bible Doctrine)[6]의 원본인 『조직신학』(Systematic Theology)[7]의 구성에서 영감을 얻었

---

4   Herman Bavinck, *Wijsbegeerte der openbaring: Stone-lezingen voor het Jaar 1908, Gehouden te Princeton N. J.* (Kampen: J. H. Kok, 1908).

5   Herman Bavinck, *The Philosophy of Revelation: The Stone Lectures For 1908-1909, Princeton Theological Seminary* (New York: Longmans, Green, and Co., 1909).

6   웨인 그루뎀, 『성경 핵심 교리: 기독교 신앙의 필수 가르침』, 박제은 역 (서울: 솔로몬, 2018).

7   Wayne Grudem, *Systematic Theology: An Introduction to Biblical Doctrine* (Grand Rapids: Zondervan, 1994).

다. 특히 바빙크가 자주 전개하는 핵심(kern, 혹은 알맹이)–껍질 메타포에 착안해서 '핵심 해제'라는 주제 하에서 핵심 메시지, 핵심 성경 구절, 핵심 적용, 핵심 용어, 핵심 찬양, 핵심 토의로 해제를 구성했다. 해제는 각 장이 끝난 후 내용 갈무리 차원에서 매 장 마지막에 각각 배치했다.

해제의 내용 구성은 다음과 같다. 핵심 메시지 부분은 바빙크가 각 장에서 다루는 핵심 문장 혹은 문단을 선정해 그 핵심 문단에 담겨져 있는 세 가지 정도의 핵심 진리를 찾아내는 구조를 일괄적으로 취한다(괄호로 표시된 숫자는 본문 페이지를 뜻한다). 핵심 성경 구절은 바빙크의 핵심 메시지들을 성경의 진리로 투영하는 작업을 수행하는 부분이다. 핵심 적용은 핵심 메시지와 관련해 신자의 삶과 교회에서의 적용점을 찾는 데 주력했고, 핵심 용어는 핵심 메시지를 이해하기 위해 필수적으로 의미를 파악해야하는 용어들로 정리했다. 핵심 찬양은 핵심 메시지와 관련된 찬송가 가사를 수록함으로서 경건의 유익을 도모하려 애썼고(딤전 4:8), 핵심 토의 부분에는 그룹 토의나 개인묵상 시간을 활용해 논의의 폭과 깊이를 좀 더 확장해가려는 의도를 담았다.

해제 작업의 전반적인 방향성은 가능하면 내 말이 아닌 바빙크 본인의 말로 풀어 해제하길 원했다. 이를 위해 블록 인용을 적극 활용해서 독자들이 사안에 대한 바빙크 본연의 숨결과 터치를 최대한 직접 느낄 수 있도록 노력했다. 또한 『계시 철학』은 온갖 알록달록 다채로운 나무들이 가득한 풍성한 책이기 때문에 자칫 잘못하면 전체적인 '숲'을 놓칠 위험이 도사린다. 그러므로 해제를 통해 가능하면 구체적인 나무보다는 포괄적인 숲의 그림을 독자들에게 제공하려 노력했다.

바빙크는 『계시 철학』 전반에 걸쳐 다음과 같은 주장을 간절히 외치고 싶어 했다.

뚜렷한 증거 없이 주장되는 어리석은 연구 결과로 인해 계시를 거부할 것인가? 아니면 믿음을 통해 신적인 지혜로 계시를 수납할 것인가?(90).

나는 평생에 걸쳐 '믿음을 통해 신적인 지혜로 계시를 수납하는 삶'을 살 것이다. 이 생각에 동의하는 분이라면 『계시 철학』을 가까이 두고 탐독할 필요가 있다. 『계시 철학』은 이 일을 가능하게 만드는 데 큰 도움을 줄 수 있는 자료임이 자명하기 때문이다.

바빙크 선생님을 흠모하며
박재은

계시 철학

〈개정·확장·해제본〉

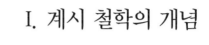

I. 계시 철학의 개념

아래 강의들 중 여섯 개 강의를 뉴저지의 프린스턴에서 했다.
나머지 강의들은 그랜드래피즈, 홀랜드, 시카고, 루이빌, 뉴브런즈윅에서 했다.

헤르만 바빙크, 1909

I. 계시 철학의 개념

높은 지명도를 가진 아시리아 학자 휴고 빙클러(Hugo Winckler)[1] 는 몇 년 전 확신에 찬 채 다음과 같이 선포했다. "인류 진화의 역사 속에는 오직 두 개의 세계관[Weltanschauungen]만이 존재한다고 말할 수 있는데 그 중 한 가지는 고대 바빌론 세계관이며, 또 다른 하나는 근대의 실증적 과학주의 세계관이다." 빙클러는 실증적 과학주의 세계관을 가리켜 "여전히 발전 중에 있는"[2] 세계관으로 명시했다. 빙클러의 이런 말 속에 담긴 의미는 모든 사람들의 종교와 문명은 수메르(Sumer)와 아카드(Akkad)에 그 기원을 둔다는 뜻이며, 보다 더 특별하게는 성경적 종교 역시(즉 구약 성경 뿐만 아니라 신약 성경 역시) 그 자료의 기원을 수메르와 아카드에서 찾을 수 있다는 뜻이다. 이처럼 범(汎)바빌론 세계관으로 모든 역사를 구성하다보면 다양하고도 심각한 반대에 필연적으로 부딪힐 수밖에 없다. 그 이유는 이런 범-바빌론 세계관은 그 속성 자체가 혼합주의적이고 통합적이기 때문이다. 그럼에도 불구하고 빙클러의 이런 생각을 보다 더 넓은 관점에서 이해할 경우 빙클러의 선포 속에서도 진리의 요소가 일부분이나마 존재한다고 분명히 볼 수 있다. 그 이

---

1   편집자 주: 휴고 빙클러(1863-1913)는 함무라비 법전과 어마너(Armana) 서신들을 번역하는 작업에 참여했던 독일 고고학자이다. (역자 주: 편집자 주에는 Armana로 표기되어있지만 아마르나[Amarna]가 옳다. 아마르나 서한은 고대 이집트 시대 즉 c.1375-1360 B. C. 시대 때의 외교문서로 1887년 이집트의 Tell El-Amarna에서 발굴되었다).

2   H. Winckler, *Himmels- und Weltenbild der Babylonier* (Leipzig: J. C. Hinrichs, 1903), 9.

유는 종교적으로 볼 때 초자연주의적 세계관은 과거부터 현재에 이르기까지 전 시대에 걸쳐 모든 사람들 속에 보편적으로 팽배했던 세계관이었기 때문이다. 그러나 지난 150여년에 이르러 일부 영역들 가운데서 실증적 과학주의 세계관이 그 권위를 떨쳤던 것 또한 사실이다.

인간을 전체적으로 조망했을 때 인간의 핵심은 언제나 초자연주의적이었다. 사람들은 이 세상의(diesseitige) 것들로는 자신의 생각과 삶을 만족시킬 수 없는 존재들이다. 그러므로 사람들은 언제나 이 땅 너머 어딘가에 존재하는 천국을 생각했으며, 보이는 것들 뒤에 존재하는 보다 더 높고, 보다 더 거룩한 보이지 않는 능력과 복들의 질서를 생각했다. 이는 하나님과 세상은 분명 날카롭게 구별됨에도 불구하고 그 둘은 동시에 아주 밀접한 관련을 맺는다는 사실을 내포한다. 즉 종교와 문명(cultuur)은 서로 모순되지 않으며, 서로 반대되는 원리를 가진 것도 아니다. 그럼에도 불구하고 종교는 모든 문명의 원천이었고 가정, 국가, 사회 속에 존재하는 모든 질서 있는 존재들의 근원이었다. 이런 종교적 세계관은 동양적(Orientalische) 개념 혹은 보다 더 오래된 동양적(Altorientalische) 생각과 어울린다고 생각할 수 있다. 하지만 이런 종교적 세계관(wereldbeschouwing)은 단순히 동양적 세계관 속에만 갇힌 채 존재하지 않는다. 그 이유는 이런 종교적 세계관은 모든 나라와 모든 민족들 가운데서도 찾아볼 수 있기 때문이다. 사람들은 이런 세계관을 무거운 짐이나 부담스러운 멍에로 생각하지 않는다. 오히려 사람들은 이런 세계관을 반드시 존재해야만 하는, 혹은 존재하지 않으면 안 되는 지극히 정상적인 것으로 생각하는 확신 가운데 살아간다. 일반적으로 봤을 때 종교와 문명 사이에 벌어졌던 갈등들을 추적한다는 것은 참으로 힘든 일이다. 고대 세계관은 완전한 형태의 종교적 세계관이었다. 이런 측면에서 고대 세계관은 이 땅에서의 삶에 보다 더 높은 영감과 성스러움을 부여하기 위해 종교와 문명 사이를 통합하고(einheitlich) 조화시키려는 특성을 가졌다.[3]

기독교도 마찬가지였다. 기독교는 당연하게도 이교 세계를 향해 부정적이고 적대적인 태도를 취했다. 왜냐하면 기독교가 이교 세계를 급진적으로 정화시키지 않는다면 기독교는 이교 세계의 타락한 문명을 대체할 수 없을 것이라고 생각했기 때문이다. 이 세상의 모든 존재들을 하나님 나라 아래 굴복시키고 적응시키기 위해 스스로를 준비하는 것이야말로 기독교가 정확히 해야 할 임무였다. 기독교의 이런 임무는 기독교만의 정신으로 옛 세상을 정복하고 감화시킴을 통해 발전되었다. 중세 시대는 기독교 내적으로도 제대로 소화시키지 못했을 뿐만 아니라 외적으로도 제대로 실행하지 못했던 기독교적 체계와 사방에 넘쳐났던 온갖 신천적 요소들이 조회를 이루지 못한 채 서로 갈등했던 시대였다. 그러나 이런 중세 시대 때도 삶의 구석구석에 분명한 영향력을 행사했던 통합된(einheitlich) 세계관이 존재했다. 중세 그리스도인들이 세상을 지배하려고 노력했든지 혹은 세상으로부터 도망치기 위해 노력했든지 간에 그들은 최소한 한 가지 확신을 가진 채 살아갔다. 그 확신은 정신이 물질을 이길 것이라는 확신이었고, 천국이 이 땅을 이길 것이라는 확신이었다.

종교개혁은 자연과 은혜 사이의 관계를 기계적으로 이해했던 로마의 입장을 역동적이고 윤리적인 관점으로 변혁시키려는 노력을 통해 변화를 불러 일으켰다. 종교개혁 신학은 하나님의 형상을 초자연적인 첨가 정도로 이해하는 대신 인간 본성의 핵심적인 부분으로 이해했다. 동시에 종교개혁 신학은 은혜의 의미를 사제를 통해 교회의 성례 안에서 보존되어온 양적이고 물질적인 소유 정도로 이해하지 않았다. 종교개혁자들이 생각한 은혜는 무엇보다도 죄 용서의 선물, 신적인 호의를 회복하는 것, 인간을 향한 하나님의 방향성 모두를 포함하는 것이었다. 그러므로 종교개혁자들에게 은혜는 어떤 행위로 인해 얻어지는 것이 아니라 하나님에 의해 주어지는 것이고 어린아이와 같은 믿음으로 이해되는 것이었다. 종교개혁자들은 구원의 유익

---

3 H. Winckler, *Die babylonische Geisteskultur* (Leipzig: J. C. Hinrichs, 1897), 44.

들을 구체적으로 대상화하는 행태에 반대했고, 오히려 종교적 주체에 보다 더 큰 관심을 기울였다. 그들은 확실히 인간의 자유를 십분 인정했다. 여기서 말하는 인간의 자유란 죄악 된 자연인이 가진 자유가 아니라 그리스도에 의해 자유하게 되어 성령 하나님과의 동행을 통해 율법의 요구를 성취하려고 부단히 애쓰는 영적인 그리스도인의 자유를 뜻하는 것이었다.

16세기의 이런 종교적-윤리적 운동이 위대했던 이유는 이 운동을 통해 기초 토대가 새롭게 세워졌기 때문이라기보다는 오히려 이 운동을 통해 모든 부분에서 개혁이 일어났기 때문이다. 종교개혁 운동은 예전의 종교적 세계관 체계 자체에 공격을 가하지는 않았다. 그러므로 종교개혁 운동을 통해 옛 세계관이 약해졌다기보다는 오히려 그 체계가 보강되었다고 볼 수 있다. 사실 종교개혁은 로마 교회 안에서 종교에 더 이상 큰 관심을 두지 않는 풍조를 저지하거나 혹은 로마 교회 고유의 원리들 속에서 도덕적 삶을 증진시키고자 하는 진지한 노력들을 환기시키는 등의 결코 작지 않은 기여들을 남겼다. 하지만 종교개혁의 이런 긍정적인 영향은 로마 교회 사람들과 진보 신학자들에 의해 지속적으로 무시 당해왔다. 계통적으로 파악할 때 종교개혁 운동은 프랑스 혁명의 기원과 원천으로도 여겨진다.[4] 쿠쟁(Cousin)과 기조(Guizot) 역시 드 보날(De Bonald)과 드 메스트르(De Maistre)와 더불어 이런 판단에 동의를 표한다.[5] 프랑스 개신교도 이런 판단에 동의하며 "인권 선

---

4   편집자 주: 바빙크는 여기서 끈질기게 지속되는 종교개혁에 대한 혐의, 즉 종교개혁이 근대 혁명 정신의 기폭제였으며 계몽주의에 대해 "환멸을 느끼는" 길을 통해 1789년 바스티유 감옥을 파괴시키는 길을 걸어가게 만들어냈을 뿐 아니라, 1848년 유럽 혁명과 전근대적, 종교적, 예전적 세계관의 몰락으로의 길로 안내했다는 혐의를 언급한다. 대문자로 "혁명"(Revolution)이라고 할 때는 프랑스 혁명을 지칭한다.

5   Groen van Prinsterer, *Ongeloof en Revolutie* (Leiden: S. en J. Luchtmans, 1862), 138ff. 편집자 주: 바빙크는 여기에서 프랑스 사상가들이었던 빅토르 쿠쟁(Victor Cousin, 1792-1867)과 프랑수아 기조(François Guizot, 1787-1874)를 언급하는데 바빙크는 이들을 자유주의를 대변하는 사람들로 여긴다. 한편 루이스 드 보날(Louis de Bonald, 1754-1840)과 조제프 드 메스트르(Joseph de Maistre, 1753-1821)는 프랑스 혁명에 영향을 끼쳤던 사상들에 대항했던 가톨릭 성직자들이었다. 바빙크가 앞서 설명한 것처럼, 자유주의와 로마 가톨릭 두 그룹 사이에는 다양한 이견들이 있었음에도 불구하고 두 그룹 다 종교개혁의 긍정적인

언"(Declaration of the Rights of Man)을 루터(Luther)와 칼뱅(Calvin)이 했던 사역의 복된 열매로 이해하며 칭송한다. 독일에서도 파울젠(Paulsen)과 카프탄(Kaftan)[6]과 같은 인물들에 의해 두 번째 루터 혹은 개신교의 참된 철학자라는 명칭으로 칸트(Kant)를 미화한다.[7]

근대 역사 속에서 일어났던 이 두 개의 위대한 운동들이 서로 유사하다는 사실은 의심할 필요 없이 자명하다.[8] 그러나 형식적으로 유사하다고해서 실제적으로 똑같은 것은 아니다.[9] 유비적 유사성과 실제적 동일함은 서로 다른 것이다. 루터가 말하는 그리스도인의 자유와 프랑스 혁명의 깃발에 새겨져 있는 자유, 평등, 박애 사이의 의미 차이는 깊고도 넓다. 루터와 볼테르

영향을 무시했던 그룹들이었다.

6　편집자 주: 독일 개신교 신학자였던 율리우스 카프탄(Julius Kaftan, 1848–1926)은 바빙크의 『개혁교의학』(Reformed Dogmatics) 속에 등장하는 중요한 대화 상대자였다. 베를린 대학 교수였던 이자크 도르너(Isaak Dorner)를 따랐던 카프탄은 독일 중재 신학과 알브레히트 리츨(Albrecht Ritschl)의 영향을 받은 인물이었다. 바빙크는 율리우스 카프탄의 조직신학에 대한 의미 있는 반응을 RD, 1:33-69, 421ff, 541ff에 남겼다(역자 주: RD는 바빙크의 Gereformeerde Dogmatiek을 영역한 Reformed Dogmatics, ed. John Bolt, trans. John Vriend (Grand Rapids: Baker Academic, 2003)를 의미한다. RD는 총 4권으로 구성되어 있고, 쪽수 앞에 표기된 숫자는 권을 뜻한다. Gereformeerde Dogmatiek의 한글 번역본은 헤르만 바빙크, 『개혁교의학』, 박태현 역 (서울: 부흥과개혁사, 2011)이며, 4권짜리 Reformed Dogmatics를 칼빈 신학교(Calvin Theological Seminary) 조직신학 은퇴 교수인 존 볼트(John Bolt)가 1권으로 축약한 것이 Reformed Dogmatics: Abridged in One Volume, ed. John Bolt (Grand Rapids: Baker Academic, 2011)이다. 이 단권 축약본의 한글 번역본은 『개혁파 교의학(단권축약본)』, 존 볼트 편, 김찬영 · 장호준 공역 (서울: 새물결플러스, 2015)이다).

7　Friedrich Paulsen, Philosophia militans (Berlin: Reuther & Reichard, 1901), 31ff.; J. Kaftan, Der Philosophie des Protestantimus (Berlin, 1904). Theodor Kaftan, Moderne Theologie des alten Glaubens (Berlin, 1901), 76, 102.

8　편집자 주: 이후에 이어지는 단락들은 1916년 「루터파 교회 리뷰」(The Lutheran Church Review)에 재판되었다. 이 단락들이 The Lutheran Church Review, no. 4 (July 1916): 351-56에 "Article XII"이라는 제목으로 실렸다는 사실을 바빙크가 인지했는지 인지하지 못했는지에 대해서는 알 수 없다.

9　편집자 주: 이렇게 번역할 수도 있다. "비록 당대의 역사 속에서 일어났던 이 두 개의 강력한 운동들은 분명히 서로 유사하지만, 이 유사성이 비유적으로 유사한 것이지 질적으로 혹은 정체성이 서로 완전히 유사한 것은 아니다."

(Voltaire)는 같은 마음을 품었던 사람들이 아니었다. 칼뱅과 루소(Rousseau) 역시 호흡을 같이 했던 인물들이 아니었다. 인식론적(erkenntnistheoretische) 자율성과 도덕적 자율성 개념을 설파했던 칸트를 가리켜 종교개혁의 주창 자라고 부르기에는 분명 무리가 따른다. 오히려 칸트는 계몽주의(Aufklärung) 철학자로 칭하는 것이 옳다.[10] 이런 생각은 16세기 사람들의 정신을 루터가 아닌 에라스무스(Erasmus)에게로 해방시키는 것과 더불어 르네상스의 중요 성과 가치를 종교개혁보다 더 높이 여기는 것을 영예로 생각하는 사람들조 차도 암묵리에 받아들이는 생각이다.[11] 이들의 관점에 따르면 에라스무스 와 더불어 에라스무스와 같은 생각을 품었던 사람들은 기독교를 새롭게 만 들기 위해 부단히 애썼던 사람들이었다. 그러나 그들의 노력은 루터가 했던 것처럼 바울의 가르침을 다시 원상태로 되돌리려는 노력이라기보다는 오히 려 산상수훈의 가르침으로 다시 되돌아가려는 노력이었다. 결국 초자연주 의가 물질주의에 항복하고, 초월성이 내재성에 의해 붕괴되며, 바울 신학이 예수의 종교에 의해 무너지고, 교의학이 종교학에 그 길을 양보하는 상황 은 사실 에라스무스 덕택이라고 볼 수 있다. 이런 상황 속에서 루터는 옛 개 신교의 아버지 정도로 여겨지는 반면, 에라스무스는 근대 개신교의 첫 번째 주창자로서의 영광을 누린다.

이런 역사적 판단 속에서도 진리의 한 부분이 분명히 포함되어 있다. 에 라스무스와 그를 따르는 자들도 진리를 얻기 위해 종교개혁자들 못지않게[12]

---

10 편집자 주: 보스(Vos)나 다른 사람들은 "계몽주의(Aufklärung) 철학자"라는 표현을 "합리주 의 철학자"(the philosopher of Rationalism)로 번역했다. 하지만 바빙크는 이 구절에서 계 몽주의를 뜻하는 독일어 "Aufklärung"을 직접적으로 사용했다.

11 Conrad Busken Huet, *Het Land van Rembrandt* (Utrecht: Kruseman, 1965); F. Pijper, *Erasmus en de Nederlandsche Reformatie* (Leiden: J. Brill, 1907). Paul Wernle, *Die Renaissance des Christentums im 16 Jahrhundert* (Tübingen: J. C. B. Mohr, 1904).

12 편집자 주: "종교개혁자들 못지않게"(no less than the Reformers)라는 표현은 네덜란드어 원본에는 존재하지 않는다. 이 표현은 바빙크가 이 문장에서 사용했던 "~도"(also)라는 표현 의 의미를 해석한 것처럼 보인다.

그리스도의 인격과의 교통을 통해 보다 더 단순하고도 보다 더 내적인 종교 형태를 추구해나갔다. 그러나 그들은 종교의 본질에 대한 자신들만의 개념 안에 갇혀 여전히 중세의 이분법적 사고방식에 얽혀 있었기 때문에 자신들의 생각이 로마 교회의 교리와 예전의 근본적인 개혁에 궁극적 영향을 끼치지 못한다는 사실을 망각하고 말았다. 인본주의의 전체적인 마음가짐은 혼란스러운 상태를 그 무엇보다도 두려워하는 것이었고, "일치된 사랑스러운 교회"(amabilis ecclesiæ concordia)를 보존하는 데 열심을 다하는 것이었다. 이런 측면에서 에라스무스는 "우리 종교의 정점은 평화와 만장일치이다"(Summa nostræ religionis pax est et unanimitas)라고 기록하기에 이른다. 인본주의는 로마 교회 안에서 주기적으로 등장했던 많은 "계몽 운동"(Aufklärungsbewegungen)들 중 하나였으며, 이런 인본주의는 차후에도 또 등장하게 될 것이다. 에르푸르트(Erfurt)의 수도원에서 루터에게 찾아왔던 죄와 은혜의 경험은 다음과 같은 생각을 분명하게 만들었다. 즉 인본주의자들은 율법의 행함 없이 오직 믿음을 통해 하나님 앞에서 의롭다 인정받는 기쁨과 사유를 필요치 않다고 여기는 자들이라는 생각이었다. 결국 인본주의는 16세기 가톨릭 개혁 운동과 비교해 그 이상도 그 이하도 아닌 사상이었다. 결국 인본주의는 루터와 결별하게 되었고, 로마와 반(反) 종교개혁 운동에 일조를 가하게 된다.[13]

그럼에도 불구하고 루터와 에라스무스는 서로 다른 인물이었고, 이런 측

---

13 Friedrich Lezius, *Zur Charakteristik des religiosen Standpunktes des Erasmus* (Gütterslohe, 1895). H. Hermelink, *Die religiosen Reformbestrebungen des deutschen Humanismus* (Tübingen: J. C. B. Mohr, 1907); cf. 이 작업에 대한 비평은 *Theol. Lit. Zeitung* (January 4, 1908)에 실려 있다. Max Richter, *Desiderius Erasmus und seine Stellung zu Luther auf Grund ihrer Schriften* (Paderborn: Salzwasser-Verlag, 2012). August Wilhelm Hunzinger, *Der Glaube Luthers und das religions-geschichtliche Christentum der Gegenwart* (Leipzig, 1907). 헌징거(Hunzinger)는 루터를 희생시키면서까지 에라스무스를 찬양하는 것을 성경이 말하는 그리스도에서 소위 역사적 예수 혹은 공관복음의 예수 혹은 산상수훈으로 되돌아가려는 시도들의 연장선으로 이해한다. 즉 그리스도, 바울, 아우구스티누스, 루터, 칼뱅으로 대변되는 전통이 예수, 펠라기우스, 아벨라르드, 에라스무스, 계몽주의로 대변되는 전통에 의해 버려진다고 본다.

면에서 옛 개신교와 새 개신교는 원칙적으로 서로 구별될 수밖에 없었다. 이에 대한 확증은 하이델베르크의 트뢸치(Troeltsch) 교수가 개신교에 대해 「현대 문화」(*Die Kultur der Gegenwart*)에 최근 기고했던 중요한 연구들 속에서도 잘 드러난다.[14] 물론 트뢸치는 종교개혁이 고대 세계관을 수정했을 뿐만 아니라, 종교에 대한 새로운 개념으로 고대 세계관을 더 풍성하게 만들었다는 것을 인정했다. 그러한 인정에도 불구하고 트뢸치는 고대 세계관의 일반적인 구조는 수정됨 없이 그대로 보존되었다고 생각했다. 트뢸치는 세계와 삶, 죄와 은혜, 하늘과 땅, 교회와 국가, 믿음과 지식에 관한 루터, 츠빙글리, 칼뱅의 관점들 역시 중세의 관점이었으며, 이런 중세식의 사고방식은 그들이 종교개혁자들이었음에도 불구하고 그들의 모든 행동들 하나하나에 그대로 서려 있었다고 보았다.[15] 루터, 츠빙글리, 칼뱅은 복음 혹은 바울의 신학에서 찾아 볼 수 있는 초자연주의에 대해 온 마음을 다해 동의를 표했다. 뿐만 아니라 종교개혁자들이 초대 기독교에서 쉽게 찾아볼 수 있는 종말론적이고 신비주의-금욕주의적인 요소들을 누그러뜨린 것 또한 사실이다. 그러나 트뢸치는 종교개혁자들이 공관복음과 사도적 서신들 사이에 존재하는 혹은 예수와 바울 사이에 존재하는 분명한 차이점들을 제대로 파악하는데 완전히 실패했다고 보았다. 트뢸치는 종교개혁자들이 고지식하고 순진한 사고방식을 가졌다고 생각했다. 즉 종교개혁자들이 스스로의 확신 가운

---

14 Troeltsch, *Protestantisches Christentum und Kirche in der Neuzeit* (Berlin, 1906), 253-458; *Die Christliche Religion, in: Die Kultur der Gegenwart*. 다른 측면을 보려면, cf. F. Kattenbusch in *Die Theologische Rundschau* (1907)과 W. Herrmann in *Zeits. für Theol. und Kirche* (1907); cf. also Karl Sell, *Katholizismus und Protestantismus* (Leipzig, 1903), 56ff. F. J. Schmidt, *Zur Wiedergeburt des Idealismus* (Leipzig: Verlag der Durr'schen buchhandlung, 1908), 60ff. 편집자 주: 에른스트 트뢸치(Ernst Troeltsch, 1865-1923)는 유명한 독일 개신교 신학자로 바빙크가 *RD*에서(e.g., *RD*, 1:70) 자주 다루었던 인물이다. 빌헬름 헤르만(Wilhelm Herrmann, 1846-1922)은 독일 루터교 신학자로 젊은 칼 바르트(Karl Barth)에게 엄청난 영향력을 끼친 인물로 잘 알려져 있다.

15 편집자 주: 이렇게 번역 할 수도 있다. "… 종교개혁 활동 중에도 혹은 종교개혁 활동 후에도 이런 관점은 부정되지 않는다."

데 성경의 기독교 혹은 초기 4세기의 기독교를 전혀 수정되지 않았을 뿐 만 아니라 복잡하지도 않은 하나의 믿음의 체계나 관습 정도로 여겼다고 본 것이다. 종교개혁자들이 이렇게 생각한 이유에 대해 트뢸치는 그들이 이후 로마 교회와 대척점에 서면서 이렇게 생각하는 것이야말로 기독교의 순수성을 지키는 길이라고 생각했기 때문으로 보았다.

트뢸치 교수는 18세기에 이르기까지는 개신교의 근대적 유형 혹은 반(反)초자연주의적 유형에 대한 논의가 많지 않았다고 보았다. 왜냐하면 개신교의 근대적 유형을 종교개혁 원리들이 일관되게 진행되어 온 논리적 혹은 역사적 발전으로 이해하기보다는, "위대하고도 총체적인 혁명"(eine grosse, alles ergeifende Umwälzung)의 결과물로 이해했기 때문이다. 개신교의 근대적 유형은 소위 "계몽주의" 안에서 종교개혁의 이상주의적 문화관과는 원칙적으로 다른 새로운 형태의 문화관을 대변한다. 그러므로 결과론적으로 볼 때, 16세기가 아니라 18세기가, 종교개혁이 아니라 "계몽주의"가 모든 초자연주의에게 등을 돌리는 근대적 세계관이 원천이며, 이런 세계관은 현재의 과학과 종교, 사상과 삶 속에서도 찾아 볼 수 있다.

실제로 18세기 이전만 하더라도 초자연적인 세계의 존재, 특별 계시의 필연성과 가능성, 실재성 등에 대해서 그 누구도 진지한 의문조차도 가지지 않았었다. 그러나 영국에서부터 싹트기 시작했던 이신론은 이 세계를 하나님으로부터 해방시켰고, 결국 이성을 계시로부터, 의지를 은혜로부터 해방시키기 시작했다.[16] 이런 생각은 허버트(Herbert), 로크(Locke), 토랜드(Toland), 콜린스(Collins)와 같은 이신론의 초기 주창자들과 더불어 칸트, 피히테(Fichte), 레싱(Lessing)과 같은 이후의 인물들 속에서도 찾아 볼 수 있는 생각이었다. 그럼에도 불구하고 그들 역시 계시의 실재성과 가능성 그 자체를 근본적으로 부정하지는 않았다. 그러나 공식적인 관점에서 바라볼 때 이

---

16 G. Lechler, *Geschichte des englischen Deismus* (Stuttgart: J.G. Cotta'scher, 1841). E. Troeltsch, "Deismus" in *Gesammelte Schriften*, vol. 4 (Tübingen, Mohr, 1925), 429-87.

신론의 처음은 허버트, 홉스(Hobbes), 그리고 로크가 그랬듯이 계시의 진정성 즉 "원 계시"와 구별되는 "전통적 계시"[17]의 진정성을 이성의 비판적 사고 아래에 종속시킨 것으로 볼 수 있다. 계시의 내용에 대해서도 이신론은 정경을 내려놓았다. 인간은 그 어떤 것에 대해서도 완전하게 이해할 능력이 없기 때문에, 이신론도 이성의 진리를 넘어선 채로는 아무것도 구성할 수 없었다. 즉 합리적인 진리들이 언젠가는 이성을 통해 발견될 수 있었겠지만, 그러한 진리들은 계시에 의해 보다 더 쉽고 보다 더 일찍이 발견될 수 있었던 것들이었다. 그러나 이런 생각이 가진 진정한 가치는 다음과 같은 생각이 첨가됨으로 그 가치를 잃게 되었다. 즉 하나님께서 계시된 진리를 상징적인 형태로 일찍이 우리 모두에게 공통적으로 주셨으나 그 계시된 진리의 핵심적인 내용은 계몽주의 시대에 이르기까지 이해되지 않았다는 것이다.[18] 이처럼 모든 이신론적 생각은 계시를 무의미하게 만드는 방향성을 가지며, 동시에 이 세상 속에서 펼쳐지는 하나님의 행동들을 불필요하게 만드는 방향성까지도 가진다.[19] 이신론은 하나님께서 세상을 창조하셨다는 생각에는 여전히 동의하지만, 이런 동의는 초기 이신론자들이 가졌던 생각 즉 칸트나 다윈(Darwin)처럼 세상을 독립적인 존재로 만들려는 목적만을 가질 뿐이었다. 이신론적 사고방식 속에서 창조된 이 세상은 하나님과 함께 소비할 수 있는 풍성한 능력들과 선물들을 충분히 공급하는 존재였을 뿐 아니라, 어떠

---

17 편집자 주: 원 계시와 전통적 계시 사이의 구별은 17세기에 등장했는데 하나님의 존재에 대한 생각이 모든 인간의 마음속에 있는 것을 가리켜 "원"(original) 계시라고 지칭했으며(즉 자연적 혹은 직접적 계시), 성경, 신비, 교회 권위 등 외부로부터 온 특별한 생각들을 "전통적"(traditional) 계시라고 지칭했다.

18 Schelling, *Philosophie der Offenbarung*, in *Sämmtliche Werke*, vol. II/4 (Stuttgart and Augsburg: Cotta, 1856-61), 5. 편집자 주: 프리드리히 셸링(Friedrich Schelling, 1775-1854)은 헤겔과 더불어 "계시 철학"의 영역을 만들어나갔던 영향력 있는 독일 철학자로 바빙크가 신뢰했던 인물이었다((*RD*, 1:292). "계몽주의"로 번역한 단어는 계몽주의를 지칭하는 일반적인 독일 단어가 아니라(역자 주: *Aufklärung*) 네덜란드어 페를리흐팅(*verlichting*) 즉 "조명"이라는 단어이다.

19 Lechler, *Geschichte des englischen Deismus*, 362.

한 외부의 도움이나 완전함 없이도 자기 자신을 스스로 구원할 수 있는 존재이기도 했다.

프랑스에 심겨진 이런 자율성의 원리는 혁명이 진행되는 과정 속에서 가장 높은 권위를 지니게 되었다. 1789년 프랑스 혁명이야말로 이에 대한 전형적인 모범이다. 프랑스 혁명은 스페인에 대항했던 네덜란드 혁명, 스튜어트 왕조에 대항했던 청교도 혁명, 대영제국에 대항했던 미국 식민지 혁명과는 또 다른 것이었다. 왜냐하면 이런 혁명들은 모두 정치적 체계, 정부의 근본적 원리, 왕권신수(王權神授, droit divin) 사상을 건드리지 않은 채 진행된 혁명들이었기 때문이다. 그러나 프랑스 혁명은 확연히 이신론적 사고방식으로부터 야기되었을 뿐만 아니라, 교조적인 시작점, 특별히 독단적인 특성 역시 가졌다. 프랑스 혁명은 사회계약설(contrat social)의 허구에 스스로를 천착시킨 채, 현존하는 사회 질서의 모든 것을 전복한 후 자생이 가능한 새로운 질서로 옛것을 재편하려는 노력을 거듭했던 혁명이었다. 이런 프랑스 혁명 사상은 국민주권의 원리를 세우기 위한 폭력적 노력이었다. 프랑스 혁명은 심지어 칸트나 실러(Schiller) 같은 사람들에 의해서 국민 참정권의 여명이라고까지 치켜세워졌다.[20]

하지만 비록 프랑스 혁명이 국제적 공감대 가운데 시작되어서 유럽 대륙의 모든 나라들과 남미 지역의 여기저기에 그 영향력을 크고 작게 뻗쳤음에도 불구하고, 결과적으로는 실험적 단계 수준 정도에 머물고 말았고 결국엔 실패를 맛보게 되었다. 프랑스 혁명 정신에 근거한 각종 혁명들은 참된 이상(the ideal)이 무엇인지를 깨닫기는커녕 오히려 자신들을 열광적으로 따르는 자들에게 비통한 실망과 깊은 수치를 압도적으로 선사했다.[21] 이 세상을 이끌어 나가는 사상들 속에서 혁명의 개념은 점차로 진화의 개념에게 자신의 위치를 내어주고 말았다. 18세기의 자율성 원리는 버려지지 않았지만, 그

---

20 Groen van Prinsterer, *Ongeloof en Revolutie*.
21 Haller in Groen van Prinsterer, *Ongeloof en Revolutie*, 253ff.

원리의 적용과 발전은 다른 방법을 통해 추구되기에 이르렀다.

진화라는 용어는 혁명처럼 그 자체로 못마땅한 어감의 용어는 아니다. 발전이라는 개념은 현대의 산물이 아니다. 오히려 발전이라는 개념은 이미 헬라 철학에서도 익숙한 개념이었다. 특별히 아리스토텔레스(Aristotle)는 "잠재태"(potentia)와 "현실태"(actus)의 구별을 통해서 모든 체계의 원리들을 서열화했던 인물이었다. 아리스토텔레스는 플라톤(Plato)이 그랬듯이 참된 실재를 현상적인 존재 밖, 뒤, 위에서 찾으려 하지 않았고 오히려 내재적인 본질 안에서 찾으려 했다. 아리스토텔레스에게 내재적 본질 안에서 찾을 수 있는 참된 실재는 처음부터 완전한 형태로 실현된 형태가 아니라 오히려 점진적으로 실현되는 과정 속에서 찾을 수 있는 형태였다. 그러므로 아리스토텔레스는 되어 가는 것과 변화하는 것은 기계적인 충격이나 압박에 의해 혹은 화학적인 결합 혹은 원자의 분리에 의해 설명되는 것이 아니었다. 오히려 아리스토텔레스는 자신의 되어가는 이론(생성론)을 유기적인 삶의 형태 속에서 발견했다. 즉 현상계 안에 존재하는 필수적인 존재들이 자아실현을 해나가는 것과 질료 안에서 형상이 스스로 현실화되는 생각 속에서 자신의 생성론을 펼쳐나간 것이다. 아리스토텔레스는 한 존재의 형상 즉 그 본바탕인 본질을 단순히 조용하고 잠잠한 정적인 전형(典型, archetype)으로 이해하기보다는, 그 내재적인 능력이 확고한 방향성 안에서 존재와 변화의 발전을 추진시키는 전형으로 이해했다. 그러므로 아리스토텔레스의 시각에서 볼 때 진화 개념은 유기적이고 목적론적인 특성을 담지한다. 기원(γένεσις)은 본질(οὐσία)을 위해 존재한다. **되어가는**(becoming) 이유는 **존재**(being)가 있기 때문이다.[22]

---

22 Cf. H. Bavinck, "Evolutie" *Pro en Contra Serie* III, no. 3 (Baarn: Hollandia Dukkerij, 1907): 21-38. Rudolf Eucken, *Geistige Strömungen der Gegenwart* (Leipzig: Veit, 1904), 185ff. 편집자 주: *Pro en Contra* 시리즈에 실린 바빙크의 *Evolutie*(진화)라는 글은 진화론에 대해 "긍정"을 표하는 부에케르스(P. G. Buekers)의 의견에 "부정"을 표하는 글이다. 또한 바빙크가 아리스토텔레스 철학을 설명하는 부분은 *RD*, 1:513과 정확히 일치한다.

이런 발전 개념은 기독교 신학과 철학 영역 속에서도 큰 반대에 부딪히지 않았다. 오히려 이런 발전 개념은 유신론적 원리와 연결되어 그 개념이 더욱 더 확장되고 풍성하게 되었다. 그 핵심 개념은 근대 철학 즉 레싱, 헤르더(Herder), 괴테(Goethe), 쉘링, 헤겔(Hegel)과 역사가들 가운데서도 찾아 볼 수 있다. 이들 중 일부는 기독교 이전의 고대 자연주의로 되돌아감을 통해 발전 개념과 기독교의 유신론적 근본 토대 사이를 갈라놓았다. 그럼에도 불구하고 그들의 자연주의는 구체적인 특성이 하나 있었는데 그것은 이후의 유물론과는 확연히 다른 관점을 가졌다는 점이다. 괴테, 헤르더, 쉘링, 헤겔 등이 사물의 핵심과 본질을 어떤 식으로 규정했든지 간에 그들은 절대로 자연을 죽은 기계 구조로 이해하지 않았다. 오히려 그늘에게 자연은 영원토록 형성되고 발전되는 능력을 가진 창조적 예술가였다. 높은 단계에 있는 존재의 형식들이 낮은 단계에 있는 존재의 형식들의 기계적이고도 화학적인 활동을 통해 야기된다는 개념은 그들에게 전적으로 낯선 개념이었다. 그들이 생각하기에 오름차순으로 발전하는 자연적 세계와 영적인 세계의 형상들은 오히려 우주 가운데 존재하는 무궁무진한 삶의 충만함[23]과 무한한 창조의 능력을 드러내는 증거였다.[24] 헤겔은 이 모든 세상이 실재라면 한 순간 순간과 각 단계 단계가 합리적인 생각으로 뭉친 하나의 강력한 사고의 과정으로 보았다. 그러나 동시에 내적인 반립 구조로 말미암아 모든 주체가 앞과 위

---

23 편집자 주: 이런 표현은 대체적으로 괴테나 낭만주의 정신을 암시한다. 요한 볼프강 폰 괴테(Johann Wolfgang von Goethe, 1739‒1832)는 유명한 독일 시인이자 정치인이었다. 괴테는 18세기 후반 독일의 문학운동이었던 질풍노도(疾風怒濤, Sturm und Drang) 운동의 중심축 중 하나였으며, 『젊은 베르테르의 슬픔』(The Sorrows of Young Werther)으로 유명한 작가이다. 바빙크도 괴테의 작품에 대한 도타운 사랑과 관심을 그의 RD에서 드러냈다(e.g., RD, 1:396).

24 헤켈(Haeckel)이 호소하길 좋아하는 괴테에 관하여는 포겔(Vogel)의 Goethes Selbstzeugnisse über seine Stellung zur Religion (Leipzig: B. G. Teubner, 1906)을 참고하라. Cf. Frank Thilly, "The World-view of a Poet: Goethe's Philosophy," in Hibbert Journal (April 1908): 530ff.

로 향해갈 수밖에 없다고 보았다.[25] 그러므로 무엇이든지 존재하기만 한다면 그것은 순수하게 되어가는 중이지 존재 그 자체는 아니다. 목적 없이 존재하지만 그것 역시 지나가는 과정이다. 변증법적인 과정 속에서 법칙들을 추구해나가면서 옛 것은 지속적으로 새 것에 자신의 자리를 내어주게 된다. 그러므로 우리는 모든 폭력적인 혁명들과 의미 없는 실험들로부터 반드시 물러서야만 한다. 영원한 정신 그 자체는 끊임없이 자기 자신을 파괴시킴과 동시에 다시 세움을 통해 자신을 충만케 만들 것이다. 이처럼 과정, 진화, 끊임없이 지속되는 되어 감은 헤겔의 사고방식을 관장하는 높은 차원의 원리이며 아리스토텔레스나 라이프니츠(Leibnitz)의 사고방식보다 훨씬 더 일방적인 성격을 지닌다.[26]

하지만 진화론은 현재 성장하는 자연주의적 학문의 도입을 억제하기에는 지나치게 이성적이고, 지나치게 연역적일뿐만 아니라, 지나치게 낭만적인 사상이었다. 그 결과 진화론은 기계적이고 반(反)목적론적인 원리들에 너무 빨리 자기 자신을 내어주고 말았다. 세상을 관찰하며 발견했던 절망과 과학적 관찰의 결과들은 다윈을 불가지적 자연주의로 이끌었다. 다윈에게 섭리와 더불어 이미 결정된 목적들을 그대로 믿기에는 이 세상이 너무 정의롭지 않았을 뿐만 아니라 너무 많은 반목들이 도처에 존재했다. 다윈이 생각할 때 전지전능하시고 선하신 하나님의 존재는 너무나 많은 비극과 고통

---

25 편집자 주: 헤겔(G. W. F. Hegel)은 독일의 영향력 있는 관념 철학자이다. 바빙크도 그의 *RD* 도처에서 헤겔을 비판적인 어조 혹은 감탄하는 어조로 다룬다(e.g., *RD*, 1:521). 바빙크는 *RD* 2권인 "하나님과 창조"에서 헤겔이 하나님과 세상을 동일시하며, 되어가는 것(becoming)을 신적 본질로 돌렸다고 주장했다. "아무리 [헤겔, 슐라이어마허, 쇼펜하우어, 폰 하르트만의 사상들이] 다양하게 전개되었다 할지라도, 그 근본 사상은 단 한 가지, 하나님은 **존재**하지 않고 **생성된다**는 것이다"(바빙크, 『개혁교의학』, 2:191; *RD* 2:155). 바빙크는 실제로 헤겔과 셸링을 가리켜 범신론을 "19세기의 체계"로 만드는데 공을 세웠던 철학자로 특징화한다(바빙크, 『개혁교의학』, 2:515; *RD*, 2:410). 바빙크는 헤겔의 철학사적 영향력을 자신의 자필원고 201번 "헤겔 이후의 철학사"(*Geschiedenis der wijsbegeerte na Hegel*)에서도 다룬다.

26 Wilhelm Windelband, *Geschichte der neueren Philosophie* (Leipzig: Druck, 1899), II, 311.

으로 점철된 이 세상과 너무나도 어울리지 않았다. 죄 없이 선한 한 사람이 나무 아래 서 있다가 번개를 맞았다고 생각해보자. 다윈은 친구인 그레이(Gray)에게 이에 대해 다음과 같이 질문했다. "그 사람이 그렇게 된 것에 하나님의 목적이 있다고 믿니? 많은 사람들은 아마도 그렇게 믿을 거야. 하지만 나는 그렇게 믿을 수 없고 앞으로도 그렇게는 믿지 않을 거야."[27] 그러므로 다윈에게 소위 "자연 선택" 개념의 발견은 결과론적으로 보았을 때 자신에게 참된 위로를 가져다주었던 발견이었다. 그 이유는 이 개념을 통해 의식적으로 만들어진 창조의 계획과 목적의 필연성으로부터 해방될 수 있었기 때문이다. 자연 선택 개념에 의하면 하나님께서 존재하셨든지 존재하지 않으셨든지 간에 최소한 하나님 자신에게는 아무런 책임이 없다. 이 개념에 의하면, 불변하는 자연 법칙과 그 법칙이 실행됨의 불완전함 그 자체가 모든 것들에 대한 책임을 져야하는 것이다. 동시에 이 개념은 이 세상이 단순히 우연에 의해 움직이는 것이 아니라 더 괜찮은 상황을 향해 전 세계가 점진적으로 발전한다는 사실을 보장한다.[28]

---

27 편집자 주: 찰스 다윈은 아사 그레이(Asa Gray)에게 1860년 7월 3일 다음과 같이 편지를 남겼다. "'고안된 법칙' & '고안되지 않은 결과'에 대해 한 마디 더 할게. 나는 먹을 것이 필요하기 때문에 새 한 마리를 바라보고 있어. 나는 총을 꺼내들었고 그 새를 죽였어. 나는 이것을 **계획적으로** 했어. 죄가 없고 훌륭한 한 사람이 나무 아래 서 있다가 번갯불을 맞고 죽었어. 너는 하나님께서 이것을 **계획적으로** 하셨을 것이라고 믿니?(나는 정말 너의 대답을 듣고 싶어). 많은 사람들, 아니 대부분의 사람들이 하나님께서 그렇게 하셨을거라고 믿지. 나는 그렇게 믿을 수도 없고, 그렇게 믿지도 않아. 만약 너도 그렇게 믿는다면, 한 제비가 작은 곤충을 덥석 잡아챌 때 하나님께서 특정 제비가 특정 곤충을 특정 순간에 덥석 잡아채도록 계획하셨다고 믿니? 나는 아까 그 사람과 이 곤충도 동일한 곤경에 빠졌다고 생각해. 만약 그 사람의 죽음도 이 곤충의 죽음도 계획되어있지 않았다면, 그들의 **첫** 탄생 혹은 **첫** 생산도 필연적으로 계획되어있다고 믿을 만큼의 좋은 이유를 찾지 못하겠어. 그러나 전에 내가 말했다시피 나는 전기가 발생하고, 나무가 자라고, 사람들이 모든 어두움과 폭력으로부터 고상한 개념을 열망한다는 것에 대해 스스로 납득할 수가 없어." *The Correspondence of Charles Darwin: Volume 8*, 1860 (Cambridge: Cambridge University Press, 1993), 275.

28 Bruno Wille, *Darwins Weltanschauung von ihm selbst dargestellt* (Heibronn: E. Salzer, 1906), 4-5, 16ff., 25.

다윈이 자연 세계 속에서 절망을 발견한 인물이었다면, 칼 마르크스(Karl Marx)는 이 사회 속에서 절망을 발견한 인물이었다. 다윈의『종의 기원』 (Origin of Species)이 출판되던 같은 해에 마르크스의『정치 경제학』(Political Economy)도 그 모습을 내비쳤다. 1883년 3월 17일 마르크스의 무덤에서 프리드리히 엥겔스(Friedrich Engels)는 다윈이 유기적 자연 세계의 발전 법칙을 발견했다면, 마르크스는 인간 사회의 발전 법칙을 발견한 사람이었다고 선포했다. 다윈은 자신의 자연 선택설과 그 부속물들이 목적론, 신비, 모든 형태의 초자연주의를 단번에 폐기시켰다고 믿었다. 마르크스 역시 자신의 사상이 모든 형태의 공상적 이상주의로부터 사회주의를 해방시켰다고 믿었을 뿐만 아니라, 굳건한 과학적 근거 위에 사회주의를 세웠다고 믿었다. 다윈과 마르크스 둘 다 자연 법칙과 일련의 필연적인 자연적 사건들의 불가침성을 철저히 믿었던 인물들이었다. 다윈과 마르크스는 발전의 필연적인 과정은 과거와 현재를 막론하고 현존하는 최악의 상황들을 야기 시켰다고 굳게 믿었다. 다윈과 마르크스는 발전을 진보의 의미로 이해하면서 굳건한 소망을 품었고, 이런 소망의 결과는 보다 더 좋은 세상, 보다 더 좋은 인종, 보다 더 좋은 사회가 오리라는 약속으로 보았다.

다윈과 마르크스의 이런 생각은 기계적이고 반(反)목적론적인 진화 개념은 신비, 초자연적인 세계, 하나님의 존재와 활동에 대한 여지를 남기지 않는다는 언급 없이 펼쳐졌다. 다윈도 처음에는 이신론적 신념을 가지고 창조계를 대했지만, 나중에는 불가지론으로 점차 기울어져갔다. 다윈은 자신 스스로가 종교적 문제들에 대해 충분히 인식하지 못했다는 것과 강력한 종교적 감정에 대해 주장할 수 없었다는 것을 언급하며 종교적 문제들을 자주 묵살하곤 했다.[29] 마르크스 같은 경우 종교를 "민중의 아편"으로 여겼으며, 완전한 미래 사회 속에서 종교 정도는 어차피 자연스럽게 고사될 존재라고

---

29 Bruno Wille, *Darwins Weltanschauung von ihm selbst dargestellt*, 5, 23.

생각했다.[30] 근대 자연과학과 진화론이 이 세상을 두 세계로 나누는 중세의 이분법을 마무리하게 될 것과 자연주의 원리가 영구적인 승리를 거두게 될 것이라는 신념은 많은 영역들 속에서 팽배해졌다. 계시는 더 이상 가능성으로도 여겨지지 않았다. 르낭(Renan)[31]은 망설임 없이 다음과 같이 선포했다. "초자연적인 것은 없다"(Il n'y a pas de surnaturel). 헤켈(Haeckel)은 종교들이 호소하는 모든 계시들을 가리켜 인간들이 하는 상상 속의 순수한 허구 정도라고 생각했다. 헤켈에게 참되고 유일한 계시는 자연 그 자체뿐이었다. 이미 승리를 얻었고 적들이 살해되었다는 사실을 확신하지 못한 채 슈트라우스(Strauss)는 소환장을 들고 싸울 것을 촉구했다. "정복해야 할 마지막 적은 또 다른 세계에 대한 개념이다."[32] 사실 진화라는 용어 그것 자체는 어떤 해도 주지 않는 용어이다. 진화라는 용어로 표현된 원리들 또한 온 우주 만물 속의 잘 짜인 한계성 속에서 확실히 실행 가능한 원리들이다. 하지만 문제는 진화론이 독점해 온 생각의 흐름들과 그 생각의 흐름들 위에 세워진 체계들이 초자연적인 요소들에 대한 아무런 고려 없이 오로지 자연의 불변하는 법칙과 내재적 능력 만으로만 전체 세상 즉 인간, 종교, 도덕성 등을 설명하기 위한 언어로 사용되었다는 점이다.

그럼에도 불구하고 19세기에서 20세기로의 이동은 매우 중대한 변화를 가져왔다. 과학의 영역 속에서 일어난 중대한 발견들은 모든 현상과 사건들을 기계적-화학적 원인으로 설명하려는 시도를 버리게 만들었다. 법칙에 종속된 자연에 대한 다윈의 도식을 이상주의적 세계관으로 통합시키려는 노력들이 도처에서 일어났다. 사실 불가지론의 빛 아래 서 있던 다윈은 절대

---

30 L. Woltmann, *Der hist. Materialismus* (Düsseldorf: Hermaan Michels, 1906), 148. H. Pesch, Liberalismus, *Sozialismus und christl. Gesellschaftsordnung* (Freiburg, 1901), II, 234.

31 에르네스트 르낭(Ernest Renan)에 관하여는 2장 각주 1번을 살펴보라.

32 편집자 주: 바빙크는 여기서 독일 자유주의 신학자였던 다비드 프리드리히 슈트라우스(David Friedrich Strauss, 1808–74)를 언급한다. 바빙크가 인용한 독일어 원문은 다음과 같다. "Der letzte Feind, der zu überwinden ist, ist der Begriff des Jenseits."

자(the Absolute)에 대한 다른 개념을 가졌다. 다윈은 이 세상이 우연의 산물이라거나 폭력과 맹목적 필연성의 결과물이라는 식의 개념을 지양하고 오히려 이 세상 전체가 점진적인 개선을 위해 의도되었다고 지속적으로 확신에 찬 채 이야기했다.[33] 진화론은 이와 같은 다윈의 방식과 더불어 가치 있는 과학적 자료들의 풍성함을 통해 헤겔 철학의 근본적 개념으로 다시 되돌아갔다. 자연에 대한 기계론적 개념[34]이 다시 한 번 자연에 대한 역동적인 개념을 대체하고 말았다. 물질주의는 범신론으로 다시 되돌아갔으며, 진화는 또 다시 절대 정신의 계시의 장이 되고 말았다. 계시 개념은 철학과 더불어 심지어 자연과학과도 또 다시 싸우지 않으면 안 되었다.[35]

이런 너그러운 양보는 신학 영역으로부터의 반응을 이끌어냈다. 최근에 등장한 "신(新) 신학"(nieuwe theologie)의 주창자들은 자신들끼리도 계시와 자

---

33 Bruno Wille, *Darwins Weltanschauung von ihm selbst dargestellt*, 7, 12, 14, 16-17, 19, 23, 25.

34 편집자 주: 바빙크는 기계론적 개념과 기독교의 "유기적" 세계관을 자주 대비시킨다. Cf. *Christelijke wereldbeschouwing*, 3rd ed. (Kampen: Kok, 1929), 50.

35 예를 들면 Eduard von Hartmann, *Religions-philosophie*, 2 vols. (Mergentheim: Karl Ohlinger), II, 74ff. A. Drews, *Die Religion als Selbstbewusstsein Gottes* (Jena u. Leipzig: E. Dierderichs, 1906), 184ff. J. Reinke, *Die Welt als That* (Berlin: Sarastro, 1903), 292ff. 편집자 주: 에두아르트 폰 하르트만(Eduard von Hartmann, 1842–1906)은 독일의 절대 관념론자였으며 실재론적 경험론 방식을 옹호했던 인물이었다. 본서 3장은 폰 하르트만을 집중적으로 다루는 장이다. 폰 하르트만의 1869년 작품인 『무의식의 철학』(Philosophie des Unbewussten)은 의식과 절대자에 집중했던 19세기 배경 가운데 특별히 중요한 작품이었다. 이 책은 폰 하르트만 생전에 11쇄를 찍었고 이를 계기로 그의 관점에 동조하고 프리드리히 니체를 비평적으로 바라보는 백과사전류 자료들이 줄을 잇게 된다. 폰 하르트만의 『무의식의 철학』에 대한 바빙크의 279번 자필원고는 암스테르담 자유 대학 바빙크 기록 보관소에서 찾아 볼 수 있다. Angus Nichollas and Martin Liebscher, "Introduction: Thinking the Unconscious," in *Thinking the Unconscious: Nineteenth-Century German Thought*, ed. Angus Nicholls and Martin Liebscher (Cambridge: Cambridge University Press, 2006), 1-2; Eduard von Hartmann, *Philosophy of the Unconscious: Speculative Results According to the Inductive Method of Physical Science*, trans. William Coupland, 9th ed. (London: Routledge, 2000); Herman Bavinck, "The Unconscious," in *Essays on Religion, Science, and Society*, ed. John Bolt, trans. Harry Boonstra and Gerrit Sheeres (Grand Rapids: Baker Academic, 2008), 175-98.

연 혹은 역사, 계시와 개인주의 혹은 집단주의, 계시와 이성 혹은 감정과의 관계성에 대해 서로 다른 견해를 가졌다. 그럼에도 불구하고 신 신학 운동은 전반적으로 계시와 진화를 동일시하고자 하는 열망에 의해 영감되어 움직인다. 이렇게 하는 목적은 신학의 무게 중심을 하나님의 초월성에서부터 하나님의 내재성으로 움직이기 위함이다. 이를 위해 하나님을 "모든 존재들 안에 함축된 채로 존재하시고, 모든 현상들 뒤에 존재하실 뿐만 아니라, 우주 만물의 모든 힘들의 총합되신 분"으로 상정한다. 이런 하나님의 내재성 개념은 이미 이전 세대 속에서도 발견 가능한 개념이다. 그러니 이전 세대의 내재성 개념도 현재의 기독교 국가들 안에서 발견 가능한 "도덕적이고 영적인 운동"으로서의 내재성 개념은 아니었다. 도덕적이고 영적인 운동으로서의 내재성 개념은 종교와 과학 사이를 완전하게 화해시키려는 데 그 목적을 두며, 이를 위해 "하나님의 인성과 인간의 신성의 복음"[36]이라는 문구를 가장 높은 차원의 표현으로 상정한다.

이런 원리 속에는 헤겔이 수장했던 것처럼 신적 계시가 존재하는 모든 것들, 자연과 역사, 모든 민족(volken)들과 종교들과 반드시 공존할 필요는 없었다. 이런 사상 속에서 모든 것들은 하나님의 발현이었고, 모든 유한한 것들은 무한한 것의 본질적 요소들이었다. 유한이 창조 안에서 되어가기 때문에 유한은 무한 그 자체이다. 그러나 하나님의 자아실현 가운데서도 결정적인 단계와 단계적 차이는 존재했다. 존재는 무기물로부터 유기물로, 물질적인 것들로부터 정신적인 것으로, 자연적인 것으로부터 영적인 것들로 향해가며 그 단계의 최종점에는 인간이 존재한다. "우리는 우주의 일부분이며, 우주는 하나님의 일부분이다. 인성과 신성 사이에는 실제적 차이가 없다. 모든 영혼은 신적 영혼의 광채이다." 인성은 우리에게 하나님을 점점 더 계시할 뿐만 아니라, 이에 비례하여 인성은 발전하며 진보한다. 모든 것은 지속

---

36 편집자 주: 바빙크는 이 문구를 다음과 같이 영어로 표기했다("the gospel of the humanity of God and the divinity of man").

적으로 만들어지는 과정 중에 있다. 인간은 동물로부터 야기되었음에도 불구하고, 자신들의 선조들보다 훨씬 더 우월하고 문명화된 민족으로 발전을 거듭했다. 이런 인간들 앞에는 여전히 끊임없는 발전에 대한 전망이 존재한다. 인간은 "단순히 지금 무슨 존재인가보다는, 어떤 존재가 될 것인가"와 관계있는 존재이다. 인간은 점점 더 영원을 자각할 수 있는 기관으로 되어가는 존재이다. 인간은 원래 동물이었지만, 인간이 되었고, 인간화가 지속되면서 결국 신화의 상태에 이르게 될 것이다. 기독교는 이런 원리를 기독교를 세웠던 자의 인격 안에서 기대에 찬 채 묘사한다. 즉 그리스도 안에서 인성과 신성이 하나가 된 것이다. 올리버 로지 경(Sir Oliver Lodge)[37]은 그리스도를 가리켜 "인간 노력의 찬미이며, 인류의 발전일 뿐만 아니라, 인간 노력의 가장 정점이며, 인류 최고의 꽃"[38]이라고 불렀다. 그러므로 이런 사상들에 따르면, 모든 인간들은 그리스도가 될 잠재력이 있는 존재들이며, 인간 고유의 본성의 발전을 통해 우리 모두는 그리스도성을 갖게 될 수 있다.[39]

비록 신 신학은 자신들의 사상을 가리켜 새로운 운동이라고 칭하길 좋아하지만, 그 근본은 에리우게나(Erigena), 스피노자(Spinoza), 그리고 특별히 헤겔의 체계에서 이미 구현된 범신론적 세계-개념(wereld-conceptie)의 재탕에 불과하다. 이는 결국 이전 철학자들이 이미 따놓은 성공들보다 크지 않은 것들로 신앙과 과학, 성경 계시와 물질주의적 혹은 범신론적 진화론 사

---

37 편집자 주: 영국 물리학자로서 1900년 버밍햄 대학의 학장으로 임명된 올리버 로지 경(Sir Oliver Lodge, 1851-1940)은 바빙크의 강연에서 상당히 많이 인용되는 인물이다. 로지는 신비주의 옹호자로 잘 알려져 있으며, 죽은 자들과의 교통이 가능하다는 것을 믿은 인물이다. 바빙크는 로지를 19세기 "신비 현상 연구"의 부흥을 이끌고 "강신술과 신지학"을 옹호했던 인물로 묘사한다. Bavinck, "The Unconscious," 193.
38 편집자 주: 바빙크는 이 인용문을 영어로 표기했다.
39 R. J. Campbell, The New Theology (London: Macmillan, 1907), 20, 31, 34, 68ff; New Theology and Applied Religion (London: Christian Commonwealth Co.), 12, 18, 60, 62. Sir Oliver Lodge, The Substance of Faith Allied with Science (London: Meuthen, 1907), 85ff. 이런 신 신학에 대항하는 책으로는 Charles Gore, The New Theology and the Old Religion (London: J. Murray, 1907)을 참고하라.

이를 모든 가능성 안에서 조화시키려는 시도이다. 종교와 신비주의, 형이상 학과 철학에 대한 느낌 일변도의 지적 경향이 변화된 것에 대해서는 분명히 기뻐해야 할 이유가 존재한다. 이런 시석 경향의 변화로 인해 종교 안에서 도 하나님의 실재성과 계시성을 인식하기에 이르렀기 때문이다. 그러나 시 대정신을 이끌어가는 이런 태도의 변화를 넘어서는 기쁨은 결국 우리를 위 험에 노출시켰다. 그러므로 우리는 이런 위험에 더 이상 눈을 감아서는 안 된다. 현재 주장되는 종교적 열망들은 그 자체로도 이기적인 특징들을 분명 하다. 살아계신 하나님을 알고 그를 섬기는 것을 갈망하기보다는 자기만족 을 더 갈망하는 형편이기 때문이다. 이 세상 위에 존재하시는 하나님을 찾 기보다는 이 세상 속에 존재하는 하나님만을 찾는다. 이는 하나님의 본질을 피조물들의 본질과 동일시하는 행위이다. 이 모든 것을 종합해볼 때, 이전 부터 "학문"(wetenschap)[40]이라는 미명하에 제안되어온 세계관은 본질적으로 바뀌지 않았다는 것을 알 수 있다. 오히려 다양한 영향으로 말미암아 그 세 계관은 단순히 종교적 형태로 바뀐 것뿐이며, 옛 신앙을 대항하는 새 신앙 의 형태로 자리 잡았다고도 볼 수 있다.[41] 차이점이라고는 진화론이 더 이상 기독교에 대항하는 혹은 기독교의 편을 드는 "학문"으로 스스로를 칭하기보 다는, 교의와 종교로서의 기독교의 자리를 찬탈하기 위해 압박을 가한다는 점이다. 일원론이 헤켈의 입을 통해 자신의 권리를 주장하며, 일원론적인 동 맹들은 참된 학문이라는 이름표를 달려고 할 뿐만 아니라, 유일하고도 참된 종교라는 이름표까지 달려고 한다.[42]

---

40 편집자 주: 네덜란드어 베텐스합(wetenschap)은 일반적으로 영어 단어 science(과학 혹은 학문)로 번역되지만 이 영어 단어가 내포한 의미 즉 자연과학 혹은 경험론적 학문 보다는 더 넓은 의미를 갖는 단어이다. 마치 독일어 비쎈샤프트(Wissenschaft)와 같이 네덜란드어 베텐 스합은 학문적으로 엄밀한 형태의 연구, 학문, 조사 등의 뜻을 내포한 단어이다.

41 Funt, *Religion der Immanenz oder Transcendenz? in Religion und Geisteskultur* 1 (1907): 287-94. Bachmann, *Nomen est gloriosum, Religion und Geisteskultur* (1908): 104-14.

42 E. Haeckel, *Der Monismus als Band zwischen Religion und Wissenschaft* (Bonn: Emil Strauss, 1893); *Die Welträthsel* (Bonn: Emil Strauss, 1899), 381-439. R. H. Francé, *Der*

그러나 일원론을 종교의 한 형태로 진지하게 여기는 것은 참으로 어려운 일이다. 오로지 하나님의 내재성만 강조해 하나님과 이 세상을 동일하게 만들어버리는 종교는 사람들에게 잠시 동안의 심미적 영향만을 끼칠 뿐이다. 하나님의 내재성만을 강조하는 종교는 사람들의 종교적, 윤리적 필요를 절대 만족시켜주지 못한다. 이런 종교는 우리를 신령한 공간으로 이끌지 못할 뿐만 아니라, 이 세상보다 더 위대한 힘의 능력 또한 제공해주지도 못한다. 결국 이런 종교는 평화를 가져다 줄 수 없으며, 아버지의 마음을 품은 하나님의 위로하심을 우리에게 경험하게 해줄 수도 없다. 참된 종교는 죄를 용서할 수 있는 힘과 삶, 개인적 능력을 부여해 줄 수 있어야 하며, 죄인에게 호의를 베풀어 받아주어야 할 뿐만 아니라, 세상의 죄와 죽음을 기쁨으로 이길 수 있도록 도움을 주어야 한다. 뿐만 아니라 우리의 마음과 의식, 의지를 만족시켜 줄 수 있는 참된 종교는 우리를 이 땅에 가두는 종교가 아니라, 이 세상을 뛰어 넘는 곳으로 우리를 데려가 줄 수 있어야 한다. 참된 종교는 이 땅에 사는 우리에게도 영원을 선사해줄 수 있는 종교이며, 죽음을 맞이하는 순간에도 생명을 줄 수 있는 종교일 뿐만 아니라, 끊임없이 변하는 곳에서도 절대 흔들리지 않는 군건한 구원의 바위를 제공해줄 수 있는 종교여야 한다. 이런 측면에서 초월성, 초자연주의, 자연의 계시[43]는 종교를 구성하는 데 필수 요소이다.

또한 이것이야말로 인간들이 항상 초자연적인 생각을 품은 채로 사고하

---

heutige Stand der darwin'schen Lehren (Leipzig: T. Thomas, 1907), 17. 편집자 주: 에른스트 헤켈(Ernst Haeckel, 1834–1919)은 종교와 과학 사이를 화해시키려고 노력했을 뿐만 아니라, 다윈의 진화론적 작업을 대중화시키기도 했던 독일 생물학자, 동식물 연구가였다. 바빙크는 그의 『기독교 세계관』(Christelijke wereldbeschouwing, 39–47)에서도 헤켈에 대해 다룬다.

43 편집자 주: 보스의 번역은 "자연의"(van nature)라는 표현이 삭제되어 있다(네덜란드어 원문에는 openbaring van nature라고 기록되어 있다). 이 문장의 원문 전체는 다음과 같다. "En daarom is transcendentie, supranaturalisme, openbaring van nature aan allen godsdienst eigen."

고 살아가야 할 이유이기도 하다. 이교도와 이슬람 국가들에게 이런 생각은 불필요한 생각이었다. 기독교 국가와 동방 교회 같은 경우에는 계속해서 이런 생각을 정통으로 가져갔다. 많은 사람들의 예상과는 다르게 로마 교회 같은 경우에는 19세기 모든 영역들 속에서 자신의 권력과 영향력을 증대시켜나갔다. 그러나 로마 교회는 1907년 7월 3일 회칙(回勅) 서신에서 계시를 가리켜 하나님과의 관계에 대한 인간의 의식이 만들어지는 것 이상을 포함한다는 개념을 주저함 없이 거부했다. 비록 개신교는 로마교보다 훨씬 더 철저하게 갈라지긴 했지만, 큰 틀에서 보았을 때 모든 나라의 개신교인들은 여전히 기독교 신앙 고백의 본질적인 측면들을 함께 공유한다. 모든 비판들이 성경에 집중되기 했지만, 그럼에도 불구하고 성경은 교회 내의 설교, 예배, 교리문답 등에서 독특한 자리를 여전히 유지해나갔다. 뿐만 아니라, 모든 근대 문명, 예술, 과학, 문학, 윤리, 법학, 사회, 국가, 정치 등도 종교적, 기독교적, 초자연적인 요소들로 만들어져갔고, 여전히 옛 세계관의 토대 위에 세워졌다.[44] 이런 측면에서 트뢸치는 "유럽은 이런 교육의 영혼이 각인 되어 현재까지도 지속된다"[45]라고 기록했다. 그러므로 근대적 범신론 혹은 물질주의적 세계관이 옛 유신론적 세계관을 정복해버리기에 앞서 많은 일들이 우선적으로 이루어져야 할 것이다. 물론 인류의 과거 역사를 돌아볼 때 이런 일은 절대로 일어나지 않을 것이지만 말이다.

이런 충성심의 이유를 기독교적 초자연주의 세계관이나 완고한 보수주의 혹은 고질적인 이해 부족 때문이라고 생각할 근거는 없다. 모든 종교의 계시, 보다 더 특별하게는 기독교의 계시는 신 신학과 철학의 계시와는 근

---

44 편집자 주: 바빙크는 정통 기독교 신학에 의존하는 근대 신학에 대해 *Modernisme en Orthodoxie: Rede Gehouden bij de overdracht van het rectoraat aan de Vrije Universiteit op 20 Oktober 1911* (Kampen: J. H. Kok, 1911), 15에서도 같은 생각의 흐름으로 다룬다.

45 Troeltsch, *Protestantisches Christentum und Kirche in der Neuzeit*, 255. 편집자 주: 바빙크의 네덜란드어 원문에서는 다음과 같은 독일어 문장으로 인용되어 있다. "Die Spuren dieser Erziehung, zegt Troeltsch, trägt Europe noch heute tief in der Seele."

본적으로 다르다는 주장의 뜻을 이해하는 것이 더 중요하다. 이는 프리드리 히 델리취(Friedrich Delitzsch)도 얼마 전 솔직히 인정한 바다. 델리취는 자신 의 '바빌론과 성경'(Babel and Bible) 첫 번째 강연에서 계시에 대한 구약 성경 의 개념은 구약의 많은 다른 개념들과 마찬가지로 바빌론 종교의 계시 개념 과 완전히 부합한다고 주장했다. 이런 동일시 주장은 반박에 부딪혔고, 델리 취는 '회고와 전망'(Rückblick und Ausblick)이라는 제목의 네 번째 강연에서 또 다시 자신이 했던 주장으로 되돌아갔다. 이 네 번째 강연에서 델리취는 오 늘날 많은 사람들이 자신의 능력으로 중재한 역사적 진화의 점진적 과정으 로 계시를 이해하기 위해 계시 개념을 수정해왔다는 사실을 확신했다.[46] 그 러나 델리취는 바로 덧붙이길 이런 계시의 수정이 개인적으로는 꽤 받아들 여질 만하지만 결국 이를 통해 계시의 성경적 개념과 신학적 개념이 희석되 어 버렸다고 보았다.[47] 하지만 성경은 하나님께서 자연 만물을 통해 이방인 들에게 계속해서 베풀어주신 계시와 이방인들 스스로가 버렸던 거짓 종교 사이뿐만 아니라(롬 1:19-23), 하나님께서 자신의 백성인 이스라엘에게 베푸 신 특별 계시와 하나님의 백성들이 자주 빠져 들었던 우상 숭배 사이를 날 카롭게 구별한다. 또한 성경은 이방인들의 신은 우상일 뿐이며 모세와 선지 자들에게 자신을 드러내셨던 여호와 하나님만이 유일하게 참된 살아계신 하나님이라는 근본 진리를 가장 단호하게 선포한다.

만약 이것이 사실이라면, 계시와 발전을 동일시하는 것, 하나님의 법 과 인간의 행위를 동일시하는 것, 혹은 이 두 가지를 동전의 양면으로 보 는 것이나 같은 과정으로 보는 것은 성경의 의도와 맞지 않다는 것을 깨달

---

46 "인간들이 자신의 능력으로 중재한 역사적 진화의 점진적 과정"(Humanly mediated, gradual process of historical evolution)으로 번역한 문구의 독일어 원문은 "menschlich vermittelte, sich allmählich geschichtlich entwickelnde Offenbarung Gottes"이다. 이 문구는 Fr. Delitzsch, Babel und Bibel. Ein Rückblick und Ausblick (Stuttgart: Deutsche Verlag-Anstalt, 1904), 46으로부터 인용되었다.

47 Friedrich Delitzsch, Babel und Bibel. Ein Rückblick und Ausblick, 48; Zur Weiterbildung der Religion (Stuttgart: Deutsche Verlag-Anstalt, 1908), 53.

게 된다. 헤겔이 "진리는 무한과 유한 사이의 분리될 수 없는 연합이다"(das Wahre ist die untrennbare Einheit Beider)[48]라고 말했을 때, 우리는 이런 헤겔의 말을 근본 진리(primum verum)라고 이해하기보다는 그의 철학의 근본 거짓말(πρῶτον ψεῦδος)이라고 이해한다. 과학에서는 하나님께서 자신의 일들 가운데 묻어 놓았던 개념들과 진리인 그 개념들로부터 지속적으로 야기되어 나오는 오류들 사이를 반드시 구별한다. 이런 측면에서 계시와 종교조차도 같은 것을 드러내는 두 개의 서로 다른 현현이 아니다. 오히려 하나님은 인간과 다른 분이시고, 창조주는 피조물과 다른 분이시다. 비록 그왓킨(Gwatkin)은 "계시와 발견을 서로 다른 관점에서 바라본 같은 과정" 정도로 좀 더 시각을 확장해서 보지만, 동시에 그왓킨은 인간의 모든 생각이 아니라 "오직 참된 생각만이 하나님의 생각을 반영한다"[49]라고 꽤 설득력 있게 설명한다. 그왓킨에게 종교란 그 종교가 가진 신적 계시가 참될 경우에만 종교가 될 수 있었다.[50]

사람들도 계시와 종교 사이의 이런 구별과 초자연주의에 대한 결과론적인 인정을 천천히 깨닫게 되었다. 티티우스(Titius)는 얼마 전 쾰러(Kähler)부터 트뢸취에 이르기까지 모든 신학자들은 초자연주의와 기독교가 함께 서거나 혹은 함께 무너진다는 확신을 공통적으로 가진다고 분명히 말했다. 트뢸치는 분명히 립시우스(Fr. R. Lipsius)가 주장하는 특정한 초자연주의(einen

---

48 Hegel, *Philosophie der Religion*, I, 120. 편집자 주: 바빙크가 헤겔을 인용할 때 헤겔의 어느 판본을 인용했는지 정확히 명시하지는 않았지만, G. W. F. Hegel, *Vorlesungen über die Philosophie der Religion* (Berlin: Duncker u. Humbolt, 1840), 192에서 인용한 것은 분명해 보인다.

49 편집자 주: 헨리 멜빌 그왓킨(Henry Melville Gwatkin, 1844-1916)은 캠브리지 대학의 신학자이자 교회 역사가였다. 바빙크가 인용한 부분은 그왓킨이 기포드 강연(1903-5)에서 강의했던 내용이다. 그왓킨의 이런 주장은 교의학자의 임무를 "하나님의 생각들을 숙고하고 그 통일성을 추적하는 것"(바빙크, 『개혁교의학』, 1:85; RD, 1:44)이라고 했던 바빙크의 말을 연상케 만든다.

50 Henry Gwatkin, *The Knowledge of God and Its Historical Development*, vol. 1 (Edinburgh: T&T Clark, 1906), 92, 155-56, 248.

gewissen Supranaturalismus)에 대항한다. 루프스(Loofs)는 16-17세기의 초자연주의는 자연과학과 역사를 진지하게 구성하는 데 지나치게 어설픈 사상이라고 확신에 찬 채 주장했다. 그러나 루프스는 동시에 적절한 질문을 던지는데 과연 초자연주의가 모든 근대 문화의 불변한 이치일 수 있는가 아닌가라는 질문이다. 여기서 모든 근대 문화의 불변한 이치란 자연과학이 진화의 원리에 대한 충분한 설명을 제외한 일련의 계시 안에서의 믿음을 불가능하게 만드는 것, 혹은 순수하게 내적인 능력들로 일을 진행하는 것을 제외한 일련의 구원 계시 안에서의 믿음을 불가능하게 만드는 것을 뜻한다.[51] 루프스는 자신의 질문에 다음과 같이 답한다. "내재의 범신론적 개념에 근거한 '이 세상의 종교'(*diesseitsreligion*)와 훨씬 더 공고한 유신론적 전통 사이의 결정적인 싸움은 아직도 시작되지 않았다."[52] 티티우스는 이런 루프스의 생각에 관심을 표하면서 초자연주의 문제에 대한 보다 더 정확한 탐구는 미래의 교의학에 중요한 역할을 던져줄 수 있을 뿐만 아니라, 기독교의 완전한 특성을 파악하기 위해 매우 중요한 작업이라는 의견을 표명했다.[53]

그러므로 기독교는 계시의 실제성과 함께 서거나 무너진다. 그러나 계시의 방식이나 내용에 대한 우리의 통찰은 여전히 진행 중이며, 그 결과 신

---

51 편집자 주: 이 문장의 독일어 원문은 다음과 같다. "dass dem Glauben der Gedanke einer nicht rein evolutionistisch zu verrechnenden Offenbarung und einer nicht rein immanenten Erlösung durch die Naturwissenshaft unmöglich gemacht sei; ist das wirklich ein Axiom und ein unverwüstliches Axiom aller wahren modernen Bildung?"

52 편집자 주: 이 문장의 독일어 원문은 다음과 같다. "Noch ist die Entscheidungsschlacht zwischen der Diesseitsreligion pantheistischer Immanenzvorstellungen und den Traditionen eines lebendigeren Theismus nicht geschlagen." 독일어 단어 디사이츠렐리기온(*Diesseitsreligion*)은 "눈앞에 닥친 종교" 혹은 "이 생"(this-life)에 관심을 쏟는 종교 정도로 번역 가능하다.

53 Titius, "Zur Dogmatik der Gegenwart," *Theologische Rundschau* 10 (November 1907), 416. 티티우스가 언급한 루프스의 강연은 영문 저널인 *The American Journal of Theology*, III, 433-472에 실려 있고 최근에 *Das Evangelium der Reformation und die Gegenwart*, *Theol. Stud. u. Krit.* (1908): 203-44에도 독일어로 실렸다. Kattenbusch, "Die Lage der system. Theol. in der Gegenwart," *Zeitschrift für Theologie und Kirche* (1905): 103-46ff. (특별히 128ff.).

적인 은혜의 행위에 대한 우리의 개념은 수정될 가능성이 얼마든지 존재한다. 사실 이런 상황은 보다 최근의 신학(de nieuwere theologie)[54]가운데 이미 일어났다.

하나님의 초월성은 우리의 선조들이 생각했던 개념과는 다른 방식으로 이해된다. 하나님께서 단 한 순간만 일하신 결과로 이 세계가 독립적인 존재가 되어버렸다고 생각하는 이신론적 믿음(geloof)은 이제 더 이상 우리의 것이 될 수 없다. 과학의 괄목할만한 진보를 통해 우리의 세계관(wereldbeeld)은 거대한 변화를 경험하게 되었다. 과학을 통해 밝혀진 이 세상은 앞으로도 뒤로도, 그 길이와 넓이와 깊이와 높이가 측량할 수 없을 정도로 크다. 측량할 수 없는 이 세상은 자기 자신을 광대무변함의 성질까지로 확장한다. 우리는 이런 세상 구석구석에서 유기물과 무기물, 자연과 역사, 물질계와 정신계의 영역에서 활동하는 제2차 원인들을 찾는다. 만약 하나님께서 이 세상 밖 어딘가에 멀리 존재하신다면, 이런 하나님은 너무나도 초월하셔서 창조계와 이 세상의 모든 실제성으로부터 자신의 존재를 철수시켜 버린 하나님이 될 수밖에 없다. 그 결과 우리는 하나님을 잃어버리게 될 것이고, 그와 더불어 교제를 나눌 수도 없게 될 것이다. 이 세상 위에 존재하실 뿐만 아니라, 이 세상 속에서 일어난 자신의 사역들에 내주하기도 하신 하나님에 대한 생각 없이는 하나님의 존재를 참되게 알 수 없다.[55]

그러므로 신적 초월성 개념은 우리와 멀리 떨어져 있지 않으신 하나님을 선포했던 사도 바울과, "우리가 그를 힘입어 살며 기동하며 존재하느니라"라는 성경말씀에 근거해 이해되어야 한다. 하나님의 존재와 분리될 수 없는 개념인 신적 초월성은 공간적이거나 양적인 측면으로 이해되어서는 안 된다. 물론 성경은 하늘과 땅을 구별하며, 하나님께서는 특별히 그의 영광이

---

54 편집자 주: "더 새로운 신학"(the newer theology)으로도 번역 가능하다.
55 Th. Steinmann, "Das Bewusstsein von der vollen Wirklichkeit Gottes," *Zeitschrift für Theologie und Kirche* 12 (1902): 429-92.

찬란하게 빛나는 천국에 거하신다고 반복적으로 말한다. 그러나 성경도 가르치듯이 천국은 창조된 우주의 일부분이다. 그러므로 하나님께서 천국에 거하신다고 말할 때, 그 의미는 하나님께서 단순히 이 세상 밖에 존재하신다는 의미 혹은 그의 피조물들로부터 공간적 초월성을 제거하신 채로 존재한다는 의미라기보다는 오히려 이 세상 속에도 거하신다는 의미까지 포함한다. 하나님의 영광은 유한하고, 임시적이며, 공간적 제약 아래 거하는 모든 존재들 위에 존재한다. 비록 하나님께서는 자신의 모든 완전함과 존재들과 함께 창조계의 구석구석에 내재하신 채로 존재하시지만, 이토록 밀접한 연합 가운데서도 하나님은 초월하신 채로 존재하는 분이시다. 하나님의 존재는 이 세상 그 어떤 존재들보다 높으신 차원이 다른 존재이시다. 영원과 시간, 무소부재성과 공간, 무한성과 유한성을 하나로 축소시키거나 혹은 같은 실제의 반대의 측면 정도로 이해하지 않는 것처럼, 하나님과 세계, 창조주와 피조물들을 질적으로도 본질적으로도 똑같은 존재로 이해할 수 없다. 위대한 신학자들은 역사의 초창기 혹은 과학과 철학에 모든 자리를 양보했던 시기뿐만 아니라 그 어떤 시대 속에서도 성경적 관점 하에서 하나님의 초월성에 대해 가르쳤다.

그러나 현재 우리의 세계관(wereldconceptie)이 과학의 발전으로 인해 대단히 풍성해졌고 이를 통해 계시의 개념(begrip)이 다소 수정되었기 때문에, 우리는 하나님의 초월성 개념에 대한 성경적 관점을 보다 더 진지하게 대할 필요가 있다. 옛 신학은 꽤 외면적이고 기계적인 관점 하에서 계시를 구성해나갔고, 그 결과 계시를 너무나 쉽게 성경과 동일시했다. 현재 우리는 많은 측면들 속에서 계시가 역사적으로도, 심리적으로도 "중재"(vermittelt)되었다는 생각을 점점 더 많이 한다. 특별 계시가 일반 계시에 근거한다고 생각할 뿐만 아니라, 특별 계시가 일반 계시로부터 많은 요소들을 취했다고 생각하는 것이다. 구약 성경과 신약 성경은 더 이상 성경 시대의 환경과 동떨어질 수 없다고 생각한다. 그러므로 신구약 성경 사이의 관련성, 종교적 표현들,

그리고 다른 사람들의 관습 역시 인식되어야만 하는 요소라고 생각한다. 이런 측면에서 이스라엘은 셈족과의 연관성 안에 위치할 뿐만 아니라, 성경은 바빌론과의 연관성 안에 위치한다. 비록 이스라엘과 그리스도에 대한 계시의 구체적인 본성 자체는 잃지 않았지만, 그럼에도 불구하고 계시는 단번에 형성된 것이 아니라 모든 선지자들의 개별성과 역사의 발전 속에서 여러 부분과 여러 모양으로(πολυμερῶς καὶ πολυτρόπως) 점진적으로 발전에 발전을 거듭했다.[56] 심지어 하나님의 아들인 그리스도께서도 하늘로부터 오신 분이지만 동시에 여러 시대에 걸쳐 준비되어 종국에는 마리아를 통해 태어나셨던 것처럼, 하나님의 모든 말씀인 특별 계시도 하늘로부터 왔지만 동시에 역사라는 통로를 통해 우리와 함께 거하게 되었다. 성경은 신적인 말씀을 선지자를 통해 하나님께서 말씀하신 것(ῥηθὲν ὑπὸ τοῦ θεοῦ διὰ τῶν προφητῶν)이라는 표현으로 등치시키며 이 사실에 대해 선명하게 기술한다.[57]

현대 과학이 가진 경향성의 결과들 중 하나는 신학이 역사적이고 심리적인 "중재"[58] 요소들 중 심리적인 요소에 크게 휘눌린다는 점이다. 현재 신학은 계시의 내용이 '무엇'인가에 관심을 두기보다는, 오히려 계시가 '어떻게' 발생했는가에 더 큰 관심을 둔다. 수풀산림에 너무 집중하다보면 개별 나무들을 못 보는 것처럼, 다른 종교들과의 유사성에 너무 큰 관심을 쏟다보면 이스라엘 종교의 특징에 대한 인식이 둔하게 될 수 있다. 그 결과 약간의 밀접한 유사성만 발견해도 그것을 통해 마치 기원의 문제가 해결된 것 인양 호들갑을 떨곤 한다. 그러나 이런 단점들을 차치하고 조망했을 때, 역사적이고 심리적인 탐구들은 그것 자체로는 훌륭한 것들이다. 이런 탐구들을 통해 계시의 내용에 대한 더 좋은 이해가 나올 수 있기 때문이다. 선지자를 통

---

56 편집자 주: 히브리서 1장 1절.
57 편집자 주: 아마도 마태복음 2장 23절을 암시하는 표현이다.
58 편집자 주: 네덜란드어 원문에는 인용부호가 표기되어 있지 않은 채 베미델링(bemiddeling)만 표기되어 있다.

해 하신 말씀(ῥηθὲν διὰ τῶν προφητῶν)의 의미가 더 풍성하게 이해되는 것만큼, 하나님께서 하신 말씀(ῥηθὲν ὑπὸ τοῦ θεοῦ)에 더 깊이 감사할 수 있게 된다. 왜냐하면 이스라엘 종교와 기독교의 본질과 기원에 관한 모든 역사적이고도 심리적인 연구는 기독교의 특징을 건드리지 않은 채 남겨두었기 때문이다. 뚜렷한 증거 없이 주장되는 어리석은 연구 결과로 인해 계시를 거부할 것인가? 아니면 믿음을 통해 신적인 지혜로 계시를 수납할 것인가?

특별 계시를 믿는다는 것은 기독교 신학의 시작점이며 근본 토대(grondslag)이다. 학문(wetenschap)은 절대로 생명을 앞질러 갈 수 없다. 오히려 학문은 항상 생명을 따라갈 수밖에 없으며, 생명으로부터 시작될 수밖에 없다. 결국 하나님의 지식에 대한 학문도 하나님 계시의 실제성에 근거해 세워질(gebouwd)[59] 수밖에 없다. 만약 하나님께서 존재하지 않으신다면 혹은 하나님께서 아무것도 계시하지 않으셨다면, 우리는 아무것도 알 수 없을 것이다. 그 결과 모든 종교는 환상에 불과해지고, 모든 신학은 환영에 불과해질 수밖에 없다. 그러나 신학은 계시에 근본 토대(grondslag)를 놓은 채 자신의 영광스러운 작업을 수행해나간다. 신학의 영광스러운 작업은 하나님의 계시의 학문을 드러내는 것이고 하나님에 관한 우리의 지식을 펼쳐나가는 것이다. 이 작업은 계시의 내용을 주해함을 통해서, 주해를 통해 알게 된 계시의 내용들에게 사고의 통일성을 부여함으로써, 공격과 방어를 통해 진리를 수호함으로써, 혹은 진리를 인간들의 양심에 호소함으로써 가능하게 된다. 그러나 이 모든 작업 과정과 더불어 계시의 개념을 추적해 나가야 할 '계시 철학'을 위한 공간 역시 필요하다. 계시 철학과 계시 개념의 형태와 내용은 우리의 지식과 삶 속에서 서로 연합하게 될 것이다.

신학적 사고는 항상 학문의 필요성을 느껴왔다. 오리겐(Origen)과 영지주의자들뿐만 아니라 아우구스티누스(Augustine)와 중세 신학자들도 기

---

59 편집자 주: "지어지다" 혹은 "건축되다" 등으로도 번역 가능하다.

독교 나름의 특성을 유지시키는 것과 이 기독교의 특징이 이 모든 세상 (wereldgeheel) 속에 존재하는 개념들 속에서도 중요한 위치에 있다는 사실을 증명하기 위해 신학적으로 사고하는 것을 자신들의 목표로 삼았다. 꾸며낸 이야기 덩어리라는 명목으로 이성주의가 역사적 기독교를 한쪽으로 치워둔 후에도, 기독교를 그렇게 치부하려고 하는 열망은 근대 신학과 철학에서 계속되었다. 근대 신학과 철학은 세계 역사(wereldhistorie)의 핵심 사실들을 정당화함과 동시에 하나님 스스로에 의해 토대가 세워진 계시와 피조 된 우주 만물의 여러 영역들 사이의 관계의 모든 측면들을 추적함을 통해서 그 열망을 채워나갔다.[60]

계시 철학의 윤곽을 서술하려는 시도는 공상 속에서 스스로를 잃어버리는 것과 같다는 사실을 반드시 인정해야한다. 하지만 물건을 남용한다고 해서 그 물건을 적절히 사용하는 것까지 금지할 수는 없다. 그러므로 계시 철학의 윤곽을 서술하려는 시도의 위험성을 최소화하는 것이 그 무엇보다도 중요하다는 사실을 우리는 다시 한 번 상기할 필요가 있다. 왜냐하면 철학은 그 자체가 가진 연역적 구조의 무용성에 대해 철저히 인지하기 때문이며, 동시에 철학은 경험적 실제들을 철학 사상의 주제를 위한 것 정도로 생각하기 때문이다. 그 시작점을 이성에 두고 실제 세계를 간과하는 철학은 필연적으로 실제적 삶에 폭력을 가하기 마련이며, 관념적 망 속에서 자연과 역사의 문제를 해결하려고 노력할 수밖에 없다. 이런 성향은 기독교 철학에

---

60 이 주제와 직접적으로 혹은 부수적으로 관련된 자료들은 다음과 같다. Schelling, *Philosophie der Offenbarung; Franz Staudenmaier, Philosophie des Christenthums*, vol. 1 (Giessen: B. C. Ferber, 1840); O. Willmann, *Geschichte des Idealismus*, 3 vols. (Braunschweig: F. Vieweg, 1894-1897); James Orr, *The Christian View of God and the World*, 2nd ed. (Edinburgh: A. Elliott, 1893); John Caird, *The Fundamental Ideas of Christianity*, 2 vols. (Glasgow: J. Maclehose, 1904); Andrew M. Fairbairn, *The Philosophy of the Christian Religion* (London: Macmillan & Co., 1905); Alexander Campbell Fraser, *Philosophy of Theism: The Gifford Lectures Delivered at the University of Edinburgh, 1894-5* (Edinburgh: William Blackwood and Sons, 1899).

도 그대로 적용된다. 기독교 철학이 계시를 받아들이기 꺼려한다면, 그로 인해 기독교 철학은 단지 건조하고도 추상적인 개념만을 가진 채 역사와 역사의 목적으로부터 분리되게 될 것이다. 헤겔 철학은 스트라우스의 예수의 삶(Leben Jesu)과 믿음에 대한 교리(Glaubenslehre)에 잘 묘사된 것들로 이런 성향을 막기 위한 모범을 제시했다. 만약 하만(Hamann)의 눈에 띄는 표현인 추상적 이성주의라는 표현을 잠시 빌린다면, 추상적 이성주의는 하나님께서는 우리가 자신의 말씀을 이성적으로 생각하는지 혹은 비이성적으로 생각하는지를 우리에게 물어볼 필요가 없는 천재라는 사실을 까먹은 사상이다. 기독교는 계시에 근거하기 때문에 이성과 모순을 일으키지 않은 채 이성을 완전히 초월할 수 있는 내용을 갖는다. 계시에 근거한 기독교의 내용은 심지어 이 세상의 어리석음에 드러나는 신적인 지혜도 초월할 수 있다. 만약 계시가 이런 기독교의 내용을 충족시켜주지 못했더라면, 혹은 언젠가 이성에 의해 발견될 정도의 내용으로만 구성되어 있다면, 계시라는 이름 안에 서려 있는 가치는 빛을 바랬을 것이다. 계시는 하나님의 신비(μυστήριον τοῦ θεοῦ)의 폭로이다. 자연도 역사도, 정신도 마음도, 과학도 예술도 이 사실을 우리에게 가르쳐주지 못한다. 하지만 계시가 바로 이 사실을 우리에게 알려준다. 계시가 이 세상과 죄인들을 구원하시려는 하나님의 굳건하고도 불변한 **의지**와 거의 모든 존재들의 모습 속에 비춰진 하나님의 다양한 의지를 우리에게 알려준다. 하나님의 이런 의지는 비밀스러운 계시이다. 하나님께서 세상을 창조하실 때 하나님의 능력이 온 만방에 드러났다. 구원 사건이 핵심을 차지하는 계시 안에서 하나님의 위대성이 아낌없이 드러난다.[61]

역사 철학, 예술 철학, 그 외의 다양한 철학들처럼, 계시 철학도 그 시작

---

61 Schelling, *Philos. der Offenbarung*, 26. 이 강연에서 말하는 완전히 펼쳐질 수 없는 계시에 대한 바빙크의 입장에 대해서는1 *Gereformeerde Dogmatiek*, 2nd ed., I, 291ff를 참고하라. 이 강연에서는 바빙크의 『기독교 세계관』(*Christelijke Wereldbeschouwing*, 1904)에 나타난 계시에 대한 근본적 개념들을 구체적으로 서술한다.

을 반드시 그것 자체의 대상 즉 계시로부터 시작해야 한다. 계시 개념은 선험적으로 이해할 수 없다. 다음과 같은 택일만이 있을 뿐이다. 즉 모든 추측들이 계시 없이 헛되게 되거나, 혹은 계시로부터 역사를 시작하여 밝은 빛을 경험하는지 둘 중에 하나이다. 계시는 계시의 내용을 우리에게 알려줄 뿐만 아니라, 계시와 존재가 서로 어떻게 관계되는지에 대해서도 알려준다. 계시 철학은 계시의 체계 그 자체에만 자기 자신을 순응시키는 것이 아니라, 오히려 자기 자신을 확장시켜 계시 그 자체까지도 품어버린다. 이를 통해 숨겨져 있었던 신적 지혜의 빛이 드러난다. 유대인들에게 그리스도의 십자가는 부딪칠 것이었고, 헬라인들에게는 어리석은 것이었지만, 그리스도의 십자가야말로 하나님의 능력이었고 하나님이 지혜였다. 예술 철학, 도덕 철학, 법철학 등 그 어떤 철학들과는 다르게 계시 철학은 그 주제 자체가 쇠진하지도 않을 것이며, 그 내용이 철저히 파악되지도 않을 것이다. 이 땅에 존재하는 모든 지식은 부분적으로 남아 있다. 그러므로 믿음으로 이 땅을 걸어가지만, 이 땅에서 온전한 실상을 볼 수는 없을 것이다. 그럼에도 불구하고, 우리는 이 모든 것들의 토대가 맹목적 의지 혹은 철저한 우연에 근거하지 않고, 오히려 마음, 지성, 지혜에 근거한다는 확신 가운데 걸어가고 살아간다.

계시 철학은 계시에서 발견 가능한 지혜와 세상 속에서 발견 가능한 지혜를 서로 연결시킨다. 이전의 기독교 신학은 특별 계시와 일반 계시 사이를 구별했다. 그러나 특별 계시와 일반 계시 사이의 구별이라는 관점 속에서 모든 것을 다 사고할 수 없을 뿐만 아니라, 그 구별 자체가 인간사 모든 것들을 위해 충분히 중요한지에 대해서도 다소 모호하다. 근대 과학이 진화론적 관점 하에서 모든 신비들을 해결할 열쇠를 찾으려고 시도할 때, 그 시도는 하나님의 계시와 존재들을 제어하는 하나님의 사역으로부터 자연, 역사, 인간, 모든 영적인 존재들을 성공적으로 분리시켰다. 많은 신학자들이 약간의 주저함만을 가진 채 이런 경향에 동조 한 결과 모든 세계가 근대 과학의 것이 되어버렸다. 신학자들은 그리스도의 인격, 인간의 내적인 영혼 정도의 논의 속에서만 신적 계시를 유지시킬 뿐이었다. 그러나 이런 신학적 철수는 그 자체로 결함을 내포하는데, 이런 철수는 결국 특별 계시가 말하는 개념과 정면으로 배치되기 때문이다.

그리스도의 인격에 그 중심(*middenpunt*)을 둔 계시는 그 주변부부터 창조의 궁극적인 목적에까지 그 범위가 확장된다. 바다 한 가운데 홀로 존재하는 섬이나 물과 좀처럼 섞이지 않는 기름 한 방울과는 다르게, 계시는 자연과 역사와 따로 존재하지 않는다. 계시는 자연 전체, 역사 전체, 인류 전체, 가정, 사회, 과학, 예술 전체와 대단히 밀접하게 연관을 맺는다. 이 세상 그 자체가 계시에 근거한다. 계시는 이 땅에 존재하는 모든 것들의 전제요, 근본 토대(*grondslag*)일 뿐만 아니라, 비밀(*geheim*) 그 자체이다.[62] 계시에 대해 더 깊이 연구하면 할수록, 모든 피조물들의 근저에 깔려 있는 계시를 보다 더 선명히 발견할 수 있게 될 것이다. 모든 시간 안에서 영원의 맥박이 고동친다. 모든 공간은 하나님의 무소부재(無所不在)성으로 가득 차 있다. 유한은 무한에 기대어 서 있고, 모든 되어가는 것들은 그 존재에 그 뿌리를 박고 서 있다. 그리스도의 인격을 통해 우리에게 알려진 특별 계시는 모든 다른 피조물들과 더불어 이런 전제들 위에 세워져있다. 창조의 근본 토대와 구속의 근본 토대는 서로 같다.[63] 육신을 입고 이 땅에 오신 로고스가 이 세상을 만드신 바로 그 분이다. 죽음에서 처음으로 부활하신 분이 곧 모든 피조물들의 부활의 첫 열매가 되신다. 모든 것들의 상속자인 아들 예수 그리스도가 이 세상 모든 것들을 만드신 바로 그 분이다. 하지만 죄로 인해 창조주와 피조물 사이에 분리가 생겼고, 이 분리로 인해 하나님은 자신의 피조물들과

---

62 편집자 주: 이 문장은 『계시 철학』(*Philosophy of Revelation*)을 이끄는 핵심 문장이다. 바빙크는 이를 네덜란드어 원문에서는 "niet evolutie maar revelatie is het geheim van den geest"(진화가 아니라 계시가 정신의 비밀이다)라고 표현했다.

63 편집자 주: 네덜란드어 원문에는 "De grondslagen van schlepping en herschepping zijn één" 즉 "창조의 근본 토대와 재창조의 근본 토대는 하나다"라고 표현되어 있다.

직접적으로 교제할 수가 없게 되었다. 하나님의 초월성은 존재를 멈췄다는 의미가 아니다. 오히려 더 깊은 내재성으로 향해 나아갈 수 있다는 뜻이다. 하나님의 마음의 위대함이 여실 없이 드러나는 특별 계시는 하나님의 정신의 능력이 드러나는 일반 계시를 능가한다. 일반 계시는 특별 계시로 우리를 이끌고, 특별 계시는 다시 일반 계시를 가리킨다. 서로가 서로를 필요로하며, 만약 둘 중에 하나라도 없을 경우 불완전하고 난해한 계시가 되어버린다. 특별 계시와 일반 계시 둘 다 창조와 구속 가운데 펼쳐 놓은 하나님의 다채로운 지혜를 선포한다.

이후의 강연들을 통해 계시 철학의 체계가 형식적으로든지 구체적으로든지 온전히 발전되기란 거의 불가능에 가깝다. 그러므로 나는 이 강연을 통해 계시 철학의 체계와 그 구조로 들어갈 수 있는 기본 개념들을 제시하는 것 정도로 작업 범위를 제한시킬 것이다.

1장: 계시 철학의 개념 핵심 해제

■ **핵심 메시지**

본 장의 핵심 메시지는 바빙크의 다음과 같은 한 문장 속에 고스란히 요약
되어 있다.

> 기독교 철학이 계시를 받아들이기 꺼려한다면, 그로 인해 기독교 철학은 단지
> 건조하고도 추상적인 개념만을 가진 채 역사와 역사의 목적으로부터 분리되게
> 될 것이다(92).

이 문장은 크게 3가지 담론 하에서 분석 가능하다. (1) 계시를 받아들이
지 않은 철학은 무엇인가. (2) 계시 없는 철학이 가질 수밖에 없는 '건조하고
도 추상적인 개념'은 무엇인가. (3) 역사와 역사의 목적으로부터 분리되는
것은 무엇인가가 바로 그것들이다.

첫째, 본 장에서 바빙크는 계시를 받아들이지 않는 철학을 가리켜 자연주
의, 인본주의, 이신론, 진화론 등으로 명명한다. 바빙크는 이런 무(無)계시적,
혹은 비(非)계시적 사상들을 특별 계시에 토대를 둔 초자연주의와 대척점에
세운다. 계시를 받아들이지 않는 철학이 추구하는 공통된 목표는 '초자연적
인 것은 없다'라고 외치는 것이었다. 이에 대한 바빙크의 설명을 들어보도록
하자.

> 계시는 더 이상 가능성으로도 여겨지지 않았다. 르낭(Renan)은 망설임 없이 다
> 음과 같이 선포했다. "초자연적인 것은 없다"(Il n'y a pas de surnaturel). 헤켈

(Haeckel)은 종교들이 호소하는 모든 계시들을 가리켜 인간들이 하는 상상 속의 순수한 허구 정도라고 생각했다. 헤켈에게 참되고 유일한 계시는 자연 그 자체뿐이었다. 이미 승리를 얻었고 적들이 살해되었다는 사실을 확신하지 못한 채 슈트라우스(Strauss)는 소환장을 들고 싸울 것을 촉구했다. "정복해야 할 마지막 적은 또 다른 세계에 대한 개념이다"(77).

슈트라우스가 "정복해야 할 마지막 적"이라 부르는 "또 다른 세계에 대한 개념"은 초자연적인 개념들, 즉 하나님, 특별 계시, 믿음 등이다.

둘째, 특히 바빙크는 자연주의나 진화론을 인본주의 핵심 사상으로 보고 이런 인본주의 사상들의 논리적 약점, 실현 불가능성, 반(反)성경적, 반(反)신학적 성향을 본 장 전반에 걸쳐 구체적으로 지적한다. 바빙크는 인본주의가 가진 개념들은 기껏해야 '건조하고도 추상적인 개념'에 지나지 않는다고 보았다. 예를 들어 바빙크는 자신의 시대 속에서 사상적 우월성을 마음껏 뽐냈던 진화론의 문제점에 대해 다음과 같이 시서한다.

하지만 진화론은 현재 성장하는 자연주의적 학문의 도입을 억제하기에는 지나치게 이성적이고, 지나치게 연역적일뿐만 아니라, 지나치게 낭만적인 사상이었다(74).

특히 바빙크는 인본주의 사상이 가진 '낭만성'에 강한 반기를 들었다. 여기서 말하는 낭만성이란 뚜렷한 근거 없이 '우리는 괜찮을거야'(We will be fine)라는 나이브한 레토릭을 무미건조하게 외치는 허무맹랑한 정신승리를 뜻한다. 인본수의에 따르면 인간의 현재적·잠재적 능력으로 인해 모든 문제는 해결될 것이고, 결국 우리 모두는 괜찮아질거야라는 낙관주의적 외침이 세상을 지배할 것이라 믿었다. 바빙크는 인본주의가 가진 낭만성에 대해 다음과 같이 설명한다.

인본주의의 전체적인 마음가짐은 혼란스러운 상태를 그 무엇보다도 두려워하는 것이었고, "일치된 사랑스러운 교회"(*amabilis ecclesiæ concordia*)를 보존하는 데 열심을 다하는 것이었다. 이런 측면에서 에라스무스는 "우리 종교의 정점은 평화와 만장일치이다"(*Summa nostræ religionis pax est et unanimitas*)라고 기록하기에 이른다. 인본주의는 로마 교회 안에서 주기적으로 등장했던 많은 "계몽 운동"(*Aufklärungsbewegungen*)들 중 하나였으며, 이런 인본주의는 차후에도 또 등장하게 될 것이다(67).

인본주의가 낭만성이나 낙관성이라는 토대 위에 자신의 성루를 굳건히 세울 수 있는 이유는 인간의 죄성에 대한 심도 있는 고찰이 없었기 때문이다. 인간의 죄성에 대한 처절한 고찰이 전무한 철학은 '건조하고도 추상적인 개념'으로만 남을 수밖에 없다. 이 땅에서의 교회는 가시적 교회요 유형적 교회이기 때문에 '일치된 사랑스러운 교회' 혹은 '평화와 만장일치'를 품은 완전무결한 교회가 절대로 될 수 없다. 오히려 그 반대로 가시적·유형적 교회는 불완전한 교회로서 늘 죄의 세력과 치열하게 피 흘리며 전투해야 할 교회이다(Cf. 히 12:4). 그 이유는 가시적·유형적 교회 속에는 여전히 양과 염소가 섞여 있기 때문이다. 바빙크는 이 모든 사실이 특별 계시인 성경을 통해 밝히 드러난다고 보았다.

셋째, 만약 철학이 계시와 분리된다면 건조하고도 추상적인 개념으로 점철된 인본주의로 남을 수밖에 없기 때문에, 바빙크는 이런 인본주의 철학은 결국 역사와 역사의 목적으로부터 분리될 수밖에 없다고 보았다. 그러므로 바빙크는 계시의 필요성에 대해 다음과 같이 강력히 요청한다.

역사 철학, 예술 철학, 그 외의 다양한 철학들처럼, 계시 철학도 그 시작을 반드시 그것 자체의 대상 즉 계시로부터 시작되어야 한다. 계시 개념은 선험적으로 이해할 수 없다. 다음과 같은 택일만이 있을 뿐이다. 즉 모든 추측들이 계시 없이 헛되게 되거나, 혹은 계시로부터 역사를 시작하여 밝은 빛을 경험하든지 둘 중에 하나이다. 계시는 계시의 내용을 우리에게 알려줄 뿐만 아니라, 계시와 존재가 서로 어떻게 관계되는지에 대해서도 알려준다. 계시 철학은 계시의 체계 그 자체에만 자기 자신을 순응시키는 것이 아니라, 오히려 자기 자신을 확장시켜 계시 그 자체까지도 품어버린다. 이를 통해 숨겨져 있었던 신적 지혜의 빛이 드러난다(92-93).

바빙크에게 계시는 곧 역사 그 자체였다. 그러므로 계시의 목적이 곧 역사의 목적이었으며, 역사의 목적을 이끌어 가시는 분이 곧 계시의 주창자요 인도자였다. 그 모든 계시 역사의 정점에는 예수 그리스도께서 서 계신다.

그리스도의 인격에 그 중심(*middenpunt*)을 둔 계시는 그 주변부부터 창조의 궁극적인 목적에까지 그 범위가 확장된다. 비다 한 가운데 홀로 존재하는 섬이나 물과 좀처럼 섞이지 않는 기름 한 방울과는 다르게, 계시는 자연과 역사와 따로 존재하지 않는다. 계시는 자연 전체, 역사 전체, 인류 전체, 가정, 사회, 과학, 예술 전체와 대단히 밀접하게 연관을 맺는다. 이 세상 그 자체가 계시에 근거한다. 계시는 이 땅에 존재하는 모든 것들의 전제요, 근본 토대(*grondslag*)일 뿐만 아니라, 비밀(*geheim*) 그 자체이다(94).

바빙크에게 계시는 문자 그대로 '모든 것들의 근본 토대'였다. 즉 계시는 단순히 신령한 것들만의 토대가 아니라, 세속적인 것들 모두의 토대이기도 하다. 마치 젠가 게임처럼 모든 것들의 토대인 계시가 무시 혹은 간과되거나 무너진다면, 그 토대 위에 서 있는 모든 블록들도 필연적으로 무너져 내릴 수밖에 없다. 그러므로 바빙크는『계시 철학』의 궁극적인 저술 목적을 다음과 같이 계시의 필연성과 연결한다.

특별 계시를 믿는다는 것은 기독교 신학의 시작점이며 근본 토대(*grondslag*)이다. 학문(*wetenschap*)은 절대로 생명을 앞질러 갈 수 없다. 오히려 학문은 항상 생명을 따라갈 수밖에 없으며, 생명으로부터 시작될 수밖에 없다. 결국 하나님의 지식에 대한 학문도 하나님 계시의 실제성에 근거해 세워질(*gebouwd*) 수밖에 없다. 만약 하나님께서 존재하지 않으신다면 혹은 하나님께서 아무것도 계시하지 않으셨다면, 우리는 아무것도 알 수 없을 것이다. 그 결과 모든 종교는 환상에 불과해지고, 모든 신학은 환영에 불과해질 수밖에 없다. 그러나 신학은 계시에 근본 토대(*grondslag*)를 놓은 채 자신의 영광스러운 작업을 수행해나간다. 신학의 영광스러운 작업은 하나님의 계시의 학문을 드러내는 것이고 하나님에 관한 우리의 지식을 펼쳐나가는 것이다. 이 작업은 계시의 내용을 주해함을 통해서, 주해를 통해 알게 된 계시의 내용들에게 사고의 통일성을 부여함으로써, 공격과 방어를 통해 진리를 수호함으로써, 혹은 진리를 인간들의 양심에 호소함으로써 가능하게 된다. 그러나 이 모든 작업 과정과 더불어 계시의 개념을 추적해야 나가야 할 '계시 철학'을 위한 공간 역시 필요하다. 계시 철학과 계시 개념의 형태와 내용은 우리의 지식과 삶 속에서 서로 연합하게 될 것이다(90).

바빙크가 요청하듯이 계시 철학과 계시 개념의 형태와 내용은 우리의 지식과 삶 속에서 반드시 서로 연합되어야 한다. 바빙크는 머릿속에서만 관념·사변적으로 북 치고 장구 치는 화석화된 지식을 철저히 지양했다. 계시 철학의 형태와 내용이 신자의 실존적 삶 속에서 역동적으로 살아 움직일 때에야 비로소 바빙크가 간절히 원했던『계시 철학』의 소임은 다했다고 볼 수 있다.

본 장을 요약해보도록 하자. 바빙크는 본 장 전반에 걸쳐 철학을 하는데(doing philosophy) 계시가 얼마나 필수불가결하며 필요충분요건인가에 대해 적극적으로 논증한다. 그러므로 철학은 필연적으로 '계시 철학'이 되어야만 한다.

• 옛적에 선지자들을 통하여 여러 부분과 여러 모양으로 우리 조상들에게 말씀하신 하나님이 이 모든 날 마지막에는 아들을 통하여 우리에게 말씀하셨으니 이 아들을 만유의 상속자로 세우시고 또 그로 말미암아 모든 세계를 지으셨느니라 (히 1:1-2)

• 무엇이든지 전에 기록된 바는 우리의 교훈을 위하여 기록된 것이니 우리로 하여금 인내로 또는 성경의 위로로 소망을 가지게 함이니라 (롬 15:4)

• 감추어진 일은 우리 하나님 여호와께 속하였거니와 나타난 일은 영원히 우리와 우리 자손에게 속하였나니 이는 우리에게 이 율법의 모든 말씀을 행하게 하심이니라 (신 29:29)

■ 핵심 적용

모든 사람들은 저마다의 세계관과 철학을 가지고 살아간다. 이 사실을 거부하는 것은 곧 자신의 존재(存在)를 거부하는 것과 같다. 모든 사람들은 자신의 목숨이 끊어지기 전까지 자신만의 세계관으로 세상을 바라보며, 자신만의 철학으로 사유의 놀이를 즐기며 살아가는 존재들이다.

어린이집을 다니는 둘째 딸 아이가 알록달록한 색깔 안경을 만들어 집에 가지고 들어왔다. 빨간색 색깔 안경을 낀 후 "아빠, 세상이 빨갛게 보여!!"라고 외쳤다. 파란색 색깔 안경을 낀 후에는 "아빠, 세상이 파랗게 보여!!"라고 외쳤다. 자신이 어떤 안경을 끼고 세상을 바라보느냐에 따라 세상의 본질, 본성, 속성, 질료가 바뀐 것처럼 보이는 것이다. 세상은 여전히 그대로 있다. 세상은 본연의 본질과 본성과 속성 그대로를 유지한 채 존재한다. 하지만 어떤 앵글로, 어떤 관점으로 세상을 보느냐에 따라 그 세상은 빨갛게도 보이고, 아니면 파랗게도 보인다.

바빙크에 의하면 이 세상 속에는 자연주의적 세계관이 있고, 동시에 초자연주의적 세계관도 있다. 자연주의적 세계관의 중심에는 인간이 위치하므로 인본주의적 세계관이다. 반면 초자연주의적 세계관의 중심에는 하나님과 특별 계시가 위치하므로 신본주의적 세계관이다. 자연주의적 세계관이라는 안경을 끼고 사유하면 인본주의적 철학의 길로 걸어 들어갈 수밖에 없다. 하지만 초자연주의적 세계관이라는 안경을 끼고 사유하면 신본주의적 철학의 길로 겸비하게 들어갈 수 있다. 물론 이 두 세계관은 서로 반립적 구도를 취하지 않는다. 오히려 서로가 상호 유기적으로 존재한다. 그럼에도 불구하고 이 두 세계관 사이에 존재론적 우선순위는 존재한다. 초자연주의적 세계관이 자연주의적 세계관보다 존재론적으로 앞선다. 하나님으로부터 자연이 창조되었고, 특별 계시를 통해서 자연이 재창조되기 때문이다.

계시라는 앵글로 하나님, 자아, 세계를 바라보는 것이 바로 『계시 철학』이 추구하는 삶의 방법론이며 삶의 방향성이다. 이런 앵글을 내려놓는 삶을 사는 것이 가장 두려운 일이고 가장 떨리는 일이다. 하지만 이런 앵글과 더불어 내게 주어진 삶을 능동적으로 영위한다면 그 삶은 가장 큰 확신 안에 거하는 삶이고, 가장 큰 위로를 경험하게 될 삶이다.

■ 핵심 용어

자연주의(naturalism)

초자연주의(supernaturalism)

인본주의(humanism)

이신론(deism)

진화론(evolutionism)

계시(revelation)

■ 핵심 찬양

특별 계시의 복된 가치를 한껏 드러내는 찬송가 200장(통 235장)

달고 오묘한 그 말씀

1절
달고 오묘한 그 말씀 생명의 말씀은
귀한 그 말씀 진실로 생명의 말씀이
나의 길과 믿음 밝히 보여주니

2절
귀한 주님의 말씀은 내 노래 되도다
모든 사람을 살리는 생명의 말씀을
값도 없이 받아 생명 길을 가니

3절

널리 울리어 퍼지는 생명의 말씀은

맘에 용서와 평안을 골고루 주나니

다만 예수 말씀 듣고 복을 받네

(후렴)

아름답고 귀한 말씀 생명 샘 이로다

아름답고 귀한 말씀 생명 샘 이로다

■ 핵심 토의

1. 내 삶 속에서 성경은 어떤 역할을 하는가?

2. 중요한 사안에 대해 결정할 때 최종적이고 궁극적인 결정 기준은 무엇인가?

3 내 삶 속에 있는 인본주의적 성향은 무엇인가?

4. 초자연주의는 본질적으로 '믿음'을 요구하는 사상이다. 가장 믿어지지 않는 성경 말씀은 무엇인가? 무엇이 그 말씀을 믿지 못하도록 만드는가?

Ⅱ. 계시와 철학

II. 계시와 철학

본격적으로 이 주제에 들어가면서 우리는 철학적 사고가 현재 가진 지위를 통해 우리가 격려 받을 수 있다는 사실을 깨달아야 한다. 철학이 경멸의 대상에서부터 따뜻한 관심을 받는 존재가 된 이유가 분명 존재한다. 자연과학 (*natuurwetenschap*)은 지난 세기 동안 자신들의 승리를 축하하며 진보해나갔다. 헤겔로부터 촉발된 열정은 냉철한 각성에게 그 자리를 내어주었고, 사람들은 모든 형이상학으로부터 등을 돌리게 되었다. 사람들은 과학의 정확함이 언젠가는 삶의 모든 질문들을(*alle vragen*) 해결할 수 있을 만큼 만족스러운 답변을 줄 것이라는 허황된 망상에 잠시 빠져 살았다. 이를 소위 "르낭의 시기"[1]라고 부르는데, 이 시기는 물리학 스스로가 스스로에 대해 만족했던 시기였을 뿐만 아니라 더 이상 형이상학이 필요 없다고 고백했던 시기이기

---

[1] 편집자 주: 바빙크는 영향력 있는 프랑스 학자 에르네스트 르낭(Ernest Renan, 1823‑92)을 언급한다. 르낭은 가톨릭 신앙을 가진 채 공부를 시작했으나 나중에는 종교적 신앙이 헤겔의 점진적 형이상학과 양립될 수 없다고 생각한 인물이었다. 르낭의 『예수의 삶』(*Vie de Jesus* [Paris: Nelson Éditeurs, 1863])은 역사적 비평 방법론을 가지고 유대교 영향권으로부터 자유로운 예수를 그려낸 책이다. 르낭의 『학문의 미래: 1848년의 생각』(*L'Avenir de la science: Pensées de 1848* [Paris: Ancienne Maison Mechel Lévy Fréres, 1890])은 종교적 신앙과 형이상학에 얽매이지 않은 학문의 토대 위에서의 낙관적인 인간 발전상을 그린 책이다. 르낭은 이 책에서 인간은 진보를 통해 하나님의 신적 속성들을 어느 정도 취할 수 있을 것이라고 보았다. 르낭의 영향력에 대한 간략한 소개는 Glenn H. Roe, *The Passion and Faith of Charles Péguy: Literature, Modernity, and the Crisis of Historicism* (Oxford: Oxford University Press, 2014), 41-46을 참고하라.

도 했다.[2]

하지만 르낭의 시기도 이제 과거의 것이 되었다. 그럼에도 불구하고 브 뤼느티에르(Brunetière)가 주장하듯이 자연과학은 결코 파산하지 않았다. 반 대로 자연과학은 시간이 흐르면 흐를수록 더 위대한 발견을 우리에게 안겨 주었다. 하지만 많은 사람들은 자연과학에 대해 자신들이 품었던 어리석은 기대감 때문에 실망에 실망을 거듭했다. "우리는 모르고, 앞으로도 모를 것 이다"(*ignoramus et ignorabimus*)의 원리는 사람들을 꿈에서부터 깨어나게 만 들었다. 그러므로 지난 세기부터 거대한 변화들이 일반적으로 만연한 정 신 태도 속에서 점차로 나타나게 되었다. 문학과 예술 영역에서 신비주의 로의 귀환이 시작되었고, 철학, 형이상학, 종교의 필요성이 재고되기 시작 했다. 이런 놀라운 변화는 자연과학의 영역에까지 그 영향력을 끼쳤다. 오 스트발트(Ostwald)의 "자연 철학 강의"(Lectures on Natural Philosophy)나 "자 연 철학의 연대기"(Annals of Natural Philosophy) 혹은 라인케(Reinke)의 "식물 철학"(Philosophy of Botany)[3]뿐만 아니라, 클리포드(W. K. Clifford), 포앙카레 (Poincaré), 클라인피터(Kleinpeter), 오스트발트, 페르보른(Verworn)과 같은 자 연과학자들은 철학적 문제, 특별히 인식론적 문제에 대한 열띤 토론을 이어 나갔다. 헤켈은 완전한 사실에 근거해 자신의 결론을 내리긴 했지만, 그럼에 도 불구하고 일원론적인 세계관(*wereldverklaring*)에 다다르기 위해 생각이 반 드시 인식에 도움을 주는 방향, 과학 철학과 관계있는 방향, 지식과 믿음의

2 Renan, *L'avenir de la science*; Marcellin Berthelot, *Science et morale* (Paris: Calmann Lévy: 1897); Ladenburg, *Der Einfluss der Naturwissenschaft auf die Weltanschauung* (Leipzig: Verlag von Veit, 1903).

3 편집자 주: 프레드릭 오스트발트(Wilhelm Ostwald)나 요하네스 라인케(Johannes Reinke) 의 저작들은 원래 독일어로 쓰인 책들이다(*Vorlesungen über die Naturphilosophie, Annalen zur Naturphilosophie, Philosophie der Botanik*). 1909년 화학 분야 노벨상을 수상했던 라이 프치히 대학 교수 오스트발트(1853-1932)는 전통적인 물리화학의 초석을 놓은 인물들 중 하 나로 알려져 있다. 라인케(1849-1931)는 괴팅겐 대학과 킬 대학 교수로 활동했던 식물학자 겸 철학자였다.

방향으로 향해야만 한다는 것을 깨달았다.[4]

이런 철학과 종교로의 복귀는 임의적인 변덕의 결과가 아니었다. 철학과 종교로의 복귀는 보편적이고 필연적인 현상의 특징들 모두를 포함한다. 이는 단순히 한 사람이나 어떤 한 사회의 한 계층에만 국한되지 않는다. 오히려 이런 복귀는 많은 나라들과 다양한 계층의 사람들 속에서도 드러났다. 이는 특정 지식(wetenschap) 분야에만 미치는 것이 아니라, 역사, 법, 의약, 자연과학의 학문(wetenschap) 영역들에까지 미친다. 그 영향력은 종교와 신학 못지않게 문학과 예술 영역에까지도 강하게 미친다. 베를렌(Verlaine), 마테를링크(Maeterlinck), 주더만(Sudermann), 하우프트만(Hauptmann), 입센(Ibsen), 톨스토이(Tolstoi), 니체(Nietzsche) 등 이 모든 사람들은 현재 문화에 대해 불만족했던 인물들로, 이전과는 다르고 뭔가 더 특별한 것을 추구하기 위해 노력한 사람들이었다. 그들은 사물의 겉모습 근저에 집요하게 파고 들어가 본질을 파악하려 노력했던 인물들이었다. 그들은 의식의 근저를 꿰뚫음을 통해 무의식을 파악하려 했고, 겉 형상의 근저를 통과하여 무한한 삶의 내적인 신비, 침묵의 능력의 내적인 신비, 숨겨진 의지의 내적인 신비 속으로까지 파고 들어가려 노력했던 자들이었다. 모든 순간들 속에서 새로운 교의, 새로운 종교, 새로운 믿음, 새로운 예술, 새로운 과학, 새로운 학교, 새로운 교육, 새로운 사회 질서, 새로운 세계, 새로운 하나님에 대한 요구가 일어났다. 이런 류의 꼬리표가 달린 것들은 지나치게 그 내용이 가지각색이었기 때문에, 그것들 모두를 일렬로 열거하는 것 자체가 대단히 바보스러운 일이 될 수 있다. 불교와 이슬람교, 오딘(Wodan) 종교는 신지학(神智學), 신비주의, 마술, 점성술, 악령숭배, 사탄숭배, 인종숭배, 영웅숭배, 윤리적 문화, 이상의 추구, 인류추종, 예수추종 등의 이름으로 사람들에게

---

4 Ernst Haeckel, *Die Welträthsel* (1899), 345ff. 편집자 주: 영어 번역본은 Ernst Haeckel, *The Riddle of the Universe*, trans. Joseph McCabe (London: Warrs & Co., 1929)을 참고하라.

칭송받곤 했다. 개혁 운동은 당대의 질서였다. 이런 현대주의는 그 기운이 지금도 도처에 감돈다.[5]

이런 경향은 다양한 갈래로 발전되었지만, 다음과 같은 공통된 특징 두 가지를 가진 채 발전했다. 첫째는 질서와 규모 없이 자기 멋대로 사고하는 자율성 원리이고, 둘째는 스스로의 의지로 구원에 이를 수 있다고 생각하는 자력 구원 원리이다.[6] 이 원리 하에 있는 모든 사람들은 스스로를 독립적, 자치적 존재로 여기며, 스스로의 방식으로 자신의 길을 개척해나갔다. 사람들은 막연한 욕구만 가진 채 인도, 아랍 등지에서, 문명화된 나라와 문명화되지 않은 나라들 속에서, 자연과 예술 가운데서, 국가와 사회 가운데서 자신들의 만족만을 추구하며 살아간다. 사람들은 종교를 문화의 단순한 요소나 결과물 정도로 치부한 채 순수하게 개인적으로 만든 발명품 혹은 개인적 구조물 정도로 이해한다. 그러므로 이런 가치관 속에서는 모든 국가나 모든 교회만 종교를 가진 것이 아니라 모든 사람들이 자신들만의 종교를 가진 채 살아가게 된다. 결국 우리는 현대인의 종교, 보통 사람의 종교, 예술가의 종교, 과학자의 종교, 물리학자의 종교라는 말을 너무나도 쉽게 듣게 된다. 이런 상황 속에서 괴테와 레싱의 종교, 칸트와 슐라이어마허(Schleiermacher)의 종교, 비스마르크(Bismarck)와 톨스토이의 종교를 연구하고 설명하려는 유행이 번졌다.

이런 현대적 운동 모두는 종교를 추구했으며, 궁극적인 선, 행복감, 참된

---

5   Albert M. Weisz, *Die religiöse Gefahr* (Freiburg: Herder, 1904), 117ff.
6   Ludwig Stein, "Gedankenanarchie," in *An der Wende des Jahrhunderts* (Leipzig: J. C. B. Mohr, 1899), 287ff.; Eduard von Hartmann, *Religionsphilosophie* I (Berlin: 1882), 624ff.; Arthur Drews, *Die Religion als Selbstbewußtsein Gottes. Eine philosophische Untersuchung über das Wesen der Religion* (Jena, 1906), 237ff. 편집자 주: 네덜란드어 아우토조테리(*autosoterie*)의 영어 번역인 자력 구원설(Autosoterism)은 인간의 의지가 구원에 이를 수 있는 능력이 있다고 생각하는 관점이다. 그러므로 이런 자력 구원설에 의하면 구원의 토대가 인간의 외부가 아닌 인간 자아 내부에 근거한다.

존재, 완전한 가치 등을 이상향으로 삼았다. 비록 "종교"라는 단어는 보다 더 최신 유행 표현인 "세계관"이란 단어로 대체되었지만, 사실 특별히 바랄 것 없는 상황에서 세계관이란 용어가 주고지했던 만족감은 종교가 제공해왔던 것보다 더 큰 목표를 지향했다. 이런 세계관을 적절히 정의 내리기 위해서는 다양한 의견들을 살펴볼 필요가 있다. 빈델반트(Windelband)처럼 철학을 "가치들의 결정"(Wertbestimmungen) 혹은 "보통 의식"(Normalbewustsein)에 대한 학문으로 정의 내리든지, 아니면 파울젠처럼 "이성의 요구와 심정의 요구를 만족시킬 수 있는"[7] 세상과 삶을 바라보는 방식으로 정의 내리든지 간에, 확실한 정의 하니는 철학이 실재에 대한 과학적 설명에 대한 내용이라기보다는 인류의 보다 더 높은 이상, 가장 깊은 요구를 만족, 증명하기 위한 노력이라는 것이다.[8] 철학은 그 자체로 종교를 섬기길 원했다. 모든 신학을 경멸했던 철학의 태도는 가장 밑바닥에서부터 하나님을 찾는 존재로의 탈바꿈이 급격히 일어나게 되었다.[9]

그러나 이런 다양한 개혁 운동들 속에서의 합의가 여전히 이루어지지 않는다. 쉽게 근절하기 힘든 "형이상적 필요"(metaphysiche Bedürfnis)에 대한 만족을 찾는 방식들은 너무나 많았기 때문이다. 문제는 이런 방식들이 거짓

---

7 편집자 주: 이 인용문의 독일어 원문은 다음과 같다. "welche die Forderungen unserer Vernunft und die Bedürfnisseunseres Gemütes befriedigen soll."
8 편집자 주: 빌헬름 빈델반트(Wilhelm Windelband, 1848–1915)는 바덴 학파에 몸담았던 독일 신칸트주의 철학자였다. 빈델반트는 역사주의(역사와 문화 속에서 발흥했던 진리들을 통해 이성의 사고를 상대화시키는 경향을 추구하는 사상)와 신칸트주의(진리의 조정자로서의 이성의 권위를 증진시키는 사상) 사이를 중재하려고 노력했던 인물이었다. 베를린 대학 교수였던 프리드리히 파울젠(Friedrich Paulsen, 1846–1908)도 신칸트학파에 속한 독일 철학자였다. 파울젠은 초자연주의적 이원론과 원자론적 유물론 사이를 중재(via media)하려 했던 인물로 이 작업을 위해 이상주의적 일원론을 주장했다. 파울젠에게 초자연주의적 이원론은 내재적 세상과 초자연적 실제들이 서로 다투는 형국이므로 문제가 있었고, 원자론적인 유물론은 자연을 내부적으로 만족스러운 기계장치로 보는 것에 문제가 있다고 생각했다.
9 Friedrich Paulsen, foreword to *Einleitung in die Philosophie* (Stuttgart: J. G. Cotta'sche Buchhandlung, 1907); Friedrich Paulsen, "Die Zukunftsaufgaben der Philosophie," in *Systematische Philosophie: Die Kultur der Gegenwart* (Leipzig: Teubner, 1907), 389ff.

된 방식이었다는 점이다. 일부 젊은 열광주의자들은 스스로에게 놀라움을 안겨줬던 개념을 발견해 그 개념을 새 종교, 혹은 새 철학을 위한 중요 개념이라고 적극 주장해왔다. 그러나 한 개념에 대한 역사적인 연구와 학문적인 심사숙고는 누군가에는 새롭다고 느꼈던 개념이 사실 이전부터 자주 나타났을 뿐만 아니라 동시에 자주 사라졌던 개념이라는 사실을 확신 시켜줄수 있다. 있어왔던 것은 계속해서 있을 것이다. 해 아래 새 것은 없다. 한 방울의 물이 또 다른 한 방울의 물과 그 본질이 같은 것처럼, 신학 분야에 현재 등장하는 새로운 유행들도 예전부터 존재해왔던 아리우스주의, 소시니우스주의, 영지주의, 사벨리우스주의와 별반 다를 것이 없다. 현재의 철학 속에서 펼쳐지는 새로운 길들도 이미 고대 그리스 사상가들이 여행해왔던 길이었다. 진화론과 진화론이 자랑하는 현재의 놀라운 진보를 가지고 이런 사실에 맞서 싸우기는 힘들다. 실제로 인간 지성의 한계는 금방 명백해 질뿐만 아니라, 인간 사상의 독창성은 너무나도 쉽게 고갈되어 버린다. 트뢸치는 이에 대해 다음과 같이 기가 막히게 묘사했다. "이 세상에 대해 아주 새로운 무엇인가를 말하는 사람들은 놀랍게도 항상 소수였고, 인류가 실제로 연명하기 위해 필요한 개념들도 항상 소수였다는 점이 정말 놀랍다."[10] 우리의 사고가 움직이는 방향성은 상상하는 것만큼 다양하지 않다. 우리 인간들은 항상 우리의 본성에 의거한 생각과 행동 안에, 또한 한 개인의 과거와 현재의 삶 속에 고정되어 있다. 그러므로 다른 사람을 이끌고 가는 것처럼 보이는 사람들이 오히려 그 다른 사람들에 의해 이끌림 당하는 것은 가히 드문 일이 아니다.[11]

---

10 Ernst Troeltsch, *Die Absolutheit des Christentums und die Religionsgeschichte* (Tubingen: J. C. B. Mohr, 1902), 56. Cf. Alfred Vierkandt, *Die Stetigkeit im Kulturwandel* (Leipzig: Dunker & Humblot, 1908), 1ff. 편집자 주: 트뢸치의 독일어 원문은 다음과 같다. "Diejenigen, die der Menscheit wirklich etwas Neues zu sagen hatten, sin dimmer überaus selten gewesen, und es ist erstaunlich, von wie wenig Gedanken die Menschheit in Wahrheit gelebt hat."

11 편집자 주: 프랑스 정치가 르드뤼 롤랭(Ledru-Rollin)의 유명한 말은 "Je suis votre chef,

만일 우리가 구체적 사안, 언어와 표현 방식, 외적인 고려 사항과 제시 방식들에 주의를 기울인다면, 우리는 아마도 선택하기 대단히 힘든 종교와 세계관의 혼란스러운 덩어리와 마주해야 할 것이다. 하지만 만약 우리가 사물의 중심을 꿰뚫고 늘어가 그 원리를 파악할 수만 있다면, 이런 혼란스러운 덩어리는 몇 가지 정도의 유형으로 줄어들게 될 것이다. 그 이유는 괴테가 말했듯이 "인간사는 전형적 세계관들의 일련의 발전을 가로질러 가는 것"[12]이기 때문이다. 모든 세계관은 하나님, 세상, 인간이라는 세 기둥 하에서 움직여갈 뿐만 아니라, 이 세 기둥들 간의 상호 연관성 가운데서 결정되는 것이기 때문에 원칙적으로 유신론적(종교적, 신학적) 세계관, 자연주의적(범신론적, 물질주의적) 세계관, 그리고 인본주의적 세계관으로 그 유형을 구별할 수 있다. 콩트(Comte)가 그의 세 단계(trois états) 논리에서 생각했던 것처럼, 이세 부류의 세계관은 역사 속에서 서로가 서로를 계승한 것은 아니었다.[13] 오히려 이 세 부류의 세계관은 역동적인 흐름 가운데 서로 얽히고설켜 있으면

il faut donc que je vous suive"이며, 이를 영어로 번역하면 "저는 당신의 지도자입니다. 그러므로 저는 당신을 반드시 따라갈 것입니다"(I am your leader, so I must follow you)이다.

12 Wilhelm Dilthey, "Das Wesen der Philosophie" in "Systematische Philosophie," *Die Kultur der Gegenwart* (Leipzig, 1913), 37. 편집자 주: 인용구에 대한 독일어 원문은 다음과 같다. "Die Epochen des menschlichen Lebens durchlaufen in typischer Entwicklung verschiedene Weltanschauungen."

13 편집자 주: 프랑스 철학자였던 오귀스트 콩트(Auguste Comte, 1798-1857)는 실증주의 초석을 놓았던 인물들 중 하나이다. 콩트는 역사의 진보를 "세 단계"로 재구성했다. 신학적 단계, 형이상학적 단계, 실증주의적 단계가 바로 그것이다. 바빙크는 콩트의 작업을 가리켜 논리적 결과들과 과학적 경험론의 성숙함이 녹아 있다고 평가했다. "경험론은 철학적 경향으로서 현대에 프란시스 베이컨과 더불어 등장했고, 로크, 흄, 그리고 프랑스 백과사전파를 거쳐 금세기에는 꽁트의 실증주의, 스튜어트 밀의 경험철학, 스펜서의 불가지론, 뷔히너, 촐베, 몰레스콧트 등의 유물론에 이르렀다"(바빙크, 『개혁교의학』, 1:311; *RD*, 1:219). 바빙크는 콩트의 『실증 철학 강의』(*Course on Positive Philosophy*)를 인용하며 이 문장을 구성해나갔다(Auguste Comte, *Cours de Philosophie Positive* [Paris: Bachelier, 1830-42]). 하지만 바빙크는 이런 역사 기록과는 다르게 철학적 관점은 어떤 관점이 또 다른 관점을 순서대로 따르거나 하지 않고 오히려 항상 나란히(side by side) 동시대적으로 존재한다고 보았다.

서 서로가 서로를 지탱하며 존재해왔다. 이런 측면에서, 헬라 철학은 오르페우스 신학으로부터 탄생되었고, 옛 자연 철학의 자연주의로 옮겨갔을 뿐만 아니라, 소피스트와 소크라테스의 지혜 철학 안에서 인문주의적 철학으로 그 색깔을 바꿨다고 볼 수 있다. 플라톤은 이데아 교리와 함께 옛 신학과 피타고라스로 되돌아갔지만, 아리스토텔레스 이후의 플라톤 철학은 에피쿠로스와 스토아식의 자연주의적 체계에게 자신의 자리를 내어주고 말았다. 이에 대한 반응으로 회의주의와 신비주의 학파의 가르침이 그 고개를 들게 되었다. 기독교는 수세기 동안 유신론에게 지배권을 내주었다. 하지만 데카르트와 베이컨과 함께 시작된 근대 철학은 칸트와 피히테가 자신들의 시작점을 인간 자아에 두기까지(*in het ik van mensch*)[14] 자연주의적 특성을 계속해서 발전시켜나갔다. 19세기에 이르러 유신론적 철학이 패권을 잡았을 때가 잠시 있었지만, 근 몇 년에 걸쳐 자연주의는 칸트와 인본주의 원리로 다시 되돌아가기 위해 물질주의 혹은 범신론적 형태를 띤 채 또 다시 자신의 기운을 되찾기 시작했다.

자연주의의 물질주의적 형태는 평판 있는 사상가들 사이에서도 현재 점차로 신임을 잃어간다. 하지만 자연주의는 그 숨이 멎지 않았으며, 여전히 많은 지지자들을 거느리는 형편이다. 그럼에도 불구하고 자연주의의 물질주의적 형태는 주도적인 사상가들의 지원을 전폭적으로 받지는 못했다. 다음과 같은 세 가지 사안들을 이런 상황의 원인으로 볼 수 있다.

첫째, 협의의 관점에서의 다윈주의를 향한 비판이 계속 존재해왔다. 꼭 기억해야 할 사실 중 하나는 다윈이 진화 개념의 주창자가 아니라는 점이다. 진화 개념은 다윈이 태어나기 훨씬 전부터 있어왔던 개념이었다. 보딘(Bodin), 홉스, 몽테스키외(Montesquieu), 볼테르와 루소, 칸트와 실러 등은 이미 인간의 원 상태를 가리켜 단순한 동물적 상태라고 가르쳤던 인물들이었

---

14 편집자 주: 문자적으로 번역하면 "인간의 자아 안에서"이다.

다. 헤겔은 스피노자의 본질 개념을 활동적 능력의 원리로 바꿨을 뿐만 아니라, 부동(不動)의 존재 개념을 끊임없이 변해가는 존재 개념으로 수정했다. 사실 이전의 모든 사상가들은 순수한 철학적 형태 안에서 진화 개념을 이해하려는 경향이 짙었다. 하지만 이와 다르게 다윈은 진화 개념을 과학적 근거와 사실 위에 세우려고 노력했던 인물이었다. 마치 마르크스가 사회적 소망을 모든 유토피아주의로부터 분리시킨 후 학문적 이론으로 드높이고 싶어 했던 것처럼 말이다. 하지만 다윈의 개념들 즉 "자연 선택"(natural selection), "적자생존"(survival of the fittest), "생존 경쟁"(struggle for existence)[15] 등과 같은 개념들을 과학적 토대 위에 세우려고 했던 다윈의 노력들이 성공했다는 평가를 받기 무섭게 그의 작업들은 공격을 받게 되었고 결국 사상적 해체 작업이 빠르게 시작되고 말았다. 생존 경쟁의 원리, 무제한적 다양성의 논리, 점진적 축적의 원리 등은 빠른 속도로 변화를 경험하며, 질적 유전의 습득성 원리, 모든 현상들의 기계론적 설명, 목적론의 전적 배제 등은 날카로운 비판의 대상이 될 뿐만 아니라 전혀 수긍할 수 없는 주장이라는 인식이 다양한 영역에서 일어났다. 생명의 수수께끼를 풀기 위한 다윈식의 시도는 이 세기가 끝나기까지 살아남지 못할 것이라는 비간트(Wigand)의 예언은 문자 그대로 성취되고 말았다. 그러므로 다윈의 교리는 사실을 설명하기 위해 제안된 가설이 아니라 오히려 가설을 지지하기 위해 발명된 사실에 더 가깝다는 메이어(J. B. Meyer)의 선포는 많은 사람들의 공감을 이끌어내기 충분했다.[16]

---

15 편집자 주: 바빙크는 이 세 단어를 모두 영어로 표기했다.

16 Jürgen Bona Meyer, *Philosophie Zeitfragen* (Bonn: Adolph Marcus, 1870), 92. 다윈 이후의 다윈주의 역사와 그 비판점에 대해서라면, Eduard von Hartmann, "Der Darwinismus seit Darwin," in *Annalen der Naturphilosophie*, ed. Friederich W. Ostwald (Leipzig: 1903), 285ff.; R. H. Francé, *Der heutige Stand der Darwin'schen Fragen* (Leipzig: T. Thomas, 1907); Hans Meyer, *Der gegeuwärtige Stand der Entwicklungslehre* (Bonn: Hanstein, 1908); Alfred R. Wallace, "The Present Position of Darwinism," *Contemporary Review* (August 1908): 121-41을 살펴보라. 편집자 주: 진화론과 자연과학

둘째, 자연과학은 근본 관념(grond-voorstellingen) 자체를 상당량 수정해왔다. 물리학과 화학은 오랜 세월에 걸쳐 작은 원자도 그 자체로 확장의 속성을 가지므로 공간을 채울 수 있는 능력이 있다고 주장해왔다. 하지만 냉철한 과학자들은 이런 원자론은 절대로 과학적 이론이 될 수 없고, 오히려 결정되어진 제한성 내에서 움직여 가는 가설 정도로 이해하는 것이 옳다고 주장했다. 하지만 유물론은 이런 가설을 세상을 설명할 수 있는 설득력 있는 이론으로 추앙하며, 원자를 우주의 궁극적이고 유일한 요소로 이해할 뿐만 아니라, 이 세상 속의 모든 변화와 변이를 이런 원시적 입자들의 기계적 결합과 분리 정도로 이해한다. 원자의 확장성과 공간 채적성은 동시에 서로 분리될 수 없는 것으로 인식될 수 없다는 철학적 근거로 칸트, 셸링, 쇼펜하우어는 이런 원자론적 이해에 반대를 표했다. 뿐만 아니라 현대 물리학과 화학은 빛 현상에 대한 연구, 뢴트겐선과 베크렐선 발견, 물질의 끊임없는 분리성에 대한 통찰을 통해 원격작용(actio in distans)[17]의 터무니없음과, 원자 사이에 빈 공간이 있다는 생각의 불가지성, 그리고 원자 그 자체는 허구에 불과하고 에테르(aether)로 가득 찬 모든 세상의 존재가 매우 그럴듯하다는 생각에 대한 확신을 더해갔다.[18]

셋째, 자연주의적 가설을 뒷받침하기 위해 인식론적 관점으로부터 가

에 대한 바빙크의 관점을 더 깊이 알고 싶다면 "Christianity and Natural Science," *Essays on Religion, Science, and Society*, 81-104; "Evolution," *Essays on Religion, Science, and Society*, 105-18; "Creation or Development," *The Methodist Review* 83 (1901): 849-74; "Christendom en Natuurwetenschap" in *Kennis en Leven* (Kampen: Kok, 1922), 특별히 190-3을 참고하라.

17 편집자 주: 원격작용(action at a distance)이란 물리적 연결점 없이 두 물체가 서로 힘을 주고받는 원인이 될 수 있다는 개념이다.

18 Eberhard Dennert, *Die Weltanschauung des modernen Naturforschers* (Stuttgart: M. Kielmann, 1907), 60ff.; Eduard von Hartmann, *Die Weltanschauung der modernen Physik* (Leipzig: Hermann Hacke 1902); Ludwig Baur, "Der gegenwärtige Stand der Philosophie," *Philosophie Jahrbuch* (1907): 1-21, 156-77, 특별히 164ff.; Artur Schneider, "Der moderne deutsche Spiritualismus," *Philosophie Jahrbuch* (1908): 339-57.

져온 비판의 결과를 살펴볼 필요가 있다. 유물론은 자기 자신을 일원론으로 가장했지만, 자신 스스로가 그것에 대해 증명할 수는 없었다. 유물론은 물질과 힘을 계속해서 나란히 함께 놓았지만 그 두 사이에 대해서는 아무런 말도 하지 않았기 때문에 결국 이는 명백한 이원론으로 남아 있을 수밖에 없었다. 그러므로 일원론의 이름으로 물질주의는 정죄 받게 되었다. 오스트발트는 원자, 물질, 본질, 물자체(Ding an Sich) 개념을 에너지 개념으로 치환했다. 오스트발트에 물질에 대한 가장 단순한 개념을 물질을 단순한 "사고의 산물"(Gedankending) 혹은 "공간 안에 배열된 다양한 에너지들의 무리"(räumlich zusammengeordnete Gruppe verschiedener Energien) 정도로 보는 것이었다. 그러므로 오스트발트의 시각 속에서는 이런 에너지들이야말로 유일한 실재이다. 세싱 밖에 존재하는 우리의 모든 지식들은 존재하는 에너지들의 표현 형태 속에 포함된다.[19]

하지만 "**물질적** 일원론"을 대체하기 위해 오스트발트가 주장했던 "**에너지** 일원론"조차도 궁극적으로 자기 자신을 영구적으로 승명해 내시는 못했다. 우리 사신들을 포함한 이 세상 외의 그 어떤 것들도 직접적으로 우리 자신에게 오는 것은 없으며, 오히려 의식의 중간 통로를 통해서 우리에게 다가 올 뿐이다. 그러므로 실증적으로 주어진 채 학문의 토대를 형성하는 궁극적인 요소들은 물질이나 힘, 에테르나 에너지 상태로 존재하는 것이 아니라, 오히려 지각이나 표상(gewaarwordingen of voorstellingen)으로 존재하는 것이다. 의식의 현상들(bewustzijnverschijnselen)은 유일하게 고정된 실제들이다. 그러므로 이런 의식의 현상들이야말로 참되고, 경험적이며, 정확한 학문의 임무가 될 수 있다. 의식의 현상으로부터 시작할 때야 비로소 모든 첨가물들

---

19 Wilhelm Ostwald, *Die Ueberwindung des wissenschaftlichen Materialismus* (Leipzig: Veit & Comp, 1895); Wilhelm Ostwald, *Vorlesungen über die Naturphilosophie* (Leipzig, 1905). Cf. Ostwald with Dennert, *Die Weltanschauung des modernen Naturforschers*, 222ff.; Wilhelm von Schnehen, *Energetische Weltanschauung* (Leipzig: Thomas, 1908).

이 벗겨지고 순수 경험(純粹經驗, reine Erfahrung)의 궁극적 요소들에 근거한 체계가 구성될 수 있다.[20]

마하(Mach)나 아베나리우스(Avenarius)가 주로 주장했던 "순수 경험" 철학으로부터 파생된 이런 생각들은 괴팅겐 생리학자였던 막스 페르보른(Max Verworn)을 새로운 형태의 일원론인 "정신적 일원론"으로 이끌었다. 페르보른은 유물론의 가설들이 일부 유효하기는 하지만 대체로는 이 세상을 설명하는 데 큰 가치는 없다고 보았다. 페르보른에 의하면 인간의 정신은 원자들의 운동을 통한 의식 현상 혹은 의식적 물질로는 설명 불가능한 것이었다. 심지어 파울젠에 의해 옹호되었던 스피노자의 "병행적 일원론"도 페르보른에게는 만족할 만한 이론이 아니었다. 그 이유는 페르보른이 생각할 때 스피노자의 병행적 일원론은 병행론도 아니고, 그렇다고 해서 일원론도 아니었기 때문이다. 오스트발트의 "에너지 일원론"도 만족할 만한 사상이 아니라고 판단했는데, 그 이유는 이 사상은 끊임없이 물리적 에너지와 정신적 에너지 사이를 구별함을 통해 종국에는 이분법으로 발전할 수 있는 길을 열 수밖에 없다고 생각했기 때문이다. 그러므로 페르보른은 유물론과 에너지론을 버리는 길 외에는 일원론을 확보할 길이 없다고 보았다. 동시에 영혼과 몸이 서로 분리될 수 있다는 고대 사회로부터 유전되어 온 환상을 거부하고, 실제의 모든 범위를 "영혼의 내용물"(Inhalt der Psyche)로 의도적으로 축소시키는 것이 필요하다고 보았다.[21]

20 이런 경향에 대한 구체적인 진술은 Ernst Mach, *Populär-wissenschaftliche Vorlesungen* (Leipzig, 1897), i; *Erkenntnis und Irrtum* (Leipzig, 1905)을 보라. 또한 마하(Mach)의 철학에 대한 해설로는 Richard Hönigswald, *Zur Kritik der machschen Philosophie* (Berlin, 1903); Bernard Hell, *Ernst Machs Philosophie* (Stuttgart, 1907)을 참고하라. 아래의 자료들도 살펴보라. Bellaar Spruyt, *Het empiriocriticisme: de jongste vorm van de wijsbegeerte der ervaring* (Amsterdam, 1899); W. Koster, *De ontkenning van het bestaan der materie en de moderne physiologische psychologie* (Haarlem, 1904); D. G. Jelgersma, "Modern Positivisme," *Gids* (October 1904); Georg Wobbermin, *Theologie und Metaphysik* (Berlin: Alexander Duncker, 1901); A. Schapira, *Erkenntnisstheorie Strömungen der Gegenwart: Schuppe, Wundt und Sigwart als Erkenntnistheoretiker* (Bern, 1904).

그러나 이런 "정신적 일원론"은 유아론 혹은 회의론으로 쉽게 발전할 수밖에 없기 때문에 혹자들은 의식 현상의 객관적 현실을 확립하는 것에 보다 더 큰 관심을 기울였다. 코헨(Cohen), 나토르프(Natorp), 카시러(Cassirer) 등으로 대변되는 마르부르크 학파(The Marburg School)는 경험의 주체를 찾음을 통해 이 목적을 관철시키려 노력했다. 하지만 경험의 주체를 개인의 의식 안에서 찾으려 했던 프로타고라스(Protagoras)식이 아니라, 개인적 경험으로는 찾을 수 없지만 우리의 기초 토대와 규범을 제공하는 선험적인 형태 안에 존재하는 보편적이고 객관적이며 초월적 의식의 근저로부터 경험의 주체를 찾기 위해 노력했나.[22]

지식의 객관성을 유지하려는 동일한 의도를 가진 또 다른 사람들은 이러 "**선험적인** 정신적 일원론"을 가리켜 부적절할 뿐만 아니라 불필요하다고

21 Max Verworn, *Naturwissenschaft und Weltanschauung* (Leipzig: Barth, 1905); *Principienfragen in der Natur* (Jena, 1905); *Die Mechanik des Geisteslebens* (Leipzig, 1908), 1-20. Cf. Dennert, *Die Weltanschauung des modernen Naturforschers*, 130ff. 지식의 기능에 대한 이런 비판의 결과로 근대 과학은 다시 한 번 자체적인 한계를 체감하게 되었다. 과학의 한계성과 과학이 가진 배타적인 경험론적 특성에 대한 비판은 뒤부아 레몽(Duboise-Reymond)의 *Die sieben Welträtsel*, 밸푸어(Balfour)의 *Foundations of Belief*, 앙리 푸앵카레(Henri Poincaré)의 *La science et l'hypothèse* (Paris: E. Flammarion, 1902); *La valeur de la science* (Paris: E. Flammarion, 1908) 등에 잘 표현되어 있다. 뿐만 아니라, 루시앙 푸앵카레(Lucien Poincaré)의 *La physique modern* (Paris: E. Flammarion, 1909)과 르 봉(G. le Bon)이 편집한 *Bibliothèque de philosophie scientifique*에 기고했던 많은 글들 속에서도 같은 기조를 읽을 수 있다. Cf. Gustave Dumas, "Réflexions sur la science contemporaine," *Foi et Vie* (December 16, 1907): 752-59. 편집자 주: 바빙크가 "심리학"(psychologie)을 다룰 때는 그 단어 자체가 함의하는 것처럼 단순히 인간 행동이나 인간 의식에 영향을 끼치는 생물학적 특성들에 대한 연구만을 다룬 것이 아니다. 심리학은 정신 능력들, 정신의 이성적 발달, 영혼과 몸 사이의 관계 등을 포함하는 학문이다. 바빙크도 심리학에 대한 자신의 작품(*Beginselen der Psychologie*)에서 이처럼 다양한 관점 하에서 심리학을 분석한다. 영혼의 본질과 물질주의 사이의 관계성에 대한 바빙크의 글은 *Beginselen der Psychologie*, 27-35를 참고하라.
22 Hermann Cohen, "Religion und Sittlichkeit: Eine Betrachtung zur Grundlegung der Religionsphilosophie," in *Jahrbücher für jüdische Geschichte und Literatur* 10 (Berlin, 1907): 98-171. Paul Natorp, *Religion innerhalb der Grenzen der Humanität* (Freiburg, 1894). Cf. Ueberweg-Heinze, *Geschichte der Philos.* III, 2 (1897): 198ff.

까지 생각했다. 오히려 그들은 "인식론적인 혹은 **논리적인 일원론**"이 훨씬 더 만족스러운 관점이라고 생각했다. 슈페(Schuppe), 르클레르(Leclair), 렘케(Rehmke), 슈베르트-졸데른(Schubert-Soldern) 등과 더불어 특별히 리케르트(Rickert)는 유아론으로부터 벗어나기 위해서는 보편적 의식을 반드시 전제해야 한다고 주장했다. 하지만 그들은 이런 보편적 의식으로도 구체적이고 객관적이며 실제적인 의식, 즉 말브랑슈(Malebranche)가 말했던 한 사람이 하나님 안에서 모든 것들을 바라본다는 신성의 일부, 다시 말하면 모든 사람들의 개인적 의식이 갖는 바로 그 의식을 이해할 수 없다고 보았다. 오히려 그들은 이름 없고 일반적일 뿐만 아니라 비인격적인 의식, 즉 추상적 의식을 형성하는 의식이 모든 인간 의식들의 논리적 전제가 되기에 충분하다는 관점을 가졌다. 그들에게 이런 일반적이고 비인격적인 의식은 그것 자체로는 절대로 의식 경험의 내용물이 될 수 없었다. 오히려 의식 경험의 내용물은 인간 의식에 도달할 수 있는 보편적 능력의 세상 속에서 찾을 수 있다고 보았다.[23]

일원론을 구해내기 위한 몇 번의 시도들을 공평하게 검토한다 해도 일원론적 운동의 역사가 그 자체로 충분한 비판점들을 불러 일으켰던 사실에 대해서는 부인할 수 없다. 일원론의 발전은 급격한 해체 과정을 포함한다. 앞선 시대의 철학들이 스스로를 향해 붙이길 좋아했던 호칭은 비판에 열려있다는 호칭이었다. 하지만 이런 호칭은 다른 학문 세계 속에서는 찾기 힘들 정도로 고의적으로 남용된 호칭이었다. 이는 비교적 최근에 만들어졌으며 특히 범신론을 매력적으로 부르기 위한 유행 속에서 발견 가능하다. 만약

---

23 Henrich Rickert, *Der Gegenstand der Erkenntniss: Einführug in die Tranzendentalphilosophie*, 2nd ed. (Tübingen: Mohr & Siebeck, 1904); "Geschichtsphilosophie," in *Die Philosophie im Beginn des zwanzigsten Jahrhunderts. Festschrift für Kuno Fischer* (Heidelberg: Carl Winter, 1905), 51-135, 특별히 110ff. Gerard von Heymans, *Einführung in die Metaphysik: auf Grundlage der Erfahrung* (Leipzig: J. A. Barth, 1905), 224, 293. 편집자 주: 바빙크는 쿠노 피셔(Kuno Fischer)의 기념논문집에 실린 리케르트 글의 페이지 번호를 잘못 기재했다. 바빙크는 51-145로 기재했으나, 51-135가 맞다.

쇼펜하우어의 말을 신뢰한다면, 범신론은 무신론의 또 다른 이름이라고 볼 수 있다. 물론 범신론이 무신론보다는 하나님을 좀 더 정중하게 대하지만 말이다.[24] "범신론"이라는 표현은 다소 확정적 의미를 가진 표현인 반면, "일 원론"이라는 표현은 그 용어 안에 선명한 의미를 덧붙이기 힘든 이유로 그 의미가 다소 불분명한 표현이라고 볼 수 있다. 모든 가능한 체계들 혹은 불 가능한 체계들도 최소한 그 호칭을 정해 붙일 수 있다. 이런 측면에서 우리 는 물질주의적, 범신론적, 병행론적, 에너지적, 정신적, 인식론적, 논리적 일 원론이라는 말을 들을 수 있을 뿐 아니라, 동시에 경험론적, 비평적, 이상수 의적, 자연주의적, 형이상학적, 구체적, 내재적, 실증주의적, 그 외의 다양한 형태의 일원론이라는 말도 들을 수 있는 것이다.[25]

일원론이라는 호칭은 자신의 사상과 다른 보는 체계를 이원론으로 상정 한 후 학문적이지 않은 사상이라고 낙인찍길 원했던 헤켈의 범신론적 유물 론에 영향을 받은 것이다. 헤켈은 자신의 "순수 일원론"(reiner Monismus)을 통해 하나님과 세계, 영혼과 육체, 물질과 힘이 동시에 한 번에 존재하는 단일 본질이라고 생각했다. 헤켈은 순수 일원론이야말로 근대 자연과학이

---

24 편집자 주: 독일 철학자였던 아르투르 쇼펜하우어(Arthur Schopenhauer, 1788 – 1860) 는 세상을 무질서하고 맹목적인 존재라고 생각했다. 이 장에서 바빙크는 하나님과 실재 를 동일시하는 사상가들을(즉 범신론자들을) 기능적으로 일종의 무신론자라고 여겼던 쇼 펜하우어를 인용한다. 바빙크는 우리의 인격성과 역사는 우리의 사고와 행동에 불가피 한 영향을 끼칠 수밖에 없다(Operari sequitur esse)라는 쇼펜하우어의 주장을 RD에서도 자주 인용한다(e.g., RD, 1:367, 502). 특별히 다음 장에서 바빙크는 쇼펜하우어의 주장, 즉 우리 존재의 기본 형식과 이 세상에 관한 직접적 지식은 개념적 사고보다 선행하며 개 념적 사고와 따로 떨어져 있다는 주장을 인용한다(Bavinck, Beginselen der Psychologie, 57). 쇼펜하우어의 Die Welt als Wille und Vorstelling, 2 vols. (Leipzig: F. A. Brockhaus, 1859)에 대한 바빙크의 지필 노트는 에두아르트 폰 하르트만(Eduard von Hartmann)의 Philosophie des Unbewussten을 요약한 바빙크의 자필 원고와 같은 노트 279번에 기록되 어있다.

25 Rudolf Eisler, Wörterbuch der Philosophische Begriffe (Berlin: Ernst Siefgried Mittler und Sohn, 1904); 더 구체적으로는, Der Monismus, dargestellt in Beiträgen seiner Vertreter. Herausgeg, ed. Arthur Drews (Jena: Diederichs, 1900), I. Systematisches, II. Historisches.

헌신하는 세계관이라고 생각했다.[26] 적어도 하나님을 인격적 존재로 상정한다는 조건하에서 헤켈도 일원론과 무신론을 등치시킨 쇼펜하우어의 선포에 동의를 표했다. 헤켈은 이런 일원론의 미명 아래 자연, 영혼, 의식, 의지의 자유를 인식하는 모든 사람들을 가리켜 비학문적이라는 미명 아래 정죄했다. 헤켈이 정죄한 것들은 초자연적인 요소들이 아니라 자연과학이 주장하는 기계론과 다르거나 혹은 그 보다 더 높은 일련의 힘들이었다. 독일 일원론적 동맹(German Monistic Alliance) 의장이 선포한 것처럼, 칸트, 폰 베어(von Baer), 뒤부아 레몽(Dubois-Reymond), 피르호(Virchow) 같은 사람들은 이런 기계론적 일원론으로부터 초연했던 인물들이었는데, 그 이유는 이 사상의 일관되지 않음과 더불어 정신적 능력은 얼마든지 부패할 수 있다는 생각 때문이었다.

학문적인 파문을 불러일으키는 이런 행위 자체는 어느 한 이론을 드높이기 위해 계산된 오만함을 결국 의미 없게 만든다. 기댈 만한 증거가 있는 사람들 그 누구도 이와 같은 "에너지 언어"(Kraftsprache)에 의존하려 들지 않는다. 학문의 영역 가운데는 교의를 선포하는 교황이 존재하지 않으며, 법을 공표하는 황제 또한 존재하지 않는다. 모든 학문적 탐구들은 동일한 토대 위에 서 있을 뿐이며, 언제나 진리 그 자체가 홀로 주인이 된다. 그러나 적어도 자신의 체계가 학문적 요구 사항을 충족시키지 못하는 경우에는 그 어떤 사상도 자신만의 고매한 어조를 내려놓아야 할 것이다. 유물론과 범신론 사이에서 동요했던 헤켈 그 자신도 자신의 본질을 하나님과 세상 모두로 보았으며, 자신의 원자를 삶과 의식의 원리에로 돌렸을 뿐만 아니라, 천진스럽게 나타나는 이율배반을 무의식 속에서 드러낸 인물이었다. 이는 "일원론"이라는 이름으로 자기 자신을 내어 맡기는 모든 체계들 속에서도 마찬가지 사실

---

26 편집자 주: 이 문장의 독일어 원문은 "nothwendiger Weise die Weltanschauung unserer modernen Natuurwissenshaft"이다. 좀 더 직역하자면 "그에 따르면 이런 일원론이야말로 우리 현대 자연과학의 마땅한 세계관이다"이다.

이다. 일원론이라는 이름은 하나님과 세상, 정신과 물질, 생각과 확장, 존재하는 것과 되어가는 것, 물리적 에너지와 정신적 에너지, 오스트발트와 페르보른의 생각을 빌리자면 의식과 의식의 내용물 사이의 구별을 감추는 가장 (假裝, disguise) 일뿐이다.

하지만 더 심각한 사실 중 하나는 그 누구도 과학적, 철학적 일원론을 따르는 이런 경향이 정확히 무엇인지에 대해 말해 줄 수 없다는 사실을 부정한다는 것이다. 오직 하나의 단순한 본질 혹은 하나의 힘이나 법에 대한 분석을 인식하는 것이 곧 일원론이 정확히 무엇인지에 대해 안다고 말할 수 있는 것인가? 일원론은 선험적(a priori) 공리를 버리고 선결 요청의 원리 (petitio principii)[27]에 명백히 이른 후 측정할 수도 없고 측정 되어질 수도 없는 기준점을 세상에 적용하는 것인가? 하지만 이 세상은 우리가 상상할 수 있는 것보다 훨씬 더 복잡하고 훨씬 더 풍성하다. 라인케는 이에 대해 아주 옳은 말을 남겼다. "나는 일원론을 이 세상을 이해하기 위한 실패한 시도로 간주한다. … 통합을 향한 열망은 당연한 것이지만 그것이 우리의 세계관을 이해하는 데 결정적인 비중을 차지해서는 절대 안 된다. 가장 중요한 질문은 무엇이 우리를 기쁘게 만들 것인가가 아니라 무엇이 진실인가이다."[28] 과학은 의심할 필요 없이 모든 현상들을 가능하면 간단한 원리로 적절히 줄여나갔으며, 동시에 일반적인 법칙들 아래 그 현상들을 포함시켰다. 따라서 우리의 생각은 거대한 두 힘이 서로 대조적인 관계를 맺는 일종의 마니교적 세계관에 대한 거부를 표하게 되었다. 그러나 로지 경은 일원론을 따르

---

27 편집자 주: 선결 요청의 원리란 선결문제 요구의 오류(the logical fallacy of begging the question)라고도 하는데, 이는 한 주장 내에서 그 주장의 결론이 전제되는 것을 뜻한다.

28 Johannes Reinke, *Die Welt als That: Umrisse einer Waltansicht auf Naturwissenschatlicher Grundlage*, 3rd ed. (Berlin: Gebruder Paetel, 1903), 457. 편집자 주: 이 인용문의 독일어 원문은 다음과 같다. "Ich halte den Monismus für einen verfehlten Versuch, die Welt zu begreifen. … Der Wunsch nach Eintheitlichkeit, so begreiflich er sein mag, darf niemals massgebend für die Weltansicht sein. Nicht auf das, was uns gefällt sondern auf die Wahrheit kommt es an."

는 모든 노력들을 모든 학문들의 고유한 것이라고 엄밀하게 관찰하면서 다음과 같은 말을 남겼다. "이 쟁점에서의 핵심 질문은 당신이 추구하는 일원론이 어떤 종류의 일원론인가이다."[29] 이 세상 속의 모든 다형성(혹은 다양성; verscheidenheid)이 단순히 하나의 본질의 현현이 되어야만 하는 의도를 내포한 일원론이라는 명칭을 사용 할 때, 우리는 반드시 그 명칭 자체가 포함하는 부당한 요구를 거부해야만 한다. 그 요구는 연역적 철학 체계의 성과일 뿐이며, 동시에 어떤 현상들에 대한 편견 없는 탐구의 결과를 직접적으로 반대하는 것과 관련된 요구들이기 때문이다.

문제는 일원론자들이 일치(eenheid)되는 것에 대해 얼마나 열망하고 있는지를 생각해볼 때 이런 요구들은 더욱 더 정당화되기 힘들다는 점이다. 이 세계는 무한하게 다양한 존재와 현상들을 우리에게 내비친다. 그러므로 그 어떤 경험론적 연구를 통해서도 일원론이 이야기하는 대로의 물질과 힘의 일치를 이 세상 속에서 발견하기란 쉽지 않다. 만약 이런 일치의 존재가 가정된다하더라도, 이는 단순히 상상 속에서만 가능한 일일 것이다. 그리스 철학은 존재의 원리(principium)에 대한 개념, 즉 모든 현상에 대한 임시적 시작점과 작용인 개념에 대해 처음으로 고민했던 철학이었다. 그리스 철학의 이런 원리는 항상 다음과 같은 특성을 내포했다. 즉 우리가 실제로 볼 수 있는 모든 특성들은 사라졌으며, 구체적인 정의를 내릴 수 없는 보편 개념, 즉 추상적 존재를 제외하고는 아무것도 남아 있지 않다는 생각이 바로 그것이다. 하지만 설사 우리가 완성된 실제부터 한계가 없는 무한(ἄπειρον)까지 논리적 오류 없이 사고할 수 있다 하더라도, 이 세상이 실제로 기원(ἀρχή)으로부터 형성되었는지 혹은 그 원천으로부터 야기되었는지에 대해서는 증명해

---

29 Sir Oliver Lodge, *Life and Matter: A Criticism of Professor Haeckel's "Riddle of the Universe,"* 4th ed. (London: G. P. Putnam's Sons, 1907); cf. Fr. Traub, "Zur Kritik des Monismus," *Zeits. für Theol. u. K.* (May 1908): 157-80; O. Flügel, *Monismus und Theologie* (Cöthen, 1908).

낼 수 없다. 확실한 사실 하나는 범신론적 철학이 이런 가정에 근거해 생각과 존재를 일치시키면서 논의를 진전시킨다는 사실이다. 하지만 범신론적 철학이 놓친 것들 중 하나는 논리석 분석과 실제적 해체 혹은 실제적 퇴보는 서로 완전히 다른 것이라는 점이다. 기하학에서는 점들이 공간을 차지하지 않는다고 여긴다. 하지만 이런 기하학적 사실은 점들이 이 세상 속 어딘가에 객관적으로 존재한다는 사실로 귀결되지 않는다. 실제적인 공간과 실제적인 시간은 항상 유한하다. 그러나 이런 유한성이 공간의 무한성과 시간의 무한성 개념 자체를 제거할 수 없다. 이와 비슷하게, 상상만으로 접근 가능한 궁극적 존재 개념도 단순한 사고의 산물(*Gedankending*)일 경우 이 세상 속에서는 발견 할 수 없다. 즉 단순한 시고의 산물로부너는 아무것도 나올 수 없다. 그 이유는 그 자체가 아무것도 아니기 때문이다.[30]

이런 주장의 근거는 절대자와 이 세상 사이의 관계성에 대해 묘사하는 범신론의 방식을 보면 잘 파악할 수 있다. 왜냐하면 범신론은 절대자와 이 세상 사이의 관계성을 묘사하기 위해 다양한 형상 속에 서려 있는 유사성의 도움만을 받기 때문이다. 그러므로 범신론은 능산적 자연(能産的 自然, *natura naturans*)과 소산적 자연(所産的 自然, *natura naturata*), 본질(*substantia*)과 양태들(*modi*),[31] 개념과 대상화, 실제와 모습, 전체와 부분, 종과 개인, 바다와 파도 등의 수사만을 구사할 뿐이다. 하지만 이런 수사는 하나님과 피조 세계 사

---

30 편집자 주: 네덜란드어 원문에는 영문 번역인 "ultimate being"이라는 표현이 등장하지 않는다. 오히려 바빙크는 "그것의 개념"(*het begrip van het*)이라고 표현했다. 마지막 문장의 네덜란드어 원문은 다음과 같다. "er kan niets uit *worden*, omdat het zelf niets *is*"(강조는 원문).

31 편집자 주: 이런 용어들은 바뤼흐 스피노자(Baruch Spinoza)가 사용한 용어들이다. 나투라 나투란스(*natura naturans*)의 문자적 의미는 "생산하는 자연"인데 그 뜻은 자연 스스로가 원인이 되어 존재를 산출하는 행동을 한다는 뜻이다. 반면 나투라 나투라타(*natura naturata*)는 "생산된 자연"인데 그 뜻은 자연을 생산하는 행위의 수동적 수취자로 이해하는 것이다. 이 개념들은 하나님과 피조 세계를 구별하기 위해 사용되었는데 모든 존재들을 발생시키고 지탱시키는 원인이 되는 하나님을 본질(*substantia*)로 이해하며, 변화 아래 위치하면서 일시적인 수정을 겪는 존재들을 양태들(*modi*)이라고 불렀다.

이의 관계성에 대한 명백한 묘사(duidelijke voorstelling) 혹은 선명한 개념(helder begrip)을 형성하는 데 완전한 실패를 경험할 수밖에 없는 수사이다. 그 이유는 이런 수사를 좀 더 자세히 들여다볼 경우 그 관계성이 기껏해야 유출의 방식 혹은 진화의 방식 정도에 그치기 때문이다. 이전 세대 사람들은 존재의 실재성 범주 안에서 좀 더 활발히 사고했기 때문에, 그 어떤 방식들보다도 유출의 방식을 더 선호했고 그 결과 유출의 방식은 그 시대의 유행이 되어버렸다. 즉 절대자를 완전한 존재로 상정한 후 마치 원천으로부터 모든 물이 흘러나오는 것같이 하나님으로부터 모든 존재가 흘러나온다고 본 것이다. 실재에 대한 이런 유출설적 개념이 헤겔의 빛 아래서 비판을 받으면서 사람들의 사고방식은 실재성의 범주에 대한 생각으로 기울게 되었다. 그 결과 실재는 주체로 변경되었고, 존재는 절대적으로 되어가는 것으로 변경되었다. 이런 상황 속에서 진화론은 그 어떤 것보다도 더 절대적인 우위를 선점하게 되었다.

사실 "진화"라는 단어는 마법의 단어가 되어 버린 지 오래다. 라인하르트(L. Reinhardt)는 이에 대해 다음과 같은 말을 남겼다. "진화 개념은 마치 빛을 밝히는 불쏘시개와도 같아서 자연의 신비롭고도 어두운 과정에 갑자기 밝은 빛을 비추기 때문에 자연에 대해 간단하고도 실현 가능한 설명을 우리에게 유일하게 해줄 수 있는 빛이다. 진화라는 단어는 마법과도 같아서 우리는 이를 통해 무한하게 다양한 이 땅의 피조물들의 기원과 발전에 대한 풀리지 않은 수수께끼의 비밀을 배울 수 있다."[32] 진화론을 지지하는 사람들에

---

32 Ludwig Reinhardt, *Der Mensch zur Eiszeit in Europa* (München: 1906), 2. Haeckel, *Die Welträthsel*, 6; *Der Kampf um den Entwicklungsgedanken* (Berlin: Saale der Sing, 1905), 13ff. L. Stein, *An der Wende des Jahrhunderts* (Freiburg: 1899), 47ff. Carl Stumpf, *Der Entwicklungsgedanke in der gegenwärtigen Philosophie* (Berlin: Lange, 1899). 편집자 주: 인용문에 대한 독일어 원문은 다음과 같다. "War das zündende Licht, welches mit einem Male in die geheimnisvollen Vorgänge des Naturgeschehens, in das Dunkel der Schöpfung einen grellen Schein warf und un seine einfache, ja die allein mögliche Erklärung dafür gab … das Zauberwort, das uns das scheinbar unerklärliche

게 모든 존재들, 즉 하늘과 땅, 광물과 식물, 동물과 인간, 결혼과 가정, 정부와 사회, 종교와 윤리의 기원과 본질에 대한 모든 질문들의 답은 이미 변함없이 동일하게 주어져있다. 즉 진화야밀로 보는 존재들의 기원과 본질에 대한 정답이라고 생각하는 것이다.

모든 것을 설명하는 것처럼 보이는 진화 개념 그 자체도 훨씬 더 깊이 있게 그 의미가 설명되어야만 한다는 사실은 참으로 슬픈 사실이 아닐 수 없다.[33] 진화라는 개념의 정의조차도 수없이 뒤바뀐다. 헤라클레이토스 (Heraclitus)와 아리스토텔레스, 스피노자와 라이프니츠, 괴테와 셸링, 헤셸과 폰 하르트만, 다윈과 스펜서, 헉슬리와 타일러, 헤켈과 분트(Wundt)가 밀하는 진화 개념은 참으로 다양한 의미를 내포한다. 진화 개념을 포함하는 모든 현상들을 설명할 수 있을만한 한 가지 정의를 찾기란 실로 어려운 형편이다. 자연과 역사적 발전의 다양한 영역들 어디에서나 만날 수 있는 되어가는 존재의 요소는 참으로 다양한 특성들을 내포한다. 무생물 세계에서 발견 가능한 변이와 생물 세계에서 발건 가능한 변이는 분명 서로 다른 종류의 변이이다. 생물 세계 내에서의 의식과 의지, 학문과 예술, 가정과 사회, 개인과 집합체 등도 모두 그것들 고유의 본성과 법칙을 갖는다. 물론 그 안에는 나름의 통일성이 존재하긴 하지만, 이런 통일성조차도 모든 다양성을 단순한 유사성으로 치환시키려고 하는 행위들을 정당화할 수 없다. 이 우주

Wunder der Entstehung und Ausbildung der so mannigfaltigen Geschöpfe auf Erden deutet."

33 샹뜨삐 드 라 쏘쎄이(Chantepie de la Saussaye)의 *Geestelijke Stroomingen* (Haarlem, 1907), 288에서 뤼멜린(Rümelin)은 다음과 같이 적절히 기록했다. "진화 개념은 그 개념을 사용해 다른 것을 설명하려고 하기 전에, 그 자체이 의미가 반드시 먼저 설명되어야만 한다." 스스로의 의미소자도 설명하지 못하는 개념이 현재 진화라는 이름으로 추앙 받는다. 하지만, 사람들은 진화라는 개념의 남용에 대해 눈을 연다. Cf. Wilhelm Lexis, "Das Wesen der Kultur," in *Die Kultur der Gegenwart*, I.13-19; Heinrich Schurtz, *Altersklassen und Männerbüde: Eine Darstellung der Grundformen der Gesellschaft* (Berlin: Reimer, 1902), 6ff., 69; Sebald R. Steinmetz, *De studie der volkenkunde* ('s-Gravenhage: Marinus Nijhoff, 1907), 30ff.

속에 존재하는 모든 물질과 힘, 생명을 안성맞춤식으로 서로 완벽하게 끼워 맞출 수 있는 공식이란 이 세상에 존재하지 않는다. 로지는 러스킨(Ruskin)의 말을 다소 수정한 채 "그럴 것이라고 생각하지 말게"라는 표현을 반복하며 다음과 같이 기록했다. "그럴 것이라고 생각하지 말게. 이 우주의 궁극적인 최후 진리가 비로소 아름답게 선포되었고 순전한 진리가 이전 세대의 오류들로부터 벗어났다는 식의 논문을 자네가 갖고 있을 것이라고 생각하지 말게. 그렇게 생각하지 말게, 친구여. 실상은 그렇지 않다네."[34]

일원론을 향한 이런 비판의 적절성에 대한 눈에 띄는 증거는 실천적 영역 속에서 이미 많은 지지자를 거느릴 뿐만 아니라 스스로를 실용주의(행동주의, 인본주의)라고 소개했던 새로운 형태의 철학적 사고의 발흥을 통해 드러나게 되었다. 실용주의는 많은 사람들을 놀라움으로 인도했지만, 그 모습 자체는 쉽게 설명 가능하다. 자연주의가 순수한 유물론에서부터 범신론으로 넘어간 상황은 생명, 정신, 영혼의 개념으로 철학이 이동한 것과 마찬가지 상황이라고 볼 수 있다. 이미 밝혀진 대로 만약 철학이 생명, 정신, 영혼 개념의 기원을 마지못해 인격적 하나님 안에서 찾는다면, 사람을 제외하고는 그 기원에 대한 어떠한 발판도 찾을 수 없을 것이다. 그러므로 일반적 유형의 철학적 사고로서의 실용주의를(제임스는 이를 이성주의와 경험주의라고 묘사했다)[35] 제임스, 실러, 피어스(Pierce), 파니니(Panini), 회프딩(Höffding), 오이켄(Eucken) 등이 그랬던 것처럼 모든 개별적인 수정으로부터 분리시킬 때 비로소 우리는 일원론의 다양한 형태로부터 우리 자아의 반응을 찾을 수 있게 되고, 자연과학에 대항하고, 많은 사람들과 이 세상에 대항하는 정신

---

34 Lodge, *Life and Matter*, 6-7. 편집자 주: 바빙크는 이 인용문을 영어 원문 그대로 인용했다.

35 William James, *Pragmatism: A New Name for Some Old Ways of Thinking* (New York: Longmans, Green & Co., 1907), 9ff. 편집자 주: 심리학과 종교적 경험의 역사 속에서 유명했던 윌리엄 제임스(William James, 1842–1910)는 실용주의와 현상학을 형성하는 중요한 개념들을 탄생시킨 인물이었다. 그의 작업은 루드비히 비트겐슈타인(Ludwig Wittgenstein)이나 버트런드 러셀(Bertrand Russell)에게 중요한 영향을 끼쳤다.

과학의 자기주장을 발견할 수 있게 된다. 제임스는 실용주의를 "오래된 사고방식에 대한 새로운 이름"이라는 표현으로 매우 적절히 정의 내렸다. 일원론이 절대자를 자신의 자녀들을 게걸스럽게 먹어 해치우는 사투르누스(Saturn)로 만들든지, 혹은 실재가 양태들, 능산적 자연, 소산적 자연, 존재, 되어가는 것, "실재"(reality), "모습"(appearance)[36] 등을 단순한 유사 존재로 분해하는 것을 허용하든지 간에, 의식과 의지, 종교 감각과 윤리적 가치관, 학문적, 미학적 이상과 함께 존재하는 인간성과 인격성 자체를 강하게 막지는 못할 것이다.

그러므로 소크라스테스는 철학의 위치를 하늘에서부터 땅으로 다시 되돌려놓았다. 르네상스와 종교개혁 시대 때 인간의 정신은 스콜라주의(theoriën der scholastiek)의 족쇄를 떨쳐냈다. 쾨니히스베르크(Königsberg)의 철학자는 계몽주의(Aufklärung)[37]가 가진 교조주의에 대항하며 인간 지식과 인간 행동의 자율성에 대해 설파했다. 19세기에 이르러 일원론이 기세를 얻게 되었고 국가 영역과 개인의 삶 속에서 사회주의란 이름으로 동맹들을 찾기 시작했다. 이로 인해 새로운 감각의 인격성이 탄생될 날이 머지않게 되었다. 이런 움직임 가운데 칼라일(Carlyle)이 최초의 강력하고도 역설적인 선지자로 등장했다. 1833-1834년 동안 칼라일은 벤담(Bentham)과 밀(Mill) 학파의 지성주의에 반대하는 목소리를 드높였고, 믿음, 개인적 확신, 영혼의 경험의 원인에 호소하기 시작했다. 그의 모든 자아(ik)가 그 자신 안에서 자라났으며, 강하고 의기양양한 긍정(yea)으로 부정(no)을 외치는 이 세상을 향해 대항했다. 칼라일의 정신은 다음과 같은 내용 속에 잘 드러난다. 나는 자연 그대보다 더 위대하오. 나는 그대 위에 서 있소. 왜냐하면 나는 알 뿐만 아니라 할 수도 있기 때문이오(want ik ken en ik kan). 나는 내 영혼의 여정 가운데서, 나의 종교와 윤리 안에서, 내 학문과 내 예술 안에서, 내가 가진 불멸의

---

36 편집자 주: 바빙크는 이 단어를 영어로 표현했다.
37 편집자 주: 보스와 그 동료들은 이 단어를 "그 합리주의자들"(the rationalists)로 번역했다.

우월성의 증거들을 제공할 수 있소. 영혼의 괴로움으로부터 탄생된 나의 이런 흐느낌은 어디에서나 찾을 수 있을 만큼 잔향으로 가득 차 있소. 이런 칼라일의 정신은 죄렌 키에르케고르(Sören Kierkegaard)로 하여금 당대의 교회와 기독교에 반기를 들게 했던 자극과 같은 종류의 자극이었을 뿐만 아니라, 교회사가로서의 리츨을 튀빙겐 학파와 결별시키게 한 것과 같은 자극이었고, "사실"(facts)보다는 "가치"(values)[38]의 범주를 중요하게 생각했던 회프딩을 자극했던 바로 그 자극이기도 했다. 또한 이런 자극은 오이켄으로 하여금 인간의 정신 속에서 경험적 실제를 넘어서게 만드는 결정을 하게 만들었던 자극이었고, 네덜란드 시인이었던 드 흐네스테츠(de Génestet)로 하여금 스홀튼(Scholten)의 일원론의 위협으로 인한 공포를 가득 느끼게 만들어 주었던 바로 그 자극이었을 뿐만 아니라, 사회적 부패에 대항하여 톨스토이, 입센, 니체 자신들이 받았던 파문을 내어 던지게끔 만들었던 자극이기도 했다. 더 나아가 예술인들을 자연주의로부터 상징주의 혹은 신비주의로 다시 이끌었던 것도 바로 이 자극이었고, 어디서든지 "주의주의" 원리의 문이 열릴 때 동정 어린 눈으로 받아 줄 수 있는 분위기를 만든 것도 바로 이 자극이 가진 힘이었다.[39]

이전만 해도 자연 안에서 인간을 설명하려는 시도가 주류를 이루었다면, 또한 그로 인해 인간의 인격성에 폭력이 가해졌다면, 이제는 정반대의 방법을 추구함을 통해 이 세상의 수수께끼를 풀 수 있는 해답을 인간 안에서 찾으려고 노력한다. 이전 시대의 사상가들은 인간 기원의 열쇠를 발견하기 위해 과거를 분석했다면, 지금은 그 분석의 방향성을 반대로 틀어 인간의 미래와 미래적 사역에 분석의 무게중심을 둔다. 이런 경향이 추구하는 좌우명은 다음과 같다. "당신의 삶을 아는 만큼 가능한 가치 있게 만들어라."[40] 이

---

38 편집자 주: 바빙크는 이 부분에서 영어 그대로를 사용했다.
39 Cf. F. J. E. Woodbridge, "Naturalism and Humanism," *Hibbert Journal* (1907): 1-17. Ludwig Stein, *Der Sinn des Daseins* (Tübingen: J. C. B. Mohr, 1904), 22ff.

전 시대의 사람들은 과거의 산물로서의 자신을 알 수 있을 뿐이었다. 하지만 지금은 "우주의 창조자"[41]로서의 자신을 알게끔 놔두라고 외친다. 이 정도면 인간 안에서 신화가 절정에 이르렀다는 사실이 명백하지 않은가? 끊임없는 다툼과 반목의 시대, 모든 곳에서 벌어지는 셀 수 없을 정도로 많은 실패와 실망들이 가득 차 있는 이 세상 속에서 진화 개념은 오로지 인간 안에서 혹은 인간을 통해서만 혹은 인간들과의 협력과 인간들이 제시하는 지도를 받으면서 자신의 작업을 계속적으로 진행한다. 이런 상황 가운데 인격은 가장 소중한 산물이 되었으며, 자연 발전 과정의 가장 가치 있는 성수가 되어버렸다. 저마다 괴테의 말 즉 "이 세상 사람들의 가장 큰 행복은 오직 인격 안에서 찾을 수 있다"(*Höchstes Glück der Erdenkinder ist nur die Persönlichkeit*)[42]라는 말을 기쁨으로 수용하며 인용한다.

철학이론으로서의 실용주의는 절대로 고립된 채 홀로 서 있지 않는다. 오히려 실용주의는 놀라울 정도로 되풀이되는 정신 운동과 밀접한 관련을 맺은 채 존재한다. 사실 실용주의는 스스로의 명암(明暗)을 갖고 있다. 정말 그

---

40 Harald Höffding, *Philosophy of Religion* (London: Macmilland & Co., 1906), 381. *Review of Theology and Philosophy* (November 1907): 318도 참고하라. 편집자 주: 이 인용문은 영어로 인용되었다.

41 인간의 물리적 진화가 절정에 이르렀다는 개념과 더불어 진화 개념이 인간의 정신과 연결되어 새로운 세상을 만들어 낼 수 있다는 발전적 가르침은 다음과 같은 글들 속에서 발견 가능하다. Heinrich Schurtz, *Urgeschichte der Kultur* (Leipzig: Bibliographisches Institut, 1900), foreword, 3ff.; Stanley Hall, *Adolescence*, 2 vols. (London: D. Appleton and Company 1905), preface, i; Henry Demarest Lloyd, *Man the Social Creator* (London: Harper, 1906), 15. 마지막에 인용한 로이드의 책 속에서는 다음과 같은 문장들이 등장한다. "노동자는 창조자이다. 창조자는 인간, 자연, 사회를 재창조하는 자다," 12; "창조는 노동이므로, 이 노동을 통해 사람은 신이 될 수 있고 신과 닮아 갈 수 있다," 13; "모든 좋은 사람들이 다 창조주요 구속주이다," 32; "사람도 신이 될 수 있다," 25; "사람은 법아래 있는 자가 아니라, 법을 창조하는 자다," 41; "피조물이 곧 창조주요 모든 피조물이다. 사람은 바로 그 창조주가 아니요, 모든 것의 창조주도 아니다. 오히려 사람은 우리가 아는 가장 위대한 창조주이다. 사람은 자기 자신과 이 사회의 창조자이다," 42 등. 편집자 주: 바빙크는 이 인용문을 영어로 인용했다.

42 편집자 주: 영어로는 "The highest fortune of earth's children is seen in personality alone"라고 표현할 수 있다.

렇다. 실용주의에 대한 첫 인상은 철학 내에서 일반적으로 적용되었던 방식들과는 다른 형태의 새로운 **방법**을 제공하는 철학 정도로 이해되곤 했다. 실용주의는 때때로 자기 스스로를 얕보하고도 겸손한 태도와 논조로 소개하기도 했다. 실용주의는 교의를 옹호하게 만드는 모든 시도들뿐 아니라 선입견을 갖게끔 만드는 모든 이론들을 거부하는 사상이었다. 실용주의는 각종 철학 체계들이 낳은 결과에 대한 낙담과 철학적 사고의 열매들에 대한 회의를 품은 채 "언어적 해결책, 선험적 사고, 확립된 원리들, 닫힌 체계들"에 등을 돌렸고, 오히려 스스로를 "구체성과 적절성, 사실, 행동, 힘"[43] 등에 적용시켰다. 하지만 여전히 실용주의의 이런 요구도 이전부터 늘 있어왔던 옛 요구들, 예를 들면 과학은 절대로 선입견으로부터 시작되어서는 안 되며 오히려 있는 모습 그대로의 사실에 근거한 엄밀한 공정성으로부터 시작되어야 한다는 요구 정도에 지나지 않는다고 볼 수 있다. 경험론도 대대에 걸쳐 이에 대해 지겹도록 이야기해왔으며, 실증주의 역시 경험론보다는 조금 더 날카롭고 고압적인 말투로 이에 대한 자신의 뜻을 늘 내비쳐왔다.

이런 요구를 해왔던 실용주의에 몸담은 학파들은 자신들이 철학이라는 울타리 밖에 서 있을 뿐만 아니라 모든 선입견들로부터 완전하게 자유롭다는 순진한 생각 아래서 행동했다. 실용주의는 실러의 입술을 통해 이런 확신을 더욱 더 강하게 품게 되었고, 서로 다른 방에 묵는 투숙객들이 밖으로 나오려면 반드시 통과해야 할 호텔 복도 혹은 호텔 통로와 자기 자신을 비교하기 시작했다. 하지만 이런 생각은 한낱 선의의 망상 정도에 불과했다. 경험론도 과학이라는 위대한 호텔 안에 투숙하는 다른 투숙객들과 다

---

43 편집자 주: 바빙크는 이를 영어 그대로 인용했다. 네덜란드 원문은 이 문장을 의문문 형태로 표한다. "Maar, onbevredigd door de uitkomsten van de wijsgeerige stelsels en twijfelend aan de vruchtbaarheid van het wijsgeerig denken, keert het naat eigen zeggen aan alle 'verbal solution, apriori reasons, fixed principles and closed systems' den rug toe en wendt het zich 'towards concreteness and adequacy, towards facts, towards actions and towards power'?"

름없었고, 그 호텔의 다른 투숙객들처럼 하나의 분리된 방을 차지할 뿐이었다. 모든 경험론자들은 지식을 추구하는 가운데 생각이야말로 반드시 경험에 근거해야 하며, 과학을 세우기 위한 토대는 자연적 사실 혹은 역사적 사실 외에는 없을 것이라고 인식했던 사람들이었다. 그들에게 과학적 탐구자는 거미나 개미 보다는 벌에 가까워야했다. 과학적 탐구자들은 마치 벌처럼 경험이라는 꽃으로부터 지식의 꿀을 모아야할 사람들이었다. 경험론에 의하면, 무엇인가를 보기 위해서는 반드시 눈을 열어야 하며, 무엇인가를 듣기 위해서는 반드시 귀를 열어야 한다. 심지어 아리스토텔레스를 극진히 숭상했던 중세 스콜라주의조차도 "모든 지성적 지식은 감각으로부터 시작 한다"(omnis cognitio intellectualis incipit a sensu)라는 원리를 인지했다. 하지만 사실을 발견하고, 관찰하고, 정리하고, 조직화하는 탐구자들의 개성에 영향을 입은 혹은 영향을 입어야만 하는 다양한 의견들은 늘 만들어졌고 현재도 만들어지는 형편이다. 그럼에도 불구하고 어떤 이견도 없는 공식적인 기준은 늘 존재해왔는데 그것은 바로 과학은 반드시 사실에 근거해야 한다는 것이었다. 하지만 이런 기준에 복종해야 한다며 늘 우리를 몰아세웠던 실용주의조차도 사실은 잘 알려져 있을 뿐 아니라 거의 모든 사람들에게 인정 받아왔던 원리를 반복하는 사상에 지나지 않는다. "사실이란 **무엇인가**," 사실들을 어떻게 발견할 수 있는가, 사실들을 어떻게 분류하고 어떻게 구체적으로 설명할 것인가라는 질문에 이를 때에야 비로소 차이점들이 보이기 시작할 것이다.

실용주의 그 자체가 이에 대한 가장 훌륭한 실례를 제공해준다. 실용주의는 자신을 가리켜 단순한 **방법**이라고 칭했지만, 오랜 세월을 소비하지 않은 채 **이론** 혹은 **체계**라는 이름으로 너무나 빨리 자기 자신을 내비쳤다. 결국 실용주의는 **실재**와 **진리**에 대한 자기 스스로의 선입견을 가진 채로 사물들을 탐구해나갔다.

실용주의는 실재에 대한 논의를 유물론적 철학 혹은 선험적이고도 교의

적인 범신론으로 여겼으며, 형상들의 실재를 인식하고 의식적으로 목격 가
능한 사실들을 형상으로 인정했던 모든 철학들을 재단하며 판결했다. 실용
주의는 괴테의 잘 알려진 표현인 "태초에 말씀이 있었던 것이 아니라 행위
가 있었다"(im Anfang war nicht das Wort, sondern die Tat)라는 표현에 호소하면
서 의식적으로 분명한 의도를 가진 채 유명론의 자리에 서기 위해 중세식의
모든 실재론을 거부했다. 그러므로 실용주의는 모든 포괄적인 개념들, 예를
들면 하나님, 절대자, 세상, 영혼, 물질, 힘, 시간, 공간, 진리, 본질, 원인, 언
어, 종교, 도덕과 같은 개념들을 객관적인 실제들에 대한 명칭으로 이해하
지 않고 오히려 특정 현상들, 즉 편의를 위해 "생각의 도구"(Denkmittel)들을
한데 모은 것 정도로 이해했다. 실용주의가 생각할 때 이런 생각의 도구들
은 자신들이 사용되어질 때 반드시 자신들의 편리성과 가치를 증명해내야
만 했다. 그러므로 이런 생각의 도구들은 결코 투자된 자본이 아니라, 언제
든지 변동 가능한 현재 가진 동전일 뿐이다. 실용주의자들에게 이 세상 그
자체는 어떤 통일성도, 어떤 유기성도, 어떤 **질서**(kosmos)도 없다. 오히려 이
세상 속에는 각종 현상들이 가진 명명백백한 다양성, 무한량의 사실들, 질료
(ὕλη), 그리고 혼돈만 있을 뿐이다.

실용주의는 이런 유명론적 세계관을 지지하며 플라톤의 이데아 교리에
반기를 들었던 아리스토텔레스가 촉진한 생각, 즉 이데아론 속에서의 세상
은 이데아의 이중 복제 혹은 심지어는 삼중 복제일 뿐이라는 생각을 제시
했다. 제임스가 관찰했다시피 이성주의자들에게 이 세계는 형상 안에서 완
전한 시작점을 가진 채 존재하거나 아니면 어찌되었든 우리 밖에 존재하는
객관적인 실재 안에서 마무리되거나 준비되는 존재였다. 이 둘 중 어느 경
우가 되더라도 세계는 우리 마음속에서 어느 정도의 차이를 가진 채 불완
전한 복제의 형태로 다시 한 번 그 모습을 드러내게 되어 있다. 반면 실용주
의자들에게는 이 세상의 통일성이 주어진 사실이 아니라 오히려 발전의 과
정 속에서 **되어가는** 중이다.[44] 즉 이 세상은 그 자체 안에서 질료(ὕλη)를 본

질적으로 분해하지만, "여전히 만들뿐 아니라 미래에 완성될 부분을 기다리는 중이다." 그러므로 실용주의자들에게 이 세상은 무엇이 되기 위한 우리의 원인으로 되어가는 존재이다. 즉 "이 세상은 플라스틱이고, 플라스틱이야말로 우리가 만드는 것이다."[45] 이런 이유로 물질주의적으로 설명하든 혹은 유신론적으로 설명하든지간에 이 세상은 과거의 세상이 현재의 세상이 되었다는 것에 대해 어떻게 생각하는지와 관련된 문제이다. 왜냐하면 결국 이 세상은 지금 이 모습이기 때문이다. 그러므로 핵심 질문은 "그것이 무엇**이었는가**"라기보다는 "무엇으로 **되어가는 중인가**"이다. 즉 우리는 그것을 사시고 무엇을 하는가? 그리고 그것으로 우리는 무엇을 만드는가가 중요한 질문인 것이다.[46]

실재에 대한 이런 독특한 관점 때문에 실용주의는 이성주의가 무시해야만 했었던 혹은 잘 해명해야만 했었던 많은 사실들에 대한 솔직한 인식들과 합의할 수 있는 유익을 얻을 수 있었다. 실용주의자들에게 죄의 비참함, 슬픔이 가득 찬 불쌍한 실재인 이 세상은 혼돈 그 자체였다. 실용주의자들은 생각하길 절대자를 전제하는 철학은 이런 사실을 정당화하는 헛된 노력을 한다고 보았고, 동시에 이런 사실을 이 세상의 조화로움과 화해시키기 위한 노력을 헛되이 지속한다고 보았다. 실용주의는 종교와 도덕 생활의 다양한 현상들과 경험들에 대해 충분히 고려할 기회를 주었고, 그런 현상들과 경험들을 참작하지 않은 채 정신적이고도 사회학적인 관점으로 그것들에 감사하는 방법을 찾으면서 계속해서 진리와 옳음에 대한 질문을 제기했던 사상이었다. 실용주의는 자신의 시작점을 절대자에 대한 개념 혹은 심지어 절대적 선, 절대적 정의, 절대적 능력과 같은 개념에조차도 두지 않기 때문에, 신

---

44 편집자 주: 네덜란드어 원문은 다음과 같다. "Doch voor den pragmatist *is* de wereldeenheid er niet, maar ze *wordt*." 다음과 같이도 영어 번역 가능하다. "그러므로, 실용주의자에게는 이 세상의 통일성이 없고 오히려 되어간다."
45 편집자 주: 바빙크는 이 문장을 영어 그대로 인용했다.
46 James, *Pragmatism*, 122, 127, 162, 243, 257.

정론을 제공해야 한다는 어떤 요구도 스스로 느끼지 않았다. 실용주의는 어떤 신학적 이론이나 철학적 이론 속에서 실재를 희생시키지 않을 뿐 아니라, 선험적 체계의 획일적인 장 안으로 실재를 구겨 넣지도 않는다. 오히려 실용주의는 이 세상은 비참한 세상일 뿐이므로, 그 자체로는 아무것도 할 수 없다고 생각한다.

실용주의는 과거와 현재를 비관적으로 바라보며 판단하는 가운데서도 미래에 대해서는 상당히 낙관적인 기대를 품고 나아갔다. 실용주의는 이런 낙관적인 기대와 관련을 맺으면서 **진리**에 대한 구체적인 개념을 소유해나갔다. 즉 우리 뒤에는 우울함과 어두움이 가득 차 있지만, 우리 앞에는 그 우울함과 어두움의 그늘이 부서진다고 본 것이다. 그 이유는 진화 개념이 인간을 생산해낼 정도로 발전에 발전을 거듭해왔고, 이 진화 개념이 인간에 헌신함을 통해 이 세상의 진보가 시작될 것이라는 믿음이 있었기 때문이다. 그러므로 인류는 이 세상이 어떻게 되어 가느냐에 달려 있다. 하지만 사실 이런 관점은 미래를 불확실하게 만들 뿐이다. 이 관점에 따르면 이 세상은 필연적으로 스스로의 내재적 능력에 의해서 구원 받지 못한다. 만약 이 세상이 구원 받으려면, 이 세상은 반드시 인간을 통해 구원 받아야 한다. 실용주의는 이런 구원이야말로 여전히 가능하며 얼마든지 부분적으로는 개연성 있는 논리라고 생각한다. 이처럼 실용주의는 완전히 비관적이지도, 그렇다고 해서 완전히 긍정적이지도 않은 사상이다. 오히려 실용주의 사상의 사고 구조는 세계 개선론적(melioristic)으로 묘사할 수 있다. 그 자신 안에서 비참을 경험하는 이 세계를 구원해 줄 수 있는 능력과 의무는 우리 인간들에게 있다고 본다.

실용주의에 의하면 인간들은 이런 능력을 갖는다. 그 이유는 오랜 세월에 걸쳐 인간들은 비로소 앎을 경험하게 되었고, 특별히 의지를 품고 행동할 수 있는 존재가 되었기 때문이다. 비참한 실제인 슬픔의 한 복판 속에서 인간의 지성과 의지가 인간을 "창조적 능력"이 있는 존재로 만들어나갔다.

인간들은 점점 고공비행을 시작하게 되었다. 물론 인간들이 이런 지성과 의지를 처음부터 지녔던 것은 아니었다. 오히려 인간들은 차츰차츰 그것들을 획득하게 되었다. 실용수의에 의하면 인간들은 소위 말하는 상식,[47] 즉 이성주의 관점 하에서 칸트가 상상했던 바로 그 타고난 지식(aangeboren kennis)의 선험적 형태를 본성적으로 갖고 태어난 존재가 아니었다. 오히려 개념, 범주, 사고법칙의 모든 내용물을 담은 지성은 존재의 경쟁 속에서 진화되어 갔다고 보았다. 그 이유는 지성은 인생사 속에서 실천적으로 유용하고 가치 있다고 증명되었기 때문이다. 실용주의 관점에서 결과론적으로 봤을 때 진화를 거듭했던 이런 지성이야말로 진리에 대한 유일한 기준점이었다.

실용주의에 의하면 진리는 인간 앞에, 인간 밖에, 혹은 인간과 독립적인 채로 존재하지 않는다. 진리는 더 이상 이 세상의 통일성, 선함, 그리고 행복보다 더 객관적 존재가 될 수 없다. 인간들은 순수하게 수동적인 방식으로 자신의 의식 안에 진리를 담아 넣을 수 있긴 하지만, 그 어디에서도 이 진리의 완진성을 발건 할 수는 없다고 보았다. 진리의 기준점은 더 이상 외부적 실제에 대한 동의와 상관없게 되었다. 그 이유는 진리는 오직 인간 안에 존재하는 것이지 인간 밖에 존재하는 것이 아니라고 생각했기 때문이다. 실용주의에 의하면 이 세상이 일반적으로 그렇게 흘러가듯이 진리는 **존재하**는 것이 아니라 **되어 가는 것**이다. 그러므로 진리는 "만들어지는 중"(in the making)[48]이다. 진리는 지식과 자유의지의 삶의 경험 속에서 그것 자체가 유용하다는 사실에 동의하는 것일 뿐이다. 그러므로 진리의 변화무쌍함과 상대성은 본질적으로 진리와 함께 거한다고 보았다. 결국 모든 의식의 가능성을 뛰어넘는 완전한 형태의 유일한 진리는 존재하지 않는다고 보며, 그 결과 모든 진리는 변동 가능성 아래 위치할 수밖에 없게 된다. 모든 진리는 삶

47　편집자 주: 바빙크는 앞서 등장했던 "a creative power"(창조적 능력)와 "common sense"(상식)라는 표현을 영어로 표기했다.

48　편집자 주: 바빙크는 이를 영어로 표기했다.

에 어떤 가치를 부여해 줄 수 있는가로 측정되기 때문에 이런 진리는 매일 매일 뒤바뀔 수 있게 되는 것이다. 실용주의자들에게 과학 그 자체는 우리에게 어떤 객관적 실제에 대한 지식도 줄 수 없다. 과학이 할 수 있는 것 전부는 실재를 사용할 수 있는 도구를 우리에게 제공하는 것뿐이다. 과학은 완전한 진리를 제공해줄 수 없으며, 오히려 상대적이고도 실천적인 진리만을 제공해줄 뿐이다. 과학은 필수적인 법칙에 대해서도 가르쳐주지 않는다. 오히려 불확정적인 법칙만을 가르쳐줄 뿐이다. 만약 과학이 가장 유용하다면 그 과학 체계는 가장 진리에 가까운 진리가 될 수 있다. 진리, 종교, 도덕, 문명 모두는 삶에 종속되어 있고 삶에 굴복된 상태로 존재한다. 실재는 쉽지 않은 존재일 뿐만 아니라 혼돈 그 자체이기도 하다. 실재는 우리를 위해 실재를 참되고 선하게 만드는 존재이다.[49]

---

49 James, *Pragmatism: A New Name for Some Old Ways of Thinking*. 라베송(Ravaisson), 부트루(Boutroux), 베르그송(Bergson), 르루아(Le Roy)와 같은 프랑스 철학자들의 사상에 관해서라면, George M. Sauvage, "New Philosophy in France," *Catholic University Bulletin* (April 1906); Joseph de Tonquédec, *La notion de la vérité dans la philosophie nouvelle* (Paris: Gabriel Beachesne & Cie., 1908); Gaston Rageot, *Les savants et la philosophie* (Paris: Felix Alcan, 1908)을 참고하라.

2장: 계시와 철학 핵심 해제

■ 핵심 메시지

본 장에서 바빙크가 논증하고자 했던 핵심 메시지는 다음과 같은 한 문단 속에서 발견할 수 있다.

> 모든 세계관은 하나님, 세상, 인간이라는 세 기둥 하에서 움직여갈 뿐만 아니라, 이 세 기둥들 간의 상호 연관성 가운데서 결정되는 것이기 때문에 원칙적으로 유신론적(종교적, 신학적) 세계관, 자연주의적(범신론적, 물질주의적) 세계관, 그리고 인본주의적 세계관으로 그 유형을 구별할 수 있다. 콩트(Comte)가 그의 세 단계(trois états) 논리에서 생각했던 것처럼, 이 세 부류의 세계관은 역사 속에서 서로가 서로를 계승한 것은 아니었다. 오히려 이 세 부류의 세계관은 역동적인 흐름 가운데 서로 얽히고설켜 있으면서 서로가 서로를 지탱하며 존재해왔다(111).

바빙크는 이 세상을 단순하게 바라보지 않았다. 오히려 바빙크는 이 세상을 온갖 종류의 서로 다른 세계관들, 예를 들면 유신론적 세계관, 자연주의적 세계관, 인본주의적 세계관들이 서로 얽히고설켜 복잡 미묘한 색깔을 만방에 드러내는 세상으로 이해했다. 이런 바빙크의 생각을 크게 세 가지 담론 하에서 분석해볼 수 있다. (1) 이 세상이 다채롭고 복잡 미묘하다는 사실은 근본적으로 철학적 일원론에 대한 강한 반대이다; (2) 이 세상이 다채롭고 복잡 미묘하다는 사실은 논리적·정신적 실재가 아니라 실제론적 실재이다. (3) 이 세상이 다채롭고 복잡 미묘하다는 사실이 곧 진리의 변화무쌍함과 상대성을 의미하는 것은 아니다.

첫째, 바빙크는 본 장 구석구석에서 일원론에 대한 강한 반대를 표명한다 (사실 일원론에 대한 반대는 『계시 철학』 전반에 걸쳐 지속적으로 이루어진다). 바빙크는 그 당시 철학들의 근저를 이루는 이데올로기적 토대를 일원론으로 규정했다. 바빙크는 일원론을 크게 두 가지 성향으로 구분하는데, 유물론적 일원론과 관념론적 일원론이 바로 그것들이다. 유물론적 일원론이란 전 세계의 통일성을 단 한 가지의 물질적(유물론적) 근거로부터 찾는 사상이고, 관념론적 일원론이란 전 세계의 통일성을 단 한가지의 정신적(관념적) 근거로부터 찾는 사상이다. 바빙크는 이 모든 일원론적 유형들을 전부 다 신랄하게 비판했다. 바빙크의 비판을 들어보자.

> 일원론이라는 이름은 하나님과 세상, 정신과 물질, 생각과 확장, 존재하는 것과 되어가는 것, 물리적 에너지와 정신적 에너지, 오스트발트와 페르보른의 생각을 빌리자면 의식과 의식의 내용물 사이의 구별을 감추는 가장(假裝, disguise) 일 뿐이다(121).

바빙크는 일원론이야말로 철학적인 가장, 즉 스스로를 감추며 변장하는 비겁한 사상으로 여겼다. 일원론이 비겁한 이유는 이 세상이 분명히 다채롭고 복잡 미묘함에도 불구하고, 일원론은 그런 다채로움과 복잡 미묘함을 향해 의도적으로 눈을 감은 채 자신만의 편협한 이데올로기에 빠져 이 세상은 반드시 단순해야만 한다고 눈 가리고 아웅 식으로 소리 높여 외치기 때문이다.

둘째, 바빙크는 이 세상의 풍부함과 복잡다단함을 실제론적 실재로 이해했다. 즉 이 세상은 실제적으로도 풍성하며, 실존적으로도 다채로울 뿐 아니라, 실재적으로도 복잡 미묘한 특징들이 온 존재들의 본성과 속성에 풍부하게 서려 있다고 보았다. 바빙크는 각종 자연 현상들을 폭넓게 관찰하며 다음과 같은 소회를 남긴다.

> 이 세계는 무한하게 다양한 존재와 현상들을 우리에게 내비친다. 그러므로 그 어떤 경험론적 연구를 통해서도 일원론이 이야기하는 대로의 물질과 힘의 일치를 이 세상 속에서 발견하기란 쉽지 않다. 만약 이런 일치의 존재가 가정된다 하더라도, 이는 단순히 상상 속에서만 가능한 일일 것이다(122).

바빙크에게 이 세상 만물은 다양한 존재와 현상들로 구성되는 대단히 다채로운 존재이다. 바빙크는 이 세상의 나재로움의 근거를 하나님의 풍성한 창조 능력에서 찾는다. 시편 19편 기자는 이를 다음과 같이 표현 한다. "하늘이 하나님의 영광을 선포하고 궁창이 그의 손으로 하신 일을 나타내는도다"(시 19:1). 하늘과 궁창이 하나님의 영광을 선포하고 그의 손으로 하신 일을 나타내는 이유는 하나님께서 이 세상 만물의 솜씨 좋은 창조주이실 뿐 아니라 이 세상 만물에 자신의 아름다운 본질과 속성을 손수 흩뿌려놓았기 때문이다(바빙크는 이후의 일련의 장들 속에서 이를 일반 계시 차원 속에서 풀어간다). 하나님의 무한하고도 다채로운 창조 능력은 이 세상을 무미건조한 일원론의 장 정도로 만들지 않는다. 오히려 하나님의 풍성한 창조 능력은 이 세상을 역동성과 유기성이 살아 움직이는 다채로운 창조계로 조성한다. 그러므로 바빙크는 유물론적 일원론이 되었든, 관념론적 일원론이 되었든 간에 이 모든 일원론은 결국 '단순히 상상 속에서만 가능한 일'이라고 평가절하하기에 이른다.

셋째, 이 세상이 다채롭고 풍성하다고 해서 진리의 양태 또한 제멋대로 다채롭게 바뀔 수 있는 것은 아니다. 바빙크는 진리의 불변성에 대해 실용주의와 대척점에 서며 다음과 같이 설명한다.

실용주의에 의하면 이 세상이 일반적으로 그렇게 흘러가듯이 진리는 **존재**하는 것이 아니라 **되어 가는 것**이다. 그러므로 진리는 "만들어지는 중"(in the making) 이다. 진리는 지식과 자유의지의 삶의 경험 속에서 그것 자체가 유용하다는 사실에 동의하는 것일 뿐이다. 그러므로 진리의 변화무쌍함과 상대성은 본질적으로 진리와 함께 거한다고 보았다. 결국 모든 의식의 가능성을 뛰어넘는 완전한 형태의 유일한 진리는 존재하지 않는다고 보며, 그 결과 모든 진리는 변동 가능성 아래 위치할 수밖에 없게 된다. 모든 진리는 삶에 어떤 가치를 부여해 줄 수 있는가로 측정되기 때문에 이런 진리는 매일매일 뒤바뀔 수 있게 되는 것이다(131).

바빙크의 『계시 철학』 전반에 걸쳐서 가장 크게 대비되는 담론이 바로 존재(된 것)와 잠재적 존재(되어가는 것) 사이의 관계이다. 바빙크는 실용주의야말로 유용성의 기준 하에서 잠재적 존재, 즉 되어가는 것들에만 집중하는 사상이라 생각했다. 좋은 방향, 유용한 방향, 선한 방향으로 되어가는 것이 곧 '진리' 그 자체라고 본 것이다. 이런 실용주의적 사상 가운데서의 진리는 그 모습이 시시각각으로 변할 수밖에 없다. 그 이유는 진리는 되어가는 중이며, 만들어지고 있을 뿐 아니라, 얼마든지 이전과 다른 모습으로 거듭날수 있는 존재라고 생각했기 때문이다. 바빙크는 상대적, 변동적 진리의 가능성과 그 형태에 대해 매우 강한 경계를 표했다. 바빙크는 매일매일 뒤바뀌는 진리는 본질적으로 진리가 될 수 없다고 생각했다.

본 장을 요약해보자. 바빙크는 본 장 전반에 걸쳐 무미건조한 철학적 일원론에 강한 반대를 표하며 하나님의 풍성하고도 다채로운 창조 능력이 아름답게 드러나 있는 창조세계의 다채로움과 복잡 미묘함을 선명히 드러냈다. 하지만 이 세상이 복잡하고 다양하다고 해서 진리도 변화무쌍할 수 없다는 사실을 반드시 기억하자.

• 주의 손가락으로 만드신 주의 하늘과 주께서 베풀어 두신 달과 별들을 내
가 보오니 사람이 무엇이기에 주께서 그를 생각하시며 인자가 무엇이기
에 주께서 그를 돌보시나이까 그를 하나님보다 조금 못하게 하시고 영화
와 존귀로 관을 씌우셨나이다 주의 손으로 만드신 것을 다스리게 하시고
만물을 그의 발 아래 두셨으니 곧 모든 소와 양과 들짐승이며 공중의 새
와 바다의 물고기와 바닷길에 다니는 것이니이다 여호와 우리 주여 주의
이름이 온 땅에 어찌 그리 아름다운지요 (시 8:3-9)

• 믿음으로 모든 세계가 하나님의 말씀으로 지어진 줄을 우리가 아나니 보
이는 것은 나타난 것으로 말미암아 된 것이 아니니라 (히 11:3)

• 그는 보이시 아니하는 하나님의 형상이시요 모든 피조물보다 먼저 나신
이시니 만물이 그에게서 창조되되 하늘과 땅에서 보이는 것들과 보이지
않는 것들과 혹은 왕권들이나 주권들이나 통치자들이나 권세들이나 만
물이 다 그로 말미암고 그를 위하여 창조되었고 또한 그가 만물보다 먼저
계시고 만물이 그 안에 함께 섰느니라 (골 1:15-17)

■ 핵심 적용

포스트모던 사회는 상대성, 가변성, 찰나성이 각광을 받는 시대이다. 포스트
모던 사회 속에서 고정된 형태의 진리를 외치는 자는 고리타분한 자, 꼴통
보수, 편협한 꼰대, 구석기형 인간으로 낙인찍혀 시대 조류에 발 빠르게 대
처하지 못하는 패배자로 여겨지기 십상이다.

하시만 시대가 변한다고 해서, 이 세상의 모든 존재들이 발 빠르게 분화되고 있다고 해서, 획일성보다는 다양성이 더 존중 받는다고 해서, 진리 자체의 고정성과 불변성을 포기해선 안된다. 골 1:17은 이에 대한 귀한 교훈을 우리에게 준다. "그가 만물보다 먼저 계시고 만물이 그 안에 함께 섰느니라." 예수 그리스도, 즉 진리 그 자체는 만물보다 먼저 계셨고, 현재는 온 세상 만물이 이 진리 위에 함께 서있다. 만물이 진리 안에 서 있는 것이지, 진리가 만물에 의존한 채로 서 있는 것이 아니다. 즉 고정된 진리가 다채로운 만물보다 존재론적으로 앞선다. 만물이 진리에 영향을 끼치는 것이 아니라, 진리가 만물에 영향을 끼치는 것이다.

고정되고 불변한 진리를 소유하는 것은 결코 부끄러운 일이 아니다. 오히려 고정되고 불변한 진리를 소유하지 못한 것이 부끄럽고 안타까운 일이다. 사실 영원불변한 진리를 소유하는 것이 자명한 이치이고, 그것이 가장 옳고 바른 것이다. 옳고 바른 것 위에 서 있는 자는 요한복음 8장이 말하는 바로 그 확신과 자유를 얻게 된다. "진리를 알지니 진리가 너희를 자유롭게 하리라"(요 8:32).

■ 핵심 용어

자연과학(natural science)

물질주의 혹은 유물론(materialism)

일원론(monism)

범신론(pantheism)

실용주의(pragmatism)

무미건조한 일원론에 빈대하며 창조계의 다채로움과 아름다움을 드러내는
찬송가 79장(통 40장)

주 하나님 지으신 모든 세계

1절
주 하나님 지으신 모든 세계 내 마음 속에 그리어 볼 때
하늘의 별 울려 퍼지는 뇌성 주님의 권능 우주에 찼네

2절
숲속이나 험한 산골짝에서 지저귀는 저 새소리들과
고요하게 흐르는 시냇물은 주님의 솜씨 노래하도다

3절
주 하나님 독생자 아낌없이 우리를 위해 보내주셨네
십자가에 피 흘려 죽으신 주 내 모든 죄를 대속하셨네

4절
내 주 예수 세상에 다시 올 때 저 천국으로 날 인도하리
나 겸손히 엎드려 경배하며 영원히 주를 찬양하리라

(후렴)
주님의 높고 위대하심을 내 영혼이 찬양하네
주님의 높고 위대하심을 내 영혼이 찬양하네

1. 이 세상을 움직이는 힘은 하나일까? 아니면 여러 개일까?

2. 아름다운 자연 경치를 바라볼 때 느낄 수 있는 하나님의 본질과 속성은 무엇인가?

3. 진리는 몇 개일까?

4. 진리는 변할 수 있을까? 만약 변할 수 있다면 그 이유는 무엇인가? 변할 수 없다면 그 이유는 무엇인가?

Ⅲ. (2장과 이어지는)
계시와 철학

III. (2장과 이어지는) 계시와 철학

실용주의는 일원론이라는 골칫거리로부터 우리를 해방시켜졌을 뿐만 아니라, 일원론의 추상적 개념들이 가진 척박함을 우리에게 폭로시켜줬던 위대한 공을 세웠다. 실용주의가 "굳어진 습관, 순수한 추상성, 그리고 언어적 해결책"(fixed habits, pure abstractions, and verbal solutions)[1]을 저버리고, 다시 한 번 우리를 사실에로 인도하며, 모든 지식과 학문 속에 존재하는 실천적 요소들에 새로운 강조점을 두는 한, 실용주의 그 자체는 얼마든지 칭찬과 찬사를 받기에 합당한 사상이다.

하지만 만약 실용주의가 정당한 방식으로 생각하는 것(denken)의 요구와 마음의 필요 모두를 만족시켜줄 수 있는 세계관이 되어야 한다면, 실용주의도 아마 그 정도까지의 요구를 만족시켜 주지 못할 것이다. 그 이유는 실용주의 그 자체도 충분히 실용적이지 않기 때문이다. 실용주의는 스스로 아무런 교의가 없다고 고백하면서, 플라톤, 아리스토텔레스, 스피노자, 헤겔, 브래들리(Bradley), 테일러(Taylor)가 전개했던 철학들을 거부한다. 오히려 실용주의는 소크라테스의 인문주의에 동조하면서 자신의 생각(denken)을 로크, 버클리, 흄, 칸트의 생각과 연결시키는 작업을 통해 이성주의 철학을 경험주의 철학으로 간단히 대체하려했다. 실용주의는 절대자에 대한 추상적 개념

---

1   편집자 주: 바빙크는 이 표현을 영어로 표기했다.

과 더불어 이 세상의 다양한 과정들 속에서 벌어지는 절대지의 자아실현을 없애려고 할 뿐만 아니라, "쉬어 갈 수 있는" 실재들을 하나님과 그의 속성, 정신과 물질, 이성과 양심으로 인정하는 것 역시 거부한다. 오히려 실용주의 는 이런 실재들을 "실천적 가치만을 지닌 채 더 많은 작업을 위해 필요한 계획" 정도로 단순하게 생각한다. 실용주의가 본질에 대한 개념을 거부한 채 존재의 속성들만을 가지고서 논의를 풀어가려고 할 때, 또한 종교와 철학을 "기질의 문제 혹은 심지어는 물리적 상태의 문제" 정도로 이해하고 모든 진리의 기준을 유일하게 "만족"에만 두려고 할 때, 실용주의는 스스로가 얼마나 새로운 방법과 거리를 두는지 혹은 모든 관심이 얼마나 새로운 철학을 만드는 곳에만 쏠려 있는지 또한 그로 인해 자신의 출발선과 자신의 본질적인 원리가 얼마나 그런 자세와 서로 충돌하는지를 스스로 증명하는 꼴이 되고 말 것이다. 실용주의 안에 있는 몇 가지의 모순점들로 실용주의를 비판하기보다는, 오히려 "마음의 참된 변화"와 "절대적 소망을 깨는 것"을 통한 철저한 "귀납적 태도"로 변해 가는 것이 실용주의를 이해하고 받아들이는 법을 배우는 유일한 방법이라는 제임스의 선포는 어찌 보면 당연한 선포가 아닐 수 없다.[2]

우리는 드디어 실용주의의 참된 핵심(kern)을 건드리고 있다. 실용주의는 절대적 특성을 갖는 모든 것들에 대한 앎의 소망을 거부한다. 단순히 하나님을 아는 지식의 소망뿐만 아니라, 모든 형상과 모든 이름에 대한 지식의 소망을 거부하는 것이다. 모든 마음들이 가진 회의적 체계로부터 실용주의라는 존재가 탄생되었기 때문에, 궁여지책으로라도 스스로가 궁극적이라고 생각하는 것, 즉 반박의 여지가 없는 사실들(incontrovertible facts)에 매달릴 수밖에 없는 사상이 바로 실용주의라는 사상이다.

실용주의는 "경험론자의 태도를 대변 한다"(represents the empiricist atti-

---

2 William James, "Humanism and Truth Once More," *Mind* 14, no. 54 (1905): 191, 190-98. 편집자 주: 바빙크는 이 문장 속 모든 인용구들을 영어로 표기했다.

tude)[3]라는 말로는 제대로 정의내릴 수 없는 사상이다. 과학과 철학을 다루는 거의 모든 학문들은 사안에 대한 마지막 분석을 사실로부터 시작한다. 그러니 실용주의는 사실과 실재에 대한 자신만의 독특한 개념과 판단 기준을 갖는다. 이성주의와 경험주의 사이에서 뿐만 아니라 주지주의와 주의주의 사이에서도 "사실적 가치"에 대한 관점 차이는 없으며 사실 그 자체에 대해서도 큰 차이가 없다. 하지만 실용주의는 사물에 대한 다른 관점을 갖는다. 세계에 대해서 실용주의가 갖는 개념은 관념론적 철학이 갖는 개념과는 분명 다르다. 관념론적 철학에 따르면 이 세계는 정신 안에 깃들어 있는 생각의 발현이며, 이 생각의 발현은 이성에 의해 통제된다. 이런 관점을 대변하는 관념론적 철학을 단순히 추상적 개념 혹은 한가한 논리만을 만지작거리며 노닥거리는 철학 정도로 치부할 수 없다. 오히려 관념론적 철학은 그 시작점을 실재, 즉 확실히 볼 수 있는 실재로부터 시작한다. 확실히 모든 철학자들 중에서 선험적 구조를 통해 가장 많은 죄를 저질렀던 헤겔조치도 자연과 역사에 관한 사실적 지식에 관해서라면 헤겔의 반대자들이 인정했던 것보다 더 많은 지식을 갖고 있었다. 하지만 만약 우리가 실용주의자들을 믿는다면, 철학의 역사는 모든 절대적이고도 형이상학적인 개념들을 긴 시간 동안 선반에 차곡차곡 쌓아왔던 과정 그 자체라고 볼 수 있다. 첫째 선반에는 이차적 속성들이 위치했고, 그 다음 선반에는 본질과 인과성, 물질과 힘, 법과 규범, 진리와 언어 등이 위치했다. 실용주의에 따르면 이 세상을 다스리는 그 어떤 선험적 개념들이나 원리들(principia)은 존재하지 않는다. 이 세상은 그 자체로 혼돈, 즉 가공되지 않고 조직되지 않은 덩어리(rudis indigestaque moles)[4]일 뿐이다. 이 혼돈은 오로지 인간의 지식과

3　편집자 주: 바빙크는 이 표현을 영어로 표기했다.

4　편집자 주: 바빙크는 그의 『거룩한 신학의 학문』(The Science of Sacred Theology)에서 역사 속에 펼쳐진 신학의 통일성에 대해 다룰 때도 이 라틴어 문구를 사용했다. "그러므로 신학은 하나이다. 하나인 신학은 모든 것들 안에서 역사적 발전을 갖는다. 모든 시대의 교회의 신학은 의견들과 개념들의 가공되지 않고 조직되지 않은 덩어리(rudis indigestaque

행위⁵를 통해 질서가 잡히는 방향으로의 변화를 점진적으로 경험하게 될 뿐이다. 실용주의는 실제로 자신의 이런 강한 주장에 대해 항상 일관적인 동조를 표하지 않았다. 제임스가 어딘가에서 밝혔다시피 공간과 시간, 숫자와 질서, 의식과 인과성은 삭제해버리기 어려운 범주들이다.⁶ 하지만 그것 자체의 원리와 경향성 속에서 판단했을 때 실용주의는 모든 일반적 개념들, 즉 고정된 선험적 범주를 인식하는 것과 관련된 개념이 아니라 인간 사고의 결과로서의 추상적 이름과 관련된 개념들과 대척점에 서 있는 사상이다.⁷

이런 형태의 실용주의에 대항하는 반론은 반드시 제기되어야만 한다. 그 이유는 실용주의가 경험론이 되기 위해 노력했기 때문이라기보다는 오히려

moles)나 오류들의 미로가 아니다. 오히려 교회의 신학은 스스로에 의해 발전될 뿐만 아니라 계속해서 자기 전체를 스스로 드러내기도 하며, 성령 하나님을 통해 철저한 방법론과 구조화 작업을 통해 완성을 향해 나아간다. … 신학의 역사 속에는 과목이 있으며, 생각과 방법, 그리고 계획이 존재한다. 말씀의 보물이 교회의 의식 안에 점차로 질서 있게 드러나게 된다. 그 결과 그리스도께서 더욱 더 그의 교회 안에 완전하게 임재하게 된다. 그러므로 많은 진리들은 변하지 않는다." Herman Bavinck, *De Wetenschap der Heilige Godgeleerdheid* (Kampen: G. Ph. Zalsman, 1883), 46. 네덜란드 원문은 다음과 같다: "De Theologie der Kerk aller eeuwen is geen 'rudis indigestaque moles' van meeningen en begrippen, geen doolhof van dwalingen, maar één zich ontwikkelend en al meer zich ontvouwend geheel, streng methodisch en architectonisch afgewerkt door den H. Geest. Even gelijk de gemeente ééne is en als het lichaam van Christus opwast tot een volkomen man, tot de mate der grootte der volheid van Christus, zoo ook is de Theologie ééne, opwassend, totdat zij komt tot de eenigheid des geloofs en der kennis van den Zone Gods. Daar wordt dus wat afgewerkt. Daar is gang, gedachte, methode, plan in de geschiedenis der Theologie. De schatten des Woords worden allengs en in geregelde orde tot het bewustzijn der gemeente gebracht. Christus doet al meer Zijne volheid wonen in Zijne Kerk. Vandaar dat vele waarheden reeds onveranderlijk staan."

5 편집자 주: 네덜란드어 원문에는 케넌 엔 한델런(*kennen en handelen*) 즉 "아는 것과 행동하는 것"으로 표현되어 있다.

6 William James, "Humanism and Truth Once More," 194-95.

7 William James, *Pragmatism: a New Name for Some Old Ways of Thinking*, 52, 162ff., 242, 264ff.; "Does Consciousness Exist?," *The Journal of Philosophy, Psychology and Scientific Methods* 1, no. 18 (September 1, 1904): 477-91.

실용주의 그 자체가 다소 부족한 사상이기 때문이다. 즉 실용주의는 가장 중요하고도 본질적인 사실들을 제거하는 사상이다. 새로운 형태의 철학인 실용주의기 우리 앞에 선보이고 있는 실재의 풍성한 전부는 무엇인가 다른 실재인 것처럼 보이는 경우가 많다. 우리 앞에 존재하는 풍성한 실재는 실용주의가 설명하는 것보다 더 많은 요소들을 담을 뿐만 아니라 더 많은 사실들을 담은 실재이다. 이 논의를 보다 더 효과적으로 묘사할 수 있는 유일한 방법은 우리가 실재에 어떻게 접근하느냐와 더불어 실재의 내용을 어떻게 파악할 수 있는가에 대해 간략하게나마 탐구해 보는 것이다.[8] 이런 탐구의 결과 유물론이나 인문주의, 혹은 유출설이나 진화론 보다는 유신론과 계시 그 자체가 이 문제를 해결할 수 있는 능력을 갖느니는 사실을 깨닫게 될 것이다.[9]

실재에 이를 수 있는 유일한 길은 자의식의 길이다.[10] 관념론이 추구하는 진리도 바로 이 자의식에 근거한다. 인간의 마음 즉 인간의 감각과 표현

8   편집자 주: 이런 탐구 방법이야말로 본 장을 구성하는 데 가장 중요한 내용이다. 이런 탐구 방법론은 칸트 이후의 철학 체계 속에 흔하게 존재하는 방법론이라고 볼 수 있다. 즉 실재를 알기 위해 인간들이 어떻게 경험들을 통합할 것인가? 어떻게 우리가 그런 지식에 확신을 할 수 있는가와 같은 질문들이 주를 이룬다.

9   편집자 주: 여기에서 바빙크는 이전 장에서 언급했던 세 종류의 세계관 즉 유물론(일원론), 인문주의, 유신론을 염두에 두고 있다. 이 세 종류의 세계관은 모두 실재의 "지식"에 대한 "참된" 논의, 즉 지식이 획득된 것인가 아니면 이미 구성되었던 것인가에 대한 보장 혹은 확신을 설명하는 방식이다. 초자연적인 것을 무시하며 시작된 유물론은 보다 더 경험론적 사고방식에 무게중심을 두었던 사상이다. 자아 개념과 더불어 발흥된 인문주의는 관념론의 한 종류로서 자신의 주장을 보증하기 위해 추상적인 절대자 개념을 활용하는 사상이다. 초월적 시작점을 가진 유신론은 인격적 하나님의 존재를 믿는 사상인데 사고와 존재의 통일에 대한 문제를 계시를 통해 풀려고 하는 사상이다. 바빙크가 "유신론"(theism)이라는 용어를 사용할 때는 언제나 "기독교적 유신론"(Christian theism)의 의미로 사용한다.

10 편집자 주: 바빙크는 여기에서 자신의 최초 답변을 젤프베뷔스체인(zelfbewustzijn) 즉 자의식으로 내 놓는다. 자의식은 인간들이 "어떻게" 통합된 실재를 이해할 수 있는가와 관련된 개념이다. 정신이 없는 상태로는 지식도 존재할 수 없다. 바빙크가 자의식 개념을 사용하기 때문에 마치 세 종류의 세계관 중에 인문주의를 선택하는 것처럼 보일 수도 있다. 그러나 바빙크는 이후에 어떻게 "자의식의 길"이 유신론의 길, 계시의 길과 연관되는지에 대해 설명한다.

은 모든 지식의 근거이며 원리이다. 만약 객관적 실재 즉 물질과 힘의 세계나 공간과 시간의 형태가 존재한다면, 오로지 자의식을 통해서 그 지식이 나에게로 이르게 되기 때문에 객관적 실재도 존재한다고 생각할 수 있는 것이다. 이런 측면에서 대상(object)은 오로지 주체(subject) 때문에 존재하며 이 세계도 우리의 표상일 수밖에 없다는 주장 그 자체는 아주 틀린 말이 아니다. 자기 자신에 대한 지식 혹은 실재의 또 다른 영역에 대한 지식은 의식과 분리된 채로 존재할 수 없다. 이 진리를 방어하기 위해 관념론은 순진해 빠진 자연주의의 생각, 즉 즉각적으로 주어진[11] 실재가 원자와 에테르, 물질과 에너지 안에 포함되어 있다는 생각에 반대를 표하는 강한 근거를 갖고 있었다. 동시에 관념론은 주체가 대상에게 행사하는 영향력을 대상에 대한 모든 지각들 속에서 놓쳐버리는 자연주의적 시각에 반대를 표할 수 있는 굳건한 근거 역시 갖고 있었다.

하지만 관념론은 다음과 같은 반박의 여지가 없는 사실, 즉 실재는 오직 자의식이라는 통로를 통해서만 접근할 수 있고 인식은 순수하게 내적인 행위이기 때문에 인식되어진 대상은 반드시 그 자체로 정신 안에 내재적으로 존재할 수밖에 없다는 사실에 근거할 때 잘못된 사상으로 볼 수 있다. 그 누구도 창문 앞으로 지나가는 자기 모습을 스스로 보지 못한다는 것과 그 누구도 자신의 머리카락으로 자기 스스로를 들어 올릴 수 없다는 것은 분명한 사실이다. 즉 자신의 의식을 통하지 않고서는 그 누구도 실재에 대한 지식을 가질 수 없다. 왜냐하면 아는 것 없이 안다는 것은 명백히 불가능한 일이기 때문이다. 주체 쪽에서부터 무엇을 인지한다는 것은 다음과 같은 이중적인 유익을 선사해준다. 하나는 대상을 인지하는 데 즉각적인 조건으로

---

11 편집자 주: 보스와 그의 동료들은 네덜란드어 온미델레이크 헤헤벤(*onmiddellijk gegeven*)을 "직접적으로 주어진"(directly given)으로 번역했지만 그 보다 더 좋은 번역은 "즉각적으로 주어진"(immediately given)이다. 즉시 주어졌다는 의미는 통합의 중개자로서의 의식의 기능을 무시한 채 혹은 표상과 사물 사이의 구별을 무시한 채 생각과 지식의 실재에 대해 비표상적으로 설명하는 것을 의미한다.

서의 유익이고, 또 다른 하나는 대상을 인지할 수 있는 도구로서의 유익이다.[12] 그럼에도 불구하고 주관적인 인식을 도구와 기관으로 삼는 관점과 주관적인 인식을 대상에 대한 지식의 원리와 자료로 삼는 관점은 서로 크게 다른 관점들이다. 관념론이 저질렀던 실수는 행위를 그 행위의 내용으로, 기능을 대상으로, 인식의 정신적 본질을 논리적 본질로 혼동해버린 것이었다. 인지는 주체가 하는 행위이다. 개념과 결론이 그런 것만큼이나 감각과 표상 역시 순수하게 관념적, 내재적 존재이다. 하지만 인지하는 행위는 대상에서 종료되고, 감각과 표상은 논리적으로 고려했을 때 그 본성에 따라 그것들 스스로와 구별된 채로 존재하는 실재이 관련을 맺는다. 그러므로 심리학과 논리의 성격은 서로 다르다.[13] 그 이유는 심리학은 표상들이 의식 안에 놓여 있다고 생각하고, 논리는 표상 속에서 표상을 통해 실재를 이해할 수 있나고 생각하기 때문이다. 이런 차이점을 무시한다면 결국 자아 속에 감금되어 절대로 실재에 이를 수 없게 되는 운명 속에 갇히는 일종의 심리학주의(psychologism)의 늪 속으로 빠져 들어갈 수밖에 없게 된다.

이런 상황은 관념론 자체가 가진 근본적인 오류에도 불구하고 물질세계를 하나의 환영이라고 생각하는 환상설(illusionism)의 논리로부터 해방되어 지식의 객관성을 유지하려 노력했던 관념론의 태도 속에서 가장 선명히 드러난다. 관념론은 이 목적을 관철시키기 위해 주로 두 가지 방법을 사용했다.

첫 번째 방법은 인과관계의 원리에 따라 사고하는 사람들이 결과인 표상으로부터 그 표상의 원인인 객관적인 실재로 되돌아가는 방법이다. 두 번째 방법은 표상을 통해서는 실재가 추론될 수 없지만 의지의 방식으로는 욕

---

12 편집자 주: 인지(perception)로 번역할 수 있는 네덜란드 단어인 바르네밍(waarneming)은 이 문장 맨 처음에 딱 한번만 쓰였다. 그러므로 다음과 같이 번역할 수도 있다. "주체 쪽에서의 인지는 이중적인 봉사를 감당한다. 실제적인 대상을 받아들이기 위한 조건과 수단 둘 다이다."

13 편집자 주: "심리학과 논리는 본질적으로 구별 된다"라고도 번역 가능하다.

망된 목표에 도달할 수 있다고 생각하는 사람들에 의해 추구되는 방법이다. 이런 사람들은 배타적으로나 본래적으로나 인간은 의식과 표상이 될 수 없지만, 힘과 자극, 그리고 의지는 될 수 있다고 생각했다. 더 나아가 이 사람들은 인간 그 자체가 본질이며 실재라고 생각했을 뿐만 아니라, 인간의 본성은 생각하는 것(*cogitare*)으로 구성되는 것이 아니라 움직이는 것(*movere*)으로 구성된다고 보았다.[14] 즉 인간의 생각이 아닌 계속해서 저항과 자유를 찾을 수 있는 움직임을 보여줄 수 있는 의지를 통할 때에야 비로소 인간은 실재와 대응하는 표상 뒤의 존재에 대해 추론할 수 있다고 본 것이다.

이런 사고방식과 정면으로 부딪히는 반론은 초장부터 반드시 제기되어야 한다. 그 이유는 이런 사고방식은 건전한 관념론이 인과관계 법칙 내에서 믿어왔던 것조차도 드러내지 못할 뿐 아니라, 인과관계 법칙을 생각과 존재(*denken en zijn*) 사이의 거대한 간격을 메꾸려는 용도로밖에 사용하려 들지 않기 때문이다. 하지만 이런 종류의 반론을 차치하더라도 위에서 살펴본 두 가지 방법은 의도된 목적에 온전히 이르는 방법은 아니라고 볼 수 있다. 왜냐하면 표상과 의지에 대해 이전에 생각해본 모든 것들 속에서 인간 모두는, 즉 배운 자든 배우지 않은 자든 혹은 심지어 아이들이든 동물들이든 간에 객관적 세계의 실재에 대한 확신을 갖기 때문이다. 학문적인 심사숙고를 통해 관념론의 자리에까지 이른 사상가들조차도 이런 실재 속에 존재하는 자신의 신념을 떨쳐낼 수는 없었다. 심지어 에두아르트 폰 하르트만은 이런 신념 없이는 어떤 인간도 살아갈 가능성조차 없다고까지 선언했다. "우리는 실재 속에 존재하는 이런 믿음과 우리가 인식하는 것들의 연속성없이는 절대 단 한 순간의 삶도 영위할 수 없다. 그러므로 이런 순진하고도 실제적인 믿음, 즉 직관이라는 방식을 통해 인식 그 자체와 불가분의 행위로 합쳐진 믿음이 우리의 정신적 장치의 필수불가결할 뿐만 아니

14 편집자 주: 인간의 본성은 첫째로 생각하는 것이 아니라 오히려 행동을 취할 수 있게 하는 의지와 관련해서 움직이는 것이다.

라 실천적으로도 빼앗을 수 없는 요소로 형성된다."[15] 관념론 스스로도 자신이 낳은 실천적 결과들로 인해 깜짝 놀라긴 했었지만, 파울젠과 페르보른은 관념론을 지지하든 실재론을 지지하든 간에 삶 속에서 벌어지는 모든 것들은 다 같은 것들이며 학문은 그것 자체의 진리와 가치를 유지한다는 사실을 서둘러 우리에게 확신시켰다.[16] 하지만 이와 관련지어 생각해 볼 때 오직 표상 혹은 의지로부터의 사고 과정을 통해서만 실재에 이를 수 있게 된다는 가정은 사실과 직접적으로 서로 충돌한다. 우리는 우리의 표상 뒤에 존재하는 실재를 모든 상황 속에서 무조건 사실로 상정하지 않는다. 이 차이점을 이론적으로 설명하기란 쉽지 않다. 하지만 실천적으로 생각해 볼 때 걷는 상태와 꿈을 꾸는 상태, 실재에 대한 표상과 환각은 서로 구별 가능한 것들이다. 이와 같은 방식으로 우리는 실재를 그것이 무엇이든지간에 우리의 의지가 관심을 갖지 않는 많은 것들과 그것이 무엇이든지간에 그것으로부터 어떤 저항도 경험하지 않은 모든 것들로 생각한다. 태양, 달, 별들은 우리 발에 부딪히는 돌이나 우리의 시야를 가리는 벽 못지않게 우리들에게는 실재이다.

우리들은 어떤 사고 혹은 추론 과정 속에서도 최소한의 의식을 갖고 살아가는 존재가 아니기 때문에, 어떤 사람들은 이런 행위들이 우리 정신의

15　Ed. von Hartmann, *Kritische Wanderungen durch die Philosophie der Gegenwart* (Leipzig: Friedrich, 1890), 190. C. Willems, *Die Erkenntnisslehre des modernen Idealismus* (Trier: Paulinus-Druckerei, 1906), 13. Cf. Max Frischeisen-Köhler, "Die Lehre von den Sinnesqualitäten und ihre Gegner," *Zeits. f. Wissensch. Philos. und Soziologie* (1906). 편집자 주: 하르트만의 독일어 원문은 다음과 같다. "Wir können ohne diesen Glauben an die Realität und Kontinuität des Wahrgenommenen keinen Augenblick leben, und darum ist dieser naiv-realistische Glaube, der mit der Wahrnehmung selbst intuitiv in einen und denselben Akt verschmolzen ist, ein unentbehrliches, praktisch unaufhebbares Bestandtheil unseres geistigen Besitzes." 독일어 원문에는 intuitiv가 intnitiv으로 오타 명기되어 있다.

16　Friedrich Paulsen, *Einleitung in die Philosophie* (Berlin: Wilhelm Hertz 1892), 363. Eberhard Dennert, *Die Weltanschauung des modernen Naturforschers* (Stuttgart: M. Kielmann, 1907), 147에서 재인용.

무의식(*onbewust*)[17] 영역 속에서 일어나는 일이라고 생각했다.[18] 그러나 이런 생각은 이 사안을 보다 더 이치에 맞게 만드는 데 완전한 실패를 안겨다줄 수밖에 없다. 왜냐하면 이런 종류의 무의식(*onbewuste*)적 추론은 오랜 세월과 오랜 경험 속에서 만들어지는 침전물 정도에 불과하기 때문에 결국 침전물 그 자체가 스스로의 전제가 되어버리는 상황으로 남든지, 아니면 인간 정신이 가진 스스로의 본성에 의해 실재와 표상을 서로 연결해야만 하는 필연성 가운데 인간 정신이 위치하기 때문에 결국 그 절차는 무의식 속에서도 혹은 삼단논법적 사고 행위 가운데서도 제대로 이루어 질 수 없는 상황으로 남든지 해야 했기 때문이다. 아니면 폰 하르트만이 실제로 대변했던 것처럼 위대한 무의식(*Onbewuste*)에 의해 무엇인가가 우리 안에서 성취되었기 때문에 인간의 결론이라든지 인간의 생각하고 행동하는(*denken en handelen*) 자기 행위가 사라질 수밖에 없는 상황으로 남든지 해야 했다. 관념론이 표상의 기원과 본질 안에서 표상을 실재로부터 단절시키는 작업을 시작했을 때,[19] 관념론은 실제와 표상 사이의 내적인 관계성을 다시 정립시킬 수 있는 능력을 상실하고 말았다. 표상들의 주변 속에서 숨죽인 채 잠잠히 존재했던 정신은 스스로가 만든 이런 감옥으로부터 자기 자신을 해방시킬 수 있는 능력이 없었다. 상황이 바뀌었을 때도 정신은 아무것도 인지할 수 없게 되었고, 오히려 자의식의 산물인 표상들만 인지할 수 있게 되었다. 정신이 가진 의지가 곧 표상이 되었다. 의지가 맞닥뜨리는 저항이 곧 표상이 되었다. 자아[20](the ego)가 곧 표상이 된 것이다. 표상들이 모든 측면들 속에서 자아를 둘러싸

---

17 편집자 주: 여기에서 바빙크는 에두아르트 폰 하르트만의 영향을 암시하는 표현인 온베뷔스트(*onbewust*) 즉 "무의식"(*unconscious*)이라는 표현을 사용한다.

18 C. Willems, *Die Erkenntnislehre des mod. Ideal*, 42ff에 등장하는 헬름홀츠(Helmholtz)나 폰 하르트만(von Hartmann) 등을 참고하라.

19 편집자 주: 오히려 관념론이 "객관적인 실재"(*objectieve werkelijkheid*)로부터 표상을 단절시킨다.

20 편집자 주: 영어 번역은 "ego"(자아)라고 번역되었지만, 바빙크는 네덜란드어로 "나"(*ik* 혹은 *ikheid*)를 사용했다.

기 때문에 어느 곳에서도 실재에 접근할 수 없다. 왜냐하면 어떤 추론도 존재를 향한 생각으로부터 파생될 수 없다고 생각했기 때문이다. 결국 표상들로부터는 실재와 연결될 수 없다.[21] 사탄이 사탄에 의해 쫓겨날 수 있는 것과 비슷하게,[22] 표상이라는 수단을 통해서 표상으로부터 해방될 수 있다.[23] 그러므로 관념론적 철학은 모든 영양분을 자신의 젖으로부터 끌어 모은 후 자기 자신을 잡아먹는(ipsa alimenta sibi) 암컷 곰과 같은 사상이다.[24]

만약 우리의 시작점을 표상에 두지 않고, 자의식에 둔다면, 즉 생각하는(cogitare) 행위를 내가 생각하다(cogito)라는 사실[25]로 대체할 수만 있다면 이 사안은 완전히 달라질 수 있다. 하지만 근대 심리학 역시 실재로 향하는 이 마지막 길을 막으려고 한다. 근대 심리학은 우리 자신들 안에서는 어떤 자아도 관찰될 수 없고 오직 의식 현상적 상태의 지속적인 연결 정도만 관찰될 수 있다는 사실에 대해 강조했다. 이런 이유 때문에 근대 심리학은 기질이나 기질을 가진 자의 존재에 대한 우리의 유추의 근거가 부족하다고 결론지었다. 하지만 이런 방해 공작은 쉽게 제거될 수 있다. 왜냐하면 세계 밖에 존재하는 실재에 관한 생각을 무효로 만들려 했던 실수는 이전에도 똑같이 벌어졌던 실수였기 때문이다. 우리가 무엇인가를 인식한다는 의미는 인식의 대상인 표상들을 가졌다는 의미라기보다는, 오히려 표상들 안에서 혹은 표상들을 통해서 그것들을 인지한다는 의미이다. 그러므로

---

21 편집자 주: 이런 결론은 관념론과 실용주의가 가진 핵심 문제들에 대한 바빙크의 입장 즉 이런 사상들은 생각하는 것(denken)이 존재하는 것(zijn)과 대응한다는 확신을 제공해주지 못하는 사상이라는 것을 잘 요약 정리해주는 결론이므로 중요하다. 이에 대해서는 바빙크의 『기독교 세계관』(Christelijke wereldbeschouwing) 서론을 살펴보라.

22 편집자 주: 이는 마태복음 12장 26절 말씀("만일 사탄이 사탄을 쫓아내면 스스로 분쟁하는 것이니 그리하고야 이떻게 그의 나라가 서겠느냐")을 상기시킨다.

23 E. L. Fischer, Die Grundfragen der Erkenntnisstheorie (Mainz: Kirchheim, 1887), 424.

24 Paulsen, in C. Willems, Die Erkenntnislehre des mod. Ideal, 103.

25 편집자 주: 바빙크의 말을 좀 더 정확히 표현하자면 다음과 같다. "생각하는 것[cogitare]으로부터 아닌, 나는 생각한다[cogito]로부터." 바빙크는 여기에서 생각하는 행위가 내포되어있는 단어인 코기타레(cogitare)와 구별시키는 맥락 속에서 "나" 혹은 코기토(cogito) 안에 내포되어 있는 1인칭 주체를 강조한다.

우리의 자아는 항상 우리에게 그 인식을 알려주는 존재이다. 즉 어떤 경우가 되었든지 이 과정 속에서는 생각 과정이나 추론 과정이 개입되어 있지 않다고 볼 수 있다. 외적인 인식 그 자체가 인지된 대상의 실재를 즉각적으로 확신하는 것과 같이, 의식 현상 속에서의 자아 인식은 자연적이고도 즉각적인 형태로 우리 자신의 존재를 우리에게 확신시킨다.[26] 물론 과학자에 의해 행해지는 의식 현상에 대한 심리학적 조사들을 통해 그것들을 자의식으로부터 추상화시키는 것과 과학자들도 포함된 대부분의 사람들의 일상 속에서 경험하는 자의식 상태 사이는 반드시 구별되어야 한다.[27] 하지만 일반 사람들의 자의식 상태에서의 자아는 항상 그리고 즉각적으로 자의식 안에 주어진다. 만약 그렇지 않을 경우, 우리는 비록 역설적이긴 하지만 관념론에 의해 옹호되었던 전제 앞에서 반드시 입을 다물어야만 한다. 막스 페르보른은 이를 다음과 같이 표현했다. "영혼이 인간 몸에 **깃들어 있는 것**과 같은 것은 없다. 인간이 감각들의 **좌소**도 아니다. 오히려 인간은 감각들의 복잡함 그 자체이며, 인간은 다른 사람에게 뿐만 아니라 자기 자신에게도 감각들로 **구성된** 존재이다."[28] 이런 생각이 얼마나 역설적인 생각인지에 대해서는 심지어 존 스튜어트 밀(John Stuart Mill)조차도 인식한 바였다. 왜냐하면 밀은 현실주의적 관점을 가졌음에도 불구하고 우리 앞에 딜레마가

---

26 편집자 주: 좀 더 문자적으로 번역하면 다음과 같다. "자아에 대한 인식은 … 우리의 의식(*bewust*)의 존재를 … 우리에게 확신시킨다."

27 편집자 주: 바빙크는 이 문장에서 자의식(self-consciousness)이라는 표현을 두 개로 구별해서 사용했다. 하나는 젤프베뷔스체인(*zelfbewustzijn*)이고, 또 다른 하나는 젤프베뷔스트헤이트(*zelfbewustheid*)이다.

28 Verworn, *Naturwissenschaft und Weltanschauung*, 43. Cf. Bernhard Hell, *Ernst Machs Philosophie: Eine erkenntniskritische Studie über Wirklichkeit und Wert* (Fromann, 1907), 23. Gerard Heijmans, "Het Ik en het psychisch Monisme," *Tijdschr. voor Wijsbegeerte* I, 3. 편집자 주: 페르보른의 독일어 원문은 다음과 같다. "Nicht eine Seele wohn! im menschlichen Korper, nicht ein Mensch ist Sitz von Empfindungen, sondern ein Mensch is! ein Komplex von Empfindungen, für andere sowohl wie für sich selbst, er *besteht* aus Empfindungen."

존재한다고 선포했던 인물이었기 때문이다. 밀은 자아와 자아가 속해 있는 의식 현상이 서로 구별된다는 사실에 대해 반드시 믿든지, 아니면 일련의 감각들이 일련의 의식 그 자체가 될 수 있디는 역설을 받아들여야 한다는 사실에 대해 반드시 믿든지 둘 중에 하나는 해야 한다고 생각했다.[29] 이렇게 살펴볼 때 사실 외부적 인지의 경우만큼이나 일원론만으로도 충분하다고 볼 수 있다. 하지만 표상과 그 표상이 표현하는 사물 사이에는 절대 제거될 수 없는 구별이 있으며, 의식 현상과 의식 현상 안에서 발현되는 주체 사이에도 지워지지 않는 날카로운 구별이 존재한다.[30] 정신생활이 통합과 연속이 어떻게 가능할 수 있었을까? 어떻게 기억과 상상, 생각과 판단, 비교와 추론이 가능했을까? 자아는 부분들의 총합이 아닐 뿐 이니라, 하나의 이름을 가진 한 사람에 의해 무리 지어진 의식 현상의 덩어리 역시 아니다. 오히려 자아는 통합이다. 각 사람들은 모든 과학적 반영과 모든 것들을 포함하는 유기적인 전체에 앞선다. 자아는 "복잡"(complex)하다. 하지만 "합성"(compound)은 아니다.[31]

그러므로 우리는 자의식 속에서 단순히 현상체(phenomenon)만을 다루는 것이 아니라, 모든 사고와 추론에 선행하여 즉각적으로 우리에게 주어진 실재와 더불어 예지체(noumenon)도 함께 다뤄야만 한다. 자의식은 현실적 존재와 이상적 존재의 통일 그 자체이다. **자아**는 과학적 지식이 아니라 의식이며, 실재로서의 경험, 확신, 자기의식이다. 자의식 속에서 우리 고유의 존

29 J. Stuart Mill, in C. Willems, *Die Erkenntnislehre des mod. Ideal*, 79.
30 편집자 주: 바빙크는 사물과 생각 사이의 관계에 대한 자신의 관점을 지나칠 정도로 순수한 관점인 토마스 리드(Thomas Reid)식의 실재론과 날카롭게 구별하며 논의를 진행한다.
31 J. M. E. McTaggart, *Some Dogmas of Religion* (London: Edward Arnold, 1906), 108. 삼손 란트만(Samson Landmann)은 관념론에 대항하면서 자아의 통일성과 독립성을 주장했다. Samson Landmann, *Die Mehrheit geistiger Persönlichkeiten in einem Individuum* (Stuttgart: F. Enke, 1894); Constantin Gutberlet, *Der Kampf um die Seele* (Mainz: Kirchheim, 1903), 121ff.; Rudolf Otto, *Naturalistiche und religiöse Weltansicht* (Tübingen: J. C. B. Mohr, 1904), 244ff. 편집자 주: 바빙크는 여기에서 루돌프 오토(Rudolf Otto)를 영어로 인용했다.

재가 식접적으로, 즉각적으로, 모든 생각 전에, 그리고 모든 의지와 독립된 상태로 우리에게 **계시** 된다. 우리는 사고를 통해서 혹은 우리 스스로의 노력에 의해서 자의식에 접근하지 않는다. 우리는 자의식의 존재를 입증하지 않는다. 우리는 자의식의 본질을 이해하지 않는다. 그럼에도 불구하고 자의식은 자의식 안에서 우리에게 아무것도 바라지 않은 채 주어져있다(given for nothing).³² 또한 자의식은 우리 측면에서 볼 때 흔들리지 않는 신뢰와 즉각적 확신 가운데서 자발적으로 수납되어 있는 존재이다.³³ 우리의 고유한 존재의 측면에서 살펴볼 때, 빛은 자의식 속에서 우리에게 드리워진다. 이는 마치 자연은 어두움으로부터 모습을 드러내며, 태양빛 안에서 드러난 채로 서 있는 것과 같다. 자의식이라는 사실, 즉 모든 지식과 행위의 근본이 되는 이 핵심적 사실을 무시하거나 약화시킨다는 것은 자의식을 우리 고유의 확신에 의존시키는 것과 같은 것일 뿐만 아니라, 우리 스스로나 다른 이들에게 논리적 죄를 짓는 것이 아니라 윤리적 죄를 짓는 것과도 같은 것이다. 또한 자의식을 무시한다는 것은 학문의 토대와 인간들의 모든 행위의 필수적인 기초들을 흔들리게 만드는 것일 뿐 아니라, 모든 확신, 자발성, 의지적 에너지, 용기 등을 약하게 만드는 것이기도 하다. 사색에 의한 상처는 의지의 노력으로 치유 될 수 없다. 그 이유는 우리의 의지는 믿음, 지식, 종교, 도덕의 근거로서의 역할을 할 수 있을 정도의 권위와 능력이 없기 때문이다. 이론 이성조차도 벗어 던져 버렸던 무게를 실천 이성이라고 감당할 수 있는

---

32 편집자 주: 보스와 그의 동료들의 영어 번역본은 이 표현을 "given gratis"라고 번역했지만, 이는 네덜란드어 원문 *geschonken om niet* 즉 "아무것도 바라지 않은 채 증여 된"이라는 의미를 다소 놓치는 번역이므로 여기에서는 "given for nothing"으로 번역했다.

33 편집자 주: "확신"이나 "장담"으로 번역할 수 있는 네덜란드어 제케르헤이트(*zekerheid*)는 바빙크에게 믿음과 관련된 단어였다. 이는 바빙크의 『믿음의 확신』(*zekerheid des geloofs*)이라는 책 제목에서도 잘 드러나는 바이다. 바빙크는 어떤 증거나 보이는 것이 없어도 종교적 소망을 가진 채 주어진 "것"에 대해 즉각적으로 확신하고 신뢰하는 것을 믿음으로 이해했다(역자 주: 바빙크의 『믿음의 확신』(*zekerheid des geloofs*)은 『믿음의 확실성』, 허동원 역 (고양: 우리시대, 2019)으로 한역 되었다).

것은 아니다. 이론 이성이 모든 논증의 전제들을 입증할 수 있는 자리에 서 있는 것 또한 아니다. "믿고자 하는 의지"(will to believe)[34]는 아마도 믿음의 필수 요소일 것이다. 그럼에도 불구하고 믿고자 하는 의지 그 자체가 절대로 믿음의 근거가 될 수는 없다. 지성에 의한 모든 논증들은 자의식의 직관적 확신 위에 반드시 서 있어야만 한다.

하지만 자의식 속에는 우리 자신 이상의 다른 무엇인가가 드러나 있다. 자의식 안에서 우리에게 드러난 자아는 냉랭하고 민숭민숭한 통일성을 갖지 않으며, 죽은 것 같이 보이는 수학적 지점도 아닐 뿐 아니라, 전혀 변하지 않고 잠잠하기만 한 본질 역시 아니다. 오히려 우리의 자아는 풍성하며 생명과 능력과 행위가 충만한 존재이다. 우리 자아는 청문 없이 존재하는 단자가 아니며, 정신 현상들 아래 존재해 마치 무대가 연기자들을 품는 것처럼 그것들을 단순하게 품는 무감각적 "실재"(Reale) 역시 아니다. 오히려 자아 자체는 정신적 현상 안에 내재해 그 현상 안에서 혹은 그 현상을 통해서 자기 스스로를 발전시켜 나가는 존재이다. 자아는 자신의 구원을 두렵고 떨림으로 이룰 수 있는 존재일 뿐 아니라, 스스로를 파괴시키고 황폐화시킬 수 있는 존재이기도 하다. 자아는 **현재 그 존재 자체인** 동시에 **되어가고 자라나는** 존재이기도 하다. 자아야말로 생명의 완전성이며 모든 은사와 능력들의 총합이다. 자아는 연극 무대의 닫힌 막 뒤에서는 연극을 하지 않지만, 모든 사람들의 정신적 삶의 다양한 행위들 속에서는 스스로를 드러낼 뿐만 아니라 발전을 발견하는 존재이기도 하다.

아우구스티누스는 자의식에 대해 잘 이해했던 최초의 인물이었다. 반면 소크라테스는 자의식에 대해 잘 이해하지 못했던 인물이었다. 왜냐하면 비록 소크라테스는 철학의 방향성을 자연으로부터 인간으로 돌렸던 인물이었지만, 결국 그가 한 것은 지식과 행위(weten en handelen)에 관한 참된 개념

---

34 편집자 주: 바빙크는 이 표현을 영어 그대로 사용했다.

을 얻는 것에 지나치게 몰두했던 것이었기 때문이다. 물론 소크라테스는 지식과 행위에 대한 참된 개념을 취하긴 했다. 소크라테스의 시작점은 확실히 생각하는 것(denken)이었지만, 그에게 생각이라는 것은 영혼의 본질을 의미했다. 아우구스티누스는 더 깊이 사고했고 그 결과 더 많은 것을 찾아내었다. 아우구스티누스는 실재를 자기 안에서 발견했다.[35] 헬라 철학이 제기했던 문제들에 대한 회의주의는 하나님과 세계의 사이의 연합과 인간성의 자기 확실성 안에서 자취를 감추어 버렸다. 하지만 기독교가 하나님의 마음의 위대성을 우리에게 드러냈을 때, 또한 높은 곳에서부터 봄이 되어 따뜻한 자비로 우리에게 다가왔을 때, 기독교는 인간과 인간 영혼의 풍성한 가치에 빛을 비추어주었다. 기독교는 인간에게 새로운 확실성 즉 믿음의 확신(de verzekerheid des geloof)을 나눠주었다. 이를 통해 기독교는 하나님 안에서 인간들의 확신을 회복시켰고, 인간들은 이 회복 안에서 자기 안에서의 확신까지도 회복되게 되었다. 이런 계시의 빛 아래서 아우구스티누스는 자신의 내적인 삶 속 깊숙한 곳까지 내려갔다. 아우구스티누스는 본성을 까먹은 채로 하나님과 자기 자신 외에는 도무지 아무것도 알려 들지 않았다.[36] 그는 자신의 내적인 삶 속 깊숙한 바로 그 곳에서 확신에 찬 생각을 발견했다. 하지만 그는 단순히 생각만을 발견한 인물은 아니었다. 오히려 아우구스티누스는 생각의 근저에서 영혼의 본질 속으로 침투해 들어갔던 인물이었다. 왜냐하면 그는 언제나 자기 자신 안에서 생명이 생각을 앞섰고, 믿음이 지식을, 자의식(zelfbesef)이 반영을, 경험이 학문(het kennen de ervaring)을 앞서 있었기 때문이다. 아우구스티누스는 자신이 이후에 생각해 기록했었던 것들을 통해 살았던 인물이었다. 그러므로 그는 생각의 뒤 언저리에서 영혼의 본질로

---

35 편집자 주: 아우구스티누스는 실재를 자신의 에이헌 비넨스터(eigen binnenste) 즉 내적인 자아 개념 안에서 발견했다.

36 편집자 주: 이런 표현은 아우구스티누스가 자신의 『독백』(Soliloquies)에서 했던 다음과 같은 유명한 말을 상기시키는 표현이다. "나는 하나님과 영혼을 알길 갈망합니다."

다시 되돌아갔고, 단순한 통일성 가운데 영혼의 본질을 발견한 것이 아니라 신비할 정도로 풍성한 총체성 가운데서 영혼의 본질을 발견했다. 아우구스티누스는 영혼의 본질 속에서 개념, 규범, 참되고 선한 법, 지식의 확실성 문제에 대한 해결책, 모든 것들의 원인에 대한 문제의 해결책, 궁극적인 선과 관련된 문제의 해결책 등을 찾았다. 뿐만 아니라 아우구스티누스는 영혼의 본질 속에서 모든 지식, 과학, 예술의 씨앗과 싹을 찾았으며, 심지어 기억(*memoria*)과 지성(*intellectus*), 의지(*voluntas*)의 삼중화음 가운데서 삼위일체 하나님의 존재의 묘사(*afdruk*)까지도 발견했다. 이처럼 아우구스티누스는 자기 성찰의 철학자였다. 그는 자의식 안에서 신(新) 형이상학의 시작점을 발견한 인물이었다.[37]

인간의 정신은 백지(白紙, *tabula rasa*) 상태 즉 비어 있는 상태가 아니다. 오히려 인간의 정신은 존재의 가장 처음 시작점일 때부터 생명의 총체적 상태이다. 인간의 정신이 의식이 될 때, 이 자의식은 단순히 존재의 형식적 이해 정도로 남아 있는 것이 아니다. 오히려 이 자의식은 특정한 본성에 대한 이해와 정신의 특별한 성질을 포함한다. 자의식은 다른 것이 전혀 섞여 있지 않는 순수한 존재 의식 정도가 아니다. 오히려 자의식은 구체적인 존재의 의식이며 어떤 확연한 존재가 갖는 의식이다. 이런 생각은 심지어 이성적이고 도덕적인 인간의 정신은 동물의 상태로부터 점점 진화되어왔고, 생존 경쟁 안에서 일반적인 개념들 즉 위대한 실천적 가치가 포함되어 있을 뿐 아니라, 부모로부터 아이들에게 전해지는 태도나 습성(*habitus*)으로 이해될 수 있는 "상식"으로 획득되어진다고 생각했던 허버트 스펜서(Herbert Spencer)를 따르는 사람들조차도 인정했던 바이다.[38]

---

37 Cf. Dilthey, *Einleitung in die Geisteswissenschaften* (Leipzig: Duncker and Humblot, 1883), 322ff. B. B. Warfield, "Augustine's Doctrine of Knowledge and Authority," *Princeton Theological Review* 4 (1907): 529-78.

38 William James, *Pragmatism*, 165ff.

어떤 사람들은 이런 진화적 설명을 통해서 각종 어려움들을 단순히 과거 선조들의 삶의 문제 정도로 미뤄놓아 버린다. 하지만 실재[39] 안에서 단순한 감각들이 생각으로 발전되는 경우는 절대 없다. 단순 감각이 생각으로 발전되는 것은 유인원들 속에서도 거의 찾아볼 수 없는 경우이다. 물론 이런 진화가 현재보다 과거 속에서 보다 더 쉽게 이해되는 것은 아니다. 인식과 지성, 표상과 개념, 표상의 연상과 개념적 사고 사이에는 근본적인 차이점이 존재한다. 연상은 우연적이고 외부적인 유사성에 따라 표상들을 조합함으로 이루어진다. 생각은 동일률(同一律, the laws of identity)이나 모순율(矛盾律, the laws of contradiction), 원인과 결과, 수단과 목적을 따라 개념들을 조합한다. 예를 들면 인과관계는 습관적인 연상과는 완전히 다른 것이다. 그 이유는 인과관계는 현상에 대한 내부적이고 필연적인 관계 속에서 그것 자체의 본성을 갖기 때문이다. 설명 과정 속에 생각과 정신이 처음부터 도입되지 않는 이상, 진화의 방식으로 인식의 기능을 통해 인과관계를 설명하려는 모든 시도들은 반드시 헛된 시도가 될 수밖에 없다. 제임스를 비판했던 조셉 (R. W. B. Joseph)은 "상식"을 획득하기 위해 인간은 반드시 정신을 선행적으로 소유해야만 한다는 매우 옳은 생각을 품으며 다음과 같은 말을 남겼다. "근본적인 범주를 갖지 않고 완전하게 혼돈스러운 경험과 관계된 정신은 아마도 절대 정신이라고 부를 수 없을 것이다."[40] 하지만 만약 그렇다 하더라도 진화론자들은 현재 구성된 인간 정신의 "상식"이 처음부터 정신에 속하는 필수적 소유물이라는 것을 반드시 인정해야만 할 것이다.

이런 정신의 본질을 좀 더 세밀하게 결정하려는 노력의 일환으로 자의식의 깊은 곳까지 더 깊이 내려갈 때야 비로소 우리는 가장 깊은 곳에서부터 의존 의식을 발견 할 수 있게 된다.[41] 우리는 자의식 속에서 의식적 존재이

---

39 편집자 주: 1909년 영어 번역본에서는 네덜란드어 베르켈레이크헤이트(werkelijkheid)를 "현실 생활"(actual life)로 번역했다.
40 H. W. B. Joseph, "Professor James on Humanism and Truth," Mind XIV.1 (1905), 33.

며, 자의식 속에서 결정적이고도 본질적인 의식적 존재이다. 이런 결정적 상태의 존재는 일반적으로 묘사되듯이 의존적이고, 제한적이며, 유한하고도, 피조 된 존재이다. 모든 사고와 의지 전에도, 모든 생각과 행위 전에도, 우리는 우리였으며, 우리는 확실한 방식 즉 우리 존재의 의식과 그 의식의 구체적 형식이 존재한다는 사실과 분리될 수 없는 확실한 방식 속에서 존재했다. 칸트보다는 슐라이어마허에 의해 훨씬 더 선명하게 인식된 것처럼 우리 자의식의 핵심은 자율적이지 않고 오히려 의존 감정적이다.[42] 의식이 우리의 것이 되는 행위 가운데서 우리는 피조물로서 우리 자신들의 의식이 된다. 이런 의존은 이중적인 방식 속에서 우리의 정신(bewustzijn)[43]이 된다.

우리는 우리 주변의 모든 깃들에 의존한 상태로 우리 자신을 느낀다. 그러므로 우리는 홀로 존재하지 않는다. 관념론의 불가피한 결과인 유아론(唯我論, Solipsism)도 그 자신 안에서는 불가능한 이론이다. 철학자 볼프(Wolf)에 따르면, 유아론을 옹호하고 대단한 뭔가가 보여질 수 있는(quod mirum videri

---

41 편집자 주: "정신"(mind)으로 번역한 네덜란드어 헤이스트(geest)는 단순한 지성 정도를 뜻하는 단어가 아니라, 의식의 삼분 개념 즉 느끼는 것, 아는 것, 행동하는 것에서 말하는 전인 개념의 인격을 뜻한다. "의존 의식"(consciousness of dependence)으로 번역한 네덜란드어 헷 베세프 데어 아프항꺼러끄헤이트(het besef der afhankelijkheid)은 슐라이어마허와 자의식과 의존 사이를 연결시켰던 중재 신학적 전통 둘 다에 그 계통적 기원을 둔 표현이다.

42 편집자 주: 이런 바빙크의 주장은 아마도 인간 자의식의 핵심(kern)에 대한 정의를 내리려는 데 목적을 둔 본 장의 절정이라고 볼 수 있다. 슐라이어마허의 개념에 대한 전용을 감춘 것 같은 번역 상의 미묘한 느낌도 존재한다. 무엇보다 초기 번역자들은 네덜란드어 베세프(besef)를 "감각"(sense)으로 번역했고 그 결과 1909년의 "의존 감각"(sense of dependence)이란 표현은 다른 개념을 내포할 수 있는 표현이었다. 하지만 바빙크는 일반적으로 "의존 감정"(feeling of dependence)으로 번역할 수 있는 아프항꺼러끄헤아츠허풀(afhankelijkheidsgevoel)이라는 네덜란드 합성어를 사용했다. 이 전문용어는 슐라이어마허가 사용했던 독일어 단어인 의존 감정(Abhängigkeitsgefühl)으로부터 유래한 단어이다. 바빙크는 이 단어가 함의한 특별한 내용과 더불어 이 단어가 가진 독일 신학과 철학 맥락 속에서의 참신함에 대해 잘 알았다.

43 편집자 주: 초기 번역자들은 이를 "지식"(knowledge)으로 번역했다. 하지만 이런 번역은 바빙크의 주장을 수정시킬 수 있는 번역이다. 왜냐하면 "감정"(feeling)은 이성과는 구별되는 지식의 형식으로 바빙크는 지식보다는 베뷔스체인(bewustzijn) 즉 "의식"을 염두 한 채 논의를 진전시키기 때문이다.

poterat)**44** 지지자들을 여전히 찾았던 밀브링슈의 문하생이 파리 지역에 살았다고 한다. 심지어 피히테조차도 도덕적 고려에 의해서 스스로를 유일하게 실재하는 존재로 여기기 말아야겠다는 생각을 강제적으로나마 느껴야만 했다.**45** 모든 사람들은 자신이 홀로 존재하지 않는다는 사실, 좋아하는 일만 할 수 없다는 사실, 그리고 모든 영역들 속에서 왜곡되어 있고 제약을 받아 저항에 직면할 수밖에 없다는 사실에 대해 안다. 하지만 우리는 유일하게 무한한 존재의 완전한 능력에 의존한 상태로 모든 피조물들과 함께 우리 자신을 느낀다. 이 완전한 능력을 어떻게 정의 내려야 하는지는 현재로서 중요하지 않다. 가장 중요한 사실은 모든 사람들은 모든 존재의 원인과 근본이 되는 존재에 의존한 상태로 스스로를 느낀다는 것이다. 이런 의존 감정은 그 자체가 갖는 이중적인 의미와 더불어 생각할 때 철학적 개념도 아니요 그렇다고 해서 추상적인 범주 혹은 "언어적 해결책"(a verbal solution)**46**도 아니다. 오히려 확실한 사실은 의존 감정은 자연과학의 잘 짜인 사실과 동등하다는 것이다. 즉 의존 감정은 참으로 경험론적이며, 보편적으로 인간적일 뿐만 아니라, 즉각적 자의식의 핵심 중심부이기도 하다.**47** 그러므로 의존 감정은 세계와 하나님이라는 두 존재 모두를 수반한다.

관념론적 시각에서는 이런 결론이 분명 거부될 것이다. 이와 관련해서 반드시 날카롭게 구별되어야 하는 지점이 있다. 그것은 객관적 세계의(그리고 하나님의) 존재에 대한 **믿음**은 사실 그 누구에 의해서도 거부될 수 없다는 점이다. 가장 철저한 관념론자라고 할지라도 모든 사람들이 모든 생

---

44 편집자 주: "one wonders that he was able" 정도로 영어 번역 가능하다. (역자 주: 라틴어 *quod mirum videri poterat*의 의미가 편집자 주의 영어 번역에서는 잘 드러나지 않으므로 "대단한 뭔가가 보여질 수 있는"이라는 표현으로 한역했다).

45 Otto Flügel, *Die Probleme der Philosophie* (Cöthen: O. Schulze, 1906), 114-15.

46 편집자 주: 바빙크는 이 표현을 영어로 표기했다.

47 편집자 주: 의존 감정의 이중적 의미 즉 절대적 본성 위에서의 유한의 통일성, 상호의존성, 유한의 절대 의존성이 곧 자의식의 핵심이다. 슐라이어마허의 *Christian Faith* §3-5에 등장하는 유비적 논증을 살펴보라.

각 전에 존재하는 구별 없이 세계의 실제성에 대해 확신한다는 사실과 이런 확신을 일상의 삶 속에서 공유한다는 사실, 또한 그런 사실들이 지식과 행위에 필수적인 것이라는 사실에 대해 무시할 수 없다. 칸트도 이 사실에 대해 거부하지 않았다. 칸트 자신도 풀길 원했던 문제는 어떻게 현실 인지(*Wahrnehmungswirklichkeit*)를 만들어낼 것인가가 아니었다. 왜냐하면 우리 인간은 자명하게도 인식을 통해 현실을 인지하기 때문이며, 시공간의 존재로 인해 처음부터 현실을 인지하기 때문이다. 하지만 칸트는 이런 인지적 전제로부터 시작해 다른 질문에 대한 답을 찾길 원했다. 그 질문은 바로 우리가 어떻게 이 경험적 세계에 관한 과학적 지식을 얻을 수 있는가와 관련된 질문이었다. 칸트는 이 문제를 풀기 위한 해결책을 하나 내놓았는데 그것은 바로 감각적 인식을 통해서는 이런 과학적 지식을 얻을 수 없다는 것이었다. 왜냐하면 칸트는 감각적 인식은 단지 현상계의 질서 없는 덩어리 정도만 발견 가능하다고 생각했기 때문이다. 반면 칸트는 인간의 정신이 현상계의 혼돈스러움에 질서를 부여하고 질서가 가진 법칙 그 자체 아래에 정신을 위치시킬 때에야 비로소 과학적 지식이 가능하게 되며 획득될 수도 있다고 보았다. 칸트에 의하면, 정신은 자체적인 법을 지녔다. 정신은 그 자체로 모든 종류의 선험적 형상들을 가졌다. 하지만 이런 선험적 형상들이 시간 속에서 자각에 앞서기 때문에, 혹은 이런 선험적 형상들이 우리 정신 속에 놓일 준비가 되어 있기 때문에 선험적이라고 부르는 것이 아니라, 오히려 이런 선험적 형상들이 자각과 독립된 채로 존재하기 때문에 혹은 선험적 형상들이 표상들의 핵심적인 작동 행위 가운데서 정신에 의해서 만들어지고 적용되기 때문에 선험적이라고 부르는 것이다.[48]

관념론은 과학적 지식을 획득하기 위한 이런 정신의 작용으로부터 인식 세계는 인식하는 주체의 산물의 일부분이거나 아니면 인식하는 주체의 산

48　Paul Kalweit, "Das religiöse Apriori," *Theologishe Studien und Kritiken* I (1908): 139-56.

물의 전부라는 결론에 이르게 되었다(이 논의를 위해 칸트에게 호소하는 것이 옳은 것인지 그른 것인지에 대해서는 여기에서 다룰 수도 없고 다룰 필요도 없다). 하지만 이런 결론에 이르기 위해 정작 칸트 자신도 구별했던 질문들이 서로 혼동되고 말았다. 인식 세계는 보편적인 신념에 따라 꿈이나 환영이 아닌 객관적 세계의 존재와 관련을 맺은 현상이나 표상의 형태로 우리의 의식 안에 주어져있다. 이런 경험적이고도 부정할 수 없는 사실은 이미 인식 가능한 사실임과 동시에 어느 정도까지는 설명 가능한 사실이기도 하다. 하지만 이 사실이 인식 가능하고 설명 가능하기 위해서는 위에서 살펴본 대로 반드시 자의식이 현실적 존재와 이상적 존재의 통일성으로서 인식되어져야 한다. 동시에 자의식 안에서 존재와 자아의 구체적인 존재[49] 형식 둘 다가 자의식 안에서 드러난다는 직관적 확신이 인식되어질 때 가능하다. 그 이유는 이렇게 될 때야 비로소 실재와 표상 사이의, 존재와 생각 사이의 거대한 간격의 폭이 감경될 수 있기 때문이다. 우리가 우리의 고유한 자아의 존재를 가정하고 그 가정에 대해 확신 할 때 비로소 이 세계의 존재 역시 인지 될 수 있다. 왜냐하면 자의식과 자아가 서로 묶여 있는 내적인 관계에 의해 실재와 표상들은 서로 연결될 수 있기 때문이다. 이는 의존 감정에서도 마찬가지이다. 의존 감정은 정신 안에 총체적으로 내재되어 있고, 그 정신은 정신의 모든 표상들과 행동들 안에 내재되어 있다. 자아는 정지된 상태로 존재하지 않는다. 또한 물리적 현상계 밖에서 무감각한 상태로 존재하지도 않는다. 오히려 자아는 물리적 현상계 내에서 내재적으로 활동하며 물리적 현상계 안에서 자아의 드러남과 발전을 이뤄나간다. 자의식은 표상들과 분리된 채로 존재하지 않는다. 오히려 자의식은 표상들 속에서 삶을 영위하며 실현된다. 자의식은 자기 고유의 확신을 표상들에게 부여한다. 자의식은 표상들 안에

---

49 편집자 주: 바빙크는 이 문장에서 네덜란드어 헷 제인 엔 조-제인(*het zijn en zoo-zijn*)을 사용했는데 이는 "존재[being]와 그와 같은 존재[being-so]"로 문자적으로 번역할 수 있는 표현이다.

서 자기 자신에 대한 확신을 느낀다. 그러므로 외부적 세계 속에서 이런 신념을 약화시키는 것은 항상 자신감과 의지적 에너지, 정신이 자기 속에 지닌 믿음, 그리고 정신, 종교, 도덕이 자연보다 우월하다는 생각들을 약화시킬 수밖에 없다. 진화가 아니라 계시만이 마음이 가진 비밀이다.[50] 우리의 의지와 분리되고 우리의 협력과는 독립적인 자의식 안에서 자아와 이 세계의 실재가 우리에게 계시된 것이다. 이를 믿지 않는 자는 그 누가 되었든 토대를 닦을 수 없을 것이다.[51]

과학은 인식 세계에 대한 지식을 얻기 위해 이런 내적인 의식[52]의 사실로부터 출발해야 할 필요가 있었다. 과학은 이 사실을 알려고 노력할 수 있고 동시에 노력해야만 한다. 하지만 실제적 사실은 그것을 설명하는 우리의 능력에 의존되어서는 안 된다. 우리는 어떻게 이 세계가 존재하는지, 어떻게 이 세계 속에서 의식이 활동 가능한지에 대해 알지 못한다. 하지만 이 세계의 존재와 의식의 존재에 대해서는 그 누구도 의심을 품지 않는다. 논리적이든지 요리적이든 간에 과학은 영혼의 내적인 의식(zielsbesef)의 실재에 대해 존중하는 자세를 반드시 품어야 한다. 왜냐하면 만약 과학이 영혼의 내적인 의식의 실재를 거부한다면, 이는 과학이 자기 스스로의 토대를 무너뜨리는 것과 같기 때문이다. 인식론적 관념론(erkenntnistheoretische idealism)은 이에 대해 다음과 같은 가장 강제적인 논증을 제공한다. 인식론적 관념론은 실재 그 자체는 질료(ὕλη) 즉 혼돈이며, 인간 정신의 지식과 행위에 의

---

50 편집자 주: 바빙크가 "계시"(revelation)를 말할 때는 거의 대부분 네덜란드어 오펜바링(openbaring)을 사용했다. 하지만 이 문장에서는 오펜바링이 아니라 레벨라시(revelatie)라는 네덜란드어를 사용했다.

51 편집자 주: 이 문장은 요한복음 3장 18절(그를 믿는 자는 심판을 받지 아니하는 것이요 믿지 아니하는 자는 하나님의 독생자의 이름을 믿지 아니하므로 벌써 심판을 받은 것이니라)을 암시한다.

52 편집자 주: 영어로는 내적인 의식(inner consciousness)으로 번역했지만 바빙크가 사용한 네덜란드 단어는 질스베세프(zielsbesef)이므로 이 단어의 문자적 의미는 "영혼의 의식"에 더 가깝다.

해서 이런 혼돈에 질서가 처음으로 소개되었다고 보았다. 인식론적 관념론에 따르면 이 세계는 그 자신 안에서 참되지도 않고, 선하지도 않은 존재이다. 이 세계는 인간들에 의해서 서서히 참되고 선한 존재가 되는 존재이다. 물론 이런 전제 속에 포함된 역설적인 설명 안에서도 항상 진리는 포함되어 있다. 왜냐하면 인간과 분리된 채로 존재하는 세계는 불완전할 수밖에 없고 계속해서 미완성으로 남을 수밖에 없기 때문이다. 창세기의 창조 기사[53] 속에서도 이런 관점을 찾아 볼 수 있다. 이 세상은 자신의 머리와 주인을 인간들 속에서 찾을 수 있었다. 그러므로 인간은 이 세상과 관련된 사명을 받은 존재이다. 이 세계는 비록 선하게 창조되었지만 완전하게 "완성"된 것은 아니었다. 이 세계는 더 채워지기 위해 존재하고, 권위 아래 있기 위해 존재할 뿐 아니라, 지식의 대상을 만들어 내고, 인간들에 의해 지배를 받기 위해 존재한다. 이런 측면에서 볼 때 이 세계를 참되고 선하게 만드는 것이 인간의 사명이라는 것은 사실 크게 틀린 말은 아니다.

하지만 관념론적 철학은 이것을 꽤 다른 시각 하에서 이해했다. 관념론적 철학은 자신의 입장을 창세기 1장 2절 말씀 속에서 이해하면서 자신의 입장을 하나님의 전능한 손에 의한 이 땅의 준비 **이후**에 위치시키지 않고 오히려 이 땅의 준비 **이전**에 위치시켰다. 즉 인간과 분리 된 이 땅은 헛된 상태로 비어 있는 혼돈의 상태이며, 어떤 법령이나 법칙, 빛이나 색깔 그 어떤 것도 찾아 볼 수 없는 아무것도 형성되지 않은 상태로 이해한 것이다. 바로 여기서 관념론자들이 두 진영으로 나뉠 정도로 심각한 형태의 어려움이 대두된다. 즉 "온전한"(heelen) 관념론자와 "반쪽의"(halven) 관념론자로 나눌 수 있게 되는 것이다. 온전한 관념론자들은 질료도 없앴을 뿐만 아니라, 이 세상 전체를 가리켜 인간 정신의 산물로 여겼던 자들이었다. 동시에 그들은 인간은 단순히 질서를 부여하는 자가 아니라 이 세상의 창조자라는

---

53 편집자 주: 1909년 번역본에서는 "창세기의 창조 기사"라는 표현을 "모세오경"(Pentateuchal)의 기사로 번역했다.

사실을 주장했다. 이런 관점에서 피히테는 자아가 비(非)자아를 받아들인다는 사실에 대한 확신을 표했고, 현재 대두되는 많은 비슷한 정신들과 더불어 파울젠도 외부적 세계의 내상은 "주체의 창조"(Schöpfung des Subjektes)라고 선언했다.[54] 하지만 대부분의 관념론자들은 유아론의 논리 속으로 묶여버릴 수 있는 이런 현상론으로부터 자신의 발을 뺐다. 그 결과 대부분의 관념론자들은 로크와 더불어 사물들의 제1성질과 제2성질 사이를 구별했다. 이를 위해 그들은 제2성질의 기원을 순수하고도 주관적인 기원에 돌렸고, 제1성질의 객관적인 실제성을 인간들과는 독립된 상태로 존재하는 무엇인가로 돌렸다.

만약 제2성질의 기원이 순수하고도 주관적인 기원을 가졌다면, 또한 관통할 수 없는 성질, 연장(延長), 수, 운동과 같은 제1성질들이 독립적 존재로서의 권리를 주장한다면, 이 세계 그 자체가 기껏해야 혼돈 상태에 불과하다는 주장은 지나치게 과격한 주장으로 보일 수밖에 없다. 왜냐하면 이런 식으로 생각할 때 이 세계 안에는 본질, 인과관계, 법과 자치, 질서와 단위 등이 존재할 수밖에 없고, 인간은 이 세계의 창조자가 아니라 이 세계를 향한 단순한 명령자로 보일 수밖에 없기 때문이다. 인간이 이 세계를 향해 명령할 때 그는 제1성질들에 의존한 상태로 명령한다. 인간은 완전하게 자유로운 존재가 아니며, 완전한 자율성을 가진 채로 행동하는 존재 역시 아니다. 오히려 인간은 자신의 지식과 행동 안에서 객관적인 세계에 의해 결정된 상태로 존재한다. 하지만 이런 경우에도 인간의 행위는 심지어 제2성질과 관계된 상태 속에서도 자율적이거나 창조적이지 않다. 정말로 그렇다. 관념론은 이런 제2성질들의 주관적 본성을 스스로를 위한 난공불락의 요새로 여기며, 이런 관점의 인식론적인 올바름과 생리학적인 올바름이 반박의 여지없이 논증되었다고 믿는다.

---

54 Friedrich Paulsen, *Einleitung in die Philosophie*, 425.

III. (2장과 이어지는) 계시와 철학 169

하지만 인식론은 관념론이 주장하는 것과는 정반대의 것을 가르친다.[55] 인간의 인지적이고도 인식적인 행위는 오직 심리적 의미로서의 정신의 순수한 내재적 행위이지 논리적 의미로서의 행위가 아니다. 만약 지각되고 표상되는 것이 아예 없다면, 지각과 표상 둘 다 자신의 존재를 멈춰야할 것이다. 논리적 초월성의 특징은 지각과 표상에서 영원토록 인상을 남긴다는 점이다. 지각과 표상은 자신의 본성에 따라 환영이나 환상으로부터 분리된 객관적 실재를 지향하며 가리킨다. 자의식이 의식의 내용 밖이 아닌 의식의 내용 안에 있는 자아를 전제하는 것처럼, 자의식 밖이 아니라 자의식의 내용과 산물 안에서 작동하는 표상도 이와 같은 법칙과 확신 가운데 대상을 가리킨다. 지각의 특징에 대한 이런 설명은 감각의 생리학에 의해서도 전혀 수정된 바가 없다. 생리학은 자각을 통한 수단과 그 수단에 의한 방식들 아래서 이런 상황들에 대한 우리의 통찰력을 선명하게 만들어주었지만, 자각 행위 그 자체는 그 전과 완전히 똑같은 상태로 유지되었다. 시각과 청각의 작동은 초당 수백만의 에테르 진동 상태 없이는 불가능하다는 사실을 우리는 안다. 또한 망막 안에서 형상이 거꾸로 맺히는 것을 통해서 무엇인가를 볼 수 있다는 사실과, 물질 구성 요소들의 화학적 용해에 의존해서 냄새를 맡고 맛을 느낄 수 있다는 사실도 안다. 뿐만 아니라 신경 자극들이 우리의 감각 기관들을 통해 뇌의 중추로 전해진다는 사실 역시 안다. 하지만 우리는 이런 모든 중간 과정들과 자각 자체 사이에 존재하는 결합에 대해서 완전하게 알 수 없다. 예를 들면 초당 4,370억의 진동과 관련된 색감은 무엇인가? 딱딱하다는 감각과 무르다는 감각은 신경 자극과 무슨 관계가 있는가? 원인과 조건 사이의 구별과 매개와 자각 대상 사이의 구별은 이 모든 것들을 위해 그것 자체의 완전한 타당성을 유지할 뿐이다.

---

55 편집자 주: 네덜란드어 원문은 "Maar de eerste leert juist het tegendeel van wat het idealism beweert"이다. 그러므로 "전자는 관념론이 가르치는 것과 정반대의 것을 가르친다"라고 번역 가능하다.

직접 쓰고 읽는 것처럼, 우리는 이제 손과 혀가 하는 모든 물리적 운동들 혹은 모든 종류의 가시적인 기호들과 가청적인 소리들을 전신과 전화를 통해 누릴 수 있게 되었다(그럼에도 불구하고 이 모든 과정들의 최종점에는 신호들을 통해 전해지는 생각을 이해할 수 있는 생각하는 주체가 전제 되어있을 수밖에 없다). 그러므로 모든 매개체들과 함께 작동하는 감각 기관들은 주체가 보고, 듣고, 맛보고, 냄새 맡는 방식들 아래서 유일한 조건이 된다. 즉 감각 기관들은 절대 원인이 될 수 없고 자각에 대한 설명 또한 될 수 없다. 모든 생리학적 탐구 후에도 자각의 정신적 행위는 탐구 전과 같이 신비한 그 자체로 남아있을 수밖에 없다. 생리학적 탐구 전후에도 주체와 객체 사이의 구별, 자각 행위와 자각 대상 사이의 구별, 보는 것, 듣는 것, 냄새 맡는 것, 맛보는 것, 만지는 것과 시각의 대상, 청각의 대상, 후각의 대상, 미각의 대상, 촉각의 대상 사이의 구별은 흔들리지도 않고 환원되지도 않은 채 유지된다. 문법 속에서나 논리 속에서나 능동태와 수동태 사이의 구별은 여전히 많은 부분 안에 남아 있다.

하지만 온건한 관념론자들은 제2성질들의 주관성을 인정하는 잘못을 저질렀다. 물론 계속되는 관찰과 심사숙고는 우리의 시각, 청각, 후각, 미각, 공간 감각, 시간 감각, 규모 감각, 거리 감각 등을 더 정확하게 만드는 데 일조할 수 있다. 영혼과 육체 즉 정신적 기능들과 감각들은 배움과 훈련이 필요하다. 하지만 배움과 훈련이 필요하다는 사실이 제2성질의 인식 혹은 자각의 객관성 유지에 그 기원이 돌려져야만 하는 정신적 기능과 감각의 근본적인 특성을 바꿔버리는 것은 아니다. 버클리(Berkeley), 흄, 파울젠, 분트, 오이켄, 스텀프(Stumpf)와 같은 사상가들이 제1성질과 제2성질의 구별을 근거 없는 임의적 구별로 여겼다는 것은 주목할 만하다.[56] 시공간 관계 속에서의 오

---

56 C. Willems, *Die Erkenntnislehre des mod. Ideal*, 36-47. Cf. F. H. Bradley, *Appearance and Reality* (London: G. Allen, 1906), 11ff. 각주 15번에 인용된 Frischeisen-Köhler의 글도 살펴보라.

류도 빛깔과 소리에 대한 자각과 관련된 오류만큼이나 많다. 제2성질과 분리 된 공간, 연장(延長), 형(形)은 인식의 대상이 될 수 없다. 제2성질의 객관적 타당성은 그 어떤 점에서도 제1성질의 객관적 타당성보다는 뒤떨어진다. 만약 제1성질과 관련해서 객관적 타당성이 포기된다면, 제2성질과 더불어 객관적 타당성이 유지된다는 것은 거의 불가능에 가깝다. 이런 측면에서 반(半)관념론은 임의적으로 중간지점에서 멈출 수밖에 없다.

하지만 이와 상관없이 만약 제1성질과 제2성질 사이에 거대한 차이가 존재한다면, 배운 자나 배우지 않은 자나 자신들의 일상적인 관찰 속에서 이런 구별에 대한 완전한 인식이 가능해야 할 것이다. 하지만 실상은 그렇지 않다. 일상적인 관찰들 속에서 다양한 종류의 구별들이 인식됨에도 불구하고 실제로는 제1성질과 제2성질 사이의 뚜렷한 구별점을 완전히 인식하는 것은 참으로 어려운 일이다. 우리는 일상적인 관찰을 통해서도 환영과 표상이 서로 다르다는 사실을 잘 안다. 만약 어떤 한 사람이 돌에 자신의 발을 부딪쳤다면, 돌이 아니라 부딪힌 주체가 고통을 느낄 것이라는 것은 자명한 사실이다. 음식을 가리켜 건강하다고 말할 때 우리는 그것이 은유적 표현이라는 사실을 안다. 왜냐하면 음식은 인간의 건강을 증진시키는 역할을 하기 때문이다. 이런 측면에서 후각과 미각은 다른 그 무엇보다도 논쟁의 여지없이 훨씬 더 주관적이다. 그럼에도 불구하고 일상적인 관찰은 기껏해야 높고 낮고, 둥글고, 각 졌고, 가깝고, 멀고, 혹은 밝고, 어둡고, 녹색이고, 적색이고, 달고, 쓴 것을 표상으로 이해하는 확신에 근거할 뿐이다. 이 모든 성질들은 대상에 속해 있다. 주체는 이런 성질들을 생산하지 않으며, 오히려 주체는 이런 성질에 대한 지식을 인지하며 받아들인다.

그러므로 제1성질과 제2성질들을 대상으로부터 제거하거나 분리시키는 일은 불가능하다(제2성질은 제1성질보다 질적으로 열등하지 않다). 페르보른은 돌이 딱딱하고, 무겁고, 차갑고, 회색인 것을 감각으로 보지 않을 것이며, 돌이라고 부르는 것을 감각들의 구체적인 조합 정도로 결론짓지도 않을 것이다. 오히려 페르보른은 이런 식으로 말하는 것은 가능하지만 현실 생활 속에서는 실현되기 어렵다고 말할 것이다. 하지만 만약 우리가 이런 형식과 추상적인 사고를 따라 가다보면 객관적인 것은 아무것도 남아있지 않게 될 것이며, 이런 추상적인 절차는 우리가 현실 생활 속에서 행동할 수 있다는 것에 대한 그 어떤 증거도 남기지 않게 될 것이다. 중요한 지점 하나는 구체적인 조합, 혹은 성질들이 자의식 안에서 주관적으로 조합되는 것이 돌이 아니라, 오히려 사물 그 자체 안에서 객관적으로 서로 조합된 복잡한 존재가 바로 돌이라는 점이다.[57] 돌은 우리가 자각하는 모든 대상들과 함께 존재하며 우리 눈앞에 펼쳐져 있는 전 세계와 함께 존재한다. 이 세계는 단순히 경제적인 이유로 혹은 삶의 실천적 필요성 때문에 우리에 의해 형성된 자각들의 어떤 한 덩어리 정도가 아니다. 오히려 이 세계는 객관적으로 존재하는 성질들의 조합이며 우리의 표상들 중 어떤 한 표상으로만 축소될 수 없는 총체성 안에서 서로가 서로에게 묶여 있는 조합물이다. 주관적으로 자아 즉 인격이 일련의 감각으로 분해된다는 것을 인정하는 만큼, 우리의 외부적 인식 세계는 표상의 무리들로 축소될 수 있다. 이런 경우 우리는 하나의 사실에 직면하게 된다. 의식 속에서 우리의 존재와 이 세계의 존재는 우리의 생각이나 의지에 앞서 우리에게 드러나게 된다는 점이다. 즉 우리의 존재와 이 세계의 존재는 가장 엄밀한 의미에서 우리에게 **계시되는 것이다.**[58]

하지만 인간의 자의식 속에는 더 많은 것들이 내포되어 있다. 우리의 자의식에 많은 것들이 내포되어있지 않는 한, 우리는 자의식으로부터 획득한 결과들로부터 만족하지 못할 것이다. 그 이유는 만약 우리의 자의식에 많은

---

57 Verworn, in *Dennert, Die Weltanschauung des modernen Naturforschers*, 140.
58 Cf. G. E. Moore, "Refutation of Idealism," *Mind* 12 (1903): 433-53n48. 이에 대한 답변으로는 C. A. Strong, "Has Mr. Moore refuted Idealism?" *Mind* (1905), 178-89를 참고하라. Cf. J. S. Mackenzie, "The New Realism and the Old Idealism," *Mind* (1906), 308-28.

것들이 없다면, 우리는 계시에 대한 보증을 갖지 못하게 되고[59] 우리 자의식이 주는 증언들에 대한 확신을 더 이상 유지할 수 없을 것이기 때문이다. 결국 참된 통일성을 얻지 못하게 될 것이며, 자연주의와 인문주의, 유물론과 관념론, 일원론과 다원론은 계속해서 화해하지 못한 채 서로가 서로를 향한 끊임없는 대척점에 서 있게 될 것이다. 그렇게 될 경우 우리는 반드시 객관적 지식의 가능성까지도 의심해야만 하며, 우리가 가진 모든 지식들은 결국 망상 혹은 상상 정도에 불과하다는 주장에 대해 어떤 반론도 제기할 수 없게 된다. 관념론은 이런 생각이 가진 심각성을 절감했고, 그 결과 객관성의 근거와 지식의 실재성을 절대자(the Absolute)[60] 속에서 찾으려 시도했다. 절대자(dat Absolute)의 본질에 대한 관점은 실로 다양하다. 말브랑슈는 절대자를 인격적인 하나님으로 상정했는데 그 안에서 우리가 모든 것을 다 볼 수 있다고 생각했다. 그린(Green)은 절대자를 "영원 의식"(eternal consciousness)[61]으로 이해했다. 마르부르크 학파는 절대자를 자신 안에 선험적 형상들을 담지한 초월적 의식으로 이해했다. 리케르트는 절대자를 추상적이고도 비인격적인 의식 정도로 표현하면 충분하다고 생각했다. 파울젠과 폰 하르트만은 절대자를 유일하게 참된 존재인 완전한 본질로 이해했고 모든 실제적인 것들은 허울뿐인 우연들이라고 보았다.[62]

---

59 편집자 주: 자의식 속에 더 많은 것들이 내포되어 있다는 바빙크의 표현은 "계시" (openbaring)를 염두 한 채 사용하는 표현이다. 즉 이 표현은 하나님이 주체이며, 인간은 하나님의 자기 의사소통의 대상이라는 교의적 함축이 서려 있는 표현이다. 바빙크는 이후에 어떻게 이런 교의적 함축이 의존 개념을 통해 펼쳐지는지에 대해 다룬다.

60 편집자 주: 바빙크는 절대자(Absolute)를 영문과 더불어 대문자로 표현했지만, 보스와 초기 번역자들은 소문자로 표기했다(the absolute). 절대자에 대한 바빙크의 이런 영문 사용은 그가 영국 관념론을 염두한 것처럼 보이는 증거이다. 이는 아래에 등장하게 될 토마스 그린(Thomas Green, 1836-82)의 "영원 의식"(eternal consciousness)에 대한 바빙크의 언급 속에서도 드러난다.

61 편집자 주: 바빙크는 이를 영어로 표기했다.

62 편집자 주: 바빙크는 묶여 있지 않은 종잇장들에서 다양한 종류의 무의식(Het Onbewuste) 철학들의 분류표를 그려놓았다. 무의식의 부지불식의 형태와 신비적 형태를 묘사한 후에 바빙크는 폰 하르트만의 범주를 정확히 이해한 채 "형이상학적 무의식"(Het metaphysiche-

관념론이 절대자 안에서 이런 신념을 갖는 것은 가히 놀라운 일이 아니다. 왜냐하면 관념론은 생각하는 것과 존재하는 것(*denken en zijn*) 사이의 연결점을 무너뜨리는 것으로부터 시작하기 때문이며, 그 결과 이성의 그 어떤 생각으로도 채울 수 없고 의지의 그 어떤 행동으로도 뛰어 넘을 수 없는 아주 깊고 넓은 틈을 만들어냈기 때문이다. 생각이 존재를 붙잡는 것을 실패한 것이다. 그러므로 만약 관념론이 주관적인 꿈 안에서 자기 자신을 잃어버리지 않고 진리의 지식 안에서 자기 자신을 드러냈다면, 절대자 안에서 어떻게 하든지 상관없이 생각과 존재 사이와 주체와 객체 사이의 연결 지점이 다시 만들어질 수밖에 없었을 것이다. 만약 이렇게 되었다면 절대자는 인간 생각이 가진 진리를 보증하는 데 도움을 주있을 것이다. 어떤 사람들은 심지어 절대자가 객관적인 세계의 실재를 회복시켜야 한다거나 혹은 절대자는 진리에 따라 모든 것들을 알아야 한다는 것을 필수적인 것으로 이해한다. 만약 절대자가 생각에 대한 객관적인 규범 정도로 작용해준다면 혹은 무의시쩍 능력으로서 인간 안에 의식을 얻게끔 만 해준다면 그것으로 충분하다고 보는 것이다.

생각과 존재의 무너진 통일성을 회복하기 위한 시도들은 칭찬 받을 만하지만, 그럼에도 불구하고 이런 시도들을 가리켜 문제를 해결할 수 있는 참된 해결책이라고 부르기는 힘들다. 이 지점에서 또 다시 이의를 제기하는 자의식이 등장한다. 이미 앞에서도 살펴보았듯이 자의식의 본질에 대해서는 칸트보다는 슐라이어마허가 더 잘 이해했다. 왜냐하면 슐라이어마허는 자의식의 본질을 전적 의존 감정으로 정의 내렸기 때문이다.[63] 자의식은 이런 의존 감정 속에서 인간의 독립성과 자율성을 동시에 상정한다. 의존 감

onbewuste)의 범주를 다뤘다. 이 자료는 *Historisch Documentatiecentrum voor het Nederlands Protestantisme (1800-heden)*. H. Bavinck Archive, no. 413 (Amsterdam: Historische Documentatiecentrum)에서 찾아 볼 수 있다.

63 편집자 주: 바빙크는 전적 의존 감정을 압솔뤼트 아프항꺼러끄헤아츠허풀(*absoluut afhankelijkheidsgevoel*)라는 네덜란드어를 사용했다.

정과 독립적 자율성이 동시에 존재한다는 것은 명백히 이율배반인 것처럼 보인다. 하지만 자의식이 갖는 이 두 가지의 증거들은 상호 배타적이지 않고 오히려 상호 포괄적이라는 사실이 지금부터 드러나게 될 것이다. 심지어 슐라이어마허조차도 이 사실을 간과했다. 칸트 같은 경우에는 인간 지식과 인간 행위의 자율성에 대한 확신을 지나치게 정당화했던 인물이었다. 배운 자든 배우지 않은 자든지 상관없이 우리 모두는 우리 스스로 자각하고, 우리 스스로 생각하고, 우리 스스로 사고하고, 우리 스스로 결론에 이르고, 우리 스스로 숙고하고, 우리 스스로 의지를 품고, 우리 스스로 행동한다는 의식을 가졌다. 종교와 도덕, 책임감과 의무감, 학문과 예술, 노동과 문화 모두는 이런 기본적인 전제에 뿌리박고 서 있다. 그러므로 절대자를 무의식과 비자발적인 힘 정도로 상상할 수는 없다.[64] 분명한 사실은 하나님은 일부 "지식인들"에 의해서 늘 상상되어왔다는 점이다. 반면 어떤 사람들의 교리적 신념에도, 어떤 교회의 신앙고백에도 범신론은 포함되지 않았다. 세계의 통일성, 인류의 통일성, 하나님의 통일성 내에 위치한 인간들이 자주 나누어졌고 흩어졌다는 것은 분명 사실이다. 그럼에도 불구하고 하나님의 인격성은 언제 어디서나 모든 민족과 모든 종교들 안에 굳건히 뿌리박고 서 있다. 사람들이 자신의 자의식 속에서 자신의 존재와 이 세계의 실재에 대해 확신하는 것처럼, 사람들은 하나님의 실재와 하나님의 인격성에 대해 확신을 가지고 믿는 존재들이다.

이런 믿음은 자의식과 밀접한 관계를 맺은 채 존재한다. 좀 더 구체적으로 표현하자면 이런 믿음은 자의식이 지닌 의존과 자유라는 이중적인 증거와 함께 관계를 맺는다. 의존과 자유는 서로 적대적인 관계가 아니다. 오히려 이 둘은 서로가 서로를 상정하는 개념이다. 의존 감각은 자의식의 핵심

---

64 편집자 주: 바빙크가 여기서 펼치는 논리는 미묘하다. 여기서 바빙크가 궁극적으로 하고 싶은 말은 인간의 의식이 가진 인격성 때문에 인간들은 절대자의 인격성을 반드시 믿어야 한다는 것이다.

이며 종교의 본질이다. 하지만 이는 단순히 사실상의 의존, 즉 의식과 이성이 없는 피조물이 하나님께 의존하는 식의 의존 개념이 아니다. 인간 속의 의존 개념은 의존 **감정**이다.[65] 인간 안의 의존이 인지를 얻고 자의식의 증거를 얻는다. 그러므로 인간 안의 의존은 그 존재를 멈추지 않게 되고 결국 또 다른 형상을 가정하게 된다. 의존은 느낌이 되고, 의식과 자발적인 의존이 된다. 이성적이고 도덕적인 존재로서의 인간 의존이 되는 것이다. 이를 통해 의존은 절대적 감각이 되고 그것이 바로 절대(schlechthinnige) 의존이다.[66] 만약 의존 감각이 절대 의존 요소를 포함하지 않는다면, 또한 만약 의존 감각 스스로가 자기 자신을 의식적이고도 자발적인 의존으로 인지하지 못한다면, 그런 의존 감각은 더 이상 절대 의존 감각으로 존재할 수 없을 것이다. 왜냐하면 인간의 의식과 의지에서 가장 중요한 요소는 절대적이지 않다는 것이고 절대적인 것과는 반대의 입장에 서 있는 것이기 때문이다. 결과적으로 볼 때 사람이 자신이 가진 의존성을 부정하고, 그 의존성으로부터 뛰쳐나온다고 해서 그 사람이 독립적인 존재가 되는 것이 아니다. 오히려 사람의 의존성이 본질적으로 바뀌게 될 뿐이다. 즉 의존성으로부터 뛰쳐나온 인간은 자신의 이성적이고 도덕적인 특징을 잃게 될 것이며, 목적을 달성하기 위한 수단에 복종하는 존재 정도로 전락하게 될 것이다. 점점 더 죄인이 되어가는 인간은 점점 더 짐승으로 변해 갈 뿐 하나님과 같이 되지 못한다. 그러므로 감정, 의존 의식, 의식 있고 자발적인 의존은 인간의 자유를 포함한다. 하나님께 순종하는 것이 자유이며 이 자유는 진리로부터 나온다(Deo parere libertas; Libertas ex veritate).

의존과 자유가 하나로 연합되어 있는 자의식의 증거는 종교의 근간을 이

---

65 편집자 주: "감정"이라는 표현은 바빙크에게 중요하다. 따라서 바빙크는 이를 afhankelijkheids*gevoel*로 표기하며 감정을 뜻하는 헤불(*gevoel*)을 강조한다.

66 편집자 주: 절대적인(*schlechthinnige*)이란 독일어는 바빙크가 인용한 본문에 등장하는데 이는 슐라이어마허의 『신앙론』(*Christian Faith*), §4에서 슐라이어마허가 사용한 형용사("absolute")를 암시한다.

룰 뿐 아니라 도덕의 토대 역시 굳건히 이룬다. 자의식은 항상, 어디서나, 꽤 자유롭고, 자발적으로 인격적인 하나님을 섬기는 믿음으로 인간들을 이끈다. 종교의 보편성과 자발성의 관점에서 볼 때 많은 사람들은 하나님에 대한 본유 관념을 갖고 태어난다는 사실을 전제하며 살아간다. 하지만 이런 본유 관념은 제대로 된 표상을 갖지 못했으며, 이 표상에 붙이는 이름 또한 불행하게도 제대로 된 것이 없었다. 물론 엄밀한 의미에서 본유 관념이란 용어는 존재하지 않는다. 이 용어는 하나님께서 직접 만드신 피조 세계 속에 드러난 하나님의 영원한 능력과 그의 신성을 찾는 기독교적 유신론 보다는 사람을 이 세계로부터 분리시키려는 이성주의나 신비주의의 구미에 더 맞는 용어였다. 본유 관념은 인간의 정신으로서 그 정신이 갖는 특별한 본성, 의지, 뿌리 깊은 의존 의식과 자유 의식을 의미한다. 인간의 정신은 본유적인데 그 이유는 후천적으로 계통발생적 혹은 개체발생적으로 획득된 것이 아니라 태어날 때부터 이 세상 속의 원리 안에 주어진 것이기 때문이다. 그러므로 사람이 자신 안에 심겨진 본성에 따라 자라고 발전에 발전을 거듭할 때, 또한 이 세상과 사회적 기구들로부터 분리되지 않고 태어날 때부터 부여된 환경 속에서 자라갈 때 비로소 그 사람은 인격적인 하나님에 대한 지식과 그를 섬기는 마음을 불가피하고도 자유롭게 얻게 된다. 왜냐하면 그런 사람은 자신의 존재와 더불어 이 세계의 존재를 믿기 때문이다. 인간들은 하나님에 대한 개념을 발명하는 존재가 아니며 그 개념을 생산해내는 존재 역시 아니다. 오히려 하나님에 대한 개념은 인간들에게 주어져있는 것이고, 인간들은 그 개념을 받아 누릴 뿐이다. 그러므로 무신론은 인간 본성에 맞지 않는 사상이다. 오히려 무신론은 삶의 마지막 언저리에서 철학적 심사숙고에 바탕을 두고 발전하는 사상일 뿐이다. 무신론은 회의주의처럼 오로지 법칙만을 따라가는 관점으로 사상적으로도 윤리적으로도 기형적인 형태를 가진 사상이다. 모든 인간들은 본성 상 하나님을 믿을 수밖에 없다. 그 이유는 이 세상을 만드신 창조주 하나님께서 자기 자신을 이 세상에 남겨 놓으실 때 아무 증거 없이 남겨놓으신 것이 아니라 오히려 모든 자연 속에, 인간 자신 안에, 혹은 심지어 이 세계 밖에도 자기 자신을 남겨 놓으셨기 때문이다. 진화가 아닌 오직 계시로만 하나님을 경배해야 할 인상적이고도 명백한 사실이 우리에게 드러난다. 하나님께서는 자의식 속에서 인간, 세계, 하나님 스스로를 알려주셨다.[67]

그러므로 계시는 단순히 종교 영역뿐만 아니라 철학, 특별히 인식론의 분야에서 가장 중요한 역할을 감당한다. 모든 인지는 주체와 대상 사이의 특별한 관계로 구성되며, 주체와 대상 서로의 상호 동의 가운데 세워진다. 생각의 형상과 존재의 형상은 본성 상 같은 창조적 지혜에 근거하기 때문에 이 둘이 서로 일치히지 않는 한 자각과 생삭의 확실성과 신뢰도가 무너질 수밖에 없다. 철학 그 자체는 생각의 형상과 존재의 형상 사이의 일치성이 필요하다는 사실을 인지하는 데 실패를 경험하지 않았다. 하지만 철학은 잘못된 시작점을 상정함을 통해 오른쪽으로 치우치든지 혹은 왼쪽으로 치우치든시 하며 갈팡질팡했다. 철학은 헤셀과 더불어 생각과 존재를 동일시함으로 논리를 형이상학의 등급까지 끌어 올리거나, 아니면 칸트 혹은 인문주의와 더불어 생각과 존재를 서로 분리시킨 후 논리를 순수한 형식주의적 특성 정도로만 남겨 두었다. 하지만 이 둘 중 어느 경우가 되었든지 간에 생각과 존재의 참된 관계성과 모든 인지와 지식의 올바른 원리들은 불완전하게 인식될 수밖에 없었다. 심지어 폰 하르트만조차도 인정했다시피 주체와 대상이 하나이고 같은 이성(Reason)[68] 즉 "자의식 속에서 활동하는 감각에 질

---

67 편집자 주: 바빙크에게 자의식은 계시, 자아에 대한 확신, 세계, 그리고 하나님의 존재를 인지할 수 있는 영역이다. 이후의 논의 가운데 자유와 의존, 의존성으로 정의 내리는 자유 사이의 필수적인 변증이 등장하게 된다. 이에 대한 바빙크의 결론은 1장에서 언급했던 이 강연의 목적의 성취와 밀접하게 연결된다. 1장에서 언급했던 강연의 목적은 다음과 같다. 신학자는 계시의 개념적 영역과 범주를 반드시 확장시켜야 한다.

68 편집자 주: 1909년 번역본은 이성(reason)을 대문자가 아닌 소문자로 표기함으로 미묘한 뉘앙스를 살리지 못했다. 하지만 바빙크는 이성이라는 뜻의 네덜란드어 레더(rede)를 대문자로 표기했다. 바빙크는 rede가 아닌 Rede를 사용함으로 이 단어가 단순히 인간의 "이성"을 말하

서를 부여하는 원리로서의, 또한 객관적 세계 속에서 사물 자체들을 서로 종합하는 원리로서의"[69] 같은 이성 속에 있다는 원리를 인지하지 않는 한 주체와 대상 둘 다에게 공평할 수 있는 방법은 없다. 존재의 형상들, 생각의 법칙들, 좀 더 완전하게 말한다면 행위의 형상들 모두는 신적인 지혜에 그 기반을 공통으로 둔다. 철학의 세 영역들, 즉 물리학, 논리학, 윤리학은 전체적으로 서로 조화롭게 형성되어 있다. 일원론이 잘못된 방향성 속에서 찾길 원했던, 하지만 얻지 못했던 것이 바로 통일성이었다. 이 통일성은 철학 체계(σύστημα)의 다양성을 포함하는 개념이지 그 다양성을 배제하는 개념이 아니다.

이런 굳건한 유신론적 토대 위에 설 때야 비로소 학문의 진보에 대한 믿음과 더불어 진리의 이상향이 실현될 것이라는 믿음 역시 가질 수 있게 된다. 진리는 그것 자체로 진리라기보다는 **되어가는 것**이라는 주장은 어느 정도 맞는 말일 수 있다. 사실 진리는 이미 확정되어 변경 불가능한 상태로 우리를 만나지 않는다. 오히려 진리는 항상 그래왔듯이 우리의 의식 속에서 간단하게 취해질 준비를 한다. 이것이 바로 "계시"(revelation)와 "발견"(discovery)[70]의 차이점이다. 발견의 측면에서 봤을 때 인간은 이마에 땀을 흘려가며 최선을 다해 차츰차츰 조금씩 진리를 정복해야만 한다. 지식의 가지들은 예외 없이 "실생활의 실천 속에서 자라간다."[71] 모든 지식의 가

는 것도 아니요 사고의 과정을 말하는 것도 아니라는 사실을 명시하고 싶어 했다. 오히려 대문자 *Rede*는 하나님의 로고스(*Logos*)를 말하는 것이다. 이는 다음 문장에서 바빙크가 사용한 "신적 지혜"(divine wisdom)란 표현과 결부된다. 바빙크는 *RD*, 1:229ff에서 이에 대해 더 분명히 진술한다.

69 Ed. von Hartmann, in C. Willems, *Die Erkenntnislehre des mod. Ideal*, 56-79. 편집자 주: 이 인용문의 원문은 다음과 같은 독일어이다. "sich im Bewustsein als ordnendes Prinzip der Empfindungen, im Realen als synthetisches Prinzip der Dinge an sich betätigt."

70 편집자 주: 바빙크는 계시와 발견을 영어로 표기했다.

71 W. Dilthey, Einl. in *die Geisteswissenschaften*, 26-48. 편집자 주: 이 인용문의 원문은 다음과 같은 독일어이다. "in der Praxis des Lebens selber erwachsen."

지들은 실천적이고 경제적인 가치의 과정과 필연성 안에서 태어났다. 그 어떤 진리도 실재에 대한 묘사를 복사한 단순한 모형이 아니다. 진리는 사상적인 영역(*globus intellectualis*)도 아니다. 괴테의 삶과 그가 했던 행동에 대한 가장 구체적이고도 완전한 설명이 의식 속에 단순히 모여 있다 해도 그것을 통해 괴테에 대한 진리를 얻을 수 없다. 이런 지식들은 단순히 연대기적 지식일 뿐이지 학문이 아니다. 이런 지식들은 사진일 뿐이지 그림이 될 수 없고, 복사본일 뿐이지 살아 움직이는 산물이 될 수 없다. 학문은 이보다 더 높은 무언가를 추구한다. 학문은 죽은 것을 찾지 않고, 살아있는 것을 찾는다. 학문은 일시적인 것보다는 영원한 것을 추구한다. 학문은 실재를 찾지 않고, 진리를 찾는다. 오로지 학문만이 실재와 분리된 진리를 찾지 않는다. 괴테에 대해 알고 싶은 사람 그 누구든지 괴테의 인격과 성과에 관해 스스로에게 반드시 알려야 한다. 자연에 대해 알고 싶다면 반드시 눈을 열어야 한다. 하늘나라 못지않게 진리의 나라에 들어가길 원하는 사람이라면 베이컨(Bacon)이 말했던 것처럼 반드시 "순종을 배우는 어린이처럼 되어야 한다." 우리는 진리를 창조해낼 수 없다. 우리는 우리 머릿속에서 진리에 대한 장광설을 펼칠 수 없다. 하지만 만약 진리를 찾길 원한다면 우리는 사실, 실재, 그리고 그것들에 대한 자료로 반드시 되돌아가야만 한다.[72]

진리가 실재와 함께 묶여 있고 실재와의 교감을 통해 진리의 기준을 찾을 수 있다는 것을 전제하는 한 모든 학문은 실재가 현상과 함께 공존한다기보다는 하나님의 작정의 실현인 신적 지혜의 핵심을 포함한다는 가정 위에 세워져있다고 볼 수 있다. 하지만 진리는 경험적 실재를 초월한다. 왜냐하면 학문적 탐구도 이와 똑같은 정도로 학문적 탐구의 본질 속으로 더 깊

---

[72] 편집자 주: 바빙크에게 하나님께서 인간에게 주신 선물인 주체와 대상 사이의 모든 지식과 합의, 그리고 진리의 사실에 대한 인정은 우선적으로 믿음의 확실성 안에 주어진 존재론적인 설명에 의존한다. 즉 자아와 세계는 하나님께서 주신 선물이며 하나님의 로고스(*Logos*)를 통해 보장된 존재들이라는 것이다. 바빙크는 이를 다음 문장에서 다음과 같이 부연 한다. 모든 학문은 실재가 "하나님의 작정의 실현"이다라는 사실 위에 기초한다.

고 더 온전히 파고 들어가기 때문이다. 그러므로 학문을 통해 발견된 진리도 의식을 통해서만 발견되고 수용되었던 진리처럼 의식에 적용된다. 진리는 우리의 지식의 대상과 의식의 요소로 만들어지는 것만을 통해 우리 존재로 들어온다는 말은 결국 크게 틀린 말은 아니다.[73] 이런 이유 때문에 하나님께서는 자연과 성경 안에 진리를 심어 놓으셨고, 우리는 그 진리를 소유할 수도, 깨달을 수도, 혹은 진리를 통해 규칙을 정할 수도 있게 된 것이다. 진리의 지식 안에 계시의 목적이 존재한다. 실재는 우리가 진리를 찾을 수 있게 하는 도구이다. 실재는 우리의 의식과 우리의 경험 속에서 진리가 되기로 의도된 존재이다. 그러므로 실재는 진리 안에서 그것 자체의 단순한 복사본을 우리에게 제공해 실용주의가 거부하듯이 세계를 복제품 정도로 만드는 존재가 아니다.[74] 실재는 진리 안에서 존재의 더 높은 형식에까지 상승된다. 어둠 속에 먼저 거했던 실재는 이제 빛 안으로 걸어 들어간다. 수수께끼 속에 거했던 실재는 이제 해결책을 찾기 시작한다. 실재가 이를 처음부터 이해했던 것은 아니지만, 지금은 이것이 만방에 "선포되었다."

진리는 자신만의 독립적 가치를 지녔다. 진리의 기준은 삶을 위해 얼마나 유용한가에 놓여 있지 않다. 왜냐하면 만약 유용성이 진리의 기준이었다면, 유용성과 관련된 완전한 만장일치가 반드시 기선을 잡아야만 하며, 그 무엇보다도 삶 그 자체가 변동 없는 가치를 반드시 선점해야 했을 것이기 때문이다. 하지만 삶과 관련해서 중요한 것은 단순히 존재, 기쁨, 혹은 강함이 아니라 오히려 삶의 내용과 질이다. 삶의 내용과 질은 정확히 진리에 의해서 결정된다. 진리는 경험적 삶보다 더 큰 가치를 지녔다. 그리스도께서는 진리를 위해 자신의 삶을 희생하셨다. 이런 희생에도 불구하고 그리스도께

---

73 편집자 주: 즉 진리는 주체와 대상 사이의 혹은 표상과 사물 사이의 단순한 합의 정도가 아니다. 오히려 진리는 그것보다는 더 큰 무엇 즉 하나님께서 자연과 성경에 심겨 놓은 것이다. 어떤 사람들은 이를 소문자의 "진리"(truth)와 대문자의 "진리"(Truth)로 구별한다. 바빙크는 이를 "실재"(reality)와 "진리"(truth)로 구별한다.

74 W. James, *Pragmatism*, 257.

서는 또 다시 생명을 얻으셨다. 진리는 실재보다 더 가치 있다. 진리는 자연 (*physis*), 지식(*gnosis*), 특성(*ethos*)들이 서로 화해하는 것들보다 더 높은 질서 에 속해 있다. 뿐만 아니라 진리는 이성의 요구와 마음의 요구 둘 다를 완전 히 충족시켜줄 수 있는 참된 철학보다 더 높은 질서에 속해 있다.

3장: (2장과 이어지는) 계시와 철학 핵심 해제

■ 핵심 메시지

바빙크는 전 장에 이어 본 장에서도 계시와 철학 사이의 관계에 대해 심도 있게 논한다. 바빙크가 전 장에서는 일원론과 실용주의 사상에 집중했다면, 본 장에서는 자의식과 관련된 주관주의적 · 심리주의적 철학 사상에 집중한다. 본 장 전반에 걸쳐 베일을 벗는 바빙크의 핵심 메시지는 다음의 발췌문에서 뚜렷이 드러난다.

> 인간들은 하나님에 대한 개념을 발명하는 존재가 아니며 그 개념을 생산해내는 존재 역시 아니다. 오히려 하나님에 대한 개념은 인간들에게 주어져있는 것이고, 인간들은 그 개념을 받아 누릴 뿐이다. ⋯ 하나님께서는 자의식 속에서 인간, 세계, 하나님 스스로를 알려주셨다(178-179).

위 인용문에 드러난 바빙크의 생각은 크게 세 방향성을 담지한 채 흐른다. (1) 계시를 수납하기 위해 인간 자아(self)와 자의식(self-consciousness)은 필요하며 중요하다. (2) 인간의 자의식은 절대자를 향한 전적 의존 감정(the feeling of absolute dependence)을 수반 한다. (3) 인간, 세계, 하나님에 대한 지식은 자의식을 통해 만들어지는 것이 아니라 오히려 우리에게 계시되는 것이다.

첫째, 바빙크는 본 장 전반에 걸쳐 자아의 주체성에 대한 강조를 거듭한다. 하지만 바빙크가 주장하는 자아의 주체성은 계몽주의적 인간이 추구하는 자율성(autonomy)에 대한 고양 · 고취가 아니라, 오히려 하나님의 형상을 담지한 복된 피조물인 인간이 하나님 앞에서 가져야 할 영적 주체성과 가치관의 인식·인지 확보를 뜻한다. 바빙크는 자아에 대해 다음과 같이 설명한다.

우리의 자아는 풍성하며 생명과 능력과 행위가 충만한 존재이다. 우리 자아는
창문 없이 존재하는 단자가 아니며, 정신 현상들 아래 존재해 마치 무대가 연기
자들을 품는 것처럼 그것들을 단순하게 품는 무감각적 "실재"(Reale) 역시 아니
다. 오히려 자아 자체는 정신적 현상 안에 내재해 그 현상 안에서 혹은 그 현상
을 통해서 자기 스스로를 발전시켜 나가는 존재이다. 자아는 자신의 구원을 두
렵고 떨림으로 이룰 수 있는 존재일 뿐 아니라, 스스로를 파괴시키고 황폐화시
킬 수 있는 존재이기도 하다. 자아는 **현재 그 존재 자체**인 동시에 **되어가고 자라
나는** 존재이기도 하다. 자아야말로 생명의 완전성이며 모든 은사의 능력들의 총
합이다. 자아는 연극 무대의 닫힌 막 뒤에서는 연극을 하지 않지만, 모든 사람들
의 정신적 삶의 다양한 행위들 속에서는 스스로를 드러낼 뿐만 아니라 발전을
발견하는 존재이기도 하다(159).

이처럼 생명, 능력, 행위가 충만한 존재인 자아가 다양한 활동을 할 수 있
는 이유는 자아 그 자체가 '자의식'을 소유하기 때문이다. 바빙크는 이런 자
의식을 통해서만 '객관적 실재'를 제대로 인식·인지 할 수 있다고 보았다.
이에 대한 바빙크의 말을 들어보도록 하자.

실재에 이를 수 있는 유일한 길은 자의식의 길이다. 관념론이 추구하는 진리도
바로 이 자의식에 근거한다. 인간의 마음 즉 인간의 감각과 표현은 모든 지식의
근거이며 원리이다. 만약 객관적 실재 즉 물질과 힘의 세계나 공간과 시간의 형
태가 존재한다면, 오로지 자의식을 통해서 그 지식이 나에게로 이르게 되기 때
문에 객관적 실재도 존재한다고 생각할 수 있는 것이다. 이런 측면에서 대상
(object)은 오로지 주체(subject) 때문에 존재하며 이 세계도 우리의 표상일 수밖
에 없다는 주장 그 자체는 아주 틀린 말이 아니다. 자기 자신에 대한 지식 혹은 실

재의 또 다른 영역에 대한 지식은 의식과 분리된 채로 존재할 수 없다(149-150).

이처럼 바빙크는 인식론을 전개하기 위한 도구적 토대로 자아와 자의식을 굳건히 세운다. 하지만 위에서도 살짝 지적했다시피, 바빙크가 인식론적 도구의 주체로서 자아와 자의식을 강조하는 이유는 계몽주의형 자율적 인간을 무책임하게 창출해 내기 위함이 아니다. 오히려 바빙크의 의도는 '의존 의식'의 토대 위에서 절대자에 의존해야만 하는 자아를 상정하기 위함이다.

둘째, 바빙크는 자아와 자의식이 절대자를 향한 절대 의존 감정을 본질적으로 수반할 수밖에 없다고 보았다. 바빙크는 자의식의 핵심이 자율적이지 않고 오히려 '의존 감정적'이라고 주장했다. 바빙크는 이를 다음과 같이 설명한다.

> 이런 정신의 본질을 좀 더 세밀하게 결정하려는 노력의 일환으로 자의식의 깊은 곳까지 더 깊이 내려갈 때야 비로소 우리는 가장 깊은 곳에서부터 의존 의식을 발견 할 수 있게 된다. 우리는 자의식 속에서 의식적 존재이며, 자의식 속에서 결정적이고도 본질적인 의식적 존재이다. 이런 결정적 상태의 존재는 일반적으로 묘사되듯이 의존적이고, 제한적이며, 유한하고도, 피조 된 존재이다. 모든 사고와 의지 전에도, 모든 생각과 행위 전에도, 우리는 우리였으며, 우리는 확실한 방식 즉 우리 존재의 의식과 그 의식의 구체적 형식이 존재한다는 사실과 분리될 수 없는 확실한 방식 속에서 존재했다. 칸트보다는 슐라이어마허에 의해 훨씬 더 선명하게 인식된 것처럼 우리 자의식의 핵심은 자율적이지 않고 오히려 의존 감정적이다. 의식이 우리의 것이 되는 행위 가운데서 우리는 피조물로서 우리 자신들의 의식이 된다. 이런 의존은 이중적인 방식 속에서 우리의 정신(*bewustzijn*)이 된다(162-163).

바빙크가 설명하듯이, 자의식의 가장 깊은 곳에는 의존 감정이 그 존재의 기저를 이룬다. 의존 의식의 핵심은 인간을 유한한 피조물로, 하나님을 무한한 창조주로 인식·인정하는 것이다. 이런 측면에서 볼 때 의존 의식이라는 철학적 용어는 '믿음'이라는 신학적 용어로 대응 치환 가능한 용어이다. 자신의 유한성과 피조성을 깨닫고 자신을 창조한 절대자를 전적으로 믿고 신뢰하는 것이 곧 절대 의존 감정의 모체이다.

많은 사람들이 의심했던 것처럼, 유한한 피조물인 인간이 무한한 창조주 하나님께 전적 의존된 존재라고 해서 인간의 자유가 침해당하는 것은 아니다. 오히려 바빙크는 전적 의존 감정과 신자의 자유가 상호 모순 없이 유기적으로 공존할 수 있다 보았다. 이에 대한 바빙크의 설명을 들어보자.

이런 믿음은 지의식과 밀접한 관계를 맺은 채 존재한다. 좀 더 구체적으로 표현하자면 이런 믿음은 자의식이 지닌 의존과 자유라는 이중적인 증거와 함께 관계를 맺는다. 의존과 자유는 서로 적대적인 관계가 아니다. 오히려 이 둘은 서로가 서로를 상정하는 개념이다. 의존 감각은 자의식의 핵심이며 종교의 본질이다. 하지만 이는 단순히 사실상의 의존, 즉 익식끼 이성이 없는 피조물이 하나님께 의존하는 식의 의존 개념이 아니다(176-177).

감정, 의존 의식, 의식 있고 자발적인 의존은 인간의 자유를 포함 한다. 하나님께 순종하는 것이 자유이며 이 자유는 진리로부터 나온다(*Deo parere libertas; Libertas ex veritate*). … 의존과 자유가 하나로 연합되어 있는 자의식의 증거는 종교의 근간을 이룰 뿐 아니라 도덕의 토대 역시 굳건히 이룬다. 자의식은 항상, 어디서나, 꽤 자유롭고, 자발적으로 인격적인 하나님을 섬기는 믿음으로 인간들을 이끈다(177-178).

전적 의존 의식은 인간을 노예로 만들지 않는다. 오히려 바빙크가 줄곧 강조하듯이 전적 의존 의식은 "항상, 어디서나, 꽤 자유롭고, 자발적으로" 무한하신 창조주 하나님을 섬기는 순종적인 믿음으로 우리 자아를 이끌게 된다(물론 이는 거듭난 신자의 전적 의존 의식에 대한 맥락이다).

셋째, 자아, 자의식, 전적 의존 감정이 인식론에서 중요한 요소들이기는 하지만, 그럼에도 불구하고 자아, 자의식, 전적 의존 감정 그 자체가 진리와 객관적 실재를 주체적으로 인식·인지 할 수 있는 능력을 가진 것이 아니다. 오히려 진리와 객관적 실재가 우리의 자의식에 투영되어 계시되는 것이다. 이에 대한 바빙크의 설명을 들어보자.

이 세계는 단순히 경제적인 이유로 혹은 삶의 실천적 필요성 때문에 우리에 의해 형성된 자각들의 어떤 한 덩어리 정도가 아니다. 오히려 이 세계는 객관적으로 존재하는 성질들의 조합이며 우리의 표상들 중 어떤 한 표상으로만 축소될 수 없는 총체성 안에서 서로가 서로에게 묶여 있는 조합물이다. 주관적으로 자아 즉 인격이 일련의 감각으로 분해된다는 것을 인정하는 만큼, 우리의 외부적 인식 세계는 표상의 무리들로 축소될 수 있다. 이런 경우 우리는 하나의 사실에 직면하게 된다. 의식 속에서 우리의 존재와 이 세계의 존재는 우리의 생각이나 의지에 앞서 우리에게 드러나게 된다는 점이다. 즉 우리의 존재와 이 세계의 존재는 가장 엄밀한 의미에서 우리에게 **계시되는 것이다**(173).

바빙크는 자아와 자의식에 대한 강조가 순환론적인 오류를 갖는 주관주의적 심리학주의 틀 안에서만 정적으로 멈춰 서있지 않으려면, 반드시 객관적 실재와 진리가 '먼저' 우리에게 적극적으로 '계시되어야 한다'라고 생각했다. 즉 진리가 능동적, 적극적으로 우리에게 먼저 계시되어야 인간의 자아, 자의식, 전적 의존 감정은 능동적, 적극적으로 우리에게 계시된 그 진리를 수납할 수 있다.

본 장을 요약해보도록 하자. 객관적 진리와 실재는 인간의 자아, 자의식, 전적 의존 감정을 통해 우리에게 계시된다. 하지만 진리가 능동성, 적극성을 가지고 먼저 움직인다고 해서 인간의 자유가 침해 당하는 것은 아니다. 오히려 진리 안에 있을 때 인간의 자아는 가장 자유롭다!

• 진리를 알지니 진리가 너희를 자유롭게 하리라 (요 8:32)

• 무릇 여호와를 의지하며 여호와를 의뢰하는 그 사람은 복을 받을 것이라
(렘 17:7)

• 대저 여호와는 네가 의지할 이시니라 네 발을 지켜 걸리지 않게 하시리라
(잠 3:26)

• 내가 하나님을 의지하고 그 말씀을 찬송하올지라 내가 하나님을 의지하
였은즉 두려워하지 아니하리니 혈육을 가진 사람이 내게 어찌하리이까
(시 56:4)

■ 핵심 적용

인생의 질(質, quality)의 고하(高下) 여부는 우리가 '무엇에 의지하느냐'에 달
려 있다 해도 과언이 아니다. 만약 우리의 전인(全人)을 알코올에 의지하거
나 마약에 의지할 경우 패가망신은 시간문제이다. 만약 돈, 명예, 쾌락에 전
인을 의지하고 탐닉할 경우 사건사고 뉴스 단신의 주인공이 될 가능성이 높
아진다.

우리의 자아와 자의식은 본능적으로 무엇인가에 의지해야 한다. 우리의
본성은 유한하고 의존적인 피조물이기 때문이다. 그러므로 '의지의 대상'을
명확히 규명하는 것이 바른 인생관을 세우는 첫 발걸음이다.

성경은 끊임없이 바르고 참된 의지의 대상을 하나님으로 명확히 규정한

다. 시편 115편 기자는 다음과 같이 외친다. "이스라엘아 여호와를 의지하라 그는 너희의 도움이시오 너희의 방패시로다"(9절). 우리의 자의식 속에서 의지의 대상을 찾기 위해 역동적으로 꿈틀대는 전적 의존 감정 의식의 방향성을 하나님께로 돌려야 한다. 하나님만이 신뢰할 수 있는 방패며 우리의 도움이시기 때문이다! 잠언 기자는 다음과 같이 말한다. "사람을 두려워하면 올무에 걸리게 되거니와 여호와를 의지하는 자는 안전하리라"(잠 29:25). 올무에 걸려 넘어지고 싶은가? 전적 의존 감정의 채널을 인간에게 맞추라. 즉시 올무에 걸려 넘어지게 될 것이다. 아니면 올무에 걸려 넘어지지 않은 채 안전한 삶을 살아가고 싶은가? 자아, 자의식, 전적 의존 감정 모두를 하나님에게 집중하라! 그것이 유일하게 살 길이다!

■ **핵심 용어**

자의식(self-consciousness)

자아(self 혹은 ego)

의존 의식(consciousness of dependence)

전적 의존 감정(the feeling of absolute dependence)

관념론 혹은 이상주의(idealism)

절대자(the Absolute)

전적으로 의존해야 할 대상이 누구인지에 대해 적시한 찬송가 86장(통 86장)

내가 늘 의지하는 예수

1절
내가 늘 의지하는 예수 나의 상처 입은 심령을
불쌍하게 여기시 위로하여 주시니 미쁘신 나의 좋은 친구

2절
주의 손 의지하고 살 때 나를 해할 자가 없도다
주님 나의 마음을 크게 위로하시니 미쁘신 나의 좋은 친구

3절
내가 요단 강 건너가며 맘이 두려워서 떨 때도
주가 인도하시니 어찌 두려워하랴 미쁘신 나의 좋은 친구

4절
이 후 천국에 올라가서 모든 성도들과 다 함께
우리들을 구하신 주를 찬양하리라 미쁘신 나의 좋은 친구

(후렴)
내가 의지하는 예수 나의 사모하는 친구
나의 기도 들으사 응답하여 주시니 미쁘신 나의 좋은 친구

1. 내 자아는 자유로운 자아인가? 자유롭지 않은 자아인가? 만약 자유롭다
   면 왜 자유로우며, 만약 자유롭지 않으면 왜 자유롭지 않은가?

2. 현재 내 자의식을 지배하는 것은 무엇인가?

3. 현재 내 전적 의존 감정의 대상은 무엇인가?

4. 하나님 외에 다른 것을 의지할 때가 있었는가? 왜 그것들을 의지했는가?
   그것들을 의지했던 결과는 무엇이었는가?

IV. 계시와 자연

IV. 계시와 자연

하나님, 세계, 인간은 모든 학문과 철학들을 채우는 세 종류의 실재들이다. 이 실재들을 어떻게 형성하여 개념화하느냐 혹은 이 실재들을 서로 어떤 관계로 설정하느냐에 따라 세계와 인생에 대한 관점(wereld- en levensbescouwing), 종교의 내용, 학문과 도덕의 특징이 결정된다.[1] 문제는 이런 실재들을 중요한 주제로 생각하는 학문들 간에 처음부터 서로 심각한 의견(gevoelen) 차이가 있었다는 점이다. 이런 의견 차이는 마치 신학을 연구하는 특별한 학문만이 하나님과 신적인 것들에 관심을 가진 학문인 것처럼 인식시키고, 다른 학문들, 특별히 자연과학 같은 학문들은 하나님과 아무 상관없는 학문인 것처럼 인식 시키는 성향을 가졌다. 이런 상황 속에서 심지어 어떤 학문들은 자신들의 학문적 특징을 없애버리기까지 했으며, 결국 하나님에 관해 다루어야만 하는 자신들의 학문적 임무에 불성실한 모습을 보이기도 했다.[2]

---

1   편집자 주: A. C. Fraser, *Philosophy of Theism*, 2nd ed. (Edinburgh: William Blackwood and Sons, 1899), 24-34. 프레이저(Fraser)의 이 책은 1894-95년 에든버러 기포드 강연 때 발표한 내용이다.

2   편집자 주: 이런 비판의 기저에는 학문을 "유기적" 혹은 통합된 관점에서 보려는 바빙크의 시각이 서려 있다. 이런 바빙크의 시각은 그의 유기적 존재론과 관련된 시각인데 궁극적인 목적은 표현의 통일성에 대한 가능성을 극대화하는 것이다. Bavinck, *Christelijke wetenschap*, 59와 더불어 Herman Bavinck, "Christendom en Natuurwetenschap," in *Kennis en Leven: Opstellen en artikelen uit vroegere Jaren*, ed. C. B. Bavinck (Kampen: Kok, 1922)을 참고하라.

그 결과 실령 하나님의 존재는 부정하지 않더라도 혹은 반대로 믿음의 존재 권리는 부정한다하더라도, 객관적으로는 하나님과 세계 사이의 실재의 범주 안에서 깊고도 넓은 틈이 창출되었으며, 주관적으로는 인간의 지성과 마음, 믿음과 지식 사이의 실재의 범주 안에서 아주 깊은 골이 만들어지게 되었다.

하지만 이런 이분법은 불가능하다. 하나님과 이 세상은 서로 분리된 채로 존재할 수 없다. 하나님과 세상 사이의 관계도 불가분의 관계인데 하물며 하나님과 인간 사이의 관계는 더 길게 말할 이유가 없다. 그러므로 하나님에 대한 지식은 신학의 특정 분야에만 남지 않는다. 이것은 사실이다. 특별히 신학은 자기 자신을 하나님의 계시로 가득 채운다. 이로 인해 신학의 본질과 내용이 학문적으로 이해 가능하게 된다. 하나님의 계시는 인류 전체로 자기 자신을 드러낸다. 모든 사람들은 계시에 근거한 종교에 관심을 갖는다. 심지어 과학자나 자연을 탐구하는 사람들도 계시에 근거한 종교에 관심을 갖는다. 모든 사람들에게 하나님에 대한 지식은 영생으로 향하는 길이기 때문이다. 뿐만 아니라 과학에 심취한 사람들도 자기 자신을 반쪽으로 나눌 수 없을 뿐 아니라, 자신의 믿음과 지식 사이를 분리시킬 수도 없다. 심지어 과학적 탐구 속에서도 사람은 순수한 지적 존재(verstandwezen)가 아니라 마음과 애착, 그리고 감정과 느낌과 의지를 가진 인간으로 남아 있을 뿐이다. "인류 뿐 아니라 모든 개인들은 완전한 의식을 가진 사람으로 성장해가면서 자신을 위해 이미 완성된 세계관을 발견하는데 그들이 이 세계관의 형성에 의도적으로 기여한 것은 없다."[3] 진리와 도덕이 인간에게 요구했기 때문에 인간 스스로가 스스로를 폭로했던 것은 아니다. 오히려 인간들은 진리와

---

3   Ernst Mach, *Erkenntniss und Irrtum* (Leipzig: Johann Ambrosius Barth, 1905), 5. 편집자 주: 이 인용문의 원문은 다음과 같은 독일어이다. "Nicht nur die Menschheit, sondern auch jeder Einzelne findet beim Erwachen zu vollem Bewustsein eine fertige Weltansicht in sich vor, zu deren Bildung er nichts absichtlich beigetragen hat."

도덕의 요구를 통해 하나님의 사람이 되고 모든 선한 일들을 온전히 수행할 수 있게 된 것이다. 이런 측면에서 사상가들이나 철학자들, 일반 시민이나 일용식 노동자라도 자신의 일 속에서 하나님을 섬겨야하고 자신의 일을 통해서 하나님께서 영광 받으시도록 해야 한다.

이런 논의는 자연과학이 유일한 학문이 아닐 뿐만 아니라 유일한 학문이 될 수도 없다는 결론으로 우리를 자연스럽게 이끈다. **과학**(science)이라는 프랑스 단어나 영어 단어는 불행히도 과학만이 유일한 학문이라는 생각을 갖도록 우리를 이끌고 갔다.[4] 과학이라는 단어는 인류가 신학, 형이상학, 실증철학이라는 세 경기장을 연속적으로 관통해왔고, 현재의 인류는 참된 과학의 관점에 도달했다는 콩트 식의 개념을 지지하는 단어이나. 하지만 역사는 이런 종류의 진보에 대해 아무것도 알지 못한다. 과학은 연속적으로 발전에 발전을 거듭하지 않았다. 오히려 과학들이 서로가 서로에게 다소간 영향을 끼쳐왔던 것뿐이다. 과학은 모든 종류의 상호관계들 속에서 서로에게 영향을 끼쳤을 뿐 아니라, 서로가 서로를 지지해줬고 세워주기도 했다. 진화론의 간단하고도 선험적인 체계가 그래왔던 것과는 다르게 과학의 발전상 속에서는 모든 것들이 간단하게 진행되지 않았다. 역사의 모든 과정들을 품으려는 노력들로 대변되는 보편적 공식이란 존재할 수 없으며, 콩트의 법칙 역시 스스로의 풍성함 가운데 삶으로부터 직면한 비판점들로 인해 실패를 경험하고 말았다.[5] 균일성이 아닌 구별성과 총체성이야말로 삶 속 구석구석에서 발견 가능한 특징적인 표시이다.[6]

---

4   George T. Ladd, *The Philosophy of Religion: A Critical and Speculative Treatise on Man's Religious Experience and Development in the Light of Modern Science and Reflective Thinking* (New York: Scribner, 1905), 11. Henry Gwatkin, *The Knowledge of God and its Historical Development*, vol. 1 (Edinburgh: T&T Clark, 1906).

5   편집자 주: "역사의 모든 과정들을 전부 다룰 수 있는 보편적 공식이 거짓인 것처럼, 삶의 풍성함으로부터 나오는 비판 앞에 서 있는 콩트의 법칙 역시 거짓이다"로도 번역 가능하다.

6   Max Frischeisen-Köhler, *Moderne Philosophie* (Stuttgart: Verlag Von Ferdinand Enke,

자연과학은 과학의 영역 속에서 다른 모든 과학들의 권리인 자유를 향한 운동과 일들을 포함한다. 자연과학은 자신 만의 대상을 가지고 있으므로 스스로의 방법론과 목적의식 또한 갖는다. 자연과학은 자연 현상에 대해 이해하고 설명하려는 자신 만의 노력 속에서 신의 기계적 출현(*Deus ex machina*)에 도움을 요청할 필요를 못 느꼈다. 그 결과 믿음을 무지의 도피처(*asylum ignorantiae*) 정도로 만들어버렸다. 자연과학은 현상을 계승해나가는 일 뿐 아니라 현상의 원인을 파악하는 일을 하느라 심히 바쁠 수밖에 없었다. 현상들에 대한 원인을 탐구한 결과 진화 개념이 작업가설로서 두드러진 역할을 감당하게 되었다. 온갖 유사성들과 관계성들이 추적되어 발견되기 시작했다. 만약 이런 추적과 발견들이 없었다면 이런 유사성과 관계성들은 절대 쉽게 찾아 탐구될 수 없었을 것들이었다. 하지만 이 때문에 실수가 벌어졌다. 작업가설로서 유용하다고 증명된 진화 개념이(예를 들면 물리적 원자 같은 개념이) 세상을 설명할 수 있는 공식의 수준 혹은 세계관의 체계를 구체적으로 설명할 수 있는 수준까지 끌어올려지고 말았던 것이다. 이런 상황 속에서 자연과학은 자기 고유의 영역을 남겨 놓았고 그 영역을 철학에게로 넘기기에 이른다. 이런 상황은 다른 과학들, 종교와 윤리, 법학과 미학 등에서 묵인되어져야만 했으며, 그 결과 자신의 탐구 결과를 모든 것을 포함하는 세계관의 구조 속으로 결합시켜야하는 순간이 도래하고 말았다.

하나님의 존재와 섭리 안에 있는 믿음이 우리 지식의 깊고 넓은 틈 속에서만 자신의 안식처를 찾는 것은 가히 옳은 일이 아니다. 만약 그렇게 될 때 문제들이 더 많이 해결되면 될수록 그에 비례하여 우리의 믿음의 영역에 더 많은 불안감과 두려움이 가득 차게 될 수밖에 없기 때문이다. 이 세

1907), 18-37. L. Stein, *Der Sinn des Daseins*, 225-39. 편집자 주: 바빙크의 이 문장은 신칼빈주의 운동에서 자주 사용했던 문장일 뿐 아니라, "진화"의 시대가 추구했던 균일성의 정신에 비판을 가하는 문장으로도 자주 사용되었던 문장이다. 이에 대한 구체적인 설명으로는 *Neo-Calvinism and the French Revolution*, ed. James Eglinton & George Harinck (Edinburgh: T&T Clark, 2014)을 살펴보라.

계 자체는 하나님에 근거한다. 그 증거가 바로 이 세계 속에 서려 있는 하나님의 법칙과 질서이다.[7] 믿음은 자연스럽게 이런 증거들이 이 세상 속에서 유지될 것에 대해 확실시킨다. 자연과학은 스스로가 가진 한계에 대한 의식을 유지해야만 한다. 폭 좁은 범주 안에서 개념을 형성하는 자연과학은 영혼과 불멸성, 이 세계 속에 존재하는 지성과 설계, 하나님의 존재와 섭리, 종교와 기독교에 관해 다룰 여지가 없다. 이런 측면에서 자연과학은 자기 자신의 범주 안에서만 완전히 자유롭다. 하지만 자연과학만이 유일한 학문은 아니다. 그러므로 자연과학은 셀 수 없이 많은 자연 현상들 속에서 보증되고 요구되는 물리-화학적 혹은 수학-기계적 방식들로 종교나 윤리적 현상을 재단하려는 노력을 기울여서는 안 된다. 믿음이 원칙적으로 요구하는 것은 과학 그 자체가 가진 윤리적 특성을 유지하는 것이며, 동시에 하나님 없이 세계를 설명하려고 하는 노력, 자기 자신을 자립 가능하고 자충족적인 하나님으로 치켜세우려는 노력과 같은 악한 마음의 경향성을 버리는 것이다.

결국 자연과학이 존중할 수 없는 어떤 장애물도 자연과학 주변부에 세워지지 않았다. 오히려 자연과학의 경계선은 자연과학 스스로의 대상과 특징에 의해 요구된 일의 범주에 속해있었다. 왜냐하면 이전 사람들은 "자연"(nature)이라는 개념을 모든 창조물을 포함하는 개념, 즉 능산적 자연(natura naturans)인 하나님과 구별되는 개념으로서의 소산적 자연(natura naturata)으로 이해한 반면,[8] 오늘날에는 자연 개념을 인간의 예술 작업을 통해 만들어지지 않는 감각적인 대상과 현상으로만 제한시키는 경향이 있기 때문이다. 이런 측면에서 자연은 관찰과 앎을 추구하는 주체로서의 인간 정

---

7   Otto, *Natural. und relig. Weltansicht*, 44. 편집자 주: "자체적인 합법성에 따라 이 세계 그 자체가 하나님에 근거 한다"라고도 번역 가능하다.
8   편집자 주: 능산적 자연과 소산적 자연이라는 용어의 개념 정리를 위해서라면 2장 각주 31번을 참고하라.

신과 정반대 개념인 비(非)자아(niet-Ik)로서 존재한다. 하지만 역사가 자연과학에게 점차로 자신의 자리를 내어준 결과 자연과학 속에서 가치 있는 다양한 결과들을 낳았던 상황 속에서 기계론적 관점이 완전한 존재 권리를 누렸기 때문에, 많은 사람들은 자연과학이야말로 유일하게 참된 학문이며 기계적인 해결책이야말로 모든 현상을 풀어낼 수 있는 유일하게 참된 해결책이라는 결론을 내리게 되었다. 헤켈은 심지어 영혼과 생명의 원리를 여전히 믿는 사람들은 과학의 영역을 버리는 사람이며 기적과 초자연주의를 도피처로 삼는 사람들이라는 주장까지 폈다.[9] 반면 폰 하르트만은 어떤 과학자든지 생명의 현상에 대한 기계적 설명을 불충분하다 여기고, 그것을 다른 방식 즉 생명의 원리로 설명하려는 노력이 있어야 하며, 그 노력은 과학적으로 이루어져야한다는 점을 옳게 주장했다.[10] 심지어 오스트발트조차도 기계적 세계관을 작업가설로도 작동할 수 없는 "단순한 착각"(ein blosser Irrthum)이라고 불렀다.[11] 사실 이 세계 전체와 그 모든 부분들이 하나의 거대한 기계라는 개념은 너무나도 터무니없을 뿐만 아니라 자기 모순적이기도 하다. 어떻게 이런 개념이 단 한 순간이라도 인간의 정신을 만족시켰을 뿐아니라 인간 정신을 지배해왔는지 이해하기 어려울 정도이다. 기계조차도 지적 설계자를 상정할 수밖에 없다는 사실은 차치하고서라도,[12] 영원토록 스스로 움직이는 기계는 절대로 그 운동을 멈추지 않았을 뿐만 아니라 앞으로도 절대 멈추지 않을 것이라는 사실이 우리의 모든 경험과 우리의 모든 생각과 배치된다는 사실만은 여전히 남아있다. 하지만 사실 이 세계는 "모

9   Haeckel, *Die Welträthsel*, 209; *Der Kampf um den Entwicklungsgedanken*, 23. Cf. Otto, *Natural. und relig. Weltansicht*, 78, 112ff., 200ff.
10   Ed. von Hartmann, *Mechanismus und Vitalismus in der modernen Biologie, Archiv fuer systematische Philosophie*, B. IX (1903), 345; *Philosphie des Unbewussten*, vol. 3 (Leipzig: Wilhelm Friedrich, 1904), vi.
11   Ostwald, *Die Ueberwindung des wissenschaftlichen Materialismus* (Leipzig: Veit, 1895), in Dennert, *Die Weltanschauung des modernen Naturforschers*, 235-36.
12   Reinke, *Die Welt als That*, 464ff.

든 면에서 자명하다기보다는 모든 면에서 신비로운"[13]존재이다. 이 세계의 존재 그 자체도 수수께끼와 같다. 우리 앞에 놓여 있는 거대한 신비는 그 존재의 근거가 무엇인지 지적할 수 없을 만큼 신비롭다.[14] 사람들은 이 세계 전체와 그 모든 부분들에 대한 기원을 이 세계 속에서가 아니라 오직 우연적 존재로 돌렸다. 결국 물리학은 형이상학으로 되돌아갔고, 그 결과 물리학은 형이상학에 근거하게 되었다.

이런 상황은 자연과학이 경험으로부터 유래된 것이 아니라 처음부터 존재해왔던 모든 종류의 개념들을 여전히 이용할 뿐 아니라(사실 자연과학이 정신과학보다는 모든 면에서 더 장점이 있긴 하다), 그것들을 이용해야만 한다는 압박을 받는다는 점에서 이미 명백하다. "사물"과 "속성," "질료"의 "힘," "에테르"와 "운동," "공간"과 "시간," "원인"과 "설계" 등은 자연과학에서 필수 개념들이다. 하지만 이런 개념들은 모두 형이상학으로부터 도출된 개념들이다. 이런 개념들은 모든 관찰을 가능하게 만드는 논리적 장치로 사용되었다. 하지만 이 개념들은 그 자체로 혹은 그 보는 것들 속에 신비스러운 세계가 포함되어 있기 때문에 사실 단순하거나 선명한 개념이라고 볼 수 없다. 그러므로 자연과학은 그 본성 상 인간 정신을 만족시켜 주지 못한다. 자연과학은 이런 개념들의 의미, 진리, 원리와 원인들을 이해하기 위해 노력한다. 하지만 사실 그 노력들이 성공했는지 실패했는지가 큰 차이를 불러오지 않는다. 자연과학은 한때 철학을 멸시했었다. 하지만 머지않아 자연과학은 반드시 철학으로 되돌아갈 수밖에 없었다. 왜냐하면 자연과학 그 자체는 철학으로부터 진행된 것이기 때문이다.[15] "사실에 대한 목마름"(Thatsachendurst)이 만족되었을 때, "원인에 대한 배고픔"(Ursachenhunger)이 수면 위로 올라 올

---

13 편집자 주: 이 문장의 원문은 다음과 같은 독일어이다. "an keinem Punkte das Selbstverständliche, sondern an jedem das ganz Erstaunliche."
14 Otto, Natural. und relig. Weltansicht, 39, 46, 47.
15 Alfred Dippe, Naturphilosophie (München: C. H. Beck and O. Beck, 1907), 3-14.

수밖에 없었던 것이다.[16]

이에 대한 증거는 쉽게 찾아 볼 수 있다. 왜냐하면 그 누구도 사물의 기원 문제에 대해 자신의 마음을 돌리거나 자신의 입술을 닫는 자가 없기 때문이다. 헤켈이 잘 지적한 것처럼 사물의 기원 문제는 자연과학의 범주 밖에 위치한다. 만약 창조가 있다면, "그것은 완전히 인간 지식의 범주 밖에 위치하므로 절대로 과학적 탐구의 대상이 되지 못한다."[17] 헤켈은 여기서 그치지 않고 한발자국 앞으로 나아가며 다음과 같은 말도 남겼다. "자연과학은 물질을 영원하고도 불멸한 존재로 여긴다. 왜냐하면 물질의 가장 작은 부분의 기원 혹은 소멸이 경험을 통해 결코 증명되지 않았기 때문이다."[18]

물질의 영원성에 대한 이런 교의에 대한 선언은 자연과학을 공부하는 학생을 통해서가 아니라 오히려 철학자를 통해 이루어졌고, 과학의 영역이 아니라 믿음의 영역에서 이루어졌다. 왜냐하면 믿음에 대항하는 것을 반대하는 것은 자기 자신을 대항하는 힘과 같기 때문이다. "믿음이 시작되는 곳이 과학이 끝나는 지점이다."[19] 이런 믿음은 더욱 더 강제적인 믿음이 되어 가는데 그 이유는 "우리는 그 어디에서도 궁극적 원인에 대한 지식에 도달할 수 없다"[20]라는 주장을 강제적으로나마 인정해야하기 때문이다. 설사 이 세계와 생명에 대한 수수께끼들이 다 풀린다하더라도 본질에 대한 가

---

16 L. Stein, *Der Sinn des Daseins*, 24.

17 편집자 주: 이 문장의 원문은 다음과 같은 독일어이다. "Ganzlich der menschlichen Erkenntnis entzogen, und kann daher auch niemals Gegenstand naturwissenschaftlicher Erforschung sein."

18 편집자 주: 이 문장의 원문은 다음과 같은 독일어이다. "Die Naturwissenschaft hält die Materie für ewig und unvergänglich, weil durch die Erfahrung noch niemals das Entstehen oder Vergehen auch nur des kleinsten Theilchens der Materie nachgewiesen worden ist."

19 Haeckel, *Schöpfungsgeschichte*, 2nd ed. (Berlin: Georg Reimer, 1874), 8; cf. *Die Welträthsel*, 15. 편집자 주: 이 문장의 원문은 다음과 같은 독일어이다. "wo der Glaube anfängt, hört die Wissenschaft auf."

20 편집자 주: 이 문장의 원문은 다음과 같은 독일어이다. "Wir gelangen nirgends zu einer Erkenntnis der letzten Gründe."

장 거대한 수수께끼 하나는 스핑크스처럼 우리 앞에 남아 있게 될 것이다.[21] 물리학만이 모든 수수께끼를 풀 수 있는 유일한 학문이 아니다. 오히려 물리학 앞에는 그리고 물리학 너머에는 형이상학이 자리를 잡고 서 있다. 그럼에도 불구하고 만약 물리학이 모든 것들의 기원에 대해 설명하기를 원한다면, 물리학 그 자체는 로지가 과학적으로 고려한 다음과 같은 주장에 순응해야 할 것이다. "물리학은 추측 작업 정도로 이해해야만 한다. 즉 알려진 사실을 지나치게 과장해 포괄적인 형태의 진술 안으로 구겨 넣는 작업이 바로 물리학이다."[22]

자연과학이 사물의 본질을 탐구할 때 많은 어려움에 직면하게 될 수밖에 없다. 이를 논의하기 위해서는 제 아무리 더 깊은 정의를 내린다하더라도 최소한 공간, 시간, 특질(特質, quale 즉 인지된 속성)[23]이라는 세 가지 요인이 반드시 다루어져야 하며, 공간과 시간 사이의 상호 관계성의 성립 가능성 역시 생각해봐야 한다. 자연과학의 자체적 탐구로는 이런 요인들을 찾을 수 없다. 오히려 처음부터 이런 요인들은 자연과학의 탐구를 위해 상정되어있었다고 봐야 한다. 이런 요인들은 또 다시 각종 어려움을 갖는다. 우리는 우리가 어떤 시공간에 있는지에 대해 알지 못한다. 우리는 시공간이 어떻게 물질과 힘으로 유지되는지에 대해 알지 못한다. 유한성과 무한성의 관계 속에서 우리는 최소한의 개념을 형성할 수 있는 존재가 아니다.[24] 칸트는 이성의 이율배반 속에서 우리의 생각은 이런 요인들과 함께 해결 될 수 없는 어려움들에 직면한다고 지적했다. 이 세계가 시작도 한계도 없다는 확신은 무한한 시간과 무한한 공간의 자기모순 속으로 우리를 끌어들일 뿐이다. 왜냐하면 유한한 부분들의 총합은 절대로 무한과 동등하게 될

21   Haeckel, *Schöpfungsgeschichte*, 28; *Die Welträthsel*, 18.
22   Lodge, *Life and Matter*, 23.
23   편집자 주: 특질이라고 번역한 영단어 quale(단수) 혹은 qualia(복수)는 한 사람에 의해 경험된 감각 정보의 속성을 뜻한다.
24   Bradley, *Appearance and Reality*, ch. IV, 35ff.

수 없기 때문이다.[25] 그러므로 시간과 공간은 이 세계의 존재론적 형태이며 우리 의식의 개념적인 형태이다. 하지만 시공간은 모든 존재의 완전한 근본 토대 혹은 원인과 동일시 될 수 없다. 이런 측면에서 시공간은 "실재"에 속한 것이 아니라 "모습"에 속한 것이다. 혹은 시공간은 오히려 피조물에만 속한 것이지 창조주에 속한 것이 아니다. 영원한 시간과 끝없는 공간은 나무로 된 철과 같기 때문에, 우리의 생각은 절대적인 것과 상대적인 것 사이를 구별하도록 우리를 강하게 이끈다. 일원론은 여기에 존재하지 않는다. 그럼에도 불구하고 만약 일원론을 여기에서 찾고 싶다면, 일원론을 찾기는 커녕 혼동만을 경험하게 될 것이다. 영원과 시간, 광대무변함과 공간은 양적으로 다르다기보다는 질적으로 다른 개념이다. **완전한, 영원한, 엄청난, 무한한** 이란 용어는 서술어이기 때문에 이 용어들이 명사구로 사용될 때는 속이 비어 있는 추상적 형태를 가질 수밖에 없다. 그러므로 이런 용어들은 자신들이 속해있는 세상과 구별된 초월적인 주체를 전제하는 용어들이다. 즉 자기 고유의 개념을 통해 사고하고 자기 고유의 본성에 따라 헤아려보는 물리적 과학은 형이상학을 쟁점화 할 수밖에 없으며 직접적으로 하나님을 향해 나아갈 수밖에 없다.

자연과학이 사용하는 세 번째 개념, 즉 시공간의 형태 안에 존재하고 시공간의 상호 관계를 가능하게 만드는 일종의 본질에 대한 개념을 통해 불거지는 문제도 살펴볼 필요가 있다. 형식적으로 볼 때 자연과학은 "공간, 시간, 수라는 요소들 사이에 존재하는 통제된 의존 관계의 통합적 체계인 실재가 갖고 있는 일관성에 대한 묘사"[26]이다. 자연과학의 목표는 그것이 옳든

---

25 Otto, *Natural. und relig. Weltansicht*, 50-57.
26 Theodor Lipps, *Naturwissenschaft und Weltanschauung* (Heidelberg: Carl Winter's Universitatsbuchhandlung, 1906), 13. 편집자 주: 이 문장의 원문은 다음과 같은 독일어이다. "Darstellung des Wirklichkeitszusammenhanges als eines einheitlichen Systemes gesetzmässiger Abhängigkeitsbeziehungen zwischen räumlichen, zeitlichen und Zahlbestimmungen."

지 그르든지 간에 수학적 공식 내에서 벌어지는 모든 변화와 운동을 이해하고 모든 질적인 차이들을 수량으로 줄여나가는 것이다. 자연과학이 이런 목표를 추구하는 한 자연과학은 형식적 과학이다. 하지만 실재가 이런 형식적 정의 안에서 이해 될 수 없다는 것은 자명한 사실이다. 왜냐하면 실재는 수량적 관계의 복잡함 그 이상이기 때문이다. 이런 논리가 바로 정확히 **특질**을 전제하는 논리이다. 설사 우리가 물질이 주체가 되는 모든 종류의 운동 법칙과 변이 법칙을 알더라도, 그 법칙들의 본질에 대해서는 여전히 신비로 남겨둘 수밖에 없다. 천문학은 천체들의 운동을 계산해낼 수 있는 능력이 있다. 하지만 능력이 있다는 의미가 천문학이 천체들의 본질과 조합에 대한 정보를 우리에게 계몽해줄 수 있다는 의미는 아니다.[27]

심지어 자연과학을 숭배하는 사람들도 존재의 본질에 대한 개념이 서로 다르다. 하지만 가장 우선적인 질문, 즉 이 물질이 존재 하는가 존재 하지 않는가, 혹은 정신적 감각이 실재에 대한 궁극적 요소인가 아닌가라는 질문은 완전히 물리학 범주 밖에 위치하기 때문에 이런 질문은 또 다시 우리를 철학의 범주 안으로 이끌 수밖에 없다. 막스 페르보른이 일원론이라는 이름으로 유물론과 "에너지주의"(energetism)에게 공격을 가했을 때, 그는 더 이상 생리학자가 아니라 철학자로서 공격에 가담했다. 페르보른이 주체와 대상, 영적인 것과 물질적인 것, 영혼과 육체 사이의 반립을 거부하긴 했지만, 그럼에도 불구하고 그가 일원론을 발견한 것은 아니었다. 왜냐하면 페르보른이 물리적 세계의 전체는 오직 "정신의 내용"이라고 말했을 때, 그는 이미 자신의 말에 대한 인정 없이 정신과 정신의 내용 사이를 구별하는 정신의 실재와 함께 논의를 시작한 것이기 때문이다. 그러므로 과학이 자기 자신을 믿는 한, 과학은 경험 안에서 혹은 경험 너머에서 경험을 시험하고 명령하는 통일성, 유대, 주체를 상정하려는 필연성으로부터 자유로울

---

27 편집자 주: 다음과 같이도 번역 가능하다. "천문학은 실수 없는 정확함으로 천체들의 운동에 대해 계산할 수 있지만 그것들의 본질과 구조에 대해서는 어떤 빛도 비춰줄 수 없다."

수 없다.[28] 경험이 경험하는 주체를 주관적으로 전제하는 것처럼, 과학도 주체가 관계들 속에서 힘을 다 쏟는 것만큼 실재를 객관적으로 가리킨다. 주체 안에는 관련되고 있는 것(Beziehendes)과 관련된 것(Bezogenes) 사이의 차이가 존재한다. 대상 안에는 관계들과 서술된 관계들의 실재 사이의 차이가 존재한다. 페히너(Fechner)는 이에 대해 매우 옳은 말을 다음과 같이 남겼다. "단순히 구체화된 현상들뿐 아니라 그 현상들을 다 함께 모아 놓은 것도 실재를 가지며, 현상들을 다 함께 모아 놓은 것이 가장 높은 실재에 속한다."[29] 하지만 이에 대해 우리가 어떤 생각을 갖든지 상관없이 영혼과 세계의 실재에 대한 질문은 형이상학의 범주에 속해 있다. 경험적 탐구로는 이런 질문에 대한 답을 내릴 수 없다. 하지만 형이상학은 가능하다. 다른 말로 하면 믿음을 통해 이런 질문에 대한 답을 내릴 수 있다.

우리가 의도적으로 유아론의 깊은 늪으로 빠져 들어가지 않은 이상 반드시 인정되어야 할 실재의 궁극적 본질에 대한 문제도 이와 똑같은 논리로 이해할 수 있다. 유신론적 관점을 취하든 아니면 일원론의 또 다른 형태를 취하든 그 어떤 관점 속에서도 경험의 방식을 통해서는 실재의 본질에 대한 개념을 얻을 수 없다. 실재의 본질에 대한 개념을 얻기 위해서는 오히려 기본적인 관찰을 기반으로 행해지는 형이상학적 사고에 우리 자신을 반드시 내어 맡겨야 한다. 이는 사실 과학이라기보다는 사안을 결정하는 우리의 인격이 가지는 믿음이요 특징이다. 그러므로 물리학과 화학이 스스로의 연구 범위를 최대한 넓힌다 하더라도 이 사안에 대한 상황을 바꾸기란 거의 불가능에 가깝다. 화학은 여전히 70개의 화학 물질들을 다루는 학문인데, 이 물

28 Eduard von Hartmann, *Die Weltanschauung der modernen Physik*, 195, 197ff., 204ff. Dennert, *Die Weltanschauung des mod. Naturforschers*, 143.

29 Gustav Fechner, *Ueber die Seelenfrage* (Leibniz: C. F. Amelang, 1907), 214. Cf. Bradley, *Appearance and Reality*, ch. II, 25ff. 편집자 주: 이 문장의 원문은 다음과 같은 독일어이다. "Nicht bloss die Einzelheiten der Erschéinungen, sondern auch das Band derselben hat Realität, ja die höchste Realität."

질들이 용해되거나 서로 결합하더라도 화학 물질 자체에 영향을 끼치지 못한다. 단순히 그 성질이 서로 다르게 될 뿐이다. 물리학은 빛, 열, 전기적 현상을 진동으로 축소시키는 학문이지만, 이런 현상들 속에서 명백히 드러나는 질적 차이들을 양적인 관계로 축소시키는 작업만큼은 물리학조차도 아직 성공시키지 못했다. 사물이 가진 궁극적인 요소들의 본질[30]은 여전히 우리에게 완전히 드러나지 않았다. 이런 존재의 궁극적인 요소들이 크기, 형태, 무게, 혹은 질이 서로 다른 원자들이든지, 아니면 "단자," "실재들," 질료, 에너지, 혹은 그 전부 다 이든지 간에 이 모든 것들은 철학적 추론을 위한 주제로 어울린다. 왜냐하면 그 요소들 자체가 모든 관찰을 압도적으로 초월해야만 하는 것들이기 때문이다. 오늘날의 자연과학은 빛과 선기석 현상을 설명하기 위해 모든 공간을 채운 에테르의 존재를 가정한다. 하지만 이런 에테르는 단 한 번도 관찰된 적이 없으며, 그 본질이 무엇인지에 대해서도 여전히 베일에 싸여있다. 라듐이 헬륨과 리튬으로 변할 수 있다는 윌리엄 램지(William Ramsay) 경의 신인 이후로 모든 물질들의 근저에 존재하는 가장 기본적인 물질을 발견하기 위한 시도들이 줄을 지어 이루어졌다. 가장 기본적인 물질을 수소, 혹은 전자나 에테르 안에서 찾는 가설들도 이미 많이 세워졌다. 하지만 셴스턴(W. A. Shenstone)의 다음과 같은 말은 이 사안을 다루는 데 매우 적절하다. "우리는 원자들이 완전하게 전자들로 구성되어 있다거나 혹은 전자들은 전하에 불과하다는 것에 대해 여전히 정확한 지식이 없다. 비록 전자들이 전기적 관성을 보여주고는 있지만 원자의 관성 역시 전기적이라는 사실에 대해서는 아직 증명된 것이 없다."[31]

---

30 편집자 주: 번역자들은 베젠(wezen, 존재), 아르트(aard, 성질), 라츠트 인스탄시(laatste instantie, 최종적인 예 혹은 권위)라는 네덜란드 단어를 본질(nature)이라는 영어 단어로 통칭해 번역한다.

31 Shentone, "The Electric Theory of Matter," in Cornhill Magazine, qtd. in The Literary World (August 1907), 381. Cf. A. J. Balfour, Unsere heutige Weltanschauung. Einige Bemerkungen zur modernen Theorie der Materie, Deutsch von Dr. M. Ernst (Leipzig: J. A. Barth, 1904). Naturwiss. Wochenschrift (February 2, 1908) 이후에 나온 글인 M. Shoen,

모든 물질들이 하나의 기본적 물질로 축소되는 것 만큼, 다른 힘들은 원래 힘의 유일한 형태로 보여질 뿐이다. 힘 그 자체도 신비로운 현상이다. 오스트발트가 모든 물질들을 에너지로 축소시키길 원했을 때, 그는 추론을 통한 물질로부터 유래된 개념을 실체화했고, 인격화했을 뿐만 아니라, 결국 자기가 물질을 제거해버렸다는 잘못된 상상을 하기에 이르렀다.[32] 이처럼 모든 구체적인 힘들은 설명할 수 없는 신비 그 자체이다. 예를 들면 중력은 설명이 아니라 현상에 대한 이름일 뿐이다. 하지만 현상에 대한 이런 이름이 정확한지에 대해서는 여전히 의문이 남는다.[33] 특별히 생명력(Vital Force)에 관한 다양한 의견들이 존재한다. 기계론(mechanism)과 활력론(vitalism)은 생명력에 대해 서로 반대 의견을 갖는다. 신(新)활력론자들은 생명의 원인을 유기체의 특별한 힘 안에서 찾을 수 있는가 혹은 유기체를 압도하며 다스리는 개념이나 형상들 안에서 찾을 수 있는가를 가지고 자기들끼리 가열 찬 논쟁을 벌였다. 과학이 존재의 본질의 깊은 곳까지 파고들면 파고들수록, 혹은 피조물들의 상승 구조 속에서 더 높은 자리를 차지하면 차지할수록 수수께끼는 풀리기는커녕 차츰 더 늘어만 갔다. 세포는 생명이 가진 가장 최소의 형태이다. 하지만 세포를 구성하는 세포핵과 원형질은 동질이 아니며 다른 조합을 지향한다. 원생체의 나눌 수 없는(individua)[34] 본래적 형태가 한 종류만 있는 것이 아니다. 식물, 동물, 그리고 인간은 피조물들의 연속된 상

"Bestaat er een oer-grondstof?" *Wet. Bladen* (May 1908): 249-59. Johannes Reinke, *Die Natur und Wir* (Berlin: Gebrüder Paetel, 1908), 38.

32 Dippe, *Naturphilosophie*, 86, 89.

33 Rethwisch, in Dippe, 79ff. Reinke, *Die Natur und Wir. Th. Newest, Die Gravitationslehre ein Irrtum* (Wien: Konegen, 1905). 생명력(Vital Force)에 대한 다양한 관점들에 대해서는 위의 각주 10번에서 소개했던 폰 하르트만의 책을 살펴보라. 이에 대한 구체적인 논의로는 Karl Braeunig, *Mechanismus und Vitalismus in der Biologie des neunzehnten Jahrhunderts* (Leipzig: Engelmann, 1907)를 참고하라.

34 편집자 주: 바빙크는 근원 및 시초를 뜻하는 네덜란드어 우르(oer)와 나눌 수 없거나 분할 할 수 없다는 뜻을 가진 라틴어 인디비두우스(individuus)를 조합해 oer-individua라고 표기했다. 이는 태고의 통일성 혹은 나눌 수 없는 기원이라는 뜻을 갖는다.

승 사슬로 형성되지 않는다. 심지어 동물들도 하나의 원시적 형태로 축소된 적이 없었다. 오히려 동물들은 현재 8개의 강(綱, class)으로 분류된다. 우리는 피조 세계 그 어디에서도 끊임없는 차이점들을 발견하며, 상상할 수 없을 정도로 다양한 형태들과, 생명과 본질의 고갈될 줄 모르는 무궁무진함에 직면한다.

과학의 의무는 각종 현상들이 가진 혼돈스러움에 질서를 부여하는 것이다. 과학은 우리에게 실을 제공해야만 하는데 우리는 이 실을 붙잡고 걸어감을 통해 미궁 속으로 빠져 들지 않고 옳은 길을 찾아 그 길로 걸어갈 수 있게 된다. 하지만 앞에서 이미 논의한 것처럼, 과학은 이 세계의 미로를 통과할 수 있는 길은 반드시 일원론이 되어야만 한다는 선험적이고도 선혀 증명 가능하지도 않은 전제를 갖고 있다. 이런 상황 속에서 결국 일원론이 온전한 선험론적 세계관(wereldbeschouwing)으로 세워지고 말았다. 일원론적 관점에서 볼 때 이 세계는 자기 자신에 대한 설명을 자기 자신 안에서 찾아야만 한다. 하지만 서로 다른 점을 파괴하기보다는 그 나쁜 점들까지도 서로 포함하고 감쌀 수 있는 참된 통일성은 오로지 이 세계 전체를 하나님의 영원한 계획[35] 속에 드러난 지혜와 능력의 산물로서 이해 할 때야 비로소 우리에게 다가오게 될 것이다. 의지와 지성 둘 다를 갖고 계신 인격적인 하나님만이 통일성과 구별성을 동시에 가진 이 세계에 존재를 부여할 수 있는 분이다. 하나님의 형상으로 창조된 인간만이 인지 가능하고 의지를 품을 수 있는 존재 즉 "지식을 만들어내고 도구를 만들어 낼 수 있는 인간"[36]이다.

하지만 잠시 동안만이라도 모든 물질, 모든 힘, 모든 존재와 모든 생명들이 우리의 사고 속에서 하나의 궁극적인 원리로 축소될 수 있다고 가정해 보자. 설사 그렇게 된다하더라도 일원론의 진리나 이 세계를 설명하기 위해

---

35 편집자 주: 네덜란드어 원문은 라트 호츠(Raad Gods)이다.
36 편집자 주: 바빙크는 이 인용구에 대한 각주를 표시하지 않았다. 아마도 이 인용구는 벤쟈민 플랭클린(Benjamin Franklin)의 말일 것이다.

필요한 모든 것들을 전부 다 얻을 수는 없을 것이다. 왜냐하면 그 무엇보다도 예전의 논리적 법칙이 여전히 작동기 때문이다. 어떤 것의 가능성으로는 그 존재를 확신할 수 없다(*a posse ad esse non valet consequentia*).[37] 이 세계가 한 힘의 행위를 통해 하나의 본질로부터 생산되었다는 개념이 참되다는 생각뿐만 아니라, 이 개념과 실재가 서로 일치한다고 여기는 우리의 생각은 사실 전혀 증명될 수 없는 생각이다. 산소 외에도 생물체를 구성하는 요소들, 예를 들면 탄소, 수소, 질소, 황 같은 요소들은 이미 우리들에게도 잘 알려져 있는 요소들이다. 하지만 이 네 가지 요소들은 독립적인 상태에서 절대 발견되지 않는다. 오히려 산소와의 조합을 통해(즉 산화되어) 탄산, 물, 황산, 질산칼륨의 형식으로 항상 발견된다. 이 요소들이 흰자(알부민)나 다른 유기적 조합물이 되기 위해서는 반드시 산소와 분리되어야만 한다(즉 탈산화 되어야한다). 이 세계가 만들어진지 얼마 안 되었을 때에 산화되지 않은 탄소, 수소, 황이 존재했는지 존재하지 않았는지에 대한 답은 오로지 경험을 통해서만 내릴 수 있다. 하지만 늘 그렇듯이 경험을 통해 앎을 얻는 것은 결코 쉽지 않은 일이다. 논리적으로 분해하는 것과 실제로 분해하는 것은 서로 다르다. 설사 화학이 단 하나의 본래적 요소를 최종적으로 발견한다하더라도, 태초부터 독립적으로 천천히 점진적으로 존재했던 단 하나의 본래적 요소가 각종 기계적 조합을 통해 다양한 존재 요소들을 불러 일으켰다는 생각이 증명될 수는 없다.[38] 물리학도 할 수 있음(*posse*)을 존재(*esse*)로 만들 힘이 없으며, 개념을 실재로 만들 힘 역시 없다. 결국 물리학은 외부적 힘에 의해 제한되는 것이 아니라 오히려 스스로가 갖는 특성으로 인해 제한된다.

---

37 편집자 주: "무엇인가가 존재한다는 사실로부터 가능하게 된다"(From the fact that something exists, it follows that it is possible)로도 영어 번역 가능하다. (역자 주: 하지만 편집자 주의 영어 번역은 반대의 의미를 지니게 되므로 다음과 같은 부정문 즉 From the fact that something is possible, it doesn't follow that it exists[무엇이 가능하다고 해서 그것이 실제로 존재한다는 것은 아니다]로 수정할 필요가 있다).

38 W. von Schnehen, *Die Urzeugung, Glauben und Wissen* (Stuttgart, 1907), 403-15.

논의를 진행시키기 위해 본래적으로 오직 하나의 요소와 힘만이 있었고 이를 통해 모든 것들이 점차로 발전되었다는 생각에 동의를 표해보도록 하자. 만약 이 생각에 동의한나면 자연과학은 단순화될 수 있을 것이다. 그럼에도 불구하고 이 세상에 존재하는 다양성의 수수께끼는 계속적으로 남아 있게 될 것이다.[39] 자연과학은 단순한 순행과 역행을 반복하게 될 것이며, 하나의 본질로 옮겨갔다가 또 다시 끊임없는 과거로 되돌아가게 될 것이다. 이런 반복을 통해 긴장은 더욱 더 증폭될 것이다. 이런 상황 속에서는 다음과 같은 질문이 자라날 수밖에 없다. 단 하나의 획일적인 본래적 요소로부터 이 세계가 만들어졌다면 어떻게 이토록 끝 없는 다양성이 이 세상 속에 존재할 수 있을까? 이 질문의 답에 대해 인지론자들에게는 서제의 활자 한 벌의 우연적 결합으로 인해 서사시 **일리아드**(Iliad)가 만들어질 수 없다고 말해왔다. 하지만 이 세계를 설명하는 데 일원론자들이 겪는 어려움과 비교할 수 있는 어려움이란 없다. 왜냐하면 알파벳조차도 최소한 서로 다른 글자로 구성되고, 언이 역시 인산의 성신이 각종 소리들로부터 수천수만의 단어들을 조합해 만들어내기 때문이다. 하지만 신(新)일원론은 이 세계의 **일리아드**를 같은 글자와 같은 소리의 조합 과정에 내어 맡긴다. 이런 조합 과정은 이 세계를 이루는 하나의 본질을 오직 신의 경지에까지 고양시킬 때에야 비로소 가능한 과정일 뿐 아니라, 인격적인 하나님의 전지성과 전능성을 유신론의 틀 안에서 인정할 때에야 비로소 가능한 과정이다. 형이상학 없이는, 신학 없이는,[40] 믿음 없이는, 하나님 없이는 물리학도 자신의 목적을 관철시킬 수 없다. 하지만 최종적으로 호출된 하나님이야말로 신의 기계적 출현(Deus ex machina)이다. 자기 안에서 자기 자신을 숨기는 믿음이야말로 무지의 도피처(asylum ignorantiae)이다. 믿음이 상상하는 하나님은 믿음 자신이 만드는 것들 중 하나일 뿐이다.

---

39 Otto, *Natural. und relig. Weltansicht*, 37.
40 편집자 주: 1909년 번역본에서는 신학 없이(*zonder theologie*)라는 문구가 생략되어 있다.

요즘 모든 영역에 걸쳐 분노를 표출하는 과학과 믿음, 물리학과 신학 사이의 충돌로 대변되는 갈등이 여기저기에 가득하다. 이 둘 사이의 가장 큰 차이점은 "자연은 무엇인가"라는 질문과 관계된 것이라기보다는 "하나님은 누구신가"[41]라는 질문과 관계되어 있다. 이 사안에 대해 보다 더 선명히 논의하기 위해서는 가능한 범위 내에서 운동의 문제에 주목할 필요가 있다. 철학이 모든 시대와 모든 나라, 모든 시간에 걸쳐 자기 스스로를 두 가지 경향으로 나누었다는 사실로 이 문제를 풀 수 있다는 것은 명확히 증명되었다. "되어가는 것"은 제논(Zeno)과 함께 "존재"에 희생당했다. "존재"는 헤라클레이토스와 함께 "되어가는 것"에 희생당했다. 사실 우리는 이 둘을 다 살릴 수 없다. 왜냐하면 "되어가는 것"은 "존재"를 전제하는 개념이기 때문이다.[42] 만약 주제의 동일성과 연속성이 없다면 변화의 질문 또한 없다.[43] 하지만 일원론은 이런 구별을 받아들이지 않았으며, 움직임을 안정감으로 혹은 안정감을 움직임으로 축소시키려는 노력을 했을 뿐 아니라, 결과적으로 또다시 실재라는 사실을 개념들의 놀이로 희생시키고 말았다. 일원론은 이런 노력을 통해 움직임의 문제로 인해 비롯되는 모든 종속된 지점들 속에서 출구 없는 **교착 상태**(impasse)에 빠지게 되었다.

운동이 실재이든 모습이든지간에 그 운동의 원인과 본질, 법칙과 목적에 대한 질문은 절대로 억눌려질 수 없다. 만약 현재 제1운동자(*primum movens*)가 없다면, 현존에 "되어가는 것"을 부여하는 "존재"도 없게 되며 결국 아무 것도 남아 있지 않게 되고 운동은 영원 속에서 사고 할 수밖에 없다. 그러므로 헤켈은 우주의 본질이 물질과 에너지라는 속성들과 함께 무한한 공간으

---

41 편집자 주: 1909년 번역본에서는 "하나님은 무엇인가"(What is God)로 번역되었다. 하지만 네덜란드어 원문은 비(*Wie*) 즉 "누구"이므로 "하나님은 누구신가"라고 번역하는 것이 더 낫다.

42 편집자 주: 바빙크는 보르던(*worden*) 즉 "되다"와 제인(*zijn*) 즉 "있다"라는 단어를 이곳에서 사용한다.

43 Immanuel Kant, qtd. in Eisler, *Wörterbuch der philosophischen Begriffe* (Berlin: E. S. Mittler, 1910), 618.

로 채워져 있으며 영원한 운동 안에 존재한다는 주장에 확신을 표했다. 헤켈에게 이런 운동은 끝없는 시간 속에서 진행되었다.[44] 지면 속에서 얼마든지 사고 가능했던 생각들이 생각의 과정 속에서는 과도한 이율배반을 형성하고 말았다. 영원과 운동은 무한성과 공간(혹은 시간), 절대와 상대, 하나님과 세계와 같은 주제들처럼 서로 간에 큰 상관관계가 없는 주제이다. 하지만 만약 헤켈이 생각한 것처럼 이 세계가 거대한 기계라면 이 모든 것은 불가능에 가깝다. 왜냐하면 영원토록 쉬지 않고 일을 하는 기계는 상상할 수 없으며 영구적 운동(perpetuum mobile) 또한 불가능한 것이기 때문이다. 만약 이 세계가 영원하다면, 그것은 분명 기계는 아닐 것이다. 하지만 만약 이 세계가 기계라면, 그것은 영원할 수 없다.

운동의 본질 속에서도 이와 비슷한 어려움이 대두된다. 모든 사람들은 원인 없는 결과가 없다는 확신 가운데 항상 살아왔다. 설사 고대 사회를 살았던 사람들이 수많은 현상과 발생의 원인을 하나님, 영, 신비로운 능력으로 돌렸다하더라도, 이는 인과관계 법칙이 근대 사회의 발명품이라기보다는 인간 정신의 범주에 더 가깝다는 것에 대한 단순한 증거로 볼 수 있을 뿐이다. 사실 고대 사회 속에서도 모든 현상들의 기원을 초자연적 활동으로 돌리지 않았을 뿐만 아니라, 오늘날의 소위 원시 민족(nature-people)[45] 사이에서도 그렇게 하지 않는다. 왜냐하면 언제 어디서나 사물과 존재에 대한 자연적 원인을 지칭하는 범주들이 꽤 확장되어왔기 때문이다. 인간은 시작부터 먹고 살기 위해 일을 해왔다. 인간은 물고기를 낚고 동물들을 쫓아가야만 했다. 뿐만 아니라 스스로를 농사에 적응시켜야만 했고 가축을 길러야만

---

44 Haeckel, *Die Weltrathsel*, 15-16.
45 편집자 주: 바빙크는 나튀르폴켄(natuurvolken)이라는 네덜란드어를 사용한다. 이 단어는 20세기 초 인류학자들 사이에서 흔하게 사용되었던 단어였다. 이후에 이 용어의 사용이 거부되었는데 그 이유는 이 단어 속에 토착민들은 기술의 진보가 없으며 발전도 없고 문화도 없다는 의미가 내포되어 있었기 때문이다. 또한 결과론적으로 생각했을 때 이 단어는 자연과 문화를 반립 개념으로 규정하기 때문이기도 했다.

했다. 비록 원시적 방식이긴 했지만 인간들은 지식과 예술에도 자기 자신을 적용시켰다. 인간들은 눈앞에 있는 수단들의 도움을 받아 식량을 얻었고, 옷을 지어 입었으며, 보금자리를 만들었다. 이런 측면에서 볼 때 자연적 원인의 개념은 절대로 인간 안에 결핍되어 있지 않았다. 하지만 과거의 이런 자연적 원인의 영역은 의심할 필요도 없이 현재보다는 훨씬 더 제한적이었다. 과학은 점차로 자연과 자연적인 것이라는 개념의 범위를 확장시켜나갔다. 모든 이성적인 인간들은 물질 너머에 있는 영이 가진 능력과 통치인 우리 지식의 이런 팽창을 기뻐한다.

과학이 원인과 결과 사이의 기계론적 관계만을 허용하기 위한 관점 속에서 인과관계의 법칙을 적용하려 했던 노력은 결국 그 일을 능숙하게 처리할 수 있는 능력 범위를 스스로 넘어섰을 뿐 아니라 현상들에 대한 설명 또한 제대로 할 수 없게 되었다. 왜냐하면 운동이라는 것이 비연속성 못지 않게 연속성 또한 전제하는 것처럼, 인과관계 역시 원인과 결과가 서로에게 관계를 미치며 존재한다는 사실과 더불어 결과는 적어도 원인과는 다른 무엇이라는 것을 내포하기 때문이다. 만약 그렇지 않다면, 모든 것은 그것 그대로 남아있게 되거나 혹은 적어도 같은 수준으로 남아 있게 될 것이다. 모든 것은 원 안에서 회전하게 될 것이며, 진보라든지, 상승 혹은 발전과 같은 것은 것들은 불가능한 일이 되고 말 것이다. 하지만 현실은 진보와 발전을 분명히 말한다. 모든 존재들은 서로 다르다. 심지어 기계적 인과관계의 영역 속에서도 모든 것들이 기계적으로 움직여지지 않는다. 우리는 여전히 인과관계란 명칭을 사용하지만, 사실 인과관계란 표현은 인과관계 그 자체보다 훨씬 더 풍성하고 깊은 실재를 온전히 담아 낼 수 없는 표현이다.

로지는 다음과 같이 매우 적절한 말을 남겼다. "아주 작은 입자들의 조합을 통해 드러난 **현상**은 반드시 조합된 것들의 재료를 지녀야만 한다는 가정은 필연적으로 타당하지 않다. 오히려 이와 반대로 완전히 새로운 속성들이 단순한 조합을 통해 자신의 모습을 만들어 낼 수 있다."[46] 요소들의 가장 단순한 조합들은 요소 자체들과 다른 속성을 이미 드러낸다. 물의 두 가지 구성 성분인 산소와 수소는 본질 상 물과 다르다. 황산염은 황산염을 구성하는 세 가지 구성 성분인 철, 황, 산소와는 다르다.[47] 이보다 좀 더 고등한 존재들 즉 유기물은 더더욱 그렇다. 유전(heredity)이라는 주제는 수년에 걸쳐 사람들의 주의 깊은 조사 대상이었다. 하지만 유전의 비밀이 풀렸는지 혹은 유전을 설명할 수 있는 논리가 **발견되었는지는** 그 누구도 장담 못한다. 라마르크(Lamarck), 다윈, 얼스베르크(Erlsberg), 헤켈, 내글리(Nägeli), 드 브리스(de Vries), 바이스만(Weismann), 헤르트비히(Hertwig) 등이 전개했던 유전에 대한 다양한 이론들이 우리에게 알려주는 것은 그 많은 이론들 중 어떤 한 이론도 만족스럽지 않다는 것뿐이다. 현재로서 우리가 유일하게 말할 수 있는 것은 유전 같은 것이 존재한다는 것이며 동시에 가변성 같은 것도 존재한다는 것이다. 이에 대해서는 처음부터 확실히 예상해왔던 바였다. 하지만 사실 우리는 유전의 원인과 관계성에 대해서 아무것도 알지 못한다. 모든 변화들은 보다 더 새롭고 보다 더 고등의 것들을 생산해내는 일종의 세대로 비춰졌던 것뿐이다. 사실 변화, 진보, 발전은 가능하다. 이런 변화와 발전이 모든 인과관계를 기계적 관계로 바꾸려는 시도가 처음부터 운이 다해버렸다는 사실을 명백하게 만들었다. 인과관계 속에서는 수치를 통해 표현된 것들 이외의 다른 힘들이 더 중요하다.

자연 법칙은 자기에게 종종 귀속되었던 것들과는 다른 측면도 있다. 우리는 자연 법칙을 오직 유신론적 관점에서만 말할 수 있다. 왜냐하면 자연 법

---

46 Lodge, *Life and Matter*, 49. Reinke, *Die Natur und Wir*, 25-26, 33. 편집자 주: 바빙크는 이 인용문을 영어 그대로 표기했다.

47 Kleutgen, *Die Philosophie der Vorzeit*, vol. II, 314-35. 편집자 주: 바빙크의 네덜란드어 원문은 다음과 같이 다소 다르게 기록되어 있다. "황은 황과 산소보다는 무엇인가 다르다"(*zwavel is iets anders dan zwavel en zuurstof*).

칙은 자연을 초월한 채 파종기와 수확기를 계획한 입법자[48]가 있을 때에만 존재 가능한 것이기 때문이다. 추위와 더위, 여름과 겨울, 낮과 밤은 이 지구가 존재할 때까지 사라지지 않을 것이다. 입법자인 하나님을 추상적인 관념 하에서 고찰할 때의 자연 법칙은 기껏해야 사물들이 움직이는 방식에 대한 인간적이고도 오류가 발생될 수 있는 묘사 정도에 불과해진다. 본질, 힘, 운동 같은 것들처럼 자연 법칙 역시 자주 실체화되었고 모든 것들을 다스리는 능력과 주관자의 수준으로까지 끌어올려졌다. 하지만 이런 상황을 거부했던 폰 하르트만의 다음과 같은 말은 이 사안을 다루는 데 적절한 말이다. "모든 추상적인 것들을 실체화하여 만들어낸 모든 개체들 즉 사물들의 존재에 앞서 그것들 위에 맴돌고 그것들을 통제하는 힘인 (자연) 법칙이야말로 가장 허구적이다."[49] 우리가 가진 자연 법칙은 사물들의 일과 운동이 작동하는 방식에 대한 유일한 공식이다. 그러므로 자연 법칙은 고정된 것과는 거리가 멀며 결코 불변하지 않다. 자연 법칙은 우리가 사물에 대해 더 많은 것들을 배우면 배울수록 변화하며, 수정될 뿐 아니라, 제한되며, 확장된다. 예를 들면 에너지 보존 법칙을 발견했던 로베르트 마이어(Robert Mayer)는 자연 법칙을 정신적인 삶의 영역 전체로부터 완전히 제외시켰으며, 자연 법칙을 통해 육체적인 것과 정신적인 것 사이를 구별하는 데 거대한 실수가 저질러졌다고 보았다.[50] 비록 분트는 1863년에 출판된 그의 『인간과 동물의 영혼에 대한 강의』(Vorlesungen uber Menschen- und Tierseele) 초판에서 자연 법칙을 정신적 영역에도 적용시키긴 했지만, 1892년 재판에서는 자신의 이전 입장

---

48 편집자 주: 네덜란드어 원문에는 벳헤버르(Wetgever)라는 대문자로 표기하면서 좀 더 그 의미를 강조했다.

49 Von Hartmann, *Die Weltanschauung*, 203. 편집자 주: 이 인용구의 원문은 다음과 같은 독일어이다. "von allen Entitäten, die durch Hypostasirung einer Abstraktion gewonnen sind, die des Gesetzes als einer realen, den Dingen vorausgehenden, über ihnen schwebenden und sie leitenden Macht wohl die fiktivste sein dürfte."

50 R. Schmid, *Das naturwiss. Glaubensbekenntnis eines Theologen* (Stuttgart: Keilmann, 1906), 87.

을 분명히 철회했다. 분트는 정신 물리적 평행설(psychophysical parallelism) 이론을 옹호한 이래로 자신의 의견, 즉 헤켈로부터 나이 든 세대에서 일반적으로 나타나는 "외부 장기들과 뇌의 점진적 퇴행"[51]이라는 식의 조롱을 받았던 의견을 수정했다. 이와 비슷하게 로지도 질량과 에너지 보존 법칙에 대해 매우 심각한 반대를 표했다. 로지가 생각할 때 이런 법칙들은 기껏해야 현재 우리가 아는 힘들에만 적용 가능한 법칙이기 때문이다. 하지만 물질이 에테르의 복잡한 현상학적 형태를 반드시 증명해야만 하는 경우에서는 물질의 생산과 소멸이 가능할 것이다. 또한 생명이 물리-화학적 힘보다 더 나은 무엇이라는 것을 반드시 증명해야만 하는 경우에서도 라듐의 발견 이후 일부 사람들이 이미 제안했던 것처럼 에너지 보존 법칙은 반드시 수정되어야만 할 것이다. 그러므로 물질이 그 본질 안에서 드러나지 않는 이상, 혹은 피조물 내에 존재하는 힘들이 우리에 의해 고갈되지 않는 이상, 법칙들의 모든 형태들은 필연적으로 임시적일 수밖에 없으므로 결국 겸손의 태도를 갖는 것이야말로 과학적 영혼을 가진 증거가 될 것이다.[52] 그 이유는 철학적 관점 하에서 살펴본다하더라도 모든 자연 법칙들은 모든 존재와 모든 힘의 기원과 근거인 한 존재의 본질에 의해 결정될 수밖에 없기 때문이다. 그러므로 법칙들은 형이상학적 특성을 가질 수밖에 없다.

게다가 이렇게 될 때에야 비로소 의미와 목적을 가진 세계의 발전 속에서 어떤 질문이라도 피어오를 수 있게 된다. 다윈은 자연 선택 개념을 발견한 것에 대해 크게 기뻐했다. 왜냐하면 다윈은 자연 선택설의 도움을 받으면 신적인 지혜의 도움 없이도 자연적 적응들을 설명할 수 있을 것으로 생각했기 때문이다.[53] 헬름홀츠(Helmholtz)는 어떻게 "유기체의 형성 안에서의

51 Haeckel, *Weltråthsel*, 117-18. 편집자 주: 이 인용구의 원문은 다음과 같은 독일어이다. "allmähliche Rückbildung ebenso im Gehirn wie in anderen Organen eintritt."
52 Lodge, *Life and Matter*, 54ff. Cf. J. Froehlich, *Das Gesetz von der Erhaltung der Kraft in dem Geist des Christ* (Leipzig: Engelmann, 1903).
53 Bruno Wille, *Darwins Weltanschauung*, etc. Cf. Lect. I, note 16ff.

적응이 어떤 지성적 요인의 간섭 없이 자연법의 맹목적 통치를 통해 생산"[54]
가능한지를 밝히며 생명 연속설(the doctrine of descent)의 가치를 발견했다.
헤켈은 세계를 기계론적으로 본 인물이었음에도 불구하고 끊임없이 수단과
목적, 이기적 의무와 이타적 의무, "윤리에 대한 근본 법칙"(Grundgesetz), "규
범학"(Normwissenschaft) 등에 대해 논의했다.[55] 진화론적 가설들이 내뿜었던
공격들은 그 본질 상 적응(adaptation) 개념에 직접적인 위해를 가하지 않았
다. 진화론은 기계적 인과관계로부터 진행되는 개념이긴 하지만 오히려 진
화론의 모든 강조점은 발전의 경향과 목적에 두었다. 진화론은 자신이 진보
적 이론인 것처럼 보이는 상황을 사랑했다. 또한 진화론은 자신이야말로 생
명, 의식, 의지 그리고 모든 참되고, 선하고, 아름다운 것들의 기원에 대해 성
공적으로 설명해줄 수 있는 이론이라고 우리에게 말을 걸었다. 진화론은 점
차로 생존 경쟁을 고상하게 만들었으며, 우리로 하여금 생존 경쟁이야말로
가장 고귀하고 선한 "영혼의 전투"(Kampf des Geistes)라고 생각하게 만들었다.
진화론 속 인과관계는 목적론과 적대감을 불러일으키지 않았다. 오히려 진
화론 속 인과관계는 발전의 과정 속에 존재하는 유일한 수단이요 요소였다.
인과관계는 한편으로는 **강제**의 본질을 가졌고, 또 다른 한편으로는 의지와
적합성의 본질을 가졌다.[56]

　　하지만 이 세상 속에서의 적응이 존재에 대한 목적론적 증거와 지적인
능력의 섭리로 이해될 때 이에 대한 반대가 피어오를 수밖에 없게 되기 때

54　K. Dieterich, *Philosophie und Naturwissenschaft* (Freiburg: 1885), 9. 편집자 주: 이 인
용구의 원문은 다음과 같은 독일어이다. "wie Zweckmäszigkeit der Bildung in den
Organismen auch ohne alle Einmischung von Intelligenz durch das blinde Walt en
eines Naturgesetzes entstehen kann."

55　Haeckel, *Welträthsel*, 342, 404-5.

56　Haeckel, *Welträthsel*, 388ff., 439; *Nat. Schöpf.*, 156, 656; L. Stein, *An der Wende des
Jahrh.*, 51; *Der Sinn des Daseins*, 42ff. Dippe, *Naturphilos*, 153; Reinke, *Die Natur und Wir*,
209ff. 편집자 주: 번역자들은 네덜란드어 헷 무턴(het moeten) 즉 "강제"와 베호런(behoren)
즉 "적합하다"와 번역되지 않은 독일어 졸렌(sollen) 즉 "마땅히 … 해야 한다"에 이탤릭체 표
기를 했다.

문에 결국 모든 기형적이고 제대로 발달되지 못한 장기들, 모든 재난들과 사고들은 이런 증거가 가진 힘을 부숴버리는 증거로 여겨지게 될 것이다. 아마도 무의식적이고 맹목적인 적응도 존재할 것이다. 하지만 이런 적응은 의식과 지성이 있는 적응이 아니다. 헤켈은 눈과 귀가 매우 불가사의하게 구성되어 있기 때문에 우리로 하여금 심사숙고해서 결정한 구성 계획에 따라 눈과 귀가 창조되었다고 믿게끔 우리를 유혹한다고 말했던 적이 있다. 하지만 헤켈은 이런 "유혹"(verleiding)에 **경계를 표했다.** 그 결과 헤켈은 소위 과학과 믿음 사이의 갈등이 물리적 영역 내에서 벌어지기보다는 형이상학적 영역 내에서 벌어진다는 사실, 즉 자연에 **집중**하기보다는 하나님께 집중한다는 사실에 대해 배신을 감행하고 말았다. 사실 우리에게 자연이 무엇인가라는 질문은 하나님은 무엇이며 하나님은 우리에게 어떤 분인가라는 사실을 통해 결정된다.

우리가 형이상학에 대해 어떤 입장(standpunt)을 갖는지에 대해 과학, 특별히 물리학은 관심을 표한다. 하지만 우리는 우리 마음에 좋은 대로만 생각할 수 없다. 심지어 과학적 작업조차도 도덕적 특성을 갖는다. 우리는 이런 도덕적 특성 뿐 아니라 모든 헛된 말들에 대해서도 반드시 설명해야만 한다. 하나님과 자연을 서로 분리시키고 자연을 하나님의 계시와 사역의 차원에서 보지 않고 오히려 가장 완전한 의미에서의 무신론(ἄθεος)적 관점에서 볼 때, 이런 불신앙은 미신으로 그 성격이 바로 뒤바뀌어 버릴 수밖에 없다. 하나님 없이 살아가고 하나님 없이 생각하는 것 모두는 망가질 수밖에 없다. 하나님의 존재에 대한 부정은 피조물을 하나님의 자리에까지 끌어올리는 것을 포함한다. 이는 이미 헤켈의 유물론에서 명백해졌다. 헤켈은 자신의 무신론을 공언했으며 자신의 본질을 오로지 하나님만 소유할 수 있는 영원성, 무소부재성, 전능성에 투자하는 일을 감행했다. 이런 일은 에너지-정신적 일원론과 논리적 일원론에서 보다 더 선명히 일어났다. 왜냐하면 이런 생각은 이 세계가 사람이 분리시킨 후 다시 조합할 수 있는 기계가 아니며, 오히려 이 세계는 모든 것을 생산해내고 통제하는 무의식적이고도 신비로운 힘이라는 것을 인정하는 것과 밀접한 관련이 있기 때문이다. 과학을 통해 오랫동안 믿어왔던 자연의 명료함은 자신의 자리를 점점 더 불가지(onkenbaarheid)적 고백에게 내어주었다. 몇 년 전 페히너는 자신의 물활론(hylozoism)에 대해 선포하며 많은 헬라 철학자들이 그랬던 것처럼 우주 만물을 문자적으로 살아 있는 유기체로 이해했다. 페히너의 이런 개념은 이후 많은 사람들의 동의를 받았다. 1889년 포크트(Vogt)는 원자를 고통의 기원으로 돌렸다. 헤켈은 사랑과 고통의 힘을 원자들의 인력과 척력에서 바라보았을 뿐 아니라, 모든 원형질의 생체분자(生體分子, organic molecules)들에 생기를 불어 넣었고, 나무와 물을 세포들의 속성인 셀 수 없이 많은 기초적인 영과 혼을 통해 그리스 님프들로 대체시켰다.[57] 비록 자연 법칙은 불완전하게 알려진 힘들이 작동하는 방식이기 때문에 결함 있는 형식을 가졌지만, 그럼에도 불구하고 자연 법칙은 로마인들이 생각했던 추상적 인물들처럼 신화적 존재 수준까지 끌어올려지고 말았다.[58] 자연을 연구하는 모든 탐구자들은 모든 것들이 인간의 인격성으로부터 차용되었다는 생각, 정신적 내용을 가졌다는 생각, 그러므로 그런 생각들을 빼앗겼을 때 기껏해야 빈 형상만 남게 될 것이라는 생각을 멈추지 않은 채 힘, 능력, 산업, 노동, 저항, 긴장 등과 같은 개념들을 자연에 적용했다. 사물의 본질 안에서 무엇이 행해졌든지 간에 그것은 원시적 **인간**에게 돌리는 순수한 실수로 여겨졌다. 이런 상황 속에서 자연은 결국 물활론적인 개념 혹은 신인동형론적인 개념으로 설명되었다.[59] 현재 과학이 가진 사안은 마치 일반적인 생각에 따라 유아기 때부터 존재해왔던 것처럼 인간들 사이에 존재하는 동료애에 손을 뻗는다.[60]

57 Dr. W. H. Nieuwhuis, *Twee vragen des Tijds* (Kampen: Kok, 1907), 39, 66.
58 Eduard von Hartmann, *Die Weltanschauung*, 203.
59 Lipps, *Naturwiss. und Weltanschauung*, 19.
60 Ritter, *Schets eener critische geschiedenis van het Substantiebegrip in de nieuwere wijsbegeerte* (Leiden: E. J. Brill, 1906), 471.

최근의 문학과 예술은 과학보다 자연을 신성시하기 위한 보다 더 놀라운 증거들을 더 많이 제공한다. 왜냐하면 최근의 예술 전반은 자연의 가치를 과소평가하지 않은 채 자연 앞에서 힘을 못 쓰는 인간상을 드러내는 것이 목표이기 때문이다. 지난 세기 동안 벌어졌던 이런 부흥 운동은 결국 신비주의로의 회귀이다. 사물의 본질은 물질적 원자 속에 존재했던 것이 아니라고 보며, 오히려 사물의 본질을 생명, 무한하게 깊은 생명, 영원토록 작동하게 될 힘으로 보았다. 이런 원리는 결국 상징주의(symbolism)로 발전될 수밖에 없는데 상징주의란 예술 속에서 이루 말할 수 없는 것들을 소리, 색깔, 줄, 아라베스크 무늬 등으로 표현하려는 시도를 뜻한다. 이런 상징주의는 신비스러운(mystici) 것들을 찬양하는 행위로 발전하게 되며, 프랑스의 신(新)기독교인(néo-Chrétiens)과 함께 벌어졌던 로마 가톨릭 숭배와 같은 종교에 대한 미학적 접근으로 사람들을 이끌게 된다. 우주에 대한 범신론적이고도 불가지론적인 개념은 현재 활동하는 모든 힘들이 신비스럽고도 맹목적인 운명이며 이 운명 속 인간들은 노리개에 불과해 아무짓에도 영향력을 미칠 수 없다는 결론이 도출되게 된다. 이것이 바로 현재 예술 속에 나타나는 자연의 모습이다. 자연은 비밀스러운 능력과, 어두운 활동, 부드러운 심기를 가진 존재로 인식된다. 자연에 저항하는 인간은 단순한 자연적 존재 정도로 그 존재가 강등되며, 유전에 압도당한 채 자신의 욕구와 열정이 버려지게 되고 결국 자신의 자발성, 자유, 인격성이 사라지며 더 이상 아무 능력도 남아 있지 않기 때문에 들판에 있는 식물들처럼 살아갈 수밖에 없게 된다.[61] 결국 과학이 승리를 맛보면서 인간과 자연 사이의 관계성은 예전과는 다르게 매우 상반된 관계성을 지니게 되고 말았다. 기독교인이 가진 자연에

---

61 Georg Lasson, Wilhelm Lütgert, Erich Schaeder, Karl Bernhard Bornhäuser, *Natur und Christenthum*, four lectures (Berlin: Buchhandlung Fr. Zillessen, 1907), 49ff. Richard Hamann, *Der Impressionismus in Leben und Kunst* (Köln: M. Dumont- Schaubergschen, 1907).

대한 관점(natuurbeschouwing)은 점차로 이교도적 관점에 자신의 자리를 내어주게 되었다. 신지학(神智學, theosophy)과 강신술(降神術, spiritism), 텔레파시(telepathy)와 점성술의 폭넓은 확대는 자연 아래에 인간을 두는 상황을 더 강화시키는 데 도움을 주었다. 자연을 비신화했던 상황은 역전되고 말았고, 인간의 고귀한 자유는 운명론적 종속 안으로 들어가게 되었다.

하나님과 참된 관계에 있는 인간만이 자연과 참되고 자유로운 관계를 얻을 수 있다. 이런 관계는 오로지 기독교에서만 가능하다. 인도, 중국, 바빌론, 이집트, 그리스, 로마의 다신교에서의 인간은 자연을 넘어서는 자유를 획득할 수 없다. 왜냐하면 모든 피조물들, 식물, 동물, 목재, 나무, 산, 개울, 별, 태양 등에 신들이나 영들이 서식하기 때문이다. 만약 이 사실을 거부할 경우 인간은 지속적인 두려움과 깨지지 않는 불안감에 고문을 당하게 될 것이다. 하지만 모세와 선지자들, 그리고 예수 그리스도와 사도들의 가르침에 귀를 기울일 때 많은 것들이 완전히 변화될 것이다. 이 모든 사람들은 자연을 넘어서는 자유를 가졌던 사람들이었다. 왜냐하면 그들은 하나님과의 교제를 통해 자연을 넘어선 자들이었기 때문이다. 자연을 신성시하는 것은 자연을 경멸하는 것만큼이나 상상할 수 없는 일이다. "이교도주의는 세계를 지나치게 남용하는 것과 세계의 능력에 대해 어린이 같이 무서워하는 것 사이에서 흔들린다." 하지만 이스라엘에서의 상황은 완전히 다르다. "히브리인은 주권적인 자의식을 가지고 세계와 자연에 직면한다. 히브리인에게 세계에 대한 두려움은 알려진 바 없다. 그럼에도 불구하고 히브리인은 가장 높은 책임감을 가지고 자연과 대면한다. 하나님의 대리인인 인간은 능력이 허락하는 범위에서만 세계를 다스린다. 인간은 자신의 변덕스러움에 복종하지 않는다. 오히려 하나님의 계시된 의지에만 복종한다."[62]

62 Rudolf Smend, *Lehrbuch der altt. Religionsgeschichte* (Freiburg: J. C. B. Mohr, 1893), 458. H. Martensen Larsen, *Die Naturwiss. in ihrem Schuldverhältnis zum Christenthum* (Berlin: Reuther & Reichard, 1897). Friedrich Lange, *Geschichte des Materialismus*

자연(natuur)을 향한 이런 자유롭고 고상한 관계가 만들어지기 위해서는 그 무엇보다도 이 세상 전체를 하나님께서 창조하셨다는 인식이 있어야만 한다. 바로 여기서 일원론이 헛되게 찾았던 진리가 즉각적으로 발견된다. 모든 다양성의 근저에는 반드시 통일성이 있어야 한다.[63] 하지만 이런 통일성은 이 세계 속에서 발견 할 수 없다. 왜냐하면 물질과 힘, 영과 물질, 육체적인 것과 정신적인 것, 정신적인 것과 윤리적인 것, 개별성과 연대성 등은 하나로 축소될 수 없기 때문이다. 이것들은 서로가 서로 **다음에** 즉 연속적으로 잇따라 존재하지 않는다. 오히려 이것들은 각자만의 개념과 가치를 가진 채 서로 서로 **나란히 함께** 존재한다. 그 누가 이 세계 속에서 통일성을 다양성으로, 존재하는 것을 되어가는 것으로, 영을 물질로, 사람을 지연으로, 혹은 그 반대로 축소시키려 노력한다하더라도, 이런 노력은 항상 남을 속이는 노력이 될 수밖에 없다. 그러므로 물리학은 형이상학이 필요하다. 자연 그 자체는 자신이 가진 존재의 핵심 속에서 스스로에 의해 혹은 진화에 의해 존재할 수 없다고 스스로 말한다. 오히려 자연 그 자체는 **계시**에 근거해 존재한다고 말한다. 하나님의 지혜와 전능성 안에서 선지자들과 사도들에 의해 기록된 계시가 바로 이 사실을 확증한다. 계시는 인간의 영혼이 그토록

(Leipzig: J. Baedeker, 1898), 129ff. Sellin, *Die alttest. Religion und die Religionsgeschichte*, 28-34. 편집자 주: 두 개의 인용문의 원문은 모두 다음과 같은 독일어이다. "Das Heidentum schwankt zwischen übermutigem Missbrauch der Welt und kindischer Furcht vor ihren Mächten. ⋯ Mit souveränem Selbstbewustsein steht der Hebräer der Welt und der Natur gegenüber—Furcht vor der Welt kennt er nicht—aber auch mit dem Gefühl der höchsten Verantwortlichkeit. Als Gottes Stellvertreter beherrscht der Mensch die Welt, aber auch nur als solcher. Seiner Willkür darf er nicht folgen, sondern allein dem geoffenbarten Gotteswillen."

63 편집자 주: Cf. 바빙크, 『개혁교의학』, 1:493; RD 1:368: "성경적 세계관과 기독교 신학 전체의 세계관은 전혀 다른 것이다. 그것은 일원론이 아니라 유신론이며, 자연주의적이 아니라 초자연적이다. 이러한 유신론적 세계관에 따르면 실체의 다수, 힘과 물질과 법칙의 다양성이 존재한다. 그것은 하나님과 세상, 정신과 물질, 심리적 현상들과 물리적 현상들, 윤리적 현상들과 종교적 현상들 사이의 구분을 제거하려는 것이 아니라, 모든 사물을 결합하고 연결하는 조화를 발견하는 것으로, 그 결과는 하나님의 창조적 사고에 관한 것이다. 그 목표는 단일성이나 획일성이 아니라, 다양성 가운데 통일성을 추구하는 것이다."

찾길 갈망했던 하나님의 주권과 계획을 우리에게 알려준다. 이런 유신론적 일원론이 항복하면서 유물론과 범신론의 짧고도 불만족스러운 시련 직후에 다신론의 다양한 형태로 되돌아가게 되었다.[64] 자연의 힘과 도덕적 선의 힘은 마니교 안에서 산산조각이 났다. 인간과 자연, 나라와 종교들의 기원이 다양하게 논의되었다. 이 세계 속에서 일하는 힘들은 통일성 있게 수렴될 수 없었고, 각각의 힘이 각자의 영역 속에서 실체화되었다. 처음에는 개념 속에서, 하지만 이후로 가면 갈수록 상상 속에서 그 각각의 힘들은 신들이 되었다. 하지만 그리스도 안에서 우리에게 다가온 계시는 이 모든 것들로부터 우리를 보호한다. 계시는 자기 자신을 자연 그 자체가 우리에게 알려주는 계시에 연결한다. 계시는 자연 계시가 가장 충만한 권리를 가질 수 있도록 고양시킨다. 또한 계시는 모든 형태의 다신론과 이분법을 뿌리부터 잘라내는 작업을 통해 자연 계시 스스로가 가진 참된 가치를 창조론이라는 방식을 통해 유지시킨다. 정신 뿐 아니라 물질도, 인간 뿐 아니라 자연도 신적인 기원을 가진다. 이 모든 것들은 존재가 되기 전에도 하나님의 생각 속에 머물러 있었다.

---

64 William James, *The Varieties of Religious Experience* (New York: Longmans Green, 1906), 525; "Pluralism and Religion," *Hibbert Journal*, 6 (July 1908): 271. Wundt, *Völkerpsych.*, II, 2, 223. McTaggart, *Some Dogmas of Religion*, 257ff. *Hibbert Journal* (January 1908): 445에 실린 로저스(Rogers)의 글도 참고하라. Cf. 하나님의 전능성을 부정했던 래시달(Rashdall) 박사와 하나님과 더불어 창조까지도 부정했던 해리슨(Harrison) 박사(McTaggart, 221n), 그리고 자연적 힘과 윤리적 힘으로서의 하나님을 구별했던 소위 네덜란드의 윤리적 근대주의자들도 살펴보라. I. Hooijkaas, *God in de geschiedenis* (Schiedam: Van Dijk, 1870), 35. 괴테는 이미 다음과 같은 말을 남겼다. "나는 내 존재의 다양한 경향성 안에 있는 나 자신에 대해 만족할 수 없다. 나는 시인이자 예술가로서 다신론자이다. 하지만 자연의 학생으로서는 범신론자이다. 이 둘 다 결정적이다. 만약 도덕적 존재인 나 자신을 위해서 하나님이 필요하다면, 이미 그것은 준비되어있다"(Ich kann für mich bei den mannigfachen Richtungen meines Wesens nicht an einer Denkweise genug haben; als Dichter und Künstler bin ich Polytheist, Pantheist hingegen als Naturforscher, und eines so entschieden als das andere. Bedarf ich eines Gottes für meine Persönlichkeit, als sittlicher Mensch, so ist dafür auch schon gesorgt). 편집자 주: 독일어 원문과 영어 번역본에는 오자가 존재하는데 다신론자를 뜻하는 독일어 단어 폴리티이스(*Polytheist*)가 Poiytheist로 표기된 것이다.

창조론은 하나님을 유지시킬 뿐 아니라 모든 피조물들의 선함과 순결함까지도 유지시킨다. 이 세계 속에 사는 인간들은 자기 고유의 독립적 장소를 제공 받은 자들이다. 인간들은 이 모든 세계, 물질로부터 형성된 것들, 땅의 저속한 것들과 일가친척들이다. 인간들에게 자연적인 것은 결코 이상한 것이 아니다. 하지만 또 다른 측면에서 볼 때 인간은 모든 피조물들과 다른 존재이다. 인간은 하나님의 형상을 닮은 아들이요 그의 자녀들이다. 이 사실 때문에 인간은 동물과 천사들보다 더 높은 존재이며 이 모든 세계를 다스리는 데 적합한 존재이다. 하나님과 인간, 그리고 세계 사이의 이런 관계성이야말로 모든 학문과 예술의 기원의 근거이다. 어떻게 사람들은 자신의 감각을 통해 이 세계를 관찰할 수 있는가? 자신의 지성을 사용해서 이 세계를 이해하는 것인가? 아는 것과 존재하는 것 사이의 이토록 놀라운 관계성은 과연 어디로부터 오는 것인가? 인간의 뇌 속에서 벌어지는 생각과 개념이 상상이나 환영이 아니라 실재와 연관된 생각이라는 신념의 근거는 무엇인가? 주체와 객체, 자아와 비(非)자아 사이의 조화의 근거는 무엇인가? 존재 법칙의 통일성, 생각의 개념, 행위 규범들의 근거는 무엇인가? 자연, 지식, 특성이 자신들의 공통된 조합(systema)을 어디에서 발견하는가? 근거 없는 신지학적 사고가 아닌 하늘나라 비유로 이 세상을 설명하셨던 그리스도의 생각 속에서 바라보는 자연에 대한 상징주의적 근거는 무엇인가? 괴테가 말했던 "모든 일시적인 것들은 비유일 뿐"[65]이라는 관점 속에서, 혹은 "자연법" 속에서의 드러먼드(Drummond)가 영혼의 법칙의 비유를 감지했다는 관점 속에서 자연에 대한 상징주의적 근거는 무엇인가? 비교, 은유, 시, 예술, 그리고 모든 학문과 모든 문화는 한 마디로 말해서 어디에 근거한다고 말할 수 있는가? 하나의 말씀, 하나의 영, 하나의 신적 지혜야말로 모든 사물들의 근거이며 모든 것들의 통일성과 상호 관계성이란 고백은 과연

---

65 편집자 주: 괴테는 이를 "alles Vergängliche nur ein Gleichnis"라고 표현했다.

어디에 근거하는가?

이 모든 질문들의 근거는 이 세계 속에 서려 있는 다양성을 인정하는 것으로부터 최종적으로 발견 가능하다. 유출설에 따라 모든 것들이 위로부터 점차 내려온다는 것을 수용하는 것보다, 혹은 진화론에 따라 모든 것들이 아래에서부터 점차로 위로 올라간다는 것을 수용하는 것보다 더 간단한 것은 없다. 박물관 속에서도 혹은 이와 동등하게 우리의 정신 속에서도 피조물들을 나란히 배치하고 몇몇의 가설들 혹은 개별적인 구성으로 사라진 연결고리를 채워 넣는 것은 매우 쉬운 일이다. 우스꽝스러운 예를 하나 사용해 설명하자면 이는 마치 영어 단어 폭스(fox)[66]즉 여우의 기원을 중간 형태인 로펙스(lopex), 팩스(pex), 펙스(fex) 등이 사라진 것으로 가정한 채 여우를 뜻하는 헬라어 단어 알로펙스(ἀλώπηξ)로부터 찾는 것처럼 쉬운 일이다.[67] 하지만 이런 생각은 마치 헤겔의 철학 속에서 구성된 선험적 세계와 같이 현실적으로도 우스운 생각이다. 피조물들은 발전으로 향하는 직선 속에서 서로가 서로를 계승하며 연속적으로 잇따라 존재하지 않는다. 오히려 피조물들은 **나란히 함께** 존재한다. 피조물들은 서로가 서로를 붙잡으며, 생명력 있고, 유기적이고, 다양성 있는 상호 관계 속에서 지속적으로 서로에게 영향을 끼치며 존재한다. 과거 모든 시대 속에서도 그래왔고 현재도 그렇게 존재한다. 종들이 가진 이런 항상성은 역사 속에서 인식된 다양성과 더불어 부정할 수 없는 사실이다. "자연 선택" 개념에 따르면 약한 표본 집단과 종들은 죽지 않고 더 강한 존재와 함께 나란히 계속해서 현재까지 존재한다. 단순하게 오직 존재만 모든 것들에 대항하는 모든 것들의 전쟁이 아니다. 오히려 존재란 지속적인 상호 지지일 뿐 아니라 상호 도움이기도하다. 존재 속에는 이 세계에 대한 혐오가 가득 존재하지만 동시에 이 세계를 향

---

66 편집자 주: 바빙크는 "English fox"란 표현을 사용하지 않았다. 오히려 여우의 네덜란드어인 포스(vos)를 사용했다. "het Nederlandsch wood vos uit het Grieksche woord."

67 Nieuwhuis, *Twee vragen des Tijds*, 82.

한 사랑도 한 가득 존재한다. 이 세계가 가진 다양성과 조화로움은 인격적 하나님 안에서 초월적으로 설명되어질 때 비로소 이해 가능하다. 랑게(F. A. Lange)는 이에 대해 다음과 같이 매우 적절한 말을 남겼다. "자유롭고 훌륭한 방식을 따라 광범위하고 포괄적인 규모 가운데 통합적인 계획과 실행의 기원을 유일하신 한 하나님께로 돌려 드릴 때야 비로소 모든 것들의 일관성이 인과관계의 원리에 따라 가능해질 것이고 심지어 이런 가정의 필연적인 결과도 드러나게 될 것이다."[68]

이런 유기적 세계관(wereldbeschouwing)에 대항하는 유일한 논증 하나가 발달되었다. 이 논증이 가진 비중은 높았는데 그 이유는 이 세계 속에 존재하는 끔찍한 고통으로부터 이 논증이 발달되었기 때문이다. 죄와 고난 모두로 볼 수 있는 이 끔찍한 고통은 감정을 자아낼 뿐 아니라 애끓는 마음을 불러일으키는 사실 그 자체이다. 창조 세계 전체는 고생 가운데 위치한다. 괴로움은 모든 살아있는 생명체가 가진 근본적 특징이다. 숨겨져 있는 거대한 고통 때문에 온 세계는 울렁거릴 수밖에 없다. 부법적이고 혼란스러운 것들이 질서 잡힌 것들 위에 존재한다. 모든 것들 안에는 설명할 수 없는 초조함이 한 가득 서려 있다. 헛됨, 변화, 그리고 죽음은 모든 존재하는 것들 속에 새겨져 있다. 인간들은 죄책의 깊은 골의 주변부를 걸어가는 존재들이다. 인간은 하나님의 진노 아래서 죽어가며 하나님의 진노로 인해 늘 불안해한다. 어떻게 하면 이런 고통 섞인 세계가 하나님의 지혜, 선하심, 전능과 화해를 이룰 수 있을까? 철학과 신학은 이 질문에 대답하기 위해 다양한 시도를 했다. 고통에 대해 유한한 것들 속에서 형이상학적으로 설명하려 노력하거나 혹은 이 세계 전체의 조화 아래서 미학적으로 설명하려 노력했다. 혹은

---

68 F. Lange, *Geschichte des Material.*, 130. 편집자 주: 인용문의 독일어 원문은 다음과 같다. "Wenn in freier und grossartiger Weise dem einen Gotte auch ein einheitliches Wirken aus dem Ganzen und Vollen zugeschrieben wird, so wird der Zusammenhang der Dinge nach Ursache und Wirkung nicht nur denkbar, sondern er ist sogar eine nothwendige Consequenz der Annahme."

고통을 인간의 영적인 삶을 더 강화하기 위한 것으로 보며 교육학적으로 접근해 해석하기도 했다. 타락후선택설자들은 하나님의 공의의 관점에서 고통을 이해했다. 로체(Lotze) 같은 경우엔 고통에 대한 설명을 찾는 것 자체를 절망스러워했고 심지어 하나님의 전능성과 지혜의 한계 속에서 피난처를 찾기까지 했다. 로체와 더불어 또 다른 사람들은 자연 법칙이나 물질 법칙 속에서 하나님의 일하심을 제한하기도 했다.[69] 하지만 설사 이런 다양한 이론들 속에서도 진리의 일부가 있다하더라도, 이 세계 속에 존재하는 고통은 너무나도 크고 다양해서 하나의 원인 혹은 하나의 공식 아래서 설명하거나 이해하는 것은 불가능하다. 그러므로 이런 이론들로 이 세계 속에 서려 있는 고통을 제대로 이해하는 것은 힘들다. 오히려 이렇게 이야기하는 것이 더 유익일 수 있다. "오늘날 그 누가 샌프란시스코에서 일어난 지진이 기계적 발생이 아니라 하나님의 행위라고 생각하겠는가?"[70] 하나님은 모든 것들을 섭리하시는 하나님이 아니신가? 실용주의는 자신의 권리 안에서 너무 멀리 나간 결과 모든 설명들을 불충분하고 오해의 소지가 있는 설명으로 이해했고 결국 다시 한 번 현실들에 대해 주의를 환기시켰다. 실용주의는 단순히 겉모습만 깼고, 우리의 눈에 붙어 있던 눈가리개 정도만 잡아챘다. 결국 실용주의는 이 세계가 사람들의 손을 통해서만 더 선하고 더 좋은 상태가 될 수 있는 혼돈 그 자체라고 공언해버렸다.

하지만 실용주의가 이렇게 공언할 때 가장 깊은 의미에서 한 가지 놓쳐버린 것이 있다. 그것은 갈등이 사람과 자연 사이에 존재하는 것이 아니라 인간의 마음속에서 존재하는 자신과 그렇게 되어야만 하는 자신과의 싸움

Paul Grünberg, *Das Uebel in der Welt und Gott* (Lichterfelde-Berlin: Runge), 1907. A. Bruining, *Het geloof aan God en het kwaad in de wereld* (Baarn, 1907).

70 편집자 주: 바빙크가 언급한 샌프란시스코 지진은 1906년 4월 18일에 일어난 지진으로 역사상 가장 치명적인 위해를 끼친 지진들 중 하나이다. 바빙크는 스톤 강연(the Stone Lectures)에 참석한 청중들이 여전히 가슴 쓰리게 기억하고 있는 샌프란시스코 지진을 예로 들면서 당시에 벌어졌던 사건들에 대해 예민한 감각을 보여준다.

으로 인해 불거진다는 사실이다. 이 갈등은 주로 육체적 본질을 가진다기보다는 윤리적 본질을 가진 갈등이다. 이는 무엇보다도 문화에 대한 모든 습득이 마음의 동요를 잠재우지 못할 뿐 아니라 양심의 소리를 억누를 수 없다는 사실로 인해 증명된다. 게다가 우리가 가진 영웅들의 증거에 따르면 이 세상에 존재하는 모든 고통은 믿음으로 극복 가능하다. 이미 자연 속에서 드러났고 성경을 통해 더 선명히 드러난 계시의 방식만이 온갖 조화롭지 못한 것들 사이를 화해시킬 수 있다. 계시는 이 세계 속에 서려 있는 각종 고통들을 설명하려는 시도조차 하지 않는다. 오히려 계시는 고통이 존재한다는 사실을 인정하며 수납한다. 이 수납은 비관적인 문학들이 늘 그렇듯 불평에 대한 비애감을 초월하는 식의 수납이 아니다. 계시는 사람들로 하여금 고통에 저항하고 반항하라고 부추기지 않는다. 오히려 계시는 사람들 자신의 삶 속에서 죄책 의식을 털어놓게 만든다. 계시는 인간이 얼마나 연약한 존재인지를 깨닫게 만들며 다음과 같이 말한다. "그 누가 하나님의 뜻을 대적할 수 있는가?"[71] 하지만 계시는 비하 상태에 빠진 사람을 즉각적으로 다시 일으킨다. 계시는 사물들에 대해 극기적 무관심이나 운명론적 묵인을 설교하지 않는다. 오히려 계시는 말씀을 통해 이처럼 비참한 상태에 빠져 있는 이 세계를 구원하시려는 하나님의 의지를 알게끔 만들어 준다. 계시는 성령 하나님을 통한 믿음의 인내로 사람들의 영혼을 채운다. 이를 통해 연약한 사람들은 모든 고통을 인내할 수 있게 되고 박해 속에서도 하나님께 영광을 올려드릴 수 있게 되며 결국 이 세계를 극복하게 된다. 만일 하나님이 우리를 위하시면, 그 누가 우리를 대적할 수 있을 것인가?[72] 이것이

---

71 편집자 주: 이 표현은 로마서 9장 19절 말씀 즉 "혹 네가 내게 말하기를 그러면 하나님이 어찌하여 허물하시느냐 누가 그 뜻을 대적하느냐 하리니"를 상기시킨다.
72 편집자 주: 이 표현은 로마서 8장 30절 말씀 즉 "그런즉 이 일에 대하여 우리가 무슨 말 하리요 만일 하나님이 우리를 위하시면 누가 우리를 대적하리요"를 상기시킨다(역자 주: 편집자는 롬 8:30으로 표기했지만 롬 8:31이 맞다).

야말로 세상을 이길 수 있는 유일한 승리요 심지어 우리의 **믿음**까지도 극복할 수 있는 승리이다.[73]

---

73 편집자 주: 이 표현은 요한일서 5장 4절 말씀 즉 "무릇 하나님께로부터 난 자마다 세상을 이기느니라 세상을 이기는 승리는 이것이니 우리의 믿음이니라"를 상기시킨다. 바빙크는 이 본문으로 설교했는데 이 설교문은 유일하게 남아 있는 바빙크의 기록된 설교문이다. 이 설교문의 영어 번역본은 Herman Bavinck, "The World-Conquering Power of Faith," in *Herman Bavinck on Preaching and Preachers*, ed. James Eglinton (Peabody, MA: Hendrickson, 2017), 67-84이다. (역자 주: 이 책은 2020년에 도서출판 다함에서 번역출간될 예정이다).

4장: 계시와 자연 핵심 해제

■ 핵심 메시지

바빙크는 본 장에서 19세기를 휩쓸었던 자연과학의 폭발적 발전에 대해 민감하게 인식하면서 계시와 자연과학 사이의 바른 관계성이 무엇인지를 포괄적 조망 하에 논구한다. 이 장에서 바빙크가 주장하는 핵심 메시지는 다음의 한 문장 속에 압축적으로 표현되어있다.

> 형이상학 없이는, 신학 없이는, 믿음 없이는, 하나님 없이는 물리학도 자신의 목적을 관철 시킬 수 없다(209).

이 문장에는 세 가지의 큰 담론이 있다. (1) 물리학, 즉 자연과학 그 자체는 독립적인 힘이 없다. (2) 자연과학은 형이상학이 필요하다. (3) 자연과학은 신학, 즉 하나님, 계시, 믿음이 필요하다. 이 장 전체를 지배하는 이 세 가지 담론들을 지금부터 하나씩 논파해보도록 하자.

첫째, 바빙크는 20세기 전반을 지배했던 '과학만능주의'에 심각한 반론을 표하면서, 하나님과 상관없이 스스로의 능력으로 객관적 독립성을 추구하려 했던 자연과학을 가리켜 '무신론'이라는 표현까지 쓰며 강하게 반박했다.

> 하나님과 자연을 서로 분리시키고 자연을 하나님의 계시와 사역의 차원에서 보지 않고 오히려 가장 완전한 의미에서의 무신론(ἄθεος)적 관점에서 볼 때, 이런 불신앙은 미신으로 그 성격이 바로 뒤바뀌어 버릴 수밖에 없다. 하나님 없이 살아가고 하나님 없이 생각하는 것 모두는 망가질 수밖에 없다. 하나님의 존재에

대한 부정은 피조물을 하나님의 자리에까지 끌어올리는 것을 포함한다. 이는 이미 헤켈의 유물론에서 명백해졌다. 헤켈은 자신의 무신론을 공언했으며 자신의 본질을 오로지 하나님만 소유할 수 있는 영원성, 무소부재성, 전능성에 투자하는 일을 감행했다(217).

바빙크는 자연과학을 신성화(神聖化)시키고 영웅화(英雄化)하는 행태를 신성모독행위로 규정했다. 바빙크에게 자연과 그 자연의 법칙들을 연구하는 학문인 자연과학은 그 어떤 전지전능한 능력도 없는 학문이었다. 이런 측면에서 바빙크는 다음과 같은 말을 남긴다.

하나님과 참된 관계에 있는 인간만이 자연과 참되고 자유로운 관계를 얻을 수 있다. 이런 관계는 오로지 기독교에서만 가능하다. 인도, 중국, 바빌론, 이집트, 그리스, 로마의 다신교에서의 인간은 자연을 넘어서는 자유를 획득할 수 없다. 왜냐하면 모든 피조물들, 식물, 동물, 목재, 나무, 산, 개울, 별, 태양 등에 신들이나 영들이 서식하기 때문이다. 만약 이 사실을 거부할 경우 인간은 지속적인 두려움과 깨지지 않는 불안감에 고문을 당하게 될 것이다. 하지만 모세와 선지자들, 그리고 예수 그리스도와 사도들의 가르침에 귀를 기울일 때 많은 것들이 완전히 변화될 것이다. 이 모든 사람들은 자연을 넘어서는 자유를 가졌던 사람들이었다. 왜냐하면 그들은 하나님과의 교제를 통해 자연을 넘어선 자들이었기 때문이다. 자연을 신성시하는 것은 자연을 경멸하는 것만큼이나 상상할 수 없는 일이다(220).

바빙크에게 자연은 신성화할 대상도, 그렇다고 경멸하고 멸시할 대상도 아니었다. 오히려 바빙크는 자연과 자연과학이 올바로 기능하기 위해서는 형이상학과 철학이 반드시 필요하다고 보았다. 이런 바빙크의 생각은 두 번째 담론으로 우리를 자연스럽게 이끈다.

둘째, 바빙크는 자연과학이야말로 형이상학이 반드시 필요한 존재라고 보았다. 이에 대해 바빙크는 다음과 같이 적실한 말을 남긴다.

"사물"과 "속성," "질료"와 "힘," "에테르"와 "운동," "공간"과 "시간," "원인"과 "설계"와 같은 개념들은 자연과학에서 필수적 개념들이다. 하지만 이런 개념들은 모두 형이상학으로부터 도출된 개념들이다. 이런 개념들은 모든 관찰을 가능하게 만드는 논리적 장치로 사용되었다. 하지만 이 개념들은 그 자체로 혹은 그 모든 것들 속에 신비스러운 세계가 포함되어 있기 때문에 사실 단순하거나 선명한 개념이라고 볼 수 없다. 그러므로 자연과학은 그 본성 상 인간 정신을 만족시켜 주지 못한다. 자연과학은 이런 개념들의 의미, 진리, 원리와 원인들을 이해하기 위해 노력한다. 하지만 사실 그 노력들이 성공했는지 실패했는지 큰 차이를 불러오지 않는다. 자연과학은 한때 철학을 멸시했었다. 하지만 머지않아 자연과학은 반드시 철학으로 되돌아갈 수밖에 없었다. 왜냐하면 자연과학 그 자체는 철학으로부터 진행된 것이기 때문이다. "사실에 대한 목마름"(Thatsachendurst)이 만족되었을 때, "원인에 대한 배고픔"(Ursachenhunger)이 수면 위로 올라 올 수밖에 없었던 것이다(199).

바빙크는 자연과학이야말로 '사실에 대한 목마름'을 해결해줄 수 있는 학문이라고 인정했다. 하지만 자연과학이 '사실에 대한 목마름'을 해결해줄 수 있을지언정 '원인에 대한 배고픔'은 해결해줄 수 없다고 보았다. 왜냐하면 각종 자연 현상들의 외면적 상태에 대한 인식·인지가 곧 각종 자연 현상들의 내면적 원인에 대한 인식과 이해로 필연적으로 귀결되지 않기 때문이다. 그러므로 바빙크는 아무리 자연과학이 발달한다 해도 여전히 자연 현상들의 내면적 원인에 대한 수수께끼는 그대로 남아 있게 될 것으로 보았다. 이에 대한 바빙크의 설명을 들어보자.

설사 이 세계와 생명에 대한 수수께끼들이 다 풀린다하더라도 본질에 대한 가장 거대한 수수께끼 하나는 스핑크스처럼 우리 앞에 남아 있게 될 것이다. 물리학만이 모든 수수께끼를 풀 수 있는 유일한 학문이 아니다. 오히려 물리학 앞에는 그리고 물리학 너머에는 형이상학이 자리를 잡고 서 있다. 그럼에도 불구하고 만약 물리학이 모든 것들의 기원에 대해 설명하기를 원한다면, 물리학 그 자체는 로지가 과학적으로 고려한 다음과 같은 주장에 순응해야 할 것이다. "물리학은 추측 작업 정도로 이해해야만 한다. 즉 알려진 사실을 지나치게 과장해 포괄적인 형태의 진술 안으로 구겨 넣는 작업이 바로 물리학이다"(200-201).

바빙크가 선명히 진술한 것처럼, 아무리 자연 사물과 현상에 대한 자연과학적 탐구가 고도로 진행된다하더라도 본질에 대한 수수께끼는 여전히 남아 있을 것이기 때문에 여전히 자연 만물에 대한 형이상학적 고찰이 필요하다. 즉 자연과학도 궁극적으로는 형이상학, 즉 '신학'이 필요한 것이다. 그러므로 바빙크는 논의의 장을 자연스럽게 신학의 장으로 옮긴다.

셋째, 바빙크는 본 장 말미부터 자연과학 영역 속에서 신학, 계시, 믿음이 얼마나 필수불가결한 요소인지에 대해 본격적으로 논한다. 자연과학에 왜 신학이 필수적인지에 대해 바빙크는 다음과 같은 단문들로 선명하게 밝힌다.

이 세계 자체는 하나님에 근거한다. 그 증거가 바로 이 세계 속에 서려 있는 하나님의 법칙과 질서이다. 믿음은 자연스럽게 이런 증거들이 이 세상 속에서 유지될 것에 대해 확실시한다(197).

자연과학의 영역 가운데 신학이 필수적인 이유는 자연과학의 연구 대상인 이 세계 자체가 하나님에 근거하기 때문이다. 바빙크는 이 증거를 자연 현상 속에 서려 있는 자연 법칙과 질서로 보았다. 이 사실에 대한 이해와 수납, 그리고 긍정적인 용납은 자의적인 강제성에 의해서 되는 것도 아니요, 그렇다고 무의식 가운데 자연스럽게 되는 것도 아니다. 오히려 바빙크는 자연과학 영역 속에서의 신학의 필수성에 대한 인지와 용납은 믿음의 영역 속에서 이루어진다고 보았다. 바빙크는 이런 믿음의 본질을 다음과 같이 정리한다.

> 믿음이 원칙적으로 요구하는 것은 과학 그 자체가 가진 윤리적 특성을 유지하는 것이며, 동시에 하나님 없이 세계를 설명하려고 하는 노력, 자기 자신을 자립 가능하고 자충족적인 하나님으로 치켜세우려는 노력과 같은 악한 마음의 경향성을 버리는 것이다(197).

바빙크는 신학 없이 자연과학을 하려는 마음을 '악한 마음의 경향성'이라 표현했다. 바빙크에게 믿음이란 이런 악한 마음의 경향성을 버리는 것이다. 악한 마음의 경향성을 버리고 믿음의 눈으로 자연과학을 하다보면 다음과 같은 사실들이 믿음으로 수납될 것이다.

> 자연 그 자체는 자신이 가진 존재의 핵심 속에서 스스로에 의해 혹은 신화에 의해 존재할 수 없다고 스스로 말한다. 오히려 자연 그 자체는 계시에 근거해 존재한다고 말한다. 하나님의 지혜와 전능성 안에서 선지자들과 사도들에 의해 기록된 계시가 바로 이 사실을 확증한다. 계시는 인간의 영혼이 그토록 찾길 갈망했던 하나님의 주권과 계획을 우리에게 알려준다(221-222).

바빙크는 자연 그 자체가 '계시'에 근거한 채 존재한다는 것을 자증·확증한다고 보았다. 이런 자증과 확증을 객관적으로 인식하는 것이야말로 자연과학이 마땅히 해야 할 책무요 특권이다.

본 장을 요약해보도록 하자. 바빙크는 본 장 전반에 걸쳐 하나님, 신학, 계시, 믿음 없는 자연과학이란 존재할 수 없을 뿐 아니라, 존재해서도 안 된다는 사실을 설득력 있게 논증한다. 그러므로 자연과학자와 신학자는 서로가 서로를 필요로 한다!

■ 핵심 성경 구절

• 내가 땅의 기초를 놓을 때에 네가 어디 있었느냐 네가 깨달아 알았거든 말할지니라 누가 그것의 도량법을 정하였는지, 누가 그 줄을 그것의 위에 띄웠는지 네가 아느냐 그것의 주추는 무엇 위에 세웠으며 그 모퉁잇돌을 누가 놓았느냐 (욥 38:4-6)

• 여호와여 주께서 지으신 모든 것들이 주께 감사하며 주의 성도들이 주를 송축하리이다 (시 145:10)

• 주여 주는 대대에 우리의 거처가 되셨나이다 산이 생기기 전, 땅과 세계도 주께서 조성하시기 전 곧 영원부터 영원까지 주는 하나님이시니이다 (시 90:1-2)

■ 핵심 적용

현대는 성경을 믿는 행위를 가리켜 비과학적 행위라 경멸하는 시대이다. 성경에 나타난 모든 내러티브는 현대 과학의 눈으로 볼 때 비현실적이며, 불가능할 뿐 아니라, 시대착오적 내러티브로 치부 당한다. 과학과 신앙은 서로 공존할 수 없으며, 오히려 이 둘 사이의 관계는 배타적 관계요 상호 배제 관계로 인식된다.

하지만 자연과학과 신앙은 상호 배타적 가치를 지니지 않는다. 그 이유는 자연과학의 연구 대상인 자연 법칙의 궁극적 저자(the Ultimate Author)가 바로 창조주 하나님이기 때문이다. 바빙크는 이를 다음과 같이 표현했다. "우리는 자연 법칙을 오직 유신론적 관점에서만 말할 수 있다. 왜냐하면 자연

법칙은 자연을 초월한 채 파종기와 수확기를 계획한 입법자가 있을 때에만 존재 가능한 것이기 때문이다"(213-214). 바빙크가 주장하듯이 자연과학은 오로지 유신론적 관점에서만 가능하다. 왜냐하면 자연 세상 만물을 창조하신 창조주 하나님을 믿는 유신론적 관점이야말로 궁극적으로 볼 때 자연과학의 존재론적 토대요 인식론적 근거이기 때문이다.

성경은 다음과 같이 말한다. "주께서 옛적에 땅의 기초를 놓으셨사오며 하늘도 주의 손으로 지으신 바니이다"(시 102:25). 땅의 기초를 놓으시고 하늘을 지으신 창조주 하나님께서는 "도량법"을 정하셨고, 띠 "줄"'을 세웠을 뿐 아니라, "주추"까지도 세우신 분이다(욥 38:4-6). 땅과 하늘, 자연 질서, 법칙, 즉 자연만물을 연구하는 학문이 자연과학이라면 그 땅과 하늘에 질서와 규모를 부여하신 창조주 하나님을 기억하는 것이 바로 모든 연구의 시작이다!

■ **핵심 용어**

자연(nature)

과학(science)

자연 법칙(the law of nature)

형이상학(metaphysics)

믿음 혹은 신앙(faith)

■ 핵심 찬양

자연과학의 연구 대상인 자연법칙을 직접 창조하신 하나님께 영광 돌리는
찬송가 78장(통 75장)

저 높고 푸른 하늘과

1절
저 높고 푸른 하늘과 수 없는 빛난 별들을
지으신 이는 창조주 그 솜씨 크고 크셔라
날마다 뜨는 저 태양 하나님 크신 권능을
만백성 모두 보라고 만방에 두루 비치네

2절
해지고 황혼 깃들 때 동편에 달이 떠올라
밤마다 귀한 소식을 이 땅에 두루 전하네
행성과 항성 모든 별 저마다 제 길 돌면서
창조의 기쁜 소식을 온 세상 널리 전하네

3절
엄숙한 침묵 속에서 뭇별이 제 길 따르며
지구를 싸고 돌 때에 들리는 소리 없어도
내 마음 귀가 열리면 그 말씀 밝히 들리네
우리를 지어내신 이 대 주재 성부 하나님 아멘

■ **핵심 토의**

1. 당신은 과학을 객관적 진리로 믿는 과학 신봉자인가? 만약 그렇다면 왜 그렇고, 만약 아니라면 왜 아닌가?

2. 자연과학과 신앙은 상호 배타적 가치를 지녀야 하는가? 아니면 상호 보완적 관계를 유지해야 하는가? 어떻게 그것이 가능할까?

3. 자연 질서와 자연 법칙을 깊이 있게 연구하면 연구할수록 유신론자가 될 가능성이 커질까? 무신론자가 될 가능성이 커질까? 각각의 이유에 내해 생각해보라.

4. 자연 만물을 바라보며 하나님의 본질과 속성을 느낀 적이 있는가? 어떤 일반 계시를 느꼈는가?

V. 계시와 역사

V. 계시와 역사

계시의 필수성과 중요성은 자연 보다는 역사 속에서 훨씬 더 높고 풍성한 방식으로 드러난다. 이 논의에 발을 들여놓는 순간 우리의 눈길을 끄는 하나의 흥미로운 논쟁을 발견할 수 있는데 이 논쟁은 역사가들 사이에서 몇 년에 걸쳐 이루어진 논쟁이었다.

자연과학이 지난 세기 동안 귀납적 방식의 적용을 통해 놀라운 결과들을 이끌어냈을 때, 역사도 이와 같은 방법을 활용해 놀라운 결과를 이끌어내고 싶은 소망을 똑같이 가지기 시작했다. 궁극적으로는 오직 하나의 학문 즉 자연과학만이 존재한다고 여겨졌다. 소위 지적 과학(geesteswetenschappen)으로 여겨지는 것이 무엇이든지간에 만약 과학이라는 미명 하에 자신의 주장을 유지하기 위해서는 어떤 학문이든지 반드시 자연과학으로 수렴되거나 아니면 자연 과학 안에서 실현되어야만 했다. 역사적 탐구도 그 탐구의 대상 즉 역사적 사건을 기계적 과정으로 이해하고 시종일관 자연법칙의 그늘 아래서 탐구할 때만 참된 학문으로 인정받았다. 하지만 역사를 경험론적, 실증주의적 과학으로 만들려는 이런 시도는 그 과정의 처음부터 서로 다른 방향으로 발달되기 시작했다. 이 모든 방향성들은 한 결 같이 역사적 사건을 자연 현상과 같은 불가피한 현상으로 바라보거나, 아니면 자연 현상처럼 편견 없이 객관적으로 관찰하고 확정지어야만 한다고 확신했다. 하지만 이런 역사적 사실들을 어떻게 이해하고 어떤 원인 하에서 설명할 것인가에 대해서는 실로 다양한 의견들이 불거져 나왔다.

　버클(Buckle), 드 그레프(de Greef), 몽기올레(Mongeolle)와 같은 사람들은 역사적 사건의 궁극적인 원인과 원리를 물리적 기후, 토양, 음식 환경 등에서 찾았고 결국 역사를 인문지리학(anthropogeography) 위에 세웠다. 테느(Taine), 고비노(Gobineau), 체임벌린(H. St. Chamberlain) 같은 사람들은 민족을 역사의 중요 요인으로 보았으며, 그 결과 민족학(ethnology)을 역사적 문제의 해결책으로 여겼다. 르봉(Le Bon), 타르드(Tarde), 르네 보름스(René Worms), 라첸호퍼(Ratzenhofer), 시겔레(Sighele) 등은 역사적 사건들을 심리학과 사회적 현상 안에서 설명하려는 노력을 기울였다. 홉스, 루소, 콩트, 스펜서, 폰 헬발트(von Hellwald), 셰플레(Schäffle), 뒤르켐(Durkheim) 같은 학자들은 사회 그 자체를 모든 생명체들처럼 높은 질서를 가진 유기체[1]로 간주해야 한다고 생각했고, 그 결과 사회가 생물학적 법칙의 영역 안에 위치하게 되어 자연 선택과 유전을 통한 생존 경쟁 안에서 점차로 발전, 완성된다고 보았다. 마르크스, 엥겔스, 카우츠키(Kautsky) 같은 사회주의자들은 계급투쟁 안에서 모든 것을 바라보았고, 유물론적 관점 혹은 인간 의식이 존재를 결정하는 것이 아니라 반대로 사회적 존재가 자신의 의식을 결정하는 것으로 이해했던 역사 기술의 이론적 입장(geschiedbeschouwing) 하에서 역사를 기술해나갔다.[2] 보다 더 최근에는 카를 람프레히트(Karl Lamprecht)가 문화-역사적 방식을 옹호하고 나섰는데 이 방식은 역사적 사건의 가장 깊은 근거를 민족-영

1　편집자 주: 유기적 주제(organic motif)에 대한 바빙크의 강조는 바빙크가 언급하는 근대 사상가들의 주장과 형식적 유사점이 있긴 하지만 엄밀히 말하면 그 둘은 궁극적으로 다르다. 그 이유는 바빙크 같은 경우 실재 안에서의 창조의 유기적 본질의 근거를 삼위일체 하나님의 원형적 반영으로 본 반면, 근대 사상가들의 유기적 주제는 외부적인 것 없이 내부적인 자연법이나 합리적 원리들의 발전을 통해 모든 것들이 존재로 드러난다고 보았기 때문이다.

2　편집자 주: 바빙크가 논의하는 근대 사상들의 강조점이 서로 약간씩 다름에도 불구하고 바빙크는 이 사상들 간에 근본적 유사성이 있다고 보았다. 그럼에도 불구하고 바빙크는 이 사상들을 서로 다른 세계관 즉 유물론, 인문주의, 범신론 등으로 구별한 채 논의를 진행시켰다.

혼(*volkziel*)에서 발견하는 방식으로 역사적 문제에 대한 사회-정신적 해결책을 찾는 방식이다.[3]

이런 노력들은 역사라는 학문이 쉽게 이해 될 수 있는 학문이라는 보증과 확신을 다양한 방식으로 불러왔다. 바로 이 지점에서 역사는 물리학과 다르다. 역사는 물리학과는 다르게 실험을 통해 즉각적으로 탐구 가능한 대상이 없다. 오히려 역사는 의도적이든 의도적이지 않든지 혹은 직접적이든 직접적이지 않든지 간에 다른 사람들을 통한 증언에 의해 드러날 수밖에 없다. 이런 증언들은 무조건적으로 받아들여지기보다는 오히려 처음부터 가혹한 비판의 대상이 되었다. 그럼에도 불구하고 이 증언들은 전통의 중재를 통해 역사 연구 안으로 들어오게 되었고, 그 결과 자연 현상의 탐구를 통해서는 발견하지 못할 확실하고 인격적인 신뢰(*vertrouwen*)의 요소를 역사 속에서 발견할 수 있게 되었다. 역사적 연구의 이런 인격적 요소는 자연 현상과 조우하게 만드는 역사, 사람들, 증언들을 대하는 우리의 태도가 감정에 좌지우지되지 않는 객관적 상태에 머물 수 없다는 사실을 통해 상당량 증가하게 되었다. 우리는 역사 속에 존재하는 무관심한 관찰자가 아니다. 오히려 우리는 다른 사람들의 삶 속에서 살아가며, 다른 사람들에 의

---

3   지금까지 논의한 많은 방향성들에 대한 논의로는 Robert Flint, *History of the Philosophy of History: Historical Philosophy in France and French Belgium and Switzerland* (Edinburgh: William Blackwood and Sons, 1893); Rudolf Rocholl, *Die Philosophie der Geschichte* (Göttingen: Vandenhoeck & Ruprecht, 1878/93); Max Giesswein, *Determin. und metaph. Geschichtsauffassung* (Wien, 1905); Franz Oppenheimer, "Neue Geschichtsphilosophie: Review of Kurt Breysig, 'Der Stufenbau und die Gesetze der Weltgeschichte,' und Karl Lamprecht, 'Moderne Geschichtswissenschaft,'" *Die Zukunft* 53 (November 1905): 207-16; Franz Eulenburg, "Neuere Geschichtsphilosophie: Kritische Analysen. I," *Archiv für Sozialwissenschaft und Sozialpolitik* 25 (1907): 283-337; Herman Colenbrander, "Hedendaagsche Geschiedschrijvers: Lamprecht, Lavisse, Pirenne," *De Gids* (May 1907): 319, 341; Paul Schweizer, *Die religiöse Auffassung der Weltgeschichte: eine geschichtsphilosophische studie dem andenken Alexander Schweizers zu seinem 100 jährigen geburtstag 14. März 1908* (Zürich: A. Frick, 1908)을 참고하라.

해 수용되기나 거부될 뿐 아니라, 다른 사람을 향한 동정심 혹은 반감을 가진 채 살아가는 존재들이다. 기독교의 시작, 종교개혁, 프랑스 혁명과 같은 위대한 역사적 사건들 혹은 역사적으로 중요한 인물들 속에서는 항상 우리의 마음과 감정이 중요한 역할을 감당했다. 개인적 관심이 있는 사안에 대해서는 처음부터 비판적으로 바라보게 되며, 그 사건들에 대한 실용적 묘사와 판단 속에서 개인적 관심의 영향력이 계속 미치게 된다.[4] 예수 그리스도의 신성을 믿는 자와 거부하는 자는 신구약 성경에서 말하는 내용들을 같은 방식으로 판단할 수 없다. 로마 가톨릭 교회와 개신교회는 종교개혁을 서로 다른 관점에서 바라본다.[5] 학생의 인격은 자연과학 속에서보다 역사적 연구 안에서 훨씬 더 강하게 느껴진다. 역사학은 다양한 방향들로 쪼개졌기 때문에 학문이라는 미명하에 주장된 것들이 사라져버린 것처럼 보이기도 했다.[6] 그러므로 학문으로서의 역사를 스스로의 주관성으로부터 구출시키려했던 역사학의 노력에 대해 우리는 완전히 이해할 수 있다. 뿐만

---

4 편집자 주: 바빙크는 이 문장이 의미하는 것이야말로 우리가 가진 유한성의 불가피한 산물이라고 생각한다. 그러므로 바빙크는 기독교 학자라면 기독교적 세계관에 근거해 학문 작업을 해나가야 한다고 권면한다. "단지 한 예를 들자면, 아마도 수학과 몇몇 자연과학의 분과들을 제외한 일반 학과들이 차별 없이 모든 학과에 적용되는 사실들에 기초를 둔다는 것은 어쨌든 불가능하다. 무엇보다도 사실들에 대한 견해차가 즉각적으로 발생하는 것은 각자가 자신의 눈과 관점에서 그것들을 바르다고 여기기 때문이다. 학문이 중심에 근접하면 할수록 단순히 형식적이 될 수 없고 주관성, 학문적 연구자의 개성이 더욱 큰 역할을 한다. 이 주관성이 침묵을 지키고, 신앙, 종교적, 윤리적 확신들, 인생관, 형이상학과 철학의 영향을 학문 연구에서 제거한다는 것은 전적으로 불가능한 일이다. 그렇게 시도해 볼 수 있으나 성공할 수 없는 까닭은 **사람과 학자가 분리될 수 없기 때문이다.** 그러므로 훨씬 더 좋은 방법은 학자가 가능한 한 정상적인 사람이며, 잘못된 편견을 전혀 가지지 않고 모든 선한 일에 온전하게 준비된 하나님의 사람이 되도록 하는 것이다. 그런 목적을 위하여 하나님이 말씀 가운데 자신에 대해 계시한 지식이 도움이 된다. 그 지식은 학문적 연구를 방해하는 것이 아니라, 증진시킨다"(바빙크, 『개혁교의학』, 1:83; *RD*, 1:43, 강조는 첨가했음).
5 1901년 스트라스부르에서 임명된 스판(M. Spahn) 교수는 이에 대한 놀라운 증거들을 제공했다.
6 편집자 주: 이런 생각은 바빙크가 살았던 시대에 팽배했던 생각이었다. 즉 학문적(*wetenschappelijk*)이라고 여겨지는 과목들은 반드시 "전제 없는"(presuppositionless) 방법론을 조건으로 삼아야만 했다.

아니라 역사를 종교적 신념(*geloofsovertuiging*)[7]에 대한 차별 없이 모든 사람들에게 동등하게 보이는 자연과학만큼이나 객관적이고 정확한 학문으로 만들려했던 노력 역시 우리는 잘 안다.

지난 세기 동안 역사 분야는 놀랍도록 그 범위를 팽창시켜왔으며 이 팽창은 자연과학의 팽창과 비교해서도 결코 작지 않은 팽창이었다. 15세기 바스코 다 가마(Vasco de Gama), 콜럼버스(Columbus), 마젤란(Magellan), 쿡(Cook)의 여행이 지구에 대한 우리의 지식이 되었다면, 샹폴리옹(Champollion), 롤린스(Rawlinson), 그로테펜트(Grotefend), 레이어드(Layard), 존스(W. Jones), 부르노프(Burnouf) 등의 발견은 역사에 대한 우리의 지식이 되었다. 이전 시대의 역사적 지식이 몇몇 나라들 혹은 몇몇 인물들에 제한되있나면, 지금의 역사적 지식은 모든 계층의 사람들에게로 확장되었으며 모세 시대보다 더 이전 시대까지 그 영향력이 미치는 형편이다. 역사적 탐구 영역의 놀라운 확장은 상상할 수 없을 정도로 증대되었으며, 혼돈스러움에 질서를 부여하기 위해서 역사적 탐구는 필수 요소가 되었을 뿐 아니라, 사건들 사이의 상호 관계성 속에 숨어있던 법칙과 과정을 발견하기 위해 역사적 고찰은 꼭 필요한 것이 되었다. 이런 상황 속에서 헤겔로 대변되는 역사에 대한 관념주의적 관점은 불가피한 관점이 되었다. 튀빙겐 학파는 자연

---

7   편집자 주: "신앙적 확신"(faith-convictions)으로도 번역 가능하다. 물론 바빙크는 종교적 신념 없는 자연과학을 인정하지 않는다. 오히려 바빙크는 자연과학 역시 필연적으로 개인적 확신을 통해 만들어진다고 보았고, 결국 그리스도인들도 반드시 자신의 자연과학적 작업을 유신론적 고백을 버리지 않은 채 추구해 나가야 한다고 생각했다. "기독교와 문화를 분리시키는 것은 어떤 측면에서는 가능한 일이다. 하지만 문화를 기독교로부터 떼어 논다거나 혹은 빼내어버리는 행위 혹은 자연과학이 유신론적 고백으로부터 분리되는 단계까지 간다면 문화는 문화라는 참된 문자적 의미 혹은 문화라는 참된 학문 속에서 그 존재가 중단되고 말 것이고 결국 문화는 자신이 가진 유익한 영향력을 잃어버리게 되고 말 것이다." Herman Bavinck, "Christianity and Natural Science," in *Essays on Religion, Science, and Society*, ed. John Bolt, trans. Harry Boonstra and Gerrit Sheeres (Grand Rapids: Baker Academic, 2008), 102. 바빙크의 다음과 같은 말도 참고하라. "믿음과 과학은 수정과 탄생의 관계, 나무와 열매의 관계, 일과 삶의 관계 속에 서 있다. 지식은 믿음의 열매요 삶이다." Bavinck, *Christelijke wetenschap* (Kampen: Kok, 1904), 16.

과학의 영감하에서 실증주의적이고도 법칙론적인 관점에서 역사를 다루어야만 했다. 사전에 형성된 개념에 상응하는 사실들을 해석하는 것은 더 이상 허용되지 않았다. 오히려 이와 반대로 법칙들은 자신들의 발전 상 가운데 통제되는 형태로 이해되어야만 했다.[8]

과학에 대한 이런 실증주의적 관점은 편견 없고, 순수하게 경험론적이며, 귀납적인 방식으로 명백히 발전했다. 그럼에도 불구하고 이런 실증주의적 관점도 헤겔의 관념주의적 관점처럼 사전에 형성된 개념의 영향으로부터 자유롭지 않았다. 그 이유는 실증주의적 관점도 진화론처럼 기계론적 측면과 더불어 역동적 측면도 있었기 때문이다. 실증주의적 역사 관념도 모든 사건들이 하나의 인과관계로부터 기원했다는 사실을 암묵적으로 전제하며 직선적이고도 상향적인 선 안에서 점진적인 발전 법칙에 따라 서로가 서로를 계승한다는 사실에 근거했다. 지난 장에서 살펴본 것처럼 일원론과 진화론은 자연을 탐구하면서 자기 자신을 증명해나갔다. 이와 같이 역사에 대한 근대적 관점 속에서도 일원론과 진화론은 역사에 대한 원리(principia)로 작용했다. 하지만 역사 속에서 가정이나 민족 혹은 사람이나 인류에 적용되는 진화론은 개별적인 유기체들의 진화 개념과 완전히 다르다는 사실에 주목할 필요가 있다. 갤러웨이(Galloway)는 발전의 개념과 그 발전의 역사 속 적용[9]에 대해 깊이 연구하면서 발전의 개념은 "시장의 우상"(idolum fori)[10] 즉 "학문적 시장 안에서의 판에 박힌 문구"[11]라는 완벽하게 옳은 말을 남겼다.

---

8   편집자 주: 요하네스 자크후버(Johanness Zachhuber)는 역사법칙주의(historicism)와 튀빙겐 학파로의 전환, "전제 없는" 경험론적 탐구와 19세기 역사 속의 궤도들(혹은 하나의 궤도)을 보는 데 필요한 과학적 전제들 사이의 긴장을 "The Historical Turn" in *The Oxford Handbook to Nineteenth-Century Christian Thought*, ed. Joel Rasumussen, Judith Wolfe, and Johannes Zachhuber (Oxford: Oxford University Press, 2017), 54-71에서 요약한다.

9   편집자 주: 바빙크는 발전의 개념과 그 발전의 역사 속 적용(the idea of development and its application to history)이라는 표현을 조지 갤러웨이(George Galloway)의 다음과 같은 소논문 제목 "The Idea of Development and Its Application to History," *Mind* 16 (October 1907): 506-34를 염두 한 채 영문으로 표기했다.

우리는 유기체 안에서 발견 가능한 발전을 통해 반드시 이해되어야 하는 것들을 마음속에 품을 수 있다. 미생물, 알, 배아는 동화나 흡수의 능력을 통해 스스로를 확장시켜나가며 점점 더 커지고 점점 더 강해진다. 아이들은 청소년기를 거쳐 어른으로 성장해나간다. 하지만 사람들이나 인류의 맥락 속에서 이런 발전을 이야기할 때 즉각적인 어려움에 부딪힐 수밖에 없는데 그 이유는 주체가 무엇인지, 미생물이 무엇인지, 혹은 배아가 발전한다는 것이 무엇인지, 또는 정확히 어떤 발전의 과정이 그 안에서 작동하는지와 같은 질문들이 끊임없이 생산되기 때문이다. 우리는 사람이나 인류 속에 존재하는 통일성에 대해 의심 없이 말할 수 있다. 하지만 인류 속에 존재하는 통일성은 유기체 각각이 갖는 통일성과 필연적 차이를 가질 수밖에 없다. 존재하는 것들이 가진 권리인 비교하는 것 뿐 아니라 유기체와 더불어 살아가는 사람과 사회를 식별하는 것은 결국 스펜서나 셰플레 같은 사람들을 그 누구도 기꺼이 책임지기 싫어하는 모든 종류의 오류나 부자연스러움으로 이끌고 갔다. 사회는 생물학적 유기체가 아니다. 사회는 인간의 의지에 의해 독단적으로 세워지지 않았다. 하지만 반대로 사회는 인간의 의지 없이는 세워질 수 없었던 기관으로도 볼 수 있다. 가정, 사회, 사람, 혹은 또 다른 요인들 즉 단순히 생물적인 것들이 아닌 기관들의 발전과 기원에 대해 조사하기 전, 기계 속에서는 발견되지 않을 유기적 힘들이 그 기관들 속에서는 이미

10 편집자 주: 이 라틴어 표현은 프란시스 베이컨(Francis Bacon, 1561-1626)이 최초로 사용했던 표현이었다. 이 표현은 논리적 오류를 지칭하는 표현인데 자연의 외부적 대상들을 향한 인간적 담론 속에서 잘못 사용되거나 잘못 치환된 것을 의미하는 표현이다. "여기서 베이컨이 염두 하는 것은 자연에 대한 잘못된 이해 혹은 더 구체적으로는 대중들의 개념에 근거한 정의나 언어의 조직이다(그러므로 베이컨은 이런 잘못된 정의나 언어의 조직들을 가리켜 **시장**[marketplace] 즉 대중들이 자주 방문하는 장소인 시장의 우상이라 불렀다)." Laurence Carlin, *The Empiricists: A Guide for the Perplexed* (London: Continuum, 2009), 19. Francis Bacon, *The New Organon*, ed. Lisa Jardine and Michael Silverthorne (Cambridge: Cambridge University Press, 2000), Aphorism LIX.

11 Galloway, "The Idea of Development," 506-34. 편집자 주: 갤러웨이의 소논문 534페이지에는 "a stock-phrase of the scientific marketplace"라고 표현되어있지만 바빙크는 이 표현을 "a stock phrase in the scientific marketplace"로 살짝 수정했다.

작동한다는 사실을 반드시 고려해봐야 한다. 일원론은 유기체와 기계 사이에 존재하는 차이점을 무시했을 뿐 아니라, 생물학적 유기체, 심리학적 유기체, 윤리적 유기체들 사이에 존재하는 차이점에 대해서도 간과했다. 그럼에도 불구하고 이런 다양성(verscheidenheid)[12]은 그 존재의 줄어듦 없이 현실 속에 지속적으로 존재한다.[13]

만약 인간이 자신들의 키, 크기, 무게, 삶의 능력, 삶의 길이, 혹은 심지어 지성적 능력, 도덕적 능력, 종교적 능력, 아니면 "경작의 능력"(Kulturfähigkeit)까지도 성공적으로 증진시켜나갔다면, 우리는 가정, 국가, 인류 속에서도 진화 개념을 이야기할 수 있었을 것이다. 하지만 이런 증진은 결코 일어나지 않았다. 버클은 문명화된 나라에서 태어난 아이들이 미개 사회 속에서 태어난 아이들보다 뛰어나지 않을 것이라고 몇 년 전 말했다. 이를 아이들의 환경이 아닌 아이들의 능력에 보다 더 엄밀하게 적용할 때 이런 생각은 인종학적 탐구로 인해 약해지기보다는 더 강해지게 될 것이다.[14] 현재의 문명화된 사람들의 능력과 은사들은 평균적으로 볼 때 헬라인이나 로마인 혹은 바빌론인이나 아시리아인들 보다 더 위대하지 않다. 성경이 말하는 것처럼 인간들은 강건해도 칠십 혹은 팔십 정도의 삶을 산다. 종교적 민감성, 도덕적

---

12 편집자 주: 번역자는 구별성(differentiation)이라는 용어로 표기했지만 이는 다양성(diversity)로도 번역 가능하다. 바빙크는 불신자들의 다양한 세계관들에 반대를 표하며 기독교야말로 이 세상 속에서 직면 가능한 다양성에 대한 감각들을 줄여나감 없이 만들어낼 수 있다고 보았다. "자율적인 생각은 이런 질문들에 대해 만족할 만한 답을 줄 수 없다. 자율적인 생각은 유물론과 심령론 사이에서, 원자론과 역동론 사이에서, 일원론과 반일원론 사이에서 흔들린다. 하지만 기독교는 이들 사이에서 균형을 잡을 뿐 아니라, 하나님과 인간 사이를 화해시킬 수 있는 지혜, 또한 그 지혜를 통해서 하나님 스스로가 스스로와 화해하며, 하나님과 세계, 하나님과 생명 사이를 화해시킬 수 있는 지혜가 우리에게 드러난다." Bavinck, *Christelijke wereldbeschouwing*, 14.

13 H. Pesch, *Liberalismus, Sozialismus und christl. Gesellschaftsordnung*, 283ff.; Ludwig Stein, *Die soziale Frage im Lichte der Philosophie*, 2nd ed. (Stuttgart: Enke, 1903), 47; Rudolf Eisler, *Soziologie: Die Lehre von der Entstehung und Entwicklung der menschlichen Gesellschaft* (Leipzig: J. J. Weber 1903), 40-45. 편집자 주: 바빙크는 루돌프 아이슬러(Rudolf Eisler)의 성을 "Elsler"라고 잘못 기재했다.

14 Stein, *An der Wende des Jahrh.*, 50에는 이런 생각에 대한 항의가 담겨있다.

능력, 예술에 대한 적응력도 세월 그 자체가 발전을 보장해주는 것은 아니다. 그러므로 드 브리스 교수는 "어디를 가나 모든 개인들이 가진 특징들은 대략 보통 수준이다. 어디를 가나 각 개개인들은 같은 법칙에 따라 살아간다"[15]라고 기록하기에 이른다. 물론 우리는 진보에 대한 소망을 소중히 여길 수 있다. 하지만 만약 그 진보가 유전에 의해 움직인다면 그 진보는 아마도 느리게 진행될 것이다. 이에 대해 대단히 다양한 의견들이 존재한다. 우리는 셀 수 없이 많은 지성적, 도덕적 특징들이 부모로부터 아이들에게로 전도되지 않는다는 사실을 경험을 통해 잘 안다. 잘 배운 자들도 때로는 어리석은 자녀들을 낳을 수 있다. 경건한 부모들도 여전히 종교를 갖지 않은 채 살아가는 자녀들을 키울 수 있다. 은혜의 선물이 반드시 가보가 되는 것은 아니다. 새롭게 획득된 변이들이 반드시 지속되는 것도 아니다. 오히려 몇 세대 후에는 새롭게 획득된 변이들조차도 사라져 버릴 수 있다. 모든 다양성은 다시 한 번 원형으로 되돌아가려는 경향이 있다. 그 어떤 식물, 동물, 사람이라도 하나의 주어진 방향성 안에서 지속적인 변이의 경향성을 갖기란 불가능에 가깝다. 하지만 우리는 기후, 토양, 음식, 혹은 여타 다른 상황의 영향 아래 자기 자신을 정확히 변이시킬 뿐 아니라 이런 변이를 자신의 후손들에게까지 전이시키는 유기체들을 발견할 수 있다. 인종, 민족적 유형, 부르봉 왕가(the Bourbons)의 코, 합스부르크 왕가(the Hapsburgs)의 입술, 말이나 개들의 다양성이 바로 이 사실을 결정적으로 증언한다. 하지만 발전의 직선적인 선은 그 어디에서도 찾아볼 수 없다. 유전은 어두운 영역이다. 들라쥬(Delage)가 말한 것처럼 후천적으로 얻어진 변화들이 일반적으로는 유전의 영향력 아래 있지 않지만 때로는 유전의 영향 아래 있다고 말하는 것 밖에는 현재 우리가 할 수 있는 일이란 없다.[16]

그러므로 우리는 인간 속에 존재하는 성장 이념(ontwikkelingsidee) 즉 진화

15 Hugo de Vries, *Afstammings- en Mutatieleer* (Hollandia: Baarn, 1907), 35.
16 Nieuwhuis, *Twee vragen des tijds*, 77.

개념에 대해 확실하게 다음과 같이 예측해볼 수 있다. 이후 세대들은 유산의 전이로 인해 돈, 재화, 학문, 예술, 문명, 문화의 영역들 속에서 이전 세대들보다 훨씬 더 유리한 상황에 놓이게 될 것이다. 하지만 이런 유산을 가리켜 진화라고 명명하지 않는다. 왜냐하면 문화가 가진 다양한 소유물들은 미생물로부터 유기적으로 발전된 것이 아니기 때문이며, 이런 것들은 진화되었다기보다는 오히려 인간의 의지와 생각의 산물들에 더 가깝기 때문이다. 아메리카의 발견, 증기력의 발견과 적용, 전기에 대한 지식과 사용은 자연 발생적으로 생겨난 것이 아니며, 경제적 혹은 사회적 요인이 낳은 필수적 산물 또한 아니다. 오히려 이것들은 지식에 대한 목마름이 전제된 것들이며 인간들이 치열하게 지식 노동을 한 결과 생겨난 산물들이다. 즉 사람이 주체가 되어 자신의 환경에 영향을 끼친 것이다. 그러므로 어쩌면 사람 자신이 자신에게 가장 많은 빚을 진 존재인 것처럼 보이기도 한다. 하지만 사람의 이런 영향력이 일방적 측면만 가졌던 것은 아니다. 각종 발견들과 발명들은 모든 생물학적 탐구에도 불구하고 여전히 그 기원과 존재가 신비로 남아 있는 특출 난 인격성의 결과였다. 괴테가 아버지로부터는 "자태"(*Statur*)를 어머니로부터는 "쾌활한 성질"(*Frohnatur*)을 물려받았다는 것을 알게 되면 될수록 괴테 같은 천재를 설명하기란 더욱 더 힘들어진다. **진화라는 용어는 위대한 용어이다.** 하지만 진화라는 용어는 온갖 어려움들에 또 다시 직면하게 만들 수밖에 없는 용어이며, 결국 풍성하고도 복잡한 현실을 모호한 공식 아래서 요약하는 용어 정도로 볼 수 있다.[17]

조상들로부터 전해 내려온 문화의 유익들이 후손들의 행위 없이 지속되거나, 보존되거나, 증진될 수 없다는 것을 고려할 때 비로소 위에서 살펴본 내용들은 더 분명해 진다. 비록 모든 사람들은 공동체 안에서 태어나며 공동체를 통해 형성되지만, 그들의 시작점은 반드시 자기 자신일 수밖에 없

---

17 Lexis, "Das Wesen der Kultur," in *Die Kultur der Gegenwart*, I, 13-19.

다. 사람들은 자신이 가진 육체의 부분과 감각의 활동들을 통해 읽고 쓰고 이해하는 법을 배운다. 태어난 사람들은 모두 스스로의 유산을 만들기 위해 노력에 노력을 거듭해야 한다. 사람은 반드시 "소유하기 위해 일하여 얻어야"(erwerben, um sie zu besitzen)한다. 사람은 태어날 때부터 가졌던 보물들을 낭비하고, 방탕하게 사용하고, 파괴시킬 수 있는 가능성과 위험성을 가진 존재이다. 개인 뿐 아니라 가정, 부족, 사람들 모두 다 이런 위험에 노출되어 있다. 문화는 축복이기도 하지만 동시에 저주이기도 하다. 그 이유는 문화라고 해서 항상 진보를 경험할 수 없기 때문이다. 때로는 문화 수준이 더 악화될 수 있으며, 심지어 무위로 돌아갈 수도 있다. 물론 문화는 또 다시 진보를 경험할 수 있다. 하지만 나라들의 타락, 재난, 전쟁 등을 통해 문화는 또 다시 파괴될 수 있나. 사람들 사이에서 벌어지는 갈등과 반목 속에 존재하는 문화는 항상 문명인과 더불어 승리를 경험하는 것이 아니다. 오히려 바빌론인, 아시리아인, 헬라인, 로마인, 프랑크인, 독일인들이 우리에게 가르쳐 주는 것처럼 문화의 결핍 속에 사는 사람들에게 문명화는 매우 먼 이야기에 불과할 수밖에 없나.[18] 이 사람들이 정복지의 문화를 받아들이고 그 문화를 누렸던 것은 오랜 시간이 경과된 것과 더불어 그 사람들이 가졌던 이성적 능력의 노력 정도는 있었다고 볼 수 있지만 이 외에 그들 편에서 일어난 것은 아무것도 없었다.

이 모든 고려사항들은 역사가 가진 특징, 즉 관련된 것들과 복잡한 것들을 너무 지나치게 하나의 공통된 공식 안으로 축소시키려 하거나 혹은 하나의 원인으로부터 모든 것을 설명하고자하는 특징을 잘 보여준다. 일원론 역시 의심할 필요도 없이 자연 속에서 그랬던 것처럼 역사 속에서도 이 작업을 하려고 노력한다. 하지만 역사적 인물과 사건을 기계론적, 물리학적, 생물학적, 심리학적, 사회학적, 혹은 경제학적 요인 하에서만 배타적으

---

18 Edwin Ray Lankester, *Natur und Mensch: Mit einer Vorrede von Dr. K. Guenther* (Leipzig: A. Owen & Co.), xiff., 28.

로 이해하려는 모든 노력들은 생명 속에 존재하는 분명한 풍성함과 상황들의 복잡성이 만들어지는 것을 통해서만 성공될 수 있다. 예를 들면 람프레히트는 민족혼으로 다시 되돌아가서 역사의 궁극적 원인을 찾으려 노력했다. 하지만 민족혼에 대해 어느 정도 선명한 설명을 가지면 가질수록 더 많은 질문들이 양산될 수밖에 없다.[19] 민족혼을 통해 우리는 무엇을 이해할 수 있는가? 민족혼은 어디에서 발견 가능한가? 그 기원이 무엇인가? 민족혼은 어떤 요인에 인해 형성되는가? 만약 민족혼이 존재한다면, 무엇이 그것을 존재하게 만드는 데 가장 지배적인 요소인가? 사람의 영혼은 단순한 현상이 아니다. 만일 민족혼이 진짜 영혼이라면, 그 영혼의 주된 역할을 무엇인가? 지성인가? 감정인가? 아니면 의지인가, 개념화인가? 혹은 배고픔이나 사랑을 느끼는 것인가?[20] 더 나아가서 민족혼과 민족-몸 사이의 관계성은 무엇인가? 또한 민족혼과 모든 자연, 기후, 토양, 영양분 사이에는 무슨 관계가 있는가? 질문이 많은 만큼 수수께끼도 많다.[21] 우리는 결국 통일성을 얻는 대신 무한한 다양성 속으로 들어가게 될 것이다. 왜냐하면 민족

---

19 편집자 주: 빌헬름 분트(Wilhelm Wundt, 1832-1920)의 영향을 받은 카를 람프레히트(Karl Lamprecht, 1856-1915)는 역사의 기본 단계를 이해하기 위해서는 사회적 심리학 혹은 국민 정서(Volksseele)를 반드시 알아야 한다고 주장한 인물이었다. 람프레히트는 "집합 개념의 실체화"를 만들어내기 위해 민족-심리적 경향을 주장했는데, 집합 개념의 실체화란 사변적 역사를 생산해내는 개념이다. "역사의 발전은 정신적 발전 단계로 대변되는 것과는 선명히 구별된 채로 발전한다. … 그러므로 람프레히트가 전개했던 매우 논쟁적인 역사 관점은 민족 심리학 영역에 부정적인 영향을 끼쳤는데 그 이유는 역사가들과 학자들은 람프레히트를 가리켜 '심리학적'이라고 비난했기 때문이다." Egbert Klautke, *The Mind of the Nation: Völkerpsychologie in Germany, 1851-1955* (New York: Berghahn, 2013), 73.

20 편집자 주: 바빙크는 영혼이 가진 기능에 대한 주요 용어들을 나열한다. 네덜란드어 원문은 다음과 같다. "Het verstand, het gevoel of de wil; de voorstellingen of de hartstochten, de honger of de liefde?"

21 Karl Lamprecht, *Die Kulturhistorische Methode* (Berlin: H. Heyfelder, 1900); *Moderne Geschichtswissenschaft* (Leipzig: 1905). Cf. 람프레히트의 글과 더불어 Eulenburg, "Neuere Geschichtsphilosophie"와 Colenbrander, "Hedendaagsche Geschiedschrijvers"도 함께 참고하라. Heinrich Pesch, *Lehrbuch der Nationaloekonomie*, vol. I, Grundlegung (Freiburg: Herder, 1905), 95ff.

혼 개념은 통일성이 없기 때문이다. 민족혼 개념은 인간의 영혼 안에서 표현되는 자의식의 통일성이 결여되어 있는 개념이다.[22] 심리학이 개인의 영혼을 경험들의 복잡함으로 해체시키려 애쓰는 시점에서 역사학이 민족혼의 통일성을 신뢰하고자하는 것은 매우 경이로운 일이다. 사실 이런 상황은 자연과학이 자연의 힘들을 생각 안에서 추상화하고 상상 속에서 그것들을 의인화했던 길과 똑같은 길을 걸어가는 것이다. 민족혼 개념은 유기체 속에서 쓸모없는 것처럼 역사 속에서도 쓸모없는 개념이다. 물론 민족혼 개념 속에는 비유가 존재한다. 하지만 그 비유가 그 개념의 정체를 말해줄 수 없다. 역사는 자연보다 훨씬 더 복잡한 원인과 활동들로 구성되기 때문에 역사의 본질과 역사적 상호관계들이 우리에게 완전히 드러날 수 없을 뿐 아니라 단순히 하나의 단어로 역사를 완전히 이해할 수도 없다. "자연이 제공하는 단어만큼 역사의 진정한 의미를 표현할 수 있는 최종적이고도 간단한 단어는 거의 없다."[23]

역사 속의 기간들을 일련의 오류차순으로 구별히려는 시도와 사사의 기간들을 하나의 이름으로 표현하려는 시도가 이루어질 때 인과관계의 일원론적 사고에 대항하는 것과 똑같은 어려움을 만날 수 있다. 물론 역사의 기간들에 대해 무리하게 말하는 것과 그 기간들의 특징을 규정하는 것 자체가 불가능한 일은 아니다. 왜냐하면 만약 그렇게 할 수 없다면, 혼돈스러운 사건들 안에 질서를 부여하는 일이 거의 불가능에 가까운 일이 될 수 있기 때문이다. 그러므로 우리는 망설임 없이 고대, 중세, 그리고 현대 역사(Oude, Middel, en Nieuwe geschiedenis)라는 말을 사용할 수 있을 뿐 아니라, 종교개혁 시대나 "계몽주의"(Aufklärung) 시대 같은 용어 역시 사용할 수 있게 되는 것

---

22 Dilthey, *Einleitung in die Geisteswissenschaften*, 39, 51.
23 Dilthey, *Einleitung in die Geisteswissenschaften*, 115. 편집자 주: 이 인용문의 원문은 다음과 같은 독일어이다. "Es giebt so wenig ein solches letztes und einfaches Wort der Geschichte, das ihren wahren Sinn aussprächе, als die Natur in solchhes zu verrathen hat."

이다. 그러나 한 가지 반드시 명심해야 할 것은 이런 용어들을 사용한다하더라도 그 어떤 방식으로도 이 기간들에 대해 하나의 공식 안에서 총체적으로 이해할 수 없다는 사실이다. 예를 들면 종교개혁 시대는 르네상스 시대이기도 했으며, 철학과 자연과학, 세계적 통신과 세계적 상업이 시작된 시대이기도 했다. 18세기는 "계몽주의"의 황금 시대였지만, 동시에 경건주의, 모라비아교, 감리교 활동이 감지되던 시대이기도 했다. 뿐만 아니라 18세기는 빈켈만(Winckelmann), 레싱, 괴테, 실러, 루소, 칸트를 낳았던 시대이기도 했다. 19세기의 아들들도 자신의 시대를 특징화시키고 싶은 욕망을 느꼈고, 그 결과 그들은 19세기를 역사적, 자연과학적, 상업과 통신, 증기와 전기, 자율성과 무정부, 민주주의와 대중의 힘, 이성과 신비주의, 세계주의, 국가 의식 (*nationaliteitsgevoel*)의 시대라 불렀다. 그러나 그 누구도 이런 명칭들이 실재의 풍성함에 대한 답을 주리라고 생각하지 않았다.[24]

편견 없이 이루어진 세계 역사에 대한 이 모든 구별들이 인류의 통일성과 역사의 일원론적이고도 진화론적인 개념을 암묵적으로 가정했다는 사실을 반드시 견지해야한다. 이 사실의 결과는 오직 소수의 사람들에게만 고려되었고 그 외의 다른 모든 사람들에게는 현실로 다가오지 못했다. 실제적으로는 **나란히 함께** 발생했던 사건들과 상황들을 의도적으로 **서로가 서로 다음에** 즉 연속적으로 잇따라 위치시켰다.[25] 그 결과 석기 시대, 청동기 시대, 철기 시대 사이의 구별이 이루어졌다. 수렵 시대, 목가 시대, 농업 시대, 제조 시대, 상업 시대라는 구별, 아시아-전제 군주 사회, 중세-봉건 사회, 시민-자본주의 사회라는 구별, 상업의 자연적 체계, 돈의 체계, 신용 체계 사이의

---

24 Theobald Ziegler, *Die geistigen und sozialen Strömungen des neunzehnten Jahrhundert* (Berlin: G. Bondi, 1901), 1ff.; Houston Stuart Chamberlain, *Die Grundlagen des neunzehnten Jahrhundert*, 4th ed.(Munich: Verlagsanstalt F. Bruckmann A. 1903), I, 26ff.

25 편집자 주: 바빙크의 네덜란드어 원문에는 영어 번역본에서는 잘 드러나지 않는 두운(頭韻, alliteration) 강조가 다음과 같이 포함되어 있다. "en tevens, dat gebeurteniisen en toestanden dikwerf *na* elkander worden geplaatst, die in de werkelijkheid steeds *naast* elkander zijn voorgekomen."

구별, 가정 기관, 도시 기관, 국가 기관의 구별, 필요의 원리에 근거한 경제 형태와 습득의 원리에 근거한 경제 형태 사이의 구별, 독일 역사 속에서의 상징주의, 형식주의, 관례 존중주의, 개인주의, 주관주의 사이의 구별, 야만, 미개, 문명 사이의 구별, 모계 사회, 가부장 사회, 일부다처제, 일부일처제 사이의 구별, 주물숭배, 다신론, 일신론 사이의 구별, 신학적, 형이상학적, 실증주의적 단계 사이의 구별 등이 이루어졌다. 하지만 이 모든 구별들 속에서 서로가 일련으로 존재했던 관계와 상황들은 시대를 거치면서 서로 다른 사람들 혹은 심지어 한 사회의 서로 다른 층들에 존재하는 동일한 사람들 안에서 나란히 함께 존재했다. 아시리아, 바빌론, 이집트, 그리스 등지에서 벌어진 발굴은 심지어 고대 사회 속에서도 고도의 문명이 존재했다는 것을 우리에게 알려준다. 심지어 그 당시의 산업, 기술, 과학, 예술, 상업, 사회 등도 이미 높은 단계의 발전에 이르렀다는 사실 또한 발굴을 통해 알 수 있다.

그러므로 진화론적 가설에 순응한 채 인류의 각 역사를 날카롭게 구별하려는 시도는 헛된 일이다. 뒤따라오는 시대들이 이전 시대를 반드시 능가하시 않을 수 있다고 말했던 랑케(Ranke)가 이 사안에 대해 보다 더 잘 관찰한 것이다. 헤겔의 체계가 요구했던 것처럼 이전 시대가 뒤따라오는 시대를 위한 준비에 꼭 힘을 써야만 하는 것은 아니다. 이전 시대도 개별적이고도 독립적인 위치를 차지하며 그 자체로도 가치가 있다. 설사 역사 속에서 지나가는 시대라도 그 시대만이 유일하게 소유한 무엇인가가 존재하며 그것으로 인해 그 시대는 그 어떤 시대보다 더 우월한 자리매김을 할 수 있다. 고대 시대, 중세 시대, 그리고 그 이후에 뒤따라오는 모든 시대들은 각자만의 독특함, 특별한 선물과 부르심을 지니며, 자신들만의 방식으로 인류를 최우선에 두었다. 나라들도 이와 마찬가지였다. 나라들도 전형적인 순서 가운데 한 나라 다음에 그 다음 나라 식으로 세워지지 않았다. 오히려 나라들은 소외된 상태로 혹은 공동체적인 상태로 다함께 부대끼며 살았다. 모든 시대와 그 시대를 살았던 사람들은 이후 시대 사람들과 수평적 관계를 맺었으며,

동시에 각 시대와 각 사람들은 나라와 사람들을 세우고 인도하시는 하나님과 수직적 관계도 맺었다. "모든 시기들은 직접적으로 하나님과 연결되며, 그 시기들의 가치는 그 시기로부터 나온 것에 절대 의존하지 않고, 오히려 그것 자체가 가진 존재에 의존한다."[26]

역사에 대한 일원론적-진화 관점은 시대 구분 속에서 더 큰 어려움에 직면하게 된다. 일원론적-진화 관점 속에서의 시대 구분은 사람들의 역사를 기껏해야 이곳저곳에서 특정한 방향에 따라 일어난 일들 정도로 여긴다. 이 관점은 이런 방향이 정말로 필연적인 방향인지 아니면 모든 사람들에게 보편적으로 미리 정해진 방향인지에 대한 증거를 절대 제공하지 못하는 관점이다. 실제로 이 관점은 인과관계의 일원론적 법칙을 세우기 위한 시작점으로 특정한 방향성을 설정하는 관점이기 때문에, 이런 방향성에 대한 설정은 사실 불가피한 것이다. 하지만 문제는 이런 시작점 설정이 자의적으로 만들어지며 사실과도 모순되는 경우가 많다는 것이다. 누가 감히 모든 사람들은 반드시 석기 시대, 청동기 시대, 철기 시대라는 기간들을 통과해야 한다고 주장할 수 있겠는가? 그 누가 모든 사람들은 반드시 수렵 시대, 농업 시대, 산업 시대, 혹은 신학적 시대, 형이상학적 시대, 실증주의적 시대라는 기간들을 반드시 통과해야 한다고 말할 수 있겠는가? 만약 자연법칙이나 역사적 법칙 위에 존재하는 법칙이 존재한다면, 그 법칙은 반드시 경험론적 특성을 지녀야만 한다. 만약 그 법칙이 존재한다면 그 법칙은 사전에 미리 결정되기보다는 오히려 사실들로부터 반드시 유래해야만 한다. 하지만 이런 상황은 우리에게 가장 큰 어려움을 가져다줄 수밖에 없다. 물론 법칙의 지배 아래서, 원인과

---

26 Leopold von Ranke, *Ueber die Epochen der neueren Geschichte*, 1888(de la Saussaye, *Geestelijke Stroomingen*, 301ff. 로부터 인용). Cf. Heinrich Pesch, "Der Gang der wirtschaftsgeschichtlichen Entwicklung," in *Stimmen aus Maria Laach* (January 1903), 1-16; *Lehrbuch der Nationaloekonomie*, I, 107ff. 편집자 주: 인용문의 원문은 다음과 같은 독일어이다. "Jede Periode ist unmittelbar zu Gott, und ihr Werth beruht gar nicht auf dem, was aus ihr hervorgeht, sondern in ihrer Existenz selbst, in ihrem eigenen Selbst."

결과의 관계성 속에서, 질서와 계획 속에서 역사를 연구하는 것은 완전 옳은 일이다. 혼돈 속에서, 자의적 설정 가운데서, 우연의 일치 속에서는 참된 안식처를 찾을 수 없기 때문이다. 우리의 이성과 마음속에서도 참된 안식처를 찾을 수 없다는 것은 마찬가지 사실이다. 하지만 동시에 법칙의 지배가 역사 속에서 아직 발견되지 않았다는 것과 아마 앞으로도 절대 발견되지 않을 것이라는 것도 확실한 사실이다. 만약 다양한 방식과 정도 속에서도 이에 대해 알 수 없다면, 역사가 어떤 방향으로 흘러갈지 혹은 어떤 방향으로 흘러 가야만 하는지, 혹은 어떤 목적을 품고 역사가 진행되는지에 대해 완전히 순수한 경험적 방식으로 결정하기란 불가능에 가깝다. 우리는 이런 지식에 대한 필요를 느낀다. 우리는 우리의 가장 중심부에 위치한 심정(gemoed) 속에서 역사가 가진 이런 방향성과 목적의식을 믿는다. 왜냐하면 만약 역사가 참된 역사가 되려면, 무엇인가가 반드시 역사를 통해 성취되어야만 하기 때문이다.[27] 비록 역사 속에는 비참함과 고통이 존재하지만 그럼에도 불구하고 역사 안에서 혹은 역사를 통해 역사 속에서 가치 있는 무엇인가가 실현되는 것이야말로 역사의 가치와 의미이다. 하지만 실증주의적 방식은 역사의 질서와 목표를 찾는 우리에게 딱히 큰 도움을 줄 수 있는 방식이 아니다. 우리는 자연법칙들이 정확히 무엇인지에 대해 거의 알지 못한다. 하지만 우리는 역사 속에서 더 많이 보고 더 많이 인정했던 것처럼 역사적 사건들 속에 존재하는 특정한 율동감을 인식하는 것보다 더 멀리 가지 못했다.[28]

---

27 편집자 주: 영어 번역본에는 드러나지 않지만 네덜란드어 원문은 다음과 같이 강조가 되어 있다. "Want als de geschiedenis waarlijk geschiedenis zal zijn, dan moet er iets door worden."

28 다음의 자료들은 역사의 법칙에 대한 주제를 다룬 자료들이다. Stein, *Die soziale Frage*, 35-42; Eisler, *Soziologie*, 12; Gustav Rümelin, *Reden und Aufsätze* (Tubingen: J. C. B. Mohr, 1875); Cornelis Petrus Tiele, *Inleiding tot de godsdienstwetenschap*, vol. I, 2nd ed. (Amsterdam: P. N. Van Kampen & Zoon, 1900), 193ff.; Pesch, *Lehrbuch*, I, 443ff.; Dilthey, *Einleitung in die Geisteswissenshaften*, I, 1883; Ludwig Gumplowicz, *Grundriss der Sozologie*, 2nd ed. (Wien: Manz, 1905), 361ff.

역사의 의미와 목적에 대한 의견들은 실로 다양하다. 역사 속 위대한 인물은 누구인지, 한 개인인지 아니면 특정 사람들인지에 대해 다양한 의견들이 존재한다. 개별적인 인물들만이 형상, 보편적 존재에 대한 현상, 민족혼이라는 표현, 바다의 파도들을 논할 수 있는 통로인가? 아니면 각각의 인물들이 영원한 중요성을 갖는가? 이에 대해 판단할 수 있는 법칙을 찾는 방식 또한 서로 다르다. 우리는 역사적 사건들과 인물들을 대할 때 구경꾼으로서 대해서는 안 되며 동시에 심판관으로서 대해서도 안 된다. 우리는 자연에 대한 태도와 다르게 역사적 사건들과 인물들에 대해서는 중립적 태도를 취할 수 없는 존재들이다. 과연 중립적 태도를 찾기 위해 반드시 적용되어야 할 기준은 어디에 있는가? 만약 그 기준을 찾았다면 그것을 어떻게 적용시켜야 하는가? 이와 밀접하게 연관되는 다음과 같은 질문들, 즉 역사의 참된 내용이 무엇인지, 역사를 움직여가는 힘이 무엇인지, 역사의 목적이 무엇인지에 대한 답도 서로 크게 다르다. 버클이 생각했듯이, 아니면 칸트와 헤겔이 자율성의 개념 속에서 상상했듯이, 학문의 진보와 이해의 발전 속에서 이런 것들이 발견될 수 있는가? 아니면 브라이지히(Breysig)가 생각했듯이 통치 질서(an order of government)의 설립 속에서 이런 것들이 발견될 수 있는가? 아니면 마르크스가 전제했듯이 이것은 생산 속에서나 가능한 것인가? 아니면 정신이나 물질, 혹은 인간이나 문화, 아니면 국가나 사회에서 발견 가능한 것인가? 오직 경험론적 방식 속에서만 연구되는 역사는 이에 대해 아무런 대답도 주지 못한다. 모든 사람들은 이에 대한 답을 찾을 뿐 아니라 이에 대한 답 없이는 살아갈 수 없는 존재들이기 때문에, 역사학은 역사철학으로 그 자신을 끌어올렸다. 왜냐하면 역사의 원인과 목적, 역사의 본질과 발전은 형이상학 없이 이해될 수 없기 때문이다.[29]

최근 이런 확신은 많은 사람들의 뇌리 속에서 다시 꿈틀댔다. 역사에 대

---

29 편집자 주: 형이상학의 필수성에 대한 바빙크의 논의는 *RD*, 1:37-38을 참고하라.

한 일원론적-진화 관점에 대항하는 반응들이 강하게 등장하기 시작했다. 딜타이(Dilthey)는 이미 1883년부터 "역사적 이성의 비판"(*Kritik der historischen Vernunft*)의 필요성에 대해 부르짖었다. 빈델반트는 역사의 독립성을 강조하며 "역사와 자연과학"(*Geschichte und Naturwissenschaft*)이라는 연설을 했다. 하인리히 리케르트(Heinrich Rickert)[30]는 1899년에 출판된 『문화학과 자연과학』(*Kulturwissenschaft und Naturwissenschaft*)이라는 책과 1902년에 출판된 『자연과학에 의해 형성된 개념의 한계들』(*Die Grenzen der naturwissenschaftlichen Begriffsbildung*)에서 빈델반트를 따라갔다. 이후로도 역사학의 특성에 대한 학문적 논의들이 중단되지 않은 채 제기되었으며, 이와 관련된 수많은 연설들과 논문들이 쏟아져 나오게 되었다.[31]

---

30 편집자 주: 이 장에서 또 다시 등장하는 하인리히 리케르트(Heinrich Rickert, 1863-1936)는 보편적 가치와 역사적 특성들 사이의 관계성에 대해 연구했던 신(新)칸트학파 독일 철학자였다. 비록 보편적 가치와 역사적 특성이 서로 어울리는 개념은 아니지만, 이 두 개념 모두 다 한 사람이 사상적 작업을 하기 위해서는 반드시 필요한 개념들이다. 리케르트의 생각은 이후의 철학가의 역사학자를 예를 들면 마르틴 하이데거(Martin Heidegger)나 에른스트 트뢸치(Ernst Troeltsch)와 같은 사람에게 영향을 끼쳤다. 이에 대해서는 Frederick C. Beiser, "Rickert and the Philosophy of Value," in *The German Historicist Tradition* (Oxford: Oxford University Press), 393-441; Charles R. Bambach, *Heidegger, Dilthey, and the Crisis of Historicism* (Ithaca: Cornell University Press, 1994)을 참고하라.

31 Dilthey, *Einleitung in die Geisteswissenschaften*, 145. Wilhelm Windelband, *Geschichte und Naturwissenchaft: Rede zum Antritt des Rectorats der Kaiser-Wilhelms- Universität Strassburg, geh. am 1. Mai 1894*, 2nd ed. (Strassburg: Heitz, 1900); Heinrich Rickert, *Kulturwissenshaft und Naturwissenshaft* (Tübingen: J. C. B. Mohr, 1899); *Die Grenzen der naturwissenschaftlichen Begriffsbildung: Eine logische Einleitung in die historischen Wissenshaften* (Tübingen: J. C. B. Mohor, 1902); cf. Ernst Troeltsch, "Modern Geschichtsphilosophie," *Theologische Rundschau* 6, nos. 1-3 (1903): 3-28, 57-72, 103-17; Heinrich Rickert, "Geschichtsphilosophie," in *Die Philosophie im Beginn des 20 Jahrhunderts: Festschrift für Kuno Fischer*, ed. Wilhelm Windelband, vol. 2 (Heidelberg: Carl Winter), 51-135; Rudolf Eucken, "Philosophie der Geschichte," *Systematische Philosophie in Die Kultur der Gegenwart* I. VI. (Leipzig: Teubner, 1905), 247-80; Theodor Lindner, *Geschichtsphilosophie: Weltgeschichte set der Völkerwanderung*, 5 vols. (Stuttgart: Cotta Verlag 1901-5); Richter, "Die Vergleichbarkeit naturwissenschaftlicher und geschichtlicher Forschungsereignisse," *Deutsche Rundschau* (April 1904):

역사학이 가진 법칙적 특성에 대해 적대적 태도를 보이는 사람들 사이에서도 차이점이 불거졌다. 빈델발트와 리케르트는 자연과학과 역사학 둘다 경험적이고 실증적인 학문이긴 하지만 이 둘의 연구목적은 서로 다르다고 보았다. 빈델발트와 리케르트는 자연과학이 자신의 시작점을 마치 수학처럼 일반적인 전제, 자명한 이치, 공리에 두거나 경험론적 학문들처럼 자연현상들 안에 존재하는 보편적인 개념이나 법칙들에 둔다고 보았다. 그러므로 그들은 자연과학을 보편적 과학 법칙의 특성을 내포한 학문으로 이해했다. 반면 빈델발트와 리케르트는 역사학을 보편적인 것을 연구하는 학문이라기보다는 오히려 특징적인 것 즉 유일한 것(das Einmalige)을 연구하는 학문으로 이해했다. 그러므로 역사학은 개념들이 실현되는 힘 속에서 자체적인 강함이 드러나는 학문일 뿐 아니라, 표의적인(ideographic) 특성도 지닌 학문이라고 보았다. 하지만 사실은 전혀 그렇지 않다. 왜냐하면 역사학은 특정한 것들 모두를 전부 다 취하는 학문이 아니기 때문이며, 때로는 특정한 것을 취하기도 하지만 때로는 그렇지 않기도 한 학문이기 때문이다. 오히려 역사학은 참된 가치를 지닌 중요하고도 결정적인 것들만을 취사선택해 다루는 학문이다. 사람들이 자신의 삶 속에서 벌어졌던 중요한 일들만 기억하는 것처럼, 인류의 역사 또한 보편적인 진보와 전체적인 발전 과정 속에서 중요한 역할을 감당했던 인물들이나 사건들 위주로 기억한다. 역사가들은 무엇이 역사적으로 중요한 인물 및 사건인가를 성공적으로 감별하기 위해 반드시 "어떻게 해서든지 평가의 인간"(irgendwie ein wertender Mensch)이 되어야한다. 역사가들은 "보편타당한 가치들"(allgemeingültige Werte)이 있을 것이라는 믿음과 더불어 이런 가치들은 반드시 윤리로부터 유래되어야한다

114-29; Gerardus Heymans, "De geschiedenis als wetenschap," *Verhandelingen en Mededeelingen der Koninklijke (Nederlandsche) Akademie van Wetenschappen Afd. Letteren 4 no. 8 (April 1906): 173-202; Van der Wijck, "Natuur en Geschiedenis," *Onze Eeuw* (March 1907): 419-45.

는 믿음을 가지고 일을 진행시켜야 한다. 그러므로 윤리학은 "역사학의 인식론"(Erkenntnisstheorie der historischen Wissenschaften)이다. 역사적 사실들은 윤리학이 제공하는 "가치"(Werte) 체계에 따라 걸러지고, 질서가 잡힐 뿐 아니라, 평가된다. 역사는 한 마디로 말해 자연과학이 아니라 문화학이다(De geschiedenis is in één woord niet eene Natur-, maar eene Kulturwissenschaft).

딜타이, 분트, 지그바르트(Sigwart)와 같은 사람들은 이보다 한 발자국 더 내딛었던 사람들이다. 그들은 자연과학과 역사학 사이의 다른 점을 그들이 일구었던 목표 안에서 논리적으로 찾으려 시도했을 뿐 아니라 동시에 각 무리의 내용들 안에서도 찾으려 노력했다. 역사학의 특성은 "문화학"(Kulturwissensachften)[32]이라는 이름으로는 충분히 표현되지 못한다고 보고, 오히려 자연과학에 대항하는 정신학(Geisteswissenschaften)이라는 이름을 사용할 때 역사학의 특성이 가장 잘 표현된다고 보았다. 역사학은 그 자체로 고유하고도 구별되는 대상으로 채워진다. 역사학은 자연과학적 요인들 이외의 것들을 건드린다. 역사학은 인간의 정신적 기능과 힘께 인간에게 관심을 갖는다. 그러므로 역사학은 자연과학과 다른 방법을 사용할 뿐 아니라 다른 이름을 지닌다.[33]

역사학 속 일원론에 대항하는 이런 반응은 이미 주목할 만한 것이었다. 왜냐하면 이런 반응은 홀로 존재하지 않았고 오히려 지난 세기가 종식되면서 많은 다른 나라들과 다양한 영역들 속에서 명백해진 운동들, 예를 들면 지난 강의에서 다루었던 이성에 대항하는 의지의 반란이라든지, 이해에 대항하는 마음이라든지, 필연성에 대항하는 자율성이라든지, 혹은 자연에 대항하는 사람에 관한 운동들과 결부된 채로 존재했기 때문이다.[34] 하지만 역

---

32 편집자 주: 1909년 번역본에서는 큰따옴표가 생략되어 있다.

33 Frischeisen-Köhler, *Moderne Philosophie*, 385ff.

34 Eucken, "Philosophie der Geschichte," ch. 1, 261ff. 편집자 주: 이 책 전반에 걸쳐 몇 차례 등장하는 루돌프 오이켄(Rudolf Eucken, 1846-1926)은 노벨상을 수상한 독일 관념론 철학자이자 바젤 대학과 예나 대학교의 교수이다. 바빙크가 여기서 인용하는 오이

사 속 일원론에 대항하는 반응은 그것 자체로도 충분히 주목할 만한 것이었다. 그 이유는 이 반응이 자연과학과 역사학 사이에 존재하는 목적과 내용의 서로 다른 점을 보다 더 선명히 드러냈기 때문이며, 이로 인해 이후의 독립 운동과 자유 운동이 요구되었기 때문이다. 역사는 변증법적 방식에 따라 자기 자신을 발전시키는 자연 과정과 다른 무엇이며, 의식, 의지, 사람의 목적과는 독립적인 무엇일 뿐 아니라, 의식과 의지 없이 전체적으로 일하는 힘의 필연적 산물이기도 하다.[35] 하지만 우리는 문화학 혹은 정신학으로서 (Kultur- of als Geistesweissenschaft)의 개념 정도로 역사에 대해 만족할 수 없다. 왜냐하면 만약 역사가 자연과학과 구별된 상태에서 오로지 특정한 유일한 것(das Einmalige)[36]에 대해서만 결정적으로 우리에게 가르치려한다면, 아마도 그런 역사는 학문으로서의 존재 의미를 멈추게 되는 것이며 오히려 역사가 아니라 예술이 되는 길을 스스로 선택하는 것이기 때문이다. 리케르트는 이런 결론을 용기 있게 이끌어냈으며, 역사의 영역 가운데 존재할 수 있는 모든 법칙들에 대한 인정을 거부했다. 역사 속에 존재하는 소위 법칙이라고 불리는 것들은 아무것도 아니며, 오히려 가치 평가의 공식(Wertformeln)일 뿐이라고 본 것이다.[37]

켄의 작업물은 바빙크와 동시대 사람들이 "오이켄의 책들 중 역사에 대해 가장 철저하게 다룬 책"이라는 평가를 받은 것이다. "오이켄은 물리적 세계를 아는 행위 안에서 혹은 물리학의 기초와 절정 둘 다를 포함하는 구조 속에서 정신적 혹은 영적인 삶의 존재가 있다고 보았다. 또한 세계가 가진 의미를 읽어 내기 위해 물리적 삶보다 더 높은 삶이 필요하다고 보았다. 이런 삶은 자연을 보는 관점이 되었고 각 개개인들이 어느 정도 갖고 있는 소유물이 되었다. … 물리적 세계의 의미는 의식 안에서 드러난다. … 오이켄은 물리학 그 자체의 결론들 안에 탈주관적[trans-subjective] 측면이 존재한다고 결론지었다." William Tudor Jones, An Interpretation of Rudolf Eucken's Philosophy (London, 1912), 70-1.

35 편집자 주: Marx in Woltmann, Der historische Materialismus, 183; cf. Engels, 241. 편집자 주: 문장의 맨 마지막 부분의 독일어 원문은 "als Ganzes bewustlos und willenlos wirkende Macht"이다.

36 편집자 주: 독일어 단어 Einmalige의 영어 번역인 "the singular"는 1901년 번역본에는 등장하지 않는다.

37 Rickert, "Geschichtsphilosophie," ch. 1, 104. 편집자 주: 바빙크의 네덜란드어 원문에

우리는 유일한 것(*das Einmalige*)이 역사 속에서 큰 중요성을 갖는다는 사실을 인정한다.[38] 하지만 이 유일한 것이 자연 속에서의 "특정한 것"을 제외하거나 혹은 이것과 대비되는 방향으로 논의가 진행된다면 비판을 피해가기는 힘들다. 왜냐하면 만약 자연과학이 다양한 경우들에 적용 가능한 법칙들을 찾고 일반화시킨다는 작업을 한다면, 이런 자연과학의 작업은 특정한 것 그 자체에는 아무런 가치를 찾아볼 수 없다거나 아니면 특정한 것은 오로지 보편적 법칙을 묘사하기 위해 필요한 것일 뿐이라고 결론짓는 것을 허용하지 않는 작업이기 때문이다. 오히려 우리는 자연 속의 특정한 것들 모두가 세계의 과정, 장소, 일들 속에서 역사적 중요성이 있다고 생각해야만 한다.[39] 게다가 자연과학 전체가 오직 보편성의 발견에만 관심을 기울인다는 생각도 사실이 아니다. 하이만스(Heymans) 교수가 설명했던 것처럼 만약 물리학이나 화학과 같이 추상적이고 관념적인 자연과학만을 염두 했다면 자연과학이 보편성의 발견에만 관심을 기울인다는 주장은 쉽게 할 수 있을 것이다. 하지만 구체적인 실체가 있는 자연과학인 지질학이나 전문학을 염두 했다면 그런 식으로 주장할 수 없다는 사실이 드러난다. 지리학을 연구하는 사람들에게 물리학 법칙이나 화학적 법칙은 목적(ends)이 아니라 대부분 단 한순간에 벌어진 지구 지각 안의 결정적인 증거들의 모습을 설명할 수 있는 수단(means)이다.[40]

반면 역사학은 모든 추상과 관념 그리고 일반화를 회피할 수 없는 학문

는 독일어 단어 *Wertformeln*에 따옴표가 붙어 있다. 비록 *Wertformeln*에 대한 리케르트의 이해는 가치 평가의 공식이라는 의미가 단순히 존재한다고 볼 수 있지만, 리케르트는 이론 이성과 실천 이성의 산물들의 화해와 총체성을 이해하는 궁극적이고도 초월적인 "가치-실재"(*Wertwirklichkeit*)의 개념을 상정한 채 논의한다고 봐야 한다. Rickert, "Die Heidelberger Tradition and Kants Krizismus," in Rainer Bast, ed. (Tubingen: J. C. B. Mohor, 1999), 347-436, 특별히 399-400을 참고하라.

38 Dilthey, *Einleitung in die Geisteswissenschaften*, 114-16, 129.
39 Frischeisen-Köhler, *Moderne Philosophie*, 385.
40 Heymans, "De geschiedenis als wetenschap," ch. 1, 185.

이다. 자연처럼 역사도 우리와 법칙들 사이의 관계를 밀접하게 만들어 주지 못한다는 것은 사실이다. 기초적 현상들 속에 서려있는 법칙들에 대한 지식을 참으로 얻을 수 있는지 없는지에 대한 의심과 회의가 지속적으로 올라오는 존재가 바로 우리들이다.[41] 하지만 이런 사실이 다음과 같은 결론, 즉 역사가는 오로지 유일한 것(das Einmalige)에만 관심을 고정해서는 절대 안 되며 오히려 모든 사람과 모든 사건들을 과거에 연결시킨 후 사실에 대한 관계를 탐구하며 역사 속의 개념, 계획, 단계들이 이끄는 대로 탐구를 지속해 나가야 한다는 결론을 막지는 못한다. 이것을 부정하는 역사가는 역사 그 자체는 불가능한 것이라고 외칠 뿐이며 역사를 연대기적 관점으로만 축소시키려할 뿐이다. 이런 역사가는 나무는 볼 수 있겠지만 숲은 보지 못한다. 이런 역사가 앞에서 사실은 존속될 수 있겠지만, 역사는 유지되지 못할 것이다. 이런 역사가는 벽돌을 갖고는 있지만, 그 벽돌로 집을 세울 수 없다. 이런 역사가는 세밀한 것들은 가졌지만 살아있고 유기적인 전체는 갖지 않은 역사가로 남을 수밖에 없다.[42] 역사적 탐구는 가끔 세밀성 안에서 자기 자신을 잃게 된다. 이런 방식을 통해 역사법칙주의(historicism)와 상대주의(relativism)가 대두될 수 있는 위험이 초래된다. 니체가 역사법칙주의와 상대주의적 관점 하에 역사를 바라보는 태도를 향해 분노한 것은 완전 타당한 것이었다. 왜냐하면 구체적인 것과 상세한 것들의 지나친 홍수는 우리를 성장시키기보다는 오히려 우리를 억누르기 때문이다. 이것들은 우리의 독립성과 자유를 빼앗아간다. 이것들은 물질을 넘어서는 정신의 우월성을 거부한다.[43] 이런 측면에서 트뢸치는 "모든 역사는 구체적인 것들에 대한 연구를

---

41 Heymans, "De geschiedenis als wetenschap," 182.
42 편집자 주: 바빙크는 자신의 『개혁교의학』에서 결정적인 목적을 향해 나아가는 세계의 유기적 생성과 역사를 삼위일체 하나님의 작정에 근거하며 다음과 같이 설명한다. "유기체 안에서 모든 지체들이 서로 연관되고 호혜적으로 서로 규정하듯이, 마찬가지로 세상은 모든 부분들이 서로 유기적으로 연관된 하나님의 예술 작품이다. 이 세상의 길이와 넓이에 대한 하나님의 경륜은 영원한 이데아다." 바빙크, 『개혁교의학』, 2:490; RD, 2:93.
43 Frischeisen-Köhler, Moderne Philosophie, 202.

수단으로 사용하지 최종적인 목적으로 바라보지 않는다. 구체적인 것들에 대한 연구는 인간의 문명, 주요 국가들, 문화의 중요한 영역, 문화의 위대한 분야들의 위대하고도 폐쇄적인 순환주기를 이해하는 수단이다"[44]라고 말했다. 역사는 구체적인 것들의 가치를 평가절하하지 않은 채 역사의 개념과 역사의 감각들에 대한 지식에 목적을 두어야 한다. 엄연한 사실(naakte feiten)은 우리를 만족시켜주지 못한다. 우리는 사실 뒤에 존재해 사실들의 개념들을 통합하고 다스리는 것을 보길 원한다.[45]

지금까지 살펴본 역사에 대한 보다 더 새로운 관점은 역사의 본질이 자신의 관점을 통해 가치들 속에서 실현될 수 있다는 것을 인식한 관점이었다. 그렇게 되기 위해 역사가는 반드시 "어떻게 해서든지 평가의 인간"(irgendwie ein wertender Mensch)이 되어야만 하며, 역사 속에 존재하는 가치들을 평가할 수 있는 기준점을 소유해야만 한다. 가치들을 결정하는 과정 속에 서 있는 역사가는 위험에 처해 있다고 볼 수 있는데 그 이유는 자기 자신만의 고유한 관심이 그 관심 자체를 침범하도록 허용할 수 있을 것이라는 생각과 자신의 제한된 통찰력과 자신의 이기적인 유리함을 사용해 모든 사실들을 시험할 수 있을 것이라는 생각으로부터 역사가 스스로가 멀리 떨어져 있기 때문이다. 리케르트는 이런 위험성을 인지했고, 그 결과 실천적 가치 평가와 이론적 가치 평가, 개인적(개별적) 가치 평가와 일반적 가치 평가 사이를 구별하며 역사가는 실천적 가치와 개인적 가치를 제쳐놓을 때만이 온전히 객관적인 역사가가 될 수 있다고 주장했다. 하지만 리케르트에 의해 제안된 매우 어려운 구별들이 실제로 실행 가능하더라도 일반적

---

44 Troeltsch, *Die Absolutheit des Christentums*, 50ff. 편집자 주: 이 문장의 원문은 다음과 같은 독일어이다. "Alle Historie merkt Troeltsch daarom op, verwendet vielmehr die Detailarbeit nur als Mittel und betrachtet sie nie als letzten Zweck. Und zwar ist sie das Mittel für das Verständnis der grossen abgeschlossenen Kreise menschichler Gesittung, der führenden Völker, der bedeutenden Kulturkreise, der wichtigen Kulturzweige."

45 Buckle in *Giesswein, Determ. und metaph. Gesch.*, 6.

인 가치 평가의 기준이 어디로부터 비롯되어야하는가에 대한 질문은 여전히 남아 있다. 역사 그 자체는 일반적인 가치 평가의 기준을 제공하지 못한다. 트뢸치의 다음과 같은 주장, 즉 모든 것들은 상대적임에도 불구하고 역사는 역사가들을 통해 서로 비교될 수 있는 "규범들, 삶의 이상들, 삶의 내용들"(Normen, Lebensideale, Lebensinhalte)을 제시하고 유지한다는 주장이 바로 이 사실과 일맥상통한 주장이다. 그러므로 트뢸치는 예전의 역사적-변증 방법과 사변적인 방법을 완전히 제거하려 했으며, 이런 옛날 방법들을 종교의 역사로 대체해 기독교의 (상대적) 진리와 가치를 증명하려 했다.[46] 하지만 트뢸치가 어디선가 말했던 것처럼 만약 역사가 모든 것을 상대적으로 만들고, 오로지 유일한 것과 개별적인 것에만 관심을 쏟은 채 "보편타당성"(Allgemeingültigkeit)을 발견하지 못한다면, 사실과 인물들을 평가함을 통해 얻을 수 있는 규범과 이상들이 우리에게 주어지는 것은 사실상 불가능한 일이 될 수밖에 없다. 사실 역사 그 자체를 봤을 때는 질적인 차이가 없다고 볼 수 있다. 가장 고귀한 자기희생 행위가 일어나는 것처럼 범죄도 "일어난다." 완전히 객관적인 관점에서 바라볼 때 죄와 덕은 독설과 사탕발림 같은 산물들이다.[47] 역사가 지닌 목표는 삶의 이상과 규범을 실현시키는 것이라는 기대는 역사가 "끊임없는 변종들의 놀이터"가 아니라(nicht ein Spiel endloser Varianten ist) 오히려 하나님의 섭리를 통해 다스림 받는 개념들에 의해 움직여지고 형성되는 모든 것이라는 가정으로부터 기인한다.[48] 역사 속 인물들과 사건들을 비교하는 것은 오직 역사가가 처음부터 "평가의 인간"(ein wertender Mensch)이었을 때, 또한 어디선가 획득한 평가의 기준으로 자신의

---

46 Troeltsch, *Die Absolutheit des Christentums*, 23ff.; *Theol. Rundschau*, VI., 1-3.

47 Rickert, *Geschichtsphilosophie*, ch. 1, 82.

48 Troeltsch, *Die Absolutheit des Christentums*; cf. Max Reischle, "Historische und dogmatische Methode in der Theologie," *Theologische Rundschau* (1901): 261-75, 305-24; Friedrich Traub, "Die religionsgeschichte Methode und die systematische Theologie: Eine Auseinandersetzung mit Tröltschs theologischem Reformprogramm," *Zeitschrift für Theologie und Kirche* 11 (1901): 301-40.

일을 해나갈 때만 가능한 것이다. 그럼에도 불구하고 "보편적으로 유효한 가치들"(allgemeingültige Werte)을 평가하는 기준점이 어디서부터 와야 하는가에 대한 질문은 여전히 남아 있다.

비록 리케르트도 가끔씩 이런 생각으로 기우는 것처럼 보이지만, 성과와 결과, 유용과 유익, 즉 한 마디로 말해서 문화는 이런 기준점의 목적에 거의 부합하지 못했다. 왜냐하면 설사 그 기준점이 사회-행복주의적 특성을 가졌다하더라도 그 기준점이 완전히 공리주의적이었기 때문이다. 이런 상황 속에서는 모든 진리와 덕이 실용성에 복종할 수밖에 없었다. 하지만 이를 차치한다하더라도 이런 기준점은 결코 기준 그 자체가 될 수 없다. 즉 이런 기준점은 그 자체 안에 고정된 규범도 될 수 없고 법칙도 될 수 없다. 그러므로 이런 기준점은 현상과 사실을 공정하고 공평하게 판단할 수 없다. 만약 문화 가치가 사물들의 진리와 선함을 결정하기 위해 존재해야 한다면, 이런 문화 가치 그 자체는 모두에게 반드시 변함없는 가치로 남아 있어야만 한다. 하지만 실제로 그런 경우는 거의 없다. 오히려 문화 산물에 대한 가치 평가와 내용에 관한 엄청난 차이들이 기준점을 위해 어떻게 우리 자리 한 복판에서 역사의 최종적 사안을 취할 것인가라는 질문을 고려하지 않은 상황 속에서 서로 간에 존재할 뿐이다. 그러므로 답변을 요구하는 질문들은 지속적으로 아우성치며, 이런 질문에 대한 답변은 역사적 사실과 인물을 평가할 때 사용되는 기준점으로 드러나게 될 것이다. 역사 그 자체는 이 답변을 제공하지 않는다. 이는 역사적 현상들의 순환 속에서 내재적으로 발견되지도 않는다. 만약 역사가 참된 역사가 되려면, 혹은 역사가 보편적으로 유효한 가치들을 실현시키기 위해 존재해야 한다면, 우리는 이런 역사를 사실 그 자체로부터는 알 수 없다. 오히려 우리는 이런 확신을 철학으로부터, 생명과 세계에 대한 우리의 관점으로부터, 즉 우리의 믿음으로부터 빌려와야한다. 형이상학 없는 물리학이 없는 것처럼, 철학과 종교, 그리고 윤리 없는 역사란 존재하지 않는다.

종교 없는 역사란 존재할 수 없으며, 신적인 지혜와 능력을 신뢰하는 믿음 없는 역사도 존재할 수 없다는 사실은 매우 분명하다. 철학, 특히 윤리가 역사적 가치들을 판단할 수 있는 절대 기준을 우리에게 제공할 수 있다 가정한다해도(이 가정은 절대 무조건적으로 결정되는 가정이 아니다) 최종적이고 가장 중요한 질문에 대한 답은 여전히 내려지지 않을 것이다. 이런 절대적 가치가 객관적인 존재를 가지고 역사 속에서 반드시 실현될 것이라는 신념의 근거는 과연 어디에 있는가? 선이 궁극적으로 승리할 것이라는 기대는 우리가 가진 권리일 뿐인가? 리케르트는 초월적인 실재를 상정함 없이 절대적이고 선험적인 가치의 존재가 수용되고 유지될 수 있다고 생각했다. 하지만 리케르트 자신도 이런 상정으로부터 완전히 자유롭지 않았다. 왜냐하면 리케르트는 독일 관념론을 따라 가장 높은 것, 즉 "자유로 향하는 발전이 어떤 면에서는 세계의 본성 그 자체 안에 기대어 있는"[49] 가치의 개념들을 가정해야만 했기 때문이다. 이런 생각은 어쩌면 인격적이거나 초월적인 하나님 안에서가 아니라 세계의 본성 속에 내재하는 하나님 안에서 객관적인 실재를 가지려는 생각이다.

하지만 이런 리케르트의 언어 속에서 선명한 개념을 찾기란 참으로 어렵다.[50] 자유, 진리, 선, 아름다움에 대한 개념들은 그들 자체 속에 어떤 존재도

---

49 Rickert, *Geschichtsphilosophie*, ch. 1, 131. 편집자 주: 이 인용문의 원문은 다음과 같은 독일어이다. "die Entwicklung zue Freiheit, im Wesen der Welt selbst irgendwie angelegt ist."

50 편집자 주: 리케르트에 대한 이런 바빙크의 평가는 초월적 가치, 철학적 이성, 그리고 역사적 탐구 사이의 관계성에 대한 리케르트의 애매한 결론을 염두 한 것이다. "리케르트는 세계관의 문제에 관하여 가치들의 급진적 불충분성에 집중하는 것처럼 보인다. 리케르트의 작업 모두는 철학적 질문들의 한계를 선명히 하고, 세계관의 영역을 규정하고, 인간 삶 속에서 종교의 타당한 역할 등을 제공하려 했기 때문에 좋아 보였다. … 하지만 종교에 대한 리케르트의 마지막 단어는 여전히 풍성한 모호함을 품고 있었다." Benjamin Crowe, "Heinrich Rickert's Theory of Religion," *Journal of the History of Ideas* 71, no. 4 (2010): 636. 반역사적인 가치와 역사적 자연주의 사이를 화해시키려 했던 리케르트의 작업에 대한 보다 덜 낙관적인 해석은 Beiser, "Rickert and the Philosophy of Values," 441을 참고하라. 바이저(Beiser)는 리케르트의 작업이 "비참한 실패"는 아니지만 그럼에도 불구하고 궁극적으로는

갖고 있지 않다. 오히려 이런 개념들은 우리의 생각에 의해 형성되는 관념들이다. 이 개념들은 스스로를 실현시키거나 혹은 모든 반대요소들을 분해시킬 초월적 능력이나 힘이 없다. 하지만 이 개념들은 실재로부터 유래한 그리고 우리의 생각을 통해 실재로부터 해체된 관념(denkbeelden)이다. 우리가 이후에 이런 관념들을 실체화시킬 때, 또는 그 관념들에 신적인 지혜와 능력을 덧입힐 때, 우리는 자연과학이 힘과 법칙으로 자주 하려고 했던 것과 옛날 로마 사람들이 정의, 진리, 평화, 모든 가능한 관념 혹은 불가능한 관념들을 신성의 단계로까지 고양시키면서까지 하려고 했던 것들 정두를 현신 속에서 할 수 있게 될 것이다. 그러므로 이런 개념들이 세계의 본성 안에 근거한다는 말은 헛된 것이다. 왜냐하면 우리는 어떻게 자유에 대한 개념이 자연의 본성 안에 근거할 수 있으며 어떻게 그 자체로 실현될 수 있는지에 대해 도무지 이해할 수 없기 때문이다. 만약 자유에 대한 개념이 자연의 본성 안에 근거할 수 있는 능력이 정말로 있다면, 이 개념은 개념 그 자체를 뛰어넘는 개념일 수밖에 없으며, 이런 개념은 인격적인 하나님의 속성과 능력 이외의 방식으로는 마음에 품기 어려운 개념이라고 볼 수 있다. 사실 이 세상 속에서 선, 정의, 지혜의 존재를 찾기란 실로 어렵다. 왜냐하면 이런 개념들은 모두 인격적 속성들이기 때문이다. 이런 측면에서 봤을 때, 모든 시대의 신학뿐만 아니라 철학과 그 철학을 해석했던 해석자들도 인격적 하나님의 존재를 상정하며 자신의 논의를 진전시켰던 것은 당연한 일이었다. 새로운 철학을 전개했던 칸트가 바로 그 예이며, 칸트의 뒤를 따르는 오이켄, 하위슨(Howison)과 같은 현 시대 사람들도 이와 같은 예라 볼 수 있다.[51] 만약 역사가 역사 그 자체

"실패"라고 판단했고 "절대로 목적을 성취하지 못했지만 많은 사람들을 일깨운 사상이기는 했다"라고 평가했다.

51 Eucken, "Philosophie de Geschichte," ch. 1, 271. 일반적으로 오이켄의 글은 소위 인격적 이상주의(Personal Idealism)의 옹호자들을 상기시킨다. Cf. *Personal Idealism: Philosophical Essays by Eight Members of the University of Oxford*, ed. H. C. Sturt (London: Macmillan, 1902).

로 남길 원한다면, 혹은 반드시 그렇게 되어야만 하는 것으로 남길 원한다면, 이 세계 속에서 자신의 경륜에 따라 일하시는 모든 면에서 지혜롭고 전능하신 하나님의 존재와 행위가 반드시 전제되어야 한다. 역사의 본질 속으로 더 깊이 파고들면 들수록, 우리는 역사가 가진 본질의 개념을 더 많이 이해할 수 있고 그 본질을 지속적으로 유지할 수 있게 있게 된다. 역사의 본질이 **계시**에 근거하면 할수록, 또한 **계시**에 의해 세워지면 세워질수록 역사의 본질 그 자체는 더 명백히 드러나게 될 것이다. 이렇게 될 때 비로소 역사와 자연 속에서 계시를 확증하고 지지했던 기독교가 보여준 역사에 대한 관점에 접근할 수 있게 되고 비로소 그 관점을 드높일 수 있게 된다.

사실 역사가들은 자신의 학문에 해를 끼침에도 불구하고 때때로 기독교를 향한 적대적 태도 혹은 무관심의 태도를 보여 왔다. 리케르트는 이런 태도를 갖지 않을 것이지만, 그 역시 역사철학이 기독교를 완전히 허물었다고 보았고, 이로 인해 이 세계에 대한 형상이 완전히 변화되었고, 결국 "짜임새 있고 개관할 수 있는 우주"(geschlossenen, übersetzbaren Kosmos)의 개념이 완전히 파괴되었다고 보았다. 세계의 무한성에 대한 조르다노 브루노(Giordano Bruno)의 개념은 엄밀한 의미에서 세계의 모든 역사를 무너뜨렸다.[52] 하지만 간접적으로 봤을 때 이런 상황이 역사를 위한 기독교의 중요성을 확인하는 상황이 되었다는 것은 부인할 수 없다. 왜냐하면 세계 역사를 가능하게 만드는 성경 속 특별 계시가 바로 기독교라는 종교이기 때문이다. 만약 기독교가 없었다면 역사는 위협 받을 수밖에 없으며 결국 파괴의 길로 들어서게 될 것이다. 그러므로 역사를 위한 기독교의 중요성은 보편적으로 인정 받아왔다.[53]

52 Rickert, ch. 1, 121.

53 Dilthey, *Einleitung in die Geisteswissenschaften*, 123, 135ff.; Eucken, *Geistige Strömungen der Gegenwart*, 190ff.; F. Hipler, *Die christliche Geschichtsauffassung* (Köln: Bachem 1884); Adolf von Harnack, *Das Christentum und die Geschichte: Ein Vortrag* (Leipzig: J. C. Hinrich, 1904). Sellin, *Die alttestamentliche Religion*, 34ff.; Fairbairn, *The Philosophy of the Christian Religion*, 169-85; H. H. Kuyper, *Het Gereformeerde beginsel en de Kerkgeschiedenis* (Leiden, 1900).

하나님의 통일성에 대한 고백은 자연과 역사에 대한 참된 관점의 토대이다. 만약 이것이 부정된다면, 우리는 실재의 다양성 안에 머무르거나 단지들, 혼들, 엉들 혹은 "그것들 그 사체(selves),[54] 혹은 악령들이나 신들의 다원주의 아래 머물러야만 할 것이다. 사람들은 이런 다양성으로부터 만족감을 누릴 수 없기 때문에, 어쩔 수 없이 일원론이 다양한 형태로 그래왔던 것처럼 혹은 구별성들이 잘못된 통일성에 희생 당해왔던 것처럼 이 세상 속에 존재하는 잘못된 통일성을 찾아 헤맬 수밖에 없었다. 결국 이런 상황 속에서 인간의 영혼은 하나의 세계-영혼의 부분들 혹은 현상들이 되어버렸고, 모든 피조 된 존재들은 한 본질의 양태들(modi)이 되고 말았다.[55] 모든 피조물들의 통일성을 피조물들 속에서 찾지 않고 하나님의 존재 안에서, 하나님의 지혜와 능력 안에서, 하나님의 의지와 경륜 안에서 초월적으로 찾을 때(공간적으로가 아닌 질적으로, 본질적으로 찾을 때), 전체로서의 세계와 모든 피조물들은 그것 자체의 권리를 완전히 획득할 수 있게 된다. 인간만이 다양성 안에서 통일성의 뿌리가 될 수 있고, 동시에 통일성 안에서 다양성의 근거가 될 수 있다.[56] 인간만이 개념들의 다양한 체계를 통일성과 결합시킬 수 있으며 외부로 향하는(ad extra)[57] 자기 의지를 통해 그것들을 실현시킬 수 있다. 이런 측면에서, 유신론이야말로 유일하게 참된 일원론이다.

하나님의 통일성과 인간의 통일성은 서로 밀접한 관계를 맺는다. 이런 통일성이 바로 역사의 근본적 중요성이다. 비록 의심의 방식을 사용하긴 했지만 진화론적 가설도 이런 통일성을 일반적으로는 받아들였다. 이런 측

---

54 편집자 주: 바빙크는 이 단어를 영어 그대로 사용했다.
55 편집자 주: 양상들(modi)이라는 표현과 범신론의 논리에 대해서는 2장 각주 31번을 참고하라.
56 편집자 주: 바빙크의 이 문장은 통일성과 다양성을 강조하는 바빙크의 관점을 상기시킨다. "Een person alleen kan de wortel van eenheid in verscheidenheid, van verscheidenheid in eenheid zijn."
57 편집자 주: 바빙크는 이 표현을 라틴어로 표기하지 않았고 바위턴(buiten) 즉 "밖에"라는 뜻을 가진 네덜란드어를 사용했다.

면에서 진화론은 인간을 가장 높은 차원의 피조물로 여겼고 동시에 모든 창조물들의 왕관으로 여겼다. 그러므로 하인리히 슐츠(Heinrich Schurtz)는 인류가 한 쌍 혹은 그 이상의 쌍으로부터 기원했는지 아닌지를 과학적으로 결정할 수는 없지만 인류에 대한 모든 탐구들은 "인류가 거대한 하나의 통일성을 형성한다"[58]라는 사실로부터 반드시 진행되어야 한다고 보았다. 이 뿐만 아니라 인간의 본성 역시 변하지 않는 하나로 여겨졌다.[59] 육체적 구조의 변화는 동물들에게도 벌어지지만 피조물들 중 가장 높은 곳에 서 있는 인간이야말로 무의식적인 육체적 변화를 통한 환경에 더 이상 반응하지 않는 존재이다. 오히려 인간들은 무기와 기구들, 과학과 예술의 변화를 통한 환경에 반응하는 존재이다. 정신의 발전은 육체적 구조의 변화를 멈춰 세웠다. 이런 정신 그 자체는 정신의 구조 속에서 변화 없이 고정되어 있다. 몇 년 전 피르호가 이에 대해 선포했고, 암몬(Ammon)은 그것을 증명했으며, 드 브리스(de Vries)는 다음과 같이 말하며 그것에 동의를 표했다. "인간은 변화가 없는 안정적인 형식이다"(*Der Mensch ist ein Dauertypus*).[60] 인간들은 자신의 후손들도 평균 혹은 평균보다는 더 발전해야 한다는 것을 염두하며 똑같은 신장을 유지하며 살아간다.[61]

58 Heinrich Schurtz, *Völkerkunde* (Leipzig und Wien: Franz Deuticke, 1903), 5. Steinmetz, *De Studie der Volkenkunde*, 46. 편집자 주: 이 인용문의 원문은 다음과 같은 독일어이다. "dass das Menschengeschlect eine grosse Einheit bildet."

59 편집자 주: 바빙크는 하나님의 형상(the *imago Dei*) 개념을 단순히 개별적인 인간들의 본성 정도로 보지 않았고, 오히려 한 전체로서의 인류의 맥락에서 보았다. "하나님의 형상의 깊이와 풍성함은 단지 수십억의 인류 안에서만 어느 정도 전개될 수 있다. 하나님의 흔적들(*vestigia Dei*)이 시공간의 영역에서 수많은 일들 가운데 산재하듯이, 마찬가지로 하나님의 형상은 오로지 연속적으로 그리고 나란히 존재하는 인류 안에서만 전체적으로 그려질 수 있다." 바빙크, 『개혁교의학』, 2:720; *RD*, 2:577. 바빙크의 이런 이해는 모든 인류는 반드시 하나의 언약적 머리를 둔 하나의 유기체로 이해되어야 한다는 바빙크의 주장과 밀접한 관련을 맺는다. Nathaniel Gray Sutanto, "Herman Bavinck on the Image of God and Original Sin," *International Journal of Systematic Theology* 18 (2016): 174-90.

60 편집자 주: 이 독일어 문구가 의미하는 바는 인간 본성의 상대적인 무변화성과 안정성이다.

61 Hugo de Vries, *Afstammings- en Mutatieleer*, 35-36. *Urgeschichte der Kultur* (Leipzig und Wien: Bibliographisches Institut, 1900), v-vi에 실린 Heinrich Schurtz의 글도 살펴

우리는 진화론자들도 인간과 인간 본성의 통일성을 일반적으로 수용하며 그것에 의해 생명이 교리보다 더 강하다는 것을 보여준다는 사실에 감사를 표해야 한다. 하지만 반드시 염두 해야 할 사실들 중 하나는 이런 통일성은 과학적 근거 위에 세워지는 것이 아니라 **계시**로부터 유래된다는 사실이다. 이런 시각이야말로 역사를 위한 필수 전제이다. 그 이유는 오직 이런 시각으로 바라볼 때만 참된 역사가 가능하게 되며 세계의 역사, 인류 역사, 모든 사람들, 모든 피조물들이 유일한 하나님의 한 계획에 의해 서로 품어지며 서로 세워질 수 있기 때문이다. 이런 통일성은 역사에게도 중요하다. 오이켄은 이에 대해 다음과 같이 완전한 진리를 선포했다. "인간 본성의 한 유형은 역사가와 그 역사가의 원천 사이에 언제나 서 있다."[62] 역사에 대한 지식은 사람들이 언제 어디서나 자신의 위치에서 행동하고 살아가고 열정을 품을 때에만 비로소 획득 가능하다. 왜냐하면 역사가가 개념과 감정들, 언어들과 행동들에 대해 스스로에게 설명하길 원한다면, 자신이 묘사하길 원했던 사람들의 특징과 환경 속으로 자기 스스로를 들여보낼 때에야 이 일이 가능해지기 때문이다. 역사가는 사람들의 내적인 삶을 자기 스스로 안에서 재생산해내야만 한다. 그러므로 역사가는 사람들의 내적인 삶이 행동을 취하게 되었던 방식 속으로 들어가 설득 가능한 개념들을 형성해내야만 한다.[63] 역사가는 역사적 인물이 가졌던 핵심 생각, 핵심 의지, 핵심 감정, 핵심 행동을 자기 자신의 영

보라. Wundt, *Völker-psychologie* II.1, 16, 587ff., 특별히 589; II.2, 168. Heymann Steinthal, *Zu Bibel und Religionsphilosophie* (Berlin: Druck and Verlag von Georg Reimer, 1890), 128. R. C. Boer, "Heldensage en Mythologie," *De Gids* (January 1907): 83. *Adolescence* I, I에 실린 Hall의 서문도 살펴보라.

62 Eucken, *Geschichtsphilosophie*, ch. 1, 40. 편집자 주: 이 인용문의 원문은 다음과 같은 독일어이다. "Ein typus der Menschennatur steht immer zwischen dem Geschichtsschreiber und seinen Quellen."

63 Heymans, "De geschiedenis als wetenschap," ch. 1, 191, 194. Cf. Emerson이 쓴 역사에 대한 글도 살펴보라. 편집자 주: 아마도 바빙크는 랄프 왈도 애머슨(Ralph Waldo Emerson)이 1841년에 썼던 글을 염두하는 것처럼 보인다. 그 글은 Ralph Waldo Emerson, "History," in *The Essential Writings of Ralph Waldo Emerson* (New York: Random House, 2000), 113-31에 재판되어 있다.

적인 삶 속에서 발견하는 사람이다. 인간 본성과 인종의 통일성은 모든 역사의 전제이며, 이 전제는 오로지 기독교에 의해 우리에게 알려진다.

하지만 이런 통일성과 그 통일성의 내용은 일원론이 이후에 추구했던 것과는 완전히 다른 통일성과 내용이다. 일원론은 특정한 모든 것들을 추상화시킨 후 특정한 모든 것들의 근거가 되었던 보편적 기원으로서의 일반적 원리를 통일성이라는 개념을 통해 항상 이해했던 사상이다. 예를 들어 일원론에 따르면 인간의 정신은 모든 정신 현상들이 개념으로부터든지 아니면 느낌으로부터든지 하나의 원리로부터 추론될 때에야 비로소 통일성을 이루게 된다고 보았다. 유기체들도 하나의 본래적 세포로부터 잇따라 발생되었을 때 비로소 통일성을 이루게 된다고 보았다. 모든 존재들이 하나의 물질 혹은 하나의 힘으로부터 발전되었을 때 비로소 이 세계의 통일성이 담보된다고 믿었다. 이처럼 일원론은 유전적인 일치성 이외의 통일성에 대해서 아는 것이 없었다. 그러므로 일원론의 관점 속에서는 이 세계 속에 존재하는 무기물과 유기물 사이의 구별성, 이성적 피조물과 비이성적 피조물 사이의 구별성, 인간의 자유와 의존, 참과 거짓, 선과 악 사이의 구별성들이 절대 정당화 될 수 없었다. 일원론이 말하는 통일성은 생명의 풍성함 없이 죽어있고, 삭막하며, 획일적인 통일성일 뿐이었다. 이 사실은 개념, 물질의 기계적 상호작용, 모든 것들을 필연적으로 만들어내는 하나의 힘에 희생당한 역사 속 영웅들에 대한 평가 속에서 여실히 드러난다. 실용주의는 위대한 사람들 안에서 역사의 조성자들을 일방적으로 바라보며, 그들의 인격 안에서 역사적 내용들을 분석하며, 궁극적으로는 역사 속에 존재했던 천재에 대한 흠모의 절정에 다다르며 일원론을 향한 지속적인 저항을 표출했다.

계시는 우리에게 보다 더 높은 질서를 가진 또 다른 종류의 통일성을 드러낸다. 계시가 말하고 있는 통일성은 풍성함, 다양성, 구별성들이 서로 조화를 이룬 채 존재한다. 인간의 영혼과 몸이 유전적으로는 하나가 아닐 뿐 아니라 서로가 서로로부터 유래하지 않는 것처럼, 오히려 인간의 영혼과 몸은 인간의 "자아"(ego) 속에서 내적인 유기적 통일체를 형성하는 것처럼, 혹은 유기체들이 단독적으로 생산되는 것도 아니요 유기체의 산물인 것도 아닌 것처럼, 오히려 유기체들 서로 간에 상호 관계성 속에 존재하며 동일성을 이루는 것처럼, 물질도 역사 속의 모든 사람들과 모든 인류와 함께 존재한다. 그러므로 역사는 대단히 풍성하다. 역사는 삶을 통해 충만히 채워져 있으며, 수많은 요인들이 역사 속에서 울고 웃는다. 그러므로 생물학적, 심리학적, 경제학적 요인들로 역사의 모든 과정들을 설명하려 시도하는 일원론은 그 자체가 오류이다. 삶 자체가 이런 일원론적 시각에 반대를 표한다. 인간의 인격성은 역사 속에서 잔멸한다. 성경 또한 이런 일원론적 관점에 반대를 표한다. 오히려 성경이 말하는 인류의 통일성은 인종, 특징, 성취, 소명, 그 외의 많은 다양한 것들 속에서 인간의 구별성을 포함한다는 가르침을 준다. 모든 사람들은 자신의 시대를 살아가며 자신의 시대 속에서 흥망성쇠를 경험한다. 인간은 전체의 한 부분 혹은 과정의 한 순간으로 보일 뿐이다. 하지만 모든 사람들은 자신들의 마음 속에서 시대를 품고 살아간다. 사람들은 영적인 삶 가운데 역사 위에도 존재하며 심지어 역사 밖에도 존재한다. 인간은 과거 속에서 살아가며 과거는 인간 속에서 살아간다. 즉 니체가 말했다시피 인간은 **잊지 않는** 존재이다. 동시에 인간은 미래 속에서 살아가며 미래는 인간 속에서 또 살아간다. 인간은 자신의 가슴 속에 불멸의 소망을 품고 살아간다. 그러므로 인간은 과거, 현재, 미래 사이의 연결점을 찾을 수 있는 존재이다. 인간이 바로 역사의 조성자요 인식 주체가 되는 것이다. 인간은 역사에 속해있다. 하지만 인간은 역사 너머에 서 있는 존재이기도 하다. 인간은 시대의 아들이며 영원 속에서의 한 부분이다. 인간은 되어가기도 하지만 이미 되어진 존재이기도 하다. 인간은 죽게 될 것이지만, 동시에 인간은 그 죽음을 견딜 것이다.[64]

---

64 편집자 주: 이 문단은 실재를 하나의 현상 혹은 또 다른 현상으로 불가피하게 축소시킬 수밖에 없는 세계관에 대항하여 창조 안에서 목도되는 통일성-다양성의 유기적 관계를 기독교 유신론 안에서 보존하고 설명하려는 바빙크의 노력이 드러나는 문단이다. 기독교는 창조 세

기독교의 이 모든 것들이 비로소 우리를 이해시킨다. 하지만 기독교는 그 이상이다. 그리스도 안에서 우리에게 드러난 특별 계시는 역사 속에서 진행된 혹은 역사가 반드시 진행시켜야 하는 확실한 전제들에 대한 확신을 우리에게 부어줄 뿐만 아니라, 역사, 역사의 핵심, 그리고 역사의 모든 참된 내용들까지도 우리에게 선사한다. 그러므로 기독교 그 자체는 역사이다. 기독교가 역사를 만든다. 기독교는 역사의 중심적 요인들 중 하나이다. 기독교 그 자체는 자연과 자연적 과정보다 훨씬 더 위로 역사를 정확히 끌어 올린다. 기독교는 선포하며 자기 자신의 기독교적 행위로 인해 그 선포를 증거 한다. 그리스도께서는 위기(crisis)때문에 이 땅에 내려 오셨다. 역사의 내용은 위대한 투쟁 위에 놓여 있다. 이에 대해 일원론이 아는 것이라고는 단 하나도 없다. 일원론은 자신의 전후와 함께 모든 것을 도식화하는 사상일 뿐이다. 일원론은 오직 하나의 모형 즉 빠르고 늦고, 낮고 높고, 덜하고 더하고, 아직 아니와 이미 정도의 모형 밖에 없다. 일원론은 찬성과 반대에 대해 알지 못한다. 삶, 모든 인간들의 경험, 매우 끔찍한 것들이 역사 속에 존재함에도 불구하고 일원론은 **찬성**과 **반대**에 대해 알지 못한다. 계시가 어둠과 빛, 죄와 은혜, 천국과 지옥 사이의 강력한 갈등 사이에 놓여 있는 역사의 본질에 대해 말할 때 비로소 계시 그 자체가 삶에 대한 확신과 설명이 된다. 세계 역사는 세계에 대한 **유일한** 판단이 아니다. 오히려 세계 역사는 세계에 대한 여러 판단들 중 **하나**이다.

계시는 역사를 어떻게 나누어야 할지에 대해 우리에게 가르쳐준다.[65] 시간의 분류, 기간, 과정과 발전 없는 역사는 존재하지 않는다. 지금 한 번 그리스

<hr />

계의 다양성을 정당화하며 모든 다양한 측면들을 보존한다. "무생물과 생물, 무기물과 유기물, 무생명과 생명, 무의식과 의식, 물질적 피조세계와 영적인 피조세계가 본질적으로 상호 구별된 채 존재하지만 이 모든 것들은 전체의 통일성 안에 포함된다." Bavinck, *Christelijke wereldbeschouwing*, 50. 이 문장의 네덜란드어 원문은 다음과 같다. "Er zijn levenlooze en levende, anorganische en organische, onbezielde en bezielde, onbewuste en bewuste, stoffelijke en geestelijke schepselen, die onderlin in aard verschillend, toch alle opgenomen zijn in de eenheid van geheel."

65 Eucken, *Geistige Strömungen*, 190.

도를 없애보도록 하자. 하지만 이것은 불가능하다. 왜냐하면 그리스도는 살아계셨고, 죽으셨으며, 죽음으로부터 부활하셨고, 앞으로도 영원토록 살아계실 분이기 때문이다. 이런 사실들은 절대로 사라질 수 없는 사실이다. 이런 사실들은 역사에 속해있을 뿐만 아니라 역사의 심장이기도 하다. 하지만 잠시 동안만이라도 그리스도가 하셨던 말씀, 행하시고 일으키셨던 일들 모두를 **잊어보자**. 그 순간 역사는 즉각적으로 갈기갈기 찢겨 조각나고 말 것이다. 역사는 자신의 심장, 핵심, 중심, 분포를 다 잃어버리게 될 것이다. 역사 그 자체는 인종, 나라, 원시 민족과 문화 민족들 속에서 잃어버리게 될 것이다.[66] 만약 이렇게 될 경우 역사는 중심 없는 혼돈 속으로 빠져 들게 될 것이며, 둘레와 분배도 없고 시작과 끝도 없는 존재가 되고 말 것이다. 이런 역사 속에서 역사의 원리와 목표 모두 다 존재하지 않을 뿐 아니라 산으로부터 흘러 내려오는 개울 그 이상도 이하도 아니게 될 것이다.[67] 하지만 계시는 하나님이 모든 시대의 주인이라는 사실과 그리스도께서 이 모든 시대들의 전환점이라는 사실을 우리에게 가르쳐준다. 계시는 통일성과 계획, 진보와 목표를 역사 속에 불러온다.[68] 이 목표는 이런저런 특별한 개념도 아니요 자유의 개념, 인류의 개념, 물질적인 행복 개념 또한 아니다. 오히려 이 목표는 하늘과 땅, 천사들과 사람들, 정신과 물질, 예전(*cultus*)과 문화, 구체적인 것과 일반적인 것, 한 마디로 말하면 모든 것들 안에 있는 모든 것들, 모든 방면에서 모든 것을 포함하는 하나님 나라의 완성이다.[69]

---

66 편집자 주: "원시 민족과 문화 민족들"(Nature and culture peoples)이라는 표현은 네덜란드어 *natuur en cultuurvolken*의 번역이다.

67 H. H. Kuyper, *Het Gereformeerde beginsel en de Kerkgeschiedenis*, 19.

68 Dilthey, *Einleitung in die Geisteswissenschaften*, 41.

69 편집자 주: 바빙크는 여기에서 모든 것을 아우르는(all-embracing), 혹은 보스와 그의 동료들의 번역에 의하면 모든 것을 포함하는(all-containing) 하나님 혹은 신격(Godhood)의 영역을 강조하고 있다. 이 문장의 네덜란드어 원문은 다음과 같다. "Dat doel is niet eene of andere bijzondere idee, niet de idee der vrijheid of der humaniteit of der materieële welvaart alleen, maar het is de volheid van het Godsrijk, de alzijdige, hemel en aarde, engelen en menschen, geest en stof, cultus en cultuur, de zoowel het bijzondere als het algemeene, de alles omvattende Godscheerschappij."

5장: 계시와 역사 핵심 해제

■ 핵심 메시지

바빙크는 본 장에서 계시와 역사 사이의 바른 관계성에 대해 탐구한다. 바빙크의 핵심 주장은 다음과 같은 인용문에서 여실히 드러난다.

실증주의적 방식은 역사의 질서와 목표를 찾는 우리에게 딱히 큰 도움을 줄 수 있는 방식이 아니다. 우리는 자연법칙들이 정확히 무엇인지에 대해 거의 알지 못한다. 하지만 우리는 역사 속에서 더 많이 보고 더 많이 인정했던 것처럼 역사적 사건들 속에 존재하는 특정한 율동감을 인식하는 것보다 더 멀리 가지 못했다(255).

바빙크의 이런 주장은 크게 세 가지 담론 하에 움직여간다. (1) 실증주의적-기계론적 관점으로 역사를 바르게 이해할 수 없다. (2) 법칙론적 관점으로 역사를 바르게 이해할 수 없다. (3) 역사의 본질은 계시의 관점 하에서 바르게 이해할 수 있다.

첫째, 바빙크는 자신이 살았던 20세기 전반에 걸쳐 팽배했던 실증주의적 역사관, 기계론적 역사관, 일원론적-진화 역사관에 날카로운 비판의 칼을 댄다. 이에 대한 바빙크의 논지를 들어보자.

역사에 대한 일원론적-진화 관점은 시대 구분 속에서 더 큰 어려움에 직면하게 된다. 일원론적-진화 관점 속에서의 시대 구분은 사람들의 역사를 기껏해야 이곳저곳에서 특정한 방향에 따라 일어난 일들 정도로 여긴다. 이 관점은 이런 방향이 정말로 필연적인 방향인지 아니면 모든 사람들에게 보편적으로 미리 정해진 방향인지에 대한 증거를 절대 제공하지 못하는 관점이다. 실제로 이 관점은 인과관계의 일원론적 법칙을 세우기 위한 시작점으로 특정한 방향성을 설정하는 관점이기 때문에, 이런 방향성에 대한 설정은 사실 불가피한 것이다. 하지만 문제는 이런 시작점 설정이 자의적으로 만들어지며 사실과도 모순되는 경우가 많다는 것이다. 누가 감히 모든 사람들은 반드시 석기 시대, 청동기 시대, 철기 시대라는 기간들을 통과해야 한다고 주장할 수 있겠는가?(254).

바빙크는 기계론적으로 진보를 향해 일렬로 나아가는 일원론적-진화 역사관에 대해 '자의적인' 역사관이요 '사실과 모순되는' 역사관이라 평가했다. 물론 바빙크도 역사 속에 일어난 진화, 진보, 발전 그 자체를 거부하지 않는다. 오히려 바빙크가 비판하는 것은 역사 속에 일어난 진화, 진보, 발전이 자의적이고 단선적인 공식(formula) 아래서 일괄적으로 발전에 발전을 거듭하지 않았냐는 섬이나. 이런 맥락에서 바빙그의 말을 좀 더 들어보노독 하사.

진화라는 용어는 위대한 용어이다. 하지만 진화라는 용어는 온갖 어려움들에 또다시 직면하게 만들 수밖에 없는 용어이며, 결국 풍성하고도 복잡한 현실을 모호한 공식 아래서 요약하는 용어 정도로 볼 수 있다(248).

이 모든 고려사항들은 역사가 가진 특징, 즉 관련된 것들과 복잡한 것들을 너무 지나치게 하나의 공통된 공식 안으로 축소시키려 하거나 혹은 하나의 원인으로부터 모든 것을 설명하고자하는 특징을 잘 보여준다. 일원론 역시 의심 할 필요도 없이 자연 속에서 그랬던 것처럼 역사 속에서도 이 작업을 하려고 노력한다(249).

바빙크는 풍성하고도 복잡한 역사적 현실을 하나의 일원론적-기계적 역사 공식 속에 의도적으로 집어넣어 특정 목적에 따라 자의적으로 주조(鑄造)하는 것에 대해 비판의 목소리를 강하게 냈다. 그러므로 바빙크는 기본적으로 단선적인(즉 일원론적인) 역사관을 지양한다. 바빙크가 역사에 대한 단선적이고 진화적 관점을 지양한 이유는 일원론적 진화 개념은 과거의 역사를 열등한 역사로, 미래의 역사를 우월한 역사로 기계적으로 상정하기 때문이다. 하지만 바빙크에게 과거, 현재, 미래의 모든 역사 면면은 다 가치 있고 소중하다. 이에 대한 바빙크의 말을 들어보자.

> 이전 시대도 개별적이고도 독립적인 위치를 차지하며 그 자체로도 가치가 있다. 설사 역사 속에서 지나가는 시대라도 그 시대만이 유일하게 소유한 무엇인가가 존재하며 그것으로 인해 그 시대는 그 어떤 시대보다 더 우월한 자리매김을 할 수 있다. 고대 시대, 중세 시대, 그리고 그 이후에 뒤따라오는 모든 시대들은 각자만의 독특함, 특별한 선물과 부르심을 지니며, 자신들만의 방식으로 인류를 최우선에 두었다(253).

바빙크는 고대 시대라고해서 역사적으로 열등하게 보지 않았다. 오히려 바빙크는 고대 시대라도 고대 시대만의 독특한 역사적 가치가 풍성히 존재한다고 보았다. 이는 역사 전체를 기계론적-실증 진화 사관에 의해 조망하는 것이 아니라 역사의 총체성 가운데 독특성을 바라보고 독특성 가운데 총체성을 바라보는 유기적 사관으로 역사를 조망하는 입장이다. 그러므로 바빙크의 역사관은 그의 신학방법론이 늘 그랬듯이 '유기적' 사관이다.

둘째, 바빙크는 본 장 전반에 걸쳐 실증주의적-기계론적 사관을 거부하는 동시에 법칙론적 사관 역시 거부한다. 법칙론적 관점이란 역사적 사건들 사이에 숨겨져 있는 법칙과 과정들을 변증법(辨證法, Dialectics)의 프레임 안에서 고찰하고 해석하는 관점을 뜻한다. 이에 대한 바빙크의 설명을 들어보자.

역사적 탐구 영역의 놀라운 확장은 상상할 수 없을 정도로 증대되었으며, 혼돈스러움에 질서를 부여하기 위해서 역사적 탐구는 필수 요소가 되었을 뿐 아니라, 사건들 사이의 상호 관계성 속에 숨어있던 법칙과 과정을 발견하기 위해 역사적 고찰은 꼭 필요한 것이 되었다. 이런 상황 속에서 헤겔로 대변되는 역사에 대한 관념주의적 관점은 불가피한 관점이 되었다. 튀빙겐 학파는 자연과학의 영감하에서 실증주의적이고도 법칙론적인 관점에서 역사를 다루어야만 했다. 사전에 형성된 개념에 상응하는 사실들을 해석하는 것은 더 이상 허용되지 않았다. 오히려 이와 반대로 법칙들은 자신들의 발전 상 가운데 통제되는 형태로 이해되이아만 했나(243-244).

앞에서 다뤘던 실증주의적, 진화 일원론적 사관의 사상적 도구가 바로 법칙론적 사관이다. 즉 역사를 특정 법칙 하에 조망해 과학주의적인 인과율의 원리 속에서 역사의 좌충우돌을 해석하는 방식이다. 바빙크는 이런 법칙론적 사관을 거부하며 다음과 같은 말을 남기다

법칙의 지배가 역사 속에서 아직 발견되지 않았다는 것과 아마 앞으로도 절대 발견되지 않을 것이라는 것도 확실한 사실이다. 만약 다양한 방식과 정도 속에서도 이에 대해 알 수 없다면, 역사가 어떤 방향으로 흘러갈지 혹은 어떤 방향으로 흘러 가아야만 하는지, 혹은 어떤 목적을 품고 역사가 진행되는지에 대해 완전히 순수한 경험적 방식으로 결정하기란 불가능에 가깝다(255).

바빙크는 역사 전반을 지배하는 과학주의적 법칙은 경험론적으로도 발견 불가능할 뿐 아니라, 실천적으로도 실현 불가하다고 못 박는다. 법칙론적 사관의 문제는 특정 의도에 따라 자의적인 법칙 하에서 역사를 재구성한다는 점이고, 동시에 설정된 법칙 이외의 역사에 대해서는 평가절하하거나 과소평가한다는 점이다. 그러므로 바빙크는 특정 법칙 하에 있는 역사만 중요한

역사가 아니라 오히려 모든 역사는 다 의미 있는 역사라는 결론에 이른다.

우리는 유일한 것(*das Einmalige*)이 역사 속에서 큰 중요성을 갖는다는 사실을 인정한다. 하지만 이 유일한 것이 자연 속에서의 "특정한 것"을 제외하거나 혹은 이것과 대비되는 방향으로 논의가 진행된다면 비판을 피해가기는 힘들다. 왜냐하면 만약 자연과학이 다양한 경우들에 적용 가능한 법칙들을 찾고 일반화시킨다는 작업을 한다면, 이런 자연과학의 작업은 특정한 것 그 자체에는 아무런 가치를 찾아볼 수 없다거나 아니면 특정한 것은 오로지 보편적 법칙을 묘사하기 위해 필요한 것일 뿐이라고 결론짓는 것을 허용하지 않는 작업이기 때문이다. 오히려 우리는 자연 속의 특정한 것들 모두가 세계의 과정, 장소, 일들 속에서 역사적 중요성이 있다고 생각해야만 한다(261).

바빙크에게 모든 역사는 특정 법칙 하에 있든 그렇지 않든지 간에 모두 나름대로 중요하다. 그 이유는 역사라는 것은 특정한 인본주의적 법칙 하에서 굴러가는 것이 아니라, 오히려 역사의 통일성과 구별성을 주관하는 계시자와 계시의 발현 하에서 움직여가는 것이기 때문이다. 이 사실이 다음의 논점에서 뚜렷이 부각된다.

셋째, 바빙크는 역사는 반드시 종교, 계시, 믿음 하에서 고찰되어야 한다고 보았다. 이에 대해 바빙크는 다음과 같이 선명한 필치로 자신의 생각을 남긴다.

만약 역사가 참된 역사가 되려면, 혹은 역사가 보편적으로 유효한 가치들을 실현시키기 위해 존재해야 한다면, 우리는 이런 역사를 사실 그 자체로부터는 알 수 없다. 오히려 우리는 이런 확신을 철학으로부터, 생명과 세계에 대한 우리의 관점으로부터, 즉 우리의 믿음으로부터 빌려와야한다. 형이상학 없는 물리학이 없는 것처럼, 철학과 종교, 그리고 윤리 없는 역사란 존재하지 않는다. 종교 없는 역사란 존재할 수 없으며, 신적인 지혜와 능력을 신뢰하는 믿음 없는 역사도 존재할 수 없다는 사실은 매우 분명하다(265-266).

본서 4장에 대한 해제에서도 살펴본 것처럼, 신학과 형이상학 없는 자연과학이란 존재하지 않는다. 이와 마찬가지로 철학과 종교, 믿음과 계시 없는 역사학이란 존재하지 않는다. 바빙크는 하나님과 계시를 전제하지 않는 역사는 무의미하다고 생각했으며, 그런 역사를 기술하는 것 자체가 불가능한 일이라 생각했다. 바빙크의 말을 또 다시 들어보도록 하자.

만약 역사가 역사 그 자체로 남길 원한다면, 혹은 반드시 그렇게 되어야만 하는 것으로 남길 원한다면, 이 세계 속에서 자신의 경륜에 따라 일하시는 모든 면에서 지혜롭고 전능하신 하나님의 존재와 행위가 반드시 전제되어야 한다. 역사의 본질 속으로 더 깊이 파고들면 들수록, 우리는 역사가 가진 본질의 개념을 더 많이 이해할 수 있고 그 본질을 지속적으로 유지할 수 있게 있게 된다. 역사이 본실이 **계시**에 근거하면 할수록, 또한 **계시**에 의해 세워지면 세워질수록 역사의 본질 그 자체는 더 명백히 드러나게 될 것이다. 이렇게 될 때 비로소 역사와 자연 속에서 계시를 확증하고 지지했던 기독교가 보여준 역사에 대한 관점에 접근할 수 있게 되고 비로소 그 관점을 드높일 수 있게 된다(267-268).

바빙크는 신론과 역사학을 연결한다. 즉 하나님의 존재와 행위가 전제되어 있지 않은 역사는 그 존재의 기저 자체부터 하염없이 무너질 수밖에 없다고 본 것이다. 바빙크는 "역사의 본질이 계시에 근거하면 할수록, 또한 계시에 의해 세워지면 세워질수록 역사의 본질 그 자체는 더 명백히 드러나게 될 것"이라고 힘있게 외친다. 즉 실증주의적-기계론적 사관, 일원론적-진화사관, 법칙론적 사관 위에 서 있는 역사는 그 존립 근거 자체가 머지않아 흔들리게 될 것이지만, 계시 위에 세워진 역사는 역사의 본질이 더욱 더 선명하고 뚜렷하게 드러나게 될 것이라고 바빙크는 주장한다.

바빙크에게 역사의 중심은 바로 예수 그리스도이시다. 바빙크의 기독론적 사관의 정수를 다음의 인용문을 통해 절실히 느껴보길 바란다.

그리스도 안에서 우리에게 드러난 특별 계시는 역사 속에서 진행된 혹은 역사가 반드시 진행시켜야 하는 확실한 전제들에 대한 확신을 우리에게 부어줄 뿐만 아니라, 역사, 역사의 핵심, 그리고 역사의 모든 참된 내용들까지도 우리에게 선사한다. 그러므로 기독교 그 자체는 역사이다. 기독교가 역사를 만든다. 기독교는 역사의 중심적 요인들 중 하나이다. 기독교 그 자체는 자연과 자연적 과정보다 훨씬 더 위로 역사를 정확히 끌어 올린다. 기독교는 선포하며 자기 자신의 기독교적 행위로 인해 그 선포를 증거 한다. 그리스도께서는 위기(crisis)때문에 이 땅에 내려 오셨다. 역사의 내용은 위대한 투쟁 위에 놓여 있다. 이에 대해 일원론이 아는 것이라고는 단 하나도 없다. 일원론은 자신의 전후와 함께 모든 것을 도식화하는 사상일 뿐이다(274).

본 장을 요약해도보록 하자. 역사는 실증주의적-기계론적 사관, 일원론적-진화 사관, 법칙론적 변증법 사관으로 이해할 수 없다. 오히려 역사는 역사를 창조하시고 주관하시는 신적 기원 하에서, 또한 신적 기원의 선포적 발현인 계시를 통해서 바르게 이해될 수 있다. 현미경이나 망원경으로 역사를 조망하는 것이 아니라, 계시의 앵글로 역사를 조망할 때 계시의 본질이 올바로 드러나게 될 것이다.

■ **핵심 성경 구절**

• 우주와 그 가운데 있는 만물을 지으신 하나님께서는 천지의 주재시니 손으로 지은 전에 계시지 아니하시고 … 인류의 모든 족속을 한 혈통으로 만드사 온 땅에 살게 하시고 그들의 연대를 정하시며 거주의 경계를 한정하셨으니 (행 17:24, 26)

• 주 하나님이 이르시되 나는 알파와 오메가라 이제도 있고 전에도 있었고 장차 올 자요 전능한 자라 하시더라 (계 1:8)

• 이는 땅과 거기 충만한 것이 주의 것임이라 (고전 10:26)

• 우리 중에 이루어진 사실에 대하여 처음부터 목격자와 말씀의 일꾼 된 자들이 전하여 준 그대로 내력을 저술하려고 붓을 든 사람이 많은지라 그 모든 일을 근원부터 자세히 미루어 살핀 나도 데오빌로 각하에게 차례대로 써 보내는 것이 좋은 줄 알았노니 이는 각하가 알고 있는 바를 더 확실하게 하려 함이로라 (눅 1:1-4)

■ **핵심 적용**

창조와 섭리는 동전의 양면과도 같은 개념들이다. 만약 하나님께서 자신의 창조물인 이 세상과 인간, 그리고 인간 역사에 아무런 관심도 없을 뿐 아니라 문자 그대로 그 모든 것들을 그냥 내팽개쳐버리는 분이라면(즉 이신론적 하나님이라면), 이 땅의 역사 속에서 하나님의 섭리를 찾기란 매우 어려울 일일 것이다. 하지만 만약 하나님께서 인간의 역사 속에서 인간들과 끊임없는 관계를 맺고 싶어 하는 분이라면(즉 언약적 하나님이라면), 하나님의 섭리적 숨결과 미세한 터치는 인간 역사 전반에 걸쳐 명명백백히 드러나게 될 것이다.

이 땅의 역사의 주권자, 운행자, 제어자, 완성자는 인간이 아니라 하나님이라는 사실을 반드시 기억해야 한다. 역사의 주관자인 하나님은 끊임없이 인간의 역사 속에서 섭리 행위를 쉬지 않고 하고 계실 뿐 아니라, 자신의 기쁜 뜻에 따라 역사의 면면을 직접 운행하시는 분이다.

모든 역사를 주관하고 계신 하나님의 섭리를 인식하고 인정할 때야 비로소 하나님의 섭리를 겸비하게 묵상하는 삶을 살 수 있게 된다. 예수 그리스도의 "옳소이다 이렇게 된 것이 아버지의 뜻이니이다"(마 11:26)라는 고백처럼, 우리 모두도 역사를 직접 운행하고 계신 하나님의 뜻과 섭리에 기대어 현실을 믿음으로 수납하는 삶을 살아야 한다. 이 말은 마치 모든 것을 체념한 채 될 대로 되라 식의 무책임한 삶을 살라는 뜻은 아니다. 오히려 이 말은 어렵고 힘든 상황 가운데서도 역사를 주관하시는 하나님의 선하신 뜻과 섭리를 겸비하게 묵상하며 살라는 뜻이다. 성령 안에서 그런 역사가 일어날 때 비로소 우리는 "범사에 감사"할 수 있게 되고 "이것이 그리스도 예수 안에서 너희를 향하신 하나님의 뜻"이라는 사실을 깨달을 수 있게 된다(살전 5:18).

■ 핵심 용어

역사(history)
실증주의 혹은 실증철학(positivism)
민족학(ethnology)
역사법칙주의(historicism)
민족혼(*volksziel*)

■ **핵심 찬양**

온 세상 역사를 자신의 섭리로 다스리고 계신 주 하나님을 기리는
찬송가 63장

주가 세상을 다스리니

1절
주가 세상을 다스리니 그 위엄이 넘쳐나고
그의 나라와 주의 영광 온 하늘에 가득하다
저 흉악한 마귀의 무리 다 멸망케 하시는 주
이 찬양을 주께 드리니 큰 영광을 받으소서

2절
주가 권능의 손으로써 이 세상을 창조하니
그의 놀라운 창조 솜씨 만 백성이 경탄 하네
저 하늘의 별들도 모두 주 영광을 나타내어
늘 돌보아 주시는 주께 큰 영광을 돌립니다

3절
주가 세상의 피조물을 인간에게 다 맡기고
순종하라는 말씀으로 그 권위를 주셨도다
온 땅 위에 주님의 위엄 늘 넘치며 가득하니
그 나라와 주님의 영광 온 천하에 찬란하다

1. 역사의 주인은 누구인가? 그렇게 생각하는 이유는 무엇인가?

2. 예수 그리스도와 역사 사이의 관계성은 무엇인가?

3. 역사의 면면을 움직여가는 법칙은 무엇이라고 생각하는가?

4. 모든 역사를 이끌어가는 주권자가 선하신 하나님이라면 왜 이 땅에 여전
   히 악과 고통과 죄가 존재하는가? 신정론(神正論, theodicy)에 대해 고찰해
   보라.

VI. 계시와 종교

VI. 계시와 종교

계시의 가장 중요한 원동력 중 하나인 종교라는 주제에 주목하게 될 때 우리
는 역사와 자연이 계시에 근거해있을 뿐 아니라, 역사와 자연이 스스로를 설
명하기 위해 계시를 필요로 한다는 관점에 보다 더 강한 확신을 가질 수 있
게 된다. 종교가 이미 존재한다는 사실 그 자체에는 많은 의미가 내포되어
있다. 악령들에게는 종교가 없다. 하지만 악령들도 하나님의 존재에 대해 의
심하지 않는다. 오히려 하나님이 존재한다는 생각이 그들에게 두려움과 고
통이 될 뿐이나. 동물들도 종교가 없다. 그 이유는 하나님에 대한 개념이 종
교의 필수 개념인데, 추상적 개념이 결핍된 동물들은 하나님에 대한 개념을
절대 가질 수 없는 존재들이기 때문이다. 개들이 자기 주인을 존경하는 행위
와 인간이 가진 종교적 특성 사이에는 어느 정도 유사성이 존재한다. 하지만
비유와 실제적 동일성은 서로 다르다.[1] 반면 종교는 모든 사람들이 가진 특
성이다. 인간이 아무리 타락했다하더라도 하나님의 존재를 의식하며 이로
인해 하나님께 예배해야 할 의무 역시 갖는다. 이런 사실은 매우 중요하다.
인간이 하나님으로부터 멀리 떨어져 지낸다하더라도 여전히 하늘 아래서 살

---

1   George Trumbull Ladd, *The Philosophy of Religion: A Critical and Speculative Treatise
of Man's Religious Experience and Development in the Light of Modern Science and
Reflective Thinking*, 2 vols. (New York: Scribner, 1905/1909): I, 138ff. C. Gutberlet, *Der
Mensch: sein Ursprung und seine Entwicklung. Eine Kritik der mechanischmonistischen
Anthropologie*, 2nd ed. (Paderborn: Ferdinand Schöningh, 1903), 522ff.

이갈 수밖에 없다. 인간은 자신의 영혼 깊은 곳에서 보이지 않는 세계, 초자연적인 것들과 이미 연결된 채 살아가는 존재이다. 인간은 자신의 마음속에서 이미 초자연적 존재이다. 인간은 자신의 이성과 양심, 생각과 의지, 필요와 애착 속에서 영원에 근거하며 살아간다. 종교야말로 이 사실에 대한 반박할 수 없는 증거다. 인간들은 강제로 종교를 떠맡지 않으며 누군가로부터 속아서 종교를 갖는 것도 아니다. 오히려 종교는 인간 본성으로부터 자연스럽게 피어올라온다. 타락 상태에 있는 인간의 종교는 의심할 필요도 없이 항상 **본성적 의지**(eigenwillige)에 의한 종교였지만, 동시에 **자유로운 의지**(vrijwillige)에 의한 종교이기도 했다.[2] 이로 인해 모든 인간들은 절대 의존 속에서만 자유롭다는 사실을 인정하고 고백한다. 뿐만 아니라 모든 인간들은 하나님을 섬길 때만 비로소 참된 자기 자신과 참된 인간이 될 수 있다는 사실을 인정한다. 절대 의존 감정(volstrekte afhankelijkheidsgevoel)은 자유를 포함한다. 하나님 아래 속한 인간은 자기 스스로의 특징을 품으며, 하나님과 분리될 수 없

---

2 편집자 주: 이탤릭체 강조는 바빙크의 네덜란드어 원문에도 표기되어있다. 보스와 그의 동료들은 네덜란드어 에이헌빌러흐(eigenwillige)를 '임의적인,' '자의적인'이라는 뜻을 가진 영단어 arbitrary로 번역했다. 보스와 그의 동료들은 예배하도록 만드는 자극이 자연적(본래적/본유적)임과 동시에 자발적(외부적 강제 없음)이라는 바빙크의 주장을 보다 더 잘 드러내길 원했다. 이런 바빙크의 생각은 그의 『개혁교의학』에서도 반복적으로 잘 드러난다. "선천적 신지식은 인간이 정상적인 발전 과정에서 그리고 하나님이 그에게 생명을 주었던 환경 가운데서, 저절로 강요 없이, 과학적 추론과 논증 제시 없이, '가르침 없이 심겨진 본성에 의해' 어떤 확고한, 확실한, 의심 할 수 없는 신지식에 이르는 잠재력(소질, 힘, 능력)과 경향(성향, 기질) 둘 다 갖는다는 것을 가리킨다"(바빙크, 『개혁교의학』, 2:82; RD, 2:71). 여기에서 주목할 부분은 심겨진 하나님의 지식은 바빙크에게 단순히 하나님에 대한 믿음을 형성하는 데 필요한 능력 및 성향이 아니라는 점이다. 오히려 심겨진 하나님의 지식은 본서 3장에서 살펴보았던 것처럼 의식의 장소에서 하나님으로부터 주어진 내적 계시의 결과로 볼 수 있다. "하나님은 자신의 영원한 권능과 신성으로 인간에게 영향을 끼치며, 단지 인간 외부만 아니라 내부에도 영향을 미친다"(『개혁교의학』, 2:86; RD, 2:71). 그러므로 "하나님의 계시는 선천적 신지식과 획득된 신지식보다 선행한다"(『개혁교의학』, 2:86; RD, 2:73). 이런 주장이 바로 바빙크가 본유적인 하나님의 지식을 획득된 하나님의 지식의 범주 아래 위치시킨 이유이다. 왜냐하면 본유적 지식, 획득된 지식 둘 다 한 사람의 의식 안에서 최초의 계시로부터 유래된 지식들이기 때문이다. "따라서 선천적 신지식은 획득된 신지식과 대립하지 않는데, 넓은 의미에서 전자도 역시 획득된 신지식이라 불릴 수 있기 때문이다"(바빙크, 『개혁교의학』, 2:86; RD, 2:73).

는 친밀감 가운데 악령, 동물들과 구별된 존재로 살아간다.[3] 비록 때로는 신정적 요소가 우세할 때도 있고 때로는 신인 양성적 요소가 우세할 때도 있지만, 이 두 가지 사실은 종교 안에 항상 통합되어 있다.[4]

각 사람의 삶 속에 혹은 인류의 역사 속에 가득 채워져 있는 종교를 그 핵심부터 제거하기 위한 노력들이 있어왔다는 것은 사실이다. 그러나 이런 노력들은 그 초기부터 수포로 돌아갈 수밖에 없는(onvruchtbaarheid) 운명이었는데 그 이유는 이런 노력들은 결국 인간 본성의 불변한 필요를 무참히 깨트리는 노력이었기 때문이다.

지난 해 정기 간행물 「메르퀴르 드 프랑스」(Mercure de France)[5]에서 종교의 진화와 해체에 대한 논의가 열렸을 때, 일부 사람들은 교회와 종교에 대한 혐오 분위기를 조성했으며 교회와 종교는 곧 사라지게 될 것이라는 예측까지도 감행했다.

하지만 이들조차도 이타주의와 사회주의적으로 구성된 사회 속에서, 혹은 도덕, 과학, 심령론 속에서 종교를 대체할 무엇인가를 찾았던 자들이었다.

3　편집자 주: 바빙크의 이 문장은 슐라이어마허가 은연 중 드러나는 문장이다. 바빙크는 슐라이어마허를 다음과 같이 일관적으로 묘사했다. "슐라이어마허는 느낌을 즉각적 자의식으로 정의 내렸다. 주체는 즉각적 자의식 안에서 자신의 모든 생각과 의지 전에 자기 존재에 대한 의식과 하나님에 대한 절대 의존을 알게 된다[en daarin tegelijk zijne volstrekte afhankelijkheid van God bewust wordt]." Bavinck, Beginselen der Psychologie, 53-54. Cf. Schleiermacher, Christian Faith, §3.2. 바빙크는 슐라이어마허의 이런 정의가 비판 받을 지점이 분명히 있지만, 그럼에도 불구하고 이런 정의에는 "중요한 진리의 요소"가 포함되었다고 보았다. "그런 까닭에 이 피조물적 의존은 종교의 본질이 아닐지라도 종교의 토대다. … 인간은 이성적, 도덕적 존재로 머무르는 동시에 하나님과 연관된, 하나님의 자손이며 형상이라는 방식과 의미에서 의존적이다. 인간은 절대적으로 의존적이다. 따라서 이 의존을 부정하는 것이 그를 결코 자유롭게 하지 못하며, 이 의존을 인정하는 것이 그를 결코 노예로 격하시키지 않는다. 그와는 정반대로, 인간은 이러한 자신의 의존을 의식적으로, 자발적으로 수용함으로써 가상 자유롭게 된다. 그가 하나님의 자녀일 때, 그와 같은 수준의 인간이 된다"(바빙크, 『개혁교의학』, 1:340; RD, 1:242-3).

4　Tiele, Inleiding tot de godsdienstwetenschap, I, 141ff.

5　편집자 주: 「메르퀴르 드 프랑스」(Mercure de France)는 1890년에 시작된 정기 간행물로서 지금까지도 그 명맥을 유지하는 간행지이다.

압도적 다수는 종교의 형태는 뒤바뀔 수 있지만 종교의 근원적 본성은 근절될 수 없으며, 종교가 가진 본성은 모든 위기들 속에서도 능히 견딜 수 있다는 사실에 대해 확신을 가졌다. 그들은 이런 확신의 근거를 특별히 다음과 같은 두 개의 고려 사항에 두었는데 첫째는 종교는 인간 본성에 깊이 근거한다는 점이고[6] 둘째는 사물들의 기원, 본질, 목적보다는 사물들 간의 상호 관계성 정도만 건드리는 과학은 인간이 가진 마음의 필요를 절대로 만족시켜줄 수 없다는 점이었다.[7] 과학을 덮은 막이 걷힌다 해도 아직 탐구되지 않은 숭고하고 광대하며 암묵적인 영역, 즉 궁극적 힘이 살아 움직일 뿐 아니라 인간이라면 반드시 그 힘에 의존할 수밖에 없는 영역은 늘 남아있다. 인간의 인격성의 가장 내밀한 섬으로부터 종교는 항상 새롭게 떠오른다.[8]

현재 말하는 것과 미래를 기대하는 것은 종교의 근거와 뒷받침을 과거 속에서 찾는 것과 다를 바 없다. 종교 없는 인류란 없다. 역사는 종교가 모든 사람들의 보편적 소유가 아니었을 때로 우리를 데려갈 수 없다.[9] 단순 과거 뿐 아니라 태초부터 종교는 모든 문화에 활력을 제공했던 요소였다. 물론 우리는 일방적 관점을 경계해야 하며 단순히 하나의 이론으로 현실을 재단하는 행태에 주의를 기울여야 한다. 인간은 그 시작부터 종교적 존재였을 뿐 아니라 도덕적, 육체적 존재이기도 했다. 인간들은 다양한 일을 하는 것을 원했던 존재였고, 그들은 시작부터 그것들을 조화롭게 할 수 있는 힘을 부여 받았다. 모리스 재스트로(Morris Jastrow)의 주장, 즉 학문, 예술, 도덕은 종교로부터 자라난다는 주장은 다소 지나친 표현이었다. 오히려 학문, 예술, 도덕, 종교는 서로가 서로에게 밀접한 영향을 끼치면서, 혹은 인간 본

6   F. Charpin, ed., *Het Vraagstuk van den Godsdienst, Ontbinding of Evolutie, beantwoord door de grootste Denkers der Wereld*, ed. F. Charpin (Amsterdam, 1908), 5, 10, 79-80, 84, 90, 106, 115, 117, 119, 121, 197, 289, 316.
7   Charpin, *Het Vraagstuk van den Godsdienst*, 13, 21, 57, 59, 99, 212, 252, 290, 301.
8   Charpin, *Het Vraagstuk van den Godsdienst*, 21, 79.
9   Ladd, *Philosophy of Religion*, I, 120ff.

성의 다양한 필요와 성향에 따라 서로 영향을 주고받으며 함께 시작되었다고 봐야 한다.[10] 단순한 일원론적 추상 원리가 아니라 인간 본성의 총체성이야말로 모든 발전의 시작점이다. 먹을 것, 마신 것, 잘 곳, 입을 것이 인간에게 꼭 필요한 것처럼, 인간 본성도 종교, 농업, 산업, 과학과 예술, 문화의 다양한 구성 요소들로부터 즉각적으로 발전되어왔다. 이 모든 것들은 다 인간 본성 속에, 즉 인간 본성의 고유한 특징과 삶 속에 자기 고유의 뿌리를 둔다. 종교는 확실히 인간 정서(gemoed)의 가장 긴밀한 운동 안에 늘 속해있었다. 게다가 종교는 인간의 모든 경험과 행위들, 즉 인간의 전인적 삶 구석구석에 영향을 끼쳤다. 종교 외의 다른 확실한 것들도 과학, 철학, 예술, 호기심, 장식과 운동에 대한 욕망의 발전 가운데서 자신의 역할을 감당했다. 하지만 우리 자신이 더욱 더 깊이 과거 속으로 빠져 들어갈 때 우리는 종교, 도덕, 지식, 예술, 문명에 대한 나눠지지 않고 차별 없는 요소들을 더 많이 발견 할 수 있게 된다. 이 모든 것들은 독립적인 상태로 서로가 나란히 존재하지 않는다. 오히려 이 모든 것들은 여전히 발전되지 않은 채 같은 기원 속에 둘러 싸여 있다. 경험의 복잡성과 총체성은 구별성을 앞선다. 그 가운데서도 종교-도덕적인 것들이 모든 것들보다 더 우선을 차지한다. 그러므로 종교야말로 문명화 과정의 가장 깊은 원인(drijveer, 즉 마부처럼 몰아대는 사람 혹은 주된 원인)이며 예술과 모든 학문의 어머니로 볼 수 있다.[11]

인간 본성에 대한 이런 생각은 종교의 기원을 탐구하는 데 매우 중요한 역할을 감당한다. 현재 과학 분야에 있는 사람들은 삶 속에 드러나는 종교가 가진 유기적 연결점들을 먼저 해체시킨 후 종교의 기원을 탐구하려는 성향이 있다. 이들은 마치 화학자들이 물질을 다루는 식으로 종교에 대해 다룬다. 즉 물질들 간의 실제적 관계성들을 간과한 채 각 요소의 부분들을 쪼개는 방식으로 사안에 대해 분석하는 것이다. 과학의 주제와 대상이 실제적

---

10 Tiele, *Inleiding tot de godsdienstwetenschap*, II, 219에 Morris Jastrow가 인용되어 있다.
11 *Het Vraagstuk van den Godsdienst*, etc., 34, 112ff.

으로 일어나는 것과 완전히 다르다는 사실을 잊지 않을 때에야 비로소 종교를 과학적으로 보려는 성향은 학문적으로(Wetenschappelijk) 높은 가치를 지닐 수 있다. 모든 요소들이 본래 순수한 형태로 존재해왔다는 것에 대한 증거는 아예 없다. 이와 비슷하게 현재 우리가 종교 생활 가운데 발견하는 요인들이 서로 분리된 상태로 존재해왔다는 것을 주장할 아무런 근거도 없다. 실제와 이론은 다르다. 풍부한 생명이 항상 먼저다. 우리의 추상적 생각은 이런 풍부한 생명 뒤에 늘 뒤따라온다.[12] 과학은 사물의 기원에 대한 탐구 속에서 진화 개념에게 자기 자신을 완전히 내어줘 버렸다. 그러므로 과학은 가장 하찮은 시작으로 혹은 가장 빈약한 원리들로 되돌아가려는 노력만을 거듭할 뿐이다. 과학은 추상적인 생각들을 구체적인 힘으로 간단히 고양시키면서 사물에 대한 해석 안의 근거 없는 신화 위에 자신만의 피난처를 마련한다. 그러나 인간의 생명은 그것 자체로 대단히 풍성하기 때문에 어떤 추상적 원리 혹은 간단한 힘으로 인간 생명의 기원을 상정할 수 없다. 직선으로 이루어진 어떤 진화 법칙도 발전으로 우리를 이끌고 가지 못한다. 만약 실제적인 기원이 되는 그 시점으로 최대한 돌아갈 수 있다면, 모든 것을 이미 다 포함할 뿐 아니라 자기 자신으로부터 모든 것을 생산해내는 인간

---

12 편집자 주: 학문적 탐구를 위해 일상적 삶에 우선순위를 매기는 것은 바빙크의 글 속에 자주 등장하는 내용이다. 바빙크는 올바른 신학이라면 반드시 인간의 삶 속에 존재하는 깊은 불안감으로부터 피어올라라 하며 그런 불안감에 대해 말 할 수 있어야 한다고 보았다. "신학은 단순히 학문의 영역에서 뿐만 아니라 삶 속에서 벌어지는 끔찍한 현실 가운데, 즉 병마와 죽음 가운데, 고통과 필요 가운데, 고통과 사망 가운데, 죄책으로 가득 찬 의식 가운데, 화해와 평화를 간절히 원하는 마음 가운데 강력한 모습으로 자신의 권리와 진리를 드러내야만 한다." Herman Bavinck, *The Certainty of Faith*, trans. Harry der Nederlanden (Ontario: Paideia Press, 1980), 17. 삶 혹은 실천과 유기적으로 연결된 종교와 신학을 관념화하고 추상화시킨다면 종교와 신학의 특성에 대한 오해를 만들 수 있다. 바빙크는 종교적 학문들 속에서도 이런 측면이 얼마든지 드러날 수 있다고 보았다. "종교학 교수들은 그들이 삶과 실제, 교회 때문에 골치 아파하지 않는다는 것을 아주 쉽게 상상할 수 있다. 그들은 다소 후속 결과는 생각하지도 않고 가장 어리석은 이론을 아주 새로운 지혜로 가르치기도 하는데, 이는 학생들 교육을 위한 배려를 자기들의 어깨에서 완전히 내려놓고, 그 대신에 그것을 신학교수들의 어깨에 지워 놓았기 때문이다"(바빙크, 『개혁교의학』, 1:94; *RD*, 1:51).

본성을 발견할 수 있을 것이다. 자연적 삶과 영적인 삶, 종교와 도덕, 지식과 예술, 아름다움에 대한 감정(*gevoel voor schoonheid*)과 가치들의 의식(*besef van waarden*)은 태초부터 인간 안에 연합되어 있는 요소들이었다. 삶의 경험들 (*ervaringsleven*)은 모든 발전과 문명의 배경이다.[13]

　사물, 종교, 도덕, 과학, 예술, 가정, 사회, 국가의 기원에 대해 조사하는 최근 연구자들은 이런 생각들을 선명한 빛 아래 위치시켰다. 사실 우리는 엄밀한 과학적 탐구 속에서도 모든 것들의 기원이 자연적 기원을 갖는지 아니면 역사적 기원을 갖는지에 대해 아무 말도 할 수 없다. 왜냐하면 문화의 요소들은 역사가 우리를 각성시키는 한 항상 존재해왔던 것들이기 때문이다. 모든 사람들이 무신론의 길을 거쳐 지나갔다는 것에 대해 러벅(Lubbock)이 증명하려 노력했을 때,[14] 그는 우리의 성립적 지식의 한계를 넘어섰을 뿐 아니라 삶의 필수적 부분들 속에 종교가 자리 잡은 우리로서는 도무지 이해할 수 없는 상황을 만들어내기도 했다.[15] 우리는 아무런 종교도 갖지 않은 인간 존재(즉 동물이 아닌 인간 존재)에 대한 개념을 형성해 낼 수 없다. 이런 인간은 상상할 수 없을 뿐 아니라 존재 자체가 불가능하다. 사실 인간 문명의 모든 구성 요소들도 이와 똑같다. 지식과 예술 없는 인간이란 상상 불가하다. 가정과 사회생활 없는 인간, 혹은 도덕과 정의 개념 없는 인간이란 존재하지 않

13　Dilthey, *Einleitung in die Geisteswissenshaften*, 170, 184-85. 편집자 주: 사색적 이해, 학문, 사회 연구를 위한 사람들의 일반적 삶의 배경과 우선순위에 대한 논의는 카이퍼(Kuyper)에 의해서도 잘 드러난 논의이다. Abraham Kuyper, *Ons Instinctieve Leven* (Amsterdam: W. Kirchner, 1908)을 참고하라. 이에 대한 영어 번역본은 Abraham Kuyper, "Our Instinctive Life," in *Abraham Kuyper: A Centennial Reader*, ed. James Bratt (Grand Rapids: Eerdmans, 1998), 255-77을 참고하라. Cf. James Bratt, *Abraham Kuyper: Modern Calvinist, Christian Democrat* (Grand Rapids: Eerdmans, 2013), 350-55.

14　John Lubbock, *Die Entstehung der Zivilisation und der Urzustand des Menschengeschlechtes, erlautert durch das innere und äußere Leben der Wilden, Deutsche Ausgabe* (Jena, 1875), 172. 편집자 주: 이 책의 원본은 다음과 같은 영어본이다. John Lubbock, *The Origin of Civilization and the Primitive Condition of Man: Mental and Social Condition of Savages*, 5th ed. (New York: D. Appleton and Co., 1898).

15　Dilthey, *Einleitung in die Geisteswissenshaften*, 168, 172.

는다. 그럼에도 불구하고 만약 과학이 계속해서 모든 문화의 뒷부분으로 비집고 들어가려 노력한다면, 혹은 모든 현상들이 인간 삶 속에서 벌어지는 방식으로서의 개념을 형성하기 위해 과학이 노력한다면, 세상일이란 게 보통 그렇듯이 모든 추측과 짐작들은 사라지게 될 것이다. 이에 대해서는 이미 많은 사람들도 솔직히 인정했던 바다. 예를 들면 오스카 헤르트비히(Oscar Hertwig)는 "포유류, 양서류, 어류의 계통 사슬을 원시 사회 속에서 추적하려 시도할 때, 심지어 과학의 밝은 빛조차도 하나의 광선으로는 뚫고 지나갈 수 없는 어두움과 함께 시작할 수밖에 없기 때문에, 과학적 조사는 진리의 지식과 결과론적인 영구적 결과들에 다다를 수 있는 길로부터 이탈할 수 있는 위험에 노출되어 있다"[16]라고 기록했다. 루드비히 스타인(Ludwig Stein)은 과학적 조사가 "가정, 재산, 사회의 기원을 탐구하는 과학을 위해 치명적이긴 하지만 회피할 수 없는 필수"라고 말하며, 이는 "가설들과 함께 작동되도록 강요받는다"라고 기록했다.[17] 레만(Lehmann), 트뢸치, 틸러(Tiele), 플라이데어레어(Pfleiderer) 등은 종교의 기원에 대해 다음과 같이 동의를 표했는데, 과거나 현재나 모든 사물들의 지식에 대해 말하는 것은 불가능하며 우리는 추측이나 가설들에 만족해야만 한다는 것이 바로 그 동의의 내용이었다.[18]

16 Oscar Hertwig, "Das biogenetische Grundgesetz nach dem heutigen Stand der Biologie," *Internationale Wochenschrift für Wissenschaft, Kunst und Technik* (April 20, 1907): 97-98. 편집자 주: 이 인용문의 원문은 다음과 같은 독일어이다. "Beim Versuch, die genealogische Ketten der Säugethiere, der Amphibien und Fische in die Vorzeit zurückzuverfolgen, geraten wir in ein Dunkel, in welches auch die helle Leucht der Wissenshaft mit keinem Lichtstrahl hineinzudringen vermag, und so lauft die Forschung Gefahr, von jener Bahn abzuweichen, auf der sie allein zur Erkenntnis des Wahren und damit zu dauernden Erfolgen gelangen kann."

17 Stein, *Die soziale Frage*, 38, 63, 105, 107. 편집자 주: 루드비히 스타인의 인용문은 이 문장 맨 마지막 문장뿐이다. 이에 대한 독일어 원문은 다음과 같다. "ein Operieren mit Hypothesen zur fatalen, aber unabwendbaren Notwendigkeit." 나머지 문장은 인용문이 아니라 바빙크 자신이 쓴 문장이다. "Voor de wetenschap, die naar de oorsprongen van familie, eigendom, maatschappij enz., een onderzoek instelt, wordt, volgens Ludwig Stein 'ein Operieren mit Hypothesen zur fatalen, aber unabwendbaren Notwendigkeit.'"

18 Edvard Lehmann, "Die Anfänge der Religion und die Religion der primitiven Völker,"

이런 가설들이 아무런 근거 없이 세워졌던 것은 아니다. 이런 가설들은 발생학, 인류학, 고생물학, 민족지학으로부터 정보를 모아 자신들만의 근거를 세워나갔다. 한 편으로는 동물과 어린이를 연구하고 또 다른 한 편으로는 소위 원시 민족(natuurvolken)에 대해 연구하면서 아무런 문화 없이 살아갔던 원시 시대 사람들의 개념을 주조하는 작업을 했던 것이다. 하지만 이를 위해 활용되었던 방법과 이 작업을 통해 얻어진 결과들에 대해 큰 확신을 갖지는 못했다. 더 많은 지식이 쌓이면 쌓일수록 인간 기원에 대한 확신을 갖게 될 것이라는 소망은 점점 더 그 빛을 잃어만 갔다.

일반적으로 진화론은 암묵적으로 전제되어왔다. 다윈은 "자연 선택"(natural selection)과 "생존 경쟁"(the struggle for life)[19]의 방식으로 인간 기원에 대해 가정했다. 현재 많은 사람들은 생물체의 발전을 설명하는 방식인 다윈주의의 본래적 형태를 모두 버렸거나 아니면 일부분만 인정한다. 그럼에도 불구하고 다윈주의는 여전히 인간의 유래를 설명하는 이론으로 건재하게 남아있다. 진화론은 작업가설로서 의심할 필요도 없이 명백한 중요성을 갖는다. 진화론 없이는 각종 유사성들이 발견되지 못했을 것이며 각종 현상들이 가진 수수께끼들을 풀 수 있는 실마리가 제공되지 못했을 것이다. 그럼에도 불구하고 헤켈이 전제한 것처럼 과학은 진화론이 "확고히 증명된 사실"(festbegründete Thatsache)을 다루기보다는 가설들만을 다룬다는 사실을 절대 잊어버려서는 안 된다.[20] 사실 그 자체에만 귀를 기울이는 냉철

in *Die Kultur der Gegenwart*, I, III (1906), 1. Troeltsch, "Die Christliche Religion: Mit einschluss der Israelitsch-Jüdischen Religion," in *Die Kultur der Gegenwart* I, IV (1906), 483. Tiele, *Inleiding tot de godsdienstwetenschap*, II, 183. O. Pfleiderer, *Religion und Religionen* (München: J. F. Lehmann, 1906), 53.

19 편집자 주: 바빙크는 인용부호 없이 이 단어들을 영어로 표기했다.

20 Ernst Haeckel, *Der Kampf um den Entwickelungsgedanken* (Berlin: G. Reimer, 1905), 56, 70. 헤켈은 가끔씩 온건한 태도를 보이며 자신의 "계통발생사"(Stammesgeschichte)를 "가설적 구조"로 지칭하기도 했다. 그 이유는 계통발생사 근저에 깔려 있는 경험적 기록들이 여전히 중대한 결함을 가졌기 때문이다. Cf. H. Meyer, *Der gegenwärtige Stand der Entwickelungslehre* (Bonn: Peter Hainstein, 1908), 59-60.

한 자연주의자들은 피르호의 입술 뿐 아니라 브랑코(Branco), 라인케, 바스만(Wasmann)의 입술을 통해서 스스로를 다르게 표현했다. 예를 들면 라인케는 1900년도에 다음과 같이 인정했다. "우리는 진화론이 옳다는 단 하나의 명백한 증거도 없다는 사실을 아무런 거리낌 없이 인정해야만 한다."[21] 라인케는 2년 후 보다 더 강한 어조로 과학이 인간의 기원에 대해 아는 것은 아무것도 없다고 주장했다. 1901년 베를린에서 열린 동물학자 국제회의에서 브랑코는 고생물학이 인간들의 조상에 대해 아무런 지식도 없다는 것을 증언하며 오히려 인간은 완전한 호모 사피엔스(homo sapiens), 즉 신인(新人)으로 대홍수 때 우리 앞에 갑자기(unvermittelt) 그 모습을 드러냈다고 주장했다.[22] 인간과 동물 사이에 존재하는 정신적, 신체적 차이는 과거에 그랬던 것처럼 지금도 그 차이가 여전히 유지된다. 예를 들면 포유류와 원숭이 사이의 차이는 두개골과 뇌 구조의 맥락 속에서 그 차이가 줄어들 수 있겠지만, 원숭이와 사람 사이에서는 이런 줄어듦 자체가 불가능하다. 현존하는 모든 포유류들 가운데 인간과 견줄 수 있는 포유류는 없다. 스탠리 홀(Stanley Hall)도 인간과 가장 가깝다고 하는 500 입방 센티미터의 뇌를 가진 유인원과 가장 뇌 기능이 떨어지는 인간, 그럼에도 불구하고 1150 입방 센티미터의 뇌를 가진 인간 사이의 간격이 물속에 가라앉은 아틀란티스처럼 거의 사라져버렸다는 것을 인정해야만 했다.[23] 홀이 인간의 모든 조상들이 뜻하지 않게

---

21 편집자 주: 이 인용문의 원문은 다음과 같은 독일어이다. "Rückhaltos müssen wir bekennen, das skein einziger völlig einwurfsfreier Beweis für ihre Richtigkeit vorliegt"(역자 주: 독일어 문장에 오타가 몇 개 있는데 *Rückhaltlos* müssen wir bekennen, *dass* kein einziger völlig *einwurfs-freier* Beweis für ihre Richtigkeit vorliegt가 옳다. 이탤릭체 표기가 오타를 수정한 부분이다).

22 Johannes Reinke, *Die Entwicklung der Naturwissenschaften insbesondere der Biologie im neunzehnten Jahrhundert* (Kiel: Universitäts-Buchhandlung, 1900), 19-20; *Die Natur und Wir* (Berlin: Gebruder Paetel, 1907), 151ff. Branco in Erich Wasmann, *Die moderne Biologie und die Entwickelungslehre*, 2nd ed. (Freiburg: Herdersche Verlagshandlung, 1904), 302, 304. 편집자 주: 바스만의 제3판은 *Modern Biology and the Theory of Evolution*, trans. A. M. Buchanan (St. Louis: B. Herder, 1914)으로 영문 번역되어 있다.

23 편집자 주: 바빙크는 이 문장의 앞쪽 대부분을 홀(Hall)의 다음과 같은 영어 문장으로부

자취를 감춰버렸다고 부연했을 때, 그런 설명은 기껏해야 임시변통일 뿐이었고 과학적으로는 아무런 가치도 없는 설명이었다.[24] 원숭이와 인간이 공통된 조상을 갖는다는 생각은 단순히 생각(ein blosses Gedankending) 그 자체였을 뿐이다.[25] 그러므로 동물과 최초의 인간을 연결시키는 모든 추론들은 확고한 과학적 근거가 결핍되어 있다. 그러므로 인간 유래에 대한 진화 교리를 옹호하는 많은 사람들이 최근 들어 역사적 동물학에 등을 진 후 자신들의 구원(heil)을 위해 실험적 형태학을 바라보는 상황은 유의미하다.[26]

하지만 이런 새로운 학문이 사안에 대해 더 밝은 빛을 비추었는가는 여전히 회의적이다. 헤켈의 생물 발생적 법직에 대한 반대는 날이 갈수록 더 큰 힘을 얻는다. 구겐바우어(Geganbaur)와 오스카 헤르트비히 둘 다 개체 발생은 활기 넘치는 상상이 세통 발생적 관계들을 찾는 가운데 매우 위험한 게임을 진행해 나갈 수 있는 범주라는 뜻을 내비쳤다. 동시에 그들은 개체 발생을 가리켜 확신에 찬 결과들이 결코 쉽게 얻어질 수 없는 범주에 속해

버 그대로 차용했다. "Stanley Hall moet erkennen, 'the interval between the highest anthropoid brain of 550 cub. centimeter and that of the lowest man 1150 cub. centimeter is almost as lost as the sunken Atlantis." 홀이 했던 주된 작업은 한 사람의 삶 속에서 드러나는 특정한 시기, 즉 상대적으로 덜 인식되었던 시기인 청소년기의 본질에 대해 정신학적으로 돌파구를 찾았던 작업이었다. 홀은 청소년기야말로 종교적이든지 종교적이지 않은지 간에 회심 혹은 개조를 위해 정신학적으로 유리한 시기라고 보았다(Adolescence, 281-362). 바빙크는 이에 대해 다음과 같은 말은 남겼다. "사춘기 때 일어나는 종교적 경험 속 생리학적 변화와 정신학적 변화 사이에는 밀접한 관계가 있다." 홀은 자기 자신을 위해 이를 연구했을 뿐 아니라 버넘(Burnham), 다니엘스(Daniels), 랭커스터(Lancaster), 루바(Leuba), 스타벅(Starbuck)과 같은 이 분야에 관심을 가진 유능한 학생들을 모아 1906년 American Journal of Religious Psychology and Education이라는 학술지를 창간하기 위해 연구한 인물이기도 했다.

24 Hall, Adolescence, II, 91. H. Meyer, Der gegenwartige Stand der Entwickelungslehre, 71. Lankester, Natur und Mensch, 24. Dr. H. C. Stratz, Wij stammen niet van de apen af (Baarn, 1907), 23.

25 Erich Wasmann, Der Kampf um das Entwickelungsproblem in Berlin (Freiburg: Herder, 1907), 295.

26 Prof. Dr. Carel Philip Sluiter, Het Experiment in Dienst der Morphologie (Amsterdam, 1907).

있다는 것을 넌지시 드러냈다. 구겐바우어와 헤르트비히는 허구적 상황 혹은 완전히 지어낸 유기체들을 만들어갈 수 있는 잘못된 길에 대항하며 경계를 표했다.[27]

포유류의 발생학적 형태가 양서류와 조류의 발생학적 형태와 상호 유사성이 있다는 것은 사실이지만, 에머리(Emery) 교수가 지적한 바와 같이 이런 "조상 전래적 유사성"(Ahnenähnlichkeit)이 꼭 "조상 전래적 유전성"(Ahnenerblichkeit)을 보장하는 것은 아니다. 간단한 생식 세포조차도 크고 작은 다양성들에 대한 신념을 뛰어넘을 만큼의 완성된 형태의 생명을 이미 갖췄다. 즉 간단한 원시배세포(原始胚細胞)조차도 이미 계통 발생적 발전 과정의 산물인 것이다. 이 보다 좀 더 나아간다면 생식 세포로부터 만들어진 각 개체들이 서로 다른 것처럼 다양한 종류의 동물들의 수정된 생식 세포는 다른 생식 세포들과 본성적으로 다르다. 게다가 다른 것의 일부가 되는 개체발생의 단계들과 절대 다른 것의 일부가 되지 않는 조상 전래적 연쇄의 형태들 사이에는 매우 중대한 차이점이 존재한다. 바로 이런 이유 때문에 헤르트비히는 이전 시기의 지구가 오직 한 종류의 세포만 생산했다는 가설의 개연성이 낮다고 보았던 것이다. 만약 현존하는 유기체들이 하나의 원시적 세포로부터 유래했다기보다는 오히려 이미 서로 다르게 구성된, 혹은 이전 시기 속에서 자연의 창조적 능력을 통해 또 다른 방식으로 구성된 수없이 많은 세포들로부터 유래되었다고 본다면, 오히려 수없이 많은 동식물 종류

---

27 Hertwig, "Das biogenetische Grundgesetz," 93. 대부분의 식물학자, 동물학자, 고생물학자들은 현재 다계통 발생적 발전을 믿는 자들이다. H. Meyer, *Der gegenwartige Stand der Entwickelungslehre*, 50ff. Reinke, *Die Natur und Wir*, 126ff., 139ff. Erich Wasmann, *Der Kampf um das Entwickelungsproblem in Berlin*. 편집자 주: 이 문장의 대부분은 다음과 같은 두 개의 독일어 인용문으로 구성된다. "Gegenbaur en Oscar Hertwig duiden beiden de ontogenie aan als aan gebied, 'auf dem beim Suchen nach phylogenetischen Beziehungen eine rege Phantasie zwar ein gefährliches Spiel treiben kann, auf dem aber sichere Ergebnisse keineswegs überall zu Tage liegen,' en waarschuwen voor de dwaalwegen, die 'zur Konstruktion fiktiver Zustände, ja ganzer fiktiver Organismen führen.'"

들은 다계통 발생적 전제를 더 선호한다고 볼 수 있다. 이 영역에서 이루어지는 더 깊은 연구는 우리를 균등성으로 이끈다기보다는 오히려 다양성으로 이끈다(niet tot de éénheid, maar tot de veelvormigheid). 기계적 이론을 옹호하는 많은 사람들이 생각하듯이 자연은 단순한(eenvoudig) 존재가 아니다. 일원론적 이론의 빈곤함이 시작부터 있었던 것은 아니다. 오히려 피조 된 생명들의 풍성함과 풍부함이 시작부터 존재했다.

생물 발생 법칙이 구체적으로 적용되면 될수록 기계적 일원론 법칙의 개연성이 점점 더 낮아질 뿐 아니라, 배아기, 유년기, 청소년기의 삶의 조건들도 선조들의 삶의 조건 혹은 최초 인간들의 삶의 조건의 되풀이 정도에 그치게 될 수밖에 없다. 예를 들면 대부분의 청소년들은 신장(身長)이 작은데 만약 생물 발생 법칙이 사실이라면 이는 최초 인간의 신장도 작았다는 것이 반드시 증명되어야 한다. 하지만 스탠리 홀이나 다른 학자들에 의하면 최초 인간들의 신장은 오히려 거대했다고 주장한다.[28] 유년기 아이들의 이가 늦게 나는 것을 설명하려면 최초 인간들의 이가 없었다는 것이 생물 발생 법칙의 근거로 반드시 고려되어야만 한다. 하지만 그 누구도 이에 대해 인정하지 않는다.[29] 현재 우리 인간들의 뇌는 영아 때부터 발달을 시작하고 약 14년 후에 완전한 크기로 성장하게 된다. 하지만 진화론은 이와 반대로 계통 발생론적 측면에서 매우 늦은 뇌 발전에 대해 상정한다.[30] 심장은 혈관보다 먼저 발달한다. 하지만 인류 역사 속에서는 그 반대도 있어왔다.[31] 인간이 꼬리뼈가 있다는 사실이 동물로부터 진화된 인간의 증거라면, 가슴을 가진 남자의 조상은 양성구유자(兩性具有者)여야만 한다. 하지만 극히 일부만 이런 결론이 지향하는 바에 귀 기울이는 형편이다.[32] 그러므로 이런 모든 생각

28 Hall, *Adolescence*, I, 35, 45, 49. Stratz, *Wij stammen niet van de apen af*, 17

29 Gutberlet, *Der Mensch, sein Ursprung und seine Entwickelung.*

30 Hall, *Adolescence*, I, 107; II, 67.

31 Hall, *Adolescence*, I, 55.

32 Hall, *Adolescence*, II, 568.

들을 고려했던 스탠리 홀조차도 개체 발생 법칙 가운데 "많은 역전들"이 존재한다는 결론에 이른 것은 사실 크게 놀랄 일은 아니다. "개체 발생은 자주 계통 발생론의 질서를 뒤집는다."[33]

이와 유사한 변화가 원시 민족(nature-peoples)이 원시 인간들에 대해 알 수 있는 수단을 우리에게 제공한다는 생각과 관련해 뚜렷하게 드러난다. 사실 원시 민족이란 명칭 자체에도 오해의 소지가 있다. 왜냐하면 원시 민족은 야생 인간들 혹은 문화 없는 인간들처럼 그 어디에서도 발견되지 않았기 때문이다. 문명화된 사람들도 소위 원시 민족들처럼 자연 의존적 존재들이다. 이 둘 사이의 차이점은 "자연과의 관계의 정도"가 아니라 "자연과의 관계의 특성"(nicht in dem Grade sondern in der Art des Zusammenhanges mit der Natur)[34]이다. 야생 인간들 혹은 문화 없는 인간들은 존재하지 않았다. 말도 안 되는 공상 즉 언어, 종교, 불에 대한 지식이 전혀 없는 원숭이처럼 온 몸이 털로 뒤덮인 채 나무를 기어오르는 유사 이전의 인간 모습을 상상하는 일이 또 다시 여기저기서 등장하고 있다. 하지만 이런 상상은 케케묵은 구식 상상들이다. 문화적으로 완전히 발달되지 않은 인간들도 최소한 인간을 인간답게 만드는 근본 요소들을 갖고 있었다. 예를 들면 그들도 직립 보행을 했으며, 평균적인 뇌 크기, 손과 엄지, 불과 빛, 언어와 종교, 가정과 사회 등을 갖고 있었다.[35] 게다가 원시 민족들은 서로 분리된 채 살아가지 않았고, 모두 다 똑같은 수준의 삶을 영위하지도 않을 뿐 아니라, 서로 공통된 명칭 아래 속하지도 않았다.[36] 원시 민족들은 여러 통로의 연결

---

33 Hall, *Adolescence*, I, 241.

34 Friedrich Ratzel, *Völkerkunde*, 3 vols. (Leipzig: Verlag des Bibliographischen Institut, 1885), I, 5.

35 Wilhelm Schneider, *Die Naturvölker: Missverständnisse, Missdeutungen, und Misshandlungen*, 2 vols. (Paderborn: Schöningh, 1885, 1886). Gutberlet, *Der Mensch: sein Ursprung und seine Entwicklung*, 380ff., 412ff. 474ff. Josef Froberger, *Die Schöpfungsgesch. der Menschheit in der "voraussetzungslosen" Völkerpsychologie* (Trier: Paulinus, 1903).

36 Steinmetz, *De Studie der Volkenkunde*, 31.

점들을 통해 상위 계통의 민족들과 연결되어있었다. 그러므로 많은 사람들이 상상하듯이 원시 민족들은 야만스러웠다거나 문화가 완전히 결여된 상태로 존재했다거나 하지 않았다. 오스트레일리아의 토착 부족들은 어느 성도 문화를 가졌던 사람들과 비교해 지성적으로도 아주 낮은 등급에 속하지 않았다. 바타쿠데스(Batakudes)와 남미 사람들에 관한 결정은 전체적으로 호의적이었다. 부시맨과 에스키모들이 그린 그림, 장난감, 동화, 전설 등도 그들이 가진 능력에 대한 선명한 증거이다.[37] 그러므로 원시 민족과 문명화된 국가 속에서 살아가는 사람들 사이에는 어떤 근본적 자질 차이가 없다. 마치 원시 민족들은 야만적이고 파괴적이어야만 하며, 문명인들은 반드시 진보적이고 수준 높은 문화를 향유해야만 한다는 식으로 생각해 왔던 것은 사실이다 한 무리에서 또 나른 부리로의 이동이 진행되면서 위에서 살펴본 다양한 예들이 계속 반복되었다. 현재 아라비아, 시리아, 메소포타미아의 베두인족들은 예전의 모습 그대로를 간직하며 살아간다. 하지만 그들 또한 문명화된 민족을 이룬다. 핀족과 마자르인은 최근에야 문명화의 길을 걸어갔다. 그림에도 불구하고 그들의 일가친척들은 여전히 미개적 삶의 형태를 가진 채 살아간다. 일본인들은 서양 문물을 급작스럽게 받아들였다. 하지만 몽골족이나 킬미크인들은 여전히 옛 관습 그대로 살아간다. 이런 시각에서 생각해 볼 때 원시 민족이 문화 민족으로 진보하는 일이 반복적으로 일어났다고 볼 수 있다.[38] 특별히 선교 역사가 이에 대한 풍성한 증거를 제공해준다.[39]

원시 민족들을 사람으로 인정하는 경향이 커져가면서 문명인들의 또 다른 측면, 즉 그들의 죄성과 불완전함에 우리의 눈이 집중되었다. 우리

---

37 Wilhelm Wundt, *Völkerpsyckologie: eine Untersuchung der Entwicklungsgesetz von Sprache, Mythus und Sitte* (Leipzig: W. Engelmann, 1905) II, 2, 150.

38 Steinmetz, *De Studie der Volkenkunde*, 41.

39 James Orr, *God's Image in Man and Its Defacement in the Light of Modern Denials* (London: Hodder & Stoughton 1906), 163ff.

는 반짝이는 모든 것들이 금이 될 수 없다는 사실을 경험으로부터 배운다. 만약 현재 문화민족의 조상들, 예를 들면 카이사르(Caesar)와 타키투스(Tacitus)에 의해 이상화된 게르만인과 갈리아인이 문화적으로 열악했을 뿐 아니라 현재의 중국인, 몽골인, 티벳족, 러시아인도 문화적으로 열악하다면 이 두 집단들 중에 어떤 집단을 문화적으로 열악한 집단으로 간주해야만 하는지에 대한 질문이 생길 수밖에 없다. 무례하고 야만적인 관습들은 러시아인, 레트인, 불가르인, 마자르인 속에 여전히 팽배하다. 일반적으로 볼 때 소위 문명인들도 많은 사람들이 생각하듯이 모든 것을 높은 수준으로 갖지 않는다. 문화적으로 가장 높은 단계까지 올라간 사람들의 비율은 매우 낮다. 문명인들 가운데서도 많은 개인들은 원시 민족들의 문명화 수준보다도 낮은 수준을 유지하기도 한다. 큰 도시에서 쉽게 만날 수 있는 부랑자들과 떠돌이들, 병자들과 결핍자들은 원시 민족들 가운데서는 좀처럼 발견되지 않는다. 원시 민족 가운데 살았던 대중들은 현재의 부랑자들과 떠돌이들보다 더 높은 지능을 가졌을 수 있다. 물활론, 강신술, 미신, 마법, 마녀와 유령에 대한 믿음, 매춘, 알코올 중독, 범죄, 인위적 죄악 등은 문명인들 가운데 일어나며, 때로는 원시 민족들보다 훨씬 더 강화된 형태로 나타나기도 한다. 원시 민족이 문명화될 때 그들은 대단히 많은 것을 얻는다. 하지만 잃는 것도 적지 않다. 신실함, 진실함, 단순함, 솔직함, 정직함, 천진난만함 등과 같은 아름다운 속성들은 문명화 작업 속에서 그 빛을 잃어간다.[40] 루소 시대에 유행한 목가적 느낌에 심취한 현대인들과 원시 민족 사이에는 큰 차이점이 없다. 톨스토이와 니체는 서로 다른 길을 사용해 자연으로 되돌아왔다. 문학과 예술 속에서 전통에 대한 반항적 반응이 묻어나왔으며, 무의식적이고 직관적이며 열정 가득한 삶으로의 길을 다시

---

40 Steinmetz, *De Studie der Volkenkunde*, 32ff. Fr. Ratzel, op. c., I, 10. Hendrik. J. Koenen, *Het Recht in den Kring van het Gezin: historischvergelijkende schets voor juristen en leeken* (Rotterdam: D. A. Daamen 1900), 65, 69.

금 떠나기 시작했다. 그러므로 스탠리 홀은 토착민들을 가리켜 사랑스러운 아이들이라고 묘사하기에 이른다. "대부분의 야만인들은 많은 부분에서 어린아이들이다. 혹은 그들이 가진 성적 성숙함 때문에 어른의 모습을 지닌 청소년들이라고 부르는 것이 더 옳을 수 있겠다. 그들이 가진 장단점은 유년기와 청소년기의 아이들이 갖는 장단점과 똑같다. 그들을 아는 자가 그들을 사랑할 수 있다."[41]

원시 민족들이 반쪽 동물이었다는 주장과 그들이 순진무구한 아이들이었다는 주장은 동등하게 일방적 성격을 갖는다. 모든 사람들이 진보의 길을 걸어간다는 주장도 잘못됐다. 왜냐하면 사람들 가운데서도 퇴보의 길을 지속적으로 걸어갔던 사람들이 있었기 때문이다. 그러므로 발전 혹은 퇴보로 모든 역사를 설명할 수 없다. 역사의 발전과 퇴보는 우리가 생각하는 것보다 훨씬 더 복잡하고 범위가 넓은 문제이기 때문에 우리의 논리적 사고 구조에 의해 방해 받지 않는다. 물론 발전에 발전을 거듭하여 대단히 높은 수준의 문명을 이룬 사람들도 있었다. 페루나 멕시코의 경우처럼 발전이 자생적으로 일어나는 경우도 있었다. 하지만 수없이 많은 사람들은 문명의 쇠락도 경험했다. 아시아나 북아프리카의 경우 지금은 그 자취가 완전히 사라진 고대 유적들을 갖고 있었으며 그 고대성이 보잘 것 없는 것으로 치부된 적도 많았다.[42] 피르호는 라플란드인과 부시맨을 심지어 "병리학적으로 퇴화, 악화된 민족"(*pathologisch verelendete, heruntergekommene Racen*)이라고 불렀다. 다윈, 스펜서, 타일러(Tylor), 월리스(Wallace), 막스 뮐러(Max Müller) 등은 많은 사람들

---

41 Hall, *Adolescence*, II, 649-50, 685, 713ff., 726ff. 편집자 주: 바빙크의 이런 언급은 20세기 초반을 살았던 신학자로서의 바빙크의 위치가 고스란히 느껴지는 언급이다. 바빙크는 모든 사람들을 하나로 연합된 전체 안으로 묶으려는 노력을 한 인물이었지만, 바빙크 역시 자료 수집의 환원주의적 형태를 지향하는 당시의 학문적 환경으로부터 완전히 자유로울 수는 없었다.

42 "Korte Beschouwingen over Bloei en Verval der Natiën," *Wetenschappelijke Bladen* (July 1904): 117-28.

의 퇴조와 괴멸에 대해 인정했던 사람들이었다.[43] 이런 퇴화와 환경 사이에
는 밀접한 관계성이 있었다. "사람이 발전을 하기 위해서는 수많은 영향들에
노출되어 있는 사람이 사는 세상 중심부에 거주하는지 아니면 가장자리에
거주하는지가 매우 중요한 요소로 작용한다. 사람이 사는 세상 가장자리에
사는 사람들은 대부분 문화적으로 결핍되어 있고 수적으로도 열등하다."[44]
그러므로 인간들을 순서대로 잇따라 배치시킬 수 없다. 오히려 원시 민족들
은 인류 계통의 시작점부터 임의적으로 여기저기에서 삶을 영위했을 뿐 아
니라, 인류 최초의 상태로 자신들의 상태를 질서 없이 내비쳤다. "인류는 오
직 열망과 진보, 발전만 있지 후퇴, 쇠퇴, 부패는 없다"[45]와 같은 선험적 생각
을 어느 상황 속에서도 유지하는 발전 이론은 쇠퇴 이론만큼이나 일방적 주
장이 아닐 수 없다. 역사는 자신의 과정 속에서 일직선 그대로를 따라가지
않는다. 전 세계의 모든 사람들은 저마다의 삶의 양식이 있고 다른 사람들과
의 관계 속에서 자신만의 삶의 양식을 지속적으로 추구해나간다.[46] 우리는
반드시 "차례차례"에서 "서로서로"로, 균일성에서 다양성으로, 일원론의 추
상적 이론에서 생명의 풍성함으로 되돌아가야한다.

태아나 아이들이 본래적 인간성을 형성하기 위해 필요한 것들을 욕구하
는 것처럼, 우리가 욕구했던 것들을 원시 민족들이 대신 채워주었다. 현재
역사가들은 원시 인간들로부터 역사적 탐구를 시작하는데 사실 이런 원시

---

43 Otto Zöckler, *Die Lehre vom Urstand des Menschen: geschichtlich und dogmatisch-apologetisch unteruscht* (Gütersloh: Bertelsmann, 1879), 140ff. Orr, *God's Image in Man*, 301.

44 Schurtz, *Völkerkunde*, 1903, 25. Steinmetz, *De Studie der Volkenkunde*, 49. Orr, op. c., 186. Zöckler, op. c. 135. 편집자 주: 이 인용문의 원문은 다음과 같은 독일어이다. "Für die Entwicklung eines Volkes ist es von grosser Bedeutung, ob e sim Innern der Oekumene wohnt, wo es zahlreichen Anregungen ausgesetzt ist, oder ah ihren Grenzen; die Randvolker der Oekumene sind meist arm an Kultur und gering an Zahl."

45 Fr. Ratzel, *Völkerkunde*, I, 14. 편집자 주: 이 인용문의 원문은 다음과 같은 독일어이다. "es gibt in der Menschheit nur Aufstreben, nur Fortschritt, nur Entwicklung, keinen Rückgang, keinen Verfall, kein Absterben."

46 Steinmetz, *De Studie der Volkenkunde*, 45, 54.

인간은 루소가 사회 기원을 설명하기 위해 사용했던 개념인 "사회 계약"의 일종으로 공상 그 이상 그 이하도 아니다.[47] 사람과 고등 유인원 사이의 존재라고 알려진 원인(猿人)도 특정 환경이 조성되었을 때 인간의 공통된 조상으로 동물학에서 설정한 최초의 인간인데, 이 원인은 때로는 원숭이로 여겨졌고 때로는 사람으로도 여겨졌다.[48] 그러므로 분트는 다음과 같이 기록했다. "오늘날의 인간과 원시 시대 인간 사이를 분리시키는 거대한 간격에 대해 과장하는 것은 불가능하다. 하지만 이 둘 사이에 아무런 관계가 없다는 식으로, 혹은 하나의 생각을 품은 좁은 길만이 이 둘 사이를 나란히 이을 수 있다는 식으로 생각해서는 안 된다. … 원시 인간을 일방적 방식으로만 상상하는 모든 시각은 사실과 모순될 뿐만 아니라, 이로 인해 정신적 발전에 대해 이해할 수 있는 가능성이 박탈당하게 될 수도 있다. 왜냐하면 모든 동기들의 변화는 아무리 그것이 터무니 없다하더라도 적어도 이후에 행동으로 발전될 동기들이 이미 존재했다고 본래적으로 가정할 수 있기 때문이다."[49] 즉 원시 인류는 육체적으로도, 정신적으로도 원숭이와 인간이 조

---

47 Dilthey, *Einleitung in die Geisteswissenshaften*, 38-39.

48 편집자 주: 바빙크의 이런 생각은 그의 『개혁교의학』 서론 부분에서도 잘 드러나 있다. "그러한 비종교적 인간은 순전히 '상상의 사물'로, 루소와 사회계약론 추종자들의 '자연인'과 같은 빈약하고 공허한 추상에 불과하다. 그래서 실제적으로 그러한 인간은 결코 존재한 적이 없었다. 종교 자체는 완전히 우연의 산물이 되어 다윈이 생각하는 윤리와 같다"(바빙크, 『개혁교의학』, 1:382; RD, 1:275).

49 Wundt, *Völkerpsychologie*, II, 428. 편집자 주: 이 인용문의 원문은 다음과 같은 독일어이다. "Nun können wir uns freilich die Kluft, die den heutigen Menschen von dem primitiven trennt, kaum gross genug vorstellen. Aber wir dürfen uns diese Kluft doch niemals derartig denken, als wenn zwischen beiden überhaupt keine Verbindungen mehr existirten, oder als wenn es nur der schmale Weg eines einzigen Gedankens wäre, der von der einen zur anderen Seite führt. … Jede Ansicht, die den primitiven Menschen in der einen oder andern Weise einseitig auffasst, setzt sich daher nich nur mit den Tatsachen in Widerspruch, sondern sie entzieht sich auch die Möglichkeit, eine psychologische Entwicklung zu begreifen. Denn aller Motivwandel setzt, so ungeheuer er unter Umständen sein mag, doch dies voraus, dass irgend welche Keime zu den später wirksam wedenden Motiven ursprünglich schon vorhanden sind."

상으로 반드시 상정되어야만 했다. 그러므로 누구나 원하는 대로 원시 인류를 사용할 수 있었고 양날의 검을 마음대로 휘두를 수 있었다. 만약 인간 속에 존재하는 동물적 특징을 설명하길 원한다면, 원시 인류가 가졌던 유인원적 특징들에 그 모든 이유를 돌리면 되었다. 반대로 만약 인간을 설명하길 원한다면, 원시 인류가 가졌던 인간적 특징들을 간단히 인정하기만 하면 되었다.[50] 따라서 원시 인간은 활발한 원자들, 자연의 의인화된 능력, 신격화된 자연법칙들, 신화된 진화 개념의 가치 있는 상대가 되고 말았다. 하지만 실제로 이런 원시 인간은 존재했던 적이 없었다. 이런 원시 인간은 기껏해야 일원론적 상상의 시적 창조물에 지나지 않았다.

많은 사람들은 이런 사실에 대해 점차 이해하기 시작했다. 이미 앞에서 살펴본 것처럼 오스카 헤르트비히는 다계통 발생적 가설을 단일 계통 발생적 가설보다 훨씬 더 큰 가능성을 가진 가설로 보았다. 그 결과 헤르트비히는 자연의 창조적 능력이 태초부터 수없이 많은 다양한 기원적 세포들을 단번에 발생시켰다고 생각했다. 이에 대해 만족할만한 설명을 주지 못한 채 물질과 힘, 운동과 생명, 의식과 의지를 영원한 것으로 선언했던 헤켈과 같이 헤르트비히 역시 자연의 창조적 능력을 통해 생산된 가장 초기의 세포들 안에서 이미 종(species)에 대한 개념들이 형성되어 있었다고 굳게 믿었다. 우리는 세포에게 우선순위를 두든지 아니면 세포로부터 만들어진 유기체에 우선순위를 두든지 혹은 계란을 우선에 두든지 아니면 닭을 우선에 두든지와 같은 생각을 늘 하면서 살아간다. 하지만 어떤 우선순위를 취하든 간에 그 시작점은 일원론적 원리가 아니라 생명의 다양성 원리에 근거한다. 기적과 기적에 대한 믿음은 둘 다 동등하게 위대하다. 사회학 역시 사회적 문제는 하나의 유일한 모방 공식으로 인해 풀리지 않을 것이며(타르드), 지역 조합 혹은 집단(무크), 분업(뒤르켐), 계급투쟁(굼플로비치), 혈연관계(모건), 동맹(슐츠)

---

[50] Gutberlet, *Der Mensch*.

등으로도 풀리지 않을 것이라는 것을 상정한 채 시작한다.[51] 따라서 많은 사람들은 설명되어야 할 거짓말의 시작부터 존재를 가정한다. 예를 들면 구스타프 라첸호퍼(Gustav Ratzenhofer)는 엄밀히 말해 사회는 기원된 적이 없었다고 주장했다. 라첸호퍼는 인간이 사회를 창조한 것이 아니라 오히려 사회가 인간을 창조했다고 생각했고, 인류는 시작부터 사회적 본성 아래 거했다고 생각했다. 사회야말로 기원이며, 인간들은 사회로부터 유래된 존재라고 본 것이다.[52] 젠커(Zenker)는 심지어 재산 혹은 소유물이 점진적으로 생긴 것이 아니라 오히려 시작부터 존재했다는 주장을 펴나갔다. "사회생활과 자의식이 없었다면, 혹은 공통된 삶은 있는데 개인적 일이 없었다면, 피테칸트로푸스 자바 직립 원인은 절대로 동물적 상태로부터 스스로를 끌어올리지 못했을 것이다."[53] 루이스 모건(Lewis Morgan)의 기원적 난혼 이론(The theory of original promiscuity)은 이후에 웨스터마크(Westermarck), 슈타르케(Starcke), 그로세(Grosse) 등에 의해 강하게 비판 받았다.[54] 슈몰러(Schmoller)는 경제학자들 사이에서도 사회생활의 정신적-윤리 관점이 감정과 열정 뿐 아니라 인간 안의 윤리적 능력을 인지하기 위해, 혹은 국가, 종교, 도덕과 연결된 정치적 경제를 탐구하기 위해 필수적이라는 사실에 대해 만장일치의 확신을 점차로 가지게 되었다고 보았다. "모든 위대한 사회 공동체들은 언어, 기록, 관습, 법, 도덕, 종교, 교류에 근거한 일반적인 인간 본성의 결과이다."[55] 일반적

---

51 Stein, *Der Sinn des Daseins*, 220-39.

52 Gustav Ratzenhofer, *Die soziologische Erkenntniss*. (Leipzig: F.A. Brockhaus, 1898), 125. Cf. L. Stein, *Der Sinn des Daseins*, 226.

53 L. Stein, *Der Sinn des Daseins*, 227ff. 편집자 주: 이 인용문의 원문은 다음과 같은 독일어이다. "Ohne Gemeinleben und ohne Selbstbewustsein, d. h. ohne Gemeinarbeit und ohne Selbstarbeit hätte der Pithekoanthropos sich nie über die Tierheit erhoben." 피테칸트로푸스(pithecanthropus)는 1891년 자바에서 화석으로 발견된 인류의 종을 뜻한다.

54 Dr. Joseph Müller, *Das sexuelle Leben der Naturvölker*, 3rd ed. (Leipzig: Grieben 1906).

55 Gustav Schmoller, *Grundriss der allgemeinen Volkswirtschaftslehre*. (Leipzig: Duncker & Humblot, 1901), I, 122; II, 654. 편집자 주: 이 인용문의 원문은 다음과 같은 독일어이다. "Alle grossen socialen Gemeinschaften sind ein Ergebnis der menschlichen Natur überhaupt, beruhden auf Sprache und Schrift, auf Sitte, Recht, Moral, Religion, Verkehr."

으로 봤을 때 사람들은 단선적인 발전 과정과 더불어 진화론의 적용에 대해 점점 더 신중한 태도를 보인다.[56]

이런 성향은 종교의 기원에 대한 탐구 속에서도 명백히 드러난다. 역사는 종교의 영역과 시작으로 우리를 인도하지 않는다. 셸링(Schelling)이 말했다시피 모든 시작들은 어두움으로부터 빛으로의 이동이다. 그럼에도 불구하고 만약 시작점을 찾고자 마음먹는다면, 어린아이들과 야만인의 심리학에 지지를 표하길 원하는 온갖 추측들에 휘둘릴 수밖에 없다. 하지만 원시 민족들은 종교의 기원을 탐구하기 위해 필요한 자료들을 매우 소량만 제공한다. 왜냐하면 종교는 모든 인류 속에 오랫동안 이미 자리 잡고 있고 모든 사람들의 삶과 밀접하게 연결되어 있기 때문이다. 문화인들이 스스로에게 제공했던 해결책들을 다루는 대신 야만인 스스로가 문제가 되었다.

이는 어린아이의 경우도 마찬가지였다. 어른들을 설명하기 위해 동물과 어린아이들이 사용되었다. 반대로 어른들은 어린아이들을 설명해야했다. 하지만 어린아이들의 영혼의 삶으로 뚫고 들어가 그것을 완전히 이해하는 것은 매우 어려운 일이었다.[57] 게다가 현재 아이들을 예로 삼아 그들을 인류의 원 조상 어른과 비교하는 일은 쉽게 일어날 수 없다. 왜냐하면 현재 우리 아이들은 원시 시대 사람들과 비교해 훨씬 더 많은 장점이 있기 때문이며, 그들은 이미 출생, 교육, 부유함 속에서 문화인의 삶(cultuurleven)을 살기 때문이다. 그러나 또 다른 한편으로는 현재 우리 아이들의 육체적, 영적 (lichamelijke en geestelijke) 능력이 과거의 어른들에 한참 못 미친다. 만약 이런 비교에 어느 정도의 진리가 포함되어있다면 또한 그 진리를 통해 결론에 이를 수 있다면, 아마도 그 결론은 원시 시대 사람들이 서로 간의 소통을 통해

---

56 Steinmetz, *Der Sinn des Daseins*, 54.

57 Wundt, *Völkerpsychologie*, II, 1, 64, 85, 335; II, 2, 165; *Vorlesungen über die Menschen und Tierseele*, 4th ed. (Leipzig: 1906), 17. Ratzel, *Völkerkunde*, I, 13. Gwatkin, *The Knowledge of God*, I, 253ff. Reinke, *Die Natur und Wir*, 84.

자신의 언어와 종교를 학습하고 수납했다는 사실일 것이다. 이런 학습과 수납은 궁극적으로 하나님의 계시로부터 온다.[58]

종교를 설명하기 위해 사용되었던 수없이 많은 이론들은 번갈아가며 교대로 사라져갔다. 그 모든 이론들은 비종교적인 요인들로부터 종교를 유래시켰기 때문에 결함이 있는 이론들이었다. 그 이론들은 만약 비종교적인 요인으로부터 종교로의 이동이 발견되기만 한다면 항상 그것이 종교라고 바로 전제해버렸다. 결국 그 모든 이론들은 "다른 종으로의 전이"(metabasis eis allo genos)[59]와 "선결문제 요구의 오류"(petitio principii)[60] 사이에서 동요하는 이론들이다. 사실 종교에 대한 모든 연구의 결과는 다음과 같은 겸손한 고백, 즉 우리는 모른다(ignoramus)로 수렴되어야 한다. 트뢸치가 말했던 것처럼 종교가 어떻게 생겨났고 어떤 원인으로부터 발생되었는지는 "우리에게 완전히 감춰져있다. 그것은 도덕과 논리의 경우와 같이 항상 알려지지 않은 상태로 남아 있을 것이다. 우리는 완전한 자생을 거부한다."[61] 공개적이든지 비공개적이든지 우리 모두는 선천적인 성향 즉 타고난 종교(religio insita)로 돌아간다. 물질과 힘, 생명과 의식, 사회와 국가가 그렇듯이 설명이 필요한 종교 역시 이미 그 설명 속에 종교의 요소가 가정되어 있다. 트뢸치 뿐 아니라 진화 개념을 선명히 지지하며 열등인종(Untermensch)에 대해 언급했던 슈뢰더(Schroeder)조차도 인간들 속에 발전하는 신적인 불꽃(divine spark)을 이미 가정한 채로 논의를 진행시켰다. 틸러도 선천적 느낌과 무한에 대한 필요성으로 되돌아갔을 뿐 아니라 심지어 휴고 드 브리스조차도 인간의 선천적 자질로서의 종교의

---

58 Wundt, *Völkerpsychologie*, II, 2, 165. Gutberlet, *Der Mensch*, 398ff.
59 편집자 주: "다른 종으로의 전이"라는 표현은 범주의 실수를 일으키는 논리적 오류를 뜻한다. 바빙크는 종교를 계시적 기원의 초기적 반응으로 보는 내신에 비종교적 범주 안에서 종교를 설명하려는 시도야말로 이런 오류에 속한다고 보았다.
60 편집자 주: "선결문제 요구의 오류"에 대해서는 본서 2장 각주 27번을 참고하라.
61 Troeltsch, "Die Christliche Religion," 483. 편집자 주: 이 인용문의 원문은 다음과 같은 독일어이다. "das ist uns völlig unbekannt und wird wie bei Moral und Logik un simmer unbekannt bleiben. Eine vollige Urzeugung ist uns versagt."

필요성에 대해 언급했다.[62] 그러므로 태초부터 죽어 있는 일원론적 통일성의 다스림은 없었다. 오히려 인간 본성의 총체성이 있었을 뿐이다.

그러나 만약 타고난 신앙심으로서의 종교가 인간 본성의 필수적 요소라면, 이런 종교는 직접적으로 계시로 되돌아갈 수밖에 없다.[63] 우리가 자의식(zelfbewustzijn)을 논의할 때 경험했던 딜레마를 여기에서도 경험하게 된다. 만약 자의식이 망상과 상상이 아니라면, 자의식의 실재는 자의식 안에 필연적으로 포함되어 있다. 이와 마찬가지로 종교는 인간 정신의 병리학이든지 아니면 하나님의 존재, 계시, 가지성(可知性)을 상정하는 것이든지 그 둘 중에 하나가 되어야만 한다. 이미 앞에서 살펴보았듯이 인간 본성의 고유성 때문에 종교는 필수적이다. 동시에 인류 역사 속에서 분명히 드러났듯이 종교는 보편적이다. 종교가 스스로를 어떻게 내비치든 상관없이 종교는 이웃과 세계 혹은 세계의 일부분이 아닌 인간 즉 자연과 세계 위에 존재한다. 그러므로 인간들은 종교를 통해 스스로를 자연과 세계 위에 세울 수 있고 서로를 연합시킬 수 있는 인격적 존재와 관계를 맺는다. 종교는 항상 하나님을 섬긴다. 그러므로 종교는 어리석은 방식으로든 아니면 필연적인 방식으로든 하나님의 존재를 내포한다. 게다가 하나님을 인식 가능한 믿음은 종교라는 진리 안에 전제되어 있는 하나님의 존재로부터 분리될 수 없다. 왜냐하면 전혀 인식되지 않는 하나님은 실천적으로 볼 때 우리를 위해 존재하지 않는 하나님이기 때문이다. 일관성 있는 불가지론은 실천적으로 무신론에 이르게 될 수밖에 없다. 만약 하나님이 약간이나마 인식된다면 하나님 스스로가 자신을 계시하셨다는 이유 말고는 하나님의 이런 인식 가능성에 대해 설명할 수 있는 길이 전혀 없다. 왜냐하면 우리는 우리가 전혀 인식 못하는

---

62 Schroeder in *Beiträge zur Weiterentw. der Christliche Religion*, ed. Gustav Adolf Deismann (München: J. F. Lehmann, 1905), 8. Tiele, *Inleiding tot de godsdienstwetenschap*, II, 108, 202, 204; De Vries, *Afstammings- en Mutatieleer*, 36.
63 편집자 주: *RD*, 2:66-76을 참고하라.

것을 인식 할 수 없기 때문이다. 전혀 알지 못하는 것을 사랑할 수도, 욕망할 수도 없는 것이다(ignoti nulla cupido). 따라서 종교를 진리로 믿고 그 종교를 수호하고 인지하는 모든 사람들은 그것을 기쁨으로 고백하든지 그렇지 않든지 상관없이 하나님의 존재와 인식 가능성과 계시를 믿는 자들이다. 결국 자연주의와 종교는 엄밀히 말해 타협 불가능한 관계이다. 모든 종교는 초자연적이다. 모든 종교는 하나님과 세상이 서로 구별될 뿐 아니라 하나님께서 세상 속에서 일하고 계신다는 전제 위에 세워져있다. 어떤 사람은 계시에 한계를 부과하고 싶어 하며 자연과 역사 속에서 계시를 인식하려 들지 않고 오히려 자기 자신만의 고유한 의식 속에서만 계시를 인식하려 든다. 사물 그 자체는 본성적으로 같음을 유지한다. 종교는 스스로의 근거를 계시에 둘 뿐 아니라 자신의 기원을 계시로부터 끄집어낸다.[64]

종교의 본질에 대한 탐구는 종교의 기원에 대한 탐구가 낳은 결과와 같은 결과를 가져왔다. 종교에 대한 연구가 한창 유행을 탔을 때 비교 연구 방식을 통해 종교의 본질을 이해하려는 경향이 많았고, 그 결과 다양한 종교 형태들이 지닌 가치들이 추정되기 시작했다. 그러나 합리적으로 제기되었지만 현재는 사점(死點)이 되어 버린 이런 작업에 대한 고발은 수없이 많은 심각한 어려움들에 부딪히고 말았다. 이런 작업을 통해 종교에 대한 심도 있는 지식과 필수 종교에 대한 내용을 얻는 것은 불가능에 가까웠을 뿐 아니라, 종교들 서로를 비교하는 것 자체에 대한 실현도 묘연했다. 종교는 복잡한 본성을 지니기 때문에 한 종교의 본질 혹은 한 사람이 가진 종교의 본질을 정확히 특징화하는 것은 불가능하다.[65] 기독교, 로마 가톨릭교, 개신교

---

64 Alfred Garvie, "Revelation," in *Dictionary of the Bible: Dealing with its Language, Literature, and Contents Including the Biblical Theology*, ed. James Hastings, *Extra Volume: Containing Articles, Indexes, and Maps* (Edinburgh: T&T Clark, 1909), 321-67.

65 편집자 주: Cf. Herman Bavinck, "The Essence of Christianity," in *Essays on Religion, Science, and Society*, ed. John Bolt, trans. Harry Boonstra & Gerrit Sheeres (Grand Rapids: Baker Academic, 2008), 33-48.

의 본질에 대한 의견은 우리 안에 실로 다양하다. 어떻게 서로 다른 종교들의 본질 속으로 뚫고 들어가 그 본질을 서로 비교할 수 있겠는가? 이 작업을 하기 위해서는 반드시 추가되어야 할 일이 하나 있다. 그것은 바로 종교 역사에 대한 연구는 어떤 편견 없이 착수되어야만 한다는 것이 명백히 고백되어야 한다. 하지만 현실은 이런 주장에 동의를 표하지 않는다. 그 이유는 이런 법칙 하에 상정된 개념, 즉 종교는 환상도 질병도 아니며 오히려 인간 본성의 필수적 요소 혹은 존재의 권리와 의무가 있는 성향과 덕이라는 개념조차도 편견 없는 탐구가 불가능하다는 생각을 가정하기 때문이다. 이런 가정은 시작부터 모든 학문 속에 묶여 있고 모든 학문을 지배한다.

하지만 종교 역사를 연구하는 모든 연구자들은 의도하든 의도하지 않든지 간에 탐구 방향을 이끌고 가는 종교에 대한 자기 고유의 개념을 법칙으로 삼아 연구를 시작한다. 만약 모든 것들의 토대 위에 세워졌고 스스로를 자신 안에서 다소 순수하게 드러내는 종교야말로 참된 종교라는 관점으로부터 연구를 진행해나간다면, 연구자들은 이런 생각을 통해 철학으로부터 비롯된 교의를 펼쳐나가게 될 것이며 광범위한 탐구 결과를 갖게 될 것이다. 물리 과학의 영역 속에서는 이런 일이 이미 일어났으며 정신학 분야에서도 이와 같은 경우가 점차 등장하는 형편이다. 그러나 아무런 가정 없이 탐구를 시작하는 것은 불가능하다. 왜냐하면 모든 탐구는 사람의 관계적 본성과 도덕적 본성 안에서 토대를 갖는 개념과 기준점에 근거하기 때문이다.[66] 결국 이런 상황은 단 하나의 종교가 만들어지는 것으로는 정당화될 수 없을 것이다. 오히려 종교의 본질에 대한 탐구는 모든 종교들을 의도적으로 품는 비결정적인 공식이나 모호함이 사라질 때 비로소 마무리될 것이다. 종교가 긍정적인 것들을 포함하는 한, 이전 탐구자가 종교의 본질로 이미 형성했던 유일한 개념에 대한 표현이 우리에게 주어지는 것으로 종교의 본질

---

66 Cf. Bavinck, *Christelijke Wetenschap* (1904), 73ff. Bertholet, *Religion und Geisteskultur*, II, 1ff.

에 대한 탐구가 끝나게 될 것이다.[67]

이런 이유 때문에 많은 이들은 종교의 본질을 탐구하는 이런 비교형 방식에 등을 돌렸고 오히려 더 반대 극단으로 치닫기 시작했다. 연구자들은 보편적이고 객관적이며 유효한 종교란 없으며, 어디서나 동일한 종교의 본질도 없을 뿐 아니라, 종교들 모두가 기껏해야 서로 다른 형태의 옷만 입고 있을 뿐이라는 논리를 펴나갔다. 하지만 종교는 항상 철저히 인격적인 무엇이었다. 즉 종교는 각 개인들에게 관심을 베푸는 존재였기 때문에 일반적인 정의 내에서 끊임없이 변화했을 뿐 아니라 이해 가능한 존재로 남아 있게 되었다. 종교를 알고자 열망하는 자들은 반드시 하나의 특정한 인물 속에서 종교를 살펴보아야만 하며 특별히 훌륭한 견본들, 예를 들면 종교 천재나 영웅들, 신비주의자들, 열광주의자들, 광신도들 속에서 종교를 찾아봐야 한다. 왜냐하면 그들이야말로 종교의 고전(the classics)이기 때문이다. 사실 이 사람들이 가진 것은 역사라기보다는 종교가 정말 무엇인지 우리에게 알려줄 수 있는 정신학에 더 가깝다.[68] 심지어 역사적 관점을 유지하려 노력했고 종교 심리학을 가리켜 인식론(Erkenntnisstheorie)이 결여된 학문이라고까지 질책했던 트뢸치 같은 사람조차도 "종교의 본질"(wezen der religie)이라는

---

67 Theodore Flournoy, *Les Principes de la Psychologie Religieuse* (Genève: H. Kündig 1903), 8-9. James, *The Varieties of Religious Experience*, 26-27. 편집자 주: 바빙크는 제임스(James)를 플루르노아(Flournoy) 옆에 위치시키면서 이 둘을 종교 심리학 영역에서 중요하고도 영향력 있는 사상가로 여긴다. "하버드 대학 교수인 윌리엄 제임스는 1901-2년 에든버러에서 '종교 경험의 다양성'이라는 제목으로 기포드 강연을 했다(이 강연은 1902년에 출판되었다). 프랑스 학자 테오뒬 리보(Théodule Ribot)의 경험적, 실험적, 비교 심리학과 그의 학파가 오래 전부터 이 주제에 대한 길을 닦아 놓았다. 1901-2년 어간 제네바에서는 테오도레 플루르노아(Théodore Flournoy) 교수가 종교 심리학에 대해 열 두 번의 강의를 시작했다. 첫 번째 강의인 『종교 심리학 원리』(*Les Principes de la Psychologie Religieuse*)는 1902년 *Archives de psychologie*이라는 학술지에 게재되었고 나머지 강의들은 다음 해에 따로 출판되었다." Bavinck, "Psychology of Religion," in *Essays on Religion, Science, and Society*, ed. John Bolt, trans. Harry Boonstra & Gerrit Sheeres (Grand Rapids: Baker Academic, 2008), 64.

68 Cf. Bavinck, *Psychologie der Religie. Versl. en Meded. der Kon. Ak. v. Wet., Afd. Lett.* (1907), 1-32.

표현이 우리를 모호함으로 이끄는 오류를 범할 수 있을 뿐 아니라, "같은 한 탐구 속에서도 종교와 관련된 서로 다른 질문에 대해 단번에 답변을 줄 수 있는"[69] 가능성에 대한 잘못된 인상을 만들어 낼 수 있다는 사실에 대해 고백해야만 했다. 종교의 기원에 대한 경우와 마찬가지로 종교의 본질에 대한 논의 속에서도 많은 사람들은 추상적인 일원론으로부터 종교적 삶의 총체성으로 되돌아가게 되었다. 모든 종교와 종교적 현상들을 다스리는 단 하나의 유일한 원리란 없다. 모든 종교들을 한마디로 요약 가능한 단 하나의 유일한 공식 역시 존재하지 않는다.

　그러나 지금까지의 종교의 본질에 대한 탐구가 아무런 열매가 없었던 것은 아니다. 오히려 그 반대였다. 이 탐구들은 종교와 계시가 서로 얼마나 밀접한 관계를 맺고 분리될 수 없는 상태인지에 대해 선명히 밝혀주었다. 모든 종교들은 세상 너머에 초월적으로 존재하지만 동시에 세상 속에서 활동하셔서 스스로를 인간들에게 드러내시고 교제를 나누시는 인격적인 하나님을 믿는 믿음에 근거한다는 차원에서 초자연적이다. 어떻게 하나님께서 자연과 역사 속에서, 우리의 마음과 정신을 통해, 특별한 방식과 일반적인 방식을 사용해 우리에게 스스로를 드러내시는지에 대해서는 신비로 남겨두도록 하자. 그러나 확실한 점 하나는 모든 종교들은 인간 스스로 갖는 고유한 개념들과 더불어 의식적이고도 즉각적인 하나님의 계시에 근거한다는 점이다. 이 점은 인간들이 종교를 추구할 때 고려했던 것들에 의해 확증된 사실이다. 지베크(Siebeck)는 종교를 자연 종교, 도덕 종교, 구원 종교로 구분했다. 그러나 틸러는 광의적으로 볼 때 구원에 대한 개념은 모든 종교가 지닌 공통된 요소이기 때문에 모든 종교는 결국 구원 종교라고 결론지었다. 선악에 대한 개념 역시 대단히 다양하다. 그럼에도 불구하고 모든 종교들은 악으로부터의 구속과 궁

69　Troeltsch, "Die Christliche Religion," 481. 편집자 주: 이 인용문의 원문은 다음과 같은 독일어이다. "die verschiedenen in ihm zusammengeknüpften Fragen mit ein und derselben Untersuchung auf einem Schlag zu beantworten."

극적 선의 획득에 대해 관심을 가졌다. 그러므로 종교가 던지는 가장 첫 번째 질문은 다음과 같다. 구원 받기 위해 나는 무엇을 해야만 하는가?[70] 어느 종교나 그 본성에 따라 이 질문을 계시 개념과 연결시키는 경향이 크다.

종교와 학문은 많은 부분에서 서로 다르다. 종교의 내용은 신적 계시가 갖는 지식에 빚을 지는 반면, 학문은 인간이 수행하는 탐구에 빚을 진다.[71] 종교와 학문(wetenschap)은 많은 범주들 속에서 같은 대상과의 관계 속에 서 있다. 종교와 형이상학을 분리시키려는 시도들이 많았지만 이런 분리는 사실상 불가능하다. 종교는 단순히 정신의 특정한 형식, 마음의 기분(aandoening)[72] 정도가 아니다. 오히려 종교는 특정한 표상들(voorstellingen)을 항상 포함하며, 마음의 느낌들(aandoeningen)은 이런 특정한 표상들(voorstellingen)의 본성에 순응힘을 동해 수정된다. 종교의 이런 관념들은 인간, 세계, 하나님에게까지 그 범주가 확장되며 결국 학문들이 일구길 원했던 역역으로 자신의 발을 내딛는다. 하지만 종교는 신적 권위가 수용한 교의들(a___nta)의 특징을 종교적 관념들에 제공한다. 반면 학문은 이런 관념을 독립___ 탐구로 인해 얻으려 노력했기 때문에 이성과 증거 외에는 그 어떤 권위도 정하려들지 않는 결과가 나타나게 되었다.

틸러에 '하면 모든 종교적 개념들은 하나님, 인간, 구원의 방식이라는 세 개의 핵심 주제 주위를 빙빙 돈다.[73] 이 세 가지 핵심 주제들은 계시의 개

70 Tiele, *Inleiding to__ godsdienstwetenschap*, I, 61; II, 66, 110, 214-15.
71 Dilthey, *Einleitung __ie Geisteswissenschaften.*, 167ff.
    편집자 주: 바빙크는 __분이나 느낌으로 번역될 수 있는 네덜란드어 안두닝(aandoening)의 옛 의미를 이곳에서 __용하는데 그 의미는 환자 스스로가 통제할 수 없는 강렬한 감정적 ___을 뜻한다. 『개혁교의___』에서도 이 단어가 등장하는데 믿음이 선명한 개념들을 편성하__ 추구하는 강렬__ 느낌에 근거한 자연적-신학 논증의 자료를 언급하는 맥락에서 바빙크는 ___다. "신앙은 각 사람이 자신의 영혼에 받아 소지하는 종교적 인상들과[indrukken] 감정들을[aandoening] 해설하려고 애쓴다." 바빙크, 『개혁교의학』, 2:108; *RD*, 2:90; *GD*, 2:72(역자 주: *GD*는 『개혁교의학』의 네덜란드어 원문인 *Gereformeerde Dogmatiek*의 줄임말이다).
73 Tiele, *Inleiding tot de godsdienstwetenschap*, II, 64ff.

념과 가장 밀접한 관련을 맺는다. 하나님에 대한 주제는 신론 영역에서 선명하게 다룬다. 만약 하나님께서 스스로를 계시하지 않으셨다면 하나님에 대한 지식은 절대 존재할 수 없다. 자연과 종교는 구별되지만 계시에 호소하지 않는 종교는 존재 자체가 불가능하다. 하나님이란 주제 뿐 아니라 인간과 구원의 방식이라는 주제 역시 계시 개념과의 연관성이 선명하게 드러나는 주제들이다. 왜냐하면 종교가 인간에 대한 독특한 개념을 상정할 때 이는 경험을 훨씬 초월하는 주제이기 때문이다. 종교 인류학은 인간의 기원, 운명, 필요, 이상, 불순종, 하나님과의 교제, 죄, 속죄[74] 등에 대해 이야기한다. 하지만 이 모든 주제들은 경험적 탐구의 방식 혹은 학문적 숙고(wetenschappelijke nadenken)의 방식으로는 절대 이해할 수 없는 주제들이다. 오히려 만약 이 모든 주제들이 실재라면 오로지 계시의 방식을 통해서만 이 주제들의 본질이 드러날 수 있다. 거의 모든 종교들은 천국에 대한 자신들만의 추억담과 미래에 대한 자신들만의 기대감을 가진다. 거의 모든 종교들은 이런 추억담과 기대감을 계시로부터 찾는다.[75] 구원의 방식은 구원론의 영역인데 이 또한 계시와 상관없는 구원의 방식이 되든지 아니면 계시로부터 비롯된 구원의 방식이 되든지 둘 중에 하나이다. 왜냐하면 종교 교의학의 구원론 영역은 하나님과의 교제를 통해 인간이 회복되고, 악의 세력이 멸망하고, 새로운 삶이 시작되며, 행복의 소망이 실현되는 방식을 다루기 때문이다.[76] 이런 방식과 수단들 가운데 모든 종교 속에서 가장 중심 위치를 차지하는 주제들이 바

---

74 Tiele, *Inleiding tot de godsdienstwetenschap*, II, 65.

75 편집자 주: 역사와 계시를 연결하려는 이런 식의 사고방식은 바빙크의 글 가운데 흔하게 등장한다. 바빙크는 역사를 특별 계시의 유기적 통일성이 비유적으로 반영되는 것으로 보았으며, 그 결과 서로 연결되는 역사적 사건들 가운데서도 유기적 통일성이 있다고 보았다. "일반적인 역사도 단순히 사건들의 총합 정도가 아니라 하나의 개념을 통해 서로 묶인 사건들의 유기적 통일체인 것처럼, 특별 계시의 영역에 속해 있는 단어들과 사실들도 하나의 생각, 하나의 계획, 하나님의 목적에 의해 다스림 받는 하나의 체계를 구성한다." Bavinck, *The Certainty of Faith*, 61.

76 Tiele, *Inleiding tot de godsdienstwetenschap*.

로 중보자, 희생, 기도 등이다. 하나님께서 인간들에게 자신의 계시를 드러내 주는 인물이 바로 중보자이다. 희생은 희생의 기원과 목적을 어떻게 보느냐 와 상관없이 인간이라면 항상 하나님께 의존해야 하며, 그에게 기대야 할 뿐 아니라, 일반적인 윤리적 삶과는 구별되는 특별한 예전(cultus)을 통해 하나 님께 받으실 만한 사람이 되는 것을 포함한다. 종교의 심장인 기도는 인격적 존재일 뿐 아니라 자신의 능력, 지혜, 선하심으로 온 세상 만물을 다스리시 고 그 모든 것들을 인간의 구원을 위해 활용하시는 하나님을 믿는 믿음에 근 거한다.[77] 기도가 가장 높은 형태를 취한다하더라도 기도 자체가 가진 특징 을 잃어버리지는 않는다. 죄 사함에 대한 간구, 순수한 마음을 소유하기 위 한 간구, 하나님과의 교제를 위한 간구 등은 병 고침을 위한 간구 혹은 삶의 위험으로부터 안전을 찾기 위한 간구만큼이나 초자연적인 간구들이다.[78] 계 시는 모든 종교의 토대(fundament)이며, 모든 표상들, 느낌들, 그리고 행동들 (voorstellingen, aandoeningen en handelingen)의 전제이다..[79]

---

77 편집자 주: 비빙크는 이런 사고방식을 그의 『기독교적 학문』(Christelijke wetenschap), 76-77에서도 반복한다. "하나님의 지식에 대한 감각 안에서의 신학이 종교의 핵심이 다"(Theologie in den zin van kennisse Gods is het hart der religie). Bavinck, Christelijke wetenschap, 77.

78 Allard Pierson, Gods Wondermacht en ons Geestelijk Leven (Arnhem: D. A. Thieme, 1867), 42. William Sanday, The Life of Christ in Recent Research (Oxford: Clarendon Press 1907), 204ff. "The Nature of Prayer," by the Rev. Lyman Abbott, Moncure D. Conway, the Rev. Dr. W. R. Huntingdon, North American Review 624 (November 1907): 337-48. 편집자 주: 마지막 자료는 다양한 저자들에 의해 쓰인 글이다. 애버트(Abbott)는 337-38페이지를 담당했고, 콘웨이(Conway)는 339-44페이지, 헌팅턴(Huntington)은 345-48페이지를 담당했다. 이 모든 글들은 기도의 인격적이고 공동체적인 본질을 강조하는데 애버트는 기도를 근본적으로 하나님과의 "교제"로 이해했다(337). 콘웨이는 기도를 그리스도의 인격과 그의 특별한 사랑을 찾는 행위로 이해했다. "얼굴이 없는 곳에는 사랑도 기도도 없다"(344). 헌팅턴은 기도를 "동료애를 찾는 인간의 본능적인 고대"로 이해했다(345).

79 편집자 주: 이런 바빙크의 주장은 모든 학문들, 인간적 현상들과 계시 사이의 유기적 연결성 을 강조했던 바빙크의 자세가 그대로 드러나는 주장이다. Bavinck, Christelijke wetenschap, 59-61. 관념과 하나님의 지식의 수단을 통한 인간의 인식론적 역할에 대한 구체적인 내용 은 Nathaniel Gray Sutanto, "Herman Bavinck and Thomas Reid on Perception and Knowing God," Harvard Theological Review 111 (2018): 115-34를 참고하라.

종교를 분류하려는 모든 시도들은 계시의 필연성을 인정하는 방향으로 우리를 이끈다.[80] 자연 종교와 계시 종교, 다신교와 유일신교, 특별 종교와 보편 종교 식으로 제안된 분류들은 많은 이들로 하여금 이런 분류에 대한 확신을 갖게끔 만들고는 있지만 그럼에도 불구하고 그 분류 자체가 갖는 지나칠 정도의 일방적인 성격 때문에 고통을 받는다. 이 분류들은 종교가 가진 또 다른 요소들을 무시하며, 종교생활의 풍성함과 다양성을 인정하지 않을 뿐 아니라, 헤겔적인 사고방식, 즉 종교의 발전상 가운데 잇따라 드러나는 다양한 종교라는 식으로 종교의 분류에 대한 암묵적인 합의를 도출해버리는 경향이 있다. 그러나 그 누구도 이런 분류에 만족을 표하지 않는다.[81] 이런 분류들은 자연 현상, 사회, 사람들처럼 현실에 대한 폭력 없이 형식적인 체계 안에서 종교들을 차례로 배치할 뿐이다.

이런 관점에서 종교를 참된 종교와 거짓 종교로 분류했던 옛날 방식이 새로운 형태로 다시 부활하게 되었다. 사람들이 가진 모든 개념의 본질에 대해 더 정확히 연구하면 할수록, 단 하나의 유일한 원리로부터 모든 다양한 요소들이 비롯될 수 없을 것이라는 생각이 더욱 더 분명해진다. 전설, 우화, 신화로부터 온 종교적 개념들은 본질적으로 독특한 성격을 갖는다. 지난 세기 초반부터 낭만주의 학파의 영향으로 이런 종교적 개념들이 팽배하게 되었다. 그림(Grimm) 형제를 통해 신화야말로 참된 종교의 학문이라는 생각이 온 사방에 퍼지게 되었다. 자연 신화로부터 유래된 신화들은 종교의 숭

---

80 편집자 주: 바빙크는 『기독교적 학문』(Christelijke wetenschap)에서 종교 연구의 현대적 실천은 모든 연구의 적법성과 풍성함을 위한 하나님의 계시에 계속해서 의존한다고 주장했다. "구체적인 기능을 가진 종교에 관한 현대 학문은 종교 진리에 근거하며, 존재, 계시, 하나님의 가지성을 동시에 혹은 미리 가정한다. … 실제로 자연주의와 종교는 양립불가하다"(De moderne godsdienstwetenschap, die, als bijzondere faculteit, op de onderstelling van de waarheid der religie rust, neemt daarin tegelijkertijd en van te voren het bestaan, de openbaring en de kenbaarheid Gods aan. … Trouwens, naturalism en godsdienst zijn onvereenigbaar). Bavinck, Christelijke wetenschap, 77.

81 Chantepie de la Saussaye, Lehrbuch der Religionsgeschichte, I, 3rd ed. (Tübingen: J. C. B. Mohr, 1905), 6.

고한 화신으로 간주되었고 이후에는 영웅 전설이나 우화의 형태로 그 존재가 희미해져갔다. 하지만 이에 대한 더 깊은 연구는 새로운 시각으로 우리를 이끌었다. 신화, 전설, 우화 등은 상호 관계성을 명백히 갖고 있었다. 그러나 그것들의 기원과 목적은 원래 달랐다. "신화들은 원시적 철학인데, 생각의 가장 간단하고도 직관적인 형태, 이 세계를 이해하기 위한 일련의 시도, 생명과 죽음, 운명과 자연, 신들과 숭배들을 이해하기 위한 각종 시도들이다. 전설들은 원시적 역사인데, 혐오와 사랑 안에서 그 모습 그대로 형성된 후 무의식적으로 구성되어 단순화된 것들이다. 이와 반대로 우화들은 오직 오락의 필요에 따라 만들어졌고 사용되고 있다."[02] 종교는 항상 광신적 숭배와 관련된 모든 것들과는 구별된다.[83]

종교와 마술이 서로 구별된다는 사실이 점점 더 뚜렷이 인식되는 상황 그 자체는 매우 중요한 함의를 갖는다. 프레이저(J. G. Fraser)는 마술을 통해 종교를 설명하려고 시도했던 인물이었다.[84] 프로이스(Konrad Theodor Preuss)는 "원시적 인간의 어리석음이 바로 종교와 예술의 근원적 자료이다. 왜냐

---

82 Erich Bethe, *Mythus, Sage, Märchen* (Leipzig, 1905) 43-44. 편집자 주: 이 인용문의 원문은 다음과 같은 독일어이다. "Mythus ist primitive Philosophie, einfachste anschauliche Denkform, eine Reihe von Veruschen, die Welt zu verstehen, Leben und Tod, Schicksal und Natur, Götter und Culte zu erklären. Saga ist primitive Geschichte, naiv gestaltet in Hass und Liebe, unbewusst geformt und vereinfacht. Das Märchen aber ist enstanden und dient allein dem Unterhaltungsbedürfnis."

83 R. C. Boer, "Heldensage en Mythologie," *De Gids* (January 1907), 84. Cf. Steinthal, *Zu Bibel und Religionsphilosophie*, 127, 150. Dilthey, *Einleitung*, 169, 171, 174ff., 178. Wundt, *Völkerpsychologie.*, II, 551ff. A. S. Herbert, in *The Nineteenth Century* (February 1908) 뒤에 있는 "De historische achtergrond der Europeesche sprookjeswereld," *Wetenschappelijke Bladen* (July 1908) 1-16도 참고하라.

84 James G. Frazer, *The Golden Bough: A Study in Comparative Religion* (New York: Macmillan & Co., 1894). Cf. Ladd, I, 144ff. 편집자 주: 고전으로 여겨지는 프레이저의 작업은 1894년에 두 권으로 출판되었다. 1900년도 제2판에서는 한 권이 추가되었고 제3판에서는 12권으로 분량이 대폭 늘어나 1905-1915년 어간에 출판되었다. 프레이저는 종교를 주로 사회적 현상으로 다루며 주요 종교들을 범주화하는 작업을 해나갔다. 프레이저의 글들은 현재도 계속해서 재판된다.

하면 종교와 예술 둘 다 직접적으로 본능으로부터 온 사려 분별의 즉각적인 결과인 마법으로부터 나온 것이기 때문이다"[85]라고 주장했다. 그러나 이런 이론은 앤드류 랭(Andrew Lang)으로부터 맹렬한 반대에 부딪히게 되었다. 틸러는 엉겅퀴로부터는 무화과를 모을 수 없다고 말했다. 이는 미신이 종교의 어머니가 될 수 없다는 사실과 같은 맥락이다.[86] 사실 미신과 마술은 종종 종교와 연결되어 있었다. 하지만 미신과 마술이 종교의 원천이 되거나 본질이 된 적은 없었다. 오히려 미신과 마술은 가장 열등한 사람들 속에서는 결코 일어나지 않지만 가장 진보된 사람들과 종교들 속에서는 늘 피어올랐던 병적인 현상이었다. 심지어 기독교 국가인 현재의 상황 속에서도 일반적인 대중들뿐 아니라 상대적으로 훨씬 더 문명화되어있고 교육 수준이 높은 사람들 속에서도 미신과 마술은 피어올랐다. 이런 사람들은 "종교 발전의 낮은 단계 혹은 초기 단계"에 있는 사람이 아니라 "실제 종교의 암류(暗流, undercurrents)"에 있는 사람들이다.[87] 만약 이런 구별이 올바로 내려진다면, 수없이 많은 사람들이 가진 각종 종교들과 종교적 현상들을 하나의 머리 아래로 축소시키려는 것과 단 하나의 원리로부터 모든 것들을 유래시키려는 것이 불가능하다는 사실을 즉각적으로 파악할 수 있게 된다. 그러므로 일원론과 진화론은 사실과 모순되는 이론들이다. 종교들은 공통의 뿌리가 없다. 다양한 요인들, 주물숭배, 물활론, 조상숭배 등이 서로 함께 작동하여 각각

85 Konrad Theodor Preuss, "Der Ursprung der Religion und Kunst," *Globus* 86-87 (1904-5): 249. 편집자 주: 바빙크는 독일어와 네덜란드어를 섞어가며 다음과 같이 이 문장을 구성했다. "… en met hem is K. Ph. Preuss van meening, dat de menschelijke 'Urdummheit', de 'Urgrund' is van religie en kunst; 'denn beides geht ohne Sprung aus der Zauberei hervor, die unmittelbare Folge der über den Instinkt hinausgehenden Fürsorge ist.'"

86 Tiele, *Inleiding tot de godsdienstwetenschap*, II, 120. Ladd, I, 103, 144. Gwatkin, *The Knowledge of God*, I, 249, 252, 263.

87 Alfred Jeremias, *Die Panbabylonisten: der alte Orient und die aegyptische Religion* (Leipzig: Hinrichs, 1907), 17. 편집자 주: 이 인용문의 원문은 다음과 같은 독일어이다. "niedere Stufen oder Vorstufen einer religiösen Entwicklung sondern Unterströmungen der eigentlichen Religion."

의 존재가 생겨난 것이다.[88] 특별히 종교와 마술은 서로 다른 원천을 가지기 때문에 반드시 구별된 상태로 설명되어야 한다.

종교역사에 관한 위대한 질문은 더 이상 "종교가 일반적으로 어떻게 유래 되었는가"가 아니라 오히려 "미신과 마술의 기원은 어디서부터 유래 되었는 가"이다. 이 질문은 우리가 직면해왔던 옛 질문, 즉 악은 어디로부터 왔는 가(πόθεν τὸ κάκον?)와 관계된 질문이다. 존재(Het zijn), 선, 참, 그리고 아름다움은 영원한 것이므로 시작이 없다. 하지만 되어가는 것, 오류, 잘못, 죄, 그리고 부끄러움은 영원한 것이 아니므로 반드시 시간 속에서 시작되었어야만 했다. 일반적으로는 미신과 마술 속에 무지함이 존재하며, 보다 구체적으로는 본질에 대한 지식이 결핍되어있기 때문에 이런 무지함과 결핍성이 미신과 마술을 만들어가는 역할을 감당했다. 하지만 "본래적 우둔함"(Urdummheit)이 미신과 마술의 근원적 원천이 될 수 없다. 왜냐하면 이런 병적인 현상들이 심지어 고도로 문명화된 현재 사회 속에서도 믿음을 발견하기 때문이다. 뿐만 아니라 가장 순수한 사람들도 비록 우리와 다른 경계선을 그린 후 자신의 지식과 행위를 통해 통제 받는 영역을 인지하는 경향이 있긴 하지만 그럼에도 불구하고 그들조차도 자연적인 것과 초자연적인 것 사이를 단호히 구별하기 때문이다.[89] 이를 위해 미신과 마술은 사상적 특성과 도덕적 특성 모두를 갖는다. 미신과 마술의 머리에는 오류가 있다. 하지만 그 보다 더 중요한 사실은 그들의 마음에도 오류가 존재한다는 점이다. 미신과 마술은 자연과 세상을 동등하게 바라본 후 이 둘 다 우리에게 드러나지 않는다는 증거를 제공한다. 자연과 역사에 대한 지식은 하나님의 본질과 역사에 대한 지식과 밀접하게 연결되어 있다. 선지자들과 사도들은 자연과학에 대해 전혀 알지 못했다(kenden geen natuurwetenschap). 왜냐하면 자연과학은 이후에 발전된 학문이었기 때문이다. 하지만 그들은 자연에 대한 매우 건전한 개념(eene kerngezonde

---

88 Bethe, *Mythus, Sage, Märchen*, 40.
89 Dilthey, *Einleitung in die Geisteswissenschaften*, 178ff.

natuurbeschouwing)을 갖고 있었다. 왜냐하면 그들은 하나님을 알았던 자들이었고, 이 세상 전반에 걸쳐 새겨져 있는 하나님의 창조 솜씨를 목도했을 뿐 아니라, 이 자연 속에서 미신과 마술을 위한 공간을 결코 남기지 않았기 때문이다. 그러나 하나님에 대한 순수한 지식이 너무 빨리 사라져버렸고, 자연 역시 하나님의 참된 지식과 의절해버렸을 뿐 아니라, 자연을 하나님의 수준으로까지 끌어올려 숭배하거나 아니면 악마의 영역으로 치부해 평가절하 해 버리고 말았다.[90] 인간 정신이 지닌 헛된 사변과 어두운 마음의 결과인 하나님과 세계를 섞어버리는 행위는 항상 모든 미신과 마술의 기원을 이룬다.

병에 걸려봐야 건강했던 이전 상태를 소중히 여기는 것처럼, 혹은 일탈된 행동을 한 후에야 바른 길이 무엇인지를 상고해보는 것처럼, 미신이 갖는 각종 현상들은 종교의 본래적 형상이 무엇인지 재고할 수 있게 만들어 주었다. 만약 현재 자연 세계 이외의 또 다른 세계에 대한 깊은 자의식의 활동과 각인이 없었더라면 미신과 마술은 피어오를 수 없었을 것이다. 미신과 마술은 이후의 기원을 갖는다. 그것들은 인간 본성 안에 내재한 종교를 이미 전제하는 개념이고 하나님의 형상으로 창조함 받은 인간 안에서 그 토대와 원리를 갖는 종교를 가정하는 개념이다. 그러므로 종교의 기원, 본질, 그리고 종교의 진리성, 유효성 모두 다 계시에 근거한다.[91] 계시 없는 종교는 유해한 미신 속으로 끌려 들어갈 수밖에 없다.

90 편집자 주: 하나님에 대한 성경적 관점이 미신과 마술이 만들어질 공간을 허락하지 않는다는 바빙크의 이런 주장은 기독교 유신론이 자연과학을 발생시킬 수 있는 여지를 줄 수 있다는 바빙크의 또 다른 주장과 밀접하게 연결되어있다. 왜냐하면 자연은 하나님의 초월성에 대한 믿음과 정확히 **피조물로서의** 피조물의 존재에 대한 믿음을 분명히 설명해주기 때문이다. 다른 학문들처럼 자연과학 역시 건전한 철학에 "근거한다"(De wetenschap loopt uit op philosophie). Bavinck, *Christelijke wetenschap*, 59. 자연과학은 항상 다른 학문들을 연구하면서 나타날 뿐 아니라 다른 학문들의 영향을 밀접하게 받는 학문이다.
91 편집자 주: 이 장에서 바빙크가 말하고자 하는 주장은 종교적 토대에 대해 다루는 『개혁교의학』(RD, 1:276-79)의 서론 부분의 결론을 그대로 반영한다. "하나님은 종교에 대한 중대한 가정이다. 하나님의 존재와 계시는 모든 종교가 기초하는 토대다"(바빙크, 『개혁교의학』, 1:383; RD, 1:276).

6장: 계시와 종교 핵심 해제

■ 핵심 메시지

본 장은 계시와 종교 사이의 관계성에 대해 깊이 있게 논구하는 장이다. 다소 복잡한 논의들이 주를 이루지만 다음과 같은 바빙크의 글 속에서 본 장이 말하고자 하는 핵심 메시지가 여실히 드러난다.

> 공개적이든지 비공개적이든지 우리 모두는 선천적인 성향 즉 타고난 종교(*religio insita*)로 돌아간다. 물질과 힘, 생명과 의식, 사회와 국가가 그렇듯이 설명이 필요한 종교 역시 이미 그 설명 속에 종교의 요소가 가정되어 있다(309).

이 문장들 속에 담겨져 있는 진리는 크게 세 가지로 확장해 갈무리 가능하다. (1) 종교는 인간의 타고난 성향이다. (2) 종교의 내용은 종교 자체가 가진 본성에 의해 결정 된다. (3) 종교는 계시에 근거하기 때문에 미신이나 마술과는 다르다.

첫째, 바빙크는 종교를 인간의 타고난 본성에서부터 찾았다. 즉 모든 인간은 그 본성 상 종교성을 가진 채 태어나는 존재라 본 것이다. 이에 대한 바빙크의 구체적인 진술은 다음과 같다.

> 종교는 모든 사람들이 가진 특성이다. 인간이 아무리 타락했다하더라도 하나님의 존재를 의식하며 이로 인해 하나님께 예배해야 할 의무 역시 갖는다. 이런 사실은 매우 중요하다. 인간이 하나님으로부터 멀리 떨어져 지낸다하더라도 여전히 하늘 아래서 살아갈 수밖에 없다. 인간은 자신의 영혼 깊은 곳에서 보이지 않

는 세계, 초자연적인 것들과 이미 연결된 채 살아가는 존재이다. 인간은 자신의 마음속에서 이미 초자연적 존재이다. 인간은 자신의 이성과 양심, 생각과 의지, 필요와 애착 속에서 영원에 근거하며 살아간다. 종교야말로 이 사실에 대한 반박할 수 없는 증거다. 인간들은 강제로 종교를 떠맡지 않으며 누군가로부터 속아서 종교를 갖는 것도 아니다. 오히려 종교는 인간 본성으로부터 자연스럽게 피어올라온다. 타락 상태에 있는 인간의 종교는 의심할 필요도 없이 항상 **본성적 의지**(eigenwillige)에 의한 종교였지만, 동시에 **자유로운 의지**(vrijwillige)에 의한 종교이기도 했다(287-288).

바빙크는 『계시 철학』 전반에 걸쳐 인간이 단순히 자연적 존재가 아니라 '초자연적 존재'(혹은 신령한 존재)라고 강조한다. 그러므로 바빙크는 초자연적이고 신령한 인간만이 영원에 잇대어 살아갈 수 있으며, 이런 인간만이 초자연적-신령한 존재를 인식하는 감각인 종교성을 가진 채 살아갈 수 있다고 보았다. 바빙크에게 초자연성이라는 용어는 인간이 육적인 요소만 있는 것이 아니라 신령한 요소인 '영혼'도 소유한다는 의미이다. 즉 하나님의 호흡으로(창 2:7) 영혼을 품게 된 인간만이 초자연적이고 신령한 종교성을 가지는 것이다. 이런 바빙크의 진술은 "종교는 인간 본성으로부터 자연스럽게 피어올라온다"라는 바빙크의 단문으로 깔끔하게 정리된다.

둘째, 모든 인간이 종교성을 갖고 태어난다면, 그 종교성이 추구하는 대상과 내용은 과연 무엇인가? 바빙크는 지금까지 발흥했던 수없이 많은 종교 이론들은 선천적인 문제가 있다고 보았는데 그 이유는 종교성이 추구하는 대상이 무엇인가라는 종교적 질문을 비종교적으로 대답하려 시도했기 때문이라 보았다. 이에 대한 바빙크의 설명을 들어보자.

종교를 설명하기 위해 사용되었던 수없이 많은 이론들은 번갈아가며 교대로 사라져갔다. 그 모든 이론들은 비종교적인 요인들로부터 종교를 유래시켰기 때문에 결함이 있는 이론들이었다. 그 이론들은 만약 비종교적인 요인으로부터 종교로의 이동이 발견되기만 한다면 항상 그것이 종교라고 바로 전제해버렸다. 결국 그 모든 이론들은 "다른 종으로의 전이"(*metabasis eis allo genos*)와 "선결문제 요구의 오류"(*petitio principii*) 사이에서 동요하는 이론들이다(309).

바빙크는 인간의 타고난 종교성이 반드시 추구해야 할 참되고 바른 종교의 내용을 크게 세 가지로 이해했다. 이 세 가지 내용의 핵심은 다음과 같다.

> 모든 종교적 개념들은 하나님, 인간, 구원의 방식이라는 세 개의 핵심 주제 주위를 빙빙 돈다. 이 세 가지 핵심 주제들은 계시의 개념과 가장 밀접한 관련을 맺는다. 하나님에 대한 수제는 신론 영역에서 선명하게 다룬다. 만약 하나님께서 스스로를 계시하지 않으셨다면 하나님에 대한 지식은 절대 존재할 수 없다. 자연과 종교는 구별되지만 계시에 호소하지 않는 종교는 존재 자체가 불가능하다. 하나님이란 주제 뿐 아니라 인간과 구원의 방식이라는 주제 역시 계시 개념과의 연관성이 선명하게 드러나는 주제들이다. 왜냐하면 종교가 인간에 대한 독특한 개념을 상정할 때 이는 경험을 훨씬 초월하는 주제이기 때문이다(315-316).

바빙크는 만약 종교가 하나님, 인간, 구원의 방식에 대해 신뢰할 만한 정보를 주지 못한다면 그것은 본질적으로 종교가 될 수 없다고 보았다. 특히 바빙크는 하나님, 인간, 구원의 방식에 대한 신뢰할 만한 정보는 반드시 '계시'로부터 비롯되어야 한다고 생각했다. 이 생각이 바로 "계시에 호소하지 않는 종교는 존재 자체가 불가능하다"라는 문장에 담긴 의미이다.

셋째, 바빙크는 종교의 최종 목표를 하나님을 인지하고, 그를 이해하며, 그의 존재를 경험론적으로 인식한 후 그에게 모든 영광과 존귀를 올려드리는 것으로 이해했다. 이런 종교생활을 위해서는 하나님과의 인격적 교제와 하나님을 향한 봉사, 순종이 필수적이다. 바빙크는 이를 다음과 같이 설명한다.

종교는 인간 정신의 병리학이든지 아니면 하나님의 존재, 계시, 가지성(可知性)을 상정하는 것이든지 그 둘 중에 하나가 되어야만 한다. 이미 앞에서 살펴보았듯이 인간 본성의 고유성 때문에 종교는 필수적이다. 동시에 인류 역사 속에서 분명히 드러났듯이 종교는 보편적이다. 종교가 스스로를 어떻게 내비치든 상관없이 종교는 이웃과 세계 혹은 세계의 일부분이 아닌 인간 즉 자연과 세계 위에 존재한다. 그러므로 인간들은 종교를 통해 스스로를 자연과 세계 위에 세울 수 있고 서로를 연합시킬 수 있는 인격적 존재와 관계를 맺는다. 종교는 항상 하나님을 섬긴다. 그러므로 종교는 어리석은 방식으로든 아니면 필연적인 방식으로든 하나님의 존재를 내포한다(310).

그러므로 종교는 필연적으로 하나님께서 스스로를 우리에게 계시해주는 것으로부터 시작할 수밖에 없다. 계시가 없으면, 계시해 주신 주체를 사랑할 수도 그 주체를 갈구할 수도 없는 것이다. 즉 종교성이 사라지게 되는 것이다.

만약 하나님이 약간이나마 인식된다면 하나님 스스로가 자신을 계시하셨다는 이유 말고는 하나님의 이런 인식 가능성에 대해 설명할 수 있는 길이 전혀 없다. 왜냐하면 우리는 우리가 전혀 인식 못하는 것을 인식 할 수 없기 때문이다. 전혀 알지 못하는 것을 사랑할 수도, 욕망할 수도 없는 것이다(*ignoti nulla cupido*). 따라서 종교를 진리로 믿고 그 종교를 수호하고 인지하는 모든 사람들은 그것을 기쁨으로 고백하든지 그렇지 않든지 상관없이 하나님의 존재와 인식 가능성과 계시를 믿는 자들이다. 결국 자연주의와 종교는 엄밀히 말해 타협 불가능한 관계이다. 모든 종교는 초자연적이다. 모든 종교는 하나님과 세상이 서로 구별될 뿐 아니라 하나님께서 세상 속에서 일하고 계신다는 전제 위에 세워져있다(310-311).

바빙크는 하나님의 존재와 행위를 인식하고 그의 존재와 행위에 감사와 찬양으로 반응하는 것만을 종교로 규정했다. 이런 측면에서 바빙크는 20세기의 기계론적 자연과학 관점에 반동을 표하며 한껏 기세등등하게 발흥했던 각종 신비주의, 미신, 마술 등은 절대로 종교가 될 수 없다고 생각했다. 그 이유는 각종 신비주의, 미신, 마술 등은 계시가 전무(全無)한, 기껏해야 종교와 질료가 비슷한 단순 심리적 현상 정도로 생각했기 때문이다. 이런 맥락에서 바빙크는 본 장을 다음과 같이 마무리 짓는다.

> 병에 걸려봐야 건강했던 이전 상태를 소중히 여기는 것처럼, 혹은 일탈된 행동을 한 후에야 바른 길이 무엇인지를 상고해보는 것처럼, 미신이 갖는 각종 현상들은 종교의 본래적 형상이 무엇인지 재고할 수 있게 만들어 주었다. 만약 현재 자연 세계 이외의 또 다른 세계에 대한 깊은 자의식의 활동과 각인이 없었더라면 미신과 마술은 피어오를 수 없었을 것이나. 미신과 마술은 이후의 기원을 갖는다. 그것들은 인간 본성 안에 내재한 종교를 이미 전제하는 개념이고 하나님의 형상으로 창조함 받은 인간 안에서 그 토대와 원리를 갖는 종교를 가정하는 개념이다. 그러므로 종교의 기원, 본질, 그리고 종교의 진리성, 유효성 모두 다 계시에 근거한다. 계시 없는 종교는 유해한 미신 속으로 끌려 들어갈 수밖에 없다(322).

바빙크는 영혼에 유익이 되는 종교만 종교로 인정했다. 미신, 마술, 각종 신비주의적 체험 등은 계시에 근거하기보다는 근거 모를 자의적인 심리적 현상들에 주로 근거하기 때문에 결국 영혼에 해를 끼치므로 종교라 부를 수 없다고 생각했다.

본 장을 요약해보자. 영혼을 가진 인간은 초자연적 존재와 교감 할 수 있는 능력이 선천적으로 존재한다는 측면에서 종교성으로 가득 찬 존재이다. 종교성의 참된 내용은 계시의 내용이 그러하듯 하나님, 인간, 구원의 방식에 대한 것이다. 아무리 하나님, 인간, 구원의 방식에 대한 지식이 차고 넘친다 해도 그것이 계시에 근거하지 않는 이상 그것은 더 이상 종교가 아니라 미신 혹은 마술일 뿐이다.

■ 핵심 성경 구절

- 이는 하나님을 알 만한 것이 그들 속에 보임이라 하나님께서 이를 그들에게 보이셨느니라 창세로부터 그의 보이지 아니하는 것들 곧 그의 영원하신 능력과 신성이 그가 만드신 만물에 분명히 보여 알려졌나니 그러므로 그들이 핑계하지 못할지니라 (롬 1:19-20)

- 썩어지지 아니하는 하나님의 영광을 썩어질 사람과 새와 짐승과 기어다니는 동물 모양의 우상으로 바꾸었느니라 (롬 1:23)

- 바울이 아레오바고 가운데 서서 말하되 아덴 사람들아 너희를 보니 범사에 종교심이 많도다 내가 두루 다니며 너희가 위하는 것들을 보다가 알지 못하는 신에게라고 새긴 단도 보았으니 그런즉 너희가 알지 못하고 위하는 그것을 내가 너희에게 알게 하리라 (행 17:22-23)

■ 핵심 적용

바르고 참된 종교성은 전인(全人)으로 평가 받아야 한다. 즉 지(知, intellect), 정(情, emotion), 의(意, volition)라는 전인적 요소 속에서 종교성은 균형 있게 작동해야 한다.

아는 것이 종교의 전부가 아니다. 감정과 의지 없이 앎만 있다면 그 앎은 화석화된 앎이요, 죽은 앎이다. 사변적이고 관념적인 지식은 사람의 영혼을 피폐하게 만든다. 죽은 지식만 가득 차 있는 인간은 심장과 가슴이 뛰지 않고 머리만 커다란 기형아로 전락할 수밖에 없다. 종교는 앎으로만 되는 것이 아니다.

느끼는 것만이 종교의 전부가 아니다. 아무런 지식 없이 감정만 고양된다고 해서 종교성으로 충만해지는 것이 아니다. 그것은 활자 없는 말초신경일 뿐이고, 토대 없는 느낌일 뿐이다. 심장이 뜨거워진다고 해서 종교적인 것은 아니다. 왜 뜨거워지는지 모른 채 뜨거워지는 것에만 탐닉해 자위한다면, 그 이유 모를 뜨거움이 모든 것을 불살라 버릴 수 있다.

의지를 품고 행하는 것만이 종교의 전부가 아니다. 앎과 감정 없이 무엇인가를 무조건 열심히 한다고 해서 종교성이 충만해지는 것이 아니다. 바른 지식과 바른 감정 없이 무엇인가를 열심히 할 때 오히려 영혼에 유익이 되기보다는 해가 된다. 그 행함과 의지가 공로가 될 수 있기 때문이다. 왜 하는지 모른 채 하는 것만큼 위험한 것은 없다.

그러므로 바르고 참된 종교성은 지·정·의의 삼박자가 골고루 갖추어진 상태에서 한껏 날개를 높이 달 수 있다. 바르고 균형 잡힌 종교성의 근본 토대에는 계시가 굳건히 뿌리를 내린 채 서 있다. 계시는 지·정·의 사이의 밸런스를 아름답게 잡아 줄 수 있는 균형자요 주춧돌이다. 계시 없는 종교는 반드시 무너질 수밖에 없다. 끝내도 계시를 붙잡으면 종교는 산다.

■ **핵심 용어**

종교(religion)
원시 민족(*natuurvolken*)
비교종교학(comparative religions)
미신(superstition)
마술(magic)

유일하고 참된 종교의 대상이신 하나님을 찬양하는
찬송가 68장(통 32장)

오 하나님 우리의 창조주시니

1절
오 하나님 우리의 창조주시니 내 주님께 귀한 것 드립니다
내 주께만 엎드려 경배 드리며 내 주의 이름 높이 찬양 하네

2절
오 하나님 우리의 대 주재시여 큰 풍랑이 일 때도 도우셨네
죽음에서 우리를 구하셨으니 내 주의 이름 높이 찬양 하네

3절
주 하나님 이름을 함께 높이며 대 주재께 영광을 돌리오리
그 능력이 우리를 지켜 주시니 주 하나님을 높이 찬양 하네 아멘

■ 핵심 토의

1. 예수를 믿기 전에도 종교성을 갖고 있었는가? 예수를 믿기 전에는 어떤 종교성을 갖고 있었는가?

2. 종교성의 요소를 지 · 정 · 의로 이해할 때 당신의 비율은 어떠한가? 지 · 정 · 의 중 무엇이 더 높은 비율을 차지하는가?

3. 교회 예배 가운데 신비주의적 요소, 미신적 요소, 마술적 요소가 있다면 찾아보고 평가해보라.

4. 각종 사회 고발 미디어에 등장하는 종교는 왜곡된 형태를 가진 종교가 대부분이다. 미디어에 종종 등장해 고발 당하는 종교들의 본질적 문제는 무엇인가?

VII. 계시와 기독교

VII. 계시와 기독교

생각하는(*denken*) 본질, 자연의 본질, 역사의 특징, 종교의 개념으로부터 사고하는 계시의 실재에 대한 논증들은 인류사 거쳐 왔던 발전 과정과 낙원으로부터 십자가로의 이동, 십자가로부터 영광으로의 인도를 통해 한층 더 강화되었다.

동물, 어린이, 원시인(*natuurmensch*)의 도움을 받는다고 해서 인류의 기원에 도달할 수 없을 뿐 아니라, 설사 그들의 소력이 있다 해도 인류 기원의 상태 역시 형성해 낼 수 없다. 생물학, 지질학, 고생물학조차도 인류의 최초 거주지 혹은 인류의 통일성에 대한 확신을 우리에게 심어줄 수 없다. 만약 우리의 지식으로부터 아무런 원천 자료들이 나올 수 없다면, 상상과 추측 밖에는 우리에게 남아 있는 것이 없게 되며 결국 역사 초기에 존재했던 태고 인간(*oermensch*)에 대해 불가해하고 불가능한 형상을 추정하는 것 정도로 그치게 되고 말 것이다.

인류가 역사와 전통 가운데 자신의 기원에 대해 증언하는 것이 역사라면 이 역사는 인류의 가장 오래된 상황에 대한 지식을 가장 안전하게 우리에게 제공해 줄 수 있을 것이다. 이전 시대 사람들 같은 경우 이 방식을 활용해 과거 속으로 관통해 들어갔다. 교부들은 이방인들 가운데서 자신들이 찾을 수 있는 모든 지혜들을 영원한 로고스(the Logos) 신학으로부터 언었다.¹ 아우구스티누스는 기독교의 시작을 인류의 시작으로 보았고 모든 것들의 창조주, 모든 지식(kennen)과 행동(handelen)의 빛이신 하나님에 대한 학문이 모든 지혜로운 자들과 모든 사람들의 철학자들 속에서 드러났다고 생각했다.² 비록 락탄티우스(Lactantius)는 시적 허용에 의해 왜곡된 전통과 종종 망상으로 인해 비뚤어졌던 진리에 대해 불평을 쏟아내긴 했지만, 그럼에도 불구하고 그 역시 모든 사람들이 가진 통일성을 향해 기쁨을 표했으며 모든 인류의 노래가 될 위대한 할렐루야의 서곡을 바라보았다.³ 이방인들 가운데 발견되는 진리와 지혜는 과거나 현재나 원 계시로부터, 로고스를 통한 지속적인 조명으로부터, 구약 성경 문학을 인지함으로부터, 하나님의 일반 은혜의 실행으로부터 나타났다.⁴

18세기 이성주의는 의심 할 필요도 없이 이 모든 생각들을 저 멀리 던져 버리고 말았다. 왜냐하면 이성주의는 오직 이성(rede) 안에 모든 것이 다 포함되어있다고 생각했고 오로지 이성만이 모든 진리의 충분한 자료라고 생각했기 때문이다. 하지만 이성주의의 높은 지위는 칸트의 철학과 슐라이어마허의 신학, 그리고 낭만주의 학파의 발흥과 팽배와 함께 점차로 기가 죽기 시작했다. 시간이 흘러가면서 페르시아인, 인도인, 이집트인의 고대 문물이 점차 그 귀중함을 드러내었고, 원 계시 개념, 공통 전통, 초기적 유일신론이 폭넓은 부

1   Clemens Alexandrius, "The Stromata, or Miscellanies," in *The Ante-Nicene Fathers*, 1885-1887, vol. 2, ed. Alexander Roberts & James Donaldson (repr., Peabody, MA: Hendrickson, 1994), 1.5; 6.8 (편집자 주: 이후부터는 이를 *ANF*로 줄여 표기하도록 하겠다). 역자 주: 바빙크는 교부 이름과 인용 정보만 표기했지만 편집자들이 보다 더 현대 상황에 맞춰 서지 정보를 덧붙였다. 이 각주 이후에 나오는 교부와 관련된 모든 각주들도 이처럼 동일하게 편집되어 있다.

2   Augustine, *The City of God*, 1.2 *The Nicene and Post-Nicene Fathers*, ed. Philip Schaff, 1886-1889 (repr., Peabody, MA: Hendrickson, 1994), 1.2, Book VIII, 9-12; *On Christian Doctrine*, Book II.

3   Lactantius, *Divine Institutes*, ANF vol. 7, Book VII, 7, 22.

4   Otto Willmann, *Geschichte des Idealismus*, vols. I-III (Braunschweig: F. Vieweg und Sohn, 1894), I, 14ff.; II, 23ff. Josef Mausbach, *Christentum und Weltmoral* (Münster: Aschendorff, 1905), 9ff.

흥을 맞이하게 되었다. 셸링, 크로이처(Creuzer), 하이네(C. G. Heyne), 벨커(F. G. Welcker), 뮐러(O. Müller), 슐레겔(F. Schlegel), 뮐러(A. Müller) 같은 사람들은 이런 가정으로부터 논의를 진행시켰고, 일방적인 방식으로 인도나 이집트 혹은 페르시아를 인류의 빌상지 혹은 모든 지혜의 근원된 장소로 자주 격상시켰다.[5] 드 메스트르나 드 보날 같은 전통주의자들은 이런 성향을 보다 더 극단적으로 가져갔고 언어와 언어 속에 담긴 진리에 대한 모든 지식들이 원 계시 속에서 하나님을 통해 인류에게 전해졌다고 주장했다. 메스트르나 보날은 이런 지식이 현재도 전통을 통해 전파되며 나름의 권위까지도 취한다고 보았다.[6] 혁명이 가진 자율성[7]에 대한 적대감은 이런 사람들로 하여금 이성의 활동을 완전히 무시하도록 이끌었으며 결국 모든 개인들의 독립성을 거부하도록 이끌었다. 이런 상황 가운데 낭만주의 학파는 스스로의 무덤을 팠다. 경험론에 입각한 학문들은 낭만주의 학파에 대항하여 목소리를 드높였고, 인간들을 다시 한 번 더 실재로 이끌었을 뿐 아니라, 모든 진보된 문화들과 인류의 기원 그 자체를 끊임없이 지속되는 일련의 시간들을 통해 일어난 극소량의 변이의 방식으로 설명하기 위해 노력했다. 하지만 문화와 고대인들의 역사에 대한 보다 더 깊은 연구와 끊임없는 탐구는 옛 관점의 토대에 기초한 정당한 주장들을 인정하는 방향으로 연구자들을 이끌었다.

우리는 유럽 지역에 살았던 가장 오래된 거주민들에 관한 중요하고도 정밀한 연구들을 통해 우리에게 잘 알려진 문화의 선사 시대 역사[8]에 대해

---

5   Otto Willmann, *Geschichte des Idealismus*, III, 763ff.
6   Albert. Stöckl, *Lehrbuch de Geschichte der Philosophie*, vol. I (Mainz: F. Kirchheim, 1887), 406ff.
7   편집자 주: 보스와 그의 동료들은 이 표현을 "프랑스 혁명에 의해 주장된 자율성"(autonomy asserted by the Revolution)이라고 번역했다. 즉 혁명을 대문자로 표기함으로 프랑스 혁명 정신과 계몽주의직 개념을 염두 한 채 번역한 것이다. 물론 이런 번역도 큰 문제는 없지만 바빙크가 본래 사용했던 표현은 보다 더 일반적인 의미에서 프랑스 혁명 이후의 낭만주의 경향을 지칭하는 것에 더 가까운 표현이다("*autonomie der revolutie*").
8   편집자 주: 보스와 그의 동료들은 "*Urgeschichte* of culture"로 선사(先史)의 의미를 가진 독일어 단어를 그대로 놔둔 채 번역했다.

반드시 고려해보아야 한다. 선사시대 사람들은 어떤 말이나 글도 우리에게 남기지 않았다. 그러므로 선사 시대 사람들의 상황에 대한 우리의 지식은 항상 매우 불완전한 상태로 남아 있을 수밖에 없다. 심지어 우리는 선사 시대 사람들이 언어를 갖고 있었는지, 혹은 종교나 도덕, 법을 갖고 있었는지에 대해서 그 어떤 직접적 증거도 없다. 이 영역에서만큼은 상상의 나래만 마음껏 펼칠 뿐이다. 그럼에도 불구하고 그들의 뼈와 두개골의 화석을 통해, 그들이 사용했던 무기나 도구로 추정되는 유물들을 통해, 그들의 거주 장소나 무덤, 음식, 의복, 가구, 장식 등을 통해 어느 정도까지는 그들에 대한 지식을 얻을 수 있다. 이 모든 것들이 우리에게 가르쳐주는 바는 현재 문명화된 나라에 사는 문화인들에 비해 그들의 삶은 문화적으로나, 학문적으로나, 혹은 예술, 기술적인 면에서도 수준이 매우 낮았다는 점이다. 하지만 그들도 지능, 재능, 능력, 육체적 기능, 정신적 기능을 가진 우리와 똑같은 열정 많은 인간들이었다. 문화의 각 요소들을 살펴보면 그들도 현재의 원시 민족들 못지않은 문화적 수준을 가지고 있었다. 예를 들면 푸에고 섬의 주민들(Vuurlanders)과 부시맨들도 다른 인간들과 똑같은 정신과 육체적 구조를 갖고 있었으므로 그들 또한 얼마든지 인간으로 부를 수 있는 것과 같다.

사실 땅에 묻혀 있었던 무기와 도구들에 대한 연구는 그 무기와 도구를 만들었던 주체가 분명 인간이었을 것이라는 가정으로부터 시작한다. 왜냐하면 무기와 도구를 만들었다는 것은 목적의식과 생각이 있었다는 증거이기 때문에 이것이야말로 목적의식과 생각을 가진 인간의 활동이었다고 결론지을 수 있는 것이다. 그러므로 슐츠는 다음과 같이 옳게 이야기한다. "모든 물질적 문화는 정신의 창조물이고 몸을 강화시키기 위해 혹은 짐으로부터 자유로워지기 위해 항상 사용된다. 삼 부스러기 등을 섞은 석고는 팔을 늘이는 데 사용되었고, 돌은 주먹을 강하게 만들었을 뿐 아니라, 의복은 몸을 보호하는 데 사용되었고 집은 가족들에게 안식처를 제공해주었다."[9] 유럽 지역의 원시 거주민들은 동물들에 의해서는 절대 만들어질 수도 상상될 수도 없는 물건들을 남겼다. 이런 물건들은 그들이 정신적 재능을 가졌었다는 반박할 수 없는 증거이며 그들 또한 인간 본성을 수유했다는 뚜렷한 증거이다. 만약 그들이 처음부터 많은 것들을 발명했으며 각종 노력을 통해 그 발명품들을 개조하고 발전시켰다면, 우리는 그들의 이런 독창성에 경의를 표하지 않을 수 없다. 또한 부족한 도구들과 완전하지 않은 상황들 속에서도 결국 이런 물건들을 완성해낸 그들의 예술적 기술을 바라볼 때면 찬탄을 금하지 않을 수 없게 된다.

이 뿐만이 아니다. 고대문화 속에는 우리의 시선을 잡아끄는 무엇인가가 여전히 존재한다. 각자의 특징과 재능, 원하는 것과 환경, 토양과 기후 등이 서로 다름에도 불구하고 유럽에서 발견되는 가장 오래된 문화들과 세계 여러 지역에서 발견되는 문화들 사이에 놀라운 유사성들이 발견되는 것이다. 예를 들면 다섯 개의 큰 화강암으로 구성된 가족묘인 고인돌은 오스트레일리아를 제외하고 전 세계 곳곳에서 발견된다. 문명 역사에 대해 글을 쓴 어떤 사람은 이 상황을 한 인종이 전 세계로 퍼져나갔기 때문이라고 가정했다.[10] 구석기 시대와 신석기 시대를 가르는 분수령인 도끼를 봐도 온 유럽과 이집트에서 거의 동일한 도끼들이 출토된다. 이후 나라들 속에서 발견되는 도자기 역시 유럽 전역에 걸쳐 흩어진 채로 발견된다.[11] 수없이 많은 도끼들이 남부 유럽과 중앙 유럽에서 발견되지만 도끼를 만드는 재료인 돌은 유럽

9   Schurtz, *Urgeschichte der Kultur*, 298ff. Ulrich Wendt, *Die Techuik als Kulturmacht* (Berlin: Georg Reimer, 1906). 편집자 주: 슐츠의 글로부터 직접적으로 인용한 부분은 "정신의 창조물"(*Schöpfung des Geistes*)이라는 표현 밖에 없다. 그 외의 문장들은 모두 슐츠로부터 직접 인용한 것이 아니라 바빙크 스스로가 슐츠의 글을 요약한 것이다.

10   Schurtz, *Urgeschichte der Kultur*, 441. S. Müller, *Urgeschichte Europas, Grundzüge einer prähist. Archaeologie* (Strassburg: De Gruyter, 1905), 40. J. Guibert, *Les origines* (Paris: Letouzey et Ané, 1905), 348. C. W. Vollgraff, "Over den oorsprong onzer Europeesche beschaving," *De Gids Jaargang* 69 (December 1905).

11   Müller, *Urgeschichte Europas*, 19.

고유의 것이라기보다는 중앙아시아에서 흔히 발견되는 돌이다.[12] 도자기를 꾸미는 장식들은 태곳적부터 이집트에서 사용되었던 장식과 똑같다.[13] 이집 트나 아시아에서 발견되는 같은 종류의 곡류, 밀, 보리, 수수 등이 이후에 유 럽에서도 재배되기 시작했다.[14] 도구, 장식, 농업, 목축업, 주택, 무덤 같은 유 럽의 주요 문화들은 동방, 이집트, 아시아 지역에서도 발견된다. 이런 현상 을 설명하기 위해 뮐러(S. Müller)는 최근 문화도 동방으로부터 영향을 받을 뿐 아니라 유럽 지역의 가장 오래된 문화도 독립적으로 성장한 것이 아니라 동방으로부터 영향을 받았다고 기록했다.[15]

사실 과학적 연구는 인간 기원이 유럽에서부터 시작된 것이 아니라 아시 아와 아프리카를 거쳐 이탈리아나 스페인 쪽에서부터 시작되었다는 가설의 가능성을 증폭시킨다. 루트비히 라인하르트(Ludwig Reinhart) 같은 열성적인 진화론 지지자조차도 유럽을 거대한 아시아 대륙의 덧붙임 정도로 인식했 고 문화의 핵심 요소들은 유럽에서부터가 아니라 서아시아 지역의 문명화 된 고대 지역에서부터 발흥된 것이라고 증언했다.[16] 크레타 섬을 필두로 그 리스 여러 지역에서 진행되는 최근의 발굴 작업들은 문명화 역사에 대한 이 런 주장을 확증한다. 헬레니즘 문화보다 훨씬 전에 있었던 그리스 시대, 즉 그리스도가 오시기 수 천 년 전의 그리스 시대는 미케네 전 시대 혹은 미케 네 시대라고 불리는 매우 흥미로운 문화 시대였다. 이런 미케네 시대는 이 후에 이집트 문명과 밀접한 관련을 맺었다.[17] 칼 펜카(Karl Penka) 같은 사람 은 북 유럽에서 문명이 시작되었다고 보았고 점차로 남쪽으로 그 영향력이 확장되었다고 주장했다. 반면 솔로몬 라이낙(Solomon Reinach) 같은 사람은

---

12 Müller, *Urgeschichte Europas*, 21.

13 Müller, *Urgeschichte Europas*, 22.

14 Müller, *Urgeschichte Europas*, 24.

15 Müller, *Urgeschichte Europas*, 3(cf. 25-26, 28-29).

16 L. Reinhardt, *Der Mensch zur Eiszeit in Europa* (Wien: Harz, 1906), 249.

17 Holwerda in Daniel Chantepie de la Saussaye, *Lehrbuch der Religionsgeschichte*, vol. II, 245에서 재인용.

유럽 문명이 아시아 문명과 독립적으로 발전되어 스스로의 기원을 가졌다는 생각을 향해 반기를 들었다. 많은 사람들이 라이낙의 생각에 강력히 동의했으며 전문가들도 미케네 문명의 이집트 기원설에 설득 당했다. 문장 작법, 벽돌 가마, 화폐 주조, 기독교 등이 남부 유럽으로부터 시작해 북부 유럽으로 옮겨간 것처럼 그 외의 다른 문화적 요소들도 이 같은 방향성을 담지한 채 이동했다고 본 것이다. 비록 돌도끼의 경우처럼 북부 유럽도 남부 유럽으로부터 받은 문화 요소들을 수정시키고 발전시켰지만, 엄밀히 말해 남부 유럽이야말로 유럽 문화의 참된 원천이었다고 볼 수 있다.[18] 하지만 남부 유럽은 아프리카나 아시아이 영향력 아래 위치해 있었다. 절에 대한 지식은 동부 유럽으로부터 남부 유럽으로 관통해 들어갔다. 동으로 만들어진 제품들은 트로이이 가장 낮은 층에서 발견되었고, 도자기나 제사 용품 같은 것들은 크레타 섬에서도 발견되었다. 수없이 많은 무덤들은 다도해에서 발견되었지만 동시에 그리스나 소아시아 지역에서도 발견되었다. 동 단검이나 동 도끼들이 무덤 속에서 발견되었다. 나선형 혹은 직선형인 여성스러운 무늬들로 상식된 도지기들도 발견되었다. 이 모든 것들이 고대 이집트 문명에 대해 설명한다고 볼 수 있다.[19]

헬라 철학에 대한 연구 역시 이와 같은 방향성을 지녔다. 첼러(Zeller)나 위버베크(Ueberweg) 같은 사람들은 탈레스(Thales)의 철학과 그 정신이 종교에 대한 대립의 결과 혹은 적어도 종교로부터 정신을 해방하는 행위, 아니면 어떤 형태로든지 믿음에 반하는 입장을 취한다는 생각을 만방에 퍼뜨렸다. 하지만 헬라 철학에 대한 더 깊은 연구는 첼러나 위버베크의 이런 생각이 옳지 않다는 사실을 증명했다. 철학자들이 사람들이 가지는 미신이나 대중들의 피상적인 생각에 반대를 표하는 것은 일종의 법칙과도 같았다. 사실 이런 이유 때문에 사람들은 철학자들을 향해 아예 신앙이 없다고

18   S. Müller, *Urgeschichte Europas*, 49-52.
19   Müller, *Urgeschichte Europas*, 30ff.

말하거나 종교적이지 않다고 말하지 않았던 것이다. 오히려 종교와 철학은 여전히 서로에게 하나이다. 철학자들은 일방적이고, 물질주의적이며, 자연적이지 않았다. 오히려 그들은 인간과 하나님에 관한 풍성하고도 긍정적인 관점을 소유했다. 철학자들은 자연의 본질뿐 아니라 인간, 인간의 영혼, 인간의 불멸성의 본질까지도 깊이 탐구했던 자들이었다. 게다가 탈레스의 철학은 하늘에서 갑자기 떨어진 게 아니었다. 오히려 오랜 준비과정을 거쳐 탄생되었다. 피타고라스, 플라톤, 아리스토텔레스의 증언에 따르면 신학자들과 입법자들이야말로 철학자들의 선구자였다. 호메로스(Homer) 전 시대는 어떤 역사와 문자도 찾아볼 수 없는 무자비한 야만인 시대가 결코 아니었다. 오히려 펠라스기인(Pelasgians)들이 종교적 개념, 방식, 관습과 같은 보물들을 아시아로부터 가져왔던 시대였다. 그리스 지역의 여러 부족들이 서로 합쳐졌을 때 새로운 형태의 숭배 즉 도리아 양식의 신인 아폴로의 법정 수행단을 만들었던 뮤즈(Muse) 숭배가 탄생 되었다. 오르페우스(Orpheus)는 이 시대의 위대한 신이었다. 음악가들과 시인들은 자신들의 법(νόμοι) 안에서 아폴론 숭배에 대해 통제를 가했다. 트로이 작전과 소아시아 지역에서의 식민지 활동들은 생각을 정리하는 것과 더불어 찬가를 만드는 데 새로운 재료를 제공했다. 호메로스와 헤시오도스(Hesiod)가 종교적 개념과 관습들을 발명한 것이 아니었다. 오히려 그들을 통해 종교적 개념과 관습들이 조직화되었다. 이런 시인과 음악가들 옆에는 정치가들과 입법가들, 지혜자들과 도덕주의자들, 그리고 신학자들과 신비주의자들이 늘 위치했다. 이런 사람들이 실제로 등장한 이후에 소위 철학자들이 등장했다. 철학자들은 다른 사람들이 가졌던 열정을 그대로 가졌던 사람들이었고, 하인리히 곰페르츠(Heinrich Gomperz)가 묘사한 것처럼 풍성하고 부유했던 삶의 한 복판에 서 있던 자들이 아니라 오히려 피와 살 한 복판에 서 있었던 자들이었다. 신학적 시가와 법적 경구들에 존재했었던 풍성한 전통은 철학이 탄생되기 위한 배경을 형성했고 철학 그 자체는 동양 지혜와 밀접한 관계를 맺으며 발전해나갔다. 피타고라스, 플라톤, 아리스토텔레스, 플루타르크 (Plutarch), 플로티누스(Plotinus)와 같은 가장 위대한 그리스 사상가들은 그들의 지혜, 특별히 형상에 대한 지식을 고대 전통 뿐 아니라 신적인 계시로부터도 기져왔다.[20] 물론 이런 전통은 큰 틀에서 봤을 때 왜곡되고 말았다. 그 이유는 특별히 시인들의 상상 때문이었다. 오히려 이런 전통은 호메로스나 헤시오도스의 작업물에서보다 신비적 숭배를 따르는 오르페우스 학파(the Orphic school) 속에서 훨씬 더 순수하게 보존되었다. 그럼에도 불구하고 이런 전통은 한껏 고양된 철학적 개념들을 이끌어내기 위한 원천 자료로 활용되었다. 시가나 예술이 그랬던 것처럼 철학 역시 전통 안에서 보존되어온 귀중한 보물로부터 스스로를 풍성하게 만들었다. 사고(denken)가 힘을 쏟았던 가장 첫 번째 문제는 삶 그 자체였다. 철학은 종교로부터 발흥했다. 철학 그 자체가 우리에게 드러낸 질문은 어떻게 철학이 피타고라스와 플라톤 안에서 종교적 특성을 품을 수 있느냐가 아니었다. 오히려 반대로 어떻게 철학이 종교와 신학으로부터 탄생 되었는가였다.[21]

최근 비빌론과 아시리아 지역의 놀라운 발견들은 문화와 역사 둘 다가 우리에게 보여주는 폭넓은 전통의 흐름을 역추적해 갈 수 있는 기회를 우리에게 제공한다. 이를 통해 새로운 세상이 그 뿌리부터 다시 일어나기 시작했다. 좀처럼 알려지지 않았던 사람들의 이름들이 대거 등장하게 되었다. 자연 과학이 모든 방향으로 그 영향력을 뻗친 것처럼 역사과학도 자신의 영향력을 거의 무한대로 과거를 향해 뻗어나갔다. 창세기의 역사적 가치를 인식했던 사람들은 이런 역사과학의 도움으로 더 많은 것을 알게 되었다. 하지만 대부분의 사람들은 모세 시대를 기껏해야 무자비한 야만족의 시대로 인식했다.

---

20 Willmann, *Geschichte des Idealismus*, vol. I, 2ff.
21 Dilthey, *Einleitung in die Geisteswissenschaften*, 184ff. Karl Joël, *Der Ursprung der Naturphilosophie aus dem Geiste der Mystik* (Basel: Friedrich Reinhardt, 1903). Willmann, *Geschichte des Idealismus*, vol. I, 1ff., 33ff., 142ff. R. H. Woltjer, *Het mystiekreligieuse Element in de Grieksche Philologie* (Leiden: D. Donner, 1905).

하지만 지금 많은 것들이 변화되었다. 우리는 상상의 인도보다는 역사의 인도 아래 과거로 꿰뚫고 들어감[22]을 통해 반(牛)짐승 혹은 야만적 무리가 아닌 고도로 문명화된 사람들인 고대 아시아인들과 조우한다.

우리는 각종 땅들, 즉 건조한 기후에도 불구하고 각종 행동들을 주의 깊게 통제하는 많은 수의 당국자들의 감시 아래 만들어진 관개 운하들을 통해 비옥하게 된 땅들을 발견한다. 뿐만 아니라 우리는 법률 제정과 법학 역시 고도로 발전된 상황을 발견한다. 함무라비 법전은 결혼, 부모와 자녀 사이의 관계, 자유인과 노예 사이의 관계, 명예와 생명의 보호, 임대와 공유, 주종 관계에 의한 토지 보유권, 융자, 유산, 그리고 형사적 정의 등에 대한 법령들이 포함되어 있는 법전이다. 교환과 예술은 번영의 풍성한 기준으로 작용했다. 건축과 조각, 야금학, 금세공 예술, 도자기, 석공 작업을 통해 현재까지도 우리의 감탄을 자아내는 작품들이 빚어졌고 이것들은 심지어 위대한 부의 형상으로도 활용되었다. 상업이 꽃을 피웠고 상업 그 자체는 바빌론으로부터 서아시아 지역으로의 훌륭한 활로를 개척하는 소통의 장이 되었다. 과학 특히 천문학은 종교의 영적인 특징들과 더불어 조화를 이루었고, 연산학, 기하학, 연대학, 지리학, 상형문자학, 그리고 역사학과도 보폭을 맞추었다.

하지만 현재도 많은 사람들이 이집트의 문명처럼 바빌론 문명도 진보와 번영의 모습을 가진 것이 아니라 오히려 후퇴나 쇠퇴의 모습을 가졌다고 주장한다. 이런 주장을 하는 사람들의 주장 이유는 바빌론과 이집트 지역에서 발견된 가장 오래된 예술 작품들의 수준이 이후 시대 예술 작품들에 비해 떨어진다고 보기 때문이다. 오토 베버(Otto Weber)는 이런 주장에 대해 다음과 같이 표현했다. "낮은 단계에서 높은 단계로 점진적으로 발전한다고 하는 교의는 동양인들의 역사를 통해서는 지탱될 수 없는 교의이다. 이와 반대로 역사가 우리에게 남긴 것은 고정된 형태를 찾으려하는 발전된 문명보

---

22 D. Gath Whitley, "What Was the Primitive Condition of Man?" *The Princeton Theological Review* (October 1906): 513-34.

다는 쇠퇴의 인상이다. 예술, 과학, 그리고 종교의 모든 것들이 바로 이를 확증한다."[23]

이런 상황은 여타 많은 발견들 속에서 일어난 것처럼 바빌론과 아시리아 지역에서 일어난 발굴들 속에서도 일어났다. 사람들은 이런 발굴들을 지나치게 과대평가했고 그 중요성을 지나치게 과대 포장했다. 이전 시대 사람들이 가진 모든 지혜들이 구약성경으로부터 비롯되었고 낭만주의 시대 때의 모든 지혜는 인도, 이집트, 페르시아 등지에서부터 비롯되었다고 생각했던 것처럼, 수메르와 아카드 지역에서 발견된 범-바빌론 학파의 중요한 발견들이야말로 바벨의 영직 종교의 맥락 속에서 모든 사람들의 종교관과 세계관에 대해 알려주는 매우 중요한 요소로 여겨졌다. 예를 들면 사람들은 수메르나 아가느 지역에서 발견되는 창조와 홍수 설화 속에 나타나는 유사한 특징들에 대해 놀라움을 표하면서 이런 설화들이야말로 인간과 공동체의 기원에 대해 말해주는 이야기라고 너무나 쉽게 가정해버렸다. 이런 상황 속에서 차이점들은 무시되었으며 심지어 모든 것들 속에는 상호 친밀성이 존재할 것이라는 결론에까지 쉽게 다다르게 되었다. 인간과 짐승 사이에 존재하는 유사성을 통해 서로 간에 공통된 조상이 있을 것이라는 성급한 가정이 낳아진 것처럼, 범-바빌론주의자들인 빙클러, 짐메른(Zimmern), 예레미아스(Jeremias), 뮈케(Mücke), 슈투켄(Stucken), 한스 슈미트(Hans Schmidt), 특별히 젠슨(Jensen)의 『길가메시 서사시』(Gilgamesh-Epos)에 나타난 주장들도 유사

23 O. Weber, *Theologie und Assyriologie im Streite um Babel und Bibel* (Leipzig: Hinrichs, 1904), 17. Cf. Tiele, *Inleiding tot de godsdienstwetenschap*, vol. II, 220. Hugo Winckler, *Religionsgeschichte und geschichte Orient* (Leipzig: Quelle & Meyer, 1906), 9; *Die Babylonische Gcisteskultur* (Leipzig: Quelle & Meyer, 1907), 18ff. 편집자 주: 이 인용문의 원문은 다음과 같은 독일어이다(역자 주: 하지만 인용문은 독일어가 아니라 네덜란드어이다). "Het dogma van eene geleidelijke ontwikkeling van het lagere tot het hoogere vindt in de geschiedenis der Oostersche volken geen steun. Wat de geschiedenis ons geeft, wekt veeleer den indruk van décadence dan van eene vooruitstrevende beschaving, die naar vaste vormen zoekt; overal in kunst, wetenschap en godsdienst wordt dit bevestigd."

성 논증을 과도하게 남용한 가공할 만한 주장들이었다. 바벨 공식(the Babel formula)은 이 세계의 모든 역사에 대해 설명할 수 있는 무엇인가를 제공해 주는 것처럼 보이기도 한다. 하지만 이런 과장에 너무 많은 노파심을 가질 필요는 없다. 왜냐하면 이 모든 과장들은 단기간에 걸쳐 보다 더 차분한 관점을 통해 계승되어 나갔기 때문이다.[24] 그 결과 바벨의 땅이 노아 후손들의 요람이요 모든 문화(cultuur)의 시작점이라는 매우 중요한 사실이 인식될 수 있을 것이다.

이런 사실은 다른 측면에서 살펴보았을 때도 신빙성이 높은 사실이다. 바빌론주의자들 혹은 아시리아주의자들 뿐만 아니라 일반적인 민족학자들도 인류의 요람이 중앙 아시아였다는 생각에 대한 굳건한 증거들을 제시한다. 우리는 광범위하게 분리된 채로 흩어져 살았던 사람들 속에서도 개념적, 방식적, 관습적, 기관적 유사성들을 발견할 수 있다. 예를 들면 호메로스가 묘사했던 그리스인들의 사회 상태는 고대 아일랜드인, 웨일스인, 스코틀랜드 지방 산악인, 고대 스칸디나비아인, 아라우칸인, 마사이인, 투르크멘인, 키르기스인의 사회 상태와 놀라우리만치 유사하다. 고대 로마족, 게르만족, 슬로바키아족, 셈족들의 특징들과 모든 기관들의 모습은 지금도 여전히 존재하는 원시 부족인들이나 최근 멸종되었던 민족들의 모습과도 대단히 유사하다. 셈족과 아메리카 인디언들 사이의 유사성은 매우 크다. 그러므로 일부 민족학자들은 아메리카 원주민들 속에서 이스라엘의 잃어버린 열 부족들을 발견하는 상상까지도 하는 형편이다.[25] 리히트호펜(Richthofen)은 바빌론이 가졌던 개념들과 유사한 개념들을 중국에서 찾으며 다음과 같이 말했다. "우리는 가장 이상한 문제들 중 하나에 직면했는데 그것은 선사 시대 역사가 사람들 간의 의사소통과 관련된 것을 우리에게 제공하는 것과 관계있

---

24 H. H. Kuyper, *Evolutie of Revelatie* (Amsterdam: Höveker & Wormser, 1903); Felix Stähelin, *Probleme der Israelitischen Geschichte* (Basel: Benno Schwabe & Co., 1907).

25 R. Steinmetz, *De Studie der Volkenkunde*, 36-37, 39.

다."[26] 한 마디로 말해 역사와 문명에 대한 탐구는 고대 바빌론이 인류의 조상 나라였으며 문명의 근원이었다는 사실을 보다 더 명확히 만든다. 서아시아 사람들은 다른 사람들과 적극적으로 소통했던 사람들이었다. 즉 사람들 사이에 "정신적 고립"(geistige Sonderexistenz)이 없었으며 서로가 서로를 분리시켰던 만리장성 역시 없었다. 오히려 광의의 차원에서 바라볼 때 바빌론, 아라비아, 가나안, 페니키아, 이집트의 모든 나라와 모든 사람들은 공통된 문화 속에 함께 묶여 있었다. 바벨탑이 만들어진 이후의 세대들이 자신의 고향 땅 문화를 버렸든 버리지 않았든, 혹은 다양한 방식으로 이전 문화를 발전시켰든 아니든 간에 모든 사람들은 같은 전통과 같은 문화 속에서 동일한 관습과 개념을 갖고 있었다는 가정이 점점 더 힘을 얻는다.[27] 더 많은 발굴 작업이 이루어지면 이루어질수록, 더 많은 고대 언어들이 번역되면 될수록, 고생물학과 민족학의 연구가 더 깊어지면 깊어질수록 이런 가정은 더 큰 힘을 얻게 될 것이다.

하지만 아돌프 바스티안(Adolph Bastian)의 소위 민족 개념(Völkeridee) 이론이 훨씬 심각한 타격을 받는다는 사실만큼은 분명하다. 민족학자들은 언제나 넓은 범위 속에서 분리된 채 살았던 사람들 속에 존재하는 수많은 개념적, 기관적, 방식적, 관습적 유사성들에 대해 놀라움을 표시해왔다. 폭넓게 여행했던 유명인 바스티안도 인간 본성이 어디에서나 똑같다는 가정은 충분히 설명 가능한 가정이라고 생각했다. 서로 독립된 상태로 태어난 많은 사람들이 같은 개념과 같은 관습을 가진 채 살아가는 것이 바로 그 증거였다. 그러므로 이런 이론은 오랜 세월에 걸쳐 많은 사람들의 호의를 받았다.

---

26 Richthofen, in Alfred Jeremias, *Die Panbabyloniston* (Leipzig: J. C. Hinrich, 1907), 15. 편집자 주: 이 인용문의 원문은 다음과 같은 독일어이다. "Wir stehen hier vor einem der merkwürdigsten Probleme, welche uns die Vorgeschichte in bezug auf gegenseitigen Verkehr der Völker bietet."

27 Winkler, *Religionsgeschichte und geschichte Orient*, 7-9, 17, 33; *Die Weltanschauung des alten Orients*, 4; *Die Babylonische Geisteskultur*, 6, 47-48.

전 세계 모든 곳에서 개들은 똑같은 방식으로 짖는다. 전 세계의 모든 뻐꾸기들은 같은 음조로 운다. 사람들은 어디에서나 개념들을 형성해내며 같은 행위를 하며 살아간다.[28] 물론 부인할 수 없는 사실 하나는 다음 세대는 유전 속에서도 다양성이 보일 수 있고, 의존성 가운데서 독립성이 보일 수 있을 뿐 아니라 둘 중에 한 측면이 더 중요한 역할을 감당하게 될 수도 있다. 사실 각각의 측면들의 끝 지점과 시작 지점이 정확히 어딘지 파악하는 것은 불가능한 일이다. 결국 종교학이나 철학이 공식적인 동의, 친밀성, 내림차순 논리로 점철된다는 것은 경박스러운 일이다.[29] 하지만 한 가지 반드시 잊지 말아야 할 점은 바스티안이 주장하듯이 인간 본성의 통일성은 인간 본성으로부터 비롯된 그 어떤 것보다 더 많은 것을 포함한다는 사실이다.

물론 동물인간(diermensch)이 원시 민족(natuurvolken) 속 문화인간(cultuurmensch) 뒤에 서 있다는 것에 대해서는 쉽게 상상할 수 있다. 또한 인간과 짐승 사이의 간격이 지금은 멸종되었거나 사라진 많은 전이 형태들을 통해 많이 좁혀졌다는 것도 쉽게 상상할 수 있다. 하지만 이런 상상들은 실재적 근거가 전무한 순수한 환상에 불과하다. 지금까지 탐구된 모든 것들은 오히려 인간과 짐승 사이에는 본질적인 차이점이 존재한다는 결론을 지향한다. 인간 본성은 독특하다(sui generis). 인간 본성은 그 자체만의 독특한 특징과 속성을 갖는다. 만약 이 사실이 옳다면, 모든 인간의 공통된 기원은 필연적으로 인간 본성과 함께 주어진 것이라고 볼 수 있다. 이 사실에 대해서는 어떤 증거도 필요하지 않다. 이런 가정은 진화론을 지지하는 사람들조차 이론적 지지를 표했던 가정이며, 실천적으로는 거의 모든 사람들에게 지지를 받았던 가정이다. 이런 단성적 기원론은 최초의 인간 짝꿍이 하나님으로부터 창조되

---

28 Adolph Bastian, *Der Völkergedanke im Aufbau einer Wissenschaft vom Menschen* (Leipzig: Dümmler, 1881). Cf. Gumplowicz, *Grundriss der Soziologie*, 27ff.

29 언어에 대해서라면 Fritz Mauthner, *Beiträge zu einer Kritik der Sprache* (Stuttgart: Cotta, 1901), 45ff를 참고하라.

었거나, 아니면 수없이 많은 변이적 도약들을 통해 즉각적으로 인간 본성을 취했거나, 아니면 가장 오래된 인간들이 오랜 세월동안 한 가정으로 살았다는 가정들을 내포한다. 이런 가정들은 기본적으로 공통 전통의 존재 가능성뿐 아니라 공통 전통의 존재적 필연성까지도 포함하는 가정들이다. 인간 본성은 순수하게 추상적인 관념, 즉 속이 완전히 비어 있는 관념적 개념이 아니다. 오히려 인간 본성은 실재 그 자체이며, 독특한 관습, 경향, 속성들을 포함하는 존재의 독특한 방식이다. 이런 전통은 가정과 부족들이 서로 분리된 이후에도 서로가 서로를 묶고 있는 상호 소통에 의해 오랜 세월동안 증명되고 강화되있다. 일부 부족들은 원 부속으로부터 너무나 멀리 떨어져 있었기 때문에 문화적으로 고립되었고 빈곤하게 되었다. 그러나 다른 부족들과 친밀한 관계를 또 다시 맺음을 통해 상호적 소통은 계속해서 유지되었다. 가장 최신 연구들에 의하면, 상업, 의사소통, 교류 등은 생각했던 것보다 훨씬 더 오래되었고 훨씬 더 광범위하게 퍼져있었다. 그러므로 공통 전통의 존재에 대한 반대 주장은 크게 신빙성이 없는 주장이다.

심지어 분트조차도 다음과 같이 인정했다. "만약 심리적으로 그 가능성이 인정만 된다면 역사적 증언들은 선사 시대의 모든 신화들과 종교들이 단 하나의 기원으로부터 시작되었다는 가정을 불가능하게 보지 않는다."[30] 왜 이것이 불가능해야만 하는 것인지 이해하기는 쉽지 않다. 왜냐하면 인간 본성은 하나이기 때문에 이런 가능성은 얼마든지 내포되어 있기 때문이며, 이런 개념들은 지속적으로 발전해나갔기 때문이다. 사람들은 모든 것들을 독립적으로 생각해서 독립적인 것들끼리 서로 밀접한 관계를 맺게 만드는 것보다는 본래적으로 상호 융통적인 개념들과 관습들을 다루는 데 더 편안함을

---

30 Wundt, *Völkerpsychologie*, II, 1, 570. 편집자 주: 이 인용문의 원문은 다음과 같은 독일어이다. "dass die geschichtlichen Zeugnisse für sich allein die Hypothese, alte Mythen und Religionen seien dereinst in vorhistorischer Zeit von einem einzigen Ursprungszentrum ausgegangen, durchaus nicht unmöglich erscheinen lassen, falls nur eine solche Hypothese psychologisch möglich sein sollte."

느끼는 존재들이다. 게다가 비록 일반적인 전통들은 많지만 만약 이런 전통들 속에 존재하는 공통된 속성들이 거부된다면 이와 같은 거부는 보다 더 범위가 작고 좁은 범주 속에서도 빈번하게 일어나게 될 것이다. 예를 들면 분트는 아메리카, 오세아니아, 남아프리카, 인도 지역에서도 "옛 이야기들의 홍수가 넓은 지역들에 가득"[31]하게 될 가능성에 대해 생각했다. 모든 식솔, 가정, 도시, 사람들은 좁고 넓은 범주 안에서 각종 개념, 관점, 방식, 관습들이 퍼져나갈 수 있게 만드는 중심부의 역할을 감당했다. 인류는 하나의 큰 가족이었고 이 가족의 모든 움직임들과 경향성들은 가족의 공통된 기원과 본래적 기능에 근거했다. 라이트(G. F. Wright)가 올바르게 관찰했던 것처럼, 이후 세대들이 이전 세대들에 크게 의존하는 것은 신적 섭리의 지혜롭고도 거룩한 방식이었다. 다른 것들보다 더 인기 있는 영역을 보다 더 많이 갖고 태어난 사람들은 그렇지 않게 태어난 사람들을 향해 책임과 소통 의식을 가져야 한다.[32]

과연 인류가 어떤 방식으로 책임 의식과 소통 의식을 가져왔는지에 대해 추적하는 일은 거의 불가능에 가깝다. 그러나 분트가 생각한 것처럼[33] 우리의 지식 속의 이런 간격이 사실 그 자체에 대한 거부로서 제시될 수 없다. 왜냐하면 비록 구체적인 정보는 없지만 그럼에도 불구하고 많은 경우 이런 소통의 창구들이 반드시 존재해왔다고 말할 수 있기 때문이다.[34] 인류는 하나의 핏줄로 구성되어있기 때문에 최초의 인간들은 확실히 더불어 살았을 것이다. 인류가 전 세계의 구석구석을 뒤덮었을 때도 모든 인간들은 자신들의 고향에서부터 가졌던 개념들과 관습들을 그대로 가진 채 삶을 영위했을

31 Wundt, *Völkerpsychologie*, II, 343, 571. 편집자 주: 이 인용문의 원문은 다음과 같은 독일어이다. "Zentren einer über weite Ländergebiete gegangenen Märchenflut bestanden."
32 G. F. Wright, *Scientific Confirmations of Old Testament History* (Oberlin, OH: Bibliotheca Sacra, 1906).
33 Wundt, *Völkerpsychologie*, 342, 570.
34 Jeremias, *Die Panbabylonisten*, 15-16.

것이다. 그러므로 인간 본성의 통일성의 토대를 이루는 개념인 인류의 통일성은 필연적으로 공통 전통을 포함한다.[35]

물론 사람들의 전통과 방식들 속에서 발견되는 본래적 거주지로부터 비롯된 것들과 이후의 수정, 손상, 확장, 증가의 결과들 사이에 존재하는 차이에 대해서는 매우 주의 깊게 고려할 필요가 있다. 이런 측면에서 변증론은 너무 쉽게 일을 처리해버렸던 경향이 있다. 일반적인 진술은 언제나 충분하지 않다. 인류 문명의 모든 부분 부분들은 너무 성급하게 결론을 내리기 전에 매우 정밀하고 포괄적으로 탐구되어야 할 필요가 있다. 심지어 매우 깊고도 확장적인 연구 이후에도 추측이나 가능성 정도로 만족했던 경우도 종종 있었다.

그럼에도 불구하고 공통 기원으로 되돌아가려 했던 현상들이 매우 큰 가능성과 더불어 존재해왔다. 예를 들면 다양한 사람들 가운데서 발견되는 유일무이한 최고 존재(één Opperwezen)에 대한 지식이 바로 그것이다. 우리는 다신론이 순수한 유일신론으로 발전되었다는 어떤 역사적 증거도 없다. 다신론이 더 이상 지성인들을 만족시켜주지 못했을 때 다신론은 신격의 "자연적 특성"(Naturhafte)이라는 측면에서 자신과 공통분모를 가지는 범신론으로 자신의 모습을 재구성했고 자연-신들의 다양성을 하나의 자연-신격으로 해체시켰다. 반대로 우리는 유일신론이 점차로 다신론이나 다(多)악령숭배로 쇠퇴했던 역사적 증거들이 있다. 과거 교회나 현재 교회 모두는 이에 대한 증거가 있다. 고도로 문명화된 기독교 사회에 사는 사람들조차도 이슬람교나 불교로 자신을 귀의하기도 하며, 심지어는 가장 원색적인 형태의 미신이나 마법에 빠지게 되는 경우도 많다. 심지어 신학자들이나 철학자들도 유일신론보다는 다신론을 더 선호했던 사람들이 많다. 괴테도 자신을 가리켜 하나의 체계에 만족 못하는 사람이라 불렀고, 때로는 유일신론자 혹은 다신

---

35 편집자 주: 인류와 인간 본성의 "유기적" 통일성에 대한 바빙크의 교의학적 관점에 대해서는 *RD*, 2:511-29를 참고하라.

론자, 아니면 범신론자로 자신을 지칭했다.[36]

우리는 때로 유일하신 하나님을 향해 많은 천사들과 성도들이 했던 것처럼 실천적 흠모를 하기 보다는 이론적인 신앙 고백에 그치게 되는 경우가 많다. 이런 현상은 많은 사람들 속에서도 찾아볼 수 있다.

일부 사람들이 바빌론 종교 안에 유일신론적 흐름이 있었다고 말했을 때 많은 사람들은 그런 주장에 대해 심각한 반대를 표했다. 하지만 아프리카, 아메리카, 오스트레일리아, 몽골, 타타르, 인도 다도해 등지에 살았던 원시 민족들이 온갖 형태의 미신과 마법에 빠져 살았음에도 불구하고 그들 또한 대단한 영(groote Geest), 대단한 존재(groote Wezen), 아버지(de Vader), 우리의 아버지라 자주 불렀던 기껏해야 선한 신(hoogsten, goeden God)을 믿었던 자들이라는 사실을 부정할 수는 없다. 앤드류 랭이 주장했던 바와 같이 이런 궁극적인 존재를 믿는 믿음은 아마도 너무 지나치게 관념화되었을 것이다. 이런 궁극적 존재도 좀처럼 경배의 대상이 되지 못했을 것이며, 순수한 유일신론의 형태를 지니지도 못했을 것이다. 그럼에도 불구하고 이런 믿음은 기독교나 이슬람교, 혹은 물활론이나 조상숭배 관습의 영향으로는 설명할 수 없는 원시 민족들의 종교 속에서 가장 주목할 만한 현상이었음은 분명하다. 만약 자연 현상이나 영에 대한 종교적 숭배가 항상 하나님에 대한 개념을 전제했다는 사실을 잊지 않는다면, 종교철학을 연구하는 모든 사람들이 생각하듯이 이런 종교는 인간 본성에 근거한 종교였음을 깨닫게 된다. 즉 이런 믿음은 모든 다신론적 종교들을 탄생시켰고 여전히 그런 종교들 안에서 역사하는 근원적 유일신론과 더불어 위대한 영을 믿는 믿음과 밀접한 관련이 있다.[37]

---

36 Cf. 본서의 4장 각주 65번을 참고하라. 편집자 주: 바빙크는 여기서 파우스트(Faust)를 인용하고 있다. "자연과학을 하는 우리는 범신론자들이다. 우리가 시를 쓸 때는 다신론자이며, 설교할 때는 유일신론자이다." Jaroslav Pelikan, *Faust the Theologian* (New Haven, CT: Yale University Press, 1955), 19를 참고하라.
37 Andrew Lang, *Magic and Religion*, 224, in Ladd, vol. I, 153. Theodore Waitz,

이런 믿음을 지지하지 않아도 혹은 다른 구체적인 사안들에 대해 동의하지 않아도 여전히 확신 가운데 남아 있는 생각 하나가 존재하는데 그것은 바로 영육으로 구성된 인간 본성 그 자체가 모든 인간들이 공통 기원을 갖는다는 사실을 드러낸다는 점이다. 종교, 도덕, 법, 과학, 예술, 기술 등 이 모든 것들의 근원적인 개념들과 요소들 안에, 즉 한마디로 표현하자면 문화의 모든 토대들 안에 통일성이 존재한다는 것은 진화론의 관점에서 볼 때 거의 신비에 가깝다. 유명론적 관점에서 봤을 때 윌리엄 제임스 교수가 주장했던 것처럼 모든 인간들은 본래적으로 하나로 구성된 존재가 아니라 오히려 점진적으로 하나가 되어가는 존재로 인식되었다. 이런 관점이 놓치는 부분은 현재 **되어가는** 과정에 있는 존재도 스스로의 가장 깊은 근저 속에서는 이미 **존재하는** 존재라는 사실이다. 게다가 이런 관점은 오랜 세월에 걸쳐 존재해왔던 서로 다른 인간들 속에 드러나는 실제적인 통일성을 무시한다. 제임스는 우리 조상들이 현재 우리가 여행하는 길과 정확히 똑같은 길을 걸어갔던 것은 순전히 우연의 산물이라고 생각했다. 이는 마치 다윈이 주장한 것처럼 여성들이 벌처럼 훈련 받지 않아서 자신의 딸들을 죽이지 않는다는 것을 순전히 우연으로 이해한 것과 같다. 하지만 이런 생각이 인간들에 의해 점진적으로 발명된 후 세대 유전을 통해 이어졌던 사고와 행동(*denken en handelen*)의 방식들이 끈질기게 유지되었다는 사실 그 자체를 제거해 버릴 수 없다. 제임스는 이에 대해 다음과 같이 표현했다. "이런 근본적인 사고 행

Anthropologie der Naturvölker (Leipzig: Fleischer, 1860), II, 168ff. C. von Orelli, *Allgemeine Religionsgeschichte* (Bonn: A. Marcus & E. Weber), 39, 745, 775ff. *Die Eigenart der biblischen Religion* (Berlin: E. Rungen, 1906), 11-12. Schroeder, in *Beiträge zur Weiterentwücklung der Christliche Religion* (Munich: J. F. Lehmann, 1905), 1ff. Alfred Jeremias, *Monotheistische strömungen innerhalb der babylonischen religion, auf grund eines vortrages gehalten auf dem II*, Internationalen kongress für religionsgeschichte zu Basel (Leipzig: J.C. Hinrichs, 1904). Gloatz, "Die vermutlichen Religionsanfänge und der Monoth.," *Religion und Geisteskultur* (1907): 137-43. Söderblom, "Die Allväter der Primitiven," *Religion und Geisteskultur* (1907): 315-22. Lehmann, in *Die Kultur der Gegenwart* I, III, 26.

위들"은 지속적으로 더 강하게 발전되었고 실천적으로도 유용하고 필수불가결한 것들로 남아 있게 되었다.[38] 그러므로 인간 자신들처럼 이런 사고와 행동의 방식들이 점차로 생겨났다는 가설은 조용히 옆 편으로 제쳐둘 필요가 있다. 오히려 사고와 행동의 방식들은 우리의 모든 문명이 세워졌던 바로 그 불변한 토대를 실제적으로 형성해냈다고 생각할 필요가 있다.

이렇게 보는 것이 사안에 대해 포괄적으로 조망하는 것이다. 인류는 언제 어디서나 인류 자체가 가진 본성, 기원, 과거에 묶여 있는 존재이다. 인간들이 공통으로 가지는 삶에 대한 주된 걱정들은 대단히 다양하고 전체적인 관점을 갖는다. 인간들은 모든 것들의 가장 뛰어난 원천이신 하나님에 대한 개념에 대해 늘 걱정하며 사는 존재들이다. 뿐만 아니라 사람들은 지혜에 토대를 두고 있는 이 세계, 법질서와 통치, 창조계의 통일성과 조화, 모든 것들이 가진 상징적 의미들, 보이는 세계와 보이지 않는 세계 사이의 구별, 진리와 배치되는 것들과 거짓, 선악 간의 투쟁, 황금시대에 대한 기억과 쇠락, 신들의 분노와 화해의 소망, 인간의 신적 기원과 운명, 영혼 불멸성과 심판에 대한 기대, 보상, 이후의 형벌 등에 대해서도 걱정하며 살아가는 존재들이다.[39] 이 모든 근원적 개념들이 역사의 시작과 토대, 모든 종교, 도덕, 법의 원리와 시작점, 모든 사회적 관계, 모든 학문과 예술의 시작과 뿌리, 사고와 존재의 조화, 있는 것과 되어가는 것 사이의 조화, 되어가는 것과 행동 하는 것 사이의 조화,[40] 논리학, 물리학, 윤리학, 참된 것, 선한 것, 아름다운 것 사이의 통일성을 이룬다. 이 모든 근본적인 것들은 창조 때부터 인간 본성 안에 주어진 것들이다. 이것들은 세대별로 이어져왔고 인류의 가장 근원적 본성에 토대를 둔 채 존재했다. 인간 본성 안에서 의존성과 독립성은 동시에

38 James, *Pragmatism*, 165, 169-71, 181ff.
39 Willmann, *Geschichte des Idealismus*, I, 119ff.
40 편집자 주: 바빙크는 자신의 『기독교 세계관』(*Christelijke wereldbeschouwing*)의 각 장에서 이 관계성을 하나씩 다룬다.

작동했다. 이 모든 것들의 시작점은 신적 기원이었다. 적어도 원리와 토대에 관해서라면 "모든 지식들은 신적인 기원을 갖는다."[41] 이런 측면에서 지식은 계시로부터 흘러나온다.

이런 원 계시는 구약 성경의 이스라엘이라는 나라의 계시에 자신의 마음을 터놓았다. 이스라엘 속에 나타난 계시는 원 계시에 근거할 뿐 아니라 원 계시에서 쉼을 얻는다. 동시에 이스라엘의 계시는 원 계시를 유지하고, 발전시키며, 완성시킨다. 일반 계시와 특별 계시로 명명되는 개념들의 구별은 하나님께서 아브라함을 부르셨던 사건 전에는 시작되지 않았다. 아브라함을 부르셨던 사건 전에는 일반 계시와 특별 계시가 서로 섞여 있었고 모든 나라와 모든 민족들의 소유물로 남아 있었다. 특별 계시는 인간들의 삶 속 깊숙한 곳으로 섬신석으로 늘어온 모든 왜곡들에 대항하기 위해 자신의 소임을 다하기 시작했다. 특별 계시는 창조 때부터 계시를 통해 인간 본성에 심겨졌고 보존되었을 뿐 아니라 인류 안에서 자라났던 모든 것들을 확증하고 완성시키는 역할을 감당했다. 일반 계시와 특별 계시 사이를 지나치게 반립적으로 봤던 옛 관점들 뿐 아니라 이 둘 사이를 지나치게 친밀하게 이해했던 관점 모두 다 일방적인 관점일 수 있다. 하지만 일반 계시와 특별 계시 사이의 친밀성을 강조했던 관점은 보다 더 나은 관점에 자기 자리를 천천히 내주었다. 만약 구약 성경이 다른 문학 장르처럼 자유로운 비평 아래 속해 있다면 이스라엘의 역사와 종교는 훨씬 더 철저히 설명될 수 있을 것이라는 개념이 널리 퍼졌을 때가 있었다. 하지만 의도적이든 의도적이지 않은지 간에 진화론의 영향 아래서 역사 비평을 통해 성경을 분석하고 재조정한다 해도 이스라엘 종교에 대한 여러 질문들에 대한 답을 쉽게 내리지 못할 것이다. 역사-비평 탐구는 종교의 독특하고도 특별한 특성을 파괴시키는 데 성공하지 못했다. 하지만 역사-비평 탐구 방법에 자극을 주는 동기 부여는 되

---

41 Alfred Jeremias, *Monotheistische strömungen innerhalb der babylonischen religion* (Leipzig: Hinrichs, 1904), 8.

었다. 만약 이스라엘과 이스라엘의 종교가 사람들 속에서 여전히 설명되지 않은 채 존재한다면 과연 역사-비평 탐구 방식이 우리에게 주는 유익은 무엇이란 말인가? 범-바빌론주의[42]는 학자들의 관심으로부터 멀어져갔고 대신 종교-역사학 시대를 맞아 역사-비평 방식이 그 자리를 대체하게 되었다. 개념과 기관들의 기원과 그것들을 문학적으로 묘사하는 것 사이에는 거대한 차이점과 더불어 길고 긴 간격이 존재할 것이라는 가정은 옳은 가정이었다. 역사-비평 방법은 살아 있는 전통에 다시금 명예를 부여했으며 문학 이외의 방식으로도 영향을 주고받을 수 있는 여타 다른 방식들을 제시하기 시작했다. 이런 관찰은 특별히 종교 영역에서 매우 중대한 중요성을 지닌다. 왜냐하면 종교는 한 사상가에 의해 만들어진 산물이 아니기 때문이며, 예배 없이, 아니면 과거와 연결되어 있고 사람들의 마음속에서 살아 움직일 뿐 아니라 세대 간 전이를 통해 전해져 내려오는 개념, 법칙, 조례, 기관들의 총합 없이 사람들에게 의무를 지울 수 없기 때문이다. 종교적 개념과 도덕적 개념들은 선험적 사고 결과인 논리적 방식에 따라 발전되지 않았다. 오히려 이 개념들은 보다 더 옛 기원을 가질 뿐 아니라, 서로가 서로에게 나란히 존재해왔고, 상호 관계성 가운데 발전되어왔다. 그러므로 단순한 직선으로 구성된 진화론은 복잡다단한 실재성과 갈등을 일으킬 수밖에 없다.

종교-역사적 방법은 종교를 문학 비평에서 종교 연구로 되돌아가게 만들었다는 측면에서는 옳았다고 볼 수 있다. 뿐만 아니라 종교-역사적 방법은 이론에서 삶으로, 추상적 개념들의 체계에서 민족혼(volksziel) 혹은 실재의 총체성으로 되돌아가게 만들었다. 그러나 종교-역사적 방법의 목적은 이런 복잡한 개념들의 총체성을 모세나 족장들로부터 이끌어내려고 했던 것이 아니라 오히려 바빌론으로부터 이끌어내려 했다. 종교-역사적 방법은 이스라엘 종교와 제사의 원천 뿐 아니라 기독교 전체까지도 바빌론에서 찾으

---

42 편집자 주: 범-바빌론주의에 대해서라면 본서 1장을 참고하라.

려 노력했다. 이런 측면에서 오토 베버는 "바벨과 성경은 하나의 동일한 세계관의 산물"[43]이라고까지 기록했다. 그러나 지질학과 인류학 분야 속에서의 계속된 연구는 이런 일방적 주장에 대한 반응을 이끌어 낼 것이며, 바벨과 성경 사이의 차이점이 길지 않은 시간 안에 드러나게 될 것이다. 사실 이런 상황은 이미 일어났으며 더 이상 이스라엘을 이 세상과 분리된 섬으로 대하지 않는 경향이 커져 갔다. 이스라엘 민족과 그들의 전반적인 종교적 삶은 과거 상황과 맞물려 존재한다. 어떤 급작스러운 단절도 8세기 선지자들에 의해 만들어지지 않았다. 창조와 홍수 이야기, 유일신론과 여호와 숭배, 율법과 예찬 의식들, 낙원에 대한 회상과 미래에 대한 기대감, 메시아 개념과 여호와의 종 개념, 그 외의 모든 종말론적 개념들은 이런 주제들이 기록된 그 어떤 문서들보다 훨씬 더 오래된 개념들이다. 바벨은 성경 뒤에 존재하지 않는다. 오히려 성경 뒤에는 인류의 기원을 시작하게 만들고, 셋 족속과 셈 족속의 삶을 영위시키며, 시간의 완성을 향해 이스라엘이라는 언약통로를 흘러 보내는 역할을 감당했던 계시가 존재한다.

비록 아브라함은 바빌론을 떠나 익숙하지 않는 땅에 살도록 보냄을 받았지만 하나님께서는 스스로를 아브라함에게 드러내셨고 이후에는 모세와 이스라엘에게도 드러내셨다. 그러므로 하나님은 새롭거나 익숙하지 않은 하나님이 아니었다. 오히려 하나님은 예전부터 자신의 모습을 드러내신 익숙한 하나님이셨으며, 하늘과 땅을 창조하셨을 뿐 아니라 모든 사람들에게 자신의 모습을 드러내셨던 모든 것들의 주인이시고, 여전히 다양하고도 순수한 형태로 경배 받으시며 자신에 대한 지식을 지속적으로 보존하는 분이시다.[44]

---

43 O. Weber, *Theologie und Assyriologie im Streite um Babel und Bibel*, 4. 편집자 주: 이 인용문의 원문은 다음과 같은 독일어이다. "Babel und Bibel, sind Ausfluss einer einheitlichen 'Weltanschauung.'"

44 창세기 14:18-20; 20:3ff.; 21:22ff.; 23:6; 24:50; 26:19; 40:8; etc. Cf. Dr. M. Peisker, *Die Beziehungen der Nicht-Israëliten zu Jahve, nach der Anschauung der altt. Quellen* (Giessen: A. Töpelmann, 1907).

하나님께서 이스라엘을 구별하셔서 선택하신 이유는 원 계시를 잃어버리는 것에 대해 지속적인 경계를 표하기 위함이며,[45] 다른 것들과 섞이지 않은 채 원 계시를 보존, 유지, 완성시키기 위함이었다. 때가 찰 때 원 계시가 이스라엘을 통해 모든 사람들의 소유물이 될 것이다. 이 약속은 임시적으로는 특정 영역에 적용되었지만, 이후에는 보편적 영역에 적용될 것이다. 이스라엘은 인류에 속해있고, 모든 사람들과 관계를 맺을 뿐 아니라, 마땅한 비용을 지불함을 통해 선택 받은 것이 아니라 오히려 모든 인류의 유익을 위해 무조건적으로 선택 받은 민족이었다.

그러므로 이스라엘 종교의 독특성은 이스라엘이라는 독특한 민족적 유일신론으로 배타적으로 치환되지 않는다. 그럼에도 불구하고 그 어디에서도 일어나지 않았던 일들이 이스라엘 역사와 종교 가운데 일어났던 것은 사실이다. 그 어떤 민족들도 이스라엘 민족이 겪었던 일들과 동일한 일을 겪은 민족은 없다. 이스라엘의 역사와 종교 가운데는 야훼의 이름들이 등장하며, 신들의 기원과는 무관한 우주 생성론, 인류의 통일성 개념, 타락 기사, 7일 1주와 안식 개념, 태어난 지 8일째 되는 날 남자아이들에게 행했던 할례 의식, 이스라엘 역사 전반에 걸쳐 나타나는 예언자의 기능, 모든 민족을 포함하는 구원 계획, 민족적 유일신론, 하나님의 비가시성과 하나님을 묘사하는 것에 대한 불가능성 등이 등장한다.[46] 범-바빌론주의자들은 신구약에 등장하는 수없이 많은 요소들을 여전히 바벨 종교 안에서 설명하려고 노력한다. 하지만 이런 노력들은 얼토당토않은 설명을 포함하기 때문에 많은 사람들은 이런 노력들이 인위적인 방식이라는 사실을 깨닫게 되었다.[47] 신구약에 등장하는 모든 요소들이 이스라엘 종교의 본질을 구성하는 것이 아니다.

---

45 여호수아 24:2; 14-15; 신명기 26:5, etc.

46 Eduard König, "Schlaglichter auf den Babel-Bibelstreit," *Beweis des Glaubens* (1905): 3-23.

47 Petrus Biesterveld, *De jongste Methode voor de Verklaring van het Nieuwe Testament* (Kampen: J. H. Kok, 1905).

물론 이 모든 요소들이 이스라엘 종교와 매우 밀접한 관련을 맺을 뿐 아니라 전체적으로는 이스라엘 종교의 핵심 부분을 형성해내는 것은 맞다. 그러나 이스라엘에게 드러난 계시의 본질과 이스라엘 민족 안에서 이 계시와 소통했던 종교야말로 이스라엘 종교의 핵심 본질로 볼 필요가 있다.

우리는 이스라엘 종교의 핵심 본질을 발견하기 위해 반드시 선지자들과 시편 기자들, 그리고 예수 그리스도와 사도들에게로 돌아가야 한다. 이들 모두는 동일한 목소리로 우리에게 선명한 가르침을 주는데 그 가르침의 내용은 신적 계시의 내용이 주로 하나님의 통일성, 도덕법, 할례, 안식일, 즉 한 마디로 요약하자면 율법이라기보다는 오히려 약속과 은혜 언약, 복음이라는 사실이다. 율법보다는 복음이 신구약 전반에 걸쳐 존재하며, 율법보다는 복음이 신적 계시의 중심핵일 뿐 아니라 종교의 본질이기도 하고, 율법보다는 복음이 성경의 총합이기도 하다. 이 외의 관점들은 특별 계시를 정당화하는 데 실패를 경험했고, 특별 계시와 자연 계시 사이에 존재하는 구별을 지워버렸을 뿐 아니라, 구약 성경을 격하시켜버렸고, 하나의 은혜 언약 안에 존재하는 두 경륜들 사이를 분리시키고 말았으며, 심지어 새 언약의 복음을 율법으로 점차 변질 시켰고, 결국 그리스도를 둘째 모세로 만들고 말았다. 하지만 바울은 약속이 율법보다 더 오래되었으며 아브라함은 율법에 의해서가 아니라 은혜로 그에게 주어진 약속으로 말미암아 믿음을 통해 의롭다하심을 입게 되었다고 선포했다. 율법은 본래적으로 약속과 연결되어 있지 않았다. 오히려 율법은 이후에 약속에 첨가되었다. 죄악의 관영으로 말미암아 약속의 필연성과 필수불가결성이 더욱 더 선명하게 계시되었다. 약속의 내용들이 완전히 드러나게 되었으며 마침내 완성에 이르게 되었다. 율법은 약속 안에서 임시적이고도 찰나적인 수단이다. 하지만 약속은 영원하다. 약속의 시작은 낙원이다. 낙원에서의 약속은 구약 언약 속에서 계시를 통해 보존되고 발전되었다. 이 약속의 성취는 그리스도 안에서 일어났으며 현재도 이 약속의 범위는 모든 인류와

모든 족속들에게까지 확장된다.[48]

이스라엘과 이스라엘 족장들에게 주어진 이 약속은 다음과 같은 세 가지 요소가 포함되어 있는 약속이었다. 첫째, 이 약속 안에는 어떤 공로도 없이 순전한 은혜로 말미암아 아브라함과 아브라함의 후손들을 찾으시고, 부르시고, 양자 삼으시는 하나님의 자유로운 사랑이 포함되어 있다. 아브라함과 이스라엘 백성들에게 임했던 새로운 요소는 하나님에 대한 지식과 예배가 점차로 사라져갔던 바로 그 시기에 하나님 스스로가 특정 사람들과 특별한 관계를 맺으신 것이다. 이런 관계는 본성에 근거한 관계가 아니었으며, 도리적으로도 마땅히 되어야만 했던 관계도 아니었다. 하나님과 이스라엘 사이의 관계는 창조로 인해 만들어진 관계도 아니었다. 이 관계는 인간의 양심과 이성 혹은 의존 감정과 필요로 인해 시작된 관계 역시 아니었다. 오히려 이 관계는 **역사적** 산물이었다. 이 관계를 시작하신 분은 하나님이셨다. 하나님께서는 계시 행위를 통해 자기 스스로를 드러내셨고 이스라엘 민족들과 특별한 관계를 맺으셨다. 아브라함을 부르시고, 이집트로부터 이스라엘을 구원하시고, 시내 언약을 세우신 사건들은 이스라엘 종교가 세워지는 데 중요한 기둥들로 작동했다.[49] 이것들이야말로 언약적 관계성에 생명을 불어넣는 하나님의 주권적이고도 자비로운 **의지**였다. 하나님께서는 이스라엘 역사 속에서 하나님과 그의 백성들 사이에 새로운 관계성을 세우는 역할을 감당했던 하나님의 **의지**를 통해 이스라엘을 단번에 본성으로부터 해방시키셨고 그 본성을 뛰어넘게 만들어 주셨다. 하나님은 여타 다른 민족들이 생각했듯이 자연이 가진 힘과는 완전히 다른 힘을 가진 분이셨다. 하나님은 독립적인 인격을 가진 분이며, 하나님 고유의 본성과 의지를 갖고 계실 뿐 아니라, 예배 받기에 합당한 분이시기 때문에 어떤 우상숭배도 엄중하게 금

---

48 Willmann, *Geschichte des Idealismus*, vol. II, 12ff., 20ff.

49 Giesebrecht, *Die Geschichtlichkeit des Sinaibundes* (Königsberg, 1900). Wilhelm Lotz, "Der Bund vom Sinai," *Neue kirchliche Zeitschrift* XIII (1901): 181-204.

하는 분이다. 인류는 선한 문명과 문화를 이루는 데 바빌론에게 큰 빚을 졌다. 하지만 한 가지 잊지 말아야 할 사실은 모든 미신과 마법들까지도 바빌론으로부터 왔다는 사실이다. 바빌론 문화는 모든 사람들을 술에 빠지게 만들었으며 이로 인해 온갖 성적 타락과 우상숭배가 가득 차게 되었다.[50] 그러므로 하나님의 계시를 받은 이스라엘만이 이런 타락한 상황으로부터 구원받게 되었고, 이런 측면에서 볼 때 이스라엘 홀로 모든 사람들 가운데 서 있었다고 볼 수 있다.

요즘 사람들은 종교를 자신들의 정신 속에 집어넣어 수증기처럼 사라지게 만들어버릴 뿐 아니라 종교와 모든 사물들 사이를 분리시키며 하나님에 대한 지식과 하나님께 드리는 예배에 대해서도 아무런 감정도 없는 사람들이다. 그러므로 이런 사람들은 이스라엘이 가진 대단히 독특한 위치와 그 중요성에 대해 아무런 느낌도 없다. 그러나 선지자와 사도들은 이스라엘이 가진 이런 독특성과 중요성에 대해 요즘 사람들과는 매우 다른 생각을 가졌다. 선지자와 사도들은 참된 종교가 존재하기 위해 그 무엇보다도 하나님의 의지와 그의 명령을 따르는 가운데 참된 하나님에 대한 지식과 예배가 먼저 있어야 한다고 생각했다. 선지자와 사도들은 믿음과 미신 사이의 차이, 종교와 마법, 신학과 신화 사이의 차이에 대해 일찍이 인식했던 사람들이었다. 이스라엘은 신화를 가져본 적 없는 하나님께서 선택하신 민족이었으며 인류를 미신과 마법으로부터 건져내게 만들어 줄 민족이었다. 성경은 바빌론으로부터 시작하지 않았다. 오히려 성경이 가진 본질적 생각들은 바빌론이 가진 생각과 정반대의 생각이며 오히려 사람들에게 미치는 바빌론의 영적 영향들에게 종말을 고하는 생각이다. 군켈(Gunkel)이 제안했듯이 만약 혼돈 신화(the chaos myth)가 이스라엘에 영향을 끼쳤다면 혹은 라합, 리워야단, 티아마트, 나하쉬 등이 본래 신화적 개념이었다면, 이런 신화적 개념들은 특별

---

50 예레미야 51:7; cf. Friedrich Delitzsch, *Mehr Licht: Die bedeutsamste Ergebnisse der babylonisch-assyrischen Grabungen für Geschichte Kultur und Religion* (Leipzig, 1907), 45.

계시의 영역 내에서 이스라엘의 토양 위에 뿌려져 신화적 특성들이 사라진 채로 존재하게 되었을 것이다. 이스라엘 속에서 발견되는 자연 현상에 대한 시적 의인화는 다른 민족들 속에서도 그랬던 것처럼 강하게 활용되었다. 천둥소리는 하나님의 목소리였으며, 빛은 하나님께서 입으신 옷, 번개는 하나님의 불타는 화살, 폭풍은 하나님의 숨결, 구름은 하나님께서 타고 다니시는 전차였다. 하지만 이런 시적인 표현들은 객관적 실재에 대해 묘사할 때는 사용되지 않았다. 뿐만 아니라 이런 시적 개념들은 이스라엘이라는 맥락 속에서 절대로 신화 이야기와 결합되거나 신화 이야기를 설명하기 위해 활용되지 않았다. 이스라엘 민족은 신화적 느낌과는 거리가 먼 민족이었다. 오히려 특별 계시, 역사 속에 개입하시는 하나님의 활동, 기적 등을 통해 하나님과 세계 사이의 구별성이 풍부하게 확증되었다. 하나님에 대한 지식은 모든 신화들을 물리칠 수 있는 힘을 가졌다. 하나님께서는 분명히 자연과 역사 속에서 일하시는 분이다. 하지만 자유롭고 전능하신 하나님은 동시에 자연과 역사를 초월하신 채로 존재하는 분이다. 하나님은 자신만의 특성과 의지를 갖고 계신다. 자연 현상에 대한 시적인 의인화, 즉 하나님께서 자신의 손으로 산을 오르신다든지, 다볼과 헤르몬이 주의 이름으로 말미암아 즐거워한다든지, 향나무가 송아지처럼 뛰어다닌다든지, 모든 창조계가 듣기도 하고 잠잠하기도 하며 하나님의 영광을 선포하기도 한다든지와 같은 표현들은 하나님과 겨루는 실제적이고도 독립적인 힘을 표현하는 데 절대 사용되지 않았다. 창조와 타락 기사, 홍수와 바벨탑 준공 기사, 족장과 사사 기사 등은 신화가 아니라 이스라엘 역사 그 자체였다. 이스라엘의 하나님은 자연보다 훨씬 더 존귀한 존재이다. 하나님께서는 특별 계시를 통해 이 세상에 특별한 역사를 가져오셨다.[51]

둘째, 용서하시는 하나님의 은혜가 이스라엘에게 주어진 약속 안에 포함

51   A. Köberle, "Oriental. Mythologie und Bibl. Religion," *Neue kirchliche Zeitschrift* (1906), 838-59. Ed. König, *Altorient. Weltanschauung und Altes Test* (Berlin, 1905).

되어 있었다. 물론 티아마트와 나하쉬, 라합과 리워야단은 더 이상 실재하는 적대적 자연 능력이 아니다. 그럼에도 불구하고 구약 성경은 여전히 하나님께 대항하는 힘에 대해서 언급한다. 하지만 이런 힘을 심연이나 별들 가운데서, 혹은 바다나 산늘 속에서 찾을 필요는 없다. 오히려 하나님께 대항하는 힘은 역사 속에서, 즉 사람들의 역사 속에서 드러났다. 하나님께 대항하는 힘은 바로 다름 아닌 죄다. 오직 죄만이 하나님께 대항하며 하나님과 싸운다. 죄, 병듦(불행, 재난, 귀신 들림), 죄책과 비참함, 용서와 구원 등은 이스라엘 민족의 의식 속에서 대단히 밀접한 관계를 서로 맺었던 개념들이었다. 이스라엘의 경건했던 모든 사람들은 죄의 문제에 내해 힘을 다해 싸웠던 자들이었다. 하지만 이런 다툼은 죄, 병듦, 죄책, 비참함, 용서, 구원 등의 개념들 사이를 서로 구별하는 것을 진제로 한 채 이루어졌다. 또한 이런 다툼은 무죄를 확신하는 의로운 자가 종교-도덕적 의식 속에서 이 세상의 고통과 직면하며 스스로의 의로움을 유지시킬 때에만 비로소 가능한 다툼이었다. 이런 측면에서 우리는 죄의 본질에 대한 순수하고도 윤리적인 개념, 죄의 기원괴 본질, 헝빌이 무엇인지 알기 위해 이스라엘에게 주어진 특별 계시에 의존할 필요가 있다. 병은 반드시 결과를 만들어내며 병에 걸렸다는 증거 역시 드러나게 되어 있다. 하지만 죄는 병이 아니다. 죄는 존재도 아니다. 왜냐하면 하나님의 솜씨로 창조된 모든 피조물들은 본래 매우 선하게 창조되었기 때문이다. 오히려 죄는 하나님의 명령을 어기는 것이다. 하나님과 자연이 서로 구별되는 것처럼, 하나님의 도덕적 의지와 자연법, 윤리와 물질, "되어야만 하는 것"과 "된 것" 사이는 서로 구별된다. 창세기 3장은 죄의 기원에 대해 우리에게 알려주는 성경 본문이다. 죄의 기원은 어떻게 죄가 이 세상에 들어왔으며 하나님의 명령을 어떻게 어겼는가에 대한 성경적 가르침 없이는 설명 불가하다. 창세기 3장 이후의 장들은 어릴 때부터 인간 마음 안에 존재하는 죄가 발전되는 과정에 대해 우리에게 알려주는 성경 말씀들이다. 홍수 이후에도 불의한 자들이 이 땅에 관영하게 될 때, 하나님께서는 자신의 백성들을 위해 아브라함과 그의 씨를 선택하셔서 그들이 하나님의 존전에서 거룩한 길을 걷게끔 만들어주셨다.

선택하시는 하나님의 사랑과 용서하시는 하나님의 사랑은 동시에 일어난다. 하나님께서는 자기 백성들을 선택하시고 부르실 뿐 아니라 동시에 자기 자신을 그들에게 주시기도 한 분이다. 하나님께서는 그들과 매우 친밀히 연합하셨다. 하나님께서 그들의 죄책을 감당하셨고 그들의 죄책을 자기 스스로에게 옮기셨다. 하나님께서는 우리를 위해 방패와 큰 상급이 되셨다. 하나님께서는 이집트 땅에서부터 자기 백성을 구출해낸 주 하나님이시다.[52] 아브라함과 그의 후손들과 더불어 맺은 언약은 구원과 속죄를 위해 세워진 언약이었다. 하나님의 존전에서 부름 받은 족장들과 이스라엘에게로 걸어가는 것은 감사의 의무였다. 하나님께서 그의 백성들에게 베푸신 율법은 약속에 근거했고 약속의 의식 안에 주어졌다. 이 율법은 행위 언약이 아니라 은혜 언약 즉 언약의 법, 감사의 법이었다. 율법은 의와 생명을 얻기 위한 목적으로 사용된 것이 아니라, 의와 생명이라는 선물들이 우리 의식과 하나님의 얼굴 앞에서의 우리의 걸음을 통해 확증되는 목적으로 사용되었다. 의식법을 통해 화해가 일어난 것이 아니다. 오히려 의식법은 언약적 관계성 내에 이미 존재했던 화해를 유지시키는 역할을 감당했다. 예언이 바로 이런 의식을 자각하게 만드는 역할을 했다. 율법으로 말미암아 더 높은 법이 생긴 것이 아니다. 율법은 새로운 종교를 만들어낼 수 없다. 율법은 윤리적 유일신론의 주창자가 될 수도 없다. 오히려 율법은 하나님과 하나님의 백성 사이에 맺어진 언약이며 이 언약의 법 안에서 상호 관계와 규례가 설정된 것이다. 율법을 지킨다고 해서 하나님의 백성이 될 수 없다. 하나님의 백성이 되는 길은 항상 하나님의 선택으로만 가능하며, 하나님의 백성이 되었다면 하나님의 방식으로 하나님의 백성다운 길을 걸어가야 하는 의무가 생긴

---

52 편집자 주: 창세기 15장 1절을 떠올리게 만드는 문장이다.

다. 그러므로 이스라엘의 도덕은 종교에 근거했다. 하나님께서는 자신의 이름, 자신의 언약, 자신의 영광을 위해 죄악들을 용서하셨다.

은혜로 말미암은 하나님의 용서와 자신의 이름을 위해 죄악을 용서하는 하나님에 대한 지식은 신비 중에 신비인데 이런 신비는 이스라엘에게 주어진 특별 계시로만 전적으로 이해 가능하다. 만약 우리가 우리의 죄책에 대해 더 깊은 의식을 갖는다면 특별 계시의 존재 이유와 그 계시가 함의하는 내용의 가치는 훨씬 더 높아질 것이다. 왜냐하면 하나님은 우리에게 사랑의 용서를 반드시 베풀어야만 하는 분이 아니시기 때문이다. 이런 사실은 자연이나 역사, 혹은 우리의 지성이나 의식으로는 절대 이해 불가한 사실이다. 외부적인 것들 즉 우리의 시각이나 촉각으로는 이 사실을 이해할 수 없다. 그 이유는 이 문제는 믿음과 관련된 문제이기 때문이다. 사실 믿음 그 이상일 수도 있다. 만약 하나님께서 자신의 영광을 위해 죄를 용서하신다면 하나님은 속죄를 위해 반드시 자기 자신을 내어주셔야 한다. 왜냐하면 속죄 없이는, 피 흘림 없이는 죄 사함이 없기 때문이다. 하나님께서는 의식법 안에서 자기 자신을 자기 백성들에게 주셨다. 이런 방식이 바로 하나님 스스로 화해를 가져오는 방식이다. 인간도 자신 스스로 죄를 용서함을 통해 어느 정도까지는 화해의 손길을 내밀 수 있다. 하지만 하나님은 속죄와 용서 둘 다를 동시에 할 수 있는 분이다. 하나님께서는 속죄를 하실 수 있는 분이시기 때문에 용서 또한 할 수 있는 분이다. 구약 시대 때는 속죄와 용서 사이에 긴장이 존재했는데 면죄(πάρεσις) 즉 지나침, 관용, 용서의 시간은 의와 고통, 거룩과 축복, 덕과 행복 사이의 부조화들이 이스라엘 민족들의 의식 안에 반영되었던 시간이었다. 이런 방식을 통해 이스라엘 사람들은 면죄를 위한 해결책을 스스로 마련하는 준비를 했다. 이스라엘의 예언, 찬송가 영창, 지혜(chokhma) 속에서 다른 사람을 위해 참고 견디는 고통의 형태가 점진적으로 풍성해졌다. 이런 고통은 무죄한 자가 고통스러운 속죄 사역을 감당하는 신적 신비 속에서 점차 드러났다. 이런 신적 신비는 여호와의 종 예언, 즉 여호와의 종이 우리의 허물 때문에 찔리고 상하고 징계를 받지만 이를 통해 우리는 평화를 누리고 나음을 입는 것을 묘사한 이사야서에 잘 드러나 있다.

셋째, 구약 성경에 나타난 복음은 하나님의 불변하고도 신실하신 약속을 포함한다. 이스라엘의 배교와 불신이 늘어나면 늘어날수록, 인간에게 그 어떤 소망도 찾을 수 없게 되면 될수록, 하나님께서는 절대로 자신의 언약을 깨지 않으실 것이며 자신의 약속을 무효로 만들지 않을 것이라는 사실을 외치는 선지자들의 목소리는 한층 더 커져만 갔다. 산과 언덕은 사라지게 될 것이지만 하나님의 자비로운 사랑은 하나님의 백성을 떠나지 않을 것이다. 하나님의 평화 언약은 영원토록 사라지지 않을 것이다. 선지자들은 이스라엘의 과거와 현재에 대한 이야기를 들려주었던 사람들이었다. 하지만 동시에 선지자들은 미래에 대한 이야기도 들려주었는데 그들이 말하는 미래는 단순히 점쟁이가 점치는 수준에 머물러 있는 미래가 아니었다. 오히려 그들은 베드로가 묘사한 것처럼 시온의 벽 너머를 바라보는 자들이었고 장차 메시아를 통해 일어날 구원의 순간들을 성령의 인도함 가운데 바라보았던 자들이었다. 그러므로 선지자들은 남들이 보지 못하는 것들을 바라보았고, 남들이 의심했던 것들에 대해 확고한 믿음을 가졌을 뿐 아니라, 소망 위에 굳건히 뿌리 내렸고, 하나님께서 때가 되면 기름 부음 받은 자를 통해 자신의 모든 계획을 성취시키고 그 성취를 온 세상 가운데 펼치실 것에 대해 기대했다. 하나님께서는 모세와 같은 선지자를 통해 계시하신 것을 완성시키시고 여호와의 종을 통해 속죄 사역을 감당하셨다. 뿐만 아니라 하나님께서는 기름 부음 받은 왕을 통해 이 땅에 자신의 왕국을 건설하실 것이다. 이처럼 신학은 구원론을 통해 종말론을 향해 나아간다. 선택하시는 사랑은 용서의 은혜를 통해 하나님과의 완전한 교제를 향해 나아간다. 하나님께서는 옛 언약 속에서 장차 새 언약을 세우실 것이다. 나는 너의 하나님이 되겠고 너는 내 백성이 되리라는 예언이 온전히 성취될 날이 도래하게 될 것이다.

이 모든 것들이 바로 이스라엘 민족에게 선포되었던 복음의 내용이다. 성경에 대한 그 어떤 비판들도 이런 복음의 내용을 파괴시킬 수 없다. 선택, 자비로운 용서, 참되고 완전한 교제는 위대한 개념들이며 하나님으로부터 이스라엘이 받은, 하지만 때가 차면 모든 인류에게 전해질 영적 선물들이다. 하나님의 아들, 사람의 아들, 가장 높은 선지자, 유일한 제사장, 영원한 왕이신 예수 그리스도의 인격 안에서 이 모든 약속들이 성취되었다. 그리스도는 모든 시대 속에서 갈등의 대상이었고, 현재에도 그 갈등의 강도가 더 세지며, 이 갈등 상황은 이전보다 더 심각한 상황이 되고 있다. 현재의 과학적 탐구 관점에서 판단했을 때 그리스도의 인격과 사역은 불확실하고 불가해한 것일 뿐이다. 기독교의 기원과 본질을 설명하기 위해 다양한 종류의 가정과 시도들이 난무했다. 사람들은 유대교, 이교, 묵시 문학, 탈무드, 정치, 사회 상황, 이집트, 페르시아, 바빌론, 인도의 신화들을 통해 세계와 사람, 종교와 도덕뿐 아니라 기독교에 대한 설명까지도 듣고 싶어 했다. 그것들이 제공할 수 있는 설명은 정말 말도 안 되는 생각들로부터 시작하여 가장 비약한 가정 정노가 다였음에도 불구하고 말이다. 그럼에도 불구하고 이런 탐구들은 나름대로의 중요한 가치를 지니며 풍성한 약속들까지도 포함한다. 기독교와 세상 역사와의 관계성이 이런 탐구들을 통해 더 많이 알려지게 될 것이며, 신약 성경의 내용과 사실들이 신약 성경 자체가 지닌 중요성과 더불어 더 많이 드러나게 될 것이다. 뿐만 아니라 이런 탐구들은 중간에서 멈추지 않고 끝까지 달려가는 성향이 있기 때문에 이런 탐구들을 통해 기독교의 독특성의 빛이 훨씬 더 선명하게 드러나게 될 것이다.

창조의 중보자, 사람들의 빛과 생명, 아버지들의 약속, 나라들의 소망, 세상의 구원자, 산자와 죽은 자를 심판하실 예수 그리스도는 모든 것들과 함께 하시는 분이지만 동시에 모든 것으로부터 구별된 채 그 위에 거하는 분이다. 그리스도의 인격과 사역에 대해 어떤 식으로 설명한다하더라도 그리스도와 그의 특별한 우월성은 우리 인간들과 이 세상 앞에서 중요한 복음의 순간으로 드러나게 될 것이다. 성육신, 속죄, 부활의 중요 사실들은 옛 언약, 신약의 내용, 사도들의 선포(κήρυγμα), 기독교회의 토대, 교의 역사의 핵심, 세계 역사의 중심들 속에서 온전히 성취되었다. 만약 그리스도의 성육신, 속죄, 부활이 없었다면, 역사는 낱낱이 찢겨지고 말았을 것이다. 그리스도의 인격과 사역을 통해 통일성과 다양성, 생각과 계획, 진보와 발전 등이 존재하게 된다. 하나의 선이 원시복음으로부터 모든 것들의 절정에 이르기까지 인류의 역사를 통해 진행된다. 즉 왜곡의 그늘 아래 있는 세상을 구원하시고 영광스럽게 하시려는 하나님의 주권적이고 자비로우시며 전능한 **뜻**이 인류의 역사 면면을 통해 발현되었다.

이런 하나님의 **뜻**은 순전한 종교의 심장을 구성해내고 동시에 참된 신학의 영혼을 형성해낸다. 왜냐하면 우리는 하나님의 뜻과 경륜에 따라 선택되었고 중생됨으로 이 뜻에 순응할 수 있게 되며 이 뜻을 통해 우리는 비로소 성화될 수 있기 때문이다. 하나님께서는 자신의 뜻을 향해 기쁨을 표하는 분이기 때문에 하늘과 땅은 이 뜻 안에서 하나가 될 것이며 머리되신 그리스도 아래서 모든 시간들의 완성이 이루어질 것이다. 하나님의 뜻은 모든 계시들 속에서 성부 하나님의 사랑, 성자 그리스도의 은혜, 성령 하나님의 교통으로 더욱 더 선명히 드러나게 될 것이다.

7장: 계시와 기독교 핵심 해제

■ 핵심 메시지

바빙크는 본 장에서 계시와 기독교의 관계성에 대해 논구하고 있다. 본 장은 다른 장에 비해 훨씬 더 신학적, 성경적 성격을 지니는데 그 이유는 본 장 전반에 걸쳐 이스라엘 역사 속에 나타난 신구약의 약속의 내용을 중점적으로 설명하기 때문이다. 본 장의 핵심 메시지는 다음과 같다.

> 우리는 이스라엘 종교의 핵심 본질을 발견하기 위해 반드시 선지자들과 시편 기자들, 그리고 예수 그리스도와 사도들에게로 돌아가야 한다. 이들 모두는 동일한 목소리로 우리에게 선명한 가르침을 주는데 그 가르침의 내용은 신적 계시의 내용이 주로 하나님의 통일성, 도덕법, 할례, 안식일, 즉 한 마디로 요약하자면 율법이라기보다는 오히려 약속과 은혜 언약, 복음이라는 사실이다. 율법보다는 복음이 신구약 전반에 걸쳐 존재하며, 율법보다는 복음이 신적 계시의 중심핵일 뿐 아니라 종교의 본질이기도 하고, 율법보다는 복음이 성경의 총합이기도 하다(357).

바빙크는 다음과 같은 논리 구조로 본 장의 핵심 메시지를 풀어 쓴다. (1) 기독교의 기원과 본질은 범-바빌로니아 철학이 아니다. (2) 기독교는 신적 기원을 갖는다. (3) 기독교의 핵심은 복음의 약속이다.

첫째, 바빙크는 본 장 서두에서 기독교와 철학 사이의 올바른 우선순위에 대해 논구한다. 핵심 질문은 철학이 기독교로부터 나왔는가, 아니면 철학으로부터 기독교가 나왔는가이다. 이 질문에 대한 바빙크의 답변을 들어보자.

철학은 종교로부터 발흥했다. 철학 그 자체가 우리에게 드러낸 질문은 어떻게 철학이 피타고라스와 플라톤 안에서 종교적 특성을 품을 수 있느냐가 아니었다. 오히려 반대로 어떻게 철학이 종교와 신학으로부터 탄생 되었는가였다(341).

바빙크의 입장은 선명하다. 즉 바빙크는 철학이 종교와 신학으로부터 나왔다고 생각했다. 사상사적 존재론적 우선순위를 종교와 신학에 최우선적으로 둔 것이다. 특히 바빙크는 자신이 살았던 시대 속에서 팽배했던 생각, 즉 모든 종교는 범-바빌론주의 철학으로부터 유래되었다는 생각에 강한 반대를 표했다. 이에 대한 바빙크의 입장을 들어보자.

범-바빌론주의자들은 신구약에 등장하는 수없이 많은 요소들을 여전히 바벨 종교 안에서 설명하려고 노력한다. 하지만 이런 노력들은 얼토당토않은 설명을 포함하기 때문에 많은 사람들은 이런 노력들이 인위적인 방식이라는 사실을 깨닫게 되었다. 신구약에 등장하는 모든 요소들이 이스라엘 종교의 본질을 구성하는 것이 아니다. 물론 이 모든 요소들이 이스라엘 종교와 매우 밀접한 관련을 맺을 뿐 아니라 전체적으로는 이스라엘 종교의 핵심 부분을 형성해내는 것은 맞다. 그러나 이스라엘에게 드러난 계시의 본질과 이스라엘 민족 안에서 이 계시와 소통했던 종교야말로 이스라엘 종교의 핵심 본질로 볼 필요가 있다(356-357).

바빙크는 범-바빌론주의 철학 그 자체를 거부하지 않는다. 심지어 바빙크는 이스라엘 종교 속에 범-바빌론주의 철학의 영향이 일부나마 존재했다는 사실도 인정한다. 그 이유는 이스라엘이라는 나라의 역사도 하늘에서부터 단독적으로 뚝 떨어진 역사가 아니라 동시대 속에서 다른 이방 역사들과의 교감을 통해 진행된 역사였기 때문이다. 하지만 그럼에도 불구하고 바빙크는 기독교의 본질과 핵심은 범-바빌론주의 철학이 아니라고 보았다. 오히려 기독교의 본질과 핵심은 계시와 소통했던 이스라엘 종교의 계시 역사 속에 있다고 보았다.

둘째, 바빙크는 기독교의 핵심과 본질을 '신적 기원' 속에서 찾았다. 이에 대한 바빙크의 입장은 다음과 같다.

> 모든 근본적인 것들은 창조 때부터 인간 본성 안에 주어진 것들이다. 이것들은 세대별로 이어져왔고 인류의 가장 근원적 본성에 토대를 둔 채 존재했다. 인간 본성 안에서 의존성과 독립성은 동시에 작동했다. 이 모든 것들의 시작점은 신적 기원이었다. 적어도 원리와 토대에 관해서라면 "모든 지식들은 신적인 기원을 갖는다." 이런 측면에서 지식은 계시로부터 흘러나온다(352-353).

바빙크는 인간 본성, 인간의 타고난 종교성, 의존 감각, 기독교의 모든 기원을 철학이나 문화, 사상, 역사 속에서 찾지 않고 오히려 하나님에서부터 찾았다. 이런 바빙크의 관점은 철저한 신본주의적 관점으로, 이런 신본주의직 판섬은 『계시 철학』 진반에 걸쳐 벌어지는 인본주의와의 치열한 전투 속에서 바빙크가 가장 굳건히 붙잡았던 무기요 보루였다. 바빙크는 이스라엘 역사와 기독교의 기원도 하나님과 그의 계시로부터 찾았다.

> 하나님은 새롭거나 익숙하지 않은 하나님이 아니었다. 오히려 하나님은 예전부터 자신의 모습을 드러내신 익숙한 하나님이셨으며, 하늘과 땅을 창조하셨을 뿐 아니라 모든 사람들에게 자신의 모습을 드러내셨던 모든 것들의 주인이시고, 여전히 다양하고도 순수한 형태로 경배 받으시며 자신에 대한 지식을 지속적으로 보존하는 분이시다. 하나님께서 이스라엘을 구별하셔서 선택하신 이유는 원 계시를 잃어버리는 것에 대해 지속적인 경계를 표하기 위함이며, 다른 것들과 섞이지 않은 채 원 계시를 보존, 유지, 완성시키기 위함이었다. 때가 찰 때 원 계시가 이스라엘을 통해 모든 사람들의 소유물이 될 것이다. 이 약속은 임시적으로

는 특정 영역에 적용되었지만, 이후에는 보편적 영역에 적용될 것이다. 이스라엘은 인류에 속해있고, 모든 사람들과 관계를 맺을 뿐 아니라, 마땅한 비용을 지불함을 통해 선택 받은 것이 아니라 오히려 모든 인류의 유익을 위해 무조건적으로 선택 받은 민족이었다(355-356).

위 인용문에서 여실히 드러나는 것처럼, 모든 것의 시작점은 하나님이다. 하나님께서 먼저 이스라엘 백성에게 스스로를 계시하겠다는 선택을 하셨고, 하나님께서 먼저 이스라엘 백성들을 선택해 관계를 맺으셨을 뿐 아니라, 하나님께서 먼저 무조건적으로 그들을 사랑해서 그들을 구원하셨다. 이것이 바로 기독교의 본질이다. 바빙크는 이런 기독교의 본질을 복음의 약속으로 이해한다.

셋째, 바빙크는 그 어떤 철학, 지적 체계, 역사적 산물, 심리적 현상도 우리에게 '복음의 약속'을 주지 못했다고 평가한다. 바빙크는 기독교가 위대한 이유를 바로 이 복음의 약속 안에서 찾는다. 바빙크는 복음의 약속을 크게 세 가지로 요약정리하며 본 장을 마친다.

이스라엘과 이스라엘 족장들에게 주어진 이 약속은 다음과 같은 세 가지 요소가 포함되어 있는 약속이었다. 첫째, 이 약속 안에는 어떤 공로도 없이 순전한 은혜로 말미암아 아브라함과 아브라함의 후손들을 찾으시고, 부르시고, 양자 삼으시는 하나님의 자유로운 사랑이 포함되어 있다(358).

둘째, 용서하시는 하나님의 은혜가 이스라엘에게 주어진 약속 안에 포함되어 있었다(360).

셋째, 구약 성경에 나타난 복음은 하나님의 불변하고도 신실하신 약속을 포함한다(364).

이런 복음의 약속을 키워드로 정리하면, 순전한 은혜, 자유로운 사랑, 불변하고도 신실한 약속으로 갈무리할 수 있다. 바빙크는 오직 기독교만 우리 같은 죄인들에게 참된 은혜, 사랑, 약속을 선물로 줄 수 있는 종교라 생각했나. 그러므로 바빙크는 기독교야말로 우리에게 무조건적인 은혜로 주어진 '영적 선물'이라고 믿었다.

이 모든 것들이 바로 이스라엘 민족에게 선포되었던 복음의 내용이다. 성경에 대한 그 어떤 비판들도 이런 복음의 내용을 파괴시킬 수 없다. 선택, 자비로운 용서, 참되고 완전한 교제는 위대한 개념들이며 하나님으로부터 이스라엘이 받은, 하지만 때가 차면 모든 인류에게 전해질 영적 선물들이다. 하나님의 아들, 사람의 아들, 가장 높은 선지자, 유일한 세상상, 영원한 왕이신 예수 그리스도의 인격 안에서 이 모든 약속들이 성취되었다(365).

본 장을 요약해보도록 하자. 바빙크는 기독교의 기원을 범-바빌로니아 철학에서 잣지 않았다. 오히려 기독교의 기원을 신적 기원, 즉 하나님의 존재와 계시로부터 찾았다. 바빙크는 기독교의 핵심 본질을 은혜, 사랑, 약속으로 갈무리했다. 그러므로 은혜, 사랑, 약속이야말로 신자들에게 가장 고귀하고 소중한 영적 선물들이다!

■ 핵심 성경 구절

• 여호와께서 이르시되 내가 내 모든 선한 것을 네 앞으로 지나가게 하고 여호와의 이름을 네 앞에 선포하리라 나는 은혜 베풀 자에게 은혜를 베풀고 긍휼히 여길 자에게 긍휼을 베푸느니라 (출 33:19)

• 너희는 그 은혜에 의하여 믿음으로 말미암아 구원을 받았으니 이것은 너희에게서 난 것이 아니요 하나님의 선물이라 (엡 2:8)

• 여호와는 긍휼이 많으시고 은혜로우시며 노하기를 더디 하시고 인자하심이 풍부하시도다 (시 103:8)

• 내가 나 된 것은 하나님의 은혜로 된 것이니 내게 주신 그의 은혜가 헛되지 아니하여 내가 모든 사도보다 더 많이 수고하였으나 내가 한 것이 아니요 오직 나와 함께 하신 하나님의 은혜로라 (고전 15:10)

■ 핵심 적용

기독교는 은혜의 종교이다. 은혜란 죄인들에게 무조건적으로 주어진 하나님의 값없는 신적 호의이다. 여기서 '값없는'이란 표현은 은혜가 너무 싸구려라서 돈으로 매길 가치도 없다는 의미가 아니다. 오히려 '값없다'라는 의미는 은혜가 너무 존귀하고 소중해서 도무지 값으로 그 가치를 따질 수 없다는 의미이다.

값으로 따질 수 없이 고귀한 은혜를 무조건적으로 받아 누린 신자들은 '율법'에 대한 시각이 반드시 갱신되어야한다. 율법으로는 구원에 이를 수 없다. 오직 은혜로 구원에 이른다(딛 3:5). 하지만 은혜를 받아 구원 받은 신자라면 이제는 율법을 자발적으로 기쁨으로 지켜야 한다. 율법에는 하나님의 본성과 속성이 가득 녹아들어있기 때문에 율법을 기쁨으로 지킴을 통해 하나님의 본성과 속성에 더 가깝게 다가갈 수 있다. 믿음의 눈으로 율법을 바라보며, 믿음의 법칙으로 감사와 찬양의 앵글 속에서 율법을 지키다보면 그 율법이 얼마나 귀하고 달콤한 것인지를 깨닫게 된다. 시편 기자의 고백처럼 "오직 여호와의 율법을 즐거워하여 그의 율법을 주야로 묵상"하는(시 1:2) 신자가 가장 복된 신자이다.

바빙크가 주장하듯이 기독교의 핵심 본질은 은혜, 사랑, 약속이다. 기독교의 핵심 본질을 무상으로 받아 누린 그리스도인이라면 그 받은 은혜, 사랑, 약속을 반드시 다른 사람에게도 전해야 한다. 다른 사람에게 은혜, 사랑, 약속으로 대하고 베풀어야 한다. 이 일이 은혜 가운데 충만해 질 때 하나님 나라는 침노당할 것이고 하나님의 나라의 도래는 더욱 더 앞당겨질 것이다. 하나님으로부터 흘러 나와 넘치는 은혜, 사랑, 약속만이 우리 모두를 지탱하게 만드는 유일한 힘이다!

■ **핵심 용어**

기독교(Christianity)

원시 민속(nature-people)

범-바빌론주의(pan-Babylonism)

원 계시(original revelation)

일반 계시(general revelation)

특별 계시(special revelation)

언약(covenant)

약속(promise)

은혜(grace)

율법(the Laws)

하나님의 은혜, 사랑, 약속이 가득 묻어 있는 찬송가 305장(통 405장)

나 같은 죄인 살리신

1절
나 같은 죄인 살리신 주 은혜 놀라워
잃었던 생명 찾았고 광명을 얻었네

2절
큰 죄악에서 건지신 주 은혜 고마워
나 처음 믿은 그 시간 귀하고 귀하다

3절
이제껏 내가 산 것도 주님의 은혜라
또 나를 장차 본향에 인도해 주시리

4절
거기서 우리 영원히 주님의 은혜로
해처럼 밝게 살면서 주 찬양 하리라 아멘

1. 그리스도인이라면 하나님으로부터 은혜, 사랑, 약속을 이미 충만히 받은 자다. 내 삶 속에서 받은 하나님의 은혜, 사랑, 약속을 얼마나 깨닫는가?

2. 나는 하나님의 은혜, 사랑, 약속을 남들에게 베풀며 살아가는가?

3. 나는 이 세상 속에서 익명의 그리스도인인가? 혹은 가나안 신자인가?

4. 나는 하나님의 율법을 멍에로 여기지 않고 주야로 묵상하며 즐거워하는 가? 어떤 자세로 율법을 지켜야 하는가?

VIII. 계시와 종교 경험

VIII. 계시와 종교 경험

만약 기독교가 하나였다면, 그 외에는 또 다른 종교가 없었을 것이므로 기독교 진리는 훨씬 더 쉽게 인식될 수 있을 것이다. 하지만 기독교는 끊임없이 조각조각 나눠졌다. 중세 시대 때 마을과 노시의 숭심부를 차지했던 하나의 교회도 완전히 산산 조각나고 말았다. 교회 주변에 수없이 많은 분파들이 발흥했으며 각 분파들마다 오직 자신들만이 기독교 진리의 가장 순수한 형태를 가졌다고 외쳤고, 이런 상황은 계속해서 늘어만 간다. 많은 나라들이 가진 종교에 대한 지시의 양 역시 과거에 비해 훨씬 더 많아졌다. 기독교와 다른 종교들 사이의 관계성은 이미 많은 나라들 속에서 심각한 문제가 되어버린 지 오래다. 어떤 종교들은 셀 수 없을 정도로 많은 신도들을 거느리기 때문에 기독교의 이름을 부르는 자들보다 세계 종교의 이름을 부르는 자가 훨씬 더 많은 형편이다. 전 세계에 분포하는 수없이 많은 종교들도 기독교회와 비교 가능할 정도로 강한 믿음의 확신을 가지며, 최선을 다해 경건 생활을 할 뿐 아니라, 자기 부인의 헌신으로 가득 차 있다. 종교의 요소들, 예를 들면 교리와 삶, 죄책감(*schuldgevoel*)과 용서, 위로와 소망, 죽음에 대한 경멸과 구원의 확신, 기도와 찬양, 집회와 공 예배 의식 등은 모든 종교 속에서도 나타난다. 신적 계시에 호소하는 것 역시 모든 종교들이 갖는 공통된 요소이다.[1]

---

1   Cf. Otto Pautz, *Mohammeds Lehre von der Offenbarung* (Leipzig: J. C. Hinrich, 1898).

만약 인간의 앎에 대한 기능(kennermogen)의 가치와 능력에 대한 날카로운 비판이 동반되지 않았다면 이런 종교적 지평의 확장이 기독교 진리에 대한 믿음을 크게 약화시켰다는 사실이 증명되지 않았을 것이다. 기독교 신학은 성경에 비추어 죄가 항상 오류를 가져올 수밖에 없기 때문에 죄를 통해 우리의 마음이 왜곡되며 우리의 이해력(verstand)이 어두워지게 된다고 가르쳐왔다. 이에 대한 성경적 교리는 특별히 종교개혁 시대 때 로마 가톨릭 교회의 자연적 은사는 남아 있으나 초자연적인 은사는 잃어버렸다(naturalia integra supernaturalia amissa)는 관점에 반대를 표하며 재진술 되었다. 그 누구보다도 루터는 이성(Vernunft)이라는 용어에 크게 호의적이지 않았던 인물이었다. 그럼에도 불구하고 종교개혁 신학이 주장했던 성경적 교리의 본질은 죄로 인해 이성의 눈이 어두워졌으나 완전히 파괴된 것은 아니며, 그 결과 이성이 가진 본성을 통해 보이지 않는 것들과 신적인 것들에 대해 여전히 이해할 수 있다고 믿었다.

보다 더 새로운 철학은 이런 기독교적 확신으로부터 이성을 완전히 해방시켰으며, 이성(rede)의 능력 안에서 이성을 배타적으로 신뢰했을 뿐 아니라, 불편한 경험으로부터 빠져나갈 도구로서 이성을 적극 활용했다. 데카르트와 베이컨 둘 다 신앙과 이성 사이를 분리시켰으며, 신앙의 영역을 신학의 범주 내에만 놔두었고, 신앙의 영역 밖에 있는 자신들의 위치에 대해 스스로 만족하기 시작했다. 데카르트와 베이컨은 잠시 동안 환상에 빠져 살았는데 그 환상은 자신들 스스로가 계시와 믿음을 대단히 잘 없애버렸다고 자위했던 것이고, 종교적 삶과 윤리적 삶에 대한 인류의 이성적 필요에 자신들 스스로가 충분한 빛을 비춰주었다고 생각한 것이었다. 그러나 새로운 철학의 발전이 최고점을 찍었을 때, 철학 스스로가 가진 끊임없는 질문들 때문에 철학 스스로는 만신창이 신세가 되고 말았다. 이런 철학들은 계시를 비판하는 가운데 한 가지를 망각했는데 그것은 바로 스스로를 향해 비판(zelfcritiek)하는 것을 잊어버리고 만 것이다. 새로운 철학에서의 이성은 자신의 순결함과 신뢰로부터 발현되는 순진무구함 속에서 모든 것의 시작점으로서의 역할을 감당했다. 하지만 이성이 계시를 파괴시키는 작업을 마무리 짓고 이성 스스로의 본질과 내용에 대해 살펴보기 시작할 때 비로소 이성은 스스로가 갖고 있는 부적당함에 화들짝 놀라고 말았다. 이성은 자기 자신 안에서 가장 날카로운 조사관을 발견했으며, 결국 이런 조사관으로부터 스스로가 가장 날카로운 비판을 받기에 이른다. 이런 상황 속에서 이성 안에 서 있었던 것처럼 보이는 모든 것들이 흔들리기 시작했고 넘어지기 시작했다. 제2차 속성들, 인과법칙, 객관적 세계의 감각, 본질의 형상, 인격성, 자의식, 초자연적이고 신적인 존재들의 세계 등은 모두 다 불안정해지고 말았으며 불가시의 영역 속으로 잠식되고 말았다. 칸트는 이런 비판적 과정들의 균형을 깨버렸다. 칸트는 인간의 앎에 대한 기능(kennermogen)을 현상적 세계 안으로 제한시켰고 현상적 세계 뒤에 존재하는 것들에 대해서는 알 수 없다고 결론 내렸다. 칸트에게 이성은 죄로 인해 단순히 눈이 멀었거나 혹은 약해진 존재가 아니었다. 오히려 칸트는 이성 그 자체가 본성 상 영적 세계의 존재에 대해 눈이 먼 존재이고, 귀가 안 들리는 존재일 뿐 아니라, 아무 말도 못하는 벙어리에 불과한 존재라고 생각했다.

칸트의 이런 비판 철학에 어떤 긍정적 가치를 부여한다하더라도 분명한 사실 하나는 칸트의 철학으로 인해 인간 이성에 대한 신뢰가 대단히 심하게 흔들렸다는 것이고, 현대인이 갖는 영적 안정성과 도덕적 의지력에 대한 믿음과 확신 역시 깊은 상처를 받았다는 점이다. 동시에 칸트는 인간의 자율성에 대해 선포했던 인물이었고 모든 선험적 규칙, 모든 객관적 형상들, 외부적 권위들로부터 인간의 자율성을 해방시켜 준 인물이기도 했다. 한편 이런 칸트의 생각은 사고하는 행위(denken)에 지나친 자율성을 부여해 사고의 무정부 상태로 진입할 수 있는 문을 활짝 열었다. 만약 하나님과 영적인 것들에 대한 지식이 학문의 영역으로부터 배제된다면, 학문 속에는 어떤 도덕적 특성도 남아 있지 않게 되어 결국 모든 것이 무신론적으로(athée) 흐를 수밖에 없게 되며, 동시에 종교와 도덕은 개별적인 변덕스러움 정도로만 남아 있게 될 것이다. 이런 상황 속에서는 결국 종교와 도덕 둘 다 개인적 판단과 개인적 취향의 문제가 될 뿐이며,[2] 모두가 자신이 원하는 대로 할 수 있게 될 뿐이다. 이런 생각은 학문의 영역에서 뿐만 아니라 우리의 삶의 영역에서도 막대한 해를 가져올 수 있는 생각이다. 그 이유는 이런 불가지론은 윤리적-실천적 무관심을 낳기 때문이다. 하지만 그 누구도 본성 상 비판주의(실증주의)와 불가지론 위에서 살아갈 수 없다. 비록 오늘날의 많은 지식인들조차도 마이어스(F. W. H. Myers)가 "과학적 미신"이라고 명명했던 불가지론을 여전히 갖고 있지만, "불가지론은 인류 속에서 단 한 번도 교리적 신념이 된 적이 없을 뿐 아니라 현재도 교리적 신념의 역할을 하지 않는다."[3] 모든 사람들이 이에 대한 답을 간절히 찾기 때문에 질문들이 계속해서 우리 마음 속에 피어오를 수밖에 없다. "더 이상 기다릴 수 없는 신념들이 존재한다. 구원 받기 위해 무엇을 해야만 하는가? 이런 질문은 조수간만의 차의 원인이라든지 달에 보이는 흔적들이 가진 의미에 대해 던지는 질문과는 완전히 다른 급박한 질문이다. 인간들은 보이지 않는 세계에 대한 소망 혹은 두려움의 이유에 대한 답을 반드시 찾아야한다."[4] 오귀스트 콩트는 자신의 실증주의 철학이 인류가 경배할 영웅을 만드는 사회 숭배(sociolatie)와 실증주의적 종교로 자라나도록 가만히 놔두었다.

19세기 전체는 고통 받고 잃어 버렸던 모든 것들을 다시 회복시키고 상처를 싸매는 노력에 최선을 다했던 시기였다. 칸트 자신도 거기서부터 시작했다. 칸트는 신앙을 위한 자리를 찾기 위해 학문을 감각적 현상들의 지식으로만 제한시켰다. 칸트는 이론 이성을 통해 파괴시킨 것들을 실천 이

---

2   편집자 주: 바빙크는 이를 다음과 같은 독일어로 표현했다. "*Privatsache en Geschmackssache*." 그러므로 이를 "사사로운 일과 취향의 문제"로도 번역할 수 있다.

3   Frederic W. H. Myers, *Human Personality and its Survival of Bodily Death*, ed. L. H. Myers (New York: Longman Greens, 1907), 2.

4   Myers, *Human Personality and its Survival of Bodily Death*, 3.

성으로 다시 세우려는 노력을 다했던 인물이었다. 칸트 이후로 많은 사람들은 알려지지 않은 세계를 찾기 위해 칸트의 방식을 답습해나갔다. 관념적 이성과 지성적 묵상, 감정적 신비주의와 의지의 도덕적 능력, 교회의 신앙, 국가들의 종교 등이 초자연적 세계를 관통한 채 하나님에 대한 지식을 새로운 과학적 토대와 난공불락의 근거 위에 세우기 위해 차례차례 소환되었다. 그러나 이런 노력들은 변화를 겪었다. 왜냐하면 이 모든 노력들은 더 이상 스스로를 소위 외부적 권위, 객관적 계시, 선포된 하나님의 말씀 아래 위치시키지 않았기 때문이다. 오히려 인간들은 자기 자신을 통해 하나님을 파악하려는 노력을 기울였다. 결국 칸트 이후의 신학은 의식과 경험의 신학이 되어 버렸고, 신학 스스로는 종교 인류학 속에서 자신의 길을 실천적으로 잃게 되었다.[5]

신학이 종교과학으로 이동하면서 학문에 대한 새로운 관점이 빛을 보게되었다. 칸트는 인간의 앎에 대한 기능(kennermogen)의 능력을 제한시켰다. 왜냐하면 칸트는 자연에 대한 뉴턴식의 일방적 설명의 영향력 아래 있었기 때문이며, 이 세계를 기계적 특성을 엄밀하게 가진 존재로 인식했기 때문이다.[6] 이런 기계론적 사고방식은 폭넓은 범주 안에서 더 이상 이 세계에 대해 충분한 설명을 줄 수 없는 방식으로 인식되고 말았다. 이런 상황 속에서 철학이 새로운 가치관으로 급부상하게 되었다. 그럼에도 불구하고 오직 하나의 과학 혹은 기껏해야 두 개의 과학 즉 자연과학과 역사과학이 존재한다는 인식 자체는 여전히 사라지지 않았다. 그 결과 경험적 방식과 역사적 방

---

5 편집자 주: 바빙크는 이런 쇠퇴를 슐라이어마허와 연관 지으며 다음과 같이 설명한다. "슐라이어마허와 그 이후 신학 전체는 정통주의자들이든 현대주의자들이든 간에 의식의 신학으로 바뀌었다." 바빙크, 『개혁교의학』, 1:125; RD, 1:78.
6 그러므로 칸트는 자신의 『천계의 일반자연사와 이론』(Allgemeine Naturgeschichte und Theorie des Himmels, 1755)의 부제를 "뉴턴의 원칙에 따라 전 세계 구조의 구성과 기계적 기원을 다루는 시도"(Versuch von der Verfassung und dem mechanischen Ursprung des ganzen Weltgebäudes nach Newtonschen Grundsätzen abgehandelt)라고 붙였다.

식이라는 오직 두 개의 과학적 방식만이 받아들여지게 되었다.[7] 만약 신학이 학문(wetenschap)이 될 수 있다면, 혹은 만약 신학이 보이시 않는 세계와 신적 존재들에 대한 믿을만한 지식이 될 수 있다면, 자연과학과 역사과학이 그랬던 것처럼 신학의 영역 내에서도 자연과학적 방식과 역사과학적 방식이 반드시 적용되어야만 했다. 이런 상황 속에서의 신학은 결국 반드시 경험론적 학문이 되어야만 했다.[8]

하지만 **경험**이라는 용어는 모호한 역할만을 감당했다. 종교나 신학 분야에서 경험이란 용어가 사용될 때는 경험론적 학문에서 이 용어가 사용될 때의 의미 혹은 중요성과는 전혀 다른 의미와 중요성을 지닌 채 사용되었다. 경험론적 학문 속에서 경험이라는 용어가 사용될 때는 경험론적 방법의 일관적인 적용을 뜻하는데, 경험론적 방법이란 가능하면 개인적인 관심에 의거한 질문들을 최대한 배제한 채 순수하고도 객관적인 관점 속에서 현상들에게 대해 관찰하고 설명하는 것을 뜻한다. 그러므로 경험론은 실험적 증거들의 도움을 받는다. 하지만 종교 영역 내에서의 경험(Erlebnis)은 종교가 철저히 개인적인 문제라는 뜻이거나 혹은 최대한 개인적인 문제가 되어야만 한다는 것을 의미했다.

만약 이런 식으로 종교에 대해 해석한다면 이런 종교는 더 이상 교리도 없고, 어떤 개념, 역사, 예배 즉 권위에 근거한 믿음이나 진리에 대한 동의도 없는 존재로 전락하고 말 것이다. 이런 식의 경험적 종교는 인간의 마음이 움직여지거나 하나님과 우리 영혼 사이에 개인적 교제가 성립될 때만 종교라 부를 수 있게 될 것이다. 물론 이런 류의 종교 경험은 분명 존재한다. 모든

---

7   Ernst Troeltsch, *Die Absolutheit des Christentums und die Religionsgeschichte* (Tübingen: J. C. B. Mohr 1902). Carl Albrecht Bernoulli, *Die wissenschaftliche und die kirchliche Methode in der Theologie* (Freiburg: J. C. B. Mohr, 1897). G. Gross, *Glaube, Theologie und Kirche* (Tübingen, 1902).

8   G. Berguer, *L'Application de la Methode scientifique à la Théologie* (Genève: F. Pillon, 1903).

종교들이 갖고 있는 경건 서적들이야말로 이에 대한 증거이며, 이런 경건 서적들은 어떤 면에서는 성경과 교리문답보다 더 가치 있는 것이 종교 생활이라는 점을 강화시켜주는 역할을 감당했다.[9] 하지만 신학을 자연과학처럼 또 하나의 과학으로 만들어 이를 통해 보이지 않는 세계와 영원한 존재들에 대한 정확하고도 과학적인 지식에 도달하려는 노력은 실수 그 자체다.

왜냐하면 종교적 경험이라는 표현의 뜻이 무엇이든지간에 종교는 체험적인 원리로 움직여나가는 것이 아니기 때문이다. 경험이 존재하는 이유는 경험하는 주체가 먼저 존재했기 때문이며, 이 주체가 실제로 경험을 했기 때문에 경험이 존재하는 것이다. 경험하는 주체가 없다면 경험 또한 존재할 수 없다.[10] 종교는 의심할 필요도 없이 마음의 종교이다. 하지만 종교가 마음의 종교라고 해서 자연, 역사, 성경, 양심 속에 드러난 하나님의 계시와 하나님에 대한 객관적인 지식과 분리된 채로 존재할 수 있다는 뜻은 아니다. 주관적 종교(religio subjectiva) 앞에는 항상 객관적 종교(religio objectiva)가 선행한다. 어머니들이 아이들의 언어 능력을 전제한 채 아이들에게 언어를 가르치는 것처럼, 종교적 경험은 이미 선재하는 계시로부터 시작한다. 모든 아이들은 부모가 가진 종교 환경 속에서 자라가며 이런 종교 환경으로부터 자신의 종교 생활을 발전시켜나간다. 어머니의 경건한 가르침과 아이들 앞에서 보이는 모범은 아이들의 마음속에 경건의 불을 지필 수 있다. 감각, 학문, 예술 분야 못지않게 종교 영역 안에서도 경험은 자신의 역할을 감당한다. 인간은 절대로 홀로 자충족한 채로 살아갈 수 없으며 바깥세상과 단절된 채 독립적으로 살아갈 수 없다. 어떤 인간이라도 먹을 것이 필요하고 입을 것이 필요하다. 빛이 있어야 볼 수 있으며, 소리가 있어야 들을 수 있을 뿐 아니라, 자연현상과 역사적 사실이 있어야 관찰과 인식이 가능하다. 이와 마찬가지로

---

9   A. Ritschl, *Rechtf. und Versöhnung*, II, 12.

10   Ph. Bachmann, "Zur Würdigung des religiösen Erlebens," *Neue Kirchliche Zeitschrift* (December 1907): 907-31.

계시가 있어야 종교 생활에 대한 각성이 일어나며 종교 생활이 더 든든해질 수 있다. 가슴과 머리는 서로 분리될 수 없다. 이는 마치 신뢰의 요소를 가진 믿음이 지식의 요소를 가진 믿음과 분리될 수 없는 것과 마찬가지이다. 교의학을 경건한 느낌 정도로 설명하기 위해 시도하는 사람들도 이런 느낌은 외부적 영향 즉 예수 그리스도의 인격으로부터 비롯된 것으로 인식했다.[11] "경험"(Erlebnis)은 먼저 오지 않는다. 오히려 경험은 "해석"(Deutung)에 뒤따라 온다. 하지만 "계시"(Offenbarung)는 항상 앞선다. 계시는 믿음 안에서 경험되며 회심 안에서도 "경험"(Erlebnis)된다.[12]

만약 경험론적 질서를 거부하고 경험론적 질서가 지향하는 방향과 반대 방향으로 걸어간다면, 우리는 이후에 많은 주목을 받았던 소위 종교 심리학에 도달하게 될 것이다. 종교 심리학은 최근 학문이지만 경건주의와 감리교가 이미 그 길을 닦았으며 경험론적 심리학과 신학이 낳은 직접적 열매로 볼 수 있다. 종교 심리학은 존재 이유를 갖고 있었는데 이는 종교 심리학이 종교 생활에 대한 지식을 증폭시키는 데 도움을 끼칠 수 있다는 생각과 관계가 있었다. 제임스, 스타벅(Starbuck), 코에(Coe) 등을 통해 종교 심리학에 적용되었던 방법들은 현재 적절하게 제기되는 오늘날의 반론들에 점차 부딪히고 말았다. 또한 많은 사람들은 특별히 구원의 순서(the ordo salutis)와 같은 교의들이 반드시 좀 더 심리적이어야 한다고 인식했고 이 교리를 통해 종교적 경험이 더 많이 상기되어야 한다고 생각했다.[13] 하지만 이런 상황은 종교 심리학이 오직 영혼의 경험에 대해서만 관심을 가지기 때문에 결국 자신의 권리와 가치에 대한 평가를 형성해 낼 수 없다는 사실을 무효로 만들 수 없다. 종교 심리학은 종교 의식에 대한 현상들을 관찰하고 묘사한다. 하

---

11 슐라이어마허, 리츨, 헤르만, 하르낙, 쉬안 등도 기독교적 경험을 그리스도의 인격과 그리스도 안에서 하나님께서 우리에게 주신 계시와 연결시켰다.

12 Bachmann, "Zur Würdigung des religiösen Erlebens."

13 Mulert, et al. "Thesen und Antithesen," *Zeitschrift für Theologie und Kirche* (January 1907): 63, 436.

지만 종교 심리학은 이런 현상들의 진리와 순수성에 대해서는 아무런 말도 할 수 없다. 종교 심리학은 종교를 "인간의 가장 중요한 생물학적 기능들"[14] 중 하나로 여겼지만, 이런 정의 아래 있는 종교는 결코 진리에 접근할 수 없을 뿐 아니라 스스로를 종교의 논리(logica der religie)까지도 고양시킬 수도 없다. 그러므로 이런 종교는 자기 스스로를 형이상학이나 교의학으로 절대 대체시킬 수 없다.[15]

우리는 코에가 가졌던 기대, 즉 종교 심리학이 종교로부터 떠난 오늘날의 사람들을 다시금 종교로 되돌아오게 만들 수 있다는 기대에 대해서도 합리적 질문을 던질 수 있다.[16] 왜냐하면 오늘날 사람들이 깃는 새로운 결론에 대한 과소평가 없이 나타나는 결과물들과, 또한 종교 생활과 관련되어 진행된 새로운 학문으로부터 유래된 중요한 세안들에 대한 과소평가 없이 나타나는 산물들은 정작 코에가 가졌던 기대들을 지지하지 않기 때문이다. 이런 사실은 가장 큰 관심을 독차지했었던 주제인 회심 사건 속에서도 명백히 드러난다. 종교 심리학은 회심을 단순히 "자연적이고도 필수적인 과정"[17] 정도로 이해했다. 즉 회심을 한 인간의 생물학적 발전 과정의 한 부분 혹은 사춘기와 밀접한 연관이 있는 한 부분 정도로 이해한 것이다. 회심에 대한 이런 식의 탐구는 회심을 통해 반드시 이해되어야만 하는 것들에 대한 시각을 점차로 잃게 만들었다. 종교 심리학은 회심이 어떻게 구성되어야 하는지에 대한 판단 기준을 가지지 않았기 때문에 회심을 기껏해야 심리적 현상 정도로 묘사할 수밖에 없었다. 하지만 이런 관점에서 봤을 때 유다의 배신은 베드로의 회개만큼이나 중요하게 비춰질 수 있다. 그 이유는 회심은 기껏해

14   James, *The Varieties of Religious Experience*, 506.

15   E. Troeltsch, *Psychologie und Erkenntnisstheorie in der Religionswissenschaft*; Otto Scheel, "Die moderne Religionspsychologie," *Zeitschrift für Theologie und Kirche* (1908): 1-38.

16   G. A. Coe, *The Spiritual Life* (New York: Charles Scribner and Sons, 1903), 23-27.

17   E. D. Starbuck, *The Psychology of Religion* (New York: Charles Scribner and Sons, 1901), 143-53.

야 의식의 여러 변형들 중 하나 혹은 인간의 삶 속에서 자주 벌어지는 "성격의 변화"(altérations de la personnalité) 중 하나에 지나지 않게 되기 때문이다.[18] 만약 이 모든 종교 현상들이 심리적 관점 속에서만 연구된다면, 각각의 종교 현상들이 가지는 특성들이 사라지게 될 것이고 그 내용 역시 종교 현상의 틀 안에서 희생되고 말 것이다. 결국 이런 상황 속에서는 회심이 가진 특별한 의미의 빛이 사라지게 된다. 다른 심리적 현상들과 비교하는 맥락 가운데 종교적 회심의 내용은 혼란스러워지게 될 것이며, 종교-역사적 방법(religionsgeschichtliche)과 동일한 방식으로 회심을 이해하게 될 것이다. 이런 상황 속에서는 종교들이 서로가 서로를 비교한 후 어느 정도 동의점이 발견되면 같은 종교로 스스로를 묶어버리는 일이 흔히 발생한다. 종교 심리학은 회심이 무엇인지 혹은 회심이 무엇이야만 하는지에 대해서 우리에게 아무것도 가르쳐줄 수 없다. 오직 성경만 이에 대한 가르침을 우리에게 줄 수 있다. 만약 성경이 이에 대해 침묵한다면 우리는 회심에 대해 알 길이 전혀 없다.

이런 상황은 회심의 영역 뿐 아니라 특별한 종교 경험들, 예를 들면 죄책감(schuldgevoel), 회개, 믿음, 소망, 용서, 기도, 하나님과의 교제의 영역 속에서도 드러난다. 또한 이런 상황은 모든 종교들 속에서도 일반적으로 드러난다. 종교 심리학은 모든 종교 밖에서 혹은 그 너머에서 중립적 위치를 차지하며 로마교, 개신교, 기독교, 이교, 유대교, 이슬람교의 종교 감정들을 서로 비교 연구한다. 다소 별난 종교 생활을 하는 사람들은 종교 심리학에 자연스럽게 매력을 느낀다. 각종 분파들 속의 신비주의자들, 광신도들, 열광주의자들은 종교 심리학과 밀접한 관련이 있는데 이는 더 깊게 연구해야봐야 할 재밌는 현상이다.[19] 하지만 이런 상황 속에서 질적으로 높은 차별성을 찾는

18 James, *Varieties of Religious Experience*, 178ff., 195-96, 201ff. Starbuck, *The Psychology of Religion*, 101-17. Alfred Binet, *Les Altérations de la Personalité* (Paris: Félix Alcan, 1902).

19 James, *Varieties*, 3, 6, 29-30, 486. Theodor Flournoy, "Les principes de la psychologie religieuse," *Journal archives de psychologie* (1903): 16-17. Ernest Murisier, *Les maladies*

것은 어려운 일이다. 종교 심리학은 종교에 대해 인식하기보다는 오히려 각종 현상들에 대한 심리학적 형태만을 인지할 뿐이다. 그러므로 종교 심리학은 종교의 본질과 핵심 속으로 관통해 들어갈 수 없다. 그 결과 종교 심리학은 송교를 한 가지 색깔을 가진 붓으로만 칠하려는 노력과 종교 안의 모든 것들을 단 하나의 시각 아래서만 다루려는 노력을 감행한다. 이런 상황 속에서 종교가 가진 내용은 어디에서나 똑같을 수밖에 없고(다른 것은 오직 형상 밖에 없다), 눈에 보이는 모든 종교들은 결국 모두 다 바르고 참된 종교가 되어버린다. 그러므로 제임스는 종교를 꽤 "개인적"이고 "개별적"인 것으로 보았다.[20] 제임스는 모두가 똑같은 종교를 가질 필요는 없다고 보았기 때문에, 각 사람들은 자신들만의 하나님을 가질 수 있다고 생각했다. 제임스는 생각하길 자신의 하나님을 위해 무엇인가를 사용할 수 있다면 그 하나님이 누구인지 아는 것은 크게 중요하지 않다고 보았다. "하나님이 드러나지 않는다. [그러나] 하나님은 사용되었다." 아버지 집에는 거할 곳이 많다. "모든 관념들은 관계 문제이다."[21] 제임스는 심지어 다신론이 유일신론보다 다양한 종교 성험늘에 보다 더 잘 대응하는지 아닌시에 대한 질문도 생각해볼 필요가 있다고 보았다. 왜냐하면 제임스가 생각할 때 요구되는 것은 완전한 힘이 아니라 오히려 자연이 가진 힘보다 월등한 단 하나의 힘이기 때문이다.[22]

이런 독특한 생각이 단순히 제임스 교수의 개인적인 생각이라고는 볼 수 없다. 오히려 이런 생각은 폭넓게 흩어진 채로 활동했던 다양한 사람들에 의해 선포된 의견과 가정들로부터 비롯된 필연적이고도 일반적인 결론이라고 볼 수 있다. 심지어 몇 년 전 쉬안(Schian)도 신앙과 경건에 이상적인 유형 같은 것은 없다고 주장했다. 오히려 쉬안은 기껏해야 우리는 모든 교의학자들

---

du sentiment religieux (Paris: Alean, 1903), viii(서문).
20 James, *Varieties*, 135, 163, 325, 430.
21 James, *Varieties*, 333, 374, 487, 506-7.
22 James, *Varieties*, 122, 131 – 33, 525-26.

VIII. 계시와 종교 경험   387

각자가 생각하는 이상적인 유형을 따라 말할 뿐으로 보았다. 쉬안은 만약 무류한 성경이 존재하지 않는다면, "기독교 신앙에 속해 있는 주관적이고도 순전히 개인주의적인 개념들만 존재할 수 있을 것"[23]으로 생각했다. 뿐만 아니라 만약 우리를 신앙으로만 이끌 수 있다면 어떤 방법을 썼든지 간에 그 모든 방법들은 다 선하다고 보았다. 반면 신앙 안에 포함되어 있는 것으로 우리를 이끈다면 그것은 선하지 않는데 그 이유는 이런 방법은 끊임없이 뒤바뀔 수 있기 때문이다. 쉬안에게 신앙으로 이끌 수 있는 방식은 예수 안에 계시된 것처럼 하나님 안에서 신뢰하는 것이다.[24] 많은 사람들은 쉬안의 이런 생각에 적극적 지지를 보냈고,[25] 헤르만(Herrmann) 교수 역시 최근 몇 년에 걸쳐 쉬안의 이런 생각을 고수하며 자신의 주장을 펼쳐나갔다. 종교와 형이상학 사이, 혹은 가치 판단과 존재 판단(Wert- en Seinsurteile) 사이를 엄격히 구별했던 리츨 학파는 쉬안의 이런 생각을 신앙을 대체하는 수준으로까지 신뢰를 가진 채 이끌었다. 쉬안에게 계시는 외부적 존재가 아니다. 오히려 쉬안은 "인간이 자신의 종교의 근거인 계시를 받는다. 왜냐하면 자기 스스로의 존재의 깊음이 자기에게 열려 있기 때문"[26]이라고 생각했다. 예수께서 친히 우리에게 보여주신 것처럼, 종교는 새로운 생명이며 도덕적 선의 능력(die Macht sittlicher Güte)의 경험(Erlebnis)에 근거한다. 이런 능력을 신뢰하는 이유는 그 능력을 믿고 그 능력대로 살아감을 통해 구원 받기 위함이다. 그러므로 종교는 "인간을 완전히 되살아나게 만드는 것이다. 모든 사람들에게 동일

---

23 편집자 주: 이 인용문의 원문은 다음과 같은 독일어이다. "so gibts nur Subjective und darum nur individuelle Erkenntnis dessen was zum Christlichen Glauben gehört."

24 Schian, "Der Einfluss der Individualität auf Glaubens-gesinnung und Glaubensgestaltung," *Zeitschrift für Theologie und Kirche* (1897): 513ff. Schian, "Glaube und Individualität," *Zeitschrift für Theologie und Kirche* (1898), 170-94.

25 O. Pfister, "Das Elend unserer wissenschaftliche Glaubenslehre," in *Schweizerische Theologische Zeitschrift* 4 (1905): 209-12.

26 편집자 주: 이 인용문의 원문은 다음과 같은 독일어이다. "die Offenbarung, durch die die Religion begründet wird, empfängt der Mensch vielmehr damit, dass sich ihm die Tiefen seines eignen Wesens öffnen."

한 일반적인 종교란 없다. 오히려 종교 안에 개별적인 사람들만이 있을 뿐이다."[27] 결국 종교 심리학의 관점에서 보았을 때 더 이상 형이상학, 신학, 교의학을 위한 공간이 없을 뿐 아니라, 심지어 "종교적 인격의 윤리"(*Ethik der religiösen Persönlichkeit*)를 위한 공간도 없다. 왜냐하면 종교 심리학에서는 모든 기준들이 다 무너지기 때문이다. 종교 심리학에서는 유일한 법칙이 존재하지 않는다. 인간 즉 개별적인 인간들이 모든 것들과 모든 종교들의 기준이 될 뿐이다. 이런 구조 속에서의 하나님은 자신이 어떻게 일할 것인지에 대해 아무런 말도 하지 않는다. 오히려 인간이 이에 대해 말할 뿐이다.

이런 일관적인 신앙 무차별론은 그 본성 상 모는 사람들을 기쁘게 만들지 못했으며, 오랜 세월동안 그 어떤 누구도 만족시켜주시 못했다. 그럼에도 불구하고 종교적 주체 안에서 자신의 관점을 고수하며 칸트와 슐라이어마허를 따랐던 대부분의 사람들은 자기 스스로의 주체 위에 여러 세계관(*wereldbeschouwing*)들을 세우기 시작했다. 칸트는 실제로 신앙을 위한 공간을 창출해내기 위해 혹은 세계질서(*wereldorde*)의 실재를 위해 실천적 이성의 본질과 내용을 사고함을 통해 지식을 제한시켰던 인물이었다. 철학보다는 자유주의 신학에 더 가까워졌던 슐라이어마허도 자기 스스로가 전적 의존 종교 감정(*het religieus gevoel der absolute afhankelijkheid*) 안에서 무한자에 대한 즉각적인 계시를 소유한다고 믿는 방식을 통해 칸트처럼 행동했다.[28] 19세기

27 Wilhelm Herrmann, "Christ. Protest. Dogmatik," *Die Christl. Religion, in Die Kultur der Gegenwart*, 583-632; "Die Lage und Aufgabe der evang. Dogm. in der Gegenwart," *Zeits. für Theol. und Kirche* (1907): 315, 351; "Die Altorthodoxie und unser Verständniss der Religion," *Zeits. für Theol. und Kirche* (January 1908): 74-77. Cf. C. Wistar Hodge, "The Idea of Dogmatic Theology," *The Princeton Theological Review* (January 1908). 편집자 주: 이 인용문의 원문은 다음과 같은 독일어이니다. "das volle Lebendigwerden eines Menschen, so gibt es nicht eine allgemeine in Allen gleiche Religion, sondern es gibt nur Individuen der Religion."

28 Cf. Walther, "Eine neue Theorie über das Wesen der Religion, Religion und Geisteskultur," 3 (1907): 201-17. A. Bruining, "Over de Methode van onze Dogmatiek," *Tylers Theologisch Tijdschrift* 1 (1903): 426-58.

전 세계에 걸쳐 폭넓게 퍼졌고 오늘날에도 여전히 여러 분야 속에서 맹위를 떨치는 중재신학들의 독특성은 내재적 요구, 필요, 혹은 종교적, 윤리적 인간의 경험이라는 수단을 통해 초월적 실재를 스스로의 노력을 통해 얻으려 했다는 점이다. 사실 중재신학의 이런 생각은 옛 교의학의 한 반영으로 볼 수 있다. 실제로 리츨만하더라도 이런 생각에 반대를 표했으며 그 결과 종교와 형이상학 사이가 분리되는 결과가 초래되고 말았다. 헤르만은 이런 리츨의 생각을 보존시켰을 뿐 아니라 동시에 보다 더 진척시켰던 인물이었다. 하지만 종교와 형이상학 사이의 이런 분리는 신학적으로나 철학적으로나 강력한 반대에 부딪히고 말았으며, 심지어 이런 반대의 목소리는 리츨을 따르는 무리들 속에서도 발견되었다. 우리들이야말로 이 시대 속에 나타나는 철학들의 재탄생, 형이상학이 가진 권리에 대한 새로운 인정, 영적인 삶에 대한 보다 더 풍성한 인식, 종교적, 윤리적 본성이 가진 법칙과 가치들에 대한 증인들이다.[29]

이런 새로운 철학은 다양한 측면들 속에서 이전 철학과는 다른 철학이다. 예전에 문제되었던 것들은 지금도 항상 문제가 된다. 하지만 그 문제들을 처리하는 방식은 달라진다. 예를 들면 문제를 처리했던 예전의 방식은 선험적 방식이었다. 즉 예전의 선험적 방식은 이 세계를 형상으로부터 구성된 존재로 보았다. 하지만 현재의 방식은 이와는 반대의 방식이다. 즉 감각과 경험의 실제적 세계가 형상을 고양시키는 방식으로 바뀌었다. 이와 관련해 자연과학과 정신과학은 새로운 영역을 개척해나갔다. 수학적 공리의 자료라고 여겨왔던 것들, 예를 들면 수, 시간, 공간, 물질과 힘, 운동과 법칙, 식물, 동물, 인간 등과 같은 유기체들의 발전, 역사에 대한 해석, 국가와 사회의

---

29 예를 들면 다음과 같은 이름들을 들 수 있다. F. J. Schmidt, *Zur Wieder-geburt des Idealismus* (Leipzig, 1908); I. Dorner, "Die Bedeutung der spekulativen Theologie für die Gegenwart," *Die Studierstube* (1907), 193-207; McTaggart, *Some Dogmas of Religion*, 1-12.

기원과 진보에 대한 해석 등과 같은 요소들은 그 어떤 철학자라도 큰 위험을 무릅쓰지 않고서는 쉽게 무시하지 못할 중요한 요소들이 되었다.[30] 이런 원리가 심리학의 영역 속에서도 그대로 적용되었다. 하지만 이에 대한 지속적인 연구는 소위 경험적 심리학이 정신생활에 대한 바른 이해를 제공해줄 수 있는가에 대해 부정적 입장을 갖는다.

흔하지 않은 현상들, 예를 들면 텔레파시나 원격투시(일종의 육감), 최면술이나 강신술, 믿음과 치유기도, 천재적이고도 선지자적인 영감 혹은 예술적인 직관 등에 대해 연구하는 사람들은 다음과 같은 사실 하나, 즉 인간의 정신생활이 인간의 지적생활과 지직행위보다 훨씬 너 풍성하다는 것을 입승해냈다. 물론 이에 대한 반론도 분명 존재한다. 사실 무슨 일이 의식의 기저에서 일어나는가와 무슨 일이 의식의 흐름 너머에서 일어나는가 사이에는 거대한 차이점이 존재하는데, 이 차이점은 깨는 것과 꿈꾸는 것, 낮과 밤, 의식 내와 의식 외, 직관적 의식과 반사적 의식 안에서도 찾아볼 수 있다. 막스 데소이어(Max Dessoir)의 주장, 즉 한 사람 안에 두 개의 인격이 존재한다는 주장[31]은 사실 아주 매력적인 주장이 아니었다. 왜냐하면 한 사람의 인격 안에 약한 의식 혹은 강한 의식 둘 다가 항상 동시에 존재하기 때문이다.[32] 하지만 어떤 사람은 자기 스스로에 대항하는 분리된 자의식을 가질 수 있다. 뿐만 아니라 여러 가지 의식의 변이들이 우리 의식 속에 존재할 수 있기 때문에 이런 의식의 변이들이 한 사람의 인격을 두 개로 분리시킬 수도 있다. 우리는 때때로 전혀 상관없이 존재하는 두 세계 안에 동시에 발을 붙인 채 살아가는 것처럼 보이기도 한다. 병리학 분야 혹은 특별히 소위 귀신들림의 영역 속에서는 의식의 구조가 낯설고 신비스러운 능력의 도구로 활용되기도 한다. 이 모든 극단적 현상들을 차치하고서라도 대부분의 사람들은 의식

---

30 C. Stumpf, *Die Wiedergeburt der Philosophie* (Leipzig: Barth, 1908), esp. 23ff.

31 Max Dessoir, *Das Doppel-Ich* (Leipzig: E. Günther, 1896), 80.

32 Höffer, *Grundlehren der Psychologie* (Vienna: Tempsky, 1905), 108.

내의 생각과 의식 외의 생각 사이에 존재하는 차이점을 가진 채로 삶을 영위해나간다. 어떤 사람들은 의식적으로 생명으로 향해가는 방향성을 가진 채 살아간다. 하지만 생명 그 자체의 기원은 인격의 깊은 곳 안에 존재한다. 그러므로 코에는 다음과 같이 옳은 말을 남겼다. "삶의 배를 인도하는 데 이성이 필수적이지만 감정 또한 그 배를 나아가게 만드는 원동력이라는 사실을 절대 잊어서는 안 된다."[33] 의식의 기저에는 지속적으로 본성의 길에 불을 붙이는 본능과 습관, 개념과 성향, 능력과 용량이라는 세계가 존재한다. 머리 아래에는 생명의 문인 마음이 있다.

이런 이유 때문에 경험적 심리학은 정신생활에 대해 완전히 알 수 없을 뿐 아니라 정신생활에 대해 완전하게 설명할 수도 없다. 물론 경험적 심리학은 의식의 현상, 감각, 느낌, 열정에 대해 가장 깊이 있게 연구하는 학문이며, 이런 각 요소들이 어떻게 상호 작동하는지에 대해 기계적인 구조 속에서 설명하기 위해 노력하는 학문이다. 게다가 경험적 심리학은 개념들의 연합을 통해 심지어 자아 혹은 자의식까지도 설명하려 노력했던 학문이다. 그럼에도 불구하고 경험적 심리학은 의식 뒤에 존재하는 것이 무엇인지 혹은 의식 기저에 존재하는 것이 무엇인지에 대해 그 본질까지 관통해 들어가지 못했으며, 그 결과 인간 마음의 비밀스러운 장소에 작은 불빛 하나조차도 켜지 못했다. 결국 이런 상황 속에서는 인간의 마음에 대해 아는 분은 오로지 하나님 밖에 없으며 우리의 내적인 삶을 시험하실 분도 하나님 외에는 그 누구도 없다는 사실만이 만방에 선포될 뿐이다. 경험적 심리학은 의식의 상태에 대해 질문을 던지는 학문이며, 심지어 인간의 마음속에서 살며시 피어오르는 자의식에 대해서도 탐구할 뿐 아니라, 모든 종류의 변화 밑에 존재하는 학문이기도 하다. 하지만 숨겨진 자아(ik)가 의식 뒤에 존재하는지 아니면 독립적인 영혼이 의식 뒤에 존재하는지에 대해서는 알 수 없다. 그

---

33 Coe, *The Spiritual Life*, 93.

러므로 이런 종류의 질문들이 쌓이면 쌓일수록 이 문제를 풀 수 있는 공을 형이상학에게로 넘길 수밖에 없다.[34] 이에 대해 더 강한 주장을 해보도록 하자. 경험적 심리학은 의식의 현상들에 대해 탐구하면서 항상 그 탐구의 시작점을 추상적 관념으로부터 시작한다. 결국 경험적 심리학은 사회적 정황으로부터 인간을 분리시키며, 삶과의 연관성으로부터 심리적 과정을 분리시킬 뿐 아니라, 정신생활로부터 시간 감각, 공간 감각, 색깔 감각 등과 같이 결정된 현상들을 심리적 과정 속에서 소외시킨다. 물론 이런 방식을 통해서도 유익을 발견할 수는 있다. 그럼에도 불구하고 확실한 사실 하나는 이런 방식을 통해 인간의 정신생활에 대해 설명할 수 있으리라는 소망은 거의 환상에 가깝다는 것이다. 만약 과학이 이런 환상을 소중히 여긴다면, 그런 과학은 결국 심리학주의, 역사주의, 상대주의로 변질될 뿐이며 그 결과 삶의 완전함과 풍성함은 축소되고 말 것이다. 사실 이런 의식의 현상들은 소외되거나 분리되지 않은 채 밀접한 상호 관계 속에 존재하며 인격의 깊은 곳에서부터 그 존재가 돋아난다. 전체는 부분들의 조합을 통한 원자론적 방식에 의해 설명될 수 없다. 오히려 각 부분들은 총체성이 드러남을 통해 유기적 방식으로 반드시 이해되어야한다. 구체적인 것들 뒤에는 일반적인 것이 존재하며, 부분들 전에는 전체가 존재한다. 예를 들면 만약 우리가 어떻게 보는지에 대해 반드시 배웠어야만 했다면, 그 배움이 성취되기도 전에 우리는 반드시 죽게 될 것이다.[35] 하지만 솜씨 좋은 새가 둥지 짓는 법을 아는 것처럼, 모든 인간들 역시 본성적으로 모든 종류의 능력을 가진 채로 태어난다. 우리의 감각, 생각, 행동 속에 존재하는 직관적이고도 유기적인 생명이 우리를 자극시키고 우리에게 길을 알려준다. 본능, 능력, 규범, 법 등은 그 본능, 능력, 규범, 법 등이 반영된 삶에 앞선다. 인간들은 무장 해제된 상태로 이

---

34 Max Dessoir, *Das Doppel-Ich*, 77.
35 Paul Julius Möbius, *Die Hoffnungslosigkeit aller Psychologie* (Halle: C. Marhold, 1907), 56.

세상 가운데 홀로 떨어진 존재가 아니다. 오히려 인간들은 풍부한 은사와 능력들과 더불어 몸과 영혼을 구비한 채로 태어난 존재들이다. 그러므로 인간들은 이 세상 속에의 삶에 투자해 삶을 한껏 더 증진시킬 수 있는 재능을 가진 존재들이다. 이런 측면에서 경험적 심리학은 교육적으로도 중요한 요소를 지닌다. 하지만 경험적 심리학은 자신의 기원을 형이상학적 심리학 안에서 찾았고, 결국 형이상학적 심리학으로 되돌아가는 길을 택하고 말았다. 이런 상황 속에서 다음과 같은 한 가지 사실이 더욱 더 분명해졌는데 경험적 삶이 기계적 발전을 통해 점차 존재가 되어가는 선험적 형태 안에 근거한 것이 아니라 오히려 하나님의 은혜의 선물, 하나님의 계시의 열매요 결과가 경험적 삶이라는 사실이다.[36]

만약 심리학이 진지한 심사숙고를 통해 우리를 형이상학적 실재로 이끌 수 있다면, 혹은 심리학이 계시의 개념으로 우리를 이끌 수 있다면, 인간은 인간 영혼의 숨겨진 공간 속에서 세속적 존재의 세계보다는 그것과는 다른 보다 더 높은 세계에 속해 있다는 확신을 완전히 지워버릴 수 없게 될 것이다. 플라톤은 인간 영혼이 우리 몸 안에 거주하기 전에도 존재했고, 형상들의 세계 속에서 살아갈 뿐 아니라, 이 세속적 유배 속에서도 이전 상태에 대한 기억을 여전히 보존한다고 주장했다.[37] 어떤 사람들은 인간이 자기 본성의 숨겨진 공간 속에서 보이지 않는 세계와 관계를 유지하며, 보이지 않는 세계로부터 온갖 종류의 현상들과 계시들을 취한다고도 주장했다. 1882년에 설립된 정신 연구 협회(The Society for Psychical Research)는 강신론의 영역에 속해있는 모든 현상들에 대해 탐구하려는 목표를 갖고 있었다.[38] 이 협회 회원들 중 하나였고 1901년에 하직했던 마이어스(F. W. H. Myers)는 "부지불

---

36 Schmidt, *Zur Wiedergeburt des Idealismus*, 96.
37 Cf. McTaggart, *Some Dogmas of Religion*, 112ff에 등장하는 the "preëxistenceism"을 참고하라. Myers, *Human Personality*, 26.
38 Edward T. Bennett, *La société Anglo-américaine pour les recherches psychiques*, ed. M. Sage (Paris: Lucien Bodin, 1904).

식간 삶"을 살아가는 인간들도 육체의 도움을 받지 않은 채 혼과 영들과 소통할 수 있는 능력과 기능을 소유한다고 결론지었다.[39]

최면 현상과 강신 현상의 본질과 기원에 대해서는 거대한 의견 차이들이 항상 존재했다. 이에 대해 꼼꼼한 연구들이 이루어졌고 이런 연구들은 더 다양한 의견 차이를 불러일으켰다. 어떤 연구자들은 모든 최면, 강신 현상들을 자연적 방식, 특별히 암시의 방식으로 설명하려는 노력을 기울였고 이런 노력은 심지어 성경의 신비를 설명하려는 방식으로까지 확장되었다. 또 다른 연구자들은 이런 현상들을 초자연적 현상 안에서 설명하려는 강박관념에 빠지기도 했다. 하지만 어떤 방향성이 옳은 방향성인지에 대해 여기에서 규정하려는 시도는 사실 불필요한 시도다. 왜냐하면 선험적으로 볼 때 육체의 도움 없이 영과 혼의 교통은 충분히 가능한 일이기 때문이다. 만약 인간 영혼이 원래부터 총체적으로 존재했다면, 혹은 인간 영혼이 기계론적 진화 방식 속에서 각 단계별로 점진적으로 발전하지 않았다면, 인간 영혼 그 자체는 초-경험적 존재일 뿐 아니라 가시적인 세계 이외의 비가시적 세계와도 교통할 수 있는 무엇인가를 가진 존재일 것이다. 이런 측면에서 영혼은 본질적으로 영적인 존재이기 때문에 육체의 도움 없이도 영들 혹은 혼들과의 교통이 가능한 것이다. 육체는 명백히 영혼의 기관이다. 육체가 보고 듣는 것이 아니다. 오히려 영혼이 육체를 통해 보고, 듣고, 생각하고, 행동하는 것이다. 그러므로 특별한 경우 육체라는 기관 없이도 영혼이 기능할 수 있다는 생각은 전혀 이상한 생각이 아니다. 성경이 자주 전제하듯이 전 세계 모든 사람들도 남녀노소를 막론하고 이런 가능성에 대해 인정하며, 이런 인정은 계시의 개념 속에도 이미 포함되어 있다. 왜냐하면 계시는 인간이라면 이 현상적 세계로부터 아닌 또 다른 세계로부터, 평범하게 일어나는 일들로부터가 아닌 특별하게 일어나는 일들로부터 인상, 생각, 성향을 취할 수 있

---

39 Myers, *Human Personality*, 16.

는 능력이 있다는 것을 항상 가정하기 때문이다.

영적인 교류에 속해 있는 현상들을 탐구해나가는 학문은 심각한 위험에 노출되어 있다. 이런 현상을 연구하기 위해 자신의 시간과 힘을 다 쏟는 사람들은 이런 현상들에 대해 본질적으로 만족하지 못할 것이기 때문에 완전히 신뢰할 만한 연구 결과를 내놓기 위해 실험적 방식을 적용할 것이고, 인위적 방식들을 활용해 스스로의 경험 혹은 다른 사람들의 경험들을 재생산하려는 노력을 다할 것이다. 과학적 방식의 진지함은 연구자들로 하여금 이런 영적인 현상들을 영적 세계 안에서 연구하게끔 몰아붙인다. 하지만 이런 영적인 현상들은 보통 사람들이 가진 흔한 경험의 범주 안에 속해있지 않다. 그러므로 만약 영적인 현상들을 영적인 세계 속에서 연구하기 위해서는 인위적인 방식, 즉 의식 내의 삶 속에서 "부지불식간 의식"을 설정하는 경향성을 사용할 수밖에 없다. 만약 이런 인위적인 무아지경 상태가 육체적 건강에 영향을 끼칠 수 있다는 사실에 집중하지 않는다면, 이런 부지불식간의 삶이야말로 중요한 영적인 범주라는 사실에 대해 적어도 암묵적으로 동의해야만 할 것이다. 강신술이나 최면술은 무의식 철학처럼 의식이야말로 지식의 일시적이고 왜곡된 형태이기 때문에 참된 존재는 무의식에 근거해야 한다는 생각을 우리에게 심어주었다. 결국 강신술이나 최면술은 참된 존재와 연결되어 참된 존재에 대한 지식을 가질 수 있는 가장 좋은 방법을 꿈, 황홀경, 무아지경 상태 속에서 찾았다. 자의식, 이성, 의지를 의도적으로 제거하려했던 사람들은 하나님께서 인간에게 허락하신 빛을 소멸시켰으며, 인간의 자유와 독립성을 제거했을 뿐 아니라, 인간 스스로를 이질적이고 미지의 능력을 위한 도구 정도로 강등시키고 말았다.[40]

40 몸과 영혼에 대한 위험성들에 대해서라면 Zeehandelaar, "Het spiritistisch Gevaar," *De Gids* 2 (August 1907): 306-37; Traub, *Kirchen und Sekten der Gegenwart*, ed. Ernst Kab (Stuttgart: Buchhandlung der Evang. Gesellschaft, 1905), 437ff., 448, 460; Coe, *The Spiritual Life*, 169ff; Joseph Hamilton, *The Spirit World* (New York: Revell, 1906), 264를 참고하라.

또 다른 위험성은 사람들이 무아지경 상태에 빠져 스스로의 의식, 이성, 의지를 버릴 때 어떤 영향이 초래되는가에 대해 아무도 모른다는 점이다. 어떤 사람들은 그 영향은 암시 혹은 환영 정도라고 쉽게 말하는 반면, 또 다른 사람들은 영들과의 실제적 교감이야말로 그 영향의 결과라고 너무나 쉽게 말한다. 하지만 이에 대한 어떤 답변도 확실하지 않다. 이성과 의지를 의도적으로 억누름을 통해, 아니면 계시의 세계로부터 어둠의 땅으로 되돌아감을 통해 우리가 얻을 수 있는 것은 모든 안내와 인도를 잃게 되는 것이고 모든 제어와 통제가 불가능하게 되는 것뿐이다. 황홀경 상태에서 일어나는 현상과 계시들의 실재는 여전히 불명확하다. 자신의 모습을 드러내는 영들의 모습이 과연 진짜 그들의 모습인지에 대해서도 불분명하다. 영들이 주는 계시들이 참인지 거짓인지 혹은 그 계시늘을 수납해야만 하는지 아니년 서부해야만 하는지에 대해서도 애매모호하다.[41] 다음과 같이 가정해보도록 하자. 진짜 관계는 영들과의 관계이며, 이를 실행하기 위해 우리 앞에 놓인 대안은 무조건적으로 우리가 받은 현상과 계시에 우리 자신을 내어주는 것이라고 가정해보는 것이다. 만약 이렇게 할 경우 보통 인간들처럼 우리는 온갖 오류와 유혹으로부터 사기를 당하게 될 것이다. 혹은 의식이 우리에게 주는 기준들에 의해 수납된 계시들을 통제하는 방식이라면 우리는 우리의 의식 존재 안에 있는 세계관과 인생관(wereld- en levensbeschouwing)에 따라 그 기준들을 해석해야만 한다.

신비주의 역사가 바로 이것을 드러낸다. 강신술과 최면술이 우리에게 부여하는 계시들은 평범할 뿐 아니라 주목할 가치도 없다는 생각은 공통된 불만이었다. 게다가 강신술과 최면술은 기껏해야 그것들로부터 계시를 받은 자들이 이미 소유힌 세계관과 인생관의 조각들 정도에 지나지 않았다. 마이어스는 "정신 연구"라는 표현을 영적 세계의 실재, 영혼의 불멸성, 영원한 "영

41 Traub, *Kirchen und Sekten der Gegenwart*, 449ff.

적 진화" 등의 의미로 이해했고 이런 의미를 고착화시켰다. 그 결과 마이어스는 미래 종교가 더 이상 권위나 신념에 근거하지 않을 것이며 오히려 "관찰과 실험"에 근거하게 될 것을 바라보며 기대했다. 마이어스는 이런 기대를 통해 언젠가는 "종교 신념의 종합"이 이루어질 것을 소망했다.[42] 하지만 이런 생각은 결국 계시의 도움 없이도 종교 신념의 종합이 가능하게 될 것이라는 생각을 증폭시킬 뿐이었다. 또한 이런 생각은 범신론적 철학 속에서 스스로를 선포하는 성향을 가졌으며, 이후에는 오늘날의 기준에서 볼 때 보다 더 매력적으로 보이는 형태들, 예를 들면 다윈주의와 불교 사이의 조합, 진화론과 신지학의 결합, 혹은 서양 지식과 동양 지혜 사이의 조합 등을 꾀할 뿐이었다. 이런 범신론적-신지론적 세계관이 영들의 계시를 통해 만들어져야만 했으며, 새로운 철학이 신비주의로 급격히 발전되었을 뿐 아니라, 신비주의 신념을 더 강화시켰다는 주장에 훨씬 더 큰 정당성을 부여했다는 사실은 실로 놀라운 사실이 아닐 수 없다. 미래 종교는 "정신 연구"의 결과 위에 존재하게 될 것이라는 기대와 관련해 생각해 볼 것은 자신의 근거를 영들의 계시와의 관계 속에서 찾으려고 하는 종교는 순수한 종교의 이름과 본질을 거부하기 때문에 오히려 그런 종교가 이교적 미신을 불러일으킬 수 있다는 점이다. 영들 속에서의 신념은 항상 모든 사람들을 영 숭배로 이끈다. 왜냐하면 만약 마귀의 영들 혹은 죽은 자들의 영들이 호출되어 우리와 교통할 뿐 아니라 그것들이 비밀스러운 일들을 우리에게 알려줄 수 있는 능력을 가졌다면, 이런 영들이야말로 어느 정도 전지와 편재라는 신적 속성을 지닌 존재라는 생각이 슬슬 피어오를 수밖에 없게 되고 이런 생각은 결국 우리에게 도움을 줄 수도 아니면 해를 줄 수도 있기 때문이다. 이런 신념은 우리를 의도치 않게 영들에 대한 경배 혹은 경의의 행위로 이끈다. 신비주의는 한 편으로는 현존하는 종교들에 대한 무신앙 혹은 무관심을 이끌어내고, 또 다른 한 편으

---

42 Myers, *Human Personality*, 1ff., 8, 24, 340ff.

로는 가장 풍성한 미신, 영 숭배, 마술 등을 이끌어 낸다.[43]

이 모든 미신과 마술들을 근본적으로 정죄하고 금하는 유일한 종교가 하나 있다. 그것이 바로 기독교이다. 구약성경에는 주 여호와 하나님만이 이스라엘의 하나님이기 때문에 오직 여호와만 경배 받으시기에 합당한 분이라는 계시가 이미 포함되어 있었다. 그러므로 이스라엘 민족에게 점, 마술, 영과 마귀들에게 문의하는 행위 등은 철저히 금지되었다. 신약성경에서도 유일하고도 참된 하나님께 경배하는 행위는 어떤 국가적 제한 아래 거했던 행위가 아니었다. 오히려 신약성경은 참된 예배를 영과 진리 안에서의 예배로 규정했다. 물론 계시의 도구로 사용되었던 선지자들과 사도들이 분명 존재했다. 하지만 그들도 인간이었고 지금도 여전히 인간으로 남아있는 존재들이다. 그들은 자신들의 직분과 사명에 속하지 않는 그 어떤 영광에 대해서도 즐거워하지 않았다. 여자들 중에서도 복 받은 여인인 마리아조차도 보통 성도였다. 물론 성경은 영들의 세계에 대해서 언급한다. 하지만 위대한 능력을 가진 채 중요한 일들을 처리하는 천사들조차도 절대로 종교의 대상, 경배의 대상이 될 수 없다. 마귀들을 향해 우리가 반드시 취해야 할 태도는 절망적인 노예들을 대해야하는 태도와는 다르다. 우리가 반드시 성취해야 할 유일한 의무는 마귀들을 혐오하고 그들에게 대항하는 것이다.

기독교는 완전히 영적인 종교이다. 왜냐하면 기독교만이 유일하게 하나님과 관계를 맺는 종교이기 때문이다. 그러므로 기독교 외의 종교는 없다. 종교의 개념은 기독교 안에서 완전히 성취되었다. 만약 종교가 실재라면 그 종교는 모든 우상을 버리고 필연적으로 참되고 유일한 하나님만을 바르게 인정해야만 하고, 오직 그에게만 신뢰해야 할 뿐 아니라, 모든 겸손과 인내로 그 앞에 부복해야하며, 하나님으로부터 나오는 모든 선한 것들을 기대하고 전심을 다해 그를 사랑하고 두려워하고 영화롭게 해야 한다. 하나님의

---

43 Traub, *Kirchen und Sekten der Gegenwart*, 449ff.

의지에 반하는 어떤 일을 하는 것보다 차라리 모든 피조물들을 다 포기하는 것이 인간에게는 훨씬 더 낫다. 이 모든 일들은 기독교 안에서 현실화되며 완성된다. 기독교는 오로지 하나님께만 순전히 예배드린다. 어떤 피조물도 예배의 대상에서 제외된다. 오직 하나님만이 종교의 내용이고 주인이며, 시작과 끝, 알파와 오메가이다. 그 어떤 피조물도 종교의 내용 및 주인이 될 수 없다. 우리는 전인(全人)으로 참되고 유일한 하나님과 교제한다. 즉 단순히 느낌 만으로가 아닌 우리의 정신, 의지, 마음, 모든 애정, 영혼과 몸으로 하나님과 교제한다. 기독교만이 유일한 종교이다. 기독교만이 순전한 종교이며, 기독교 안에서만 하나님과 인간 사이의 완전하고도 불가분한 영원한 교제가 가능하다.

이런 기독교에 대해 탐구하는 기독교 신학만이 독립적인 진짜 학문이다. 기독교가 더 이상 순수하고 완전한 종교라는 것을 인정받지 못하고 종교들의 무더기 중 하나 정도로 인식되는 한, 신학은 독립적인 진짜 학문으로서의 정체성을 잃게 될 수밖에 없다. 하지만 그렇게 된다하더라도 여전히 종교적 인간에 대한 학문(종교 인간학), 다양한 종교인들에 대한 심리적, 역사적 탐구, 종교 철학과 형이상학에 대한 탐구 노력 등은 계속적으로 존재할 것이다. 하지만 더 이상 신학은 존재하지 않게 될 것이다. 하나님에 대한 지식을 탐구하려는 노력은 사라지게 될 것이다. 결국 종교 현상을 판단하는 기준 역시 자취를 감추게 될 것이다. 그 결과 남아있게 될 것은 실증주의, 역사주의, 심리학주의, 상대주의 정도일 것이다. 이런 측면에서 계시, 참된 종교, 신학은 함께 서거나 아니면 함께 무너진다.

만약 신학이 존재 이유와 권리를 갖는다면, 이런 신학은 독립적인 학문으로서 자신만의 방법론 또한 갖는다. 하지만 현대인들은 이에 대해 다른 의견을 갖는다. 왜냐하면 현대인들이 기독교의 자충족성을 거부한 결과 신학 고유의 방법론까지도 덩달아 거부되는 형편이기 때문이다. 어떤 사람들은 오직 두 개의 학문적 방법론 즉 자연과학과 역사과학적 방법론만 있다고 가정한다. 그러므로 만약 신학이 대학 내에서 한 학문으로 자신의 정체성을 그대로 유지하고 싶다면 위에서 언급한 두 가지 학문적 방법론들 중 하나를 반드시 취해야만 하며, 모든 탐구과정에 그 방법론을 논리적으로 적용해야만 한다는 목소리가 있다. 즉 신학 역시 반드시 자연과학이 되든지 아니면 역사과학이 되든지를 강요하는 것이다. 만약 이런 식으로 생각할 경우 신학은 학문 분야 내에서 독립적인 학문으로 남아 있을 권리를 잃게 되는 것이며, 결국 신학은 철학의 범주 안으로 편입될 수밖에 없는 상황으로 흐르게 된다.[44]

이런 결과를 용납하든 용납하지 않든지 간에 이런 관점에 근거한 원리는 학문을 파괴시킬 뿐 아니라 학문 자체가 갖는 풍성함과 다양성을 부정하는 방향으로 치닫게 될 수 있다. 만약 일원론이 바른 세계관이라면, 혹은 만약 모든 현상들이 하나의 본질로부터 나오는 순수한 변이들이라면, 이 세상 속에는 오직 하나의 학문, 하나의 방법론만 있게 될 것이다. 만약 이런 일원론적 원리를 부정한다면 자연과학 옆에 역사과학을 위한 독립적인 자리를 제공하는 것이고 역사과학적 방법론이 가진 권리만을 옹호하는 것으로 치부되었다. 하지만 이 세계는 유물론적 혹은 범신론적 진화론이 원하는 것만큼 그렇게 단순하지 않다. 오히려 훨씬 더 풍성하다. 어떤 영역에 속한 현상이든지 단 하나의 요소를 가지고 모든 현상들을 다 설명할 수 없다. 어디를 가도 생명의 풍성함과 존재의 충만함이 존재한다. 서로 다른 종류의 피조물들과 현상들이 존재하며, 이 모든 것들은 각각 자신 만의 본성을 지니기 때문에 그 본성에 맞는 독특한 탐구 방법론들이 필요하다. 종교와 덕, 예술과 과학, 아름다움과 정의는 육체적인 것들과 동일하게 다룰 수 없고 측정될 수도 없다. 그럼에도 불구하고 이 모든 것들은 존재하며 각자의 존재 영역 안에서 지배적인 위치를 차지한다. 실재는 우리의 체계 안에 자신의 몸을 구

---

44 Adolf von Harnack, *Die Aufgabe der theologie Fakultäten und die all-gemeine Religionsgeschichte* (Berlin: Walter de Gruyter, 1901).

거 넣지 않는다. 오히려 우리의 체계가 반드시 실재에 순응해야만 한다.

생명 그 자체는 과학보다는 일원론적 교조주의로부터 너 큰 상처를 입었다. 만약 실험적이고 역사적인 연구 방법이 지식으로 다가가는 유일한 길이라면, 본성적으로 모든 사람들에게 적절할 뿐 아니라 삶의 실천적 영역에서 증대되고 확장되는 지혜의 모든 가치는 그 자리를 잃게 되고 말 것이다. 그 결과 거대한 의견 차이가 학교와 사회 사이에서 불거지게 될 것이며 그 둘 사이에 반립과 반목이 그치지 않게 될 것이다. 하지만 학문의 탐구 결과는 생명을 섬기고, 생명을 이끌 뿐 아니라, 생명을 증진시켜야 한다. 생명은 언제 어디서나 학문보다 앞선다. 생명은 학문으로부터 비롯되지 않았으며 학문을 기다려주지도 않는다. 가정과 사회, 일과 소명, 농업과 목축업, 무역과 산업, 도덕, 정의, 예술 등은 모두 자신만의 독립적인 원천 자료를 가지며 자기 고유의 특성을 지속적으로 유지한다. 이 모든 영역과 활동들 가운데 드러나는 완전하고도 총체적인 생명은 감사하게도 학문의 촛불에 불을 붙였던 바로 그 빛을 우리에게 제공해주고 있다. 이런 생명의 빛은 자기 원천에서부터 흘러나왔고 자기 스스로의 통로 안에서 흐르는 빛이다.

삶으로부터 얻는 경험적 지식과 학문적 영역에서 학문적 탐구를 통해 얻는 과학적 지식은 서로가 서로를 지지해야하며 서로가 서로를 강화시켜야 한다. 삶의 지혜는 모든 학문의 시작점이요 근본 토대이다. 연구자들의 연구는 이런 실천적 경험과 지혜를 배제한 채로 진행되어서는 안 된다. 오히려 연구자들의 연구는 삶의 지혜를 정제하고 증진 시키는 방향성을 취해야 한다.[45]

이런 원리는 특별히 종교에 적용된다. 만약 신학이 기껏해야 자연과학과 역사과학이 취하는 방법 정도만을 취한다면, 종교인은 학문적 세력에 완전히 의존할 수밖에 없을 뿐 아니라 종교 그 자체가 가진 독립성과 자유 또

---

45 J. Kaftan, *Die Wahrheit der christliche Religion* (Basel: 1888), 266ff., 318-19.

한 빼앗기게 될 것이다. 슐라이어마허의 영향 아래 있었던 사람들이 종교를 모든 지식(cognitio)과 동의(assensus)로부터 해방시키려는 노력을 기울인 결과 단순히 마음속의 신뢰(fiducia) 정도로 종교를 치부했던 상황에 비추어 볼 때 이런 상황은 결코 상상 속에서만 벌어졌던 상황이 아니다. 하지만 슐라이어마허의 영향력 아래 있는 사람들의 이런 노력은 헛된 노력이다. 왜냐하면 종교는 외부적 영향 없이 모든 개별적인 사람들로부터 자발적으로 파생된 것이 아니기 때문이다. 오히려 종교는 특정 영역 안에서 인식된 진리들의 종교적 표상들과 연결된 상태에서 항상 발전에 발전을 거듭했던 존재이다. 기독교 영역에서 주관적 종교성을 설명할 때 사용하는 **믿음**이란 용어는 인간의 마음속에 존재하는 본래적 종교 습관과 더불어 하나님, 세계, 인간에 관한 표상들과의 연결을 포함하는 용어이다. 동시에 믿음은 지식과 신뢰이며 기독교의 독특성을 가장 잘 표현하는 용어이다. 그 이유는 기독교는 신뢰, 사랑, 경건으로 대변되는 하나님에 대한 지식을 소망하는 종교이기 때문이다. 종교는 지식을 항상 포함하기 때문에 과학과 종교 사이에서 충돌이 자주 벌어졌다. 이 충돌은 언세 어디서나 모든 종교들 속에 늘 존재했던 충돌이었다. 충돌의 원인은 마치 믿음은 느낌 그 이상도 이하도 아니라고 주장하는 식의 자의적이거나 우발적인 힘의 남용이 아니었다. 오히려 충돌의 원인은 종교와 과학이 각자의 본질적인 본성에 따라 같은 영역 내에서 같은 대상과 현상에 대해 각자의 말을 했기 때문이다.[46] 지식은 종교의 본질과 매우 밀접한 관련이 있다. 하지만 만약 종교가 모든 종교적 표상으로부터 분리되고 순전히 감정의 영역 안에서만 제한적으로 활동해야한다면 그런 종교는 즉각적으로 자신만의 특성을 잃어버리게 되고 말 것이다. 왜냐하면 감정 그 자체는 어떤 내용이나 질도 갖지 않기 때문이다. 종교적 감정, 윤리적 감정, 미적 감정 등은 서로 독립적으로 존재하지 않는다. 오히려 이 모든 감

---

46 E. Troeltsch, "Der Begriff des Glaubens," *Religion und Geisteskultur* 3 (1907): 191-221.

정들은 고양되는 감정에 따라 만들어지는 다양한 표상들에 의해 구별된다. 그러므로 일원론은 항상 종교적 감정과 미적 감정 사이에 혼란을 불러일으켰다. 그 결과 일원론은 종교를 약화시켰다. 종교를 감정으로 제한시키는 것은 종교 자체가 갖는 독립성을 무너뜨리는 것이며 결국 종교라는 존재 그 자체를 약화시키는 결말로 흐르게 될 수밖에 없다.

수학적-기계과학의 관점에서 사상을 전개했던 칸트의 "순수 이성"(reinen Vernunft)을 향한 비판과 자연과학의 일방적인 성격에 반대를 표했던 딜타이, 빈델반트, 리케르트 등에 의해 최근 발전된 "역사적 이성"(historischen Vernunft)에 대한 비판 이후에도 "종교적 이성 비판"(Kritik der religiösen Vernunft)에 대한 논의가 여전히 필요하다. 신학이 각종 영역들 속에서 이 작업을 진행한다. 교의학의 형상적 부분(pars formalis)은 교의학의 질료적 부분(pars materialis) 보다 스스로에 대해 훨씬 더 많이 사고한다. 하지만 이런 작업은 단순한 추측 정도로 진행될 수 없다. 각각의 학문들은 반드시 탐구 대상으로부터 형상을 빌려와야한다. 왜냐하면 탐구 방법은 탐구 대상의 형상을 통해 결정되기 때문이다. 만약 신학의 대상이 기독교 안에서 계시의 열매로 우리에게 드러나는 참되고 순수한 종교 그 자체라면, 다음과 같은 매우 중요한 질문이 나올 수밖에 없다. 인간이 어떻게 기독교로 접근할 수 있으며, 어떻게 기독교 진리를 인식하고, 어떻게 기독교를 통해 참된 그리스도인 즉 하나님의 자녀로 거듭날 수 있는가라는 질문에 대해 기독교 스스로는 어떻게 대답하는가? 신학은 진리의 다른 요소들이 그런 것처럼 기독교가 답하는 것들에 대해 차후에 반영하는 역할을 감당한다. 신학은 이렇게 할 권리와 의무, 사명을 갖고 있다. 하지만 신학은 신학의 대상이 제공하지 않는 그 어떤 방식도 우리에게 제공할 수 없다. 이런 측면에서 기독교의 구원 계획이 기독교 신학의 방식을 결정한다.

구원 계획에 대한 연구를 시작할 때 우리가 만날 수 있는 한 가지 사실이 있는데 그것은 바로 기독교가 단순히 과거 인물과 사건들을 우리에게 연결시켜주는 역할 정도만 하는 것이 아니라 오히려 하나님은 과거나 현재나 항상 동일하시다는 진리를 계시를 통해 만방에 명백히 드러내시는 하나님과 교제를 맺도록 우리를 도와주는 역할을 한다는 사실이다. 기독교는 역사적 종교이나. 하지만 동시에 기독교는 "현재의 종교"(Gegenwartsreligion)이다.[47] 하나님과의 교제를 찾을 때 만약 모든 역사(historie)와 자연과 역사 속에서의 계시(geschiedenis) 즉 예수 그리스도 없이 찾는다면, 객관적 실재를 놓친 채 종교적 감정만 발견되게 될 것이며 결국 그 종교 감정이 모든 것을 소비하고 말 것이다. 자기 앞과 자기 주변에 있는 것들과의 교제로부터 스스로 벗어나려고 하는 사람들은 스스로의 자율성에 의해 결국 무너지게 된다. 또 다른 한 편으로는 기독교를 역사적 종교로만 인식해 "현재의 종교"로 만들지 않고 기독교와 다른 종교 사이의 구별 원리를 없애버리는 행태도 문제다. 그 이유는 이런 시각 하에서의 기독교는 과거에 속해 있는 현상 정도로 축소되기 때문이며, 현재와 미래에 기독교가 가질 가치에 대해서도 아무 말도 하지 못할 것이기 때문이다.

기독교의 독특성은 기독교를 거부하는 사람들[48]과 그렇지 않은 사람들도 인정했다시피 그리스도의 인격 안에 있다. 다른 모든 종교들은 종교를 세운 자들과 어느 정도 독립적 관계를 유지한다. 왜냐하면 종교를 세운 자들도 기껏해야 처음으로 신앙 고백한 사람에 지나지 않기 때문이다. 하지만 예수 그리스도는 최초의 그리스도인이 아니었다. 그리스도는 과거에도 그리스도셨고 현재도 그리스도시다. 예수 그리스도는 종교의 주체라기보다는 종교의 대상이다. 기독교는 예수의 종교 즉 예수-숭배(Jezuscultus) 정

---

47 G. Vos, "Christian Faith and the Truthfulness of Bible History," *The Princeton Theological Review* (July 1906), 289-305. E. Troeltsch, "Glaube und Geschichte," *Religion und Geisteskultur* (1908), 29-39. R. Eucken, *Hauptprobleme der Religionsphilos. der Gegenwart* (Berlin: Reuther und Reichard, 1907), 38.
48 예를 들면 Ed. von Hartmann, *Die Krisis des Christenthums in der modernen Theologie* (Berlin: C. Duncker, 1880), 1ff를 참고하라.

도가 아니다.[49] 오히려 기독교는 예수-종교(Christ-religion)이다. 기독교는 예수께서 이 땅에 발을 내딛으셨을 때부터 현재의 모든 순간순간들마다 그에게 의존한다. 예수는 과거 속 인물이 아니다. 오히려 예수는 오늘날에도 여전히 살아계시며 일하는 분이다. 예수 그리스도는 여전히 선지자, 제사장, 왕이시며, 언제 어디서나 교회를 붙잡고 계실 뿐 아니라, 교회의 승리를 확고하게 만드는 분이시기도 하다. 기독교는 기독교 신앙을 고백하는 자들의 강한 충절로 인해 존재하지 않는다. 오히려 기독교는 중보자이신 그리스도의 삶과 의지로 인해 존재한다. 구원의 적용 단계들은 구원의 탄원자이신 예수 그리스도의 관심과 밀접하게 연결되어 있다. 그리스도의 의지와 사역은 인간들을 참된 종교인으로 만들며 하나님과 친밀한 교제를 할 수 있도록 도와준다. 뿐 만 아니라 그리스도의 의지와 사역이 곧 하나님의 의지와 사역이다. 왜냐하면 세상을 구원하시겠다는 하나님의 의지는 성수태 고지를 하신 하나님의 과거 경향뿐 아니라, 매일의 삶 속에서 벌어지는 하나님의 행위, 행동, 사역까지도 포함하기 때문이다. 하나님은 사랑이시다. 하지만 하나님의 사랑은 정적인 사랑이 아니다. 오히려 하나님의 사랑은 모든 사람들의 마음속에 역사하는 영원하고도 편재한 힘이다. 하나님은 아버지이시다. 하지만 하나님의 아버지이심은 단순한 명예 호칭 정도가 아니다. 오히려 하나님의 아버지이심은 죄인들을 자신의 자녀와 상속자로 거듭나게 만드는 전능한 능력이다.[50] 기독교는 단순히 과거 계시 종교가 아니

---

49 W. von Schnehen, *Der moderne Jesuskultus* (Frankfurt a.M: Neuer Frankfurter Verlag, 1906). O. Pfleiderer, "Der moderne Jesuskultus," *Protest. Monatshefte* (1906), no. 5. 편집자 주: 1909년 번역본에서는 네덜란드어 예쥐스퀼튀스(*Jezuscultus*)를 예수-예배(Jesus-worship)로 번역했다. 그러나 이런 번역은 다소 혼동을 줄 수 있다. 왜냐하면 바빙크가 지적하는 것은 기독교를 다른 종교들과 **그 종교들의** 창립자와 밀접한 관련이 있는 개인들이 신비적으로 따르는 종교로부터 구별시키는 것이었기 때문이다. 물론 "예수-종교"(Christ-religion)인 기독교 역시 예수에 대한 예배가 그 중심에 놓여있다. 종교는 예수로부터, 예수를 통해, 예수에게로 가는 것이기 때문이다.

50 Henry W. Clark, *The Philosophy of Christian Experience* (Edinburgh: F. H. Revell, 1905), 75ff.

다. 오히려 기독교는 과거와 연결된 매일 매일의 삶 그 자체이다. 성부 하나님은 언제나 일하시는 분이며, 성부 하나님의 아들 예수 그리스도 역시 아버지처럼 항상 일하는 분이다. 다른 모든 종교들은 인간의 행위로 구원에 이르기 위해 노력하는 종교이다. 하지만 기독교는 이런 행위 구원론에 강한 반대를 표하는 종교이다. 기독교는 자력구원론이 아니다. 오히려 기독교는 다른 구원론을 갖는다. 기독교는 "자력 구원"(Selbsterlösung)을 선포하지 않는다. 오히려 기독교는 그리스도를 통한 구원에 대해서만 영광스럽게 선포한다. 그 누구도 스스로를 구원할 수 없고 하나님을 구원할 수도 없다. 오직 하나님만 인간 전인(the whole man)을 영원토록 구원하실 수 있다. 기독교는 행위 종교가 아니다. 기독교는 믿음의 종교이다. 기독교는 공로의 종교가 아니다. 기독교는 은혜의 종교이다. 기독교는 구원 계획안에서 완전하게 영적이고 순수한 종교로 스스로를 증명한다. 인간이 덧붙일 만한 것은 아무것도 없다. 구원은 하나님 홀로 하신다. 하나님에 의해, 하나님을 통해, 하나님에게로 가는 것이 모든 것이다.

하지만 항싱 진능하시고 활농적인 하나님의 의지는 반율법주의자들이 생각하듯이 인간 없이 실현되지 않는다. 오히려 하나님의 적극적 의지는 인간 안에서 인간을 통해 현실화된다. 성경 전체가 증거하는 것처럼 하나님의 의지는 중생, 믿음, 회심, 죄 용서, 성화, 견인 안에서 실현된다. 만약 사람이 어떻게 진리의 지식에 이르고 하나님과의 교제 속에서 새 생명을 얻을 수 있는지에 대한 질문을 선지자와 사도들에게 던진다면 아마도 그들은 만장일치로 다음과 같이 대답할 것이다. 그것은 지식으로 되는 것이 아니며 행위로 되는 것도 아니다. 물론 과학이나 예술로 되는 것도 아니며, 선행이나 자기 개선으로 되는 것 역시 아니다. 오히려 그 일은 믿음과 회심을 통해서만 가능하다. 성경은 구원 계획에 대해 다양하고도 풍성한 이름으로 설명한다. 하나님의 구원 계획은 건조한 교의적 묘사 정도에 그치지 않는다. 단순히 추상적인 개념 안에만 갇혀 있지도 않다. 오히려 하나님의 구원 계획은 생명 안에서 드러나며 어떤 과학적 탐구나 질문 방식으로는 설명할 수 없는 종교적 심리학을 우리에게 제공한다. 왜냐하면 구원의 모든 방식과 단계들은 모두 하나님의 사역이기 때문이며 하나님의 뜻의 결과요 성취이기 때문이다. 하나님의 뜻은 인간 안에서 성취되며 인간의 의식과 의지 안에서 실현된다. 그러므로 하나님의 의지는 인간론적 관점에서도 논의·묘사될 수 있다. 선지자와 사도들의 독특한 인격과 경험들은 구원의 과정에 대한 여러 다른 이름들 속에서 드러난다. 구원 계획을 어떤 관점과 시각에서 보든지 상관없이 구원은 항상 하나님의 자녀가 된 결과이다. 그러므로 어느 누구도 하나님의 자녀가 되기 위해 문화인이 되어야만 하거나 혹은 과학과 예술에 출중한 문명인이 될 필요가 없다. 물론 문화, 과학, 예술, 문명은 모두 선하고 좋은 것들이다. 하지만 이 중 그 무엇도 하나님과 신적 교제를 맺게 만들어 줄 수 없다. 하나님과 신적 교제를 하기 위해서는 반드시 거듭나야하며, 변화되어 새사람이 되어야한다. 이를 좀 더 통용화 된 용어로 표현하자면 하나님과의 영적인 교제를 위해서 사람은 반드시 회심해야 한다. 회심은 천국으로 향하는 유일하고도 가장 완전하게 독특한 길이다.

기독교 증인들은 회심에 대해서 인간의 양심에서 단번에 일어나는 일로 보았다. 이는 분명한 사실인데 그 이유는 만약 참된 구원이 존재한다면, 이 구원은 그 어떤 것들보다도 죄로부터의 구원을 반드시 포함해야만 하기 때문이다. 모든 사람들은 선과 악에 대한 개념 즉 양심을 가졌다. 이 양심을 통해 선악을 분별하며 죄책과 불결함에 대한 의식, 처벌에 대한 두려움, 구원을 향한 소망 등을 품게 된다. 하지만 인간의 양심은 죄로 인해 심각하게 왜곡되었기 때문에 양심 그 자체가 구원의 길이 될 수 없다. 그럼에도 불구하고 사람들은 죄의 무게를 최소화시켜 단순히 우연적이고 우발적인 산물로 죄의 특성을 재구성하기에 이른다. 그 결과 사람들은 지식과 행위를 통해 스스로를 구원하려고 노력에 노력을 거듭하게 되었다. 이와 반대로 어떤 사람들은 죄를 지나치게 최대화시켜 절대 없어지지 않을 존재로 여겼고 그 결과 죄 혹은 악을 존재 혹은 본성 그 자체와 동일시해버리고 말았다. 이에 대한 서로 다른 관점은 부처, 마호메트, 마니, 소크라테스, 플라톤 사이에서 혼동을 가져왔다. 기독교회 속에서도 이와 같은 관점들이 언제나 존재했다. 오늘날 일부 설교자들은 죄를 지나치게 무겁게 인식할 필요가 없다는 식으로 설교한다. 그 이유를 죄는 습관, 상태, 마음의 성향이 아니라 개인과 사회, 자연과 문화 사이에 존재하는 갈등으로부터 매우 자연스럽게 발흥하는 전적으로 임의적인 의지 행위라고 보기 때문이며 그 결과 죄를 대단히 쉽게 정복할 수 있는 존재로 여기기 때문이다.[51] 이와 반대로 죄를 어린 아이들 속에 보이는 이타적 성향을 지배하는 거대한 자아중심적 본능과 열정으로 규정하여 시대착오적 혹은 인간본성적으로 범죄자 유형 속에서 영향력을 행사하는 존재 정도로 보는 사람들도 있었다.[52]

죄를 바라보는 이 두 가지 관점은 타고난 이기적 성향 즉 동물성과 육욕성 그 자체는 죄가 아니라는 식으로, 혹은 노년 중 이런 이기적 성향들이 사회적 이익과 충돌을 일으킨 채 죄책과 오점을 낳지 않고 오히려 치료가 필요한 악함이나 병 정도로 발전한다는 식으로 접근했다.[53] 소위 기독교 학문 속에서도 죄를 결과론적으로는 질병의 범주 안에 넣었고 죄와 질병 둘 다를 오직 사고를 통해 치유될 수 있는 생각의 오류 혹은 환상 정도로 여겼다.[54] 이런 생각은 결국 이교우상숭배의 근본적 오류로 되돌아갈 뿐이다. 왜

---

51 이메르송(Emerson)의 잘 알려져 있는 다음과 같은 말 "우리는 우리의 죄와 관계를 덜 맺을수록 더 좋다"를 참고하라. Ph. Vivian, *The Churches and Modern Thought* (London: Watts and Co., 1907), 208ff.; F. R. Tennant, *The Origin and Propagation of Sin* (Cambridge: Cambridge University Press, 1906). W. R. Inge, *Personal Idealism and Mysticism* (New York: Longmans and Green, 1907), 171. Lodge, *The Substance of Faith*, 46ff. Cf. John M. Edwards, "The Vanishing Sense of Sin," *Presbyterian and Reformed Review* (October 1899): 606-16.
52 러벅(Lubbock), 롬브로소(Lombroso), 바제호트(Bagehot) 등을 살펴보라. Cf. Wynaendts Francken, *Sociale Vertoogen* (Haarlem, 1907), 245ff.
53 R. P. Mees, *Wetenschappelijke Karakterkennis* ('s-Gravenhage: Nijhoff, 1907), 63.
54 James, *Varieties*, 63.

냐하면 이런 생각 속에서는 하나님의 거룩하심이 사라지게 되며, 결국 신들과 자연의 힘이 서로 동일시 될 뿐 아니라, 죄와 비참함 사이의 구별, 죄로부터의 구원과 비참함으로부터의 안심 사이의 구별이 상실되기 때문이다. 한층 더 발흥하는 현대 미신과 돌팔이의료는 서로가 서로에게 기댄 채 존재한다. 만약 자신이 의존하는 능력으로 인해 개인적 거룩함의 특성이 사라진다면, 아마도 그 사람은 더 이상 자신을 죄인으로 느끼지 않을 것이며 자신이 얼마나 능력 없고, 무능하고, 비참한 피조물이라는 사실을 깨닫지 못하게 될 것이다. 그 결과 더 이상 윤리적 구원을 갈망하지 않게 되며 오히려 육체적 치료나 육체적 평안함만을 추구하게 될 것이다. 만약 이런 치료나 평안함을 의사로부터 찾을 수 없을 때 그들은 사기꾼이나 떠버리(혹은 돌팔이)들의 미신과 마술적 방식들에 자신을 내어 맡기게 될 것이다.

기독교 홀로 이런 모든 경향들과 대척점에 선 채 죄에 대한 순수하고도 윤리적인 특성을 유지한다. 기독교는 이를 창조와 타락 사이를 구별함을 통해 이룩해나간다. 죄를 존재의 본성과 동일시하는 모든 체계들 속에서 창조는 타락으로 변했고, 성경이 말하는 타락은 마치 동물적 무죄가 인간 의식의 상태로 발흥된 것처럼 인류의 삶 속에 벌어지고 있는 괄목할 만한 진보의 상징으로 여겨졌다.[55] 이런 사고방식 속에서 실제로 모든 것들의 질서는 타락으로 인해 뒤집히고 말았고, 하나님은 죄의 저자가 되어버렸을 뿐 아니라, 뱀은 인간 진보의 저자가 되어버렸다. 그러므로 영지주의 분파들 중 하나인 오피스파(Ophites)가 하나님을 불행한 데미우르고스(demiurge) 정도로 여기고 뱀을 축복 받은 신으로 여긴 것은 오피스파 스스로에게는 지극히 논리적 행동이었다고 볼 수 있다. 사실 최근 의지주의적-범신론 철학 내에서는 하나님께서 인간을 구원하신 것이 아니라 인간이 하나님을 구원하는 방향성을 갖는다. 하지만 성경은 창조와 타락을 구별하고 분리시킴을 통해, 동

---

55   Hall, *Adolescence*, II, 72.

시에 그 구별에 의해 구원의 가능성을 유지시킴을 통해 본래 질서를 회복한다. 만약 동물성과 육욕성이 죄와 동일한 개념이고 그 기원이 인간 본성과 인간 후손 안에 존재한다면, 그런 본성을 멸절시키는 것 이외에는 다른 가능한 구원 방법이 없을 것이다. 이런 상황 속에서의 천국은 참된 생명의 가장 뛰어난 확장이라기보다는 모든 의식, 의지, 인격의 멸절일 것이고, 아무것도 없음의 심연일 뿐 아니라, 영원한 죽음으로 빠져 들어가는 것이 될 뿐이다. 반대로 만약 죄가 윤리적 특성을 포함한다면, 구원은 가능한 이야기가 된다. 회심이야말로 죄를 정복하는 근본적 원리이며 옛 자아의 죽음과 새 자아의 부활이 일어날 수 있는 사건이다.[56]

회심은 모든 사람들에게 필요한 도덕적 의무이기도 하다. 만약 기독교가 회심의 안전한 필요성을 주장한다면 기독교는 모든 양심의 증언들과 인류 전체의 교리와 삶에 참여해야 한다. 모든 사람들은 자신들이 반드시 그렇게 되어야만 하는 상태를 가진 채 살아가지 않는다는 사실에 대한 강한 확신을 갖는다. 부정할 수도 없고 멀리 할 수도 없는 성향과 의무 사이에는 분열이 존재한다. 인간들은 지마다 다 망가져있다. 통일성과 조화가 사라졌다. 이런 이상한 상황 속에서 가장 이상한 것은 인간은 성향과 의무 사이에서 서로 갈등하는 두 인격체를 지닌 것이 아니라 언제나 하나의 인격을 갖는다는 점이다. 이 인격은 숙달과 통달을 위해 열심히 함께 노력해나가는 **우리의** 개념, 형상, 성향, 욕구이다. 인간의 인격은 인격 그 자체를 비난하고 정죄하는 바로 그 인격과 같은 주체이며, 죄악 된 욕구에 기꺼이 자기 자신을 내어주는 바로 그 인격일 뿐 아니라, 회개와 애통함 가운데 가슴이 찢기는 경험을 하는 것도 바로 그 인격이며, 기쁨이 차올라 슬픔을 경감시키는 것도 바로 그 인격이다.[57] 인류 역사 전체 속에서 삶의 분열에 대한 애끓는 불만은 늘 우리의 뇌리를 울렸다. 이런 불만에 대한 가장 정제된 표현들은 시인들의 노래 가운

---

56 Henry Scott Holland, *Vital Values*, 107-10.
57 A. Höfler, *Grundlehren der Psychologies* (Leipzig: G. Freytag, 1905), 108.

데 즐비했다. 하지만 각 개개인은 이런 어려움을 각자의 개인적 경험 속에서 깨닫고 느꼈다. 모든 종교가 바로 이런 개인 경험을 통해 움직여간다. 이런 개인 경험을 개혁하고자 하는 노력들이 이런 경험으로부터 시작되고 진행되었다. 모든 윤리학은 서술적 묘사 다음에 뒤따라 나오는 명령형 어조를 가정한다. 모든 철학들은 마음의 안정을 되찾기 위해 노력할 뿐 아니라 자신이 이해한 것을 만족하기 위해 열심을 다한다. 회심의 본질과 방식에 대해서 서로 다른 의견이 있을 수 있다. 하지만 회심의 필연성은 모든 의견 차이를 초월한 채 존재한다. 모든 인류는 타락의 진리를 선포해야 한다.

회심이 일어나는 방식은 정말로 다양하다. 성경은 회심을 가리켜 각 사람에게 일어나는 종교적, 도덕적 변화라고 선명히 말한다. 회심을 통해 죄악된 길을 버리고 그리스도 안에서 자기 자신을 계시하신 참된 하나님을 전심으로 알고, 사랑하고 섬기는 것을 배우는 것이 바로 성경이 말하는 회심이다. 동시에 성경은 이런 회심 개념을 폭넓게 적용하는 것을 용납할 뿐 아니라, 회심 과정 그 자체를 회심이 일어나게 만드는 방식과 구별한다. 성경은 이스라엘의 회심과 이방인의 회심에 대해 논하며, 개별적인 회심, 마을의 회심, 사람들의 회심에 대해서도 언급한다. 성경은 나다나엘, 니고데모, 삭개오, 막달라 마리아, 바울, 디모데의 회심을 기록하면서 서로 다른 모습으로 회심이 일어나는 모습을 그린다.[58] 기독교가 사도들의 설교를 통해 이방 세계를 정복하기 시작했을 때의 회심은 우상을 버리는 결정과 동반되어 오직 살아계신 하나님만 섬기는 결심과 함께 나타났다. 신약성경은 그리스-로마 시대 때 유대교에서 기독교로 개종하는 사람들의 모습을 그리고 있다. 이런 측면에서 신약성경은 사도들의 사역을 통해 성취된 선교사역에 관한 문서

58 Johannes Herzog, *Der Begriff der Bekehrung im Lichte der heiligen Schrift, der Kirchengeschichte, und der Forderung des heutigen Lebens* (Giessen: J. Ricker [Töpelmann], 1903), 21ff. Jacques de la Combe, *Les nouveau nés de l'Esprit* (Paris: 1905), 133ff.

이다.[59] 교회가 이후에 자신의 입지를 전 세계 가운데 굳건히 구축하게 되면서 교리문답을 통한 이방인들의 개종이 다소 줄어들었을 때도 회심의 본질은 그대로 유지되었지만 회심의 형태는 다소 다르게 변화되었다. 유아 세례 의식 가운데 회심과 중생 사이의 차이점이 고백되었고, 회심을 오래 전 마음속에 심겨진 새 생명에 대한 의식으로 이해하기 시작했다.

회심에 대한 이런 묘사는 이방인들 가운데서 일어나기 힘든 영적 부흥을 통해 증명되었으며, 오직 기독교회라는 영역 내에서만 일어났다. 종교 심리학은 부흥회 등지에서 일어나는 회심이 반드시 꼭 갑작스러울 필요가 없다는 제안을 했다. 오히려 종교 심리학은 회심을 이전에 받았던 인상과 감정의 회복 정도로 이해했고, 정신과 의식의 기저 속에서 벌어질 뿐 아니라, 특별한 상황이 가진 힘에 의해 새 생명이 다시금 싹 틀 수 있다고 보았나.[60] 삼리교파의 오류는 감리교파가 잠자는 교회들을 깨운 것과 무의식적인 삶을 의식적인 행동으로 자극시킨 것과는 아무 상관없다.[61] 오히려 감리교파의 오류는 교회의 유기적 존재성에 대해 충분히 인식하지 못했던 것과, 이로 인해 은혜 언약에 대해 오해했던 것, 그리고 단 한 가지의 결정된 회심의 형태만을 주장한 결과 모든 사람들이 반드시 그 결정된 회심의 형태만을 추구함을 통해 다소 인위적으로 회심에 대해 이해한 것과 상관있다. 만약 이런 식으로 회심을 이해하면, 인간 주체와 성령의 사역 사이가 혼동되고 본질은 형식에 희생당하게 될 뿐 아니라, 때때로 매우 이상한 형태의 회심이 등장하게 되며, 결국 성경의 진지함과 풍성함이 상실된다.

회심의 본질과 중대성은 성경 전반에 걸쳐 모호함 없이 뚜렷하게 드러난다. 동시에 성경은 회심 사건의 다양성을 지속해서 증거한다. 마리아와 마르

---

59 John W. Diggle, *Short Studies in Holiness* (London: Hodder and Stoughton, 1900), 47ff.
60 Starbuck, *Psychol. of Religion*, 85, 108, 158.
61 편집자 주: 1909년 번역본에서는 감리교파에 대한 이런 간략한 지적이 전부 다 삭제되어있다.

다는 매우 다른 종교 성향을 지녔던 인물들이었다. 하지만 예수께서는 마리아와 마르다 둘 다를 사랑하셨다. 사도들 역시 은사와 특성이 서로 달랐다. 하지만 그들 모두 다 주 예수 그리스도의 제자들이었다. 기독교회 내에서도 아우구스티누스와 아시시의 프란치스코, 루터와 칼뱅, 웨슬리와 친첸도르프는 서로 다른 길을 걸어갔다. 하지만 이 모든 인물들은 전부 다 같은 성부 하나님의 집에 거하는 하나님의 자녀들이었다. 영적 생활의 다양성에 대해 인식하는 한, "건강한 정신"과 "병적인 영혼" 사이의 구별이 반드시 정죄 받을 대상이 아니라는 것을 이해할 수 있다.[62] 모두가 똑같은 죄책 경험과 은혜 경험을 갖는 것이 아니다. 죄에 대한 보다 더 깊이 있는 이해, 용서에 대한 보다 더 풍성한 위로는 기독교 신앙의 뿌리라기보다는 열매에 더 가깝다.[63] 복음은 대단히 풍성하다. 인류가 가진 서로 다른 요구들을 만족시켜줄 수 있는 것은 복음 외에는 없다. 인간 본성의 가장 풍성한 능력이 복음 안에서 발견되며 발전된다. 복음은 언제나 매력적인 존재였다. 왜냐하면 복음은 죄가 가진 모든 죄책에 대한 용서를 약속하기 때문이다. 모두가 복음에게 매력을 느낄 수밖에 없는 이유는 복음은 여전히 새로운 삶, 거룩한 삶을 갈망하기 때문이다.[64] 공관복음과 요한복음, 바울서신, 베드로전후서, 야고보서 등은 모두 서로 다른 교회, 서로 다른 사람들, 서로 다른 시간과 서로 다른 공간 안에서 벌어진 다양한 영적 징후들에 대해 우리에게 깨우치는 역할을 감당한다. 하나님을 두려워하고 의롭게 살아가는 사람들은 어떤 나라 속에서도 하나님께서 받으신다.

그럼에도 불구하고 회심은 반드시 회심으로 머물러야 한다. 과학이나 철학은 회심에 대해 아무런 말도 할 수 없다. 회심이 무엇인지에 대해 우

62 James, *Varieties*, 78-165.
63 Herzog, *Der Begriff der Bekehrung im Lichte der heiligen Schrift, der Kirchengeschichte, und der Forderung des heutigen Lebens*, 103.
64 Herzog, *Der Begriff der Bekehrung im Lichte der heiligen Schrift, der Kirchengeschichte, und der Forderung des heutigen Lebens*, 99ff.

리에게 유일하게 가르쳐주는 것은 성경이다. 만약 성경이 회심에 대해 아무 말도 하지 않는다면, 혹은 성경이 말하는 것이 전혀 신뢰할 수 없는 것이라면, 이 세상과 인류의 구원은 절망 속으로 깊숙이 빠져버리고 말 것이다. 철학은 칸트와 쇼펜하우어의 입술을 통해 우리에게 무엇인가를 가르친다. 하지만 칸트와 쇼펜하우어도 기독교의 영향력 아래 위치한다. 만약 죄를 인간 본성으로부터 실제로 제거할 수 있다면, "일종의 거듭남"(eine Art Wiedergeburt)은 필수적 과정일 것이다. 하지만 이런 회심이 존재한다는 쾌보는 절대 선포될 수 없을 것이며, 어떤 방식으로 이런 일종의 거듭남을 경험할 수 있을지에 대해서도 알 수 없다. 종교 심리학은 인류학적 관점에서 각종 현상들을 영적 회심 현상과 연결한다. 이를 위해 종교 심리학은 다른 종교에서 일어나는 현상들과의 비교와 비유를 통해 각종 인류학적 현상들을 묘사하고 있다. 하지만 자기 자신도 깨닫고 있다시피,[65] 종교 심리학은 인류학적 현상들의 핵심과 원인에까지 관통해 들어가지 못한다. 오히려 종교 심리학은 위험을 자초하는데 만약 종교 심리학이 성경의 인도를 거부한다면 각종 현상들이 인류학적 관점 속에서만 배타적으로 설명되기 때문에, 감리교파에서 그랬던 것처럼 본질이나 알맹이가 형식이나 껍질에 희생당하고 말 것이다.[66]

인격의 모든 변화들은 심리학적으로 볼 때 일견 회심과 같아 보인다. 타락도 구원과 중생만큼이나 의식 속에서 벌어지는 큰 변화이다. 도덕적인 사람이 술고래, 주색을 탐하는 자, 도둑, 살인자가 되는 것은 탕자가 아버지의 집으로 다시 되돌아가는 것만큼이나 큰 "회심"이다.[67] 만약 회심과 연결된 특징적 현상들이 부족하다면, 일부는 아마도 회심 자체가 실제로 일어나

---

65 James, *Varieties*, 196 ff., 242-70. Coe, *The Spiritual Life*, 144.
66 편집자 주: 1909년 번역본에서는 이 부분도 생략되어 있다. 여기에서 바빙크는 자주 사용하는 비유인 알맹이-껍질 비유를 사용한다.
67 James, *Varieties*, 178ff., 201, 203.

지 않는다든지 혹은 회심은 전혀 필요 없는 것이라는 식의 급한 결론을 내
릴 것이다. "두 번 태어나는" 개념과 범주가 존재한다면 "단 한 번 태어나는
사람"의 범주 혹은 회심이 필요 없는 의로운 사람의 범주도 존재할 것이다.[68]
종교 현상의 다양성은 회심이 실제가 아니며, 모든 회심들은 모두 그 자체
들 속에서 동등하게 실제적일 뿐 아니라, 각 사람은 자신의 고유한 방식으
로 구원에 이를 수 있다는 식으로 급한 결론을 내리게끔 이끈다.[69] 그러므로
이런 심리적 고려 속에서는 생명이 생체 해부 속에서 소멸되는 것처럼 회심
의 본질 역시 사라지게 된다. 경험적 현상들만을 다루는 실용주의는 본질적
으로 유명론적 관점을 지니기 때문에 결과론적으로 볼 때 상대주의로 흐를
수밖에 없다.

성경과 경험 둘 다 모든 근본적인 구별들을 사라지게 만드는 것들에 대
해 반대를 표한다. 왜냐하면 성경과 경험은 회심을 인간의 삶 속에서 자주
일어나는 많은 의식의 변화들 중 하나 정도로 보지 않기 때문이다. 오히려
성경과 경험은 회심이 구체적인 특징들을 가진다는 사실에 대해 증거한다.
성경과 경험은 인간의 전인이 변화되고 전심을 다한 회개와 죄를 향한 깊은
혐오, 하나님 안에서 살아 있는 기쁨을 누리며 하나님의 의지를 성취시키는
데 순전한 갈망을 가질 때 참된 회심이 일어났다고 본다. 참된 회심은 죄로
가득 찬 옛 자아가 죽고 새롭고 거룩한 새 자아의 부활이 포함된 사건이다.[70]
"모든 거룩한 사람들은 두 번 태어난 사람들이다."[71] 왜냐하면 사람은 본성
상 거룩함을 소유할 수 없을 뿐 아니라 하나님을 전심으로 사랑하고 하나님
의 계명에 순종하려는 열망을 가질 수 없기 때문이다. 칸트와 쇼펜하우어가
인간 본성에 내재한 극단적 악에 대해 줄기차게 언급했을 때 이런 그들의

---

68 James, *Varieties*, 78ff.
69 James, *Varieties*, 162, 374, 377, 487.
70 Heidelberg Catechism, 문답 88-90. Cf. Gennrich, *Die Lehre von der Wiedergeburt, die
Christl. Zentrallehre in dogmengesch. u. religionsgeschichte Beleuchtung* (Leipzig, 1907).
71 John W. Diggle, *Short Studies in Holiness*, 25ff.

언급 속에서도 진리가 자리 잡고 있었다. 스탠리 홀은 다음과 같이 옳게 질문했다. "진실하고 참된 자기 지식을 가진 사람이 자기 영혼 안에 범죄, 악, 정신 이상, 미신, 어리석음의 배아와 가능성이 없다고 과연 고백할 수 있겠는가?"[72] 제임스 역시 다음과 같이 인정했다. "건전한 정신은 철학적 교리처럼 부적절하다. 왜냐하면 긍정적으로 설명하는 것을 거부하는 악이 존재한다는 것은 실재의 한 부분이기 때문이다."[73]

성경과 기독교가 가르침에도 불구하고 회심의 가능성과 실재에 대해서는 실로 다양한 의견들이 존재한다. 하지만 만약 회심이라는 것이 존재한다면, 회심의 원천과 원인은 인간의 표상과 능력의 심리적 작동과는 다른 무엇일 것이다. 종교 심리학은 회심이 어떤 결정에 대해서도 선포하지 않을 것이라고 옳게 말했다.[74] 제임스는 이 보다 좀 더 나간 재 실새 그 사체는 무의식 속에서 드러나며, 이런 무의식 속에서 숨겨진 능력과 개념들이 일하기 시작할 뿐 아니라, 하나님의 자비가 "부지불식간의 문"을 통해 작동하기 시작한다고 주장했다. 제임스는 스스로를 가리켜 약간 수정된 형태의 초자연주의자라고 불렀다.[75] 이런 종류의 초자연주의가 종교 경험 속에서 인시된다는 것은 분명한 사실이다. 왜냐하면 만약 역사 속의 계시, 특별히 그리스도의 인격과 사역 안에서의 계시가 거부된다면, 종교의 진리와 권리는 종교적 주체 안에서 계시를 수납함을 통해서만이 유지될 수 있기 때문이다. 만약 종교가 하나님과의 실제적 교통이라면, 이런 종교는 인간의 영혼 안에 하나님께서 내주하시고 사역하신다는 의미를 포함하는 종교이다. 그러므로 성경과 신학은 항상 하나님과 인간 사이의 교제에 대해 신비적 연합(unio mystica) 교리 속에서 가르치고 주장했다. 하지만 주관적 주체 안에서의 이런 계시가 자연과 성

72 Hall, *Adolescence* II, 86.
73 James, *Varieties*, 163.
74 본 장의 각주 65번을 참고하라.
75 James, *Varieties*, 230ff., 270, 501, 520 ff.

경 안에, 역사와 교회 안에 존재하는 모든 객관적 계시와 동 떨어져 있다면, 이런 계시는 모든 종류의 오류로 향하는 문을 활짝 열게 될 것이다. 이런 주관적 계시는 인간의 "부지불식간 의식" 안에서 작동하는 것 그 "이상"보다 더 많은 것을 만들어 낼 수 없으며, 주관적 주체의 본성과 환경의 영향 아래서 해석될 수밖에 없다.[76] 이런 상황 속에서 실용주의는 모든 종교들에 대한 무관심으로 우리를 이끌 뿐이다.

이런 종교적 무관심주의는 우리의 모든 경험들과 충돌을 일으키며 가장 강한 형태로 기독교와 모순에 부딪힌다. 왜냐하면 하나님과의 교제를 가능하게 만들어 주는 회심은 화해 없이 절대 일어나지 않기 때문이며, 오히려 잠시 동안이든지 아니면 오랜 세월에 걸쳐서든지 이전에 받았던 표상과 인상들과 연결된 상태에서 회심이 일어나기 때문이다.[77] 회심은 항상 우리 전에도 있었고 우리가 없었을 때도 다양한 형태로 존재했던 역사적 기독교와 연결된 채로 이루어진다. 그러므로 우리는 회심을 통해 역사적 기독교와 영혼 속에서 조화를 이루게 된다. 우리 자신들이 자발적으로 회심을 만들어낼 수 없다. 오히려 회심은 우리로 하여금 종교 영역 내에서 확고한 확신을 불러일으키며 우리에게 다가온 거듭남의 순간을 깨닫게 만들어준다. 종교적 표상들은 우리의 개인적 감정의 주관적 해석 정도로 남아 있지 않는다. 어린아이들은 말할 수 있는 기능을 가졌지만 말 그 자체를 만들어 낼 수 없다. 오히려 아이들은 엄마의 입술로부터 흘러나오는 말의 보물들을 전체적으로 수납하는 과정을 거치며 말을 배운다. 이와 마찬가지로 회심도 개인적 감정의 주관적 해석들을 수납하며 형성해내는 과정을 거친다. 인간은 어떤 식으로든지 사고(denkende)를 통해 진리와 종교를 만들어낼 수 없는 존재이다.

---

76 James, *Varieties*, 433, 513-25.
77 부지불식간 의식 속에서의 초자연적 요소와 작동에 대한 거부는 마이어스와 제임스를 반대하는 맥락 속에서 퍼스(Peirce), 재스트로(Jastrow), 스탠리 홀(*Adolescence*, I, preface, II, 43)에 의해 이루어졌다.

오히려 인간들은 각종 질문과 연구를 통해 인간 밖에 독립적으로 존재해왔던 진리에 대해 배우고 알게 되는 것이다. 그러므로 종교 경험은 종교적 진리의 원천도 아니요 토대도 아니다.[78] 종교 경험은 이미 존재해왔던 진리와 우리를 연합시키는 역할만을 할 뿐이며, 이전에는 비어 있는 소리로 여겼던 혹은 심지어 거부하고 반대했었던 진리를 깨닫게 만들어주는 역할을 감당한다. 회심은 진리의 원천이 아니다. 오히려 회심은 진리에 대한 확신의 원천이다. 우리는 회심을 통해 우리 밖에 존재했었던 종교적 표상들을 마음속의 증거로 간직하게 된다.

역사적 기독교는 종교 감정에 의존했었을 때가 있었고, 반대로 종교 감정과는 독립성을 가진 채 자율성을 추구했을 때도 있었다. 많은 사람들은 이 질적이고도 굳은 교의에 대해 외부적 권위를 부여해야 하는지, 맹목적으로 믿어야 하는지, 아니면 지적 동의를 해야 하는지에 대한 딜레마에 빠졌다. 아니면 종교 생활을 개인 경건의 방향성 속에서 해나가야 하는지에 대한 딜레마도 있었다.[79] 하지만 현실은 이와는 꽤 달랐다. 우리는 세상의 실재를 만들어 낼 수 없다. 오히려 눈을 크게 뜨고 세상의 실재를 인식할 뿐이다. 즉 우리는 사고를 통해 진리를 만들어 낼 수 없으며 오히려 사고를 통해 진리를 찾고 구할 뿐이다. 이처럼 우리와 같은 종교인들은 하나님께서 완벽하게 자유롭고 자발적으로 우리에게 계시해주신 영적인 실재들을 수납하는 존재일 뿐이다. 이전에는 눈이 어두워서 보지 못했으나 이제는 보이게 된 것이다. 자연인이었을 때는 깨닫지 못했던 것들을 이제는 이해하게 된 것이다. 거듭남을 통해 하늘나라로 들어가게 된 것이다. 하나님의 뜻을 사랑함을 통해 예수께서 스스로의 뜻을 말씀하지 않으시고 오히려 성부 하나님의 뜻을

---

[78] P. T. Forsyth, "The Distinctive Thing in Christian Experience," *Hibbert Journal* (April 1908): 481ff.

[79] Auguste Sabatier, *Les Religions d'Autorité et la Religion de l'Esprit* (Paris: Librairie Fischbacher, 1904).

말씀하고 계신다는 사실을 깨닫게 된다. 거듭난 사람은 예수의 목소리에 청종하며 그 분의 목소리의 뜻을 이해하게 된다. 왜냐하면 거듭난 사람만 예수의 말씀을 듣고 인내할 수 있기 때문이다.

회심은 기독교가 늘 가르쳐왔던 흔들림 없는 확신을 만들어낸다. 만약 회심이 기껏해야 감정 문제라면, 아니면 마음속 신비주의 정도로 제한된다면, 객관적 말씀과 기독교의 역사적 사건들에 대한 인격적 관심을 불러일으킬 수 없을 것이다. 하지만 경험은 이와는 다른 무엇인가를 우리에게 말한다. 회심은 기독교와 연결된 채 일어난다. 믿음은 바라는 것의 실상이요 보이지 않는 것들의 증거다. 왜냐하면 믿음은 믿을만한 지식(cognitio)이기도 하며 지식적인 신뢰(fiducia)이기도하기 때문이다. 믿음은 표상들의 무리를 통해 처음 만들어지며, 이런 표상들과 연결 된 채로 우리 마음속에서 피어오를 뿐 아니라, 표상들과 우리를 불가역적으로 묶는 역할 또한 감당한다. 회개와 믿음, 슬픔과 기쁨, 죽음과 부활로 대변될 수 있는 회심은 본질적으로 인간의 전인(全人) 즉 인간 존재와 의식을 변화시키며 이전에 살지 못했던 새로운 땅 위에 존재하는 다양한 표상들과 회심한 자들을 연합시킨다. 이런 표상들도 서로 상호 의존 상태로 존재한다. 회심 때 겪는 표상들에 대한 경험은 심리적으로, 논리적으로 볼 때 태어날 때부터 속해있었던 기독교 범주 안으로, 아니면 이후에 편입되었던 기독교 범주 안으로 우리를 연합시킨다. 주체와 객체, 인간과 세계, 자연과 계시가 조화롭게 화해하는 표상들은 기독교가 가진 적지 않은 공로이다.[80]

죄책 의식과 비참함을 깨달음으로부터 시작해서 그리스도를 통해 하나님 안에서 참된 기쁨으로 발전하게 되는 회심의 전체 과정은 시종일관 심리학의 범주 내에서 논의되었다. 회심을 심리학적으로 이해할 때는 아무리 우리 영혼의 깊은 곳까지 면밀히 살펴본다하더라도 이런 심리학적 회심이 우

---

80 Reinhold Seeberg, *Grundwahrheiten der christliche Religion* (Leipzig: Salzwazzer, 1903), 11-37.

리를 하나님과 대면하게 만들어 줄 수 없다. 무의식, 황홀경, 환영, 꿈, 사색 등은 신비주의가 오랜 세월 그래왔던 것처럼 우리를 하나님 앞으로 가까이 다가가게 만들어 주지 못한다. 왜냐하면 우리는 보이는 것을 통해 걸어가는 사람이 아니라 오히려 믿음을 통해 걸어가는 사람들이기 때문이다. 믿음은 우리의 마음속에서, 우리 주변을 감싸는 세계로부터, 성경을 통해 우리에게 다가오는 계시 안에서, 도저히 해결 할 수 없는 모든 종류의 어려움들 속에서 일어난다. 하지만 만약 하나님께서 우리를 인격적으로 구원할 것이라는 확신을 마음 속 깊숙한 곳에서부터 가진다면, 혹은 하나님께서 태초부터 우리를 구원하셨다는 사실에 대해 확신한다면, 이런 확신과 믿음은 역사 속 우리 밖에서 드러난 계시에 근거하는 확신이 되어야 한다. 이런 믿음과 확신은 이 세계와 인류가 영원 사망, 어두운 밤, 끝이 보이지 않는 구렁텅이로 빠지게 될 것이 아니라, 오히려 영원한 빛과 영광으로 들어가게 될 것에 대한 확신을 포함한다. 모든 바람과 바다를 잠잠하게 만드는 하늘에 계신 성부 하나님의 전능한 뜻 그 자체는 그 어떤 본성의 능력과 죄의 힘을 초월하는 뜻이다.

우리 마음속에 일어나는 회심과 믿음은 성부 하나님의 뜻과 의지의 열매이다. 물론 회심은 각 사람의 개인적 특성과 환경에 따라 각종 심리적인 방식을 통해 일어나지만, 그럼에도 불구하고 회심은 우리 안에 소원을 두고 자신의 기쁘신 뜻에 따라 행하시는 하나님의 의지와 뜻의 계시라고 볼 수 있다. 우리는 우리 고유의 증거들을 통해 모든 시대의 교회와 성경의 증인이신 성령 하나님의 증언을 듣는다. 하나님의 자녀들의 모든 영혼들은 이런 증인들을 통해 든든히 서 간다. 비록 의심의 파고는 높아져가지만, 하나님은 회심을 통해 자신의 사랑의 항구로 우리를 안전하게 늘이신다.

8장: 계시와 종교 경험 핵심 해제

■ 핵심 메시지

바빙크는 본 장에서 회심(回心, conversion)의 맥락 속에서 바른 종교 경험의 핵심 본질이 무엇인지에 대해 탐구한다. 바빙크는 본 장 전반에 걸쳐 구원의 순서(the *ordo salutis*) 중 매우 중요한 위치를 차지하는 회심의 정수(精髓)에 대해 특유의 선명한 필치로 바르고 건강한 지식을 우리에게 선사하고 있다. 본 장의 핵심 메시지는 다음과 같은 단문으로 표현 가능하다.

> 주관적 종교(*religio subjectiva*) 앞에는 항상 객관적 종교(*religio objectiva*)가 선행한다(383).

바빙크에게 주관적 종교란 인간의 자의적인 감정, 느낌, 의식, 심상, 경험 등에 근거한 종교를 뜻하며, 객관적 종교란 계시, 신적 기원, 삼위일체 하나님의 본성과 속성에 근거한 종교를 뜻한다. "주관적 종교(*religio subjectiva*) 앞에는 항상 객관적 종교(*religio objectiva*)가 선행한다"라는 바빙크의 문장 속에는 크게 다음과 같은 세 가지 진리가 꿈틀대며 살아 움직이고 있다. (1) 종교의 근본적 토대는 주관적 경험이 아니다. (2) 지나친 종교 감정, 즉 무의식적 황홀경이나 무아지경 상태가 종교의 핵심이 아니다. (3) 회심은 객관적 종교에 근거한 주관적 경험이다.

첫째, 바빙크가 살았던 당시 시대는 자연과학적 경험론이 판 쳤던 시대였다. 이런 경험론적 시대는 주관적으로 경험되지 않은 지식은 더 이상 지식이 아니라고 용감히 외쳤던 시대였다. 바빙크는 그 당시 학문 토양을 다음과 같이 묘사한다.

> 오직 하나의 과학 혹은 기껏해야 두 개의 과학 즉 자연과학과 역사과학이 존재
> 한다는 인식 자체는 여전히 사라지지 않았다. 그 결과 경험적 방식과 역사적 방
> 식이라는 오직 두 개의 과학적 방식만이 받아들여지게 되었다. 만약 신학이 학문
> (wetenschap)이 될 수 있다면, 혹은 만약 신학이 보이지 않는 세계와 신적 존재들에
> 대한 믿을만한 지식이 될 수 있다면, 자연과학과 역사과학이 그랬던 것처럼 신학의
> 영역 내에서도 자연과학적 방식과 역사과학적 방식이 반드시 적용되어야만 했다.
> 이런 상황 속에서의 신학은 결국 반드시 경험론적 학문이 되어야만 했다(381-382).

바빙크는 신학도 강제적으로나마 반드시 경험론적 학문이 되어야만 했던
당시 학문의 압박적 풍토에 개탄을 금하지 못한다. 신학의 대상은 무한한 영
이신 하나님임에도 불구하고 무한한 영이신 하나님을 과학적 사고관, 경험
론적 학문 방식으로 재단하려 했던 당시의 학문적 풍토를 향해 바빙크는 지
극한 경계를 표한다. 바빙크가 줄곧 외치는 경계의 논지는 다음과 같다.

> 만약 이런 식으로 종교에 대해 해석한다면 이런 종교는 더 이상 교리도 없고, 어
> 떤 개념, 역사, 예배 즉 권위에 근거한 믿음이나 진리에 대한 동의도 없는 존재로
> 전락하고 말 것이다. 이런 식의 경험적 종교는 인간의 마음이 움직여지거나 하나
> 님과 우리 영혼 사이에 개인적 교제가 성립될 때만 종교라 부를 수 있게 될 것이
> 다. 물론 이런 류의 종교 경험은 분명 존재한다. 모든 종교들이 갖고 있는 경건 서
> 적들이야말로 이에 대한 증거이며, 이런 경건 서적들은 어떤 면에서는 성경과 교
> 리문답보다 더 가치 있는 것이 종교 생활이라는 점을 강화시켜주는 역할을 감당
> 했다. 하지만 신학을 자연과학처럼 또 하나의 과학으로 만들어 이를 통해 보이지
> 않는 세계와 영원한 존재들에 대한 정확하고도 과학적인 지식에 도달하려는 노
> 력은 실수 그 자체다(382-383).

바빙크는 아무리 객관적으로 보이는 학문도 그 근저에는 인간의 주관적 경험에 대한 신뢰가 도사리기 때문에 그런 학문을 통해 신학을 논구하는 것 자체를 명백한 '실수'로 보았다. 물론 신학과 종교는 주관적 경험도 필요하다. 바빙크도 이 사실을 인정한다. 하지만 주관적 경험이 객관적인 지식과 분리된 채로 존재한다면 그런 경험은 절대로 종교, 신학, 기독교의 토대가 될 수 없다고 바빙크는 생각했다. 이에 대해 바빙크는 다음과 같이 부연한다.

> 경험이 존재하는 이유는 경험하는 주체가 먼저 존재했기 때문이며, 이 주체가 실제로 경험을 했기 때문에 경험이 존재하는 것이다. 경험하는 주체가 없다면 경험 또한 존재할 수 없다. 종교는 의심할 필요도 없이 마음의 종교이다. 하지만 종교가 마음의 종교라고 해서 자연, 역사, 성경, 양심 속에 드러난 하나님의 계시와 하나님에 대한 객관적인 지식과 분리된 채로 존재할 수 있다는 뜻은 아니다(383).

바빙크는 자의적이고 주관적인 경험에 근거한 종교를 위험하다고 보았을 뿐 아니라, 무의식적 황홀경과 무아지경 경험을 종교의 모든 것으로 치부하는 종교 심리학적 행태 또한 종교의 본질을 심각하게 해칠 수 있는 위험군으로 분류했다.

둘째, 바빙크는 지나치게 감정적으로 치우치거나, 무아지경에 빠지는 심리적 행동을 종교 경험의 핵심으로 보는 모든 부류들에 대해 경계를 표했다. 이에 대한 바빙크의 비판을 들어보자.

> 또 다른 위험성은 사람들이 무아지경 상태에 빠져 스스로의 의식, 이성, 의지를 버릴 때 어떤 영향이 초래되는가에 대해 아무도 모른다는 점이다. 어떤 사람들은 그 영향은 암시 혹은 환영 정도라고 쉽게 말하는 반면, 또 다른 사람들은 영들과의 실제적 교감이야말로 그 영향의 결과라고 너무나 쉽게 말한다. 하지만 이에 대한 어떤 답변도 확실하지 않다. 이성과 의지를 의도적으로 억누름을 통해,

아니면 계시의 세계로부터 어둠의 땅으로 되돌아감을 통해 우리가 얻을 수 있는 것은 모든 안내와 인도를 잃게 되는 것이고 모든 제어와 통제가 불가능하게 되는 것뿐이다. 황홀경 상태에서 일어나는 현상과 계시들의 실재는 여전히 불명확하다. 자신의 모습을 드러내는 영들의 모습이 과연 진짜 그들의 모습인지에 대해서도 불분명하다. 영들이 주는 계시들이 참인지 거짓인지 혹은 그 계시들을 수납해야만 하는지 아니면 거부해야만 하는지에 대해서도 애매모호하다(397).

바빙크는 무아지경 상태에 빠지는 신비주의적 종교 경험은 "계시의 밝은 세계"로부터 "어둠의 땅"으로 걸어 들어가는 것과 같다고 보았다. 그 이유는 계시가 없는 상태에서 황홀경 의식 가운데 경험하는 모든 종교 현상들의 실재가 과연 참인지 거짓인지에 대해 알 길이 도무지 없다고 생각했기 때문이다. 그러므로 바빙크는 감정적 영역에만 머무르는 종교적 경험에 대해 강한 경계를 표했다. 바빙크의 주장을 들어보자.

만약 종교가 모든 종교적 표상으로부터 분리되고 순전히 감정의 영역 안에서만 제한적으로 활동해야한다면 그런 종교는 즉각적으로 자신만의 특성을 잃어버리게 되고 말 것이다. 왜냐하면 감정 그 자체는 어떤 내용이나 질도 갖지 않기 때문이다. 종교적 감정, 윤리적 감정, 미적 감정 등은 서로 독립적으로 존재하지 않는다. 오히려 이 모든 감정들은 고양되는 감정에 따라 만들어지는 다양한 표상들에 의해 구별된다. 그러므로 일원론은 항상 종교적 감정과 미적 감정 사이에 혼란을 불러일으켰다. 그 결과 일원론은 종교를 약화시켰다. 종교를 감정으로 제한시키는 것은 종교 자체가 갖는 독립성을 무너뜨리는 것이며 결국 종교라는 존재 그 자체를 약화시키는 결말로 흐르게 될 수밖에 없다(403-404).

바빙크는 만약 종교가 감정의 영역 속에만 제한되어 갇혀 있게 된다면, 결국 그런 종교는 참된 종교가 될 수 없다고 생각했다. 그러므로 인간의 무의식적 감정이나 무아지경 상태를 근거로 펼쳐지는 온갖 신비주의적 미신, 마술 등은 반드시 거부되어야 한다. 바빙크는 온갖 신비주의 형태의 종교 경험을 배격하고 영과 진리 안에서 드리는 예배만이 참된 종교 경험이라고 결론짓는다.

이 모든 미신과 마술들을 근본적으로 정죄하고 금하는 유일한 종교가 하나 있다. 그것이 바로 기독교이다. 구약성경에는 주 여호와 하나님만이 이스라엘의 하나님이기 때문에 오직 여호와만 경배 받으시기에 합당한 분이라는 계시가 이미 포함되어 있었다. 그러므로 이스라엘 민족에게 점, 마술, 영과 마귀들에게 문의하는 행위 등은 철저히 금지되었다. 신약성경에서도 유일하고도 참된 하나님께 경배하는 행위는 어떤 국가적 제한 아래 거했던 행위가 아니었다. 오히려 신약성경은 참된 예배를 영과 진리 안에서의 예배로 규정했다. 물론 계시의 도구로 사용되었던 선지자들과 사도들이 분명 존재했다. 하지만 그들도 인간이었고 지금도 여전히 인간으로 남아있는 존재들이다. 그들은 자신들의 직분과 사명에 속하지 않는 그 어떤 영광에 대해서도 즐거워하지 않았다(399).

셋째, 바빙크는 본 장 대부분의 내용을 참된 종교 경험인 '회심'에 집중한다. 바빙크는 참된 종교 경험인 회심에 대한 잘못된 견해들을 먼저 소개한다. 특히 회심을 '종교 심리학'적으로 이해하려고 했던 그 당시 심리학적 지적 풍토에 강한 철퇴를 가한다. 바빙크의 비판을 들어보자.

종교 심리학은 회심을 단순히 "자연적이고도 필수적인 과정" 정도로 이해했다. 즉 회심을 한 인간의 생물학적 발전 과정의 한 부분 혹은 사춘기와 밀접한 연관이 있는 한 부분 정도로 이해한 것이다. 회심에 대한 이런 식의 탐구는 회심을 통해 반드시 이해되어야만 하는 것들에 대한 시각을 점차로 잃게 만들었다. 종교 심리학은 회심이 어떻게 구성되어야 하는지에 대한 판단 기준을 가지지 않았기 때문에 회심을 기껏해야 심리적 현상 정도로 묘사할 수밖에 없었다. 하지만 이런 관점에서 봤을 때 유다의 배신은 베드로의 회개만큼이나 중요하게 비춰질 수 있다. 그 이유는 회심은 기껏해야 의식의 여러 변형들 중 하나 혹은 인간의 삶 속에서 자주 벌어지는 "성격의 변화"(altérations de la personnalité) 중 하나에 지나지 않게 되기 때문이다. 만약 이 모든 종교 현상들이 심리적 관점 속에서만 연구된다면, 각각의 종교 현상들이 가지는 특성들이 사라지게 될 것이고 그 내용 역시 종교 현상의 틀 안에서 희생되고 말 것이다. 결국 이런 상황 속에서는 회심이 가진 특별한 의미의 빛이 사라지게 된다. 다른 심리적 현상들과 비교하는 맥락 가운데 종교적 회심의 내용은 혼란스러워지게 될 것이며, 종교-역사적 방법(religionsgeschichtliche)과 동일한 방식으로 회심을 이해하게 될 것이다(395-396).

이처럼 바빙크는 종교-역사적 방법이나 종교-현상적 방식, 혹은 종교-심리학적 방식으로 회심을 이해하려는 모든 지적 행태에 반기를 들었다. 그 이유는 종교 심리학적인 회심은 단순히 '성격의 변이' 혹은 '자연적인 심리적 과정'일 뿐이지 참되고 바른 종교 경험이 될 수 없다고 생각했기 때문이다. 그러므로 바빙크는 회심이 무엇인지를 알려주는 것은 오로지 특별 계시밖에 없다고 결론 내린다. 바빙크의 말을 좀 더 들어보도록 하자.

과학이나 철학은 회심에 대해 아무런 말도 할 수 없다. 회심이 무엇인지에 대해 우리에게 유일하게 가르쳐주는 것은 성경이다. 만약 성경이 회심에 대해 아무 말도 하지 않는다면, 혹은 성경이 말하는 것이 전혀 신뢰할 수 없는 것이라면, 이 세상과 인류의 구원은 절망 속으로 깊숙이 빠져버리고 말 것이다(414-415).

바빙크는 참된 종교 경험인 회심의 알파와 오메가를 특별 계시인 성경에서부터 찾는다. 즉 객관적인 계시에 근거한 회심만이 참되고 바른 주관적인 종교 경험이 될 수 있는 것이다. 바빙크는 주관적 회심의 신학적 근거를 다음과 같이 객관적 계시에 굳건히 뿌리박는다.

회심은 기독교가 늘 가르쳐왔던 흔들림 없는 확신을 만들어낸다. 만약 회심이 기껏해야 감정 문제라면, 아니면 마음속 신비주의 정도로 제한된다면, 객관적 말씀과 기독교의 역사적 사건들에 대한 인격적 관심을 불러일으킬 수 없을 것이다. 하지만 경험은 이와는 다른 무엇인가를 우리에게 말한다. 회심은 기독교와 연결된 채 일어난다. 믿음은 바라는 것의 실상이요 보이지 않는 것들의 증거다. 왜냐하면 믿음은 믿을만한 지식(cognitio)이기도 하며 지식적인 신뢰(fiducia)이기도 하기 때문이다. 믿음은 표상들의 무리를 통해 처음 만들어지며, 이런 표상들과 연결 된 채로 우리 마음속에서 피어오를 뿐 아니라, 표상들과 우리를 불가역적으로 묶는 역할 또한 감당한다. 회개와 믿음, 슬픔과 기쁨, 죽음과 부활로 대변될 수 있는 회심은 본질적으로 인간의 전인(全人) 즉 인간 존재와 의식을 변화시키며 이전에 살지 못했던 새로운 땅 위에 존재하는 다양한 표상들과 회심한 자들을 연합시킨다. 이런 표상들도 서로 상호 의존 상태로 존재한다(420).

바빙크는 객관적 말씀과 기독교의 역사적 사건들의 토대 위에 세워지지 않은 회심은 기껏해야 감정 현상일 뿐이고, 마음속 신비주의의 양태들 중 하나에 불과하다고 보았다.

본 장을 요약해보도록 하자. 본 장의 요약은 다음과 같은 바빙크의 문장을 재진술하는 것이 가장 적격이다.

하나님과의 교제를 찾을 때 만약 모든 역사(historie)와 자연과 역사 속에서의 계시(geschiedenis) 즉 예수 그리스도 없이 찾는다면, 객관적 실재를 놓친 채 종교적 감정만 발견되게 될 것이며 결국 그 종교 감정이 모든 것을 소비하고 말 것이다(405).

■ 핵심 성경 구절

• 그 눈을 뜨게 하여 어둠에서 빛으로, 사탄의 권세에서 하나님께로 돌아오게 하고 죄 사함과 나를 믿어 거룩하게 된 무리 가운데서 기업을 얻게 하리라 하더이다 (행 26:18)

• 그가 우리를 흑암의 권세에서 건져내사 그의 사랑의 아들의 나라로 옮기셨으니 그 아들 안에서 우리가 속량 곧 죄 사함을 얻었도다 (골 1:13-14)

• 베드로가 이르되 너희가 회개하여 각각 예수 그리스도의 이름으로 세례를 받고 죄 사함을 받으라 그리하면 성령의 선물을 받으리니 (행 2:38)

• 네가 만일 네 입으로 예수를 주로 시인하며 또 하나님께서 그를 죽은 자 가운데서 살리신 것을 네 마음에 믿으면 구원을 받으리라 사람이 마음으로 믿어 의에 이르고 입으로 시인하여 구원에 이르느니라 (롬 10:9-10)

■ 핵심 적용

하나님을 체험한다는 것은 과연 무엇인가? 하나님의 음성을 듣고, 가슴이 뜨거워지고, 의미 없이 중얼거리는 주문과도 같은 기도 아래서 무아지경을 경험하고, 근거 모를 황홀경에 빠지며, 근거 없는 눈물과 통곡으로 점철되어 한바탕 눈물, 콧물 다 쏟고 나면 마음이 후련해지는 것이 하나님을 체험하는 것인가?

바빙크는 참되고 바른 종교 경험에 대해 논구하며 다음과 같은 매우 의미 있는 문장을 남겼다. "'경험'(*Erlebnis*)은 먼저 오지 않는다. 오히려 경험은 '해석'(*Deutung*)에 뒤따라온다. 하지만 '계시'(*Offenbarung*)는 항상 앞선다. 계시는 믿음 안에서 경험되며 회심 안에서도 '경험'(*Erlebnis*)된다"(384). 바빙크에 의하면 경험은 절대로 먼저 오지 않는다. 오히려 경험은 계시의 해석으로부터 온다. 객관적 계시는 믿음과 회심 안에서 주관적으로 경험된다. 즉 바빙크는 "주관적 종교(*religio subjectiva*) 앞에는 항상 객관적 종교(*religio objectiva*)가 선행한다"(383)라는 진리를 본 장 전반에 걸쳐 외치고 싶었던 것이다.

계시와 신학 없는 찬양은 노래방 기계에서 흘러나오는 음악과 별반 다를 바 없다. 계시와 신학 없는 기도는 물 떠 놓고 '비나이다 비나이다 천지신명께 비나이다'라고 읍소하는 물활 숭배와 다를 바가 없다. 계시와 신학 없는 경험, 감정, 의식, 생활은 객관적 근거와 토대 없이 늘 갈대처럼 이리 흔들리고 저리 흔들리는 자의적인 경험, 감정, 의식, 생활로 남을 수밖에 없다.

참되고 바른 종교 경험의 부재와 결핍은 한 사람의 영혼을 피폐하게 만든다. 하지만 반대로 참되고 바른 종교 경험의 충만함과 풍성함은 한 사람의 영혼을 살찌운다. 이런 측면에서 참되고 바른 회심만이 영혼에 유익이 된다. 참되고 바른 회심에 교회가 사활을 걸어야 하는 이유가 바로 여기에 있다.

■ 핵심 용어

종교 경험(religious experience)
경험론(empiricism)
종교 심리학(religious psychology)
신비주의(mysticism)
회심(conversion)

■ **핵심 찬양**

거듭남과 회심의 기쁨을 노래하는 찬송가 284장(통 206장)

오랫동안 모든 죄 가운데 빠져

1절
오랫동안 모든 죄 가운데 빠져 더럽기가 한량 없던 우리들
아무 공로 없이 구원함을 얻어 하나님의 자녀 지금 되었네

2절
주의 보혈로써 정결하게 씻겨 죄악에서 떠난 몸이 되었고
세상 근심 구름 간 곳 없어지니 하나님의 빛이 영화롭도다

3절
죄의 깊은 잠과 뜬 세상의 꿈을 어서 깨어나라 나의 친구여
은혜 받은 날과 구원 얻을 때가 지금 온 세상에 선포 되었네

(후렴)
주의 그 사랑 한량 없도다 찬송 할지어다 예수의 공로
주의 그 사랑 한량 없도다 찬송 할지어다 예수의 공로

1. 예배 드릴 때 눈물을 흘린 적이 있는가? 그 눈물의 의미와 감정선의 본질은 무엇이었는가?

2. 나는 참되고 바르게 회심했는가? 그 증거는 무엇인가?

3. 내 신앙생활은 주관적 종교가 앞서 있는가? 아니면 객관적 종교가 앞서 있는가?

4. 혹시 기도 생활을 하면서 무아지경이나 황홀경 상태에 빠진 적이 있는가? 아니면 그런 현상들을 추구한 적이 있었는가? 이런 현상들이 우리에게 줄 수 있는 유익과 무익에 대해 생각해보라.

IX. 계시와 문화

IX. 계시와 문화

잘 알려진 설교자인 그리스토프 블룸하르트(C. G. Blumhardt)는 사람이 반드시 두 번 회심해야 한다고 말한 적이 있었다. 한 번은 자연적인 삶으로부터 영적인 삶(geestelijke leven)으로의 회심이고, 또 다른 한 번은 영적인 삶으로부터 자연적인 삶으로의 회심이다.[1] 이는 다소 역설적인 표현이었는데 그 이유는 블룸하르트에게 진리는 모든 그리스도인들의 종교 경험을 통해 확증되며 동시에 모든 시대의 기독교적 경건을 통해 확립되기 때문이다. 위로부터 오는 영적인 삶은 위의 것들을 추구하려는 노력을 포함한다. 이에 대해서는 시편 기자의 다음과 같은 고백 안에 잘 표현되어 있다. "하늘에서는 주 외에 누가 내게 있으리요 땅에서는 주 밖에 내가 사모할 이 없나이다"(시 73:25). 신약성경의 고백 즉 "차라리 세상을 떠나서 그리스도와 함께 있는 것이 훨씬 더 좋은 일이라"(빌 1:23)라는 고백도 일맥상통한 고백이다. 이런 영적인 삶의 경향성 아래 있었던 초대 기독교는 자연스럽게 금욕적인 삶을 추구했으며, 현재까지도 이런 형태의 경건주의는 곳곳에 남아있다. 물론 이런 금욕주의적 영향력은 다른 원인들 하에서도 고려될 수 있겠지만, 분명한 사실 하나는 금욕주의가 초대 교회 당시의 영적인 삶의 기원과 힘의 중심을 차지했다는 점이다.

기독교가 세상 속으로 스며들어갔을 때 기독교는 즉각적으로 여러 가지

---

1   Herzog, *Der Begriff der Bekehrung*, 19.

어려움들에 직면하고 말았다. 계시에 근거한 기독교는 오래 전부터 이 세상 속에 존재했고 기독교 특유의 삶을 추구해나갔다. 사회는 대단히 복잡한 이익들 가운데서 형성되었다. 국가는 국민들의 평안과 안녕을 위해 존재했다. 예술과 학문은 실천에 실천을 거듭했고 결국 위대한 완성(bloei, 혹은 번영)을 불러왔다. 도덕과 관습들은 나름대로 고정된 형태를 갖고 있었다. 정복자들은 강력한 나라를 만들어나갔고 수없이 많은 자본들이 나라들에 유입되었다. 그리스도의 복음이 풍성한 자연적 삶과 고도로 발달된 문화 속에서 발견되었다. 이런 상황 속에서 복음과 문화 사이의 관계를 어떻게 설정하느냐는 매우 중요한 질문이었다.

이 질문이 가진 중요도와 범위에 대해서는 서로 다른 의견차이가 존재한다. 하지만 이 질문이 다루는 문제는 언제나 같았다. 예를 들면 사도들의 설교와 그리스-로마의 관계, 재창조와 창조의 관계, 성자의 사역과 성부의 사역 간의 관계, 하늘나라와 이 땅 나라의 관계, 안식일과 평일의 관계, 기독교와 인문주의의 관계, 교회와 국가의 관계, 믿음과 학문의 관계, 신학과 철학의 관계, 권위와 이성의 관계, 종교적 세계관과 경험적 세계관의 관계, 하늘과 땅의 관계, 신적 은사들과 인간 노동의 관계, 계시와 문화의 관계 등이 바로 그것들이다. 이런 다양한 문제들은 단순히 한 시대에만 국한되지 않았다. 시대를 초월해 존재했고, 그리스도께서 재림하시기 전까지도 지속될 문제들이다. 이 문제들은 단순히 과학적 사고방식에만 국한되지 않고, 사람들의 생활 경험(de praktijk van het leven)에 속해야만 하는 문제들이다. 사람들의 삶과 생각 가운데 드러나는 모든 경향들은 어떤 식으로 이런 문제들을 묘사하고 다루는지와 밀접한 관련을 맺는다. 모든 종교와 기독교와 함께 깨어져버린 체계들조차도 실재가 갖고 있는 힘에 의해 설명되어야만 하는 당위성을 갖는다. 왜냐하면 많은 사람들이 현재 문화를 과거로부터 해방시키고 새로운 자연과학적 합리적 토대(natuurwetenschappelijken grondslagen) 위에 현재 문화를 세우려는 노력을 기울이지만, 가정, 사회, 국가 기관들 모두는 실제적으로 여전히 기독교 원리(Christelijke beginselen)에 근거하며, 우리의 모든 도덕과 관습들도 여전히 기독교적 정신 안에서 움직이고 있기 때문이다.

최초의 그리스도인들이 이런 세계적이고도 역사적인 문제들을 충분히 만족할 만큼 해결하지 못했다는 사실과 이 문제에 대해 만장일치 합의를 내리지 못했다는 사실은 크게 놀랄 일이 아니다. 문화에 대해 지극히 친절한 관점을 보였던 사람들은 기독교 신앙이 고백하는 의무와 요구들을 적절히 수행하는 데 실패를 경험했다. 반면 문화 전체에 완전히 등을 돌리고 자신들의 이런 자세를 선포함으로 스스로의 강함을 찾으려했던 사람들도 있었다. 초대 교회 그리스도인들은 본질적으로는 금욕주의자들이 아니었다. 초대교회 그리스도인들은 이 땅이 하나님의 땅일 뿐 아니라 하나님의 완전함이 드러나는 곳으로 굳게 믿었던 사람들이었다. 그들은 유대인과 헬라인이 통일되고 같은 목적지를 향해 달려가는 차원 속에서 스스로를 새로운 인류로 여겼다.[2] 하지만 그 당시 존재했던 문화들은 모든 종류의 이교 문화들과 밀접한 관계를 맺었다. 이런 상황 속에서의 초대 교회 그리스도인들은 자신의 기독교 신앙을 아예 거부하지 않는 이상 문화의 일부분 정도는 반드시 취해야했고, 기독교 도덕의 보다 더 수동적인 덕들을 취함을 통해 스스로를 만족시켜야만 했다. 로마서 1장에서 바울이 묘사하듯이 그 당시에는 신자들 가운데서도 약한 신자들이 있었고 기독교에 대해 부정적인 입장을 가진 사람들도 있었다.

이런 부정적인 입장은 오랜 세월에 걸쳐 심각한 위험들을 초래했다. 2세기 때 이원론적이고도 금욕주의적 분파였던 영지주의가 다양한 형태로 로마 제국을 뒤덮었을 때, 기독교 역시 영지주의의 영향력 안에 위치하게 되었다. 3-4세기 때 모습을 드러낸 금욕주의적 성향은 교회 세속화의 물결, 스토아

---

2   Adolf von Harnack, *Mission und Ausbreitung des Christentums in den ersten drei Jahrhunderten*, vol. 1: *Die Mission in Wort und Tat*, 2nd ed. (Leipzig: J. C. Hinrichs, 1906), 185-97. Karl Sell, *Katholizismus und Protestantismus: in Geschichte, Religion, Politik, Kultur* (Leipzig: Quelle & Mayer, 1908), 24, 103ff.

학파의 잠입, 신플라톤주의의 사고방식 속에서 그 영향력이 증대되었다.[3] 그 때부터 많은 사람들은 자신의 삶 속에서 참회하기 위해 고독의 방식 혹은 자비의 사역에 헌신하는 방식을 찾기 시작했다. 서양 역사 속에서의 이런 은둔의 삶은 이후에 중대한 변형을 거치게 되었고, 시간이 흐른 이후에는 교회를 통해 온갖 종류의 도덕적 목적들, 예를 들면 토지 개간, 농업 발전, 과학과 학문, 복음 전파와 교세 확장을 위해 전용되기 시작했다. 하지만 교회 역시 수도적 삶에 대한 영향력을 인식했으며, 계율과 충고 사이를 구별함을 통해서 기독교적 완전의 이상을 획득하기 위해 이중적 방식을 발전시켜나갔다. 물론 완전에 이르는 것은 일반 성도, 성직자, 수도사를 막론하고 모든 그리스도인이 가져야 할 최종 목적이다. 하지만 문제는 가난, 순결, 순종에 대한 서약이 완전해지기 위한 가장 간단하고도 안전한 길이 되었다는 것이었다.[4] 금욕적 삶은 특별히 완전을 지향하는 공로적 노력이었다. 수도원적 삶은 특별한 계급에 있는 사람들을 분리시켰고 기독교적 삶의 형태만을 드높였다. 결혼, 가정, 사회적 소명, 국가에 대한 봉사, 소유, 부 그 자체는 죄악이 아니었다. 하지만 이 모든 것들은 종교적 삶을 영위할 때 부딪힐 수밖에 없는 걸림돌로 인식되었다. 이런 것들을 자제하는 사람이야말로 훨씬 더 괜찮은 삶을 사는 사람들이고 언젠가는 탁월한 종교인이 될 수 있다고 보았다.[5]

3   Adolf von Harnack, *Das Mönchtum: seine Ideale und seine Geschichte*, 2nd ed. (Giessen: J. Ricker 1886); Otto Zöckler, *Askese und Mönchtum* (Frankfurt a. M.: Heyder & Zimmer, 1897).

4   편집자 주: 바빙크는 수도원주의가 "좋은 것과 더 좋은 것" 사이의 반립을 설정하고 로마 가톨릭 관점의 원리를 이런 이원론에 위치시킨다고 주장했다. "거룩한 것과 거룩하지 않은 것 사이의 본래적 반립은 좋은 것과 더 좋은 것 사이, 도덕적 계율과 복음적 충고 사이의 대조로 발전되었다. 이런 관점에서 볼 때 로마 가톨릭 교회의 세계관이 이해된다. 로마 가톨릭 관점이 완전히 형성되기까지는 어느 정도 시간이 걸리긴 했지만, 2-3세기 때 이미 로마 가톨릭 관점의 기본적 원리가 드러났다고 볼 수 있다. 로마 가톨릭 관점에 따르면, 이 '세계'는 점점 더 성경이 말하는 도덕적 중요성을 잃어간다. 죄가 가득한 것은 자연적인 것이 아니다. 오히려 그 본성 상 초자연적인 단계까지 이르지 못하는 것이 문제이다." Bavinck, "The Catholicity of Christianity and the Church," trans. John Bolt, *Calvin Theological Journal* 27 (1992): 229.

비록 이런 금욕주의는 로마 교회의 교리와 삶과 밀접한 관계를 맺지만, 종교개혁 이래 많은 개신교 교회들도 금욕주의에 대해 강한 매력을 느껴왔던 것을 부인할 수는 없다. 재세례파 같은 경우 중세 시대 수도원적 질서와 분파 안에서 완전히 설명될 수 없다. 왜냐하면 재세례파를 로마 가톨릭의 분파라고도 볼 수 있겠지만, 동시에 로마 가톨릭 교회의 미사 형태와 계급 구조에 강한 반대를 표했던 무리로도 볼 수 있기 때문이다. 하지만 재세례파도 예전의 금욕주의적 이상을 받아들였고, 신자들 속에서 극단적인 개혁을 추구하려 노력했다. 이런 재세례파의 개혁은 결국 교회와 세상, 그리스도인과 이 세상 속에서의 삶, 재창조와 창조, 성령과 말씀, 신약과 구약, 즉 한 마디로 말하면 그리스도에서 거듭난 신자들에게 주신 신령한 것들과 아담으로부터 자연적 출생을 통해 받은 세속적인 것들 사이를 분리시키고 말았다. 이후에도 많은 헌신적인 사람들 사이에서 이런 형태의 이원론이 수정된 형태로 득세하게 되었고, 이렇게 수정된 이원론은 초기 기독교의 금욕주의적 삶의 이상을 따르는 사람과 학파들보다 더 강한 지지를 받게 되었다. 이런 학파들은 크게 두 집단으로 구분할 수 있다.[6]

5 P. Höveler, *Professor. A. Harnack und die katholische Askese* (Düsseldorf: L. Schwann, 1902).
6 편집자 주: 이런 사고방식은 바빙크의 작품에서 흔히 찾아볼 수 있다. 자연/초자연 사이를 분리시키는 이원론은 불가피하게 사람을 두 가지 유형으로 나눈다. 이 세계와 자신을 동일시키는 사람들을 이성주의자로 칭할 수 있고, 이 세계와 자신을 구별시키는 사람들을 초자연주의자 혹은 분리주의자로 칭할 수 있다. 바빙크는 이 문단에서 기독교 영역 내에 존재했던 금욕주의와 분리주의적 원리를 동일시하고, 스트라우스와 르낭의 원리를 이성주의와 동일시한다. 바빙크는 또 다른 곳에서 분리주의적 초자연주의를 재세례파의 발흥 배경으로 보고 이성주의와 소시니우스주의를 동일시한다. "그러므로 한 무리는 이 세상에 순응하며, 또 다른 무리는 세상과 싸운다. 이 두 무리들 모두 다 그들처럼 멀리가지 않았던 종교개혁자들을 비난한다. 소시니우스주의자들은 불만족스러워했는데 그 이유는 종교개혁자들이 로마 가톨릭 교리를 충분히 비판하지 않았다고 생각했기 때문이다. 한편 재세례파들은 속았다는 생각을 가졌는데 그 이유는 종교개혁자들이 로마 가톨릭 관행을 충분할 정도로 비판하지 않았다고 생각했기 때문이다. 이런 극단적 사상들 속에서 소시니우스주의 운동과 재세례파 운동은 이성주의적인 요소와 초자연주의적 요소들이 서로 놀라운 방식으로 반복적으로 섞인 채 존재했다." Bavinck, "Common Grace," trans. Raymond C. Van Leeuwen, *Calvin Theological*

첫 번째 집단은 스스로의 경향성으로 인해서든지 아니면 교육을 받아서 든지 혹은 스스로의 경험이나 외부의 영향을 통해서든지 금욕주의적 삶의 가치를 배운 자들인데, 이들은 어느 정도 현재 문화에 대해 반대하거나 애통하는 성향을 보이는 집단이다. 이들은 현재의 삶과 예수 그리스도 당시의 삶 사이를 비교하며 이 두 삶 사이에 어떤 연결점이나 조화점도 찾지 않은 채 오로지 그 둘 사이를 반대하며 대비하는 데 힘을 쏟는다. 만약 힘 있고 돈 많은 자들을 정죄하고, 이 땅의 보물들을 경멸하며, 아프고 가난한 자들에게 연민의 감정을 품고, 죄인들을 찾아 헤매는 예수가 옳다면, 돈과 자본주의를 우상으로 섬기고, 자만심에 찌들어 살며, 힘과 능력을 자기의 하나님으로 섬기는 현대 사회는 꽤 잘못된 사회라고 그들은 진단한다. 그들은 그리스도인들에게 다음과 같이 질문한다. 만약 예수를 하나님의 아들로 고백하고 그의 말씀을 신적인 진리로 수납한다면, 왜 예수의 가르침과 그의 길을 좇아가지 않는가? 왜 여전히 웅장한 집에서 살며, 아름다운 옷을 입고, 매일 호화롭게 살고, 좀과 동록이 해할 보물들을 쌓아가고 있는가? 왜 자신의 소유를 팔아 가난한 자들을 먹이지 않는가? 왜 목마른 자의 목을 축이지 않고 집 없는 자들에게 안식처를 베풀지 않는가? 왜 벗은 자에게 겉옷을 입히지 않고, 아프고 갇혀 있는 자를 방문하지 않는가? 왜 가난한 자들에게 복음을 전하지 않는가? 그들은 만약 그리스도께서 현재 살아계셨더라면 이런 사안에 대해 어떻게 행동 하셨을까를 고민한다. 만약 그리스도라면 언론과 정계, 상업과 무역, 산업과 국회를 향해 어떤 태도를 취하셨을까?[7] 어떤 사람들은 이런 문제

Journal 24 (1989): 53. 바빙크에 의하면 자연적/초자연적 이원론은 로마 가톨릭 신학의 결과였다. 이에 대한 구체적인 논의는 Eglinton, *Trinity and Organism*, 42-44를 참고하라.

7   예를 들면, E. Lynn Linton, *The True History of Joshua Davidson, Communist* (London: Chatto and Windus, 1873; 2nd ed., *The Life of Joshua Davidson*, 1889). Charles Sheldon, *In His Steps: "What Would Jesus Do?"* (Chicago: Advance, 1897; rev. ed., 1899). Cf. Hall Caine, *The Christian* (London: Heinemann 1897); Marie Corelli, *The Master-Christian* (New York: Grosset & Dunlap, 1900). 편집자 주: 마지막 두 권의 책은 현재까지도 계속해서 읽히는 소설들이다.

를 심각히 받아들였을 뿐 아니라, 도덕적 이상향의 실현을 위해 실제적 행동들을 취하기 시작했다. 예를 들면, 톨스토이는 산상수훈 말씀을 통해 악에게 저항하지 말라는 식의 완전히 수동적인 윤리학을 구성해냈다. 금욕주의적 삶의 가치를 강조하는 첫 번째 무리들은 모든 비참함의 근원을 사회의 거짓말과 겉치레에서 찾았다. 뿐만 아니라 이들은 교회 안에서 불합리한 교의를 찾았고, 국가의 법과 전쟁에서, 결혼, 계급 제도, 모든 전통, 왜곡된 분위기, 담배, 알코올 등 시민들의 모든 삶의 영역들 속에서 비참함의 원천을 찾았다. 그들은 생각하길 이 모든 비참함으로부터 해방될 길은 모든 인위적 기관들로부터 능을 놀린 채 다시금 자연으로 뇌돌아가며, 모든 힘과 정의, 분노와 형벌을 거부하고, 아이들처럼 단순하고도 꼿꼿하게 살아가면 된다고 보았다. 이렇게 살 때야 비로소 필요와 만족 사이에서 망가져버린 조화가 회복되며 행복과 평화는 다시금 제자리를 찾게 될 것으로 기대했다.[8]

또 다른 집단은 기독교가 초대 교회 당시부터 금욕주의적 특징을 가졌다는 주장에 대해 동의하는 집단이다. 이 집단은 기독교가 늘 그래왔던 것처럼 현대 문화 없이도 기독교는 존속될 수 있다고 보았다. 이런 주장을 하는 사람들은 그리스도의 인격을 추정하는 가운데 벌어진 중대한 변화를 감지한다. 이성주의가 그리스도의 인격에 관한 교리를 거부한 이래로 스트라우스, 르낭, 쉔켈(Schenkel), 카임(Keim), 홀츠만(Holtzmann) 같은 사람들은 그리스도의 삶에 대한 인문주의적 관점을 취했다.[9] 하지만 이런 관점 속에서

---

8 Leo Tolstoy, *Worin besteht mein Glaube?*, trans. Sophie Behr (Leipzig: Duncker & Humblot, 1885).

9 편집자 주: 1894년부터 바빙크는 스트라우스의 목소리로 대변되는 이런 이성주의적이고도 인문주의적인 운동이야말로 개혁신학에 도전장을 내미는 현대적 위기라고 지적했다. "현재의 칼빈주의가 심각한 위기에 봉착했고 가장 가혹한 시험을 견딘다는 사실을 부인할 사람은 아무도 없다. 지금도 그 수가 계속해서 증가하는 수없이 많은 사람들이 기독교에 묶여 있었던 것들을 일일이 해체하는 작업을 한다. 스트라우스의 고백은 점점 더 과감해진다. 우리는 더 이상 그리스도인이 아니다. 많은 사람들은 종교를 가장 심각한 질병이나 인간 정신의 일탈 정도로 여긴다." Bavinck, "The Future of Calvinism," trans. Geerhardus Vos, *Presbyterian and Reformed Review* 17 (1894): 21.

의 예수는 하나님의 아들이 아니었다. 오히려 그들에게 예수는 자신의 말과 행동을 통해 순수한 종교를 세웠던 참되고 이상적인 인간이었을 뿐이다. 즉 예수는 모든 율법주의로부터 윤리의식을 정결하게 만든 인물이었고, 성직자 세력(priesterheerschappij)과 의식적인 예배로부터의 해방이 가능하도록 만든 인물이었을 뿐 아니라, 인간으로서 모든 삶의 기쁨을 누렸고, 우리의 감탄과 존경을 받기에 충분한 도덕적 이상향이었다.[10] 하지만 최근 발덴스페르거(Baldensperger)와 요하네스 바이스(Johannes Weiss)의 연구 이후로[11] 완전히 새로운 개념들이 인문주의적 연구 분야를 강타했다. 인문주의적 특징은 그리스도의 형상을 완전히 거부하지 않는다. 하지만 발덴스페르거와 바이스는 공관복음에서 말하는 그리스도의 인격이 보통 인간의 인격과는 완전히 다른 모습을 갖는다고 생각했다. 그들이 생각하기에 공관복음에서의 예수는 조용하고 경건한 사람이 아니었으며, 각종 덕을 가르치는 철학적 교사도 아니었다. 오히려 공관복음에 나타난 예수는 하나님 나라의 급박한 도래 아래 살았던 열정 많고 광적인 선지자였다. 이런 예수는 동시대 사람들에게 믿음과 회심을 권면하는 삶을 살았다고 보았다. 발덴스페르거와 바이스는 인간 예수가 자유주의 신학이 묘사했던 것처럼 그렇게 위대한 사람은 아니었다고 생각했다. 물론 예수는 우리를 모든 비참한 상황으로부터 해방시키기 위해 최선을 다해 노력했던 찬사 받아 마땅한 인간이었다. 그럼에도 불구하고 예수는 제한적인 인간이었고 미신적인 인간이었다. 예수는 악한 영의 존재를 믿었고 영원 형벌을 믿은 사람이었다. 또한 발덴스페르거와

---

10 Heinrich Weinel, *Jesus im neunzehnten Jahrhundert* (Tübingen: J. C. B. Mohr, 1903). Albert Schweitzer, *Von Reimarus zu Wrede: eine Geschichte der Leben-Jesu-Forschung* (Tübingen: J. C. B. Mohr 1906). W. Sanday, *The Life of Christ in Recent Research* (Oxford: Clarendon, 1907).

11 Wilhelm Baldensperger, *Das Selbstbewusstsein Jesu im Lichte der messianischen Hoffnungen seiner Zeit*, vol. 1, 3rd ed. (Strassburg: Heitz & Mündel, 1903). Johannes Weiss, *Die Predigt Jesu vom Reiche Gottes*, 2nd ed. (Göttingen: Vandenhoek & Ruprecht, 1900).

바이스의 시각에서 평가했을 때 예수는 온갖 환상과 환각 아래 거했던 인물이었고, 심지어 유전적 간질 혹은 편집증 양상까지도 가졌을 뿐 아니라, 자신의 설교가 통하지 않을 때는 폭력을 사용해 승리를 쟁취하고자 했던 사람이었다. 예수가 설파한 교리들 안에는 새로운 것이 아무것도 없었으며, 오히려 예수가 살았던 당시에 팽배했던 개념들과 기대들을 조합한 정도였다고 보았다. 하나님 나라에 대한 예수의 개념은 도덕적 공동체가 아니었으며, 오히려 종말론적 특성을 배타적으로 내포했었다고 보았다. 발덴스페르거와 바이스는 예수가 전개했던 윤리학을 가리켜 에세네파의 영향 혹은 심지어는 불교의 영향 아래 있었던 금욕주의라고 주장했다. 심지어 예수를 아리아인의 혈통 속에서 찾기도 했으며, 어쩌면 아예 존재하지 않았던 인물일지도 모른다는 가정까지도 횡행하게 되었다. 아니면 예수의 인격은 시대의 혼란을 틈타 각종 분파들이 만들어냈던 피조물 정도에 불과하다는 생각에까지 이르게 되었다.[12] 어떤 경우가 되었든지 간에 세계와 삶을 바라보는 예수

---

12 이런 시각 하에서 Γ리스도를 다루는 사료들은 현재에도 계속해서 증가한다. 다음과 같은 책들이 바로 그 증거들이다. Albert Kalthoff, *Das Christusproblem: Grundlinien zu einer Sozialtheologie*, 2nd ed. (Leipzig: Diedrichs, 1903); Otto Pfleiderer, *Das Christusbild des urchristlichten Glaubens in religionsgeschischtlicher Beleuchtung.* (Berlin: George Reimer, 1903); Paul Wernle, *Die Anfänge unserer Religion*, 2nd ed. (Tübingen: J. C. B. Mohr, 1904); W. B. Smith, *Der vorchristliche Jesu, nebst weiterer Vorstudien zur Entstehungsgeschichte des Urchristentums: Mit einem Vorwort von P. W. Schmiedel* (Giessen: Töpelmann, 1906); Theodore J. Plange, *Christus ein Inder?: Versuch einer Entstehungsgeschichte des Christentums under Benutzung der indischen Studen Louis Jacolliots* (Stuttgart: Schmidt, 1907); George de Loosten, *Jesus Christus vom Standpunkte des Psychiaters* (Bamberg: Handelsdruckerei, 1905); Emil Rasmussen, *Jesus: eine vergleichende psychopathologische Studie* (Leipzig, 1905); Binet-Sangle, *La Folie de Jésus* (Paris: Maloine, 1908); Arthur Heulhard, *Le mensonge Chrétien* (Jésus-Christ n'a pas existé), I. [*Le Charpentier*] (Paris: Arthur Heulhard, 1908); G. J. Bolland, *Het Leven en Sterven van Jezus Christus: Rede, den 29sten Maart 1907 uitgesproken voor colleganten te Amsterdam*, 1907. 편집자 주: 바빙크가 인용한 볼란드(Bolland)의 책은 다소 오류가 있는 인용인 듯 보인다. 왜냐하면 볼란드의 강의를 출판한 책 제목은 『예수 그리스도의 고난과 죽음』(*Het Lijden en Sterven van Jezus Christus*)이었기 때문이다. 볼란드의 강의는 G. J. Bolland, *Zuivere Rede en hare werkelijkheid: Een boek voor vrienden der wijsheid* (Leiden: A. H. Adriani, 1909), 798-848에서 찾을 수 있다.

의 관점은 우리 현재의 삶과 시대적 정황과는 맞지 않다고 보았다. 예수는 세속에서 존경 받는 직업이 신령한 부르심을 막는 걸림돌이라고 보았으며, 결혼은 하지 않는 것이 더 좋을 뿐 아니라, 정치와 사회적 삶에 대해서는 아무런 생각도 하지 않았다고 보았다. 결국 이런 관점 속에서의 예수는 우리를 위한 모범이 될 수 없고, 그가 제시한 윤리는 우리에게 어떤 기준(norma)도 제시해줄 수 없다.[13] 기독교 윤리에 대한 이런 반대는 단순히 부차적인 문제가 아니라 기독교 윤리의 핵심과 본질을 파고드는 문제였다. 발덴스페르거와 바이스의 시각 하에서의 기독교 윤리는 모든 책임을 율법주의와 타율주의에 전가시켰고, 보상과 초월적인 행복주의를 갈구했으며, 세상으로부터 벗어나 모든 문화들, 특별히 감정과 결혼에 대해 경멸하는 태도를 보였다. 그러므로 니체는 이 모든 가치들을 역전시키기 위해 노력한 인물이었다. 니체는 유대인들과 그리스도인들이 소개했던 도덕적 노예 대신에 자유로운 사람의 본래적 도덕의식이 가진 영광을 재현하길 원했다. 이런 측면에서 니체의 체계를 가리켜 논리적-귀족적 무정부주의로 부를 수 있다.[14]

만약 기독교와 문화 사이의 관계에 대해 말하고 싶다면, 문화란 정확히 무엇이며 정확히 어떤 종류의 문화가 기독교와 대척점에 서 있는가에 대해 선명히 파악하는 것이 무엇보다도 급선무이다. 특별히 문명, 계몽, 발전, 교육과 같은 용어들과 함께 18세기 이후에 사용되었던 **문화**(culture)라는 용어

---

13 John Stuart Mill, *On Liberty*, ch. 2 (1859). Theob. Ziegler, *Geschichte der christlichen Ethik*, I, 62ff. 편집자 주: 바빙크는 지글러(Ziegler)의 몇 번째 판을 인용했는지에 대해서 언급하지 않았다. 지글러의 책은 1881년, 1886년, 1892년에 걸쳐 재판되었다(Strassburg: Karl J. Trübner). Friedrich Paulsen, *System der Ethik* (Berlin: W. Hertz, 1889), 50ff.; D. F. Strauss, *Der alte und der neue Glaube*, 2nd ed. (Leipzig: S. Hirzel, 1872), 57ff.; Eduard von Hartmann, *Das Christentum des neuen Testaments* (Sachsa: Hermann Haacke, 1905), foreword.

14 Fr. Nitzsch, "Die Weltanschauung Fr. Nietzsche's," *Zeitschrift für Theologie und Kirche* 5 (1905), 344-60. 편집자 주: 바빙크의 인용은 잘못되어 있다. 왜냐하면 니취의 이 소논문이 쓰인 년도는 1895년이었기 때문이다. 이 논문의 저자인 니취(Nitzsch)와 니체(Nietzsche)는 서로 혼동되면 안 된다. 니취는 킬 대학(University of Kiel)의 신학 교수였다.

는 일반적으로 경작, 진보 등의 의미를 가지며, 항상 발전되어야만 하는 대상을 전제한 채 사용되었다. 이 대상은 일반적으로 자연을 지칭한다. 왜냐하면 자연은 인간의 손이 닿지 않는 부분이 항상 존재하기 때문이며, 이런 측면에서 자연은 항상 인간에게 작업할 수 있는 여지를 주는 존재이기 때문이다. 광의의 개념으로서의 문화는 자연 속에 미치는 인간의 능력으로 할 수 있는 모든 일을 포함한다. 하지만 자연은 이중적인 의미를 담는다. 자연은 인간 밖에 존재하는, 혹은 좀 더 넓은 관점에서 봤을 때 인간 안에도 존재하는 보이는 현상 세계 모두를 포함한다. 즉 자연은 인간의 육체적 몸 뿐 아니라 인간의 영혼까지도 포함하는 개념이다. 인간이 소유한 기능과 능력들은 스스로에 의해 생긴 것이 아니다. 오히려 인간의 능력과 기능들은 하나님께서 인간들에게 수여해주신 것들이다. 이 모든 능력들은 자연적 선물이며, 우리는 외부적 세계와 반드시 경작되어야만 하는 대상들을 다루는 도구로 이런 자연적 능력들을 활용한다. 그러므로 문화에는 두 가지의 거대한 영역이 존재한다. 첫 번째 영역은 물질적 재화들을 생산하고 분배하는 인간의 모든 활동들, 예를 들면 농경, 목축, 산업, 무역의 영역이다. 두 번째 영역은 문학, 과학, 정의, 국정 운영, 예술 등의 수단을 활용해 참, 선, 아름다움 등을 객관적으로 현실화하며, 발전을 이끌어 낼 뿐 아니라, 문명화 시키는 모든 노동들을 포함하는 영역이다.[15]

이런 문화들은 인간이 이 땅에 자신의 모습을 처음으로 선보였을 때부터 항상 존재했으며, 인간들은 각종 노동을 통해 이런 문화가 갖는 다각도의 필요를 충족시키려 노력했다. 문화는 그 기원부터 종교와 매우 밀접한 관계를 유지했다. 어느 시대 어느 민족을 막론하고 종교와 문화는 늘 함께 발전되었으며, 서로가 손에 손을 맞잡고 협력 관계를 이루어나갔다. 18세기 전까지의 문화는 기독교 종교와 고대 세계관로부터 자유를 누리지 못했다. 하지만 18

---

15 Lexis, "Das Wesen der Kultur," in *Die Kultur der Gegenwart*, I. Eucken, *Geistige Strömungen*, 226ff.

세기 이후부터 사람들은 완전히 새롭고 현대적인 문화를 추구해나갔다. 그럼에도 불구하고 그 누구도 문화와 종교 사이에 대립이 있다는 사실을 자신감 있게 선포할 수 없었다. 왜냐하면 이전 세대들 속에서 문화와 종교 사이에 대립이 있다는 주장은 늘 강한 반대에 부딪혀 왔기 때문이다. 사람들은 기껏해야 현재의 문화가 기독교와 충돌한다는 정도의 주장만 할 뿐이었다.[16]

하지만 이런 상황에 대한 평가를 내리기 전에 현대 문화가 정확히 무엇인지 먼저 정의 내릴 필요가 있다. 현대 문화를 정확히 정의 내리는 일은 실로 어려운 문제이다. 그러므로 현대 문화에 대해 선명하고도 정확한 정의를 내리는 것은 거의 환상에 가까워보인다. 무엇보다도 현대 문화는 이전 시대가 가졌던 문화와 여러 측면에서 반립 구도를 갖는다. 하지만 이런 반립 구도가 절대적인 것은 아니다. 우리는 원하든 원하지 않든지 간에 항상 이전 세대의 어깨에 의지한 채로 서 있다. 모든 사회, 가정, 노동, 직업, 국정 운영, 입법, 도덕, 관습, 예술, 과학들에는 여전히 기독교 정신이 스며들어 있다. 기독교를 반대하는 사람들도 이 사실을 인식한다. 그럼에도 불구하고 기독교를 반대하는 사람들은 점점 더 그 반대의 강도를 높여가는데 그 이유는 기독교 정신이 이 모든 것들 속에서 스스로를 드러내기 때문이며, 모든 것들에 생기를 불어넣을 뿐 아니라, 모든 것들 심지어 기독교를 반대하는 자신들에게조차도 끊임없는 영향력을 행사하기 때문이다.[17] 많은 사상들이 큰 틀 안에서

---

16 편집자 주: "기독교의 보편성과 교회"라는 글에서 바빙크는 자신이 살았던 시대의 문화는 이전 기독교가 한 번도 직면해보지 못했던 새로운 현실에 직면했다고 지적했다. "현재 우리의 문화는 많은 부분들 속에서 기독교와 교회에 관한 언급 없이 진행된다. 그러므로 현재 상황은 예전과는 상당히 다르며 새로운 문화적 질서가 주름잡는 형편이다. 기독교 신앙과 교회가 단 한 번도 경험해보지 못했던 새로운 실재와 힘들이 발흥한다. 이런 상황 속에서 우리는 국가에 대한 현대 개념을 완전히 중립적인 가치관 속에서 고려해야만 하며, 제3계급이나 제4계급의 발흥으로 인해 불거지는 꽤 다른 사회적 구조, 새로운 경제 체제, 상업, 산업, 공장 상황 등도 반드시 고려해야한다. 이 모든 것들은 너무나도 복잡한 사회적 관계성들이다"(244). 이후에 바빙크는 자연과학과 철학과학의 영역 내에서 발흥하는 새로운 도전들에 대해 논의한다.

17 편집자 주: 본서 1장에서 바빙크가 주장했던 바가 상기된다. "뿐만 아니라, 모든 근대 문명, 예술, 과학, 문학, 윤리, 법학, 사회, 국가, 정치 등도 종교적, 기독교적, 초자연적인 요소들로 만

기독교로부터 해방되긴 했지만, 그럼에도 불구하고 생명과 삶은 지속적으로 과거의 원천으로부터 자양분을 공급받는다. 현대 문화는 완전하게 현대적이고 싶어 했지만, 그렇게 되지도 않았고 그렇게 될 수도 없다. 그 이유는 현대 문화조차도 역사의 한 산물이며 역사의 한 순간이기 때문이다.

만약 문화와 역사 사이의 밀접한 관계성을 고려하지 않는다면, 혹은 역사를 배제한 채 현대 문화에게 모든 공로를 돌린다면, 현대 문화에 대한 정확한 개념 정리를 위한 통일성과 선명성을 얻기란 대단히 힘들 것이다. 왜냐하면 현대 문화는 많은 현상들에 대한 추상적인 이름일 뿐이고 어떤 형태의 통일성도 없기 때문이다. 현대 문화 발전에 기여한 요소들은 셀 수 없을 정도로 많을 뿐 아니라, 현대 문화 그 자체도 고도로 분화되어 있다. 정치, 사회, 경제, 예술, 과학, 윤리, 교육의 영역 속에서도 수없이 많은 분파, 성향, 학파들이 있으며, 이런 성향과 학파들 속에서도 끊임없는 반목과 반립이 존재한다. 정의와 문화, 교회와 국가, 신앙과 학문, 자본과 노동, 율법주의와 반율법주의 영역들 가운데서도 상호 투쟁이 가득하며 서로 다른 원리를 가진 채 자신의 논지를 펼쳐나가는 형국이다. 일원론 역시 기껏해야 관념적 통일성만을 찾을 뿐이다. 결국 일원론이 현재 하는 일은 한 이론을 위해 생명과 삶의 다양성과 풍성함을 희생시키는 것이며, 실재가 보여주는 것들과의 첨예한 대비를 통해 스스로의 눈을 멀게끔 만드는 것이다. 그러므로 현대 문화와 기독교가 서로 불화 상태라고 말하는 것은 사실 속이 비어 있는 말이다. 물론 일부 현상들 속에서는 이런 평가가 옳을 수 있겠지만, 사실 이런 평가는 많은 영역들 속에서 적용 불가한 평가이다.

다양한 영역과 현상들 속에서 좀 더 확장지어 생각해 볼 때 현대 문화는 아직 완성된 존재가 아니라는 사실을 반드시 지적하고 넘어갈 필요가 있다. 현대 문화는 완전한 문화가 아니다. 현대 문화는 우리 앞에 객관적으로 놓

들어져갔고, 여전히 옛 세계관의 토대 위에 세워졌다"(1장 각주 44번 관련 본문).

인 문화도 아니다. 현대 문화라고 불리는 것들은 이전에 잠시나마 존재했던 문화이며, 과거부터 시작해 지금까지 지속적으로 발전하는 문화일 뿐이다. 그러므로 우리는 이런 발전 과정의 한 가운데 서 있는 존재들이다. 즉 우리는 "과도기"에 살고 있다. 사실 과도기 스스로는 자신을 가리켜 과도기라 부르지 않는다. 모든 시간은 과도기와 변화들의 모음이다. 현재를 과거, 미래와 분리시키려 할 뿐 아니라 현재를 가장 절대적으로 만들려는 모든 시도들에 반대를 표하며 과도기는 과거와 더불어 잘 알려진 진리를 스스로 품는다. 그러므로 그 누구도 현대 문화가 우리를 어디로 이끌고 갈지에 대해 말할 수 없다. 누군가는 그 길에 대해 추측하고 가정하고 상상해 볼 수 있겠지만 그 길이 어떤 길이 될 지에 대해 확신할 수 있는 것이란 아무것도 없다. 현대 문화라는 미명 아래 이미 자기 자신을 드러내는 현상들에 대한 가치 평가는 늘 매우 빠른 속도로 변해왔다. 심지어 그것들 중 일부는 그 누구에게도 인정받지 못하는 형편이다. 예를 들면 현재 팽배한 유물론, 맘몬주의, 알코올중독, 매춘에 대해 누가 과연 옹호할 수 있겠는가? 현대 문화가 갖는 왜곡들과 우리에게 노출된 현대 문화의 위험성들에 대해 눈 감고 있는 자들은 과연 누구인가? 각 사람들은 어떤 종교적, 철학적 관점을 가졌는지 간에 현대 문화에 대한 자신의 판단 안에서 기준을 적용해야만 한다. 이런 사람들은 현대 문화 전체를 통째로 수용하지 않는다. 원하든 원하지 않든지 간에 그들은 취사선택을 하는 자들이고, 자신의 세계관에 비추어 볼 때 받아들일 만한 것은 받아들이고 그렇지 않은 것에 대해서는 강한 거부를 표하는 자들이다. 현대 문화에 대한 앞으로의 평가는 현대 문화가 앞으로 어떤 방향으로 진행될 것인지에 달려 있다. 하지만 그 누구도 그 방향성에 대해서 예견할 수 없다. 사람들은 현대 문화에 대해 찬사를 보낼 수도 있고 불평을 해댈 수도 있다. 현대 문화가 사람들을 기쁘게 만들 경우 혹은 반대로 짜증나게 만들 경우에 따라 현대 문화를 향한 사람들의 태도와 역할은 바뀌게 될 것이다.

그러므로 바로 그 현대 문화가 기독교와 갈등 중에 있다는 주장은 의미 없는 주장이다. 그 누가 결혼과 가정, 국가와 사회, 예술과 학문, 무역과 산업이 기독교와 대척점에 서 있다고 감히 주장할 수 있겠는가? 그런 대담한 주장은 이 모든 활동과 기관들의 방식과 방향성이 현재 계속해서 발전 중에 있을 때에야 비로소 성립 가능한 주장이다. 이 말이 무슨 뜻인지는 의심할 여지가 없다. 그리스도의 복음을 통해 결정된 생각과는 다른 생각들이 현대 사람들에 의해 내려지는 현상이 존재한다. 하지만 현대인들이 자신의 생각과 판단을 현대 문화 그 자체와 동일시하고 현대 문화의 이름으로 기독교 전부를 거부하려 한다는 것은 단지 추정일 뿐이다. 이런 생각은 설명 가능한 생각이다. 왜냐하면 이런 생각은 **바로 그** 문화, **바로 그** 학문, **바로 그** 국가가 기독교를 유서 깊게 만들어 줄 수 있다는 인상을 주기 때문이다.[18] 그럼에도 불구하고 이런 생각은 용납 할 수 없는 생각이기도 하다. 왜냐하면 이런 생각은 기독교와 문화 사이에 잘못된 대립의 빛을 비추기 때문이며, 개념적 혼란을 부추길 뿐 아니라, 결국 기독교와 문화 둘 다에게 해가 되는 생각이기 때문이다.[19]

만약 과연 현대 문화의 무엇이 기독교와 갈등 관계에 있는지, 과연 무엇이 기독교의 본질에 영향을 끼치는지에 대해 찾는다면, 우리는 결국 현대

---

18 편집자 주: 바빙크는 결과론적으로 현대 기관들이 작동하는 "방식과 방향" 사이를 구별한다 (좀 더 신칼빈주의적 용어를 사용한다면 구조와 방향 사이의 구별로 볼 수 있다). 비록 문화, 학문, 국가를 이끌어가는 도덕적 결정의 방향성은 그럴 수 있겠지만, 사실 문화, 학문, 국가 그 자체는 기독교와 반립 구도를 갖지 않는다.

19 편집자 주: 바빙크는 또 다른 곳에서 모든 문화들에 관여하는 기독교 신앙의 능력에 대해 확신을 표했다. 왜냐하면 기독교 신앙은 보편적 특징을 갖기 때문이다. "믿음은 시간, 공간, 민족, 사람에 제한된 상태로 존재하지 않는다. 오히려 믿음은 보편적이다. 믿음은 모든 상황 속에 들어갈 수 있으며, 자연 생활의 모든 형태와 관계를 맺을 뿐 아니라, 언제 어디서나 들어맞고, 모든 것들에게 유익이 되며, 모든 상황들 속에서도 적절하다. 믿음은 무상이며 독립적이다. 왜냐하면 믿음은 오직 죄와 갈등을 가지며 십자가의 보혈로 모든 죄가 정결케 될 수 있기 때문이다." Bavinck, "Catholicity of Christianity and the Church," 249.

문화 속에서 기독교 신앙과 화해될 수 없었던 개념들에 도달하게 될 것이다. 많은 사람들이 기독교를 향해 품는 불평, 믿음에 대한 기독교 교리, 삶에 대한 기독교 교리 등은 기독교 자체의 타율성과 초월성에 근거한다. 현대 사회 속에서는 이전에 잘 알려져 있지 않았던, 혹은 적어도 같은 정도의 강도로 인지되지 않았던 독립성과 자유를 추구하는 흐름이 존재한다. 우리는 이런 흐름을 다양한 지위와 영역에서 살아가는 모든 사람들 속에서 발견 가능하다. 학문, 예술, 산업, 무역, 노동, 자본 등 이 모든 것들은 자기 스스로를 다스리고 싶은 욕망을 가지며, 자신들 고유의 삶의 양태를 통해 규정된 법칙들을 따르길 원한다. 이런 노력 그 자체는 정당하며 법적으로도 전혀 문제가 없다. 왜냐하면 인간들은 기계가 아니라 자유롭게 사고하는 이성적이고도 도덕적인 존재이기 때문이다. 하지만 이런 노력의 흐름은 부정할 수 없이 존재, 존재의 권리, 모든 객관적 권위, 모든 외부적 법칙, 이 땅에서의 삶을 초월하는 인간의 모든 결말 그 자체에 반대를 표하는 특성을 가정한다. 독립과 자유를 위한 정당한 투쟁은 자율성과 무정부 상태를 이론적으로 지지하고 실천적으로 적용하는 방향성으로 변화되었고, 이런 방향성은 본성적으로 기독교와 대척점에 선 채 발전되었다. 왜냐하면 모든 종교가 그렇듯 기독교 역시 이런 형태의 자율성과 충돌할 수밖에 없기 때문이다. 기독교 역시 인간을 위한 모든 자유와 독립이 가능하다고 보았다. 기독교는 인간들이 하나님의 형상과 모습으로 창조되었다는 것에 대해 가르쳤다. 기독교는 동시에 인간을 피조물로 상정했고, 그 결과 인간은 결코 완전히 독립적인 존재가 될 수 없다고 가르쳤다. 기독교는 인간과 하나님을 연결시키며, 인간과 하나님의 말씀 뿐 아니라 인간과 하나님의 의지까지도 서로 묶는다. 현대 문화 변증가들은 기독교를 율법주의, 타율주의, 초월적 행복주의라 명명하며 비판한다. 하지만 이런 용어 자체도 기독교를 향한 편견 어린 시각 하에서 정당치 않게 의도적으로 사용된 표현들이다. 하지만 핵심 본질은 이런 논쟁 너머에 존재한다. 사실 기독교와 현대 문화 찬양자들 사이의 핵심 논점은 바로 다름 아닌 **초자연주의**(het supranatureele)이다.

기독교는 초자연주의를 완전히 버릴 수 없다. 그 어떤 종교도 초자연적인 능력을 버린 채로 사고할 수도 없고 존재할 수도 없다. 왜냐하면 모든 종교는 하나님과 세계가 서로 구별되며, 하나님은 세계 속에서 역사하실 뿐 아니라, 인간과 교제를 맺으시고, 이런 교제를 통해 인간들은 하나님을 드높이고, 하나님을 세계와 반대의 위치에 설정하는 식의 생각들을 가정하기 때문이다. 기독교는 순전한 종교이며 참된 종교이다. 기독교야말로 그 어떤 종교보다 훨씬 더 초자연적이다. 그 이유는 여타 다른 종교들은 하나님의 신격을 모든 종류의 자연 능력으로 분해시키기 때문에, 선한 영들 혹은 악한 영들의 영향력만을 이 세상 속에서 찾게 되고 그 결과 하나님과 인간 사이에 참된 교제가 전혀 성립되지 않기 때문이다. 하지만 기독교 신앙 고백에 의하면, 지혜가 많으시고, 선하실 뿐 아니라, 선능한 능력을 갖고 계신 유일한 하나님은 자연의 모든 현상과 역사의 모든 사건들 뒤에 위치하고 계실 뿐 아니라, 하나님의 뜻이 이 세상과 인간들의 모든 반대 목소리들을 물리치고, 종국에는 그들을 구원과 영광으로 들이실 분이라는 사실을 고백한다. 이런 고백은 성경 전체에 기반을 둔 고백이다. 모세, 선지자들, 그리스도, 사도들 모두 다 이 고백 위에 서 있다. 기독교회는 창조, 성육신, 부활이라는 위대한 사건들 위에 세워졌다. 예수 그리스도께서 이 땅에 거하셨을 때 선포하셨던 복음은 하나님의 경륜과 뜻이 실체화된 것이었다.

예수께서는 이스라엘 사람들에게 시인의 모습으로 오신 것이 아니며, 철학자, 학자, 예술가, 정치가, 사회 개혁가 등의 모습으로 오신 것도 분명 아니다. 그리스도의 인격이 새롭고 특별한 이유는 예수께서 솔로몬, 요나, 혹은 그 어떤 선지자들보다 더 크신 분이셨기 때문이다. 예수 그리스도는 잃어버린 자들을 찾아 그 죄인들을 구원하시기 위해 성부 하나님께서 보내신 하나님의 아들 메시아셨다. 하나님의 아들 메시아를 통해 가난한 자들에게 복음이 선포되었고, 주 하나님의 용서가 설교되었을 뿐 아니라, 성부 하나님과 그의 이름이 만방에 드러나게 되었다. 메시아 예수가 이 땅에 들고 오신 것은 말할 수 없는 가치의 복, 즉 하나님 나라였다. 예수께서 가지고 오신 하나님 나라 공동체는 인간들의 노력으로는 절대 만들 수 없는 공동체였다. 말할 수 없는 가치와 복을 지닌 하나님 나라는 신령한 신적 보물이며, 의로움을 한껏 품은 복일 뿐 아니라, 온갖 왜곡으로부터의 구원, 영생을 포함하는 복이다. 이런 복은 오직 중생, 믿음, 회심을 통해서만 얻을 수 있다.

예수께서 이런 복음 설교를 하신 것이 옳은 것이었는가 아니면 옳지 않은 것이었는가, 혹은 하나님에 대한 지식과 영생이 인간에게 가장 큰 선인가 아닌가에 대한 다양한 의견들이 존재했다. 이에 대해 반대하고 반박하는 사람들은 개인 윤리나 사회 행복주의를 지지하며 기독교 윤리를 잠시 한 쪽으로 제쳐두려 노력한다. 현대 기독교는 사회 속에 존재하는 우리 고유의 인격성이 가진 윤리적 문화를 위한 거대한 공간을 허락한다. 그럼에도 불구하고 두 윤리적 체계들 사이의 선명한 대비는 감출 수 없을 뿐 아니라 없앨 수도 없다. 기독교 윤리는 죄와 은혜에 큰 강조점을 둔다. 진화론적 윤리는 인간의 자연적 선함을 보다 더 강조한다. 기독교 윤리는 구원이 필요한 존재로 인간을 이해한다. 하지만 진화론적 윤리는 이 세상을 개혁하고 구원할 수 있는 유일한 피조물로 인간을 이해한다. 기독교 윤리는 그 무엇보다도 먼저 화해와 거듭남을 말한다. 하지만 진화론적 윤리는 발전과 교육에 대해서만 말한다. 기독교 윤리는 새 예루살렘이 하늘의 하나님으로부터 온다고 생각한다. 하지만 진화론적 윤리는 새 예루살렘이 인간의 노력으로 인해 점진적으로 우리에게 다가온다고 생각했다. 기독교 윤리에서는 신적 행위가 역사를 움직여가지만, 진화론적 윤리에서는 모든 것들이 과정 속에 존재할 뿐이다.[20]

20 종교개혁과 "계몽주의" 사이를 대비한 포사이스(Forsyth)의 다음의 글과 비교해보라. Forsyth, "Enlightenment," in "The Distinctive Thing in Christian Experience," *Hibbert Journal* 6 (April 1908): 482ff.

만약 복음이 참되다면, 이런 참된 복음은 모든 문화의 가치를 판단할 수 있는 기준을 우리에게 제공해 줄 수 있다. 이 땅의 모든 것들과 자연적 관계들에 적응하신 예수의 태도 안에서 이런 사실이 독특하게 잘 드러난다. 예수께서는 금욕적 삶을 살지 않으셨다. 그리스도께서는 먹을 것, 마실 것, 입을 것 등을 하늘에 계신 아버지께서 주신 선한 선물로 여기셨으며, 이와 같은 맥락에서 결혼식 잔치와 저녁 식사에도 참석하셨다. 예수는 가끔씩 자신 스스로만 생각하고 자기 스스로만 살피는 향락주의자처럼 보이기도 했다. 하지만 예수께서는 동시에 모든 종류의 비참함에도 연민의 감정을 늘 느끼셨던 분이었다. 예수 안에서는 얕은 낙관주의도 적당한 비관주의도 찾아 볼 수 없었다. 비록 예수께서는 자연적 기관과 자연의 복들을 경멸하지 않으셨지만, 그 경멸하지 않음이 곧 자연적인 것들 속에 내재하는 가치를 주산하고 인정했다는 의미는 아니다. 성부 하나님은 이런 일을 처리하라고 예수를 이 땅에 보내신 것이 아니었다. 예수께서는 그 당시 사회적 상황과 정치적 상황을 수납하셨고, 그것들을 개혁하기 위해 노력하시기보다는 오히려 사회적, 정치적 상황들이 하나님 나라에서 지닐 가치를 규정하기 위해 스스로를 그 사안에 배타적으로 제한시키셨다. 예수께서는 사람들이 이 땅에서 소유한 것들, 예를 들면 먹을 것, 마실 것, 입을 것, 결혼, 가정, 직업, 지위, 부, 명예 등은 위대한 가치를 지닌 진주와 비할 수 없는 것들이라 선포하셨다. 예수께서는 복음을 위해서라면 이 모든 것들을 반드시 포기해야 한다고 가르치셨을 뿐 아니라, 이 땅의 보물들은 하나님 나라에 들어가는 데 가장 큰 걸림돌이 될 것이라고도 말씀하셨다. 농업, 산업, 상업, 학문, 예술, 가정, 사회, 국가, 즉 문화 전체는 그 자체로 가치를 지닌다. 하지만 만약 이 모든 문화들이 하나님 나라를 대적한다면, 그 문화가 가진 모든 가치는 잃어버리게 될 것이다. 이 세상 모두를 가진다하더라도 자신의 영혼을 잃으면 아무것도 아니다. 이 땅에서 자기 영혼과 맞바꿀 것은 아무것도 없다.

실제 삶의 끔찍한 심각성을 두 눈으로 보길 꺼려하는 사람들만 이런 진리의 선포를 거부한다. 이런 진리는 성경 뿐 아니라 우리의 경험을 통해서도 입증 가능한 진리이다. 만약 자신 스스로를 하나님께 내어드리지 않고 사랑 안에서 그를 섬기지 않으면, 혹은 하나님의 존재로부터 자기 자신을 숨기고 그로부터 멀리 도망쳐 버린다면, 그런 사람은 하나님 앞에서 자신의 모든 것을 잃게 된다. 만약 어떤 사람이 이웃의 필요를 저버리고 생존 경쟁 속에서 자기 자신의 이익을 위해서만 스스로를 희생한다면, 그런 사람도 결국 자기 이웃을 잃어버리게 될 것이다. 만약 자신의 존재와 자신의 의식 사이에 갈라진 틈이 있다면, 자신의 의무와 욕망 사이에 알력과 불화가 있다면, 혹은 자신의 양심과 뜻 사이에 갈등이 있다면, 그런 사람 역시 자기 자신을 잃게 된다. 이것이 바로 우리가 이 세상 속에 존재하는 다양성을 찾아야 할 이유다. 흩어진 생각들을 한데로 다시 모으는 대신, 우리의 표상, 상상, 생각, 욕망, 성향, 열정들을 다양한 방향성으로 흩뿌려버린다면, 결국 우리는 우리 고유의 삶의 중심(centrum)을 점점 더 잃어버리게 되고 말 것이다. 그 어떤 보화를 통해서도 우리 영혼의 잃어버린 것을 보상할 수 없다. 왜냐하면 영혼을 잃어버리는 것은 모든 것을 잃어버리는 것과 같기 때문이다. 그 어떤 것으로도 영혼의 빈자리를 채울 수 없다. 그 어떤 것으로도 영혼이 잃어버린 것을 대체할 수 없다. 그 어떤 것으로도 영혼의 기갈을 해결할 수 없다. 이 때문에 예수 그리스도께서는 친히 하나님 나라를 이 땅에 가져 오셨다. 예수께서는 우리의 마음속에 하나님 나라를 심으셨고, 이를 통해 우리 마음을 성부 하나님께로, 우리 이웃에게로, 우리 자신에게로 돌려 드리셨다. 하나님과 함께 하는 평화는 인간들에게도 평화를 선사한다. 이 평화를 통해 인간의 양심과 뜻 사이의 깊은 골이 채워지게 될 것이며, 존재와 의식 사이의 불화는 화해를 경험하게 될 것이다. 화해를 경험한 인간의 영혼과 그 영혼이 가진 능력은 하나님의 이름을 두려워하는 사람들 속에서 통일성 있게 자라나게 될 것이다. 이런 영혼이 가진 의무는 자신의 선택이 될 것이며, 그 선택은 그 영혼의 특권이 될 것이다. 회심은 하나님께로 되돌아가는 것이다.

하지만 회심은 동시에 자기 스스로에게로 되돌아가는 과정도 포함한다. [21]

만약 하나님께서 용서와 회심의 방식으로 자신의 자비롭고도 전능한 뜻을 통해 사람들의 윤리적(zedelijk) 이상을 새롭게 만드시는 것이 복음의 내용이라면, 이런 복음의 내용의 실재는 사람들에 의해 거부될 수밖에 없다. 하지만 그럼에도 불구하고 이런 복음의 내용이 반드시 문화에 대적해야만 한다는 생각은 상상하기 힘든 생각이다. 오히려 모든 문화들의 가장 중요한 요소, 즉 문화라는 용어가 가진 참된 의미 안에서의 모든 문화의 원리와 목표(beginsel en doel)를 이루려는 노력은 거듭되어야만 한다. 실제로 많은 사람들은 인류의 발전과 신보가 본실적으로 혹은 배타직으로 유형직(stoffelijke) 행복의 증진을 만들어낸다고 생각한다. 하지만 이런 물질주의적 인생관(materialistische levensopvatting)은 인간의 이성적, 노딕직 본성과 극명한 모순을 불러일으킨다. 마음과 양심은 인간이 빵으로만 살 수 없다는 사실을 증언한다. "삶이 가장 높은 형태의 선은 아니다."[22] 이에 대해서는 종교 뿐 아니라 철학조차도 항상 선포했던 내용이었다. 이런 생각이 가진 핵심은 인간과 인류의 운명은 윤리적 특성을 반드시 포함해야만 하며, 이런 윤리적 특성은 반드시 그 어떤 다른 것들보다 먼저 고려되어야 한다는 것을 예외 없이 선포해야 하는 것과 관련 있다. 선은 신적인 선과 같으며, 감각적 세계 너머로까지 고양된다. 윤리학은 물리학보다 훨씬 더 높이 고양된다. 인간 마음속에 벌어졌던 선행의 가치, 즉 지난 세기부터 꽃 피우기 시작했고 물질주의에 얼마동안 추파를 던졌던 그 선한 일의 가치가 삶 속에서 가장 큰 반응을 강력히 이끌어내었다. 하지만 사람들은 이상주의와 신비주의의 영향 아래서 이런 가치에 실망을 표하게 되었고, 결국 사람들의 마음은 또 다시 곤고해져만 갔다. 심지어 헤켈조차도 이런 영향력을 감지했다. 실제로 헤켈은 자신의 세계

---

21 Cf. 블레즈 파스칼(Blaise Pascal)의 팡세(Pensées)를 참고하라.
22 편집자 주: Herman Bavinck, "The Kingdom of God, the Highest Good," trans. Nelson Kloosterman, *The Bavinck Review* 2 (2011): 133-70을 참고하라.

관을 가리켜 물질주의적 세계관이라고 불렀음에도 불구하고, 헤켈조차도 자신의 일원론을 종교의 수준에까지 끌어올렸고, 이런 일원론의 알맹이를 참되고, 선하고, 아름다운 것을 숭배하는 것으로 여기고 말았다.[23]

문화가 명목상으로가 아닌 실제적으로 윤리적(*zedelijk*) 문화가 되고 싶으면 되고 싶을수록 그 문화는 자신을 반대하는 적대의 복음을 비난할 모든 근거를 잃게 되며, 문화를 만드는 가장 핵심적이고 위대한 힘인 복음을 영화롭게 하는 것 외에는 더 위대한 일을 할 수 없게 된다. 이런 문화는 심지어 복음 속에 포함되어 있는 초자연적 요소들에 효과적으로 대항할 수도 없게 된다. 왜냐하면 도덕적(*ethische*) 문화로서의 윤리적 문화는 형이상학에 근거하기 때문이며, 깊은 자기성찰 가운데 실제로는 계시에 근거하고 있음이 증명되기 때문이다.

그러므로 문화는 역사적으로 볼 때 독립적인 기원(*ontstaan*)이나 발전 가운데 있지 않았다는 사실이 증명된다. 오히려 문화는 그 시작부터 종교와 밀접한 관계를 가진 채 발전되었다. 과학, 예술, 윤리가 그랬던 것처럼, 문화의 가장 높은 요소들 역시 발전[24]과 성장을 하는 데 종교에 빚을 졌다. 그리스, 이집트, 바빌론, 인도 등지에서 가장 오래된 학문은 신학이었다. 철학은 종교로부터 비롯되었고, 이후에 다양한 학문들로 분화되었다.[25] 옛날 사람들의 예술 속에는 종교적 특성이 늘 포함되어 있었다.[26] 고대인들은 도덕 법칙을 신적 명령으로 여기는 성향이 강했다.[27] 학문, 예술, 윤리는 그 기원, 본질, 의미가 종교와 밀접한 관련이 있다. 왜냐하면 학문, 예술, 윤리는 이상적인 세계, 오직 종교를 통해

23 Haeckel, *Welträthsel*, 439. 본서 1장도 참고하라.

24 편집자 주: 보스와 그의 동료들은 이를 "기원"(origin)으로 번역했지만, 네덜란드어 원문은 온트비켈링(*ontwikkeling*) 즉 "발전"(development)에 더 가까운 의미이므로 여기서는 발전이라 번역했다.

25 Cf. 본서 1장 각주 2번, 6장 각주 10번, 7장 각주 21번을 참고하라.

26 Gustav Portig, *Religion und Kunst in ihrem gegenseitigen Verhältniss* (Iserlohn: J. Bädeker 1879).

27 Rudolf Eisler, *Kritische Einführung in die Philosophie* (Berlin: E. S. Mittler, 1905), 297.

확신되고 보장되는 실재, 즉 하나님의 계시에 근거하기 때문이다.[28]

윤리적 문화를 종교와 동떨어진 문화로 만들려는 일련의 노력들이 최근 있어왔음은 부인할 수 없다.[29] 이런 시도는 여전히 새로우며, 작은 영역 안에서 발견되는 제한된 형태일 뿐 아니라 어느 정도의 성과도 있었던 노력이다. 이런 노력은 종교에게는 분명 오명을 남겼는데, 그 이유는 이런 시도들이 스스로 문화 경찰 혹은 문화 감시인으로 인식했기 때문이다. 이런 외부적이고도 기계적인 방식 속에서의 종교와 도덕은 서로 함께 묶일 수 없다. 오히려 종교와 도덕은 내부적 본성에 따라 유기적으로 서로 연합을 이루는 존재들이나. 하나님을 사랑하는 것은 이웃을 사랑하는 것을 포함한다. 이웃을 사랑하는 것은 하나님을 사랑하는 것의 반영이다. 선함에 대해서는 이미 어린 시절부터 명령의 형태로 우리 모두 앞에 존재해왔다. 자율적 윤리학이 되었든 진화론적 윤리학이 되었든지 간에 그 둘 다 어떤 변화도 이끌어 낼 수 없다는 것은 사실이다. 어린 아이들이 자신의 본능으로 혹은 심사숙고를 통해 도덕 법칙들을 점진적으로 창조해내는 것이 아니다. 오히려 어린 아이들은 오래 전부터 존재했던 법칙들을 소유하는 범주 내에 묶여 있을 뿐 아니라, 그 법칙들의 권위 아래 속해 있다.[30] 우리 주변에 있는 나라들과 인류의 역사를 관찰하면 할수록, 우리는 수없이 많은 동요들과 다양성들의 증인이 되며, 동시에 "도덕적 평가들의 밑천"(ein Grundstock moralischer Wertungen)을 언제 어디서나 발견할 수 있게 된다.[31] 모든 사람들은 자신의 양심 속에서 순종을 해야만 하는 도덕 법칙들이 있다는 사실을 인정한다.

만약 이것이 사실이라면, 우리는 이 훌륭한 현상 속에서 인간의 환상, 꿈,

---

28 Ernst Linde, *Religion und Kunst* (Tübingen: J. C. B. Mohr, 1905).
29 Constantin Gutberlet, *Ethik und Religion: Grundlegung der religiösen und Kritik der unabhängigen Sittlichkeit* (Münster: Aschendorff, 1892); Philipp Kneib, *Die "Jenseitsmoral" im Kampfe un ihre Grundlagen* (Freiburg: Herder, 1906), 239ff.
30 Eisler, *Kritische Einführung*, 297.
31 Eisler, *Kritische Einführung*, 302.

상상과 관계를 맺든지, 아니면 경험적 세계보다 훨씬 더 위에 존재하는 실재와 관계를 맺어 깊은 경외감으로 그 실재를 우리 속 안에 채워 넣든지 이둘 중에 하나는 해야 한다. 왜냐하면 만약 도덕법 혹은 이상적인 선이 실제로 우리 주변에 혹은 우리 너머에 존재한다면, 이런 도덕법이나 이상적인선은 이 세상의 힘 속에 근거하기 때문이며, 하나님과 함께 존재해야만 하기 때문이다. 오직 하나님만 모든 도덕법(zedewet)의 실재, 의무의 객관성, 윤리적 소명, 인류의 결말의 원천(oorsprong)이요 보증이시다. 이런 측면에서 모든 윤리는 타율적이다.

특별히 칸트 이후의 철학은 이런 타율성에 대해 강한 반대를 표해왔다. 만약 타율성이 외부로부터 우리에게 다가온 도덕법이라면, 아니면 위로부터우리에게 강제적으로 부과된 것이라면, 혹은 우리 고유의 정신 속에서 어떤타율성의 메아리도 찾을 수 없다면, 타율성에 대해 외치는 철학의 반론들은옳은 반론일 것이다. 하지만 이런 단순한 외부적 법칙을 자연법 정도로는 볼수 있겠지만, 도덕법으로 볼 수는 없을 것이다. 법의 타율성에 대한 이런 관점은 인간이 본래적으로는 동물이었으나 외부의 영향, 즉 사회의 압력이나국가의 통제에 의해 점차 인간이 되었다고 생각하는 도덕주의자들 정도가받아들일 수 있는 관점이다. 하지만 이런 관점은 성경을 기반으로 전개하는기독교 윤리학에게는 크게 매력적인 관점이 아니었고 오히려 꽤 불필요한관점이었다. 왜냐하면 성경은 인간이 하나님의 형상으로 창조되었다고 가르치기 때문이며, 그 결과 인간 마음의 가장 깊숙한 곳에 이미 도덕법이 존재한다고 가르치기 때문이다. 심지어 죄인의 상태 속에서도 인간은 여전히 자신의 이성과 양심에 따라 이상적인 세계와 연결되어있다. 인간의 경험 속에존재하는 의무와 경향 사이에 존재하는 반목과 반립은 본질적으로 중생과회심을 통해 화해되었다. 그리스도께서는 이런 화해 사역이야말로 성부 하나님의 뜻을 따르는 핵심 사역이라고 말씀하셨다. 이처럼 바울 사도 역시 새로운 사람이 된 이후에 하나님의 법으로 즐거워하는 자기 자신을 발견했다.

모든 신실한 그리스도인들은 이와 똑같은 고백을 겸비하게 하는 자들이다.

자율적 도덕과 윤리적 문화는 이런 생각에 반론을 제기할 수 없다. 왜냐하면 이런 기독교적 생각이야말로 자신들이 원했던 것들이 궁극적으로 성취된 생각이기 때문이다. 자율적 도덕과 윤리적 문화도 선함이 반드시 인간의 내적 성향이 되어야 한다고 옳게 주장했다. 선은 자신의 기준과 본질을 사회적-행복주의 방식으로 인간 행위의 결과로부터 빌려오지 않는다. 그 이유는 인간 행위로부터 비롯되는 결과들은 외부적이며, 자주 돌발적일 뿐 아니라, 거의 항상 추산 불가능한 성질을 갖기 때문이다. 사람은 자신의 행위의 열매로 인해 선하게 되는 것이 아니다. 오히려 인간의 선한 의지의 표현과 드러남으로 비롯된 행위여야만 비로소 그 행위들을 선하다 부를 수 있다. 그러므로 칸트에 의하면 선한 의지 외에 이 세상에 있는 그 무엇도 선하다고 볼 수 없다. 칸트라는 철학자는 예수께서 하신 말씀을 단순히 반복한다. 좋은 나무만 좋은 열매를 맺을 수 있으며, 자신의 마음에 선한 보화가 있는 자만 선한 것들을 생산 해 낼 수 있다.[32] 성경의 이런 선언은 칸트의 일방적인 생각, 즉 선함은 마음과의 협동 없이도 의무에 대한 이성적 감각을 통해서만 성취될 수 있다는 생각을 거부한다. 기독교 윤리는 항상 감정적 낭만주의를 반동적 반응으로 이끌어 냈던 이런 지성적 엄숙주의 안에서 전인(全人)이야말로 반드시 지성, 의지, 마음, 양심 안에서 선해야만 한다고 주장했다. 선한 일을 하는 것은 사랑의 의무요 욕구일 뿐 아니라, 사랑의 사역이며 특권이기도 하다. 즉 선행은 사랑의 사역이다. 사랑은 율법의 완성이다.[33]

---

32 Eisler, *Kritische Einführung*, 292. Stange, "Der heteronome Character der christlichen Ethik," *Neue Kirchliche Zeitschrift* (June 1908): 454-73.

33 편집자 주: 바빙크는 율법이야말로 그리스도인들의 기쁨이며, 중생된 사람은 율법을 강제로 지키는 것이 아니라 자유롭게 따른다고 자주 강조했다. "[율법은] 중생된 마음의 내적 의무로부터 시작되는 자발성으로 지켜야 하는 법인데, 자율성의 원리 안에서 명예를 지키는 종교적-도덕 명령이다. 오직 좋은 나무만 좋은 열매를 맺는다." Bavinck, "Christian Principles and Social Relationships," in *Essays on Religion, Science, and Society*, ed. John Bolt, trans. Harry Boonstra & Gerrit Sheeres (Grand Rapids: Baker Academic, 2008), 134.

만약 기독교 윤리의 핵심 알맹이가 사랑이라면, 과연 무슨 권리로 문화에 반대하는 적개심의 화살이 기독교 윤리의 사랑으로 향할 수 있겠는가? 오직 사랑만이 참된 문화를 가능하게 만들 수 있고, 참된 문화의 토대를 확고히 세울 수 있다. 윤리적 문화는 인간이 반드시 내적으로, 즉 존재의 뿌리 안에서, 의지의 중심 안에서 선해야만 한다고 옳게 주장했다. 하지만 이런 생각에 대해 정직하게 심사숙고할 때 이런 사람은 존재하지 않는다는 사실과 더불어 윤리적 문화가 이런 사람을 만들어 낼 수도 없다는 사실을 고백하고 싶은 의무가 생긴다. 어떤 문화라도 그 중요도와 상관없이 교육, 문명, 발전이 그랬던 것처럼 속사람을 새롭게 만들 수 있는 능력이 전혀 없다. 왜냐하면 문화는 항상 외부적으로만 활동했기 때문에 사람의 마음과 정신 속으로 깊숙이 침투해 들어가지 못했기 때문이다. 문화는 유행을 만들어갔으며, 사람들을 다듬어갔고, 인간들을 제한시키기도 하고, 굴레를 씌우기도 했을 뿐 아니라, 무엇인가를 형성해 내기도 했다. 뿐 만 아니라 문화는 삶을 더 윤택하게 만들기도 했다. 심지어 문화는 법치주의 혹은 도덕까지도 일구었다. 그럼에도 불구하고 문화는 유일한 선이 아니며, 참되고, 내적이고 영적인 선도 아니다. 문화는 참된 "도덕"(Sittlichkeit)도 아니다. 윤리적 문화가 스스로를 충분하다 생각하면 할수록, 윤리적 문화 스스로는 심각한 위험에 노출 될 수밖에 없다. 왜냐하면 윤리적 문화 자체의 이상향에 지나치게 몰두하다보면, 또한 이런 이상향을 실현시킬 힘을 스스로가 가졌다고 생각하다보면, 이런 이상향의 울타리 안에 사람이 갇히게 되고 명령을 위한 명령, 법칙을 위한 법칙 안으로 잠식되고 말기 때문이다. 혹은 윤리적 문화가 수없이 많은 노력을 한 후에 스스로의 능력 없음이 드러나게 되면, 결국 높은 윤리적 이상향을 버리게 되고, 의지에게 주도권을 넘긴 후, 사람들로 하여금 자기 고유의 본성과 특성대로 삶을 영위하게끔 허용하고 만다. 이런 측면에서 볼 때 바리새파와 사두개파야말로 철학적, 실천적 토대 위에 세워진 윤리적 문화의 흔한 현상이었다. 윤리적 문화가 찾길 원했던 참됨, 선함, 아름다움 등은 완전한 선함이 도덕법 안에서 뿐 아니라 인간 자신 안에서 효과적으로 작동하는 전능한 하나님의 뜻이 될 때야 비로소 완전하게 될 수 있었다. 법의 타율성과 인간의 자율성은 오로지 이런 형태의 신율(新律, theonomy)을 통해서만 화해될 수 있었다.[34]

따라서 윤리적 문화는 원천으로 보나 본질로 보나 형이상학적 기초와 독립된 채로 존재할 수 있는 윤리가 아니다. 게다가 윤리적 문화는 도덕이 지향하는 목표로 봤을 때도 부족한 윤리이다.[35] 윤리적 문화가 이 세상의 것(diesseitig)을 여전히 갖고 있는 한, 다음과 같은 질문에 대한 답을 줄 수 없다. 도덕적 행동의 목표는 무엇인가? 이런 질문 이외의 질문들에 대한 답은 한 개인에게서도 혹은 인류에게서도 찾을 수 있다. 예를 들면, 원해서 하든지 아니면 원치 않기 때문에 하지 않든지 산에 이런 신택으로 밀미심이 개인이 공동체를 희생시킬 수 있고 아니면 공동체가 개인을 희생시킬 수도 있다. 하지만 이런 선택의 본질 그 자체는 그 두 선택들 중 어느 것도 다른 선택을 위한 수단 정도로 전락하지 않는다는 사실을 분명히 증명한다. 개인과 공동체는 서로가 서로에게 종속되지 않는다. 오히려 서로가 서로에게 협조한 채로 존재한다. 만약 개인과 공동체가 각자의 독립성을 유지한 채로 서

---

34 편집자 주: 개인 속에서 역사하는 하나님 나라는 단순히 물리적이거나 외부적인 것이 아니라 오히려 인간의 속사람에 작용해 그 속사람을 새롭게 만드는 것이다. 이 때 율법에 순응하는 것은 한 사람의 참된 인격성을 표현하는 매우 중요한 수단이 된다. "죄는 인격의 적이다. 죄는 인격을 통해 자신의 존재 가능성들을 힘입는다. 죄는 자의식과 자유를 원하지 않는다. 죄는 완전한 형태의 혐오와 함께 자의식과 자유 둘 다를 싫어한다. … 우리의 인격을 만드는 것이야말로 우리의 생각과 행위를 이끌어 내는 유일한 원인이다. 우리는 우리의 모든 행위, 모든 생각 속에 우리의 인격 전체를 깊이 박아 넣는 자들이다. 우리는 자의식 없이 제멋대로 행동하는 존재가 아니다. 오히려 우리 모두는 완전한 의식과 의지를 가진 채 모든 것을 자유롭고 도덕적으로 행한다. 이런 요구는 하나님 나라의 의무와 완전하게 일치하며, 오직 하나님 나라의 의무를 행함을 통해 이런 요구가 성취된다. … 아무런 의식과 의지 없이, 우리의 전체적 인격 없이 하나님 나라의 일을 한다는 것은 불가능하며 우리에게도 유용하지 않을 뿐 아니라 헛된 일이기도 하다. 더 심할 경우 이런 행동은 우리를 영원토록 멸망에 빠트릴 수 있다." Bavinck, "The Kingdom of God, the Highest Good," 150-51.
35 Eisler, *Kritische Einführung*, 312ff., 324, 330ff., 334.

로 간의 조정안에 합의하려 한다면, 이 일은 오직 사람들이 개인과 공동체 너머에 위치하여 개인과 공동체 밖에서 도덕적 행동의 목표를 설정할 때야 비로소 성취될 수 있다. 즉 내세 지향성(Jenseitigkeit)의 필요성이 좀 더 강화되는 것이다. 인류와 개인은 자신의 기원과 목표를 스스로 가질 수 없다. 왜냐하면 인류와 개인이 없었을 때가 있었기 때문이며, 인류와 개인은 일시적인 것이고 종말에 가까이 다가가는 존재들이기 때문이다. 이 모든 세상(wereldgeheel)에서 인류와 개인은 임시적이고도 스쳐 지나가는 공간을 차지한다. 그러므로 인류와 개인은 수단이지 목적이 아니다. 인류와 개인은 확실히 최종 목적이 아니다. 왜냐하면 인류와 개인은 자기 스스로가 기원이 아니기 때문이다.

하지만 만약 개인과 인류가 피조물이기 때문에 그것들 안에서 최종 목적을 찾을 수 없다면, 무엇이 과연 최종 목적인지에 대한 질문이 반드시 나올 수밖에 없다. 이 질문에 답하기 위해 진지한 심사숙고를 요구하는 윤리적 도덕은 이 세상의 존재 너머(moet "jenseitig" zijn)로 반드시 가야만 한다. 윤리적 도덕은 자신의 관점을 인류 안에 둘 수 없다. 이 질문에 답하기 위해서는 오직 두 개의 길만 열려 있을 뿐이다. 인간이 자신의 모든 문화와 함께 무의식적이고, 비합리적이며, 목적 없는 세상적인 힘을 위한 수단으로서의 역할을 하든지, 아니면 하나님을 영화롭게 하기 위한 수단으로서의 역할을 하든지 둘 중에 하나이다. 첫 번째 길은 인류에게 절대 지지를 받지 못할 것이다. 왜냐하면 이런 길은 자신의 목숨을 스스로 끊는 것과 하등 다를 바 없는 길이기 때문이다. 두 번째 길은 인간과 인류가 하나님을 위해 존재하며, 모든 것이 하나님으로부터, 하나님을 통해, 하나님께로 향해 가며, 하나님께서 인간의 도덕을 붙잡고 계실 뿐 아니라, 영적 가치가 모든 무생명의 나라를 초월한 채 존재하며, 참됨, 선함, 아름다움이 영원한 승리를 불러 오는 것을 포함하는 길이다. 이 길이야말로 인간의 모든 이해에 평화를 가져올 수 있는 길이며, 인간의 마음에 안식을 가져다 줄 수 있는 길이다. 그러므로 윤리적 문화는 반드시 계시 철학(openbaringsphilosophie)이 되어야 한다. 계시 철학이 없는 윤리적 문화는 존재할 수 없다.

　모든 게시는 독특성을 갖는다. 계시는 원리와 기초를 세운다. 하지만 동시에 계시는 이 원리를 적용하고 기초를 세우는 일의 책임을 인간에게 부과한다. 창조는 첫째 계시였으며, 모든 계시들의 원리요 기초였다. 동시에 모든 계시는 무엇인가를 새롭게 만들고, 새로운 시작을 하게하며, 새로운 발전의 가능성의 길을 여는 하나님의 창조 사역이다. 무로부터 시작되었다. 모든 진화는 기원을 가정할 뿐이다. 모든 되어가는 것들은 존재로부터 나온다. 생각과 말, 삶과 역사, 학문과 예술 모두 다 본질적으로는 하나님의 창조적 능력을 통해 시작되었다. 그리스도 위에 중심을 굳건히 박은 특별 계시 전체는 새로운 인류가 견고한 토대 위에 세워질 것이라는 것 이외의 내용이나 의미를 담지 않는다. 그리스도는 머리시며, 교회는 그의 몸이다. 그리스도는 모퉁이돌이며, 신자들은 하나님의 성전의 살아 있는 돌들이다. 이 기초를 무너뜨릴 수 있는 것은 아무것도 없다 이 기초는 영원토록 존재할 것이다. 이 기초가 행위와 말, 자연과 역사, 존재와 의식 가운데 뿌리박고 서 있을 때, 교회의 독립적인 사역이 교리와 삶의 발전, 기관과 예배의 발전과 더불어 시작되게 될 것이다. 하나님으로부터 온 계시는 항상 인간을 통한 "발견"의 방식에 자신의 문을 열어둔다.[36]

　이런 원리는 문화에도 그대로 적용 가능하다. 문화의 본질에 대해 깊이 생각하면 할수록 한 가지 발견에 다다를 수 있는데 그것은 바로 문화의 뿌리가 형이상학이며 그 기초가 계시라는 사실이다. 문화는 하나님 자신께서 세우신 정보들에 근거하며, 하나님께서 창조주이시며, 거듭나게 만드는 분일 뿐 아니라 모든 것들의 완성자라는 사실로 인해 문화의 권리와 가치가 분명해 질 수 있다. 아담이 바로 이것을 증거 한다. 이 땅을 정복하라는 하나

36　Cf. 본서 1장 각주 50번; 6장 각주 71번.

님의 명령은 문화가 아담에게 주어졌다는 반증이다. 아담이 문화를 정복할 수 있는 유일한 이유는 아담이 하나님의 형상을 따라 지음 받았기 때문이다. 인간만이 이 땅을 다스릴 수 있는 이유는 인간만이 하나님의 아들이요 하나님을 섬기는 자이기 때문이다. 하지만 인간이 계속적으로 이런 기초를 세웠던 것은 아니다. 인류의 발전은 정상적으로 진행되지 않았다. 인간 역사 속에는 언제나 문화의 흥망성쇠가 있어왔다. 항상 그랬듯이 하나님께서 위대한 사람들을 세우심을 통해, 새로운 인종을 출현시킴을 통해, 전 세계적으로 중요성을 지닌 사건들을 일으키심을 통해 자신의 손으로 발전을 이끌어 오셨다. 하나님께서는 죄로 가득 찬 발전을 파괴시키기도 하셨고, 문화를 가장 밑바닥부터 다시 재정비하신 후 새로운 길을 닦아 주시기도 하셨다. 이런 사실은 특별히 이스라엘 민족, 즉 아브라함, 모세, 수없이 많은 선지자들, 궁극적으로는 그리스도 안에서 명백히 드러났다. 이런 측면에서 문화는 뒤안길로 가라앉는다. 오히려 인간들은 문화인이 되기 전 반드시 하나님의 자녀로 거듭나야만 한다. 이스라엘 민족은 예술이나 학문의 민족이 아니었다. 오히려 이스라엘 민족은 종교적 민족이었다. 그리스도는 오로지 복음만을 전하는 설교자였으며, 세상을 구원할 구원자셨을 뿐 아니라, 하늘나라 왕국의 기초를 세우는 자이기도 했다. 하나님 나라에 비할 것은 아무것도 없다. 하늘나라에 들어갈 사람은 반드시 모든 것을 포기해야 한다. 이 세상과 모든 죄악 된 문화는 십자가를 정죄한다.

하지만 복음과 문화가 서로 적대관계에 있다는 생각은 옳지 않다. 왜냐하면 물론 복음은 하늘나라의 법과 요구들을 선포하는 것으로 스스로의 역할을 제한시키긴 하지만, 그럼에도 불구하고 복음이 역사와 성경에서 항상 드러나는 문화와의 유기적 연합으로부터 완전히 자유로울 수 없기 때문이다. 첫째, 예수 그리스도께서는 역사의 시작점이 아니라 역사의 중간부터 이 땅에 성육신하셨다. 물론 예수께서도 성부 하나님의 창조와 섭리 사역 가운데 계셨고, 특별히 이스라엘을 인도하시는 성부 하나님의 사역 속에도 관여하고 계셨다. 이런 측면에서 볼 때 복음이 주장하듯 그리스도께서는 모든 것들을 말씀으로 만드셨던 바로 그 말씀이셨을 뿐 아니라, 모든 사람들의 생명과 빛 되신 분이셨다. 예수께서 이 땅에 사셨을 때 그는 정치인도, 사회 개혁가도, 학자도, 예술인도 아니셨다. 오히려 예수께서는 하나님의 아들과 하나님의 종으로서의 삶을 단순히 사셨다. 하나님의 아들이셨던 예수 그리스도는 설교자셨으며 하나님 나라의 기초를 세우는 분이셨다. 그리스도께서는 성부의 창조, 섭리 사역을 완파하러 오신 것이 아니다. 오히려 죄로 인해 파괴된 창조와 섭리 사역을 구원하시려 이 땅에 오셨다. 즉 그리스도 본인의 가르침대로 이 땅을 심판하러 오신 것이 아니라 이 땅을 구원하러 오신 것이다.

둘째, 같은 이유로 예수 그리스도의 설교는 십자가의 길을 따랐던 그 분의 삶과 분리될 수 없다. 복음의 시작은 과거의 장소 사건, 심지어 영원까지로 거슬러 올라갈 수 있으며, 복음의 영향력은 다가 올 먼 미래에까지 미친다. 말씀으로 모든 것을 창조하셨고 하나님의 종으로서 십자가를 지셨던 그리스도가 바로 부활하신 주요, 승천하셔서 산 자와 죽은 자를 심판하러 다시 오실 바로 그 분이시다. 그리스도께서는 자신의 비하 사역을 통해 스스로를 낮추셨던 모든 것을 자신의 승귀 사역을 통해 다시 얻으셨다. 비하하신 그리스도께서는 승귀를 통해 죄책으로부터 자유로워지셨고, 죄의 왜곡으로부터 깨끗하게 되셨을 뿐 아니라, 성령 하나님을 통해 새롭게 태어나 갱신되셨다. 부활이야말로 모든 문화의 근본적 회복이다. 그리스도께서 부활하셨을 때 세상의 죄를 위해 십자가를 지셨던 그 몸을 다시 취하셨다. 부활하신 예수께서는 하늘과 땅을 다스릴 모든 권세를 성부 하나님으로부터 부여 받아 하늘 보좌 우편에 앉아 계신다. 일찍이 많은 수도원 분파들은 바울서신과 요한서신이 아닌 소위 역사적 예수, 공관복음, 산상수훈, 예수의 비유로 반드시 다시 되돌아가야 한다고 요구했다. 하지만 이런 요구는 실행 불가능하다. 왜냐하면 우리는 신약 성경 전체에서 똑같은 방식과 모습으로 죽으시고 부활하신 예수를 만날 수 있기 때문이다. 만약 수도원 분파들의 이런 요구가 맞다

면, 이런 요구는 결국 복음을 훼손시키고, 금욕주의로 우리를 이끌게 될 뿐
아니라, 창조와 재창조, 신약과 구약, 자연과 은혜, 창조주 하나님과 성부 하
나님 사이에 화해할 수 없는 영역을 만들어 낼 수밖에 없다.

이런 종류의 화해할 수 없는 영역은 영지주의나 마니교주의, 혹은 요즘
많은 사람들에 의해 각광 받는 불교에 더 어울린다. 하지만 이런 이원론은
기독교 사상과 정면으로 배치된다. 기독교의 진리와 가치는 문화와 문명을
통해 이룩된 열매에 절대 의존하지 않는다. 기독교는 스스로만의 독립적 가
치를 지닌다. 기독교의 가치는 이 땅에서 하나님 나라가 실현됨을 통해 현
실화된다. 기독교의 가치와 진리는 실용주의적 틀 안에서 사람이 가진 신
뢰할 만한 능력에 근거하지 않는다. 그리스도의 복음은 의와 평화와 기쁨을
약속하며, 복음이 의와 평화와 기쁨을 우리에게 선사할 때 비로소 이 약속
은 성취된다. 예수께서는 자신의 제자들에게 장밋빛과도 같은 미래상을 보
여주지 않으셨다. 오히려 예수께서는 장차 올 압제와 핍박에 대해 준비하라
명하셨다.[37]

하늘나라는 값을 매길 수 없는 진주이며, 동시에 온 빵에 퍼지는 누룩과
도 같다. 경건은 지금의 삶과 앞으로 다가올 삶, 즉 범사에 유익하다. 복음은
각종 현상과 사건들을 판단할 수 있는 기준점을 우리에게 제시한다. 우리는
복음을 통해 이 땅에서의 삶의 가치를 결정할 수 있는 완전한 판단 기준을
깨닫게 된다. 이 땅에서의 온갖 종류의 수수께끼들은 복음의 인도를 통해
풀릴 수 있다. 우리는 복음을 통해 시간 너머로 올라갈 수 있고 영원의 관점
에서 모든 것을 바라볼 수도 있게 된다. 만약 영원한 복음이 우리에게 아무

---

37 편집자 주: 그러므로 복음과 하나님 나라는 단순히 문화와 자연적인 삶을 증진시키는 누룩
    같은 요소만 가진 것이 아니다. 오히려 복음과 하나님 나라 그 자체가 매우 가치 있는 보물이
    다. "복음의 중요성은 문화에 영향력을 끼치는 복음의 능력, 혹은 오늘날의 삶에 복음이 얼마
    나 유용한 영향을 끼치는가에만 의존하지 않는다. 오히려 설사 복음 자체가 누룩이 아니어도,
    복음은 그 자체가 보물이며, 위대한 가치를 지닌 진주이다." Bavinck, "Christian Principles
    and Social Relationships," 141.

것도 제공해주지 않는다면, 과연 우리는 무슨 수로 이런 판단 기준과 인도함을 얻을 수 있을까? 복음은 순전하고, 선하고, 사랑스러운 그 무엇과도 모순되지 않는다. 복음은 언제 어디서나 죄만을 정죄할 뿐이다. 복음은 결혼, 가정, 사회, 국가, 자연, 역사, 학문, 예술 등 이 모든 것들을 대단히 소중히 여긴다. 복음을 고백하는 자들이 수없이 많은 실수를 저질렀음에도 불구하고, 복음의 복됨은 모든 기관과 성취들 속에서 언제나 풍부하게 드러났다.[38] 기독교 국가들은 여전히 문화를 보호하는 수호자들이다. 그러므로 만약 우리가 그리스도의 것이라면 모든 것이 우리의 것이라는 바울의 가르침은 여전히 옳다.[39]

---

38 편집자 주: 그러므로 복음의 내재적 가치는 모든 자연적 삶을 초월하는 동시에 모든 자연적 삶 깊숙한 곳을 강타한다. "비록 복음은 자연적 관계들 속에 있는 모든 것들을 다 변화시키지 않지만, 그럼에도 불구하고 복음은 모든 세속적인 상황들을 개혁할 수 있는 영향력을 매우 특별하고도 강력하게 모든 것들에게 본질적으로 깊게 미친다. … 물론 기독교의 가치는 문명에 영향을 끼치는 것을 통해서만 결정될 수 없다. 그것은 절대 아니다. 하지만 기독교가 문화와 문명에 영향을 끼친다는 것은 부정할 수 없는 사실이다. **하늘나라는 진주이기도 하지만 동시에 누룩이기도 하다.**" Bavinck, "Christian Principles and Social Relationships," 140-41(강조는 첨가).

39 A. Ehrhard, *Katholisches Christentum und die moderne Kultur* (Mainz, 1908). E. W. Mayer, *Christentum und Kultur* (Berlin: Trowitzch, 1905).

9장: 계시와 문화 핵심 해제

■ 핵심 메시지

『계시 철학』에서의 바빙크의 논의의 폭은 점점 더 확장되어 본 장에서는 그 폭이 '문화' 전반에까지 이르게 된다. 바빙크는 본 장에서 계시와 문화의 관계를 논구하며 은혜가 자연을 회복하는 신칼빈주의(neo-Calvinism) 문화관의 정수를 여실히 보여준다. 본 장에 나타난 문화에 대한 바빙크의 입장은 다음 문장들로 요약정리된다.

> 문화의 본질에 대해 깊이 생각하면 할수록 한 가지 발견에 다다를 수 있는데 그것은 바로 문화의 뿌리가 형이상학이며 그 기초가 계시라는 사실이다. 문화는 하나님 자신께서 세우신 정보들에 근거하며, 하나님께서 창조주이시며, 거듭나게 만드는 분일 뿐 아니라 모든 것들의 완성자라는 사실로 인해 문화의 권리와 가치가 분명해 질 수 있다(461).

위 인용문에서도 잘 드러난 것처럼, 문화에 대한 바빙크의 관점은 크게 세 가지 논리 구조 하에서 움직여 간다. (1) 기독교와 문화는 서로 적대 관계가 아니다. (2) 종교와 문화의 기원은 하나다. (3) 문화의 기초는 계시다.

첫째, 먼저 바빙크는 문화를 크게 두 가지 영역으로 구분한다. 이는 문화를 단순히 협의의 관점에서 보지 않고 오히려 광의의 관점으로 폭넓게 보는 시각을 견지하기 위함이다. 바빙크는 문화의 영역을 다음과 같이 이해한다.

> 문화에는 두 가지의 거대한 영역이 존재한다. 첫 번째 영역은 물질적 재화들을

생산하고 분배하는 인간의 모든 활동들, 예를 들면 농경, 목축, 산업, 무역의 영역이다. 두 번째 영역은 문학, 과학, 정의, 국정 운영, 예술 등의 수단을 활용해 참, 선, 아름다움 등을 객관적으로 현실화하며, 발전을 이끌어 낼 뿐 아니라, 문명화 시키는 모든 노동들을 포함하는 영역이다(443).

바빙크에게 문화는 단순히 현대인들이 생각하듯이 예술, 음악, 미술, 미디어 등으로 제한되지 않는다. 오히려 바빙크는 문화를 인간의 모든 활동과 노동들을 총체적으로 규합하는 훨씬 더 포괄적이고 종합적인 개념으로 이해한다. 바빙그는 기독교 역사 가운데 이런 문화에 적개심을 품었던 그룹들이 늘 존재해왔다고 설명한다. 이런 반(反)문화적 그룹들의 기본 특징은 금욕주의적 성향을 가진다는 섬이다. 이런 그룹에 대한 바빙크의 설명을 들어보자.

[이런] 집단은 스스로의 경향성으로 인해서든지 아니면 교육을 받아서든지 혹은 스스로의 경험이나 외부의 영향을 통해서든지 금욕주의적 삶의 가치를 배운 자들인데, 이들은 어느 정도 현재 문화에 대해 반대하거나 애통하는 성향을 보이는 집단이다. 이들은 현재의 삶과 예수 그리스도 당시의 삶 사이를 비교하며 이 두 삶 사이에 어떤 연결점이나 조화점도 찾지 않은 채 오로지 그 둘 사이를 반대하며 대비하는 데 힘을 쏟는다(438).

또 다른 집단은 기독교가 초대 교회 당시부터 금욕주의적 특징을 가졌다는 주장에 대해 동의하는 집단이다. 이 집단은 기독교가 늘 그래왔던 것처럼 현대 문화 없이도 기독교는 존속될 수 있다고 보았다(439).

바빙크는 문화에 대적하는 집단이 근본적으로 금욕주의적 가치관을 가졌다고 보고, 초대교회까지 거슬러 올라가며 금욕주의의 기원을 찾는다. 바빙크는 금욕주의적 성향과 영지주의적 관습을 가진 있는 반(反)문화적 전통에 반대를 표하며 문화와 기독교 사이의 바른 관계성을 다음과 같이 표현한다.

> 문화와 기독교가 서로 불화 상태라고 말하는 것은 사실 속이 비어 있는 말이다.
> 물론 일부 현상들 속에서는 이런 평가가 옳을 수 있겠지만, 사실 이런 평가는 많
> 은 영역들 속에서 적용 불가한 평가이다(445).

바빙크는 기본적으로 문화와 기독교가 서로 적대 관계가 아니라는 입장
을 선명히 견지한다. 즉 문화와 기독교 사이의 관계를 불화 상태 혹은 이혼
상태라고 표현하는 것은 알맹이가 비어있는 공허한 표현이라고 본 것이다.
오히려 바빙크는 기독교와 복음이 문화의 가치를 재평가하고 그 문화를 주
체적으로 선용(善用) 할 수 있다고 보고 그 예를 예수 그리스도의 삶에서부
터 찾는다.

> 만약 복음이 참되다면, 이런 참된 복음은 모든 문화의 가치를 판단할 수 있는 기
> 준을 우리에게 제공해 줄 수 있다. 이 땅의 모든 것들과 자연적 관계들에 적응하
> 신 예수의 태도 안에서 이런 사실이 독특하게 잘 드러난다. 예수께서는 금욕적
> 삶을 살지 않으셨다. 그리스도께서는 먹을 것, 마실 것, 입을 것 등을 하늘에 계
> 신 아버지께서 주신 선한 선물로 여기셨으며, 이와 같은 맥락에서 결혼식 잔치
> 와 저녁 식사에도 참석하셨다. 예수는 가끔씩 자신 스스로만 생각하고 자기 스
> 스로만 살피는 향락주의자처럼 보이기도 했다. 하지만 예수께서는 동시에 모든
> 종류의 비참함에도 연민의 감정을 늘 느끼셨던 분이었다. 예수 안에서는 얕은
> 낙관주의도 적당한 비관주의도 찾아 볼 수 없었다(451).

바빙크는 이 땅에서 삶을 영위하셨던 그리스도의 삶 속에서 올바른 문화
관을 도출한다. 바빙크는 그리스도의 삶 속에서 문화에 대한 얕은 낙관주의
도 적당한 비관주의도 찾아볼 수 없다고 주장하면서 기독교가 문화에 대해

어떤 관점을 가져야 할지에 대한 균형 잡힌 관점을 예수를 삶을 통해 적절히 제시해준다.

둘째, 바빙크는 기독교와 문화 사이의 적대 관계를 지양하며 문화와 종교의 기원을 서로 다르게 보지 않는 관점을 꾸준히 견지한다. 이에 대한 바빙크의 설명을 들어보자.

문화는 그 기원부터 종교와 매우 밀접한 관계를 유지했다. 어느 시대 어느 민족을 막론하고 종교와 문화는 늘 함께 발전되었으며, 서로가 손에 손을 맞잡고 협력 관계를 이루어나갔다(443).

바빙크는 기본적으로 문화를 인본주의적인 것으로, 종교를 신본주의적인 것으로 보는 영지주의적 이분법을 배격한다. 바빙크는 이런 이분법이야말로 세상 만물을 정(thesis)과 반(antithesis)이라는 반립 구조로 이해해 서로 간에 끊임없는 투쟁을 일삼는 긴장 상태로 우리를 이끌고 간다고 보았다. 오히려 바빙크는 문화와 종교의 기원을 다음과 같이 밀접한 관계로 유지시킨다.

문화는 역사적으로 볼 때 독립적인 기원(ontstaan)이나 발전 가운데 있지 않았다는 사실이 증명된다. 오히려 문화는 그 시작부터 종교와 밀접한 관계를 가진 채 발전되었다. 과학, 예술, 윤리가 그랬던 것처럼, 문화의 가장 높은 요소들 역시 발전과 성장을 하는 데 종교에 빚을 졌다. 그리스, 이집트, 바빌론, 인도 등지에서 가장 오래된 학문은 신학이었다. 철학은 종교로부터 비롯되었고, 이후에 다양한 학문들로 분화되었다. 옛날 사람들의 예술 속에는 종교적 특성이 늘 포함되어 있었다. 고대인들은 도덕 법칙을 신적 명령으로 여기는 성향이 강했다. 학문, 예술, 윤리는 그 기원, 본질, 의미가 종교와 밀접한 관련이 있다. 왜냐하면 학문, 예술, 윤리는 이상적인 세계, 오직 종교를 통해 확신되고 보장되는 실재, 즉 하나님의 계시에 근거하기 때문이다(454).

셋째, 바빙크는 문화의 근본 토대를 계시에서부터 찾았다. 다음과 같은 바빙크의 단문 속에 문화에 대해 바빙크가 말하고 싶은 모든 것이 고스란히 내포되어 있다.

윤리적 문화는 반드시 계시 철학(openbaringsphilosophie)이 되어야 한다. 계시 철학이 없는 윤리적 문화는 존재할 수 없다(461).

바빙크는 본 장 전반에 걸쳐 계시 철학이야말로 문화의 필수불가결 요소요 가장 궁극적인 기초 토대라고 부르짖는다. 바빙크는 자신의 시대에 유행했던 윤리적 문화관, 즉 인간 본성을 낙관적으로 보고 인간의 내재적 능력을 통해 윤리적 문화 가치를 지켜 나갈 수 있다고 생각했던 지적 흐름을 배격했다. 바빙크가 윤리적 문화관을 배격했던 가장 큰 이유는 윤리적 문화관이 초자연적 계시와 동떨어진 채 자연적인 능력으로만 문화의 바벨탑을 훌륭히 쌓아나갈 수 있다고 생각했기 때문이다. 그러므로 바빙크는 이런 윤리적 문화관에 대해 다음과 같이 날카로운 메스를 댄다.

윤리적 문화는 인간이 반드시 내적으로, 즉 존재의 뿌리 안에서, 의지의 중심 안에서 선해야만 한다고 옳게 주장했다. 하지만 이런 생각에 대해 정직하게 심사숙고할 때 이런 사람은 존재하지 않는다는 사실과 더불어 윤리적 문화가 이런 사람을 만들어 낼 수도 없다는 사실을 고백하고 싶은 의무가 생긴다. 어떤 문화라도 그 중요도와 상관없이 교육, 문명, 발전이 그랬던 것처럼 속사람을 새롭게 만들 수 있는 능력이 전혀 없다. 왜냐하면 문화는 항상 외부적으로만 활동했기 때문에 사람의 마음과 정신 속으로 깊숙이 침투해 들어가지 못했기 때문이다(458).

문화는 인간의 속사람을 건드리지 못한다. 오히려 문화라는 전 존재가 복음으로 해체되어 복음이라는 새 옷을 입고 문화가 다시 갱생될 때야 비로소 문화는 계시의 빛 아래서 가치 있는 존재가 될 수 있다. 이처럼 바빙크는 계시와 문화와의 관계를 복음의 빛 아래서 유기적으로 통합시킨다. 바빙크의 통찰력 있는 말을 좀 더 들어 보도록 하자.

> 복음은 순전하고, 선하고, 사랑스러운 그 무엇과도 모순되지 않는다. 복음은 언제 어디서나 죄만을 정죄할 뿐이다. 복음은 결혼, 가정, 사회, 국가, 자연, 역사, 학문, 예술 등 이 모든 것들을 대단히 소중히 여긴다. 복음을 고백하는 자들이 수없이 많은 실수를 저질렀음에도 불구하고, 복음의 복됨은 모든 기관과 성취들 속에서 언제나 풍부하게 드러났다. 기독교 국가들은 여전히 문화를 보호하는 수호자들이다. 그러므로 만약 우리가 그리스도의 것이라면 모든 것이 우리의 것이라는 바울의 가르침은 여전히 옳다(465).

바빙크는 기독교 국가와 그리스도인들을 "문화를 보호하는 수호자"라고 불렀다. 이는 복음의 힘으로만 가능하다. 복음의 힘으로 문화의 죄성이 거듭나게 될 때야 비로소 문화는 "순전하고, 선하고, 사랑스러운" 존재가 될 수 있을 것이다.

본 장을 요약해보도록 하자. 문화와 기독교는 서로 전쟁 중에 있지 않다. 문화를 향한 치기 어린 금욕주의나 문화를 지나치게 탐닉하는 낙관주의 둘 다 옳지 않다. 문화와 기독교는 둘 다 신적 기원을 가진다. 그 이유는 문화와 기독교 모두 신적 계시에 그 근본 뿌리를 두기 때문이다. 그러므로 문화는 기독교와 복음에 의해 거듭남의 복을 반드시 누려야 한다.

- 하나님이 이르시되 우리의 형상을 따라 우리의 모양대로 우리가 사람을 만들고 그들로 바다의 물고기와 하늘의 새와 가축과 온 땅과 땅에 기는 모든 것을 다스리게 하자 하시고 하나님이 자기 형상 곧 하나님의 형상대로 사람을 창조하시되 남자와 여자를 창조하시고 하나님이 그들에게 복을 주시며 하나님이 그들에게 이르시되 생육하고 번성하여 땅에 충만하라, 땅을 정복하라, 바다의 물고기와 하늘의 새와 땅에 움직이는 모든 생물을 다스리라 하시니라 (창 1:26-28)

- 여호와 하나님이 그 사람을 이끌어 에덴 동산에 두어 그것을 경작하며 지키게 하시고 (창 2:15)

- 그를 하나님보다 조금 못하게 하시고 영화와 존귀로 관을 씌우셨나이다 주의 손으로 만드신 것을 다스리게 하시고 만물을 그의 발 아래 두셨으니 곧 모든 소와 양과 들짐승이며 공중의 새와 바다의 물고기와 바닷길에 다니는 것이니이다 (시 8:5-8)

■ 핵심 적용

소위 '문화 사역'이라는 용어만큼 그 본질이 모호한 용어도 없다. 세속적인 마인드로 음악을 하고는 싶은데 교회의 굴레 아래 있으니 어쩔 수 없이 CCM 밴드나 교회 찬양팀을 하면서 자신의 음악적 욕구를 채우는 행위는 참된 문화 사역 행위가 될 수 없다. 아이들의 말초신경을 자극해 보다 더 강한 인상을 남기기 위해 예배 시 영상이나 미디어를 적극 활용하는 것 또한 참된 문화 사역 행위가 될 수 없다. 알맹이는 전무한 채 겉모습이나 껍질에만 신경을 잔뜩 쓰는 기독교 출판 행위 역시 참되고 바른 문화 사역이 될 수 없다.

바빙크가 본 장 전반에 걸쳐 지적하는 것처럼, 문화 사역은 반드시 계시 철학에 근거해야만 한다. 계시로부터 강력히 뿜어져 나오는 복음의 역동성이 문화라는 예쁜 옷을 입고 은근슬쩍 자기의 모습을 드러내는 온갖 종류의 죄 묻은 세속 문화들을 변혁시키고 회복시켜야 한다. 은혜는 자연을 회복시킨다.

그리스도인들은 비겁한 금욕주의나 영지주의, 혹은 온갖 종류의 이원론으로부터 반드시 탈피해야 한다. 그리스도께서 이 세상 문화 속으로 육신을 입고 그대로 들어오신 것처럼, 우리 모두도 성육신의 자세로 문화 속으로 적극성을 가지고 들어가야 한다. 세속 문화 속으로 들어가 세속 문화와 섞여 버리지 않기 위해서는 세속 문화와 본질적으로 다른 무엇인가를 갖춰야만 한다. 그것이 바로 계시요 그것이 바로 복음이다. 히브리서 기자의 가르침처럼 "이런 사람은 세상이 감당하지 못하느니라"(히 11:38). 세상 문화가 능히 감당할 수 있는 허약한 그리스도인이 될 것인가? 아니면 세상 문화가 능히 감당할 수 없는 세속 문화 앞에 초연하고 의연한 그리스도인이 될 것인가? 후자가 문화 속에 서려 있는 계시와 계시 속에 서려 있는 문화의 유기성과 통합성을 올바르게 인식 · 인지한 자만이 가질 수 있는 복된 입장이다.

■ **핵심 용어**

문화(culture)

현대 문화(modern culture)

금욕주의(asceticism)

영지주의(gnosticism)

수도원주의(monasticism)

재세례파(Anabaptists)

이원론(dualism)

윤리적 문화(ethical culture)

복음(the Gospel)

■ 핵심 찬양

하나님께서 창조하신 모든 세계가 문화 명령의 장이라는 것을 한껏 드러내
는 찬송가 478장(통 78장)

참 아름다워라

1절
참 아름다워라 주님의 세계는 저 솔로몬의 옷보다 더 고운 백합화
주 찬송하는 듯 저 맑은 새소리 내 아버지의 지으신 그 솜씨 깊도다

2절
참 아름다워라 주님의 세계는 저 아침 해와 저녁놀 밤하늘 빛난 별
망망한 바다와 늘 푸른 봉우리 다 주 하나님 영광을 잘 드러내도다

3절
참 아름다워라 주님의 세계는 저 산에 부는 바람과 잔잔한 시냇물
그 소리 가운데 주 음성 들리니 주 하나님의 큰 뜻을 나 알 듯 하도다 아멘

■ 핵심 토의

1. 나는 금욕주의적 성향을 가진 사람인가? 아니면 문화에 지나치게 탐닉하는 사람인가? 각각의 장단점에 대해 생각해보라.

2. 가장 좋아하는 문화 요소는 무엇인가? 가장 좋아하는 문화 요소를 가지고 어떻게 하나님을 영화롭게 할 수 있을 것인가?

3. 혹시 찬양팀이나 성가대에서 봉사한 적이 있는가? 어떤 마음가짐을 가지고 했는가? 혹시 회개할 부분이 있는가?

4. 초등학생, 중고등학생, 대학생, 청년에 이르기까지 미디어 노출 빈도는 날이 갈수록 커져만 간다. 기독교적 관점에서 봤을 때 SNS의 장단점은 무엇인가?

X. 계시와 미래

X. 계시와 미래

기독교는 본질적으로 문화와 적대 상태에 있지 않다. 하지만 문화에 딸린 종속적 가치들이 이 땅에 존재하는 모든 소유물들의 결과인 것만은 맞다. 이 모든 세계가 가진 가치들은 하늘나라의 의, 죄의 용서, 하나님과의 영원한 교제가 가진 가치들보다 더 위대하지 않다. 이런 측면에서 봤을 때 기독교는 현대인이 취하는 세계관(wereldbeschouwing)과 직접적으로 반대의 방향성을 취하는 관점이며, 그 결과 기독교 안에 현대 세계관과 타협할 수 있는 공간이 존재하지 않는다. 기독교와 현대 세계관 사이에 불거지는 질문들은 인류를 위한 가장 높은 선이 무엇인가라는 고민과 관계있다.

기독교는 과거부터 문화를 발전시키기보다는 문화와 대척점에 서 있다는 식으로, 혹은 현재까지도 기독교가 문화를 혐오하거나 적대적인 태도를 보인다는 식으로 비난을 받는다. 이 뿐 아니라 심지어 기독교는 자신 만의 시간 안에 머물러 있기 때문에 미래를 발전시키는 데 아무런 역할을 하지 못한다는 비난 또한 받아왔다. 요즘 사람들은 만약 현대 문화가 앞으로 한 발자국 더 나아가길 원한다면, 반드시 기독교의 영향을 전적으로 거부해야만 하며, 기독교와 더불어 존재하는 옛 세계관을 반드시 깨트려야 한다는 생각으로 가득 차 있다. 이런 생각은 문화 투쟁(Kulturkampf)의 시초를 이끌었고, 이런 문화 투쟁은 커질 대로 커져버려 비스마르크와 예수회 사이의 싸움은 기껏해야 아이들 싸움 정도에 지나지 않게 되었다. 다양한 신앙고백들을 수납하는 기독교는 그 본질 상 항상 초자연적인 주제들, 예를 들면 영원, 천국, 하나님과 같은 주제들에 대해 논한다. 기독교는 어쩌면 절대로 영광스럽게 보이지 않을 뿐 아니라 이 땅에서의 삶을 등한시하게 만들 수 있는 사후 세계에 대해 믿을 만한 보증을 발행하는 종교이다. 기독교는 행위를 하도록 부추기지 않는다. 오히려 기독교는 가장 높은 형태의 가치, 인내, 관용, 순종, 자족이 무엇인지에 대해 우리에게 호소한다.

이와 반대로 현재 시대는 완전히 이 세상의 것(diesseitig)으로 가득 찬 시대이다. 이 시대는 보이지 않는 것들을 믿지 않는 시대이다. 오히려 이 시대는 보이는 것과 일시적인 것들만 상고하는 시대이다. 프랑스 혁명에 대한 실망 이후 유럽 전역은 나폴레옹 치하 아래서 깊은 실의와 낙담에 빠져 허우적댔다. 하지만 이런 압제와 방황은 사람들로 하여금 재도약할 수 있는 기회를 제공해 주었다. 자유의 시간이 유럽 전역을 강타했을 때, 인류는 새로운 삶으로 계몽되었고, 상상할 수 없는 용기가 사람들을 이끌게 되었다. 이런 용기와 계몽이 가장 높은 왕위에 오르게 되었고, 이런 분위기 속에서 과학과 기술, 사회와 국가 가운데 괄목할 만한 성공들이 각종 성취들을 이루어내기 시작했다. 삶에 적용 가능한 발견과 발명들이 주류를 이루게 되었으며, 이런 발견과 발명들은 인간들이 기술과 노동을 통해 무엇을 성취할 수 있는지를 몸소 보여주었다. 반세기에 걸쳐 인간들은 다시 태어나게 되었고 땅의 지각은 변동되어 갱신되는 수순을 밟았다. 이런 변화는 이전 세대의 조상들과 이전 시대 사람들은 감히 상상할 수도 꿈 꿀 수도 없는 실재였다. 그 당시 인류는 자신들 고유의 창조물 앞에서 놀라움을 느끼며 서 있었다.

인간에 대한 자신감이 높아지면 높아질수록, 하나님에 대한 신뢰, 기적에 대한 신념, 비참에 대한 의식, 기도의 필요성, 구원에 대한 갈망 등은 각종 영역들 가운데서 줄어들어만 갔다. 칸트는 "당신은 마땅히 해야만 한다. 그러므로 당신은 할 수 있다"(du sollst, also du kannst)라는 말을 담대히 외쳤다. 19세기 땅을 밟고 살았던 사람들은 칸트의 이런 좌우명을 수납하며 살아갔다. 칸트의 이런 좌우명은 그 자체로 이 세상을 개혁할 수 있다는 필연성, 의지, 능력, 의무, 그리고 당위성(Sollen)까지도 포함한다. 이런 좌우명은 다방면으로 압력을 행사했고, 좌우명 자체가 갖는 힘이 사람들로 하여금 저항할 수 없는 욕구와 계몽을 이끌어 냈다. 이런 상황 속에서 현대인들은 더 이상 본래적 운명으로부터 왜곡된 비참한 피조물이 아니게 되었을 뿐 아니라, 이 땅을 더 이상 슬픔과 고통으로 가득 찬 세상으로도 여기지 않게 되었다. 현대인들은 이 세상이야말로 가장 아름다운 세계이며, 위대하고도 전능한 인간 속에서 가장 작은 시작을 가졌지만 현재는 가장 위대한 발전의 정점을 가진 세계로 인식했다.[1] 현대인들은 자신들의 평가 기준에 따라 더 이상 단순한 피조물이 아니었다. 오히려 그들은 "자기 스스로와 이 사회의 창조자였으며 구원자"[2]였다. 현대인들의 삶은 점점 더 자기 스스로의 섭리가 되어갔다.[3] 그들은 자신의 사역을 통해, 즉 "노동이 곧 창조"라는 사역을 통해 점차 자기 스스로의 섭리를 발전시켜나갔다. 사람은 노동을 통해 하나님이 될 수 있었고, 점점 더 하나님과 똑같이 될 수 있었다. 그러므로 노동은 반드시 종교와 도덕의 기초가 되어야 했으며, 현대 사회의 전부가 되어야만 했다.[4] 물론 이전에도 기독교 내외부적으로 노동은 언제나 위대한 도덕적 가치로 여겨졌다. 그럼에도 불구하고 어떤 도덕적 체계도 노동 위에 세워진 적은 없었다. 노동을 경멸했던 헬라인들도, 혹은 이 땅에서의 삶을 영원한 삶을 위한 특별한 준비 과정으로 여겼던 그리스도인들도, 아니면 정언명령을 통해 도덕법을 유추하려했던 신(新)도덕주의자들 그 어느 누구도 노동 위에 도덕 체계를 세우지 않았다. 하지만 예링(Ihering), 분트, 회프딩, 파울젠, 스펜서, 시지윅(Sidgwick) 같은 사람들은 윤리학을 점점 더 사회학, 즉 스스로를 위한 노동과 다른 사

---

1   B. Carneri, *Der moderne Mensch. Versuche über Lebensführung* (Stuttgart: Bonn E. Strauss), xi.

2   Henry Demarest Lloyd, *Man the Social Creator*, 3.

3   Ellen Key, *Das Jahrhundert des Kindes* (Berlin: S. Fischer, 1902), 358.

4   Lloyd, *Man the Social Creator*, 12-13.

람들을 위한 소명을 다루었던 사회학에서 찾으려 했다. 왜냐하면 그들은 노동이 이기적 본능과 사회적 본능을 화해시킬 수 있다고 생각했으며, 이런 노동이 인간 삶 전체 속에 갇혀 있다고 생각했기 때문이다.[5] 이런 측면에서 노동은 "현존재의 감각"(*Sinn des Daseins*)으로 여겨졌다.[6]

인간의 능력을 일깨웠던 이런 계몽은 현재 가장 강한 동정을 받는 세계관에 그대로 투영되었다. 지금까지 온 세계는 본성과 본질, 영과 물질, 영혼과 기능, 형상과 법칙들과 같은 완벽한 개념들 위에 뿌리내려 있었다. 하지만 현재 이 모든 것들이 변화되었다. 이제 더 이상 이 세계는 확고하지 않고, 불변하지도 않을 뿐 아니라, 튼튼하지도 않다. 더 이상의 정체(停滯)도 없다. 오히려 모든 것들은 영원하게 운동할 뿐이다.[7] 물리학과 화학은 자기 자신들을 비실체화 했고, 자신들의 토대를 순전히 수학적인 비율 안에서만 찾기 시작했다. 심리학은 영혼의 본질과 기능을 설명하는 일을 그만 두었고, 기껏해야 심리적 현상들만을 상기시키는 역할 정도에 만족했다. 논리학, 윤리학, 미학은 고정된 형태의 선험적 법칙으로부터 스스로를 해방시켰고, 심리학과 사회학 위에 스스로의 탑을 쌓아갔다. 원자론적 세계관은 이후 에너지적 세계관에 자신을 내어주었고, 그 결과 완전함은 더 이상 존재가 아니라 되어가는 것으로 인식되었다. "의지야말로 세계의 참된 본질이다."[8] 만약 데카르트가 자신의 격언 "나는 생각한다. 그러므로 나는 존재 한다"(*cogito ergo sum*)를 철학의 원리로 선언했다면, 새로운 세계관은 데카르트의 이런 격언을 "나는 움직인다. 그러므로 나는 된다"(*moveo ergo fio*)로 선언했다. 산다는 것(*vivere*)은 현재 더 이상 생각하는 것(*cogitare*)이 아니라 원하는 것(*velle*)이다. 즉 현대적 지혜는 프루동(Proudhon)의 다음과 같은 격언으로 요약할 수 있다. 진보에 대

---

5   Wilhelm Jerusalem, *Gedanken und Denker* (Leipzig: W. Braumüller, 1905), 133-48.

6   L. Stein, *Der Sinn des Daseins*, 15.

7   Pierre-Joseph Proudhon, *Philosophie du Progrès* (Bruxelles: A. Lebègue, 1853), 20, 24-25.

8   Hall, *Adolescence*, I, 131.

한 확언, 절대에 대한 부정(*Affirmation du progrès, négation de l'absolu*).[9]

　이런 종류의 세계관이 현대인들의 삶 속에 가득했기 때문에, 이런 세계관이 현대인들의 삶을 인도했을 뿐 아니라 그들에게 방향성을 제시하는 역할을 감당했던 것은 사실 당연한 일이었다. 우리가 사는 이 시대는 끊임없는 활동성과 물리적, 심리적 능력들을 활용하는 경향 때문에 이전 시대와 확연히 구별되는 시대이다. 뿐 만 아니라 현 시대는 가장 적은 가능성으로부터 가장 큰 가능성을 얻으려는 노력으로 점철된 시대이기 때문에 이런 측면에서도 이전 시대와 선명히 구별되는 시대이다.[10] 인간의 활동은 대단히 다양한 방향성들을 담지 한 채 이동하며, 모든 순간순간마다 각 방향성들이 서로 중첩된 상태로 움직여간다. 그러므로 그 누구도 이 복잡한 운동에 대해 선명한 관점을 가지기 힘들 뿐 아니라, 각 방향성들에 대해 완진히 실명하는 것도 대단히 어려운 일이 아닐 수 없다. 오늘날 태양 아래 있는 사람들에 의해 성취된 모든 종류의 다양한 노동들이 마치 한 영을 통해 이루어졌고, 한 가지 목적에 의해 인도되었을 뿐 아니라, 단 한 가지의 목적을 위해 만들어졌다는 생각이 어기저기에 가득하다. 여기서 말하는 단 한 가지 목적이란 바로 다름 아닌 인류의 진보를 뜻한다. 오늘날 많은 사람들은 풍부한 땅 위에서 살아간다. 그럼에도 불구하고 그들은 여전히 더 많은 부를 갖길 원하며, 보다 더 오래가는 행복을 추구하기 위해 노력에 노력을 거듭한다. 많은 사람들은 이 땅 위에서의 이런 삶이야말로 인간이 가져야 할 유일한 안식처라고 확신에 찬 채 선언한다. 사람들은 더 좋은 주거지를 찾기 위해 애쓰고 또 애쓴다. 사실 이런 삶의 비참함에 대해 진지하게 심사숙고했던 개혁자들은 늘 차고 넘쳤다. 그들은 모두 비참함으로부터 해방되기 위한 방식과 수단에 대해 고민했던 사람들이고, 동시에 인류의 완전을 위해 노력 했던 사람들이었다.

9　Proudhon, *Philosophie du Progrès*, 25, 19, 156.
10　G. Portig, *Das Weltgesetz des kleinsten Kraftanwandes in den Reichen der Natur* (Whitefish, MT: Kessinger Reprint, 1903).

인류의 인종적 질을 높이기 위해 인위적 방식으로 진행되는 괄목할 만한 시도들이 존재한다. 이런 시도를 했던 사람들은 각 사람들이 거대한 바다 위에 떠 있는 하나의 작은 존재처럼 보잘 것 없어 보이긴 하지만, 그럼에도 불구하고 그 모든 사람들도 저마다 자유롭고 활동적인 능력을 갖춘 존재들이라고 생각했다. 만약 이렇게 생각한다면, 인간들은 자연 속의 꽉 짜인 순서 안의 수동적 존재로 전락해서는 절대 안 된다. 동시에 인간들은 영원토록 동일하다는 사실과, 발전 가능하며 완벽해 질 수 있는 능력이 자신들에게 없다는 사실을 마음 속 깊은 곳에서부터 절대 놓쳐서는 안 된다. 기독교는 원죄 교리 안에서 이런 불편한 사실에 대해 가르쳤다. 기독교의 교의, 즉 인간은 전적 부패했기 때문에 오직 그리스도를 통해서만 구원 받을 수 있고 인간 스스로의 능력으로는 절대 거룩해지거나 행복한 자가 될 수 없다는 식의 교의가 기독교 신앙의 모든 영역들을 의기소침하게 만들었다고 생각했다. 또한 그런 이유로 기독교 교의는 반드시 강하게 반박되어야만 했고 사라져야만 했다. 인간은 여전히 항상 되어가는 존재라는 사실이 인간들에게 위로의 확신을 선사했다. 인간들은 이미 스스로를 동물보다 더 높게 고양시켰고, 초인(Übermensch)으로의 방향성을 가진 채 움직여나갔다.[11] 이 세상 전체에 걸쳐 드러나는 진화 과정은 빛, 생명, 영을 집결시키기 위해 사방으로 자신의 영향력을 뻗친다.[12] 인간이 이런 진화 과정을 이해하고 적극적으로 그 과정 속에 참여하는 것은 현대인들에게 유일하게 필요한 일이다. 인간들

---

11 편집자 주: 바빙크의 이 문장은 프리드리히 니체를 연상케 만드는 문장이다. 바빙크는 그
    의 『개혁교의학』에서 총 11번 니체를 언급한다. 바빙크의 다른 저작들에서는 니체에 대한
    언급이 거의 발견되지 않는다. 니체가 초인(Übermensch) 개념을 사용하기 전 괴테가 이
    미 자신의 『파우스트』(Faust)에서 그 개념을 사용했다. 니체는 『짜라투스트라는 이렇게 말
    했다』(Thus Spoke Zarathustra)에서 동물과 초인(Übermensch) 사이에 있는 인간에 대해
    다음과 같이 언급했다. "인간은 동물과 초인 사이에 존재하는 늘어진 밧줄이다." Friedrich
    Nietzsche, Thus Spoke Zarathustra, trans. Thomas Common (New York: The Modern
    Library, 1917), 8.
12 E. Key, Das Jahrhundert des Kindes., 322, 3-5.

은 자신들을 통해 이런 과정이 진행되는 것에 대한 책임감을 반드시 가져야 하며, 이런 과정을 통해 자신들이 좀 더 높은 형태의 존재로 발전한다는 사실에 대한 책임의식을 지녀야만 한다. 이는 마치 적어도 기초 토대에 관해서라면 인간의 육체적 발진이 최종 목표에 다다랐다고 보이기도 한다. 하지만 인간에게 여전히 필요한 발전은 영적인 발전, 즉 의식과 의도의 발전이다. 그러므로 모든 사람들은 체계적으로 자신의 완전함을 향해 나아가야한다. 그러므로 현대인들은 이렇게 하는 것이야말로 인류를 발전시키고 고귀하게 만드는 첫 번째 길이라고 생각했다.

하지만 칼 피어슨(Karl Pearson)이 표현했다시피, 현재 우리는 "한 나리에서 정신적으로 뛰어난 가축들이 예전 가축들이 그랬던 비율 그대로 스스로 번식하지 않으며, 오히려 능력이 덜하고 힘이 야한 가축들이 능력이 너 낳고 힘이 좋은 가축보다 훨씬 더 생식력이 좋다"[13]라는 사실에 직면했다. 사실 모두가 그런 것은 아니다. 하지만 모든 나라의 법은 특정 나이 제한이나 혈연관계와 상관없이 자유롭게 결혼하는 것을 허용한다. 이런 측면에서 온갖 종류이 연약함을 지닌 사람들, 병든 사람늘, 구제불능인 사람들, 쇠락한 사람들이 서로 만나 결혼해 결국 모든 사람들로 하여금 안타까움을 자아내는 아이들이 태어날 가능성이 높아지게 될 수 있다. 그 결과 인류의 퇴보 속도는 더 빨라지게 된다. 이런 식의 퇴보가 일어나는 것에 대해 거부할 사람은 아무도 없다. 한편 개인위생은 약한 사람들의 생명을 보다 더 연장시킬수 있기 때문에, 약한 사람은 보다 더 연장된 삶을 가지고 더 많이 자유 결혼

---

13 Fr. Galton, *Probability, the Foundation of Eugenics.* "The Herbert Spencer Lecture Delivered on June 5, 1907" (Oxford: The Clarendon Press, 1907), 10으로부터 재인용. 편집자 주: 여기서 바빙크가 규범적 태도를 취하지 않고 서술적 태도를 취하는 것은 주목할 만하다. 바빙크는 이후에도 우생학, 민족주의에 대한 다양한 현대 견해들을 다루면서 서술적 태도를 취한다. 바빙크는 이런 현대 의견들에 대해 본 장 마지막에 가서야 비판의 칼을 댄다. 그러므로 독자들은 마치 바빙크가 이런 현대 견해들을 지지하는 것처럼 착각할 수 있다. 하지만 실상은 그렇지 않다. 오히려 바빙크는 다양한 현대 학자들의 견해들을 충실하게 소개할 뿐이다.

에 뛰어들 수 있게 된다. 바이스만은 삶을 살아가면서 획득하는 경향성들은 선천적인 것이 아니라고 주장했다. 그럼에도 불구하고 부모의 육체적, 정신적 상태가 자기 자녀에게 영향을 미치는 것은 여전히 엄연한 사실이다. 정신 이상과 범죄, 결핵과 알코올중독, 각종 성병들이 모든 나라들 속에서 증가한다. 수없이 많은 사람들이 병원이나 감옥으로 보내진다. 이런 상황이 지속되면 지속될수록 버틸 수 있는 공동체의 수는 점점 줄어들게 될 것이다. 그러므로 결혼과 연약한 사람들에 대해 최대한의 주의를 기울이는 것은 우리가 반드시 해야 할 의무이다.

현대인들은 그 무엇보다도 생육 행위의 영광스러움이 회복되어야 한다고 생각했다. 금욕적 기독교는 생육 행위 자체에 불결한 낙인을 찍어버렸다. 이 낙인이 너무나도 강하여 생육 행위에 대한 건전한 사고를 회복하는 것이 거의 불가능한 일이 되어버렸다. 하지만 현대인들은 모든 형태의 금욕주의에 등을 돌릴 때야 비로소 자아실현의 길로 들어서게 될 것이며, 생육 행위에 대한 거룩한 이해를 갖게 될 것이라고 생각했다. 또한 그들은 생육하고 번성하는 행위는 불결한 것이 아니며, 오히려 거룩한 의식일 뿐 아니라 하자 없는 과정이라고 생각했다. 그러므로 그들은 인간들이 자신의 몸의 강함과 아름다움에 대해 명예롭게 생각했던 옛 관점으로 되돌아가 생육과 번성 행위의 신적 의미를 다시금 되새길 때야 비로소 참된 진보가 인간에게 다가오게 될 것이라 믿었다.[14]

인류의 번식 행위의 명예로움을 회복시키는 것과 관련해 보다 더 진지한 탐구들이 일어났다. 1883년 프랜시스 골턴(Francis Galton)에 의해 이미 주창된 "우생학"과 런던 대학 "연구원"들의 학문은 생육법과 유전, 그리고 생육과 유전을 관장하는 법칙을 발견하기 위한 학문이 되어야만 했다. 하지만 이런 연구들은 법적으로 유효한 결론으로서의 보장을 받지 못했던 학문이었다. 그럼

---

14   Ellen Key, *Das Jahrhundert des Kindes.*, 2. Hall, *Adolescence*, II, 123.

에도 불구하고 이런 연구들을 통해 대중들은 많은 것들을 깨닫게 되었고, 이로 인해 결혼에 대한 새로운 입법이 준비되기에 이른다. 국가는 사람들로 하여금 결혼 전에 반드시 건강검진을 강제로 받을 수 있게 만들 수 있었고, 건강상에 심각한 이유가 있다면 결혼을 금지하게 만들 수 있었을 뿐 아니라, 누가 봐도 안타까운 아이들의 출생을 금하게 만들 수도 있었다. 이런 인위적 선택들은 동식물들의 종과 속을 어떻게 수정할 수 있을지에 대해 보여 주는 또 다른 증거였다. 만약 이런 인위적 선택을 인류에게 적용한다면, 사람들의 삶이 더 나아질 것이고 가장 높은 형태의 진보를 경험하게 될 것이라 믿었다.[15]

인위적 선택을 통해 인류를 좀 더 고귀하게 만들려는 노력은 급진적인 개혁을 통해 인간들을 완벽하게 만들려는 교육 분야 속에서의 일련의 노력들과 일맥상통한다. 새로운 교육의 본질에 대해서는 실로 다양한 의견들이 존재한다. 어떤 사람들은 남자와 여자 사이의 완벽한 동등성을 본질적으로 주장한다. 어떤 사람들은 자유결혼과 자유연애를 옹호하고, 교육을 가정으로부터 가능하면 빨리 분리시켜 모든 교육을 전적으로 공동체에 위임해야 한다고 주장한다. 반대로 어떤 사람들은 여성을 보는 측면에서 남성과 구별된 존재로 여기고 아이들의 어머니와 교육자로서의 여성의 역할을 재확립하려는 시도를 한다. 이런 노력에 따르면, 생물학과 인류학은 여성이야말로 그 어떤 남성들보다 더 육체적으로, 심리적으로 자녀들과 밀접한 관계를 맺을 뿐 아니라, 여성이 남성보다 훨씬 더 본능적으로, 직관적으로, 감정적으로 살아가고 있다는 것을 증명해나간다. 이런 생물학과 인류학적 관점 속에서는 남성보다 여성이 인류의 대표자로서 훨씬 더 잘 어울린다. 게다가 이런 사고방식

---

15 Galton, *Probability, the Foundation of Eugenics*; Hall, *Adolescence*, II, 722. Lankester, *Natur und Mensch*, 44, 49. Ludwig Wilser, *Rassentheorien, ein Vortrag* (Stuttgart: Strecker und Schröder, 1908); Wynaendts Franken, *Sociale Vertoogen* (Haarlem: H. D. Tjeenk Willink & Zoon, 1907), 1-46. H. Treub, *Verspreide Opstellen* (Haarlem, 1904); G. C. Nijhoff, *De Noodzakelijkheid van geneeskundig Onderzoek vóór het Huwelijk* (Rotterdam: W. L. & J. Brusse, 1908).

속에서는 여성이 남성보다 훨씬 더 "과거 회상적"일 뿐 아니라 훨씬 더 "미래 선지자적"이기 때문에 여성이 남성보다 훨씬 더 우월하다고 본다. 생물학적 심리학이 이미 꿈꿔왔던 성(sex)에 대한 새로운 철학 안에서 여성과 어머니는 "새로운 시대의 심장"이 될 것이며, "새로운 종교와 새로운 예배"의 대상이 될 것이다. 어머니는 인간 중에서 가장 가치 있는 역할을 감당하는 존재이기 때문에, 어머니는 반드시 어머니 됨과 관계없는 것들로부터 해방되어야만 하며, 국가와 사회 속에서 가장 위대한 영광을 받아 누려야만 했다.[16]

하지만 교육학을 개혁하려는 사람들 속에서도 이런 주장에 대한 다양한 의견들이 존재한다. 그럼에도 불구하고 모두가 동의하는 것은 교육이 급진적 변화를 요구한다는 점과 반드시 과학적 토대 위에 새로운 교육학이 세워져야 한다는 점이다. 교육은 온갖 종류의 변화와 우연을 버려야 하는 인류의 미래를 위해 그 무엇보다도 중요하다. 교육은 "인간의 핵심 문제이다. 집, 학교, 국가, 교회는 그것들이 섬기는 분량과 정확히 똑같은 가치를 가진다."[17] 교육을 개혁하려는 사람들이 생각할 때 반드시 교육의 본질과 토대가 되어야 하는 학문은 유전 심리학이다. 유전 심리학은 인간이 동물로부터 점차 발전하게 되었고, 이런 발전은 배아 때, 젖먹이 때, 어린아이 때, 소년시기 때 서로 다른 계통 발생적 과정(진화론적 과정)을 통해 반복적으로 일어난다고 보았다. 이런 측면에서 봤을 때 인간의 영혼은 완전하지 않다. 오히려 인간의 영혼은 지금도 여전히 되어가는 존재일 뿐이다. 인간의 영혼은 홀로 서 있지 않는다. 오히려 인간의 영혼은 동식물과 더불어 여타 다른 피조물들의 영혼과 교통한다. 인간 영혼의 뿌리는 나무뿌리가 땅 속 깊숙한 곳에 박혀 있는 것처럼 과거 속에 깊숙이 박혀 있으며, 태곳적 유전의 산물일 뿐아니라, 인류 역사를 통해 반드시 상상되고 설명되어야만 하는 존재라고 생

---

16 Hall, *Adolescence*, II, 561ff. Key, *Das Jahrhundert des Kindes.*, 86, 253. Louise Stratenus, *Het Kind.*, 128, 336.

17 Hall, *Adolescence*, I, ix; II, 55.

각했다. 이런 상황 속에서는 동물들의 영혼, 혈통, 태생의 영혼에 대해 알지 못하는 이상 우리 자신에 대해서도 절대 알 수 없다.[18]

진화론적 사고관에 속해 있는 사람들은 현 교육 체계가 거대한 오류 속에 빠져 있나는 식의 납한 결론을 내린다. 그들은 지금까지의 사람들이 현재의 인간 영혼과 사후 인간 영혼에 대해 배타적으로 집중하는 경향만을 보여 왔다고 평가했다. 그들은 자신들의 시작점을 형상들, 고정된 법칙들, 불변하는 개념들에 두었고, 그런 개념들을 경구와 교의들을 심기 위한 핵심 목표로 자신들 앞에 두었을 뿐 아니라, 자연과 대비되는 표상과 개념들로 자신의 머리를 채워나갔고, 그 결과 그런 개념들에 대해 절대로 이해하지 못하게 되었다고 보았다. 이런 교육은 몸을 간과하는 교육이며, 뇌를 피곤하게 만드는 교육일 뿐 아니라, 신경을 악화시키고, 독창성을 억누르며, 시작을 해이하게 만들고, 학교를 떠나는 아이들에게 아무런 독립성도 부여할 수 없으며, 볼 수 있는 눈과 들을 수 있는 귀를 허락하지 않는 교육이라고 평가했다. 이런 교육은 삶과 완전히 괴리된 교육이다. 그 보다 더 심각한 것은 혼자서노 가능했던 교육이 이런 교육 행태로 인해 더 이상 혼자서의 교육이 불가능해지고 만 것이다. 더 큰 문제는 이런 식의 교육을 지속적으로 받은 사람들은 같은 본질과 결점을 그대로 유지한 채 살아가게 된다는 점이다. 진화론적 교육에 심취한 사람들은 이런 교육이야말로 단 하나의 죄조차도 사라지게 만들 수 없는 교육이며, 어떤 형태의 도덕적 진보도 불러일으킬 수 없는 교육이라 믿었다.[19]

이런 교육 체계 대신 새로운 교육 체계가 아이들을 예우함을 통해 시작되었다. 아이들은 지금까지 외부로부터의 위압적 다스림 안에 속해 있었다. 하지만 미래에는 아이들이 중심을 차지하게 될 것이며, 아이들만이 가질 수 있는 독특함이 각광을 받게 될 뿐 아니라, 자신들 각자의 인격성에 따라 아이

18 Hall, *Adolescence*, I, viii: II, 62, 69.
19 Key, *Das Jahrhundert des Kindes.*, 293. Hall, I, 168ff.

들의 삶이 발전하게 될 것이다. 이런 생각을 하는 사람들에게 현재는 바로 다름 아닌 아이들의 시대다. 그들은 아이들이 선하게 태어난다고 보았다. 왜냐하면 그들은 더 이상 원죄 교리를 믿지 않기 때문이다. 아이들이 가진 모든 결점들은 덕이라는 알맹이에 속해 있는 딱딱한 껍질뿐이기 때문에, 제거될 수 없는 권리를 갖는다고 보았다. 오히려 아이들의 결점은 그들에게 훈련의 대상일 뿐이었다. 아이들에게 벌을 주거나 아이들의 뜻을 꺾는 행위는 용납되지 않았다. 만약 아이들이 커가면서 선한 삶을 살지 않는다면, 그 잘못은 아이들에게 죄책감을 심어준 부모나 교사의 책임이지 아이들 자신의 책임이 아니라고 보았다. 이런 상황 속에서 많은 사람들은 아이들의 우월성에 경의를 표했다. 아이들이야말로 위풍당당함의 또 다른 이름이 되었다.[20]

사람들은 이런 위대한 개혁이 교육 분야에서 일어나야만 했으며, 동시에 학교로부터 삶으로, 책으로부터 자연으로, 신학과 철학으로부터 생물학으로 이동해야만 한다고 생각했다. 아이들의 삶 속에서 감각, 자연, 몸은 자신들의 앞마당과도 같았다. 의식의 계몽이 일어나기 전에도 지력과 판단력이 만들어졌으며, 그 결과 아이들도 열정과 욕망, 움직임을 가진 채로 살아가게 되었다. 이전 시대 사람들은 삶이 곧 생각이라 외쳤지만, 현 시대 사람들은 삶이야말로 의지라고 외친다. 현대인들은 의지야말로 이 세상의 본질이며 인간 본성의 가장 내부적 본성으로 생각한다. 그들에게는 삶이 처음이요 그 다음이 생각이며, 자연적인 것이 처음이요 그 다음이 영적인 것이다. 몸 전체 질량의 43퍼센트를 차지하는 인간의 근육은 의지의 기관과 모든 문화의 창조자의 역할까지도 감당한다고 생각했다. 그러므로 인간의 삼분의 일은 지성이며, 삼분의 이는 의지라고 보았다. 현대인들은 "예술의 시대"가 반드시 "과학의 시대"로 변경되어야만 한다고 생각했다. 육체적 기관들 모두는 모든 것들에 앞서서 발전해야만 한다. 그러므로 육체노동, 체조, 운동, 그

---

20 Key, 110ff., 181. Stratenus, *Het Kind.*, 103. Hall, II, 497.

외의 모든 종류의 활동들은 교육에서 가장 본질적인 부분이 되어야 한다고 생각했다. 왜냐하면 단순한 지식은 언제나 심각한 위험만을 초래할 뿐이라고 생각했기 때문이다. 지식이 인간을 강하게 만들어 줄 수 없기 때문에 "근력 문화"를 "뇌-빌딩"과 등지시켰다. 하지만 농시에 힘은 반드시 지식과 함께 가야 한다고도 주장했다.[21]

현대인들은 다양한 학문들 안에서 반드시 서로 교통해야만 하는 지식에 대해 언급하면서, 자연과학이 이전의 소위 영적인 학문들, 예를 들면 문학, 역사, 신학, 철학 등이 차지했던 공간을 대신 차지해야 한다고 생각했다. 이런 상황 속에서 자연과학은 모든 가르침의 토대가 되어야 했으며, 모든 문명인들의 공통된 소유물이 되어야만 했다. 심지어 만약 어떤 영적인 학문의 토대가 자연과학이 아니라면 그런 학문은 아무런 유익이 없다고까지 선언되었다. 선사 시대 인간에 대한 지식 없이는 인간의 완전한 발전에 대해 알 길이 없다고 생각했다. 만약 인간의 발전에 대해 만족할만한 결과를 도출하게 된다면, 그 결과는 자연과학적 방법론 덕분이라고 생각해야했다. 그 이유는 현대인들에게 자연과학은 모든 학문과 모든 문화들의 기본 토대였기 때문이다. 자연과학으로부터 확고한 지식을 획득하지 않는 그 누구도 중요한 직책을 맡을 수 없었고, 의회 구성원으로 받아들여지지도 않을 뿐 아니라, 국가의 총리가 될 수도 없었다. 즉 옛 세계관은 모든 학문의 영역에서 진화론의 세계관으로 대체되어야만 했다. 그 이유는 이렇게 될 때야 비로소 교육 앞에 위대한 미래가 펼쳐지게 될 것이라 믿었기 때문이다. 현대인들은 자연에 대한 지식이 단순히 지성적 지식이 아니라 실천적으로 위대할 뿐 아니라 기술적인 가치와 윤리적 가치가 가득한 지식이라고 믿었다.[22]

---

21 Hall, I, 131ff., 170ff.; II, 40ff., 58ff., 204ff.
22 Hall, *Adolesence*, II, 153ff. Lankester, *Natur und Mensch*, 56, 66. Ernst Mach, *Popular-wissenschaftliche Vorlesungen* (Leipzig: Barth, 1896). G. Lehmann-Hohenberg, *Naturwissenschaft und Bibel* (Jena: H. Costenoble, 1904), 5, 45, 55, etc.

인간들을 새로운 시대로 안내하는 이런 개혁은 단순히 스스로를 교육의 영역 안에만 제한시키지 않았다. 만약 이런 개혁이 진화를 통해 옛 세계관을 본질적으로 대체시키는 역할을 감당했다면, 교육의 영역 속에서의 개혁은 먼 길을 떠나기 위한 하나의 작은 발걸음에 불과하다고 볼 수 있다. 현대인들은 만약 기독교의 영향력 아래 형성되었던 세계와 삶에 대한 개념이 옛 관점이라면, 이런 옛 관점은 우리의 전인, 즉 우리의 생각과 행위 모두에 밀접하게 연결되어 있기 때문에 이런 전인적 관점을 제거하기란 거의 불가능에 가까우며, 만약 이런 불가능이 가능케 될 경우에는 그 누구도 예상치 못한 폭력적인 위기와 결말 속으로 인류가 던져지게 될 것으로 생각했다. 물론 교회, 국가, 사회, 종교, 도덕, 정의, 결혼, 가정, 학교, 관습, 법, 우리의 모든 문화들이 수없이 많은 이질적 요소들의 각축장이 되고는 있지만, 그럼에도 불구하고 이 모든 것들은 여전히 기독교적 토대 위에 세워져있고 기독교적 정신에 의해 움직여간다. 이런 상황을 바꾸려는 욕망이 있는 자는 의심할 필요도 없이 시작점을 만들 수 있는 자다. 하지만 그 누가 그런 개혁의 마지막 모습을 알 수 있는가? 그 누가 그렇게 하기 위해 얼마의 비용이 필요한지에 대해 알 수 있겠는가? 그럼에도 불구하고 만약 이런 개혁이 일어난다면, 단순히 교육 체계를 바꾸는 정도로는 그 누구도 만족하지 못할 것이다. 그러므로 오히려 현대인들은 사회 전체를 새롭게 세울 정도의 개혁이 진행되어야한다고 생각했다. ·

사실 우리는 인간의 의식적 의지에 대해 알 수 없는 존재다. 하지만 늘 그래왔던 것처럼 여전히 이 사회 속에 영향을 끼치는 숨겨진 힘이 마음과 직감 안에 존재하며, 그런 숨겨진 힘은 매우 괄목한 만한 방식으로 이전 세대의 형태와 구별된 상태로 존재하는 힘이다. 우리가 현대 사회의 움직임을 받아들이든 받아들이지 않든지 간에 현대 사회는 자유, 자율, 민주주의라는 방향성을 가진 채 흐른다. 이전 시대 사람들을 갈라놓았던 모든 경계선들과 사람들의 움직임과 행동들을 가로막았던 모든 관계들은 차츰차츰 무너지고 있다. 모든 형태의 노예 상태, 예를 들면 노예 제도, 구속 제도, 봉건 제도, 예속 제도 등은 인간의 독립성과 위엄성에 반하는 상태로 인식되었다. 심지어 임금을 받고 일하는 것조차도 현대인들에게는 굴욕적 행위로 인식되었으며, 또 나쁜 형태의 노예 상태로 비추어졌다. 사람들 사이에서 수세기에 걸쳐 성장해왔던 모든 관계들은 자신들의 유기적, 도덕적, 자연적 특성을 점점 더 잃어버리고 말았고, 결국 자발적으로 형성된 계약들로 대체되고 말았다. 종교의 자유와 양심의 자유는 주거와 직업의 자유, 무역과 관계의 자유, 노동조합의 자유, 기록과 사고의 자유로 계승되었다. 사고하는 것이 규율을 훨씬 더 능가하게 되었고, 가장 어리석은 생각이 가장 큰 존경을 불러일으켰다.

직업의 분화와 다양화는 이런 자율성과 더불어 발전되었다. 18세기 독일에서 길드 체제로 구성되었던 무역의 종류는 이럼집아 약 열 개 정도였다. 하지만 지금은 그 종류가 기하급수적으로 늘어나는 중이다. 노동 역시 끊임없이 분화하며 특화된다. 삶을 영위하는 데 필수적인 일들을 도와주는 모든 보조 행위들이 지금은 독립적인 직업이 된지 오래다. 인간이 수동적으로 했던 일들을 기계가 대체한 결과 이전보다 훨씬 더 빠르고, 일괄적이고, 저렴하고, 강력하게 일을 처리할 수 있게 되었다. 노동의 분화는 날이 갈수록 증가하며, 많은 사람들의 협력을 통해 이룬 산물들이 가장 간단한 형태로 뒤바뀐다. 노동의 이런 전문화는 단순히 물질적 영역 뿐 아니라 영적인 영역에까지 미칠 것이다. 한 때는 책에 기록된 모든 것들을 아는 사람이 있다고 말했을 때가 있었다. 하지만 이런 형태의 백과사전식 정보는 이제는 더 이상 불가능하다. 심지어 가장 위대한 천재도 모든 것을 다 알 수 없다. 학문들이 분화되었으며 날이 갈수록 그 종류가 늘어간다. 학문들 간에 공통된 것들이 점점 줄어들며, 한 학문만을 판 사람이 다른 학문 속에서 살아남기란 매우 어려워졌다. 심지어 학문들마다 서로 이해할 수 없는 용어들만을 사용하는 형편이다.

이와 더불어 노동의 전문화는 선험적으로 기대했던 것들과 반대 방향으로 발전해갔다. 노동의 전문화를 통해 사회적 의존성이 증가하게 된 것이다.

혹자들은 프랑스 혁명을 가리켜 사람들을 자유롭고 동등하게 만든 혁명이었다고 평가한다. 하지만 이에 대한 참된 진실을 이야기하기 위해서는 한 가지 덧붙일 것이 있는데 그것은 바로 프랑스 혁명이 개인성을 사회적 의존성으로 대체했다는 점이다. 현재 우리는 과거 그 어느 때보다 훨씬 더 서로가 서로를 의존한 채 살아간다. 그 어떤 인물도, 그 어떤 도시도, 그 어떤 마을도, 그 어떤 사람도, 그 어떤 국가도 더 이상 독립적 상태로 살아갈 수 없다. 만약 각종 공동체들로부터 매일매일 재화를 획득하지 않으면 먹을 수도, 마실 수도, 입을 수도, 따뜻하게 만들 수도, 빛을 비출 수도, 가구를 들일 수도, 도구를 사용할 수도 없다. 각 사람이 중요한 이유는 각 사람이 "사회의 노동 기관"(maatschappelijk arbeidsorgaan)의 한 부분들이기 때문이다. 하지만 만약 인간이 스스로를 사회적 유기체로부터 분리시킨다면, 이렇게 사회로부터 분리된 인간은 힘이 없을 뿐 아니라 스스로의 가치 또한 잃어버리게 된다. 이런 측면에서 현대 사회 속에서 괄목할 만한 특징들을 형성해내는 공동체 속의 삶은 개별적인 인격의 가치가 큰 폭으로 쇠락했던 것에 많은 빚을 진다.

이런 사회 의존성은 지속적으로 증가하는 추세이다. 각종 사회 기관들은 현재도 발전 중에 있다. 사회는 이미 다양하고 복잡한 관계들로 얽히고 설켜 있는 가장 인위적인 체계이며, 동시에 모든 사회 구성원들이 서로 연결되어 있는 거대한 유기체이기도 하다. 모든 사람들이 동의하듯이 사회화는 중간 휴식기 없이 지속적으로 진행된다. 람프레히트가 명명했던 "매인 기업"(gebonden ondernemingen)의 방향성대로 사회는 일관적으로 움직이는 중이다. 재화 산출을 통제하는 무정부 상태, 신탁 재산이 행사하는 힘의 남용, 노동 안에서의 절약 법칙, 수요와 공급의 불균형, 자본가와 노동자 사이의 갈등 등 이 모든 것들이 사회 구조를 만들어 가며, 각종 사회 구조들은 이 모든 것들을 포함한 국가로부터 도움을 요구한다. 국가들은 이미 이런 상황 속에서 좋은 영역을 가로질러 가는 중이다. 개인 기업은 이미 다양한 영역들 속에서 공동 회사에게 자신의 지분을 넘겨주고 있다. 한 개인의 삶의 독립성은 점점 무색해진다. 법, 육군, 해군, 과세, 우편 체계, 전신, 전차와 철도, 모든 종류의 학교, 도서관과 박물관 경영, 건강과 위생 관리, 빈민 수용 시설과 망명, 용수와 난방 공급, 가스와 전기 공급, 소방서와 경찰서, 도로와 운하, 공원과 극장, 은행과 보험 회사, 그 외의 모든 것들은 전부 나, 혹은 부분적으로 탈 개인 기업화되는 형편이며, 지역적 권위나 국가적 권위 아래 종속되는 상황이다.

만약 이런 일들이 현재 진행 중에 있다면, 사회 개혁가들이 질문하듯이 우리는 과연 무엇을 해야 하는가? 우리는 이미 진행 중인 이런 강력한 움직임들을 지도하고, 촉진시키고, 완성 시켜야 하는가? 사회주의를 말하는 사람들은 만약 우리가 사람들 사이를 분리하는 마지막 장애물, 즉 자본과 개인 소유를 최종적으로 무너뜨릴 때 비로소 우리가 이런 강력한 움직임을 지도하고, 촉진하고, 완성시킬 수 있을 것으로 생각했다. 종교개혁은 우리에게 종교적 자유를 허락했다. 즉 종교개혁을 통해 하나님 앞에서 모든 사람은 동등하다는 사실이 드러났다. 1789년 프랑스 혁명은 우리에게 정치적 자유를 허락했다. 이를 통해 모든 사람은 법 앞에 동등하다는 사실이 드러났다. 세 번째 개혁은 현재 진행 중이다. 이 개혁은 사회 속에서 자유를 확립하는 것이고 문화를 소유하는 데 모든 사람들을 동등하게 만들어야 한다는 것과 관련 있다. 사회적 동등성이 확립되지 않은 채 존재하는 종교적, 정치적 자유가 과연 가치 있을 수 있을까? 노동, 음식, 여가의 권리가 보장되지 않은 상태에서의 인권 선언이 과연 어떤 가치를 지닐 수 있을까? 그러므로 사회주의적 경향에 있는 사람들은 개신교주의는 자유의 길을 닦기 위해 준비했고, 민주주의를 위한 자유주의는 사회주의 안에서 반드시 성취되어야 한다고 주장했다. 이들은 자유, 평등, 협동조합의 좌우명이 즐거움의 수단과 개인적 소비를 버리고, 그 대신 공동체가 땅, 공장, 기구 등 모든 생산 수단들을 소유할 때만 완벽하게 완성될 수 있다고 믿었다. 이들은 생각하길 공동체가 모든 생산을 체계적으로 관리해야하며, 모든 사회 구성원들에게 일한 만큼 혹은 의무 배당 식으로 생산품을 분배해야 한다고 보았다. 즉 사회

개혁은 문화에 대한 소유 모두를 사회화시킬 때만 비로소 완성에 다다를 수 있다고 보았다.[23]

어떤 사람들은 이런 형태의 사회 개혁에 대해 대단히 큰 신뢰를 가지고 기대한다. 마르크스 역시 자신이 유토피아주의로부터 사회주의를 해방시켰다고 믿었고, 사회주의를 튼튼한 과학적 기초 위에 세웠다고 믿었다. 마르크스는 인간의 고통 받는 영역과 생각하는 영역 사이를 연합시키려 노력했고, 과학이 노동자 계급에게 어떤 도움을 줄 수 있을지에 대해 찾았던 인물이었다. 그러므로 마르크스는 현재 사회에 대해 연구했으며, 법의 발전을 다스리는 법칙들에 대해 배우려 노력했을 뿐 아니라, 옛 사회를 진화라는 방법을 통해 새로운 사회로 완전히 탈바꿈시키기 위해 최선을 다했다. 마르크스는 미래 국가에 대한 완전한 묘사를 거부했다. 하지만 미래 국가에 대한 자신의 기대감을 감추지는 않았다. 이런 측면에서 마르크스는 과학적 연구자로서의 길을 버리고 선지자로서의 길을 떠나기 시작했다. 마르크스는 자신의 연구 결과를 출판하기 시작했을 뿐 아니라, 특정 정치 세력들이 수납해 실현시키려 했던 체계의 기초를 세우기 위해서도 노력했다. 마르크스는 토가를 벗어 던졌고 회개의 설교자로서 혹은 개혁자로서의 망토를 몸에 걸쳤다. 하지만 심지어 마르크스 자신도 유토피아주의로부터 벗어나지 못했다. 마르크스라는 이름으로 진행되는 미래 사회에 대한 교리인 사회주의는 학문적 학파로 남아 있기보다는 결국 정치적 정당으로 남고 말았다. 이런 상황 속에서의 미래 사회는 본질적으로 경험과 탐구가 주체가 되는 것이 아니라, 소망, 기대, 욕망, 노력의 대상이 될 뿐이었다. 사회주의가 지향하는 미래 사회는 심각한 비판들에 직면하게 되었고 그 결과 사회주의는 최종적으로 버

---

23 다음과 같은 사회주의적 문헌들은 이미 충분히 잘 알려진 문헌들이다. Cf. Lloyd, *Man the Social Creator*; H. G. Wells, *New Worlds for Old* (New York: The Macmillan Co., 1908). R. J. Campbell, *Christianity and the Social Order* (London: Chapman and Hall, 1907).

려지고 말았다. 결국 미래는 미래가 가져올 것들에 자기 자신을 내어맡기는 상황이 되었다.[24]

그럼에도 불구하고 미래 사회의 구성원이든 구성원이 아니든지 간에 미래 국가에 대한 묘사를 전혀 하지 않을 필요는 없다. 왜냐하면 각 사람은 어느 정도까지는 미래 국가가 어떤 방향성으로 진행될 것인지, 최종 모습은 어떠할지에 대해 알길 원하기 때문이며, 각 사람들은 사회 속에서 벌어질 급진적 변화들에 의해 이래나 저래나 영향을 받을 수밖에 없는 존재이기 때문이다. 만약 인간들이 추구하는 이상을 묘사할 수 없다면, 혹은 이상의 실현 불가능성에 대한 반박을 묘사할 수 없다면, 결국 모든 자신감이 사라지게 될 것이며 모든 행위는 의미 없게 될 것이다. 소망은 지속적으로 사회주의를 살아있게 만들었다. "미래의 비전은 현재 모든 상황에 대한 가장 강력한 권력의 소유자이다."[25] 그러므로 사회주의는 바벨에 대한 예상 안에서 만족감을 되찾았고, 미래 국가는 모든 사람들에게 행복과 평화의 상태를 가져다 줄 것이라 굳게 믿었다. 동시에 사회주의는 새로운 사회에서 각료와 의회, 군대와 경찰이 존재하는 국가는 더 이상 필요하지 않을 것이라 믿었다. 왜냐하면 이런 형태의 소유 관계나 권력 관계들은 앞으로 사라지게 될 것이라고 생각했기 때문이다. 사회주의는 모든 사람들이 이 땅에서 평등한 지위를 누리게 될 것이고 적절한 생존 수준을 유지하게 될 것이라 믿었다. 각 사람들은 결정된 일을 성취할 수밖에 없을 것이다. 하지만 이런 일들은 하루에 몇 시간 정도 투자하면 될 일이고, 나머지 시간은 자신의 자유의지에 따라 영적인 일을 하든지, 우정을 쌓기 위한 일을 하든지, 아니면 즐거움을 쫓

---

24 Woltmann, *Der historische Materialismus*, 418-30. Weisengrün, *Das Ende des Marxismus* (Leipzig: O. Wigand, 1899); Ed. Bernstein, *Wie ist wissenschaftlicher Socializmus möglich?* (Berlin, 1901).

25 Paul Kleinert, *Die Profeten Israëls in sozialer Beziehung* (Leipzig: J. C. Hinrichs, 1905), 27. 편집자 주: 이 인용문의 원문은 다음과 같은 독일어이다. "Vision der Zukunft ist für jede Gegenwart der stärkste Krafttrager."

는 일을 하든지 상관없다 생각했다. 이런 사회 속에서는 더 이상 부자와 가난한 자, 게으른 자와 근면한 자, 배운 자와 못 배운 자, 도시에 사는 자와 그렇지 않은 자 사이의 구별이 없어지게 될 것이다. 왜냐하면 더 이상 상업, 무역, 돈, 평등하지 않은 노동과 여가의 분화가 존재하지 않게 될 것이기 때문이다. 자신이 원하는 대로 일을 할 수 있을 것이며, 자신의 자유 의지에 따라 음악가가 되든지, 아니면 도장공, 조각가, 배우가 되든지 상관없게 될 것이다. 심지어는 질병도 점차 자취를 감추게 될 것이며, 자연사 혹은 점진적으로 생명의 힘이 쇠락하는 상태가 점점 더 법칙과도 같아질 것이다.[26]

사회주의 홀로 이런 형태의 유토피아적 기대 위에 서 있지 않는다. 이런 기대는 이미 플라톤, 토머스 모어(Thomas More), 캄파넬라(Campanella), 모렐리(Morelly), 성 시몬, 푸리에(Fourier), 프루동, 콩트, 그 외의 수없이 많은 신학자들과 철학자들, 많은 종교 분파와 정당들 속에서도 전철을 찾을 수 있다. 인류 전체는 항상 소망 위에서 살아왔고, 지금도 소망 위에서 살아갈 뿐 아니라, 모든 경험론과 실재론 위에서의 삶도 영위한다. 사람들마다 미래 국가에 대한 그림을 서로 다른 색깔로 칠해 나간다. 사람들은 각자가 가진 다양한 개념들에 따라 가장 높은 선이 무엇인지 결정하는 존재이다. 미래 국가를 윤리 왕국으로 이해했던 사람이 있었으며(칸트), 인류의 왕국이라 이해했던 사람도 있었다(헤르더). 미래 국가를 절대 정신이 자연 속으로 완전히 스며드는 차원에서의 자유 왕국으로 설정한 인물도 있었으며(헤겔), 미래 국가를 베드로와 바울의 교회를 궁극적으로 대체할 요한의 교회로 상정한 사람도 있었다(셸링). 관념적 소유물이나 물질적 소유물이 가장 핵심 즐거움이라는 식으로 미래 사회를 인식하기도 했다. 하지만 이런 미래는 모든 사람들이 기대하는 미래일 뿐이다. 철학이나 삶과 세계에 대한 모든 관점들은 미래를 종말론 안에서 그려낸다. 이뿐 아니라 모든 종말론적 체계들은 세상

---

26 August Bebel, *Die Frau und die Sozialismus*, 16th ed. (Stuttgart: J. F. W. Deitz, 1892), 263ff.

의 역사가 오늘과 더불어 마무리 될 것과 밀접한 관련이 있다. 세상의 역사
가 오늘과 더불어 마무리 될 때 비로소 인류의 소망과 꿈이 실현될 것이다.[27]
그러므로 마음속에 살아 움직이는 모든 종말론들은 임박한 재림에 대한 소
망을 품는다.

인류가 가진 이런 지울 수 없는 소망은 잠재적 매력을 풍성히 품고 있다.
만약 이런 매력이 새로운 힘과 더불어 오늘날 솟구치고, 모든 반대급부들
을 자연스럽게 극복하길 위해 노력 할 뿐 아니라, 온갖 종류의 개혁들을 통
해 인류에게 새로운 시대가 열릴 수 있도록 노력에 노력을 거듭한다면, 이
런 소망의 매력들은 존경을 받고 많은 사람들에게 어떤 행동이라도 취힐 수
있게 만드는 원동력을 제공하게 될 것이다. 루드비히 스타인은 모든 형태
의 열반(涅槃, Nirvana) 철학과의 전쟁을 통해, 또한 모든 종류의 고리타분함
과 염세주의(Rückwartsler en Schwarzzeher)로부터 등을 돌리는 것을 통해 사회
적 낙관주의를 설파했다.[28] 미슈니코프(Metschnikoff)는 과학이라는 이름으
로 모든 질병이 없어지게 될 날, 노인의 수명이 아름답게 늘어나게 될 날, 아
름답게 죽게 될 날, 고통 없이 죽게 될 날에 대해 선포함을 통해 사회적 낙관
주의를 설파했다.[29] 스탠리 홀은 이 세계가 젊다고 믿었으며, 우리가 살아가
는 현재의 황혼은 저녁이 아니라 아침이라 생각했을 뿐 아니라, 우리의 영
혼은 여전히 되어가는 중이고, 여전히 되어가는 우리의 영혼이 보다 더 훌
륭한 발전을 이룩해낼 수 있으리라 믿었다.[30] 제임스는 이 세상을 우리가 만
들어가는 존재라 인식했고,[31] 모든 사람들이 각자의 책임감, 의무 의식, 힘과
에너지에 호소했을 때 비로소 우리의 소망이 다시 불붙을 수 있게 되고, 우

27 Gumplowicz, *Grundriss der Soziologie*, 361.
28 L. Stein, *An der Wende des Jahrh.*, 332; *Der Sinn des Daseins*, 149ff.
29 Elias Metschnikoff, *Beiträge zu einer optimistischen Weltauffassung, Deutsch von Michalsky* (München: J. F. Lehmanns Verlag, 1908).
30 Hall, *Adolescence*, I, viii, xviii.
31 James, *Pragmatism*, 243ff.

리의 용기가 고양되어 망설임 없이 앞을 향해 달려 갈 수 있다고 보았다.

그럼에도 불구하고 이런 낙관적 생각이 오직 인간에게만 의존하는 것처럼 보이며, 그 결과 하나님 편에서 할 일은 아무것도 없는 것처럼 보이는 동시에 이런 생각이 내재적 생각과 행위를 부순 자리에 초월성을 구비시켜 형이상학 안에서 생각을 강화시키고 안전성을 찾는다는 사실이 반드시 지적될 필요가 있다. 모든 인간은 죄인이기 때문에 스스로의 능력으로는 성화될 수도 구원에 이를 수도 없다는 교리는 그 어떤 문제들보다도 가장 두려운 문제로 인식되었다. 자율성과 자력 구원설은 그것들 이외의 모든 구원론을 전부 다 거절했다. 모든 초월성과 형이상학이 거부되었을 때, 인간은 자신의 본래적 위치보다 훨씬 더 영광스럽게 되었고, 그 결과 인간이 하나님의 위치에까지 오르게 되었다. 현대인들은 이런 초인들이 이 사회를 평화와 기쁨의 사회로 탈바꿈 시켜줄 수 있다 믿었고, 이런 사회적 변화는 일반인이 아니라 하나님과 같아진 초인들을 통해서만 가능하다 생각했다. 만약 하나님 스스로가 이런 변화를 이끌어내지 않는다면, 오로지 인간의 능력이 신화(神化)될 때에만 비로소 이런 소망이 성취될 것이라 생각한 것이다. 이런 생각은 스트라우스에 의해 가장 선명히 논의된 철학 이론인데, 무한이 단순히 단 한 사람을 통해 실현되지 않고, 오히려 인류, 즉 신성과 인성이 참된 연합을 경험한 인류 안에서 실현된다는 생각과 일맥상통한다. 이런 생각이 주장하는 바는 인간이 하나님처럼 될 수 있고, 무한한 영이 유한성으로 내려올 뿐 아니라, 신인의 참된 연합을 통해 가시적 자연이라는 어머니의 자녀, 불가시적 영이라는 아버지의 자녀, 기적들의 실행자, 세상의 구원자가 될 수 있다는 것이었다. 사람들이 그리스도에 대해 고백하는 것과 그리스도의 신성에 대한 개념을 선포하는 것은 단순히 그런 고백과 개념 안에서 발견한 것에 대한 상징에 불과하다고 생각했다. 이런 상황 속에서의 신학은 주로 인류학의 범주 안에서만 움직인다. 하나님을 예배하는 것은 인간성을 경외하는 것과 똑같아진다. 그러므로 콩트가 인간성에 대한 예배를 하나님을 향

한 예배로 대체한 것은 그가 얼마나 일관적인 사상을 전개했는가가 드러나는 증거이다.[32]

사람에 대한 이런 신격화는 형이상학 없는 종말론이 불가능하다는 사실을 선명히 증거한다. 하지만 또 다른 사실로 인해 이런 증거는 훨씬 더 선명히 드러난다. 문화, 윤리, 관념론, 목표를 향해 정진하는 모든 노력들은 항상 형이상학과의 동맹을 위해 애를 써야만 했다. 칸트는 문화, 윤리, 관념론, 목표를 향한 모든 노력들과 형이상학과의 관계를 역전시켰고, 도덕을 학문으로부터 완전히 독립시키기 위해 노력을 기울였다. 하지만 칸트도 실천적 신앙을 신적 섭리 위에 다시 한 번 세워 올렸던 인물이었다. 이와 같은 방식으로 단순히 습관이나 관습을 묘사하는 것 정도로 그치는 도덕 체계 이외의 도덕 체계, 즉 참된 윤리를 동경하고 규범적이고 목적론적인 득성을 담지한 도덕 체계는 반드시 형이상학을 지원하는 모습을 취해야했다. 만약 인간이 이상을 쫓아야 한다면, 인간들은 이런 이상이야말로 이 세상의 이상일 뿐 아니라 참된 실재에 근거한 이상이라는 믿음을 통해서만 용기를 얻을 수 있었다. 만약 형이상학을 저버린다면, 그 어떤 물질주의도 도덕 체계가 될 수 없고, 더 이상 선악 사이의 구별에 대해 알 수 없을 뿐 아니라, 도덕법도 사라지게 되고, 의무, 덕, 가장 높은 선 또한 소유할 수 없게 될 것이다. 나토르프, 코헨 등이 전개했던 내재적-인문주의 철학이 정언명령 위에 윤리를 배타적으로 세우려 했을 때, "당위"(Sollen)가 "존재"(Sein)를 언젠가는 정복하게 될 것이며, 때가 되면 선이 악을 정복하게 될 것이라는 생각이 다 사라지고 말았다.[33] 사람이 가장 높은 선이 될 수 있을지에 대해 믿든지 믿지 않든지 간에, 가장 높은 형태의 선은 상상에 불과하든지, 아니면 실제로 가장 높은 선이든지, 아니면 반드시 가장 높고, 참되며, 실재의 본질, 이 세상의 의미

---

32 Cf. Proudhon, *Philos. du Progrès*, 65. Lloyd, *Man the Social Creator*, 12.

33 Cf. Paul Kalweit, "Religion und Philos. Idealismus," *Religion und Geisteskultur* II (1908): 44-60.

와 운명이 되어야만 하든지 했어야 했다. 아니면 가장 높은 선은 모든 사람과 모든 민족들을 이 세상 구석구석에서 다 함께 묶고 무정부로부터 그들을 구원시키는 유대의 끈이 될 필요가 있었다.[34]

　그리스도인들은 선이 승리할 것이라는 확신을 하나님의 주권적이고도 전능한 뜻에 대한 고백 안에서 찾았다. 이 고백은 하나님께서는 이 세상과 구별되시며 이 세상 그 어떤 것들보다 훨씬 더 높은 곳에 계실 뿐 아니라, 여전히 이 세상 속에서 자신의 거룩한 목적을 실현해 나가시고, 자신의 뜻에 따라 인간과 세상을 구원에로 인도하고 계신다는 고백이다. 하지만 이런 고백을 거부하는 사람들도 형이상학으로부터 완전히 해방될 수는 없다. 누군가에게 "죽어!"라고 말할 때 "나는 살 것입니다"라고 대답하는 자는 죽을 수밖에 없는 자기 본성 안에서 반란을 꾀하는 자로 볼 수 있다.[35] 하지만 모든 지혜와 능력을 사용한다하더라도 본성보다 우월한 의지를 갖지 않는 이상 결국 사람은 본성에 대항할 수 있는 능력을 갖고 있지 않다. 이런 이유 때문에 심지어 유신론이 자신의 종말을 고했을 때도 현상 뒤에 숨어 매우 불완전하게 드러났던 참된 실재와 세계-의지는 항상 사람의 생각과 유사했을 뿐 아니라 특별히 윤리적으로 선한 의지와 유사했었던 것이다. 사람들은 자신감과 우월감이 있었음에도 불구하고 모든 가능한 세계관 속에서 보다 더 큰 전체와 통합되고 말았고, 결국 이런 사람들은 총체성을 통해 설명되고 확증 받게 되었다. 이런 측면에서 절대적으로 거룩한 힘을 믿는 믿음인 형

34　Paulsen, "Ethik," in *Die Kultur der Gegenwart, System. Philos.*, 309. Haering, *Das Christliche Leben* (Stuttgart: Verlag der Vereinsbuchhandlung, 1907), 104ff. Külpe, *Einleitung in die Philosophie* (Leipzig: S. Hirzel, 1907), 332. 퀼페(Külpe)는 다음과 같이 선언했다. "가장 높은 선에 대한 내재적 정의는 상대적 특징 이외의 것을 소유하지 않는다. 오로지 초월적 목표를 상정하는 것이(이런 상정은 과학적 윤리학에서는 접근 불가능하다) 궁극적이고도 지고한, 그리고 완전한 가치의 개념을 만족시킨다." Cf. C. Fraser, "Our Final Venture," *Hibbert Journal* (January 1907), & G. F. Barbour, "Progress and Reality," *Hibbert Journal* (October 1907).

35　Lankester, *Natur und Mensch*, 26.

이상학은 항상 윤리학의 토대가 되었다.

현재 상황은 진화론이 형이상학이 차지했던 공간을 대신 차지한 상황이다. 현대인들은 자신의 믿음, 움직임, 행위, 낙관주의의 원천을 현재 온 세상 전부를 다스리는 진화론에서부터 찾는다. 만약 현대인들이 거룩하고 행복한 인간 왕국을 이 땅에 건설하려고 끊임없이 노력할 뿐 아니라, 모든 어려움과 실망 가운데서도 이런 신념 위에 인간 왕국의 실현의 소망을 굳게 세워 나간다면, 이런 상황은 단 하나의 방식, 즉 매우 슬픈 상황 뒤에 종종 숨어 있는 참된 실재를 소유하고 있다는 감정만으로 설명될 수 있을 것이다. 사람들은 이런 이상을 얻기 위해 노력에 노력을 거듭하면서 이런 노력이야말로 세상의 내재적 원동력과 자연의 신비로운 과정과 스스로 조화를 이루는 순간이라 믿었다. 일하는 것, 노력하는 것, 추구해 나가는 것, **되는 것**(worden)이야말로 세상이 갖는 가장 깊은 의미이며 참된 실재의 정신과 핵심이라 생각했다. 그러므로 진화론은 현대인들에게 옛 종교와도 같았다.[36] 현대인들에게 진화론은 과학이 아니었다. 진화론은 부정할 수 없는 사실에 근거하지도 않았다. 오히려 진화론은 언제나 사실과 모순을 일으켜왔다. 하지만 현대인들에게 이런 모순은 크게 중요한 일이 아니었다. 기적은 신앙이 가장 사랑하는 아이였다. 이 세상 속에서 벌어지는 모든 변화들은 그것이 진짜 변화든 가짜 변화든 상관없이 발전과 동일시되었고, 발전은 진보와 동일시되었을 뿐 아니라, 진보는 물질적 안녕 혹은 윤리적 문화, 아니면 자유와 도덕과 동일시되었다. 다양한 형태를 지닌 일원론은 세상을 지배하는 절대적 힘이 인격, 의식, 의지를 소유한다는 사실에 대해 거부했다. 하지만 일원론조차도 이런 절대적 힘이 마치 인격을 가진 것처럼 항상 언급하곤 했다. 의식, 본능, 의지, 노동, 노력, 발전, 목표, 거룩 등은 모두 의도치 않게 절대적 힘 때문에 존

---

36 Gust. Le Bon, *Psychologie du Socialisme* (Paris: Felix Alcan, 1902). Ed. Dolléans, *Le Caractère religieux du Socialisme* (Paris: L. Larose, 1906). Diepenhorst, *Naast het Kruis de roode Vaan* (Amsterdam: H. A. van Bottenburg, 1907), 46.

재한다고 볼 수 있다. 절대적 힘은 심지어 과학적으로 허세를 부리는 사람들을 직접적으로 반박하는 순진한 차원으로서 다음과 같이 완전한 신적 사랑과 동일시되기도 했다. 사랑은 "모든 사회적 힘들의 원천이며, 모든 것들의 창조주요 화해자일 뿐 아니라, 유일하고도 참된 하나님"이다.[37] 마치 이교도들이 자신의 우상을 다루듯, 현대인들도 진화론을 우상처럼 다룬다.

이런 사상들 속에서 점점 더 많이 발견되는 미신적 특징은 인류의 미래에 대해 소중히 생각하는 낙관적인 기대 속에서 선명히 드러난다. 왜냐하면 이런 기대는 점진적 발전의 방식 아니면 갑작스러운 변이의 도약의 방식으로 미래의 인간 본성의 급진적인 변화를 기대하기 때문이다. 이런 기대를 품는 사람들은 미래에는 더 이상의 질병, 범죄, 질투, 적의, 원한, 전쟁, 법적 정의, 경찰 등이 없을 것이며, 오히려 만족과 평화만이 온 땅에 가득하게 될 것으로 생각한다. 결국 이런 기대 속에서는 죄와 범죄가 오로지 환경적 영향때문에 일어나는 것이기 때문에 환경이 개혁될 때 비로소 죄와 범죄도 사라지게 되리라 믿었다. 하지만 죄에 대한 이런 평가는 피상적 판단이기 때문에 이런 피상적 판단에 굳이 반박할 이유는 없다. 모든 사람들은 각자의 경험을 통해 죄가 자신의 마음과 정신 깊은 곳에 뿌리 내려 있다는 사실을 인식한다. 만약 죄와 범죄를 저지르지 않고, 거룩하고 복된 삶만을 사는 인간성이 존재하려면, 인간 본성의 급진적 변화가 반드시 선행되어야 한다. 하지만 이런 급진적 변화는 미래를 낙관적으로 기대하는 사람들에게는 그렇게 대단한 일이 아니었다. 왜냐하면 그들은 진화라는 방식을 통해 그런 일이 일어날 것에 대한 확신을 가졌던 사람들이기 때문이다. 미래 낙관론자들은 인간들이 과거 속에서도 놀라운 진보를 이루어냈기 때문에 미래에 대해서도 가장 높은 소망을 품을 수 있다고 보았다. 그들에 의하면 사람은 원래 동물이었다. 하지만 지금은 인간이 되었다. 그러므로 그들은 다음과 같은 기대 섞인 질문

---

37 Lloyd, *Man the Social Creator*, 6ff.; Hall, *Adolescence* I, 546ff.; II, 123.

을 던진다. 이런 과정 속에 있는 사람이라면 미래에는 반드시 천사가 되어야 하지 않겠는가? 생명이 오직 내재적 능력을 통해서만 생명 없음으로부터 생명 있음으로, 무의식으로부터 의식으로, 표상들의 조합으로부터 지성으로, 느낌으로부터 이지로, 물질로부터 영으로, 악으로부터 선으로 발전하는 것처럼, 인간 스스로가 진화 과정을 이끌어가고 촉진시키는 것 이외에 그 어떤 무엇이 죄를 정복하고, 모든 비참에 종지부를 찍으며, 이 땅에 영원토록 존재할 "인간 왕국"을 건설할 수 있겠는가? 그러므로 초인(Übermensch) 개념은 진화론과 매우 밀접한 관련을 맺는 개념이다. 다윈 역시 초인 개념을 믿었던 인물이었고, 미래의 인간은 현재보다 훨씬 더 완벽한 창조물이 될 것이라는 소망으로 현재의 고통 속에서 위로를 찾았던 인물이었다.[38] 낙관적 진화론자들도 다윈이 품었던 이런 기대와 소망을 함께 품이나있다. 인산은 여전히 만들어지고 있으며, 태초부터 발전의 과정 중에 있을 뿐 아니라, 풍성하고 아름다운 미래가 인간들 앞에 펼쳐져 있다고 믿었다. [39]

많은 사람들은 이런 미래가 신속히 우리 앞에 올 것이라 믿었지만 미래는 아직 ㄱ 모습을 우리에게 드러내시 않았다. 아마도 이런 미래는 현 세대 속에서 자신의 자태를 드러내지 않을 것 같다. 현재를 살아가고 점차 인생의 마지막을 향해 달려가는 사람들에게 미래에 대한 이런 기대는 과연 어떤 유익을 안겨다 줄 수 있을까? 사회주의는 영원에 대한 보증을 약속하는 기독교 신앙을 비웃었다. 하지만 영원은 그 어떤 불안한 미래, 확실치 않은 미래, 먼 미래보다도 훨씬 더 믿을 만하다. 진화론은 종말론적인 기대가 각 개인들에게 어떤 중요성이 있는지에 대해 갑작스럽게 찾기 시작했다. 우리 뒤에 놓여 있는 유물론적 기간 속에서는 이런 질문에 대해 경멸의 미소만 보였을 뿐이었다. 하지만 인간 왕국의 미래에 대한 신념은 항상 개인적 불멸성의 문제에 직면할 수밖에 없다. 진화론은 현재 자신의 새로운 이상주의

38 Bruno Wille, *Darwins Lebensanschauung*, 6.
39 Hall, *Adolescence*, I, viii; II, 63-64.

적 형태 안에서 이 문제에 대해 다음과 같은 질문을 던지며 꽤 다른 시각으로 접근한다.[40] 왜 이런 불멸성 문제를 체계 안으로 들이는 것이 불가능해야만 하는가? 진화론자들은 만약 인간이 오랜 세월에 걸쳐 진행된 발전 과정 가운데서 동물들보다 훨씬 더 높은 지성을 스스로의 힘으로 고양시켰다면, 아마도 이런 사람은 지속적인 발전을 통해 스스로를 불멸의 존재로 만들 수 있을 것이라 믿었다. 그럼에도 불구하고 진화론자들은 현재를 사는 모든 사람들이 이런 형태의 불멸에 도달할 수 없을 것이라 생각한다. 그들에게 동물에서 인간으로 진화하는 과정은 매우 점진적으로 일어나기 때문이다. 하지만 조건적 불멸성을 지지하는 사람들은 모든 사람들이 불멸의 단계로 진입할 수는 없겠지만 자기완성을 통해 윤리적으로 바른 삶을 사는 사람은 현재가 되었든 미래가 되었든지 불멸의 단계로 들어갈 수 있다고 믿었다. 하지만 이런 생각 속에서도 스스로의 발전을 통해 불멸에 이르지 못할 이유는 하나도 없다고 보았다.

진화론자들은 죽음을 재앙으로 보지 않았고, 죄인에게 부과된 죄의 형벌 혹은 정죄로도 보지 않았다. 오히려 죽음은 평범한 현상이고, 유기적 세계에서 자주 일어나는 점진적 이동 정도라고 생각했다. 즉 달걀이 병아리가 되고, 애벌레가 나비가 되는 것처럼, 사람은 태어나 또 다른 존재의 형태인 죽음으로 향해 간다고 생각한 것이다. 마치 사람이 자기 옷을 갈아입는 것처럼, 거친 육체적 몸을 한 쪽에 제쳐두고 질 높은 천상의 몸을 갖고 계속 살아가는 모습을 죽음으로 그려나갔다. 이런 측면에서 다윈주의는 당대의 신지론자와 심령론자들과 더불어 스베덴보리(Swedenborg), 융(Jung), 스틸링(Stilling), 데이비스(Davis), 카르덱(Kardec), 블라바츠키 여사(Madame Blavatsky), 애니 베전트(Annie Besant), 에디 다우이(Eddy Dowie)와 엘리자 디우이(Elijah Dowie) 등과도 성공적인 유대를 이루어갔다. 그러므로 많은 진화

---

40 Cf. Josiah Royce, "Immortality," *Hibbert Journal* 5 (July 1907): 724-44; Sir Oliver Lodge, "The Immortality of the Soul," *Hibbert Journal* 6 (January 1908): 291-304.

론 옹호자들이 심령론의 지지자였던 것은 그리 놀랄만한 일이 아니다.[41] 왜
냐하면 진화론의 뿌리와 심령론의 뿌리는 같기 때문이다. 이 사상들은 기독
교의 창조 타락 교리, 원죄 교리, 전적 무능력 교리, 그리스도를 통한 구원 교
리, 은혜로 말미암은 구원 교리에 대해 아주 강하게 반대를 했던 사상들이었
다. 이 사상들은 모든 것들은 영원토록 되어가는 중이며, 그 어떤 것도 절대
적 의미로서 존재하거나 아니면 분해되지 않는다고 보았다. 오히려 모든 것
들은 존재의 형상 안에서 변화를 겪고 있을 뿐이라고 생각했다. 헤켈이 본
질, 에테르, 원자를 혼, 영, 양심, 의지의 형태로 취한 것처럼, 이런 사상들은
인간이 영원토록 참되게 존재해왔었다는 결말을 이끌어냈다. 그러므로 선재
론이 현재 많은 사람들에 의해 각광을 받는 것은 결코 우연이 아니다.[42]

물론 이런 사상들에 대해서도 다양한 의견들이 존재한다. 하지만 인간이
발전이 위대한 진화 과정 속의 한 부분이라는 사실과 고정된 법칙 내에 묶
여 있다는 사실에 대해서는 큰 이견이 없었다. 인간은 바로 지금 그 모습 그
대로이며, 아마도 이전 존재의 상태 속에서 이미 완성 된 존재일 뿐 아니라,
외부적이든 내부 적이든 상관없이 이 땅을 사는 사람들 속에서 멀어지는 모
든 일들은 인간들의 행동과 행위의 엄격한 결과라고 보았다. 이런 사고방식
속에서는 인간의 행위에 대해 보상을 베푸는 공로를 위한 자리가 존재한다.
은혜나 용서는 자연 속에 존재하지 않는다. 윤리적 법칙은 자연 법칙과 동
일하다. 업보(karma)가 모든 공간을 다스린다. 이런 업보야말로 불가피한 결
과이다. 그러므로 사람들 사이의 차이는 기원, 성향, 신적 법령으로 인해 생
기는 것이 아니라, 오히려 자신의 은사를 사용했는지 사용하지 않았는지에

---

41 예를 들면, 영국에는 윌리엄 크룩스(William Crookes), 앨프리드 월리스(Alfred
    Wallace), 올리버 로지 경, 마이어스 등이 있으며, 독일에는 페히너, 횔너(Zöllner), 카를
    뒤 프렐(Carl du Prel), 네덜란드에는 판 자우트페인(Hartogh Heys van Zouteveen) 등이
    있다.

42 E.g., John McTaggart, *Some Dogmas of Religion* (London: Edward Arnold, 1906),
    112ff.

따라 차이점이 생긴다고 보았다. 사람들은 모두 다 동등한 열정을 갖고 뛰지 않으며, 동일한 활력을 가진 채 살아가지도 않는다. 육체적인(sarkische) 사람, 정신적인 사람, 영적인 사람이 존재한다. 이 땅에서 어떤 사람으로 살아가느냐에 따라 죽음 이후의 삶도 결정될 것이다. 현대인들에게 죽음은 더이상 죽음이 아니라 삶이다. 즉 죽음은 더 위대한 존재로 탈바꿈하기 위한 이동의 한 형태일 뿐이다. 심지어 죽은 사람들은 자신들이 죽었는지에 대해서도 알지 못한다. 죽은 사람들도 여전히 육체를 갖는다. 이 땅에서 그랬던 것처럼, 죽은 자들도 볼 수 있으며, 들을 수 있을 뿐 아니라, 생각하고, 말하고, 사고하고, 행동할 수 있다고 생각했다. 심령술은 죽은 사람들도 이 땅에 사는 사람들과 장·단기간의 교제를 나눌 수 있을 것으로 믿었다. 신지학 같은 경우엔 죽은 사람들이 다른 형태의 몸을 입고 이 땅에 다시 되돌아올 수 있다고까지 믿었다. 게다가 죽은 자들이 여러 다양한 방식들을 통해 스스로를 지속적으로 정결케 한다고 보았다.[43]

진화론이 미래에 대해 어떤 방식으로 상상하든지 간에, 그 상상은 인간의 마음과 정신에 어떤 안식도 주지 못한다. 진화론이 품는 상상은 주 하나님의 세계로부터 우리를 앗아가게 만들기 때문이다.[44] 만약 모든 것이 존재가 아니라 단순히 되어가는 존재라면, 인류의 종말이 되었든 개별적인 사람들의 죽음이 되었든지 간에 최종 상태는 없을 것이다. 진화론조차도 이런 형태의 영원한 과정으로 인해 치명적인 상처를 입었다. 왜냐하면 영원토록 지속되는 발전 과정이라는 의미는 결국 아무런 목표 없이 하염없이 굴러가는 과정과도 같기 때문이다.[45] 이런 무한 반복 과정은 결국 발전이 아니다. 각각의 상태들은 다른 상태를 위한 길을 만들어 간다. 인간의 왕국이 존재를 드

---

43 Cf. Wilhelm Bruhn, *Theosophie und Theologie* (Glückstadt: Hansen, 1907).

44 바빙크는 여기서부터 지금까지 묘사했던 다양한 현대 사상들에 대해 비판하기 시작한다.

45 Schelling, *Philosophie der Offenbarung*, 365. Otto Liebmann, *Zur Analysis der Wirklichkeit: Philosophische Untersuchungen* (Strassburg: Karl J. Trubner, 1876), 398ff.

러낸다하더라도 그런 왕국은 곧 사라지게 될 왕국이다. 과학의 증언에 따르면, 현 세계와 현 인류는 영원토록 그 존재를 지속할 수 없다.[46] 만약 이 세상을 초월한 상태로 존재하시는 전능하시고 거룩한 하나님이 계시지 않다면, 혹은 이 세상의 갈등과 불화의 존재 목석과 해결 기미가 전혀 보이지 않는다면, 이 세상의 모든 과정의 최종 목적도 존재할 수 없게 되고 결국 이 세상의 완전한 완성과 인간 마음속의 참된 쉼도 사라지게 될 것이다. 이렇게 될 경우 회프딩이나 뮌스터베르크(Münsterberg)가 전개했던 가치에 대한 영원한 보존은 허공을 치는 메아리에 불과하게 될 것이다.[47] 왜냐하면 모든 가치들은 그 인격성들과 더불어 사라지게 될 것이기 때문이다. 아니면 쇼펜하우어나 폰 하르트만이 제안했던 것처럼 모든 삶, 의식, 의지가 영원한 죄면에 걸린 상태 안으로 빨려 들어가 신비로운 불교저 열반 싱대 속에서 안식처를 누리는 것 정도에 그치게 되고 말 것이다.[48] 이런 상황은 진화론의 관점에서 봤을 때 헬라 철학의 헤라클레이토스나 스토익 학파의 생각처럼 기껏해야 영원토록 되돌아갈 장소 정도에 지나지 않는다. 요즘 들어 이런 생각은 심지어 니체에 이해서도 옹호되는 상황이다. 최초의 비관론자였던 니체는 쇼펜하우어와 바그너(Wagner)의 제자였다. 니체는 이후에 실증주의가 되었고, 모든 형이상학을 배척했을 뿐 아니라, 단 하나의 유일하고도 참된 세계

46 Bruno-Wille, *Darwins Lebensanschaung*, 6. Eduard von Hartmann, *Die Weltanschauung der modernen Physik*, 33. Rudolf Otto, *Naturlistische und religiöse Weltansicht* (Tübingen: J. C. B. Mohr, 1904), 47. Johannes Ude, *Monistische: oder Teleologische Weltanschauung?* (Graz: Styria, 1907); J. C. Snijders, "De Ondergang der Wereld," *Tijdspiegel* (October 1907): 189-214; Fridtjof Nansen, "Science and the Purpose of Life," *Hibbert Journal* 6 (July 1908): 748ff.

47 Höffding in Paul Kalweit, *Religion und Geisteskultur* (1908), 44ff.; in Oliver Lodge, "The Immorality of the Soul II: The Permenance of Personality," *Hibbert Journal* 6 (April 1908): 565; G. F. Barbour, "Progress and Reality," *Hibbert Journal* 6 (October 1907): 59ff. 편집자 주: Josiah Royce, "Immortality," *Hibbert Journal* 5 (July 1907): 724ff에 실린 뮌스터베르크의 글도 참고하라.

48 쇼펜하우어의 열반 개념에 관해서는 J. de Jager, "De Beteekenis van Schopenhauers Pessimisme," *De Gids* IV (November 1907): 260ff를 참고하라.

로서의 실재를 믿었다. 니체는 이런 자신의 생각과 "권력에의 의지"(Wille zur Macht) 교리를 조합시켰다. 니체에게 실제 세계는 존재하는 것이 아닌 기원과 목적도 없이, 끊임없이 흥망성쇠를 경험하며, 나타났다 사라졌다를 반복하는 **되어가는** 권력의 대양 정도였다.[49] 니체는 초인의 모습 속에 있는 이런 신념을 권력에의 의지라는 창조적 힘으로부터 분리시키려 노력했고, 이를 이 세상이 굴러가는 과정의 목표로 이해했다. 하지만 이런 니체의 신념은 니체 자신이 가졌던 실증주의 뿐 아니라 그의 영원 반복 교리와도 정면으로 부딪힌다. 초인 개념은 니체의 순수한 상상물일 뿐이며, 동시에 세상의 진보 과정 속에 존재하는 변이의 한 형태 정도에 지나지 않는다.[50] 만약 사람들이 사안에 대해 좀 더 진지하게 고민 할 경우, 진화론 위에 배타적으로 서 있는 낙관론은 항상 자신의 모습을 비관론으로 변화시켰다는 사실을 깨달을 수

49 편집자 주: 바빙크는 영원토록 되어가는 중인 니체의 종말론이야말로 창조의 목적이 사라질 때 인간의 정신이 얼마나 흔들릴 수밖에 없는지에 대한 증거라 보았다. 즉 니체의 비(非)종말론적 종말론은 이 세상에게 남은 건 "파괴" 밖에 없다는 것을 거부하는 한 인간의 마음은 참된 허무주의적 철학 역사를 통해서는 만족될 수 없다는 사실을 증명한다. "인간의 사유는 세계사의 종말에, 만일 하나님의 나라가 아니라면, 인류의 제국, 혹은 사회주의적 복지 국가, 혹은 필요하다면 니체의 만물의 영겁회귀에서 어떤 만족을 발견하기까지는 결코 쉬지 않는다. 그런 신앙은 논리적 추론으로 증명될 수 없다. 세상은 단지 멸망되기에 마땅하다는 사실을 선호하는 사람은 누구든지 그 어떤 지적인 반증으로도 설득될 수 없다. 하지만 역사 가운데 있는 인도와 목적에 대한 신념은 인간의 마음에 근절될 수 없이 심겨져 있고, 역사철학에서 필수 불가결한 요소라는 사실이 당연히 주목을 받아야 한다. 그런 경우에 우리는 여기서도 다시금 딜레마에 직면한다. 환상 혹은 현실, 그리고 따라서 원리적으로 무신론과 유신론 사이의 선택에 직면한다. 그리고 이 선택에 있어서 결정적인 것은 지성이 아니라 마음이다"(바빙크, 『개혁교의학』, 2:106-7; RD, 2:89).

50 Julius Kaftan, "Aus der Werkstätte des Uebermenschen," Deutsche Rundschau 31 (October and November 1905): 90-110, 237-60; George S. Patton, "Beyond Good and Evil," Princeton Theological Review 6 (July 1908): 392-436, esp. 430ff. 모든 사물들이 영원토록 반복 회귀하는 현상에 관해서는 Eduard Zeller, Die Philosophie der Griechen in Ihrer Geschichlichen Entwicklung, vol. III, 3rd ed. (Leipzig: Fuer's Verlag, 1869), 154ff; Gumplowicz, Soziologie, 158, 166ff., 348ff; Svante Arrhenius, Die Vorstellung vom Weltgebäude im Wandel der Zeiten: Das Werden der Welten (Leipzig: Akademische Verlagsgesellschaft, 1907)을 참고하라. 편집자 주: 첼러의 책은 1886년에 다음과 같은 제목으로 영역되었다. Outlines of the History of Greek Philosophy, trans. Sarah Frances Alleyne & Evelyn Abbott (London: Longmans, Green & Co., 1886).

있게 된다.

이런 현상은 소위 사회 개량론(meliorism)이라 불리는 제임스의 사상 가운데서도 명백히 드러난다. 만약 실용주의가 이상주의를 거부한 채 경험적 세계 안에서 자신의 관심을 취해 간다면, 이런 실용주의는 결국 종말에 이를 수 없게 될 것이다. 콩트와 같은 사람들은 실용주의가 미래를 내다볼 수 있는 능력을 우리에게 줄 수 있다는 사실에 대해 학문적인 증거를 찾길 원했다. 하지만 오스트발트가 옳게 지적한 것처럼 이 세계의 시작과 끝에 대한 우리의 지식은 아무런 가치도 없는 지식이다.[51] 왜냐하면 이 세계와 인간 사회는 너무 크고 복잡하기 때문에 그 누구도 이 세계가 정확히 어떻게 발전 할 것인지 대해 확신 할 수 없기 때문이다.[52] 자신의 경험을 진지하게 생각하는 사람들은 절대 실수하지 않을 뿐 아니라 계속 발전하는 진보(voortschrijdenden vooruitgang)를 말하는 진화 과정 형이상학(Entwicklungsmetaphysik)에 반드시 대항해야 한다.[53] 이 모든 논의들은 사실 믿음의 영역에 속한 논의들이다. 그러므로 논리적 비평이나 윤리적 비평으로 이 논의를 다룰 수 없다. 우리는 오로지 경험적 실재의 토대 위에서만 우리 자신을 무지(無知)에게 내어줄 수 있다. 우리는 미래에 어떤 일이 벌어질지에 대해 알 수 없으며, 인간이 진보를 경험하게 될지에 대해서도 알 수 없다. 우리가 반드시 해야 하는 것은 우리의 의무를 다하는 것뿐이다. 우리는 흘러가는 과정을 멈춰 세울 수 없다. 하지만 우리가 할 수 있는 것은 흘러가는 과정 속에 어느 정도 영향을 미쳐 그 과정을 인도하는 것이다. 그러므로 사회 개량론을 주장하는 사람들은 이 세상이 가진 그 모습 그대로를 받아들여 이 세상을 "가장 최고의 것으로 만들자"라고

---

51 Cf. Wilhelm Ostwald, "Biologie en Chemie," *Wetenschappelijke Bladen* (December 1904): 420-43.

52 Wilhelm Ostwald, "Naturphilosophie," *Systematische Philosophie in Die Kultur der Gegenwart*, I, VI (Berlin: B. G. Teubner, 1908) 170-71.

53 편집자 주: 보스는 이 문장의 문구를 "절대 실수하지 않는 영원한 진전"(an infallible and eternal progress)으로 번역했다.

외친다. 그들은 이렇게 할 때 비로소 우리가 생각했던 것보다 훨씬 더 좋은 미래가 펼쳐지게 될 것으로 믿었다.[54]

이런 형태의 사회 개량론 속에는 강한 믿음과 위대한 용기를 가진 증인들이 존재하지 않는다. 사실상 온 세계가 비관론에 빠졌고, 비관론에 빠진 온 세계는 의무를 강하게 지킴을 통해 스스로의 존립을 유지하려 했다. 사람과 인류 속에 드러나는 삶의 결속성(levensverband)으로부터 분리된 정언명령의 고립은 19세기 비관론적 분위기의 출현과 확산에 큰 기여를 했다. 쇼펜하우어의 체계는 칸트의 비판철학에 깊이 의존했다. 만약 사물의 본질에 대해 알 수 없다면, 인간의 비참함도 헤아리기 힘들 것이다. 왜냐하면 형이상학적 필요(Bedurfnis)는 우리 모두 안에서 태어날 뿐 아니라, 완전에 대한 지식의 목마름도 우리 마음속에서 완전히 사라질 수 없기 때문이다. 만약 종교가 하나님과의 교제에 관여하지 않았다면, 혹은 만약 이런 하나님과의 교제가 의식 없이 실현되어 우리가 이 교제를 누리게 되었다면, 우리 상태는 지금보다 훨씬 더 괜찮아졌을 수 있다. 하지만 우리는 알지 못하는 것을 가질 수 없으며, 갖지 않은 것을 사랑할 수 없다. 그러므로 현재의 특별한 상황들은 불가지론에 의해 비롯된다고 볼 수 있다. 신앙은 과학 속에서 뿐 아니라 본질적으로는 우리 안에서, 자의식의 증거 안에서, 종교적, 윤리적 지각의 가치 안에서, 지성과 이성의 능력 안에서 약화된다. 의심은 모든 마음속에서 깨어난다. 불확실성은 우리의 확신을 사방으로 흔들리게 만든다. 우리는 다양한 교리들의 바람을 통해 흔들리는 존재들이며, 사방팔방에서 울리는 긍정과 부정의 목소리를 통해 우리의 의지가 약화되는 존재들이다.

인류가 어떻게 이런 질병을 극복할 수 있을지에 대해 예상할 수 있는 사람은 아무도 없다. 최근 들어 다시 살아나는 철학이 이 일에 적합하지 않다

---

54 이런 생각은 헉슬리(Huxley), 로마네스(Romanes), 제임스, 그리고 지베크의 생각과 동일하다. Cf. Herman Siebeck, *Der Fortschritt der Menschheit, in Zur Religions-philosophie*, III (Tübingen: J. C. B. Mohr, 1907).

는 것은 분명한 사실이다. 왜냐하면 철학 그 자체가 이런 형태의 질병으로 인해 큰 고통을 받기 때문이다. 철학은 철학 스스로 자신의 시작점이 무엇인지에 대해 불확실한 지식을 가지며, 자신의 역할과 목적이 무엇인지에 대해서도 불분명할 뿐 아니라, 너무 다양한 체계와 학파로 분화되어 갈피를 잡지 못하는 형편이다. 물론 철학이 역사 속에서 점진적 발전을 해왔다는 것에 대해서는 이견이 없다. 하지만 특별히 칸트의 시대 때의 철학은 그 기반이 세워지기보다는 좀 더 무너져 내렸으며, 철학을 옹호하는 사람들도 인간 지식의 본질에 대한 통찰을 계몽하는 것이야말로 철학이 가진 유익이라는 의견을 좀처럼 입 밖으로 내지 않았다. 하지만 대체로 철학은 유익한 역사였을 뿐 아니라 동시에 인간적인 오류들의 역사이기도 했다.[55]

칸트가 자신의 형이상학을 세우기 위해 만들어낸 도덕적 자율성은 스스로의 고립에 빠져 우리에게 충분한 안정감을 주지 못했다. 왜냐하면 만약 전 세계가 눈 먼 과정의 결과로 간주된다면, 우리는 의무에 대한 의식이 되어가는 흐름 속에서 어떻게 확고한 근거를 얻을 수 있을지에 대해 이해할 수 없을 것이기 때문이다. 선 세계 어디에서도 인지 가능한 진화론은 이런 명백한 불변성에 대해 인정하려들지 않았다. 오히려 진화론은 도덕적 인간의 본질 깊숙한 곳으로 꿰뚫고 들어가 도덕적 인간에 대해 분석했을 뿐 아니라, 도덕적 인간이 가진 의견을 통해 드러난 자료들을 우리에게 보여줬으며, 도덕적 의무와 도덕 법칙들의 영원성 너머에서 자신의 어깨를 으쓱거렸다.[56] 이에

---

55 Hieron. Lorm, "Der grundlose Optimismus," in *Wilhelm Jerusalem, Gedanken und Denker: Gesammelte Aufsätze* (Wien & Leipzig: Wilhelm Braumüller, 1906), 156-63; Stein, *An der Wende des Jahrhunderts*, 54; *Der Sinn des Daseins*, 76. Cf. D. G. Jelgersma, "Is de Geschiedenis der Philosophie meer dan eene Geschiedenis van menschelijke Dwalingen?" *Handelsblad* (October 1907). Philip Vivian, *The Churches and Modern Thought: An Inquiry into the Grounds of Unbelief and an Appeal for Candour* (London: Watts & Co., 1907), 266ff에 실려 있는 폴 토피나르(Paul Topinard)의 논의도 살펴보라.

56 판 엠덴(H. van Embden) 교수는 아엥에넌트(Aengenent) 교수와의 대담 가운데 스스로를 이런 결과물로 표현했다. Cf. *Handelsblad*, November 28, 1907.

대한 진지한 반대를 잠지 제쳐 둔 채 생각해보면 이런 도덕적 자율성은 잠시나마 사람들을 의기양양 움직이게 만들었다고 볼 수 있다. 도덕적 자율성은 우리 머리 위에서 반짝이는 별빛 하늘처럼 우리에게 감탄과 경의를 자아내게 만들었다. 게다가 도덕적 자율성은 자신감의 시대 때 많은 사람들로 하여금 끊임없는 노력을 경주하게끔 만들었다. 하지만 도덕적 자율성은 회개와 쓰디쓴 고통 가운데 있는 사람들에게 위로를 허락해주지 못했다. 그러므로 도덕적 자율성은 보상과 공로에 대한 법 이외의 것들에 대해서는 도무지 알지 못하는 바리새인들에게나 어울리는 개념이었다. 반대로 도덕적 자율성은 하나님의 은혜가 절실히 필요한 세리나 죄인들에게는 무자비한 개념이었다. 사실 우리 모두 다 불쌍한 죄인들이다. 가장 강한 사람조차도 탕자가 느꼈던 비참함을 느끼는 순간이 존재한다. "건강한 정신이 깃든 사람"도 특정 귀족층처럼 "병적인 정신이 깃든 사람"과 분리될 수 없다. 그럼에도 불구하고 건강한 정신이 깃든 사람들은 스스로를 자신과 반대의 사람들로부터 구별시킨다. 낙관주의와 비관주의는 모든 사람들의 삶 속에서 번갈아가며 일어난다.[57] 철학자 피히테는 이에 대한 눈에 띄는 묘사를 우리에게 제공한다. 피히테는 철학적 사고를 처음하기 시작했을 때 하나님을 필요 없는 존재라 느꼈던 인물이었으며, 동시에 도덕적 세계 질서에도 만족했던 인물이었다. 피히테는 모든 것들의 시작점에는 존재 대신 행위가, 말 대신 행동이 있었다고 보았다. 피히테에게 비(非)자아는 기껏해야 의무의 재료에 지나지 않았으며, 이런 의무의 성취를 가장 높은 형태의 복으로 생각했다.[58] 하지만 피히테는

---

57 James, *Varieties of Religious Experience*, 136ff.
58 편집자 주: 피히테에 대한 바빙크의 이런 언급은 『개혁교의학』 1권 서론 부분에서 피히테에 대해 신학적, 형이상학적 구체성 가운데 언급했던 바빙크의 이전 태도와 일맥상통한다. "피히테는 더 나아가 도덕적 의식에서 유일한 공리를 도출했는데, 자아는 전체 비(非)자아인 세상을 자신의 의무에 대한 '감각화 된 물질'로 여겼다. 그리고 자아는 세상을 잘 정돈된 것으로 인정했는데, 자아의 도덕적 의지들과 행동들은 전체의 도덕적 목적에 따라 존재한다. 다른 말로 하면, 윤리적 세계 질서가 존재한다는 것이다. 종교는 여기서 도덕적인 것에 완전히 흡수되고 말았다. 이 윤리론은 '도덕주의'에서 더욱 심화되었는데, 윤리적인 것이 단지 심리학적

이후에 심각한 경험을 많이 했으며 그런 경험들이 그의 삶과 생각을 더 풍성하게 만들어 주었다. 그 결과 피히테는 행위에서 존재로, 의무에서 사랑으로, 노력에서 쉼으로, 도덕에서 종교로 되돌아가게 되었다. 우리가 이 땅에서 더 치열히 살면 살수록, 펠라기우스보다는 아우구스티누스에 연민의 정을 더 많이 느끼게 된다.[59] 율법에 대한 지식은 은혜의 필요성을 일깨운다.

현재의 문화는 기쁜 소망에 대한 안정감을 주지 못한다. 아직도 많은 사람들이 과학에 대한 열정을 가지며, 과학적 기술의 적용을 통해 인간이 구원 받게 될 것에 대해 기대한다. 과학, 진보, 자유의 울부짖음이 자유로운 생각을 하는 사상가들이 입술을 통해 지속적으로 울려 퍼진다.[60] 하지만 예리한 자들이 이런 울부짖음을 들었을 때 그것이 얼마나 공허한 울부짖음인지를 깨닫게 되었다. 문화는 복을 가져오지만, 어두운 그림자와 심각한 위험도 동시에 가져온다. 문화는 인간의 속성과 능력을 계속해서 가치 있게 만들지만, 이를 통해 덜 가치 있는 것들이 희생당할 수 있는 구조를 갖는다. 문화는 심사숙고, 총명, 활동, 불굴의 노력 등을 촉진시킬 수 있다. 하지만 문화는 자연스러운 삶의 특징인 편견 없는 의견, 어린 아이들 같은 천진난만함, 단순성, 성실함을 억누를 수 있다.[61] 소크라테스 이래로 이성주의가 끊임없이 꿈꿔오긴 했지만, 사실 지적인 발전은 그것 자체로 도덕적 선이 아니다. 오히려 지적 발전은 선에서와 같이 악에게도 동등하게 사용될 수 있다. 지식의 발전은 사랑의 행위에 도움을 줄 수 있다. 하지만 동시에 지식의 발전

으로만 아니라 형이상학적으로도 이해됨으로써 심화되었다. 그래서 의지, 선, 사랑은 본래의 것, 원존재, 절대자로서, 이것에 의해 모든 것, 즉 삼위일체, 세계, 구속이 설명된다. 선의 능력은 도덕적인 것을 통해 인간 세계에서 실현된다." 바빙크, 『개혁교의학』, 1:361-2; RD, 1:259.

59 Johannes Jüngst, *Kultus- und Geschichts-religion (Pelagianismus und Augustinismus)* (Giessen: J. Ricker, 1901).

60 Marcellin Berthelot, *Science et Morale* (Paris: Calmann-Lévy 1897). Albert Ladenburg, *Der Einfluss der Naturwissenschaften auf die Weltanschauung* (Leipzig: Veit & Comp, 1903).

61 Cf. 6장 각주 40번을 참고하라.

은 혐오를 위한 위험한 도구로 사용될 수 있다. 지적 발전을 통해 덕스러운 일을 할 수 있지만 동시에 이를 통해 범죄를 지지를 수도 있다. 다 코스타(da Costa)는 인쇄술의 발견이야말로 천국 혹은 지옥으로 향해 갈 수 있는 거대한 발걸음이며, 이런 인쇄술의 발걸음은 문화의 모든 과학적, 기술적 요소들에 적용 가능하다고 보았다.

우리 자신들이 바로 이에 대한 증인들이다. 우리는 한껏 발전된 사회 속에서도 죄와 범죄가 신분과 계급을 막론하고 얼마나 무섭게 이에 대해 증거하는지 알고 있다. 모든 형태의 불신앙과 미신, 즉 간음, 음란(ontucht), 일반적이지 않은 죄들, 쾌락을 채우려는 욕망(genotzucht),[62] 과잉, 탐욕, 절도, 살인, 질투, 시샘, 증오 등은 질 떨어지는 문화에 사는 사람들(de volken van lage cultuur)보다 문명(beschaafde) 속에 사는 사람들 속에서 더 많이 발견된다.[63] 예술과 문학은 종종 이 모든 죄악들을 섬기는 시녀의 역할을 감당했다. 엘리트들 앞에 파리와 베를린이 주어진 것처럼, 문명의 중심에 서 있는 문화 놀이들은 우리가 어디로 가야 우리의 문화 속에 묶여있을 수 있는지에 대해 심각한 질문을 자아내게 만들었다.[64]

---

62 편집자 주: 1909년 번역본에서는 이 단어를 관능 혹은 요염(voluptuousness)으로 번역했다.

63 편집자 주: 1909년 번역본에서는 문명화된 사람과 문명화되지 않은 사람 사이의 대비가 바빙크가 의도한 것만큼 드러나지 않는다. 그 이유는 1909년 번역본에서는 단순히 "낮은 인종들"이라는 표현을 사용했기 때문이다. 하지만 바빙크의 원래 의도 속에는 인종적인 함축이 없다고 볼 수 있다. 실제로 바빙크는 『개혁교의학』에서 사람들 사이에 존재하는 차이들이 사람들의 공통된 통일성(그리고 원죄에 대한 공통된 책임)에 비해 훨씬 더 크다고 보았다. 하지만 바빙크는 다음과 같은 말도 남겼다. "왜냐하면, 종족들 사이의 차이가 얼마나 크든 간에, 더 깊은 연구를 통해 모든 사람들의 통일성과 연관성이 더욱 강하게 전면에 부각되기 때문이다. … 인류의 결속, 원죄, 그리스도 안에서의 화해, 우주적인 하나님 나라, 교회의 보편성, 이웃사랑은 인류의 통일성 위에 세워진다"(바빙크, 『개혁교의학』, 2:656; RD, 2:526).

64 예를 들면 Max Weber, Die Protestantische Ethik und der "Geist" des Kapitalismus, in Archiv für Sozialwissenschaften und Sozialpolitik, XX 1ff.; XXI, 1ff를 참고하라. 막스 베버는 자신의 중요한 연구를 마무리 지으며 문화를 통해 사람들이 "영혼 없는 전문가가 되며, 심장 없는 쾌락주의자들이 되었고, 이런 종류의 비주류들은 이전에 도달하지 못한 문화의 단계에 도달한 것에 대한 자부심을 갖는다"라고 결론을 지었다.

이런 질문들과 더불어 종교와 문화, 도덕과 문명, 과학과 생명, 다양한 계급들과 사회적 지위 사이의 갈라진 틈이 더 벌어지게 되었다. 법은 여기서 아무런 힘을 쓰지 못했다. 내부적 왜곡, 도덕적 해이, 종교적 부패 등도 국가의 법을 통해 제거될 수 없었다. 반대로 모든 법들은 만약 스스로가 완전히 무능하다고 인정받는 것을 원치 않는다면 사람들의 이기주의와 혈기를 상기시켜야만 했다. 만약 법이 양심의 지지를 받지 못할 때는 삶 속에 어떤 영향력도 끼치지 못했다. 게다가 법제는 점점 더 사람들의 손에 의해 만들어졌기 때문에 좀처럼 정당의 이익을 대변하는 역할을 하지 못하게 되었다. 의회 정부의 어두운 면에 대한 불평불만이 모든 나라들 속에서 터져 나왔다.[65] 모든 것들 위에 있어 모든 사람들의 이익을 대변해야 할 국가는 정당들 긴의 갈등과 주류가 비주류를 속박하는 강력한 수단 속에 놓여 있는 공 정도로 전락되고 말았다. 종교, 사회, 정치 영역 속에 존재하는 자유 그 자체가 갖는 유익은 프랑스가 그랬던 것처럼 많은 나라들 속에서 심각한 질문을 불러 일으켰다.

진화론이 가장 강력한 사람들이 가진 힘의 지속적 승리를 높은 수준에서 촉진시키는지 아니면 그렇지 않은지에 대한 질문이 제기되었다. 왜냐하면 많은 사람들은 진화론이야말로 이를 촉진시킨다 생각했고, 이런 점진적 발전 과정 속에서 물질적인 것들이 영적인 것들을 탄생시킨다고 믿어왔기 때문이다. 하지만 실제로는 "생존 경쟁" 안에서 적응하지 못한 것들은 사라져 갔고 오직 "가장 적합한 것"만 살아남았다. 이런 상황 속에서 다원주의와 사회주의 사이의 관계에 대한 의견이 저마다 대단히 다를 수밖에 없었다. 피르호, 로리아(Loria), 페리(Ferri)에 따르면 다원주의는 사회주의에 봉사하는 사상이다. 하지만 반대로 헤켈, 슈미트, 암몬, 지글러, 스펜서 등은 선택의 원

---

65 Friedrich Paulsen, *Parteipolitik und Moral* (Dresden: Zahn & Jaensch, 1900). Valckenaer Kips, in *Tijdspiegel* (March 1908).

리가 귀족적 특성을 포함한다고 주장했다.[66] 어떤 경우가 되었든지 우리들 이야말로 괄목할 만한 다음과 같은 사실, 즉 사회적 귀족 계층이 사회 민주주의에 반대를 표하며 발흥했다는 사실에 대한 증인들이다. 니체의 군주 도덕(Herrenmoral)[67] 역시 경제적 토대를 옹호한다. 자본주의는 매우 강하게 경멸 받았고 광적으로 압제 당했다. 그럼에도 불구하고 자본주의는 강한 지지자들과 열정 있는 옹호자들을 얻었다.[68] 이후에 예술은 사회적 평등화에 대해 매우 심각한 반대를 표했으며, 부자들, 천재들, 귀족들의 마음에 강하게 호소했다. 다수는 소수를 위해 살아야만 하며 소수는 다수를 희생한 채 살아야 한다는 말이 매우 정상적인 말이 되었다.[69]

이런 사실은 국가들 간의 상호 국제 관계 속에서도 잘 드러난다. "계몽주의"(Aufklärung)가 가진 세계 시민주의는 19세기에 이르러 애국심으로 바뀌었을 뿐 아니라, 이런 애국심은 자국민을 위해 다른 나라를 희생시키는 과장되고, 위험하며, 적대적인(krijglustig) 맹목적 애국심으로 자주 발전했다. 이런 맹목적 애국심은 고비노와 체임벌린이 과학적 옹호자들 속에서 전개했던 인종 의식의 부흥으로 인해 더 강화되었다. 인종들은 이 땅의 다양한 곳에서 뿐 아니라 같은 땅, 같은 사람들 속에서도 서로가 서로를 향해 날카롭게 대치한

---

66 Dr. D. van Embden, *Darwinisme en Democratie: Maatschappelijke vooruitgang en de hulp aan het zwakke.* ('s-Gravenhage: Nijhoff, 1901).

67 편집자 주: 이는 니체의 용어로서 "주인의 도덕"(morality of the masters) 혹은 더 단순히 "주인-도덕"(master-morality)이라는 뜻이다. 이 용어의 의미에 대해서는 *Beyond Good and Evil*, §260을 참고하라.

68 J. St. Loe Strachey, *Problems and Perils of Socialism: Letters to a Working Man* (London: Macmillan & Co., 1908). Cf. R. Ehrenberg, *Over het Ontstaan en de Beteekenis van groote Vermogens, and Ammon, Die Gesellschaftsordnung und ihre natürlichen Grundlagen*, 1895-1900에 실린 *Handelsblad* (April 12, 1901)와 *Avondblad* 도 참고하라.

69 Lodewijk Van Deyssel, *Prozastukken* (Amsterdam: Scheltema, 1895), 43ff., 277ff. Karl Bleibtreu, *Die Vertreter des Jahrhunderts* (Berlin: F. Luckhardt, 1904), II, 260-303. Wilhelm His, "Medizin und Ueberkultur," *Deutsche medizinische Wochenschrift* 34 (Leipzig, 1908). Rene L. Gérard, "Civilization in Danger," *Hibbert Journal* 6 (July 1908): 729-42.

다. 또한 모든 인종들은 국가와 정신의 나라 속에서 서로가 패권을 차지하기 위해 부단히 노력한다. 인종에 대한 찬미, 즉 특정 인종의 덕목들을 가장 높은 이상과 동일시하는 행위는 심각한 문제를 불러일으키며, 결국 모든 한계를 초과할 수밖에 없다. 마치 독일 정신(*Deutschtum*)이야말로 기독교 국가들이 가져야 할 수준이라고 보거나, 아니면 예수를 아리아 인종으로 귀화시키거나 하는 것(*en Jesus tot een Ariër genaturaliseerd wordt*)[70]이 바로 그 예이다.

경제적 이익 역시 국가들 사이의 경쟁을 훨씬 더 날카롭게 만든다. 비록 이런 국가 간 경쟁은 겉으로는 여전히 평화로운 특성을 가진 것처럼 보이지만, 이런 경쟁으로 인해 나라들 사이의 긴극이 기져가며, 이기주의가 늘이갈 뿐 아니라, 현기가 촉발되고, 비록 가능성은 적지만 이런 경쟁 때문에 이전에 멀어졌던 선생의 참사를 뛰어넘을 만한 전쟁이 일어날 수도 있다. 그러므로 이런 국가 간 경쟁은 모든 나라들을 품을 수 있는 평화의 나라로부터 우리를 멀어지게끔 만든다. 실제로 많은 사람들은 평화의 나라에 대해, 혹은 적어도 국제적 중재에 대해 달콤한 꿈을 꾼다.[71] 하지만 그들은 슬프게도 진실과 대면하게 되었으며, 이로 인해 급작스러운 일본의 환영에 대한 새로운 관점을 가질 수밖에 없게 되었다. 많은 나라들이 다시 한 번 군주제나 폭정 정치로 되돌아가 사회의 첫째 자리에 귀족 정치나 자본주의를 일치시키려 했던 것처럼, 국제 관계들 속의 국가들도 국가 간의 무장, 인종 간의 갈등, 피 비린내 나는 전쟁을 옹호하고 나섰다. 국가들이 생각할 때 국가들 사이에 존재하는 모든 차이점들을 없애버리는 것이 자신들이 쫓아가야 할 가장 위대한 목표는 아니었다. 연합된 인류는 확실히 빈곤한 문명의 원인이 될 것이며 인간의 삶을 약화시킬 것이라 생각했다. 물론 인종 혐오와 외국

---

70 S. R. Steinmetz, "De Rassenquaestie," *De Gids* 71 (January 1907). 편집자 주: 기존의 번역, 즉 "그리고 예수는 아리안 인종으로 여겨졌다"(and Jesus is considered as an Aryan in race)라는 번역은 이런 움직임에 대한 바빙크의 언급의 의미를 다소 약화시키고 있다. 네덜란드 원문은 이보다는 좀 더 부정적인 어감이 서려 있다.

71 Stein, *An der Wende des Jahrhundert.*, 348ff.

인 경멸이 이런 설명 속에서 허락된 것은 아니다. 하지만 강한 개인처럼 강한 국가들도 다른 사람들의 권리를 가장 잘 존중할 수 있을 것이며, 다른 사람들의 결점에 대해 가장 큰 자비를 베풀 수 있을 것으로 생각했다. 물론 나라와 인종들 사이의 이런 다양성 때문에 전쟁이 일어날 수 있다. 하지만 역사가 증명하듯 이런 전쟁은 많은 사람들과 인류 전체의 힘과 안녕의 원천이 되었다.[72] 몰트케(Moltke)에 따르면 전쟁은 하나님께서 제정하신 세계 질서의 한 요소로서, 사람들이 가진 가장 고귀한 덕목들, 예를 들면 용기, 자기부정, 의무에 대한 성실함, 자기희생과 같은 덕목들이 발전을 거듭할 수 있는 시간이다. 그러므로 몰트케는 만약 전쟁이 없었더라면, 이 세계는 빠져 나오기 힘든 늪에 빠져버렸을 것이고 유물론의 수렁 안으로 깊이 빠져 들고 말았을 것으로 생각했다.[73]

만약 이 모든 사실들을 다 고려한다면, 문화가 그리스도인들 뿐 아니라 문화를 먹으며 자라갔던 아이들에게도 심한 업신여김을 당했던 것이 그렇게 놀랄만한 일은 아니었다는 사실을 깨닫게 된다. 버클과 더불어 지적 발전이 있었던 많은 사람들은 어떤 형태의 도덕적 진보도 믿지 않았으며, 오직 발달의 순환 정도만 말했을 뿐이다.[74] 또 다른 사람들은 이보다 더 극단적인 의견을 가졌다. 그들은 문화가 내놓은 결과처럼 인간들도 육체적으로, 정신적으로, 지적으로, 도덕적으로, 사회적으로 후퇴할 것이며, 이런 후퇴를 막을 길은 단 하나의 급진적 변화 밖에는 없다고 보았다. 그들이 생각했을 때 급진적 변화란 자연으로 되돌아가는 것이고, 심지어 인간들의 최초의 상태인 동물의 상태로 되돌아가는 것까지도 포함시켰다. 생각과 행위의 모든

---

72 Rudolf Steinmetz, *Die Philosophie des Krieges* (Leipzig: Barth, 1907).

73 그러므로 러스킨도 모든 위대한 나라들은 저항의 능력과 정신적 활력을 전쟁으로부터 획득해왔다고 항상 주장했다. 러스킨은 우리에게 가르침을 주는 것은 전쟁이며, 평화는 늘 우리를 속인다고 생각했다. 게다가 전쟁은 사람들을 교육시키며, 평화는 사람들을 빗나가게 만든다고도 믿었다. 즉 전쟁은 사람들을 사람으로 만들어가지만, 평화는 사람들을 사람으로 만들지 못한다고 본 것이다.

74 Gumplowicz, *Soziologie*, 158-66ff., 348.

영역들 속에서 자신의 모습을 드러내는 수많은 개혁자들은 문화와 문화 그 자체가 가진 복된 성질이 인간의 마음에 만족을 주지 못할 뿐 아니라 영혼이 가진 모든 필요를 채워주지 못한다고 주장했다. 진화론자와 사회주의자 둘 다 문화인이 성취한 정복에 대해 찬양하긴 했지만 현재 사회를 정죄하고 자신들의 소망을 미래 속에 세워나가는 데에는 서로 경쟁했다. 하지만 그들이 세우려 했던 미래는 멀리 있었고 불확실했다. 왜냐하면 우리의 문화를 공격하는 도덕적 부패를 가장 중요한 본질로 여기는 사람과 빨간색의 위험, 검은색의 위험, 노란색의 위험[75]과 같은 것을 배제한 채 우리를 억누르는 위험들에 내해 고려하는 사람은 현대 문화의 모든 깃들이 바빌론, 이집트, 그리스, 로마처럼 때때로 파괴되고 소멸될 운명인지 아닌지에 대한 불안한 질문을 늘 느끼며 살아가기 때문이다.[76]

그러므로 우리의 생각 뿐 아니라 우리의 모든 삶과 행위 가운데서 우리가 필요로 하는 미래에 관해 안심(zekerheid)을 줄 수 있는 것은 과학도 아니요, 철학도 아니며, 윤리 혹은 문화도 아니라는 사실이 드러난다. 이런 안심과 확신에 대한 필요는 모든 사람들이 반드시 자신의 의무를 다해야만 하며 미래는 그냥 우리 자신의 행위에 맡겨 놓자 라는 식의 말로는 사라질 수 없는 것이었다. 왜냐하면 "미래에 대해서는 눈을 감으라. 그리고 계명을 바라보라"라는 기독교 좌우명 안에도 위대한 진리가 포함되어 있긴 하지만, 사실 이런 참된 체념은 의심에서부터 탄생되는 것이 아니라 믿음으로부터 탄생되는 것이며 미래를 단순히 미래 자체에 맡기는 것이 아니라 성부 하나님의 인도에 내어 맡기는 것이기 때문이다. 그러므로 이 세계의 미래와 최종 완성에 대한 확신의 필요는 항상 우리와 더불어 존재한다. 그 이유는 이

---

75 편집자 주: 본서 서론과 6장에서도 드러난 것처럼, 바빙크는 여기서도 시대적 맥락을 드러내기 위해 구식일 뿐 아니라 도움이 되지 않는 형식, 즉 인종을 분류하기 위해 피부색을 언급하는 방식을 사용한다.

76 Gumplowicz, *Soziologie*, 350, 352, 354. Arthur J. Balfour, *Decadence: Henry Sidgwick Memoral Lecture* (Cambridge: Cambridge University Press, 1908), 42.

땅에서의 삶의 모든 가치들은 미래와 분리됨 없이 연결되어 있기 때문이다. 만약 이 세계의 발전의 마지막이 혼돈으로 분해되어 버리고 만다면, 혹은 영원한 수면 속으로 휘말려 들어가고 만다면, 인격성의 가치, 종교 생활과 도덕 생활의 가치, 문화의 가치 등은 유지될 수 없을 것이다. 기쁠 때나 슬플 때나 우리의 영혼에 대한 확신은 이 세계의 마지막 운명과 매우 밀접하게 얽혀있다. 그러므로 행복하게 살고 행복하게 죽기 위해서는 우리의 생각과 행동에 안심을 주는 굳건하고 견고한 위로가 필요하다. 모든 세계관들은 종말론 안에서 종지부를 찍게 된다. 개혁을 위한 모든 노력들도 미래 속에서 믿음을 통해 생기를 가질 수 있게 된다.

만약 과학도 문화도, 혹은 그 둘 사이의 어떤 조합[77]도 우리에게 참된 확신을 줄 수 없다면, 항상 벌어지는 역경과 죽음 가운데서 우리가 전심을 다해 믿을 만한 것은 과연 무엇인가? 역사는 언제 어디서나 마음속에서 완전한 신뢰를 깨우는 확신을 줄 수 있는 유일한 능력을 의심할 여지없이 종교로 보았다. 학문의 영역에서는 기껏해야 몇몇 순교자들이 자신을 뽐내지만, 종교의 영역 속에 존재하는 증인들은 수천수만에 이른다. 그 누가 순전한 자연과학적 진리(natuurwetenschappelijke waarheid)를 위해 자신의 삶을 희생할 준비를 할 수 있겠는가? 만약 이 땅에서 우리에게 삶과 죽음에 대한 안식을 줄 수 있는 확신을 찾길 원한다면, 혹은 의심의 풍파 한 가운데서 굳센 확신을 붙잡길 원한다면, 우리는 그런 확신을 반드시 종교 안에서 찾아야한다. 그렇지 않으면 그 어디에서도 이런 확신을 찾기는 힘들 것이다. 모든 것들의 기원, 본질, 종말에 대한 확신 모두는 종교에 기초를 둔다. 세계관들이 이런 문제들에 대해 공격을 가하는 한, 이런 문제들은 추측과 의심으로 만족하게 되거나, 아니면 이 세계에 관한 종교적 해석 안에서 피난처를 찾게 될 것이다. 콩트는 실제로 종교와 형이상학이 과거에 속해있었다고 생각했다.

---

77 Balfour, *Decadence: Henry Sidgwick Memorial Lecture*, 48.

그럼에도 불구하고 콩트는 새로운 종교를 설파하기 위해 자신의 실증주의를 주창했다. 허버트 스펜서는 자신이 현상 뒤에 존재하는 "알려지지 않은 힘"을 어떻게 수납할 수 있었는지에 대해 자신의 철학 안에서 설명하지 못했다.[78] 스펜서는 이런 힘을 "우리 자신 안에 있는 의식의 형태 안에서 잘 아는 것"[79]과 같은 것으로 보았다.

오직 종교만 우리에게 확신과 안심을 줄 수 있는 이유는 다음과 같다. 첫째, 종교는 항상 신적인 능력 안에서 믿음을 포함한다. 신적인 능력은 세계와 구별되며, 세상보다 훨씬 우월할 뿐 아니라, 자신의 뜻과 의지에 따라 모든 것을 다스리고 인도하는 능력이다. 둘째, 종교는 인간들을 신적 능력과 인격적으로 연결시킨다. 이런 연결을 통해 사람들은 하나님의 사역 가운데서 자신의 사역을 발견하며 하나님과 연합함으로 이 세상의 힘에 저항하며 심지어 죽음에게까지 저항할 수 있게 된다. 종교에 대한 이런 개념은 오직 기독교 안에서만 참되고 완전하게 실현될 수 있다. 왜냐하면 그리스도 안에서 특별 계시를 갖지 않고 오히려 상호 동등한 신앙고백과 세계관을 갖고 있는 모든 종교들은 하나님과 세계, 자연적인 것과 윤리적인 것, 존재와 악, 창조와 타락을 동일시하기 때문에 결국 종교와 미신, 종교와 마술 사이를 뒤섞어 버리는 특징을 갖게 되기 때문이다. 순수한 맥으로 움직여 갈 수 있는 유일한 종교는 기독교 외에는 없다.

---

78 편집자 주: 바빙크는 또 다른 글에서 스펜서의 세계관을 일원론과 같은 사상, 즉 다양성을 하나의 근본적인 균일성으로 축소시키는 사상과 동일시했다. "그러므로 그들은 각양각색을 유일한 실재의 수정들로 보거나, 아니면 어떤 객관적 실재와도 대응하지 않는 단순한 인간의 상상 정도로 보았다. 이런 관점은 그리스 엘레아 학파나 스토익 학파의 생각과도 같으며, 영지주의와 신플라톤주의를 간과한 채 스피노자, 헤겔, 스펜서와 같은 최신 철학의 한 부분이 되었다. 그들은 세상 전체를 마야(maya), 즉 하나의 알려지지 않았을 뿐 아니라 말로 표현할 수 없는 **그것**으로 보는 불교철학이 지속적인 일관성을 가진다고 보았다." Bavinck, "On Inequality," in *Essays on Religion, Science, and Society*, ed. John Bolt, trans. Harry Boonstra & Gerrit Sheeres (Grand Rapids: Baker Academic, 2008), 146.

79 Campbell Fraser, "Our Final Venture," *Hibbert Journal* 5 (January 1907): 242.

하나님은 기독교 안에서 모든 것들의 **창조주**이시다. 온 세상은 하나님께서 직접 손으로 만든 작품이다. 하나님께서 모든 물질을 만드셨고, 물질이 만들어지기 전에는 모든 물질들이 하나님의 생각 안에서 창조의 대상으로 존재했다. 그러므로 하나님의 계시는 모든 존재의 기초가 된다(*Aan alwat is en wordt ligt dus eene openbaring Gods ten grondslag*).[80] 하나님의 계시는 자연의 통일성, 인류의 통일성, 역사의 통일성의 출발점(*uitgangspunt*)이며, 자연의 법칙, 역사의 법칙, 모든 발전의 법칙의 원천이다. 종교적, 윤리적, 사회적 삶을 다스리고 인간의 자의식과 생각 속에 드러나는 개념과 법칙들은 하나님의 계시의 산물이다. 즉 이 세계는 혼돈이 아니라 우주이며 모든 학문과 예술의 암묵적인 상징이다. 이 모든 것들은 기독교가 우리에게 알려주는 계시에 빛을 진다. 자연과 은혜 그리고 문화와 예찬은 같은 토대(*fundamenten*) 위에 세워져있다.

하지만 이런 계시로 끝나는 것이 아니다. 하나님은 창조주이시며, 동시에 모든 것들의 **화해자**이시기도 하다. 이 땅에는 수없이 많은 자연적 악, 도덕적 악, 죄, 비참함 등이 존재한다. 기독교는 이 모든 악들을 연결시키는 유일한 종교이며, 동시에 이 모든 악들로부터 구별되는 유일한 종교이다. 죄는 물질이나 자연, 혹은 사물들의 본질 안에 위치하지 않는다. 오히려 죄는 피조물들의 의지에 속해있다. 죄는 본성 상 도덕적이기 때문에 속죄, 삭제, 소멸이 가능하다. 죄는 피조물로부터 분리될 수 있으며, 사라질 수도 있다. 그러므로 피조물들은 죄 없는 상태로 회복되어 영광스럽게 될 수 있다. 왜냐하면 하나님은 이 세상 그 어떤 것보다도 더 높으신 분이시며, 그 어떤 죄와 악보다도 뛰어난 분이시기 때문이다. 하나님께서 죄를 허용하셨다. 그 이유

---

80 편집자 주: 보스와 그의 동료들은 이 문장을 "그러므로 모든 존재와 되어가는 것들은 하나님의 계시를 구현 한다"(All being and becoming thus embody a revelation of God)라고 번역했다.

는 하나님께서 그 죄를 속죄할 수 있는 분이기 때문이다. 하나님께서는 모든 시대와 모든 사람들 안에 존재하셨다. 모든 사람들은 구속을 갈망했고 이런 구속은 때가 되었을 때 역사 한 가운데서 그리스도가 십자가에 못 박히심으로 인간들에게 다가왔다. "곧 하나님께서 그리스도 안에 계시사 세상을 자기와 화목하게 하시며 그들의 죄를 그들에게 돌리지 아니하시고 화목하게 하는 말씀을 우리에게 부탁하셨느니라."[81] 골고다 언덕의 십자가는 죄에 대한 하나님의 정죄가 타결된 곳이었다. 골고다 언덕에서 죄의 존재가 드러났다. 이 사실은 생각에 의해 정복될 수 있는 허구가 아니었다. 어떤 외부적 결점도 문화를 통해 없앨 수 없다. 하지만 골고다 언덕의 십자가는 끔찍한 실재였고 세계 역사 속에서 가상 중요한 사건이었다. 비록 죄는 존재하지만, 그렇다고 해서 죄가 존재의 권리를 가진 것은 아니다. 죄는 존재하지 말았어야 했다. 그러므로 죄는 존재하지 않게 될 것이다.

하나님은 창조주요 구속주이시다. 그 뿐만 아니라 하나님은 모든 것들의 **회복자**이시며 **갱신자**이시기도 하다. 그리스도의 부활 이후의 인류의 역사는 십자가에서 벌어졌던 법적인 판결의 실행이었으며, 그리스도께서 죄를 정죄하시고 죄인들을 속죄하신 판결의 실행이기도 했다. 이 판결을 통해 그리스도께서는 죄인들에게 죄 용서와 갱신의 권리를 주장하셨다. 그리스도의 십자가는 역사를 두 부분, 즉 화해의 성취를 위한 준비와 화해의 성취 그 자체로 나누었다. 하지만 이 두 부분 모두 다, 즉 창조부터 십자가까지, 십자가부터 재림까지의 모든 것들은 전부 다 하나님의 중단되지 않은 전체적 사역이었다. 기독교는 느낌이나 기질 이상의 것을 가진 종교이다. 기독교는 전인을 품으며, 모든 인류, 모든 역사의 총체성을 품는 종교이다. 기독교는 하나님의 사역이며, 시대의 시작부터 마지막까지 드러나는 계시일 뿐 아니라, 정신과 마음, 개인과 공동체를 위한 하나님의 말씀과 행동이다. 기독교의 핵

---

81 편집자 주: 고후 5:19.

심과 중심(*kern en middelpunt*)은 그리스도의 인격과 사역이다.

그리스도는 짜라투스트라, 공자, 부처, 모하메드 등이 자신의 종교 안에서 차지하는 위치와는 꽤 다른 위치를 기독교 안에서 차지한다. 그리스도는 기독교의 창시자가 아니며, 기독교를 처음 고백한 자도 아닐 뿐 아니라, 첫 그리스도인도 아니었다. 오히려 그리스도는 기독교의 준비, 성취, 절정 안에 존재하는 기독교 그 자체이시다. 그리스도께서는 모든 것들을 창조하셨고, 모든 것들을 화해시키실 뿐 아니라, 모든 것들을 갱신하시는 분이다. 모든 것들의 기원과 원천, 존재, 통일성이 그리스도 안에 있다. 그러므로 그리스도께서는 스스로 머리가 되셔서 하늘에 있는 것이나 땅에 있는 모든 것들을 하나로 모아 통일시킬 분이다. 그리스도는 완전하고도 완벽한 나라를 성부 하나님께 드리기 전에는 그의 선지자, 제사장, 왕의 사역을 멈추지 않으실 분이다.

그리스도의 인격과 사역 속에서 우리와 만나고 우리의 양심에 이야기하는 주권적이고도, 전능하시며, 거룩하고, 자비로우신 하나님의 뜻이야말로 과거, 현재, 미래에 관한 우리의 안심(*zekerheid*)의 굳건한 토대이다. 만약 이런 하나님의 뜻이 존재할 뿐 아니라 하나님의 뜻이 이루어지고 있다는 사실에 대해 거부하지 않는다면, 이 세계의 기원, 발전, 운명에 대한 확신은 굳건 (*vast*)해 질 수밖에 없다. 자기 자신을 하나님의 뜻과 일치시키고 하나님의 원인을 자신의 원인으로 만드는 사람들의 삶과 운명은 현재 뿐 아니라 영원토록 굳건한 토대 위에 세워질 것이다. 하지만 학문, 예술, 문화, 기술 등은 하나님의 자비로운 뜻에 대해 아는 바가 없다. 이 모든 것들은 그 자체로 철저하며 총명함에도 불구하고 그것보다 더 앞으로 나아가지 못한다. 그것들이 상정해야 할 것은 반드시 하나님의 뜻이어야만 한다. 하지만 인간의 이런 지식과 노력이 중요하지 않다는 뜻은 아니다. 왜냐하면 만약 이런 인간적 지식과 노력이 온 세상과 그 발전 과정 모두가 어둠으로부터 빛을 밝히고, 죽음으로부터 삶을 이끌어 내며, 고통의 자리에서 영광의 자리로 바꿀 전능하신 하나님의 뜻에 의해 유지되고 인도되지 않는다면, 어차피 인간의 지식과 노력은 사라지며 썩게 될 것이라는 사실을 스스로가 고백하기 때문이다. 눈이 있어도 보지 못했던 것, 귀가 있어도 듣지 못했던 것, 바램이나 한숨 외에는 인류의 마음속으로 들어가 보지 못했던 것들 모두는 복음 안에서 우리에게 계시된다. 예수 그리스도께서는 이 세상을 보존하고 구원하시기 위해 이 땅에 들어오셨다. 이에 대한 수많은 비판과 반대들이 있었지만 그럼에도 불구하고 이것이 바로 복음의 내용이며 성경의 증거이다. 선지자들, 사도들, 모든 기독교회들은 이런 성경의 증언을 통해 살아갔으며, 모든 사람들은 세상의 마지막 날까지도 성경의 증언을 통해 살아가게 될 것이다. 왜냐하면 성경이 증거하는 진리는 전 세계가 가진 체계 속에서, 기독교회의 존재 안에서, 인간 마음의 필요 안에서 모든 비판들의 경계들 너머에 위치하기 때문이다. 구원 받으려면 반드시 하나님의 뜻이 있어야만 한다고 세상은 외친다. 하나님의 뜻이 있으니 당신의 눈으로 십자가를 올려다보라고 복음은 외친다. 우리 주변에 자신의 법칙과 참화들과 더불어 존재하는 세계들 사이에는, 또한 자신이 가진 모든 영광과 비참함들과 더불어 존재하는 문화들 사이에도, 뿐만 아니라 자신의 모든 열망과 고통을 가진 인간의 마음들 사이와, 복음 안에서 우리에게 드러난 이 우주 전체와 하나님의 의지 사이에도 영적으로도 역사적으로도 해체될 수 없는 통일성이 존재한다. 만약 이런 통일성에 대한 의지를 없애버린다면 이 세상은 사라지게 될 것이다. 반대로 이런 뜻을 인정하고 인식한다면 이 세상은 구원에 이르게 될 것이다. 자연 속의 계시와 성경 속의 계시는 상호 관계(verband)를 맺으며, 동시에 지성과 마음의 필요의 요구들을 만족시킬 수 있는 조화로운 통일성을 형성한다.

계시 철학의 이런 결과는 최종적으로 다음과 같은 사실, 즉 복음을 통한 하나님의 뜻은 세상을 구원하려는 목표를 가지며 피조세계에 존재하는 다양성을 완전히 인식한다는 사실로 인해 확증된다. 일원론의 모든 형태들은 일원론 자체의 관념적 통일성의 체계를 통해 실재의 풍성함을 희생시킨다.

일원론은 존재하는 모든 것들이 하나의 물질과 힘의 발전이라고 주장한다. 일원론은 다양성을 기껏해야 한 존재의 수정들 정도로 본다. 심지어 일원론은 참과 거짓 사이의 대비를 사라지게 만들며, 선과 악, 옳음과 그름 사이의 대비를 같은 움직임 속의 역사적 순간들 정도로 인식한다. 결국 일원론은 이 세계의 발전 과정의 마지막은 혼돈, 어둠, 죽음으로 되돌아갈 것이며, 종국에 가서는 또 다시 새로운 형태의 단조로운 과정을 시작하게 될 것이라 선포했다. 하지만 모든 것들의 반환, 가설적 혹은 완전한 형태의 보편주의, 조건적 불멸성의 미명 아래 전개되는 일원론의 종말론적 기대는 사람들로부터 많은 동정을 받았다. 그 이유는 사람들은 의식적이든 무의식적이든지 간에 실재로 향하는 자신의 눈을 감아버렸고, 자신들 마음 속 소망을 미래에 대한 예언들로 채워 넣었기 때문이다. 사람들은 일원론과 진화론이 가진 마술과 같은 공식을 통해 과거와 현재를 만들어갔으며, 심지어 자신들이 원하는 미래적 세계까지 스스로 만들려 한다. 하지만 실재는 이 모든 환상들을 비웃는다. 오히려 실재는 우리 앞에서 슬픈 사실들에 대해 알려준다. 실재가 우리에게 알려주는 슬픈 사실은 악의 힘이 그것 자체로 선에 대항하는 힘이라는 사실과 더불어 죄가 사람을 진멸시킬 수 없으며 오히려 사람들을 영적으로 강퍅하게 만든다는 사실, 그리고 모든 마음과 양심이 요구하듯이 덕, 행복, 죄, 형벌이 이 땅에서 상호 비례로 존재하지 않는다는 사실이다. 실재는 참으로 존재하기 때문에, 언젠가 이런 실재는 **반드시** 하나님의 거룩한 선하심과 일치되어야만 한다.[82]

이런 실재는 복음과 어울리며, 복음이 이런 실재에 동의한다. 복음은 편견 없는 시선으로 우리 앞에 펼쳐져 있는 세계를 인식하고 받아들인다. 복음은 미리 정해진 형식으로 세계를 만들지 않는다. 오히려 복음은 세계가 가

---

82 Alexander Campbell Fraser, *Philosophy of Theism: The Gifford Lectures Delivered Before the University of Edinburgh in 1894-6* (Edinburgh: William Blackwood & Sons, 1899), 277. McTaggart, *Some Dogmas of Religion*, 114.

진 모든 다양성, 대비, 문제, 수수께끼들을 편견 없이 수납한다. 인간과 세계는 성경이 묘사하는 모습 그대로 존재한다. 그러므로 인간과 세계에 관한 피상적인 관점은 거부되어야 한다. 보다 더 깊은 경험과 심각한 질문들은 항상 진리에 대한 인정으로 우리를 이끌고 간다. 가장 위대한 정신, 가장 고귀한 영혼, 가장 경건한 마음은 성경의 증거를 통해 대대로 반복되며 확증된다. 그러므로 성경은 세계와 삶에 대한 묵상과 동떨어진 채로 존재하지 않는다. 오히려 성경은 인류 전체의 공동 감각(sensus communis)을 통해 모든 영역들을 둘러싸며, 지탱할 뿐 아니라, 지원한다. 말하지 않으면, 또한 언어가 없으면, 성경은 들려질 수 없다.[83] 이 세계는 확실히 일원론적 방식으로 비롯되지 않았다. 동시에 이 세계는 일원론적 방식으로 존재하지도 않는다. 이 세계는 태초부터 신적인 약속 안에서 기원을 찾을 수 있으며, 거대한 다양성을 드러낸 채로 존재한다. 이런 다양성이 죄로 인해 파괴되었고, 결국 다양성은 모든 형태의 반립으로 변화되었다. 인류의 통일성은 온갖 나라들과 민족들로 분해되고 말았다. 진리, 종교, 도덕법칙 등은 통일성과 주권을 유지하지 못하고 말았다. 오히려 진리, 종교, 도덕법칙들은 기짓, 거짓 종교, 불의에 직면하게 되었다. 하지만 이 세계는 과거에도 존재해왔으며, 지금도 여전히 존재한다. 모든 사람들이 세계 정복, 정치적 동맹, 국제적 중재, 무역 조합, 경제적 이익의 수단을 통해 통일성을 찾으려 노력하고는 있지만, 또한 독립성, 긍정성, 공용어, 세계 과학, 세계 도덕, 세계 문화 등을 통해 통일성을 획득하기 위해 힘을 쓰고는 있지만, 그 어떤 통일성도 아직 실현되지 못했다. 왜냐하면 이런 요소들은 기껏해야 외부적이고도 임시적인 통일성만을 허락하기 때문이다. 이런 임시적 통일성은 마음을 변화시킬 수 없을 뿐 아니라, 사람

---

83 편집자 주: Cf. Kuyper, "Our Instinctive Life," 165-66. 여기서 바빙크가 언급한 "공동 감각"은 단정 혹은 사고의 결정적인 명제적 형태에 대한 이성적 동의라기보다는 오히려 마음속으로 느끼는 이성과 관계있는 사회의 유기적 삶에 근거한 개념이다. 바빙크가 아래에서 주장한 것처럼 삶의 다양한 영역들 속에서의 동의들은 "마음" 안에 근거한다.

들을 하나의 영혼과 하나의 언어로 묶을 수도 없다.[84] 하나의 참된 통일성은 선교라는 방식을 통해 오직 종교 안에서만 있을 수 있다. 만약 인류가 하나의 정신과 영혼으로 존재할 수 있다면, 그렇게 될 수 있는 유일한 방법은 살아계시고 참되신 유일한 하나님 한 분에게로 돌아가는 방법 외에는 없다.

비록 복음은 가장 위대한 열심을 통해 복음을 고백했던 자들의 양심 안에서 선교 사역을 세워나갔지만, 이런 복음은 인류의 내적, 영적 통일성이 현재 제도 내에서 성취될 것이라는 소망을 단 한 순간도 우리에게 헛되게 심어주지 않았다. 천년왕국에 대한 개념은 신약 성경 전체를 통해 드러나는 미래에 대한 묘사와 직접적인 반대의 모습을 보여준다. 예수께서는 제자들에게 미래에 벌어지게 될 반목, 갈등, 압제, 박해에 대해 더 많이 묘사하셨다. 예수께서는 제자들에게 이 땅에서의 왕관보다는 이 땅에서의 십자가에 대해 약속하셨다. 그리스도인이 가져야 할 가장 위대한 이상은 어떤 대가를 치르더라도 학문과 문화를 통해 이 땅을 평화롭게 만드는 것이 아니다. 오히려 이 땅에서 악한 세력으로부터 자신을 보호하는 것이 그리스도인들이 가져야 할 가장 위대한 이상이다. 우리는 미래 속 교회와 세계가 1세기 초대 기독교 시대처럼 험악한 갈등 상황에 빠지게 될지 아닐지에 대해 장담하지 못한다. 관용에 대한 설교가 많음에도 불구하고 이전 시대의 박해를 뛰어넘는 박해가 종말에 이르러 교회의 당면 과제가 될지 안 될지에 대해서도 확신할 수 없다. 모든 초자연적인 과정들을 거부하며 진보를 거듭하는 현대 문화가 신자들의 굳건함에 대해 강한 반기를 들게 될 것이며, 사고와 논증을 통해 얻을 수 없는 것들을 압제하려는 노력을 기울이게 될 상황은 정말 위험한 상황이다. 어쨌든 이런 상황이야말로 그리스도께서 우리에게 가르쳐주신 상황이며, 미래를 예상했던 사도들의 가르침이기도 하다.

---

84 편집자 주: 바빙크, 『개혁교의학』, 1:411; RD, 1:298을 참고하라. "어떠한 학문도, 무전제를 가졌다 할지라도, 이러한 불일치를 되돌이켜 모든 민족들과 사람들에게 마음속 깊은 확신 가운데 일치를 초래할 수 없고 또한 결코 초래하지 않을 것이다."

복음은 이런 상황에 대해 인식한다. 복음은 아직까지는 일원론적 공식에 종지부를 찍지 않았다. 이 세상에는 재림 전까지 다름과 반대가 존재할 것이다. 천국과 지옥의 본질은 상상의 산물이 아니다. 오히려 천국과 지옥의 본질은 모든 종교적 신앙의 요소이며, 심지어 도덕적 세계 질서의 위풍당당함, 인간의 마음속에 존재하는 정의 의식, 반박할 수 없는 양심의 증거 등을 진지하게 고려하는 모든 생각들 속에서 상정되는 개념이기도 하다.[85] 하지만 기독교는 다른 모든 종교들과는 다르게 미래 세계 속에서 인간이 서 있을 자리에 대해서 가르친다. 미래 인간이 서 있게 될 자리는 본질적으로 하나님과 계시와 어떤 관계를 맺었는가로 결정된다. 이 자리는 세상을 만드시고, 모든 존재의 통일성을 붙잡고 계시며, 언제 어디서나 사람들의 빛과 생명이 되실 뿐 아니라, 종말의 때에 세상의 구원자로 나타나실 것이며, 이 세상에 대해 철저히 알고 계시기 때문에 완전히 정의롭게 이 세상을 심판하실 그리스도를 통해서만 만들어지게 될 자리이다. 그 누구도 예수 그리스도의 선고의 의로움과 형평성에 대해 반론을 제기할 수 없을 것이다. 이 세상 역사의 결과가 무엇이든지간에 그리스도의 심판의 선고는 원하든 원치 않든 모든 비판들을 초월하게 될 것이며, 하나님의 덕목들과 일치하게 될 것이다. 큰 갈림길 속의 오른쪽과 왼쪽은 끝없는 다양성을 위한 자리를 남겨 놓아 단 한 마디의 한가한 말도 잊혀 지지 않을 것이며, 단 하나의 좋은 생각이나 고귀한 행동도 사라지지 않게 될 것이다. 그 어떤 가치도 미래에 사라지지 않을 것이다. 우리의 모든 행위들은 우리를 쫓아올 것이며, 이 땅의 모든 왕과 나라들은 하나님의 도시 안에서 자신들의 영광과 명예를 함께 기리게 될 것이다. 모든 다른 점들과 다양성들은 미래 속에서 온 세상 만물을 연합

---

85 칸트는 덕과 행복 사이에서 조정 혹은 타협(Ausgleichung)이 필요한 개념이라 판단했다. 파울젠도 "Ethik," *Die Kultur der Gegenwart* I.VI, *Systematische Philosophie*, 304ff에서 같은 의견을 제시했다. Cf. 현대 신학자들과의 만남 속에서 종말론적 기대에 대해 논의했던 글도 참고하라(April 28-29, 1908).

하실 하나님의 자비롭고 거룩한 한 뜻 안으로 확장될 것이다. 완전하고, 불변하며, 신성한 주권인 하나님의 뜻이야말로 마지막 때에 우리 영혼의 눈앞에 존재하는 특별 계시의 빛이다. 일원론에게 현재의 경륜은 죽음의 두 영원들 사이에 존재하는 삶의 짧은 기간일 뿐이며, 어두운 밤 속의 섬광의 의식일 뿐이다.[86] 하지만 그리스도인들에게 이 어두운 세상은 항상 신적 계시의 화려함이 드러나는 곳이며, 신적 계시의 인도함 아래서 빛과 생명의 나라로 향해 나아가는 곳이다. 계시 근처에는 구름과 어둠이 있다. 하지만 의와 공의는 하나님 보좌의 기초이다.

---

86 Henri Poincaré, *La Valeur de la Science* (Paris: Flammarion, 1905), 276. Cf. Jan Woltjer, *De Zekerheid der Wetenschap* (Amsterdam: J. W. A. van Schaïk, 1907).

10장: 계시와 미래 핵심 해제

■ 핵심 메시지

바빙크는 『계시 철학』을 마무리하면서 참된 미래의 소망은 어떤 모습을 지녀야 하는지에 대해 논구한다. 미래에 대한 바빙크의 입장은 아래의 발췌문에서 명확히 드러난다.

> 만약 과학도 문화도, 혹은 그 둘 사이의 어떤 조합도 우리에게 참된 확신을 줄 수 없다면, 항상 벌어지는 역경과 죽음 가운데서 우리가 전심을 다해 믿을 만한 것은 과연 무엇인가? 역사는 언제 어디서나 마음속에서 완전한 신뢰를 깨우는 확신을 줄 수 있는 유일한 능력을 의심할 여지없이 종교로 보았다(520).

미래에 대한 바빙크의 입장은 크게 세 가지 담론 하에서 유기적으로 움직여간다. (1) 미래에 대한 근거 없는 나이브한 낙관주의는 옳지 않다. (2) 과학, 문화, 혹은 그 둘 사이의 어떤 조합도 미래에 대한 확신을 줄 수 없다. (3) 미래에 대한 참된 소망은 오직 기독교와 계시만 줄 수 있다.

첫째, 바빙크가 살았던 당시는 이전과 비교할 수 없을 정도로 자연과학, 의학, 교육, 각종 학문, 사회 구조 등이 개량되고 발달했던 시대였기 때문에 미래를 향한 온갖 종류의 '낙관주의'가 팽배했던 시대였다. 바빙크는 각종 철학 사조들을 예로 들면서 낙관주의에 대해 다음과 같이 설명한다.

> 만약 데카르트가 자신의 격언 "나는 생각한다. 그러므로 나는 존재 한다"(*cogito ergo sum*)를 철학의 원리로 선언했다면, 새로운 세계관은 데카르트의 이런 격

언을 "나는 움직인다. 그러므로 나는 된다"(moveo ergo fio)로 선언했다. 산다
는 것(vivere)은 현재 더 이상 생각하는 것(cogitare)이 아니라 원하는 것(velle)
이다. 즉 현대적 지혜는 프루동(Proudhon)의 다음과 같은 격언으로 요약할 수
있다. 진보에 대한 확언, 절대에 대한 부정(Affirmation du progrès, négation de
l'absolu)(480-481).

바빙크는 그 당시 팽배했던 온갖 종류의 낙관주의를 프루동의 말을 빌려
'진보에 대한 확언'이라고 묘사한다. 바빙크 당시 사람들은 곧 유토피아가
열리게 될 것에 대해 기대했으며, 온갖 종류의 후천년설과 더불어 인류의
급진적 진보가 속히 이루어질 것을 기대했다. 바빙크는 이런 낙관론을 다음
과 같이 묘사한다.

오늘날 태양 아래 있는 사람들에 의해 성취된 모든 종류의 다양한 노동들이 마
치 한 영을 통해 이루어졌고, 한 가지 목적에 의해 인도되었을 뿐 아니라, 단 한
가지의 목적을 위해 만들어졌다는 생각이 여기저기에 가득하다. 여기서 말하는
단 한 가지 목적이란 바로 다름 아닌 인류의 진보를 뜻한다(481).

바빙크는 이런 일원론적 낙관주의를 가리켜 사회의 모든 구조와 노동들
이 '인류의 진보'라는 단 하나의 목적을 향해 치닫게 만드는 사상으로 묘사
했다. 바빙크는 이런 일원론적 낙관주의가 20세기 각종 철학 사조 면면 깊
숙이 침투해 있다고 보았다. 바빙크의 말을 좀 더 들어보자.

루드비히 스타인은 모든 형태의 열반(涅槃, Nirvana) 철학과의 전쟁을 통해, 또
한 모든 종류의 고리타분함과 염세주의(Rückwartsler en Schwarzzeher)로부터
등을 돌리는 것을 통해 사회적 낙관주의를 설파했다. 미슈니코프(Metschnikoff)
는 과학이라는 이름으로 모든 질병이 없어지게 될 날, 노인의 수명이 아름답게

늘어나게 될 날, 아름답게 죽게 될 날, 고통 없이 죽게 될 날에 대해 선포함을 통해 사회적 낙관주의를 설파했다. 스탠리 홀은 이 세계가 젊다고 믿었으며, 우리가 살아가는 현재의 황혼은 저녁이 아니라 아침이라 생각했을 뿐 아니라, 우리의 영혼은 여전히 되어가는 중이고, 여전히 되어가는 우리의 영혼이 보다 더 훌륭한 발전을 이룩해낼 수 있으리라 믿었다. 제임스는 이 세상을 우리가 만들어가는 존재라 인식했고, 모든 사람들이 각자의 책임감, 의무 의식, 힘과 에너지에 호소했을 때 비로소 우리의 소망이 다시 불붙을 수 있게 되고, 우리의 용기가 고양되어 망설임 없이 앞을 향해 달려 갈 수 있다고 보았다(497-498).

스타인, 미슈니코프, 제임스 등은 모두 다가올 인류 속에서 밝은 희망과 소망을 발견했던 자들이었나. 바빙크는 이런 낙관주의에 대해 경계를 표했는데 그 이유는 인류의 내적 능력을 지나치게 신뢰할 때 필연적으로 인간이 하나님의 자리를 찬탈해버릴 수 있는 위험이 도사린다고 보았기 때문이다. 이는 매우 적절한 지적이다. 바빙크는 이런 위험성을 다음과 같이 묘사한다.

모든 초월성과 형이상학이 거부되었을 때, 인간은 자신의 본래적 위치보다 훨씬 더 영광스럽게 되었고, 그 결과 인간이 하나님의 위치에까지 오르게 되었다. 현대인들은 이런 초인들이 이 사회를 평화와 기쁨의 사회로 탈바꿈 시켜줄 수 있다 믿었고, 이런 사회적 변화는 일반인이 아니라 하나님과 같아진 초인들을 통해서만 가능하다 생각했다. 만약 하나님 스스로가 이런 변화를 이끌어내지 않는다면, 오로지 인간의 능력이 신화(神化)될 때에만 비로소 이런 소망이 성취될 것이라 생각한 것이다. 이런 생각은 스트라우스에 의해 가장 선명히 논의된 철학 이론인데, 무한이 단순히 단 한 사람을 통해 실현되지 않고, 오히려 인류, 즉 신성과 인성이 참된 연합을 경험한 인류 안에서 실현된다는 생각과 일맥상통한다. 이런 생각이 주장하는 바는 인간이 하나님처럼 될 수 있고, 무한한 영이 유한성으로 내려올 뿐 아니라, 신인의 참된 연합을 통해 가시적 자연이라는 어머

니의 자녀, 불가시적 영이라는 아버지의 자녀, 기적들의 실행자, 세상의 구원자
가 될 수 있다는 것이었다(498).

결국 인류를 향한 지나친 낙관주의는 또 다른 치명적인 죄를 만들어 낼 수
있다. 그 이유는 하나님과 같이 되고 싶은 마음으로부터 인류의 죄가 시작되
었다면, 인류의 능력에 대한 지나친 낙관주의는 사람을 신화(神化)시킨다는
측면에서 창세기 3장의 타락 사건의 재탕에 불과해질 수 있기 때문이다.

둘째, 바빙크는 과학, 문화, 사상, 철학 그 무엇도 미래에 대한 참된 확신
을 줄 수 없다고 보았다. 일단 바빙크는 철학자들이 전개했던 미래 모습에
대한 그림들을 다음과 같이 분석적으로 묘사한다.

사람들마다 미래 국가에 대한 그림을 서로 다른 색깔로 칠해 나간다. 사람들은
각자가 가진 다양한 개념들에 따라 가장 높은 선이 무엇인지 결정하는 존재이
다. 미래 국가를 윤리 왕국으로 이해했던 사람이 있었으며(칸트), 인류의 왕국이
라 이해했던 사람도 있었다(헤르더). 미래 국가를 절대 정신이 자연 속으로 완
전히 스며드는 차원에서의 자유 왕국으로 설정한 인물도 있었으며(헤겔), 미래
국가를 베드로와 바울의 교회를 궁극적으로 대체할 요한의 교회로 상정한 사람
도 있었다(셸링). 관념적 소유물이나 물질적 소유물이 가장 핵심 즐거움이라는
식으로 미래 사회를 인식하기도 했다(496).

바빙크는 칸트, 헤르더, 헤겔, 셸링을 지적하면서 그들이 추구했던 미래
모습도 궁극적으로는 참된 소망과 확신을 줄 수 없다고 보았다. 그 이유에
대한 바빙크의 말을 들어보자.

현재의 문화는 기쁜 소망에 대한 안정감을 주지 못한다. 아직도 많은 사람들이
과학에 대한 열정을 가지며, 과학적 기술의 적용을 통해 인간이 구원 받게 될 것

에 대해 기대한다. 과학, 진보, 자유의 울부짖음이 자유로운 생각을 하는 사상가들의 입술을 통해 지속적으로 울려 퍼진다. 하지만 예리한 자들이 이런 울부짖음을 들었을 때 그것이 얼마나 공허한 울부짖음인지를 깨닫게 되었다. 문화는 복을 가져오지만, 어두운 그림자와 심각한 위험도 동시에 가져온다. 문화는 인간의 속성과 능력을 계속해서 가치 있게 만들지만, 이를 통해 덜 가치 있는 것들이 희생당할 수 있는 구조를 갖는다. 문화는 심사숙고, 총명, 활동, 불굴의 노력 등을 촉진시킬 수 있다. 하지만 문화는 자연스러운 삶의 특징인 편견 없는 의견, 어린 아이들 같은 천진난만함, 단순성, 성실함을 억누를 수 있다(513).

바빙크는 과학, 문화, 사상, 철학 등이 자기가 보고 싶은 것만을 가지고 미래를 바라본다고 생각했다. 미래에 있을 명암(明暗)에 대해서는 의도적으로 눈을 감은 채 명(明)만을 바라본다고 생각한 것이다. 이런 측면에서 바빙크는 현대 철학들이 가진 미래에 대한 그림들은 학문적, 실천적, 사상적 균형을 잃었다고 보았다.

셋째, 바빙크는 미래에 대한 소망은 오로지 종교, 기독교, 계시만 줄 수 있다고 보았다. 바빙크는 이에 대해 아래와 같이 매우 확신에 찬 채 설명한다.

오직 종교만 우리에게 확신과 안심을 줄 수 있는 이유는 다음과 같다. 첫째, 종교는 항상 신적인 능력 안에서 믿음을 포함한다. 신적인 능력은 세계와 구별되며, 세상보다 훨씬 우월할 뿐 아니라, 자신의 뜻과 의지에 따라 모든 것을 다스리고 인도하는 능력이다. 둘째, 종교는 인간들을 신적 능력과 인격적으로 연결시킨다. 이런 연결을 통해 사람들은 하나님의 사역 가운데서 자신의 사역을 발견하며 하나님과 연합함으로 이 세상의 힘에 저항하며 심지어 죽음에게까지 저항할 수 있게 된다. 종교에 대한 이런 개념은 오직 기독교 안에서만 참되고 완전하게 실현될 수 있다. 왜냐하면 그리스도 안에서 특별 계시를 갖지 않고 오히려 상호 동등한 신앙고백과 세계관을 갖고 있는 모든 종교들은 하나님과 세계, 자연적인 것과 윤리적인 것, 존재와 악, 창조와 타락을 동일시하기 때문에 결국 종교와 미신, 종교와 마술 사이를 뒤섞어 버리는 특징을 갖게 되기 때문이다. 순수한 맥으로 움직여 갈 수 있는 유일한 종교는 기독교 외에는 없다(521).

바빙크는 오직 종교만 미래에 대한 참된 소망과 확신을 줄 수 있는 이유는 오직 종교만이 미래를 조성해갈 '신적인 능력'을 인정하기 때문이라고 보았다. 바빙크는 이런 신적인 능력의 근거를 계시에서 찾으며, 계시의 완성이신 예수 그리스도를 통해 신적인 능력이 온전히 이루어지게 된다고 보았다. 이에 대한 바빙크의 설명을 좀 더 들어보도록 하자.

하나님은 창조주요 구속주이시다. 그 뿐만 아니라 하나님은 모든 것들의 **회복자**이시며 **갱신자**이기도 하시다. 그리스도의 부활 이후의 인류의 역사는 십자가에서 벌어졌던 법적인 판결의 실행이었으며, 그리스도께서 죄를 정죄하시고 죄인들을 속죄하신 판결의 실행이기도 했다. 이 판결을 통해 그리스도께서는 죄인들에게 죄 용서와 갱신의 권리를 주장하셨다. 그리스도의 십자가는 역사를 두 부분, 즉 화해의 성취를 위한 준비와 화해의 성취 그 자체로 나누었다. 하지만 이 두 부분 모두 다, 즉 창조부터 십자가까지, 십자가부터 재림까지의 모든 것들은 전부 다 하나님의 중단되지 않은 전체적 사역이었다. 기독교는 느낌이나 기질 이상의 것을 가진 종교이다. 기독교는 전인을 품으며, 모든 인류, 모든 역사의 총체성을 품는 종교이다. 기독교는 하나님의 사역이며, 시대의 시작부터 마지막까지 드러나는 계시일 뿐 아니라, 정신과 마음, 개인과 공동체를 위한 하나님의 말씀과 행동이다. 기독교의 핵심과 중심(kern en middelpunt)은 그리스도의 인격과 사역이다(523-524).

바빙크는 미래를 새롭게 조성할 주체를 불완전한 인간에게서 찾지 않고, 오히려 창조주, 구속주, 회복자, 갱신자이신 전지전능한 하나님에게서 찾았다. 그리고 미래를 향한 유일한 소망을 전지전능한 성부 하나님의 독생자이신 예수 그리스도에게서 궁극적으로 찾았다.

그리스도의 인격과 사역 속에서 우리와 만나고 우리의 양심에 이야기하는 주권적이고도, 전능하시며, 거룩하고, 자비로우신 하나님의 뜻이야말로 과거, 현재, 미래에 관한 우리의 안심(*zekerheid*)의 굳건한 토대이다. 만약 이런 하나님의 뜻이 존재할 뿐 아니라 하나님의 뜻이 이루어지고 있다는 사실에 대해 거부하지 않는다면, 이 세계의 기원, 발전, 운명에 대한 확신은 굳건(*vast*)해 질 수밖에 없다. 자기 자신을 하나님의 뜻과 일치시키고 하나님의 원인을 자신의 원인으로 만드는 사람들의 삶과 운명은 현재 뿐 아니라 영원토록 굳건한 토대 위에 세워질 것이다. 하지만 학문, 예술, 문화, 기술 등은 하나님의 자비로운 뜻에 대해 아는 바가 없다. 이 모든 것들은 그 자체로 철서하나 총명힘에도 뭘 ㅣ러고 그것끄다 더 앞으로 나아가지 못한다. 그것들이 상정해야 할 것은 반드시 하나님의 뜻이어야만 한다(524).

미래의 소망의 유무는 하나님의 뜻이 온전히 이루어지는 것에 달려 있나. 하나님의 뜻은 예수 그리스도를 통해 온전히 이루어진다. 그러므로 미래에 대한 소망도 예수 그리스도 안에서 완성되고 성취될 것이다. 이런 측면에서 볼 때 바빙크의 미래에 대한 관점은 철저히 기독론적 관점을 지닌다. 만약 예수 그리스도가 계시의 참된 완성이라면, 미래의 모습은 계시의 참된 완성인 예수 그리스도와 어떤 관계를 맺었느냐에 따라 결정된다. 바빙크는 이를 다음과 같이 통찰력 있게 지적한다.

기독교는 다른 모든 종교들과는 다르게 미래 세계 속에서 인간이 서 있을 자리에 대해서 가르친다. 미래 인간이 서 있게 될 자리는 본질적으로 하나님과 계시와 어떤 관계를 맺었는가로 결정된다. 이 자리는 세상을 만드시고, 모든 존재의 통일성을 붙잡고 계시며, 언제 어디서나 사람들의 빛과 생명이 되실 뿐 아니라,

종말의 때에 세상의 구원자로 나타나실 것이며, 이 세상에 대해 철저히 알고 계시기 때문에 완전히 정의롭게 이 세상을 심판하실 그리스도를 통해서만 만들어지게 될 자리이다(529).

바빙크의 통찰력 있는 문장, 즉 "미래 인간이 서 있게 될 자리는 본질적으로 하나님과 계시와 어떤 관계를 맺었는가로 결정된다"라는 문장은 『계시철학』 전체를 요약하기에도 충분한 문장이다. 계시를 향한 노출 빈도가 모든 미래의 모습을 결정한다!

본 장을 요약해보도록 하자. 아무런 근거 없이 인류의 내재적 능력을 적극 신뢰하여 인류의 미래를 낙관적으로 보는 것은 옳지 않다. 사실 철학, 문화, 사상, 기관 등은 미래에 대해 참된 소망을 줄 수 없는 존재들이다. 오히려 예수 그리스도 안에서 하나님의 계시의 뜻이 온전히 이루어지게 될 그날이 바로 신자가 가져야 할 미래에 대한 참된 소망이요 복된 기대이다.

■ 핵심 성경 구절

- 모든 눈물을 그 눈에서 닦아 주시니 다시는 사망이 없고 애통하는 것이나 곡하는 것이나 아픈 것이 다시 있지 아니하리니 처음 것들이 다 지나갔음이러라 (계 21:4)

- 또 내가 새 하늘과 새 땅을 보니 처음 하늘과 처음 땅이 없어졌고 바다도 다시 있지 않더라 (계 21:1)

- 이 천국 복음이 모든 민족에게 증언되기 위하여 온 세상에 전파되리니 그제야 끝이 오리라 (마 24:14)

- 그러므로 너희는 이렇게 기도하라 하늘에 계신 우리 아버지여 이름이 거룩히 여김을 받으시오며 나라가 임하시오며 뜻이 하늘에서 이루어진 것 같이 땅에서도 이루어지이다 (마 6:9-10)

- 여호와의 말씀이니라 보라 때가 이르리니 내가 다윗에게 한 의로운 가지를 일으킬 것이라 그가 왕이 되어 지혜롭게 다스리며 세상에서 정의와 공의를 행할 것이며 그의 날에 유다는 구원을 받겠고 이스라엘은 평안히 살 것이며 그의 이름은 여호와 우리의 공의라 일컬음을 받으리라 (렘 23:5-6)

■ **핵심 적용**

4차 산업혁명으로 인해 일종의 신화(神化) 개념인 호모 데우스(Homo Deus) 세상이 판을 치며, 미래에 대한 낙관적인 소망, 근거 없는 기대가 팽배해졌다. 근대 이후에 펼쳐진 유토피아론은 포스트모더니즘의 날개를 달고 신(新) 유토피아론으로 그 사상의 본질과 질료가 새롭게 거듭나는 형편이다. 진리는 어디에서나 찾을 수 있으며, 그 진리는 인간의 내재적 능력으로 획득·쟁취 가능할 뿐 아니라, 진리의 모습 또한 스스로의 변이적 의도 가운데 얼마든지 변할 수 있다고 보았다.

하지만 바빙크는 미래에 대한 소망과 확신을 오로지 '하나님의 주권적이고도 전능한 뜻에 대한 고백' 안에서 찾았다. 바빙크의 말을 들어보자. "그리스도인들은 선이 승리할 것이라는 확신을 하나님의 주권적이고도 전능한 뜻에 대한 고백 안에서 찾았다. 이 고백은 하나님께서는 이 세상과 구별되시며 이 세상 그 어떤 것들보다 훨씬 더 높은 곳에 계실 뿐 아니라, 여전히 이 세상 속에서 자신의 거룩한 목적을 실현해 나가시고, 자신의 뜻에 따라 인간과 세상을 구원에로 인도하고 계신다는 고백이다"(500). 죄로 부패해 더 이상 신뢰할 수 없는 인간의 능력으로부터 비롯된 미래를 향한 소망은 언제 무너질지 모를 사상누각(沙上樓閣)과도 같은 소망이다. 하지만 무한하게 불변하신 하나님의 뜻에 근거한 미래에 대한 소망은 굳건한 바위와도 같은 소망이며 안심할 수 있는 피난처와 같은 기대이다.

계시의 완성이신 예수 그리스도의 천국 복음을 통해 하나님 나라는 이미 이 땅에 임했다("이미" – 하나님 나라의 현재성). 하지만 이미 임한 하나님 나라가 이 땅에서 온전히 완성되고 성취된 것은 아니다. 주 예수 그리스도의 재림 때에 비로소 현재의 하나님 나라는 계시에 근거해 온전히 완성되고 성취될 것이다("아직 아니" – 하나님 나라의 미래성). 그러므로 미래에 대한 소망은 현재성과 미래성 두 측면이 유기적으로 연합된 상태로 존재해야한다. 하나님 나라에 대한 현재성이 확보되어 있는 자는 그리스도 안에서 미래성 또한 담보되어 있는 자다. 하지만 하나님 나라의 현재성이 전무한 자는 미래에도 소망이 없는 자다. 그러므로 현재에 충실한 자가 미래의 소망을 품을 수 있다. 현재의 삶 속에서 영원에 잇대어 살아가는 자가 참된 미래의 소망을 가진 자다!

■ 핵심 용어

미래(future)
진보(progress)
유토피아(utopia)
사회주의(socialism)
낙관주의(optimism)
사회 개량론(meliorism)

■ 핵심 찬양

미래에 대한 소망을 세시 안에서 노래하는 찬송가 490장(통 542장)

주여 지난 밤 내 꿈에

1절
주여 지난 밤 내 꿈에 뵈었으니 그 꿈 이루어주옵소서
밤과 아침에 계시로 보여주사 항상 은혜를 주옵소서

2절
마음 괴롭고 아파서 낙심 될 때 내게 소망을 주셨으며
내가 영광의 주님을 바라보니 앞 길 환하게 보이도다

3절
세상 풍조는 나날이 변하여도 나는 내 믿음 지키리니
인생 살다가 죽음이 꿈같으나 오직 내 꿈은 참되리라

(후렴)
나의 놀라운 꿈 정녕 나 믿기는 장차 큰 은혜 받을 표니
나의 놀라운 꿈 정녕 이루어져 주님 얼굴을 뵈오리라

■ 핵심 토의

1. 내 미래는 장밋빛인가? 아니면 흑암의 골짜기인가?

2. 유토피아론이 가진 장단점은 무엇인가?

3. 새 하늘과 새 땅은 어떤 나라가 될 것인가? 요한계시록 21장과 더불어 묵상해보라.

4. 하나님 나라는 '이미, 그러나 아직 아니'(already, but not yet)의 구도로 설명할 수 있다. 이 구도가 희망과 소망을 주는가? 아니면 절망과 슬픔을 주는가?

5. "예수 그리스도만이 유일한 소망이다"라는 말의 의미는 무엇인가? 이 말이 나에게는 어떤 의미로 다가오는가?

인명 색인

ㄱ

갤러웨이, 조지(Galloway, George) 244-245

괴테, 요하네스 볼프강 폰(Goethe, Johann
Wolfgang von) 39, 73, 108, 111, 125,
129, 132, 181, 222-223, 248, 252, 349,
482

그왓킨, 헨리 멜빌(Gwatkin, Henry Melville)
85

ㄴ

니체(Nietzsche, Friedrich) 78, 107, 128, 262,
273, 302, 442, 482, 507-508, 516

ㄷ

다윈, 찰스(Darwin, Charles) 39, 70, 74-78,
82, 112-113, 125, 213, 215, 295, 303,
305, 351, 503

데카르트, 르네(Descartes, René) 112, 378,
480, 531

델리취, 프리드리히(Delitzsch, Friedrich) 84

도예베르트, 헤르만(Dooyeweerd, Herman)
24 25

드 브리스, 휴고(de Vries, Hugo) 213, 247,
270, 309

딜타이, 빌헬름(Dilthey, Wilhelm) 257, 259,
404

ㄹ

라너, 칼(Rahner, Karl) 26

라이트, G. F.(Wright, G. F) 348

라이프니츠, G. W. (Leibniz, G. W) 74, 125

라인케(Reinke, Johannes) 106, 121, 296

라인하르트(Reinhardt, L.) 124, 338

라첸호퍼, 구스타브(Ratzenhofer, Gustav)
240, 307

락탄티우스(Lactantius) 334

랑게, 프리드리히(Lange, Friedrich) 225

랭, 엔드류(Lang, Andrew) 320, 350

러벅, 존 (Lubbock, John) 293, 409

레만(Lehmann, Edvard) 294

레싱(Lessing, G. E.) 69, 73, 108, 252

로지, 올리버(Lodge, Sir Oliver) 80, 121, 126,
201, 212, 215, 232, 505

로크, 존(Locke, John) 69-70, 111, 145, 169

르낭, 에르네스트(Renan, Ernest) 77, 96, 105-
106, 437, 439

리츨, 알브레히트(Ritschl, Albrecht) 65, 128,
384, 388, 390

리케르트, 하인리히(Rickert, Heinrich) 118,
174, 257 258, 260-261, 263, 265-266,
268, 404

리히트호펜(Richthofen) 344

ㅁ

마리옹, 장-뤽(Marion, Jean-Luc) 26

마스첵, 죠셉(Maschek, Joseph) 49

마이어스(Myers, F. W. H.) 380, 394, 397-398, 418, 505

메이어(Meyer, J. B.) 113

몬드리안, 피에트(Mondrian, Piet) 48-50

뮐러(Muller, S.) 338

미슈니코프(Metschnikoff, Elias) 497, 532-533

밀, 존 스튜어트(Mill, John Stuart) 111, 127, 156, 157

ㅂ

바스만(Wasmann, Erich) 296

바스티안, 아돌프(Bastian, Adolph) 345-346

바이스, 요하네스(Weiss, Johannes) 440-442

발덴스페르거, 빌헬름(Baldensperger, Wilhelm) 440-442

버클(Buckle) 240, 246, 256, 518

벌코프, 루이스(Berkhof, Louis) 24-25

베버, 막스(Weber, Max) 41, 514

베버, 오토(Weber, Otto) 342, 355

보스, 게할더스(Vos, Geerhardus) 24-25, 46, 51, 66, 82, 127, 150, 158, 174, 275, 288, 335, 454, 509, 522

볼트, 존(Bolt, John) 23-24, 53, 65

분트, 빌헬름(Wundt, Wilhelm) 125, 171, 214-215, 250, 259, 305, 347-348, 479

브랑코(Branco) 296

브래들리(Bradley, F. H.) 145

브록, 코리(Brock, Cory) 15, 19, 31, 55

빈델발트, 빌헬름(Windelband, Wilhelm) 258

빙클러, 휴고(Winckler, Hugo) 61, 343

ㅅ

쇼펜하우어, 아르투르(Schopenhauer, Arthur) 74, 114, 119-120, 415-416, 507, 510

수탄토, 나다니엘 그레이(Sutanto, Nathaniel Gray) 15, 19, 55

쉬안(Schian) 384, 387-388

슈몰러(Schmoller, Gustav) 307

슈트라우스, 다비드 프리드리히(Strauss, D. F.) 77, 97

슐츠, 하인리히(Schurtz, Heinrich) 270, 306, 336, 337

스미스, 제임스(Smith, James K. A) 25

스타벅(Starbuck, E. D) 297, 384

스텀프(Stumpf, Carl) 171

ㅇ

아우구스티누스(Augustine) 17, 67, 90, 159-161, 334, 414, 513

엥겔스, 프리드리히(Engels, Friedrich) 76, 240

오스트발트(Ostwald, Wilhelm) 106, 115-116, 121, 138, 198, 206, 509

오이켄, 루돌프(Eucken, Rudolf) 126, 128, 171, 259-260, 267, 271

워필드, B. B.(Warfield, B. B.) 46, 51

월터스토프, 니콜라스(Wolterstorff, Nicholas) 23

ㅈ

재스트로, 모리스(Jastrow, Morris) 290, 418

제임스, 윌리엄(James, William) 126-127, 132, 146, 148, 162, 313, 351, 384, 387, 417-418, 497, 509, 510, 533

ㅊ

체임벌린(Chamberlain, H. St.) 240, 516

첼러, 에두아르트(Zeller, Eduard) 339, 508

ㅋ

카이퍼, 아브라함(Kuyper, Abraham) 24-25, 293

카프탄, 율리우스(Kaftan, Julius) 65

칸트, 임마누엘(Kant, Immanuel) 32, 43, 65-66, 69-71, 108, 112, 114, 120, 135, 145, 149, 163, 165-166, 175-176, 179, 186, 201, 252, 256-257, 267, 334, 379-381, 389, 404, 415-416, 456-457, 478, 496, 499, 510-511, 529, 534

코에(Coe, G. A.) 384-385, 392

콩드, 오기스트(Comte, Auguste) 111, 137, 195, 240, 380, 496, 498, 509, 520-521

ㅌ

톨스토이(Tolstoy, Leo) 107-108, 128, 302, 439

트뢸치, 에른스트(Troeltsch, Ernst) 68-69, 83, 85, 110, 257, 262, 264, 294, 309, 313

티티우스(Titius, Arthur) 85-86

틸러(Tiele, Cornelis Petrus) 294, 309, 314-315, 320

ㅍ

파울젠(Paulsen, Friedrich) 65, 109, 116, 153, 169, 171, 174, 479, 529

페르보른, 막스(Verworn, Max) 106, 116, 121, 138, 153, 156, 172-173, 203

페히너, 구스타브(Fechner, Gustav) 204, 218, 505

포앙카레(Poincaré, Henri) 106

폰 하르트만, 에두아르트(Von Hartmann, Eduard) 43, 74, 78, 119, 125, 152-154, 174, 179, 198, 206, 214, 507

프로이스(Preuss, Konrad Theodor) 319

프루동(Proudhon, Pierre-Joseph) 480, 496, 532

플라이데어레어(Pfleiderer, Otto) 294

피히테, J. G.(Fichte, J. G.) 32, 43, 69, 112, 164, 169, 512-513

ㅎ

하링크, 조지(Harinck, George) 30, 40

하만, J. G.(Hamann, J. G.) 35, 92

하이만스, 게라르두스(Heymans, Gerardus) 261

헤겔, 게오르크 빌헬름 프리드리히(Hegel, Georg Wilhelm Friedrich) 39, 70, 73-74, 78-80, 85, 92, 105, 113, 124-125, 145, 147, 179, 224, 243, 244, 253, 256, 279, 318, 496, 521, 534

헤켈, 에른스트(Haeckel, Ernst) 73, 77, 81-82, 96, 97, 106, 119-120, 125, 198, 200, 210, 211, 213, 215- 218, 230, 295, 297, 306, 453-454, 505, 515

헤르더, J. G.(Herder, J. G.) 35, 39, 73, 496, 534

헤르트비히, 오스카(Hertwig, Oscar) 213, 294, 297-298, 306

헤프, 발렌떼인(Hepp, Valentijn) 45

호튼, 마이클 S.(Horton, Michael S.) 24

홀, 스탠리(Hall, Stanley) 296-297, 299-300, 303, 417-418, 497, 533

흄, 데이비드(Hume, David) 111, 145, 171

주제 색인

ㄱ

경험론(empiricism) 78, 81, 111, 117, 119, 122, 130-131, 139, 146, 148-149, 164, 239, 244, 254, 256, 258, 279, 325, 335, 382, 384, 422-423, 430, 496

관념론(idealism) 39, 41, 43, 78, 138-139, 147, 149-157, 163-165, 168-172, 174-175, 185, 190, 259, 266, 499 ('이상주의'를 살펴보라.)

금욕주의(asceticism) 68, 433, 435, 437-439, 441, 464, 467, 471, 473, 475, 484

ㄴ

낙관주의(optimism) 97, 451, 468, 471, 497, 501, 512, 531-534, 540

ㅁ

마술(magic) 107, 319-323, 327, 329, 331, 399, 410, 426, 521, 526, 536

물질주의(materialism) 41, 43, 66, 78, 80, 83, 111-112, 115, 117, 119, 133, 137, 142, 340, 453-454, 499 ('유물론'을 살펴보라.)

미래(future) 15-16, 39, 76, 86, 105, 128, 133-134, 273, 278, 290, 316, 355, 364, 398, 405, 446, 463-464, 477, 486-487, 489, 494-496, 502-504, 506, 509-510, 519-520, 524, 526, 528-529, 531, 534-542

미신(superstition) 217, 229, 302, 320-323, 327, 329, 331, 339, 349-350, 359, 380, 398-399, 410, 417, 426, 440, 502, 514, 521, 536

민족혼(volksziel) 240, 250-251, 256, 284, 354

민족학(ethnology) 240, 284, 345

ㅂ

범-바빌론주의(pan-Babylonism) 61, 343, 354, 356, 368, 373

범신론(pantheism) 74, 78, 80, 83, 86, 111-112, 118-120, 123, 126, 132, 137, 142, 176, 219, 222, 240, 269, 349-350, 398, 401, 410

복음(the Gospel) 68, 79, 357, 364-367, 370-371, 414, 434, 436, 438, 447, 449-451, 453-454, 462-465, 468, 470-471, 473-474, 525-526, 528-529, 538, 540

ㅅ

사회 개량론(meliorism) 509-510, 540

사회주의(socialism) 76, 127, 240, 289, 493-496, 503, 508, 515, 519, 540

신비주의(mysticism) 39, 68, 80-81, 106-107, 112, 128, 178, 219, 252, 313, 327, 331, 340, 381, 386, 397-398, 420-421, 425-426, 428, 430, 453

신앙(faith) 23, 33, 49, 55, 80-81, 83, 105, 176-177, 234-235, 237, 242, 310, 315, 339, 350, 378, 380-381, 387-389, 405-406, 414, 432, 435, 444-445, 447-449, 482, 499, 501, 503, 510, 521, 529, 535

실용주의(pragmatism) 43, 126-127, 129-136, 139-140, 142, 145-149, 155, 182, 184, 226, 272, 416, 418, 464, 509

실증주의(positivism) 23, 41-42, 111, 119, 130, 239, 244, 253-255, 276, 278-279, 281-282, 284, 380, 400, 507-508, 521 ('실증철학'을 살펴보라.)

실증철학(positivism) 195, 284 ('실증주의'를 살펴보라.)

ㅇ

약속(promise) 76, 356-358, 360, 362, 364-365, 367, 369-371, 373-375, 414, 464, 503, 527-528

언약(covenant) 270, 284, 355, 357-358, 362-364, 366-367, 373, 413

역사법칙주의(역사주의, historicism) 109, 244, 262, 284, 393, 400

영지주의(gnosticism) 90, 110, 410, 435, 464, 467, 469, 473, 521

원 계시(original revelation) 70, 334-335, 353, 356, 369, 373

원시 민족(natuurvolken/natue-peoples) 211, 275, 295, 300-304, 308, 329, 336, 346, 350, 373

유물론(materialism) 39, 73, 109, 111, 114-116, 119-120, 126, 131, 138-139, 142, 149, 174, 203, 217, 222, 230, 240, 246, 401, 446, 503, 518 ('물질주의'를 살펴보라.)

유토피아(utopia) 113, 494, 496, 532, 539-540, 542

윤리적 문화(ethical culture) 107, 450, 454-455, 457-461, 470, 474, 501

율법(the Laws) 64, 67, 101, 355, 357, 362, 367, 372-373, 375, 457, 459, 513

은혜(grace) 63, 67-69, 87, 247, 274, 334, 357-358, 360, 362-364, 366-367, 370-375, 394, 407, 413-414, 431, 450, 464, 466, 473, 505, 512-513, 522, 541

의존 의식(consciousness of dependence) 162-163, 177-178, 186-187, 190

이상주의(idealism) 69, 76-77, 109, 119, 190, 267, 453, 503, 509 ('관념론'을 살펴보라.)

이신론(deism) 69-71, 76, 87, 96, 103, 283

이원론(dualism) 109, 115, 119, 435-438, 464, 473-474

인본주의(humanism) 43, 67, 96-98, 102-104, 111-112, 126, 137, 280, 369, 469

일반 계시(general revelation) 17, 26-27, 36, 88, 93, 95, 139, 237, 353, 373

일원론(monism) 41, 43, 81-82, 106, 109, 115-122, 126-128, 137-140, 142-143, 145, 149, 157, 174, 180, 184, 202-204, 207, 209-210, 217, 221-222, 244, 246, 249, 251-252, 254, 257, 259-260, 269, 272-274, 276-279, 281-282, 291, 299, 304, 306, 310, 314, 320, 401-402, 404, 425, 445, 454, 501, 521, 525-527, 529-530, 532

ㅈ

자아(self 혹은 ego) 17-18, 37, 40-41, 43, 72, 79, 102, 108, 112, 126-127, 146, 149, 151, 154-157, 159-160, 166-167, 169,-170, 173, 179, 181, 184-190, 192, 198, 223, 225, 273, 342, 356, 392, 409, 411, 416, 483-484, 512, 514

자연 과학(natural science) 15, 37, 48, 77-78,
    81, 86, 105-107, 113-114, 119-120, 126,
    142, 164, 193, 195-203, 205, 209, 229-
    237, 239, 242-244, 251-252, 257-261,
    267, 279-281, 321-322, 327, 341, 350,
    381-383, 390, 400-402, 404, 422-423,
    434, 444, 489, 520, 531

자연 법칙(the law of nature) 75-76, 213-215,
    218, 226, 232, 234-237, 239, 254-255,
    276, 306, 505

자연주의(naturalism) 18, 32, 43, 73-74, 77,
    96-97, 102-103, 109, 111-112, 114, 119,
    126, 128, 137, 150, 174, 221, 266, 296,
    311, 318, 326

자의식(self-consciousness) 26-27, 37, 40,
    149-150, 154-164, 166-167, 170, 173-
    179, 184-190, 192, 220, 251, 289, 307,
    310, 322, 327, 379, 391-392, 396, 459,
    510, 522

재세례파(Anabaptists) 437, 474

전적 의존 감정(the feeling of absolute
    dependence) 26, 175, 184, 187-188, 190,
    192

절대자(the Absolute) 77-78, 123-124, 127,
    132-133, 145-146, 149, 174-176, 184,
    186-187, 190, 513

종교 경험(religious experience) 313, 382,
    386-387, 417, 419, 422-427, 429-430,
    433

종교 심리학(religious psychology) 313, 384-
    387, 389, 413, 415, 417, 424, 426-427,
    430

진보(progress) 16, 50, 64, 76, 79, 87, 105,
    110-111, 134, 180, 195, 211-213, 216,
    247, 249, 256, 258, 275, 277, 301, 303-
    304, 320, 335, 342, 366, 391, 410, 443,

453, 480-481, 484-485, 487, 501-502,
    508-509, 513, 518, 528, 532, 535, 540

진화론(evolutionism) 41, 43, 72, 74, 77-78,
    80-82, 93, 96-97, 103, 110, 113, 124,
    149, 162, 195, 216, 224, 244, 252-253,
    269-271, 295-296, 299, 308, 320, 338,
    346, 351, 353-354, 398, 401, 450, 455,
    486-487, 489, 501-508, 511, 515, 519,
    526

ㅊ

초자연주의(supernaturalism) 32, 62, 66, 68-
    69, 76, 82-83, 85-86, 96, 102-104, 109,
    198, 417, 437, 449

ㅌ

특별 계시(special revelation) 17, 36, 69, 84,
    88-90, 93-95, 96-98, 100, 102-103, 268,
    274, 282, 316, 353, 357, 359-361, 363,
    373, 427, 461, 521, 530, 535

ㅎ

현대 문화(modern culture) 68, 439, 444-448,
    467, 473, 477, 519, 528

형이상학(metaphysics) 22, 34, 36, 41, 81,
    105-106, 111, 119, 147, 161, 174, 179,
    195, 199, 201-202, 204, 209, 215, 217,
    221, 225, 229-232, 235, 242, 253-254,
    256, 265, 280-281, 315, 385, 388-390,
    393-394, 400, 454, 459, 461, 466, 498-
    501, 507, 509-513, 520, 533

회심(conversion) 297, 384-386, 407-408,
    411-422, 426-428, 430-433, 440, 450,
    452-453, 456